U0000855

百衲本二十四史

魏書

上海涵芬樓景印北平圖
書館江安傅氏雙鑑樓吳
興劉氏嘉業堂及涵芬樓
藏宋蜀大字本原書板高
二十三公分寬十九公分

《百衲本二十四史》 新版刊印序

《百衲本二十四史》是近百年來校考最精良、版本最珍貴、蒐羅最廣泛的二十四史,先父王雲五先生於一九七六年〈重印補校百衲本二十四史序〉中已有論證。

一八九七年商務印書館在上海創立,創館元老張元濟先生於一九○二年正式主持商務印書館編譯所,將商務帶入「出版好書、匡輔教育」的出版之路。一九二一年(民國十年)王雲五先生經胡適先生推薦,接替主持商務印書館編譯所,並於一九三○年兼任總經理,與張元濟先生共同為商務印書館的百年大業作出貢獻。

張元濟先生入館後,積極蒐購民間珍貴藏書,一方面用來印製、廣泛發行,另一方面也為成立「涵芬樓」藏書室(後來開放為「東方圖書館」)預作準備。當年他並積極向各公私立圖書館商借影印各種版本的二十四史,逐一比較補正缺漏,然後在一九三○年開始付印,至一九三七年全部出齊。校印工程之艱鉅與可貴,從他所撰寫的《校史隨筆》可以了解。

商務涵芬樓所珍藏的二十四史及各種珍貴版本,可惜在一九三二年日本發動淞滬戰爭時,被日軍炸毀,化為一灰燼。《百衲本二十四史》的傳印,就顯得格外有意義。

王雲五先生於一九六四年在臺重新主持臺灣商務印書館,與當時總編輯楊樹人教授,依據臺北故宮博物院和中央圖書館珍藏的宋元版本,修補校正《百衲本二十四史》,並於一九七六年重版印行。

《百衲本二十四史》初印至今,已經八十年,雖經在臺補正重版,舊書均已售完,而各界索購者絡繹不絕,不得已先以隨需印刷供應,但仍然供不應求。

為了適應讀者的需要,本公司由副董事長施嘉明先生、總編輯方鵬程先生和舊書重印小組一起規劃,決定放大字體,以十八開精裝本重印《百衲本二十四史》,每種均加印目錄頁次,讓讀者方便查考,也讓我們與《百衲本二十四史》共同邁向百年大慶。值此付印前夕,特為之序。

臺灣商務印書館董事長王學哲謹序

二○一○年三月二十五日

一

魏書一百十四卷

北齊魏收奉敕撰。

收表上其書，凡十二紀、九十二列傳，分為一百三十卷。今所行本，為宋劉恕、范祖禹等所校定。恕等序錄，謂隋魏澹更撰《後魏書》九十二卷。唐又有張太素《後魏書一百卷》。今皆不傳。

魏史惟以魏收書為主，校其亡逸不完者二十九篇，各疏於逐篇之末。然其據何書以補闕，則恕等未言。《崇文總目》謂澹書纔存紀一卷，太素書存志二卷。陳振孫《書錄解題》引《中興書目》，謂收書闕太宗紀，以魏澹書補之。志闕天象二卷，以張太素書補之。又謂澹太素之書既亡，惟此紀志獨存，不知何據。是振孫亦疑未能定也。

今考《太平御覽》皇王部所載《後魏書》帝紀，多取魏收書，而芟其字句重複。太宗紀亦與今本首尾符合，其中轉增多數語。（永興四年，宴群臣於西宮，使各獻直言，下多「是歲民饑詔所在開倉賑給」十一字。按此數語《北史》有之，然《北史》前後之文，與《御覽》所引者絕異）。

夫《御覽》引諸史之文，有刪無增，而此紀獨異，其為收書之原本歟，抑補綴者，取魏澹書而閒有節損歟。

然《御覽》所引《後魏書》，實不專取一家。如此書卷十二孝靜帝紀亡，後人所補。而《御覽》所載孝靜紀，與此書體例絕殊。又有西魏孝武紀、文帝紀、廢帝紀、恭帝紀，則疑其取諸魏澹書。（《隋書》魏澹傳，自道武下及恭帝為十二紀。劉知幾《史通》云，澹以西魏為真，故文帝稱紀）。

又此書卷十三皇后傳亡，今以御覽相校，則字句多同，惟中有刪節，而末附西魏五后，當亦取澹書以足成之。蓋澹書至宋初，尚不止僅存一卷，故為補綴者所取資，至澹書亦闕，始取《北史》以補之。（如崔或、蔣少游及西域傳）。

故《崇文總目》謂魏澹《魏史》、李延壽《北史》，與收史相亂，卷第殊舛，是宋初已不能辨定矣。惟所補〈天象志〉二卷，為唐人之書，無疑義耳。收以是書為世所詬厲，號為穢史。今以收傳考之，如云收受爾朱榮子金，故減其惡，其實榮之凶悖，收未嘗不書於冊。至論中所云，若修德義之風，則韓彭伊

霍，夫何足數。反言見意，正史家之微詞，指以虛襃，似未達其文義。又云楊愔、高德正，勢傾朝野，收遂為其家作傳，其預修國史，得陽休之之助，因為休之父固作佳傳。案愔之先世為楊椿、楊津。德正之先世為高允、高祐。椿津之孝友亮節，允之名德，祐之好學，實為魏代聞人，寧能以其門祚方昌，遂引嫌不錄。況《北史》陽固傳，稱固以譏切聚斂，為王顯所嫉，因奏固剩請米麥，免固官，從征硤石，李平奇固勇敢，軍中大事悉與謀之，不云固以貪虐，先為李平所彈也。李延壽書作於唐代，豈亦媚陽休之乎。

又云盧同位至儀同，功業顯著，不為立傳。崔綽位止功曹，本無事蹟，乃為首傳。夫盧同希元乂之旨，多所誅戮，後以乂黨罷官，不得云功業顯著。綽以卑秩見重於高允，稱其道德，固當為傳，獨行者所不遺。觀盧文訴辭，徒以父位儀同，綽僅功曹，較量官秩之崇卑，爭專傳附傳之榮辱，（《魏書》初定本，盧同附見盧元傳，崔綽自有傳，後奉敕更審，同立專傳，綽改入附傳），是亦未足服收也。蓋收恃才輕薄，有驚蛺蝶之稱，其德望本不足以服眾。又魏齊世近，著名史籍者，孰不欲顯榮其祖父。既不能一一如志，遂譁然群起而攻。平心而論，人非南董，豈信其一字無私。但互考諸書，證其所著，亦未甚遠於是非。穢史之說，無乃已甚之詞乎。

李延壽修《北史》，多見館中墜簡，參核異同，每以收書為據。其為收傳論云，勒成魏籍，婉而有章，繁而不蕪，志存實錄，其必有所見矣。今魏澹等之書俱佚，而收書終列於正史，殆亦恩怨併盡，而後是非乃明歟。收敘事詳贍，而條例未密，多為魏澹所駁正。《北史》不取澹書，而澹傳存其敘例，絕不為掩其所短，則公論也。

（本文引自景印《文淵閣四庫全書》總目史部卷四十五，頁二之二三）

三

重印補校百衲本二十四史序

百衲本者何？彙集諸種善本，有闕卷闕頁，復多方蒐求，以事配補，有如僧衣之補綴多處者也。

我國正史彙刻之存於今者，有汲古閣之十七史，有南北監之二十一史。清高宗初立，成明史，命武英殿開

雕，至四年竣工；繼之者二十一史。其後又詔增劉昫唐書，與歐宋新唐書並行，越七年遂成武英殿二十三史。及

四庫開館，諸臣復據永樂大典及太平御覽，冊府元龜等書，裒輯薛居正舊五代史，得旨刊布，以四十九年奏進；

於是二十四史之名以立。

武英殿本以監本為依據。清高宗製序，雖有監本殘闕，併勅校讎之言，始意未嘗不思成一善本也。惟在事諸

臣，既未能廣蒐善本，復不知慎加校勘，佚者未補，譌者未正，甚或彌縫缺乏，以譌亂真，誠可惜也。

本館前輩張菊生先生，以多年之時力，廣集佳槧，審慎校讎，自民十九年開始景印，迄二十六年甫竟全功。

雖中經一二八之劫，抱書而走，亂定掇拾需時，然景印之初，海宇清寧，亦緣校讎精審，多費時日。嘗聞菊老茸

印初稿，悉經手勘，朱墨爛然，盈闌溢幅，點畫纖細，鉤勒不遺，與同人共成校勘記，多至百數十冊，文字繁

冗，尚待董理。爰取原稿若干條，集為校史隨筆，而付梓焉。

就隨筆所記，殿本訛闕殊多。分史言之，則史記正義多遺漏，漢書正文注文均有錯簡，三國志卷第淆亂，宋

書誤註為正文，南齊書地名脫誤，北齊書增補字句均據北史，而仍與北史有異同。魏書考證有誤，舊唐書有闕

文，訂正錯簡亦有小誤，唐書有衍文，舊五代史遜於嘉業堂劉氏刊本，元史有衍文及闕文，且多錯簡，重出之

傳，亦未刪盡。綜此諸失，殿本二十四史不如衲史遠矣，況善本精美，古香古色，尤非殿本所能望其項背。

茲將百衲本二十四史據以景印之版本列述於後：

史　記　宋慶元黃善夫刊本。

漢　書　北宋景祐刊本，瞿氏鐵琴銅劍樓藏。

後漢書　宋紹興刊本，原闕五卷半，以北平國立圖書館元覆宋本配補。

三國志　宋紹熙刊本，日本帝室圖書寮藏，原闕魏志三卷，以涵芬樓藏宋紹興刊本配補。

晉　書　宋本，海寧蔣氏衍芬草堂藏，原闕載記三十卷，以江蘇省立圖書館藏宋本配補。

宋書　宋蜀大字本，北平國立圖書館吳興劉氏嘉業堂藏，闕卷以涵芬樓藏元明遞修本配補。

南齊書　宋蜀大字本，江安傅氏雙鑑樓藏。

梁書　宋蜀大字本，北平國立圖書館及日本靜嘉堂文庫藏，闕卷以涵芬樓藏元明遞修本配補。

陳書　宋蜀大字本，北平國立圖書館及日本靜嘉堂文庫藏。

魏書　宋蜀大字本，北平國立圖書館江安傅氏雙鑑樓吳興劉氏嘉業堂及涵芬樓藏。

北齊書　宋蜀大字本，北平國立圖書館藏，闕卷以涵芬樓藏元明遞修本配補。

周書　宋蜀大字本，吳縣潘氏范硯樓及自藏，闕卷以涵芬樓藏元明遞修本配補。

隋書　元大德刊本，闕卷以北平國立圖書館江蘇省立圖書館藏本配補。

南史　元大德刊本，北平國立圖書館及自藏。

北史　元大德刊本，北平國立圖書館及自藏。

五代史記　宋慶元刊本，江安傅氏雙鑑樓藏。

舊唐書　宋紹興刊本，常熟鐵琴銅劍樓藏，闕卷以明聞人詮覆宋本配補。

新唐書　北宋嘉祐刊本，日本岩崎氏靜嘉堂文庫藏，闕卷以北平國立圖書館江安傅氏雙鑑樓藏宋本配補。

舊五代史　原輯永樂大典有注本，吳興劉氏嘉業堂刻。

宋史　元至正刊本，北平國立圖書館藏，闕卷以明成化刊本配補。

遼史　元至正刊本。

金史　元至正刊本，北平國立圖書館藏，闕卷以涵芬樓藏元覆本配補。

元史　明洪武刊本，北平國立圖書館及自藏。

明史　清乾隆武英殿原刊本，附王頌蔚編集考證攟逸。

上開版本之搜求補綴，在彼時實已盡最大之能事。惟今者善本時有發見，前此認為業已失傳者，漸集於一隅，尤以中央圖書館及故宮博物院在抗戰期內，故家遺族，前此秘藏不宣，因播遷而割愛者不在少數；盡量收購，寄存盟邦，以策安全。近年悉數運回，使臺灣成為善本之總匯。百衲本後漢書原據本館前涵芬樓所藏宋紹興本影印，益以北平圖書館及日本靜嘉堂文庫殘本之配備，當時堪稱人間瑰寶；且志在存真，對其中未盡完善之處

一仍其舊。然故宮博物院近藏宋福唐郡庠覆景祐監刊元代修補本及中央圖書館所藏錢大昕手跋北宋刊本與宋慶元間建安劉元起刊本，各有其長處。本館總編輯楊樹人教授特據以覆校百衲本原刊，計修正原影本因配補殘本而致首尾不貫者五處，其中重複者四處，共圈刪衍文三十六字，補足脫漏一處，缺文二字，原板存留墨丁四十六處，補正五十二字。另有顯屬雕刻錯誤者若干字，亦酌為改正。於是宋刊原面目，大致可復舊觀矣。又前漢書原景本闕漏目錄全份，亦據故宮博物院珍藏宋福唐郡庠覆景祐監刊元代修補本補印十有四頁，以成全璧。校書如掃落葉，愈掃愈落，礙難悉數掃清，然多費一番心力，對於鑽研史籍者，定可多一番裨益。區區之意，當為讀者所樂聞，亦可稍慰本館前輩張菊老在天之靈，喜其繼起有人也。

本館衲史原以三十二開本連史紙印製，訂為八百二十冊，流行雖廣，以中經多難，存者無多，臺省尤感缺乏，各國亦多訪購，爰應各方之需求，改訂為十六開大本，縮印二頁為一面，字體較縮本四部叢刊初編為大，用上等印書紙精印精裝，訂為四十一鉅冊，以便檢閱，經重版數次。茲為謀普及，再縮印為二十四開本五十八冊，字體仍甚清晰，而售價不及原印十六開本之半，莘莘學子，多有購置之力，誠不負普及之名矣。付印有日，謹述概要。

中華民國六十五年雙十節王雲五識

股東會全體股東獻禮

本公司董事長王岫廬（雲五）先生，學界巨擘，社會棟樑，歷任艱巨，功在國家。一生繫中國文化出版之命脈，惠澤士林。本公司三度罹國難而得復興。咸賴　先生之大力。每次復興，莫不聲光煥發，蔚為奇蹟。民國五十二年冬，　先生退出政壇。次年秋重主本公司，謀慮擘劃，晨夕辛勞，不取分文之酬，而甘之如飴；蓋純出於愛護本公司與宏揚文化之心願。無　先生之犧牲精神與卓越領導，不能有今日之商務書館，已為識者之定評。今歲欣逢　先生八秩華誕，社會同慶。股東會同人本崇功報德之念，群思有以祝賀。　先生謙辭至再至三，當以恭敬不如從命，爰於五十六年股東會議席上全體決議，利用重印之百衲本二十四史，作為　華誕獻禮。要不過體認　先生造福文化界之功績，聊表嵩祝悃誠於萬一耳。

中華民國五十六年四月十五日

臺灣商務印書館股份有限公司
股 東 會 全 體 股 東　謹 啟

七

一〇

10-4

10-5

10-13

魏書十二紀九十二列傳十志凡一百一十四篇舊分為一百三十卷北齊尚書右僕射魏收撰初魏史官鄧淵崔浩高允皆作編年書遺落時事三不存一太和中李彪崔光始分紀傳表志之目宣武時業撰邢巒撰高子昇作莊帝紀起居注崔鴻王導濟陰王暉業撰辨宗室錄三十卷魏末山偉以代人諂附元天穆尒朱世隆與綦雋更主國書二十餘年事迹蕩然萬不記一北齊文宣天保

一魏書目錄序

三十一　宋孝文

二年詔魏收修魏史博訪百家譜狀搜采遺軼包舉一代始終頗為詳悉收所取史官本欲才不逮已故房延祐辛元植睦仲刀柔裴昂之高孝幹皆不工纂述其三十五例二十五序九十四論前後二表一啟咸出於收五年表上之悉焚崔李舊書收黨齊毀魏襄貶肆情時論以為不平文宣命收於尚書省與諸家子孫訟者百餘人評論收亦不辨答後不能抗范陽盧斐頓丘李庶太原王松年並坐謗史受鞭配甲坊

有致死者衆口沸騰號為穢史時僕射楊愔高正德用事收皆為其家作傳二人深黨助之抑塞訴辭不復重論亦未頒行孝昭皇建中命收更加審覈收請寫二本一送并省一付鄴下欲傳錄者聽之群臣競攻其失武成復敕收更易家棄骨于外隋文帝以收書不實平繪更撰魏書刊正收既以魏澹顏之推辛德源更撰魏書九十二卷以西魏為正東魏為偽義例簡要大矯叙事不倫命魏澹顏之推

一魏書目錄序

三十二　宋孝文

收繪之失文帝善之煬帝以澹書猶未盡善更敕楊素及潘徽褚亮歐陽詢別修魏書未成而素卒唐高祖武德五年詔侍中陳叔達等十七人分撰後魏北齊周隋梁陳六代史歷年不成太宗初從祕書奏罷修魏書止撰五代史高宗時魏澹孫同州刺史克已續十志十五卷魏之本系附焉又有張大素後魏書今皆不傳稱魏史百卷裴安時元魏書三十卷今皆不傳稱魏史者惟以魏收書為主焉孔子稱賀勝文則野文

勝質則史三代文章莫盛於周東周泰漢雖戰
爭喪亂前古遺風餘烈流而未絕賢君忠臣蹤
道之徒功業行誼彰灼顯布高才秀士詞章論
議諫諍辯說嘉謀奇策皆可以驚聽動俗為後
世軌範而左立明司馬遷班固以良史之才博
不磨滅東漢魏晉去聖人稍遠史官才益淺薄
學善叙事不虛美隱惡故傳之簡牘千餘年而
永興失政戎狄亂華先王之澤掃地盡矣拓跋
氏乘後燕之衰竟食良并冀暴師喋血三十餘年
而中國略定其始也公卿方鎮皆故部落酋大
雖參用趙魏舊族性性以猜忌夷滅而無祿
故吏多貪墨刑法峻急故人相殘賊不貴禮義
故士無風節貨賂大行故俗尚傾奪遷洛之後
稍用夏禮宣武柔弱孝明沖幼政刑弛緩風俗
媮惡上下相蒙紀綱大壞母后亂於內群盜撓
其外禍始於六鎮釁成於尒朱國分為二而亡
矣雖享國百餘年典章制度內外風俗大抵與
劉石慕容符姚略同道武太武暴戾甚於聰虎

孝文之彊不及苻堅其文章儒學之流既無足
紀述謀臣辯士將帥功名又不可希望至前世
修史者言詞質俚取捨失衷其文不直其事不
核終篇累卷貫官爵州郡名號雜以党委瑣曲
之事覽之厭而遺忘學者陋而寒習故數百年
間其書貴逸不完者無慮三十卷今各跡千逐
篇之末然上繼魏晉下傳周齊隋唐六十年發
興大略不可闕也臣斂臣恕臣燾臣祖禹謹敍
目錄昧死上

昔黃帝有子二十五人或內列諸華或外分荒
服昌意少子受封北土國有大鮮卑山因以為
號其後世為君長統幽都之北廣漠之野畜牧
遷徙射獵為業淳樸為俗簡易為化不為文字
刻木紀契而已世事遠近人相傳授如史官之
紀錄焉黃帝以土德王北俗謂土為托謂后為
跋故以為氏其裔始均入仕堯世逐女魃於弱
水之北民賴其勤帝舜嘉之命為田祖爰歷三

代以及秦漢獫狁南獵山戎匈奴之屬累代殘
暴作害中州而始均之裔不交南夏是以載籍
無聞焉爰積六十七世至成皇帝諱毛立聰明武
略遠近所推統國三十六大姓九十九威振北

方莫不率服崩
節皇帝諱貸立崩
莊皇帝諱觀立崩
明皇帝諱樓立崩
安皇帝諱越立崩

【魏書紀一】　　　一　　　曹中

宣皇帝諱推寅立南遷大澤方千餘里
曀沮洳謀更南徙未行而崩
景皇帝諱利立崩
元皇帝諱侯立崩
和皇帝諱肆立崩
定皇帝諱機立崩
威皇帝諱蓋立崩
僖皇帝諱僧立崩
獻皇帝諱鄰立時有神人言於國曰此土荒遐

未足以建都邑宜復徙居帝時年衰老乃以位
授子

聖武皇帝諱詰汾獻帝命南移山谷高深九難
八阻於是欲止有神獸其形似馬其聲類牛先
行導引歷年乃出始居匈奴之故地其遷徙策
略多出宣獻二帝故人並號曰推寅蓋俗云鑽
研之義初聖武帝嘗率數萬騎田於山澤欻見
輜軿自天而下既至見美婦人侍衛甚盛帝異
而問之對曰我天女也受命相偶遂同寢宿旦

【魏書紀一】　　　二　　　曹中

請還曰明年周時復會此麹言終而別去如風
雨又莫至先所田麹果復相見天女以所生
男授帝曰此君之子也善養視之子孫相承當
世為帝王語訖而去子即始祖也故時人諺曰
詰汾皇帝無婦家力微皇帝無舅家帝崩
始祖神元皇帝諱力微立生而英叡
元年歲在庚子先是西部內侵國民離散依於
沒鹿回部大人竇賓賓始祖有雄傑之度時人莫
測後與賓攻西部軍敗失馬步走始祖使人以

【魏書紀一】 三 〔滕〕

所乘駿馬給之賓歸令其部內求與馬之當
加重賞始祖隱而不言久之賓乃知大驚將分
國之半以奉始祖始祖不受乃進其愛女賓猶
思報恩固問所欲始祖請率所部北居長川賓
乃敬從積十數歲德化大洽諸舊部民咸來歸
附
二十九年賓臨終戒其二子使謹奉始祖其子
不從乃陰謀為逆始祖召殺之盡并其眾諸部
大人悉皆欵服控弦上馬二十餘萬

三十九年遷於定襄之盛樂夏四月祭天諸部
君長皆來助祭唯白部大人觀望不至於是徵
而戮之遠近肅然莫不震懾始祖乃告諸大人
曰我歷觀前世匈奴蹛頓之徒苟貪財利抄掠
邊民雖有所得而其死傷不足相補更招冦讎
百姓塗炭非長計也於是與魏和親
四十二年遣子文帝如魏且觀風土魏景元二
年也文皇帝諱沙漠汗以國太子留洛陽為魏
賓之冠聘問交市往來不絕魏人奉遺金帛繒

【魏書紀一】 四 〔全〕

絮歲以萬計始祖與鄰國交接篤信推誠不為
倚伏以要一時之利寬恕任真而遐邇歸仰
晉禪代和好仍密始祖春秋已邁帝以父老求
歸晉武帝具禮護送
四十八年帝至自晉
五十六年帝復如晉其年冬還國晉遺帝錦罽
繒綵綿絹諸物咸出豐厚車牛百乘行達并州
晉征北將軍衛瓘以帝為人雄異恐為後患乃
密啟晉帝請留不遣晉帝難於失信不許瓘復

請以金錦賂國之大人令致閒隙使相危害晉
帝從之遂留帝於是國之執事及外部大人皆
受賂貨
五十八年方遣帝始祖聞帝歸大悅使諸部大
人詣陰館迎之酒酣帝仰視飛鳥謂諸大人曰
我為汝曹取之援彈丸應弦而落時國俗無
彈衆咸大驚乃相謂曰太子風彩被服同於南
夏兼奇術絕世若繼國統禦邊舊俗必不
得志不若在國諸子晉本淳樸咸以為然且離

▲魏書紀一　　五　　老

之兆惟願察之自帝在晉之後諸子愛寵日進
弓而落飛鳥是以得晉人異法怪術亂國害民
歷他國進德何如皆對曰太子才藝非常引空
聞素行乃謀危害並先馳還始祖問曰我子既
有疑因曰不可容者便當除之於是諸大人乃
始祖年踰期頤頗有所惑聞諸大人之語意乃
馳詣塞南矯害帝既而始祖甚悔之帝身長八
尺英姿瓌偉在晉之日朝士英俊多與親善雅
為人物歸仰後乃追諡焉其年始祖不豫烏丸

王庫賢親近任勢先受衞瓘之貨故欲沮動諸
部因在庭中礪斧諸大人問欲何為答曰上
恨汝曹讒殺太子今欲盡收諸大人長子殺之
大人皆信各各散走始祖尋崩凡饗國五十八
年年一百四歲太祖即位尊為始祖
章皇帝諱悉鹿始祖之子也諸部離叛國內
紛擾饗國九年而崩
平皇帝諱綽立章帝之少弟也雄武有智略威
德復舉

▲魏書紀一　　六

七年匈奴宇文部大人莫槐為其下所殺更立
莫槐弟普撥為大人帝以女妻撥子丘不勤帝
饗國七年而崩
思皇帝諱弗立文帝之少子也聰哲有大度為
諸父兄所重政崇寬簡百姓懷服饗國一年而
崩
昭皇帝諱祿官立始祖之子也分國為三部帝
自以一部居東在上谷北濡源之西東接宇文
部以文帝之長子桓皇帝諱猗㐌統一部居代

郡之參合陂比以桓帝之弟穆皇帝諱猗盧統
一部居定襄之盛樂故城自始祖以來與晉和
好百姓乂安財畜富實控弦騎士四十餘萬是
歲穆帝始出并州遷雜胡比徙雲中五原朔方
又西渡河擊匈奴烏桓諸部自杏城以北八十
里迄長城原夾道立碣與晉分界
二年葬文帝及皇后封氏初思帝欲改葬未東
而崩至是述成前意為晉成都王司馬穎遣從
事中郎田思河間王司馬顒遣司馬靳利井州
刺史司馬騰遣主薄梁天並來會葬遠近赴者
二十萬人
二年桓帝度漠比巡因西略諸國
四年東部未耐婁大人倍斤入居遼東
五年宇文莫廆之子遜昵延朝貢帝嘉其誠欵
以長女妻焉
七年桓帝至自西略諸降附者二十餘國凥積
五歲乂始東還
十年晉惠帝為成都王穎逼留在鄴劉奴別種

劉淵及於離石自號漢王井州刺史司馬騰來
乞師桓帝率十餘万騎帝亦同時大舉以助之
大破淵眾於西河上黨會惠帝還洛騰乃辭師
桓帝與騰盟於汾東而還乃使輔相衞雄段繁
於參合陂西界石為亭樹碑以記行焉
十一年劉淵攻司馬騰騰後乞師桓帝以輕騎
數千救之斬淵將綦毋豚淵南走蒲子晉假桓
帝大單于金印紫綬是歲桓帝崩英傑騃岸
馬不能勝常乘安車駕大牛牛角容一石帝
曾中蠱歐吐之地仍生榆木參合陂北無榆樹故
世人異之至今傳記帝統部凡十一年後定襄
俟儁操樹碑於大邗城以頌功德子晉根代立
十二年寅人李雄僭帝號於蜀自稱大成
十三年昭帝崩徒何大單于慕容廆遣使朝貢
是歲羯胡石勒與晉馬牧帥及桑反
穆皇帝天姿英特勇略過人昭帝崩後遂攝
攝三部以為一統
元年劉淵僭帝號自稱大漢

三年晉并州刺史劉琨遣使以子遵爲質帝嘉
其意厚報饋之白部大人叛入西河鐵弗劉虎
舉衆於鴈門以應之攻琨新興鴈門二郡琨來
乞師帝使弟子平文皇帝將騎二万助琨擊之
大破白部次攻劉虎屠其營落虎収其餘燼西
走度河竄居朝方晉懷帝進帝大單于封代公
帝以封邑去國懸遠民不相接乃從琨求句注
陘北之地琨自以託附聞之大喜乃徙馬邑陰
館樓煩繁畤崞五縣之民於陘南更立城邑盡

別
魏書紀一　九　蔣斌

獻其地東接代郡南連西河朔方方數百里帝
乃徙十万家以充之劉琨又遣使乞師救洛陽
帝遣步騎二万助之晉大傅東海王司馬越辭
洛中飢饉師乃還是年劉淵死子聰僭立
四年劉琨开門將邪延據新興叛招引劉聰帝
遣軍討之聰退走
五年劉琨遣使乞師以討劉聰石勒帝以琨忠
義衿而許之會聰遣其子粲襲晉陽害琨父母
而據其城琨來告難帝大怒遣長子六脩桓帝

子並根及衛雄范班姬澹等爲前鋒帝躬統大
衆二十万爲後繼粲懼棄輜重突圍遁走縱騎
追之斬其將劉儒劉豐簡令張平邢延伏尸數
百里琨來拜謝帝以禮待之琨固請進軍帝曰
吾不早來致卿父母見害誠以相愧今卿已復
州境然吾遠來士馬疲弊且待終舉賊成戎
平饋琨馬牛羊各千餘乘文面動銳鼎
之而還是年晉雍州刺史賈疋京兆太守閻鼎
以晉懷帝爲劉聰所執共立懷帝兄子秦王業

▲魏書紀一　十　宋遍
三十五　宿

爲太子於長安稱行臺帝復戒嚴與琨更剋大
舉命琨自列晉行臺部分諸軍帝將遣十万騎
從西河鑑谷南出晉軍從蒲坂東度會於平陽
就食
六年城盛樂以爲北都脩故平城以爲南都帝
登平城西山觀望地勢乃更南百里於灅水之
陽黃瓜堆築新平城晉人謂之小平城使長子
六脩鎮之統領南部
七年帝復與劉琨約期會於平陽會石勒擒王

浚國有匈奴雜胡萬餘家多勒種類聞勒破幽
州乃謀為亂欲以應勒發覺伏誅討聰之計於
是中止

八年晉愍帝進帝為代王置官屬蜀食代常山三
郡帝忿聰勒之亂志欲平之先是國俗寬簡民
未知禁至是明刑峻法諸部民多以違命得罪
凡後期者皆舉部戮之或有室家相攜而赴死
所人問何之苔曰當往就誅其威嚴伏物皆此
類也

【魏書紀一】　董澄　十一

九年帝召六脩六脩不至帝怒討之失利乃微
服民間遂崩普根先守外境聞難來赴攻六脩
滅之衛雄姬澹率晉人及烏丸三百餘家隨劉
遵南奔并州普根立月餘而薨普根子始生相
帝后立之其冬普根子又薨是年季雄遣使朝
貢

平文皇帝諱鬱律立惠帝之子也姿質雄壯甚
有威略

元年歲在丁丑

二年劉虎據朔方來侵西部帝逆擊大破之虎
單騎迸走其從弟路孤率部落內附帝以女妻
之西兼烏孫故勿吉以西控弦上馬將
有百萬劉聰死子粲僭立為其將靳準所殺淵
族子曜僭立帝聞晉愍帝為曜所害顧謂大臣
曰今中原無主天其資我乎劉曜遣使諸和帝
不納是年司馬叡僭稱大位於江南

三年石勒自稱趙王遣使乞和請為兄弟帝斬
其使以絕之

【魏書紀一】　崔宏　十一　辰

四年私署涼州刺史張茂遣使朝貢

五年僭晉司馬叡遣使韓暢加崇爵服帝絕之
治兵講武有平南夏之意桓帝后以帝得眾心
恐不利於己子害帝遂崩大人死者數十人天
興初尊曰太祖

惠皇帝諱賀傉立桓帝之中子也以五年為元
年未親政事太后臨朝遣使與石勒通和時人
謂之女國使

二年司馬叡死子紹僭立

四年帝始臨朝以諸部人情未来歉順乃築城
於東木根山従都之是年張茂死兄寔子駿立
遣使朝貢
五年帝崩是年司馬紹死子衍僭立
煬皇帝諱紇那立惠帝之弟也以五年為元年
三年石勒遣石虎率騎五千來寇邊部帝御之
於句注陘北不利遷於大甯時烈帝居於舅賀
蘭部帝師諨頭擁護不遣帝
怒召宇文部并勢擊諨頭宇文衆敗帝還大甯

四年石勒擒劉曜
烈帝
五年帝出居於宇文部賀蘭及諸部大人共立
烈皇帝諱翳槐立平文之長子也以五年為元
年石勒遣使求和帝遣弟昭成皇帝如襄國從
者五千餘家
二年石勒僭立自稱大趙王
五年勒死子大雅僭立慕容廆死子元真代立
六年石虎廢大雅僭立李雄死兄子班立雄子

期欵班自立
諨頭不修臣職召而殺之國人復奉
自宇文部還入諸部大人復奉帝
煬皇帝復立以七年為後元年烈帝出居於鄴
石虎奉帝第宅伎女妾奴婢十物
三年石虎遣將李穆率騎五千納烈帝出居於慕容部
國人六千餘落叛煬帝煬帝出居於大甯
烈皇帝復立以三年為後元年城新盛樂城在
故城東南十里一年而崩

昭成皇帝諱什翼犍立平文受之次子也生而奇
偉寬睿仁大度喜怒不形于色身長八尺隆準龍
顏立髮委地卧則乳垂至席烈帝臨崩顧命曰
必迎立諱社稷可安烈帝崩帝弟孤乃自詣鄴
奉迎與帝俱還事在孤傳十一月帝即位於繁
時之北時年十九稱建國元年是歲李雄從弟
壽殺期僭立自號曰漢
二年春始置百官分掌衆職東自濊貊西及破
洛那莫不欵附夏五月朝諸大人於參合陂議

欲定都灅源川連日不決乃從太后計而止語

在皇后傅婢慕容二妃妹為皇后

三年春移都於雲中之盛樂宮

四年秋九月築盛樂城於故城南八里皇后慕
容氏朋冬十月劉虎寇西境帝遣軍逆討大破
之虎僅以身免虎死子孫桓立始來歸順帝以
女妻之十二月慕容元真遣使朝貢并薦其宗
女

【魏書紀一】 十五 林

五年夏五月幸參合陂秋七月七日諸部畢集
設壇埒講武馳射因以為常八月還雲中是年
秋司馬衍死弟岳僭立

六年秋八月慕容元真遣使請薦女是年李壽
死子勢嗣立遣使朝貢

七年春二月遣大人長孫秩迎后慕容氏元真
之女於境夏六月皇后至自和龍秋七月慕容
元真遣使奉聘求交婚帝許之九月以烈帝女
妻之其年司馬岳死子聃僭立

八年慕容元真遣使朝貢是年張駿私署假涼

九年石虎遣使朝貢是年張駿死子重華代立

十年遣使詣鄴觀釁是年司馬聃擒李勢張重
華遣使朝貢

十一年慕容元真死子儁代立

十二年西巡至河而還是年石虎死子世立世
兄遵殺世自立遵兄鑒殺遵自立

十三年魏郡人冉閔殺石鑒僭立

十四年帝曰石胡裵滅冉閔肆禍中州紛梗莫
有匡救五□將親率六軍廓定四海乃勒諸部各
率所統以俟大期諸大人諫曰今中州大亂誠
宜進取如聞豪彊並起不可一舉而定若或留
連經歷歲稔恐無永逸之利或有虧損之憂
乃止是歲氏苻健僭稱大位自號大秦

十五年慕容儁滅冉閔僭稱號

十六年慕容儁遣使朝貢是年張重華死子曜
靈立重華庶兄祚殺曜靈而自立稱涼公

十七年遣使於慕容儁張祚復稱涼王置百官
遣使朝貢

【魏書紀一】 十六 王與

十八年太后王氏崩是年符健死子生僭立苑

姚襄自稱大將軍大單于張瑾宋混殺張祚立

重華少子玄靖稱涼王

十九年春正月劉務桓死其弟關頭立潛謀反

叛二月帝西巡因而臨河使人招喻關頭從命

冬慕容儁來請婚許之

二十年夏五月慕容儁納禮幣是年符堅殺

苻生而僭立姚襄爲苻眉所殺

二十一年關頭部民多叛懼而東走渡河半濟

〔頁六六〕 魏書紀一 七 陳壽

而冰陷後衆盡歸關頭兄子悉勿祈初關頭之

叛悉勿祈兄弟十二人在帝左右盡遣歸欲其

自相猜離至是悉勿祈奪其衆關頭窮而歸命

帝待之如初

二十二年春帝東巡至於桑乾川三月慕容儁

遣使朝貢夏四月帝還雲中悉勿祈死弟衛辰

立秋八月衛辰遣子朝貢

二十三年夏六月皇后慕容氏崩秋七月衛辰

來會葬因而求婚許之是歲慕容儁死子暐立

遣使致賻

二十四年春衛辰遣使朝聘是年司馬聃死衍

子千齡僭立

二十五年帝南巡至君子津冬十月行幸代十

一月慕容暐薦女備後宮

二十六年冬十月帝討高車大破之獲萬口馬

牛羊百餘萬頭是年張重華弟天錫殺玄靖而

自立

二十七年春車駕還雲中冬十一月討沒歌部

〔頁四十八〕 魏書紀一 十八 吳春

破之獲牛馬羊數百萬頭

二十八年春正月衛辰謀反東渡河帝討之衛

辰懼而遁走冬十二月苻堅遣使朝貢是歲司

馬千齡死弟奕僭立

二十九年夏五月遣燕鳳使苻堅

三十年冬十月帝征衛辰時河冰未成帝乃以

葦絚約澌俄然冰合猶未能堅乃散葦於上冰

草相結如浮橋焉衆軍利涉出其不意衛辰與

宗族西走收其部落而還俘獲生口及馬牛羊

數十萬頭

三十一年春帝至自西代班賞各有差

三十二年正月帝南幸君子津冬十月幸代

三十二年冬十月征高車大破之是年符堅
擒葟於衆暐

葨經入楷謚謚焉秋七月皇孫諱生大赦是年司馬

向御座太子獻明皇帝諱寔格之傷脇夏五月

三十四年春長孫斤謀反伏誅斤之反也拔刀

亦臣桓溫廢奕為海西公立蘮子昱

三十五年司馬昱死子昌明借立

魏書紀一　十九　朱大韶

三十六年夏五月遣燕鳳使符堅

三十七年帝征衛辰衛辰南走

三十八年帝衛辰求援於符堅

三十九年符堅遣其大司馬符洛率衆二十萬

及生不彤張蚝鄧羌等諸道來寇侵逼南境冬十

一月帝自部獨孤部禦之敗績南部大人劉庫仁

走雲中帝復遣庫仁率騎十萬逆戰於石子山領

王征呬不利帝時不豫羣臣莫可任者乃率國人

避於陰山之北高車雜種盡叛四面寇鈔不得

蠕蠕復度漠南堅軍稍退乃還十一月至雲中

旬有二日帝崩時年五十七太祖即位尊曰高

祖帝雅性寬厚智勇仁恕時國中少繒帛代人

許謙盜絹二匹守者以告帝匿之謂燕鳳曰吾

不忍視謙之面鄉勿泄言謙或慙而自殺為財

辱非也帝嘗擊西部叛賊流矢中目賊破之

後諸大臣執射者各持錐刀欲屠割之帝曰彼

各為其主何罪也乃釋之是歲符堅滅張天錫

魏書紀一　二十　林

史臣曰帝王之興世必有積德累功博利道協

幽顯方契神祇之心有魏掩迹幽方世居君長

淳化育民與時無競神元生自天女桓穆勤於

晋室心人事夫豈徒然昭成以雄傑之姿

君子之量征伐四克威被荒遐乃立號改都恢

隆大業末終於百六十載光宅區中其原固有由

矣

序紀第一　　魏書一

太祖道武皇帝諱珪昭成皇帝之嫡孫獻明皇
帝之子也母曰獻明賀皇后初因遷徙遊于雲
澤既而寢息夢日出室內寤而見光自牖屬天
歘然有感以建國三十四年七月七日生太祖
於參合陂比其夜復有光明昭成大悅羣臣稱
慶大赦告於祖宗保者以帝體重倍於常兒竊
獨奇怪明年有榆生於埋胞之坎後遂成林弱
而能言目有光曜廣顙大耳衆咸異之年六歲

魏書紀二　一

昭成崩苻堅遣將內侮將遷帝於長安既而獲
免語在燕鳳傳堅軍既還國衆離散堅使劉庫
仁劉衛辰分攝國事南部大人長孫嵩及元他
等盡將故民南依庫仁帝於是轉幸獨孤部
元年葬昭成皇帝於金陵宮犍呂木梅盡生成
林帝雖沖幼而疑然不羣庫仁常謂其子曰帝
有高天下之志興復洪業光揚祖宗者必此主
也
二年冬十月苻堅敗于淮南是月慕容文等殺

庫仁弟眷攝國部

八年慕容暐弟沖僭立姚萇自稱大單于萬年
秦王慕容垂僭稱燕王
九年庫仁子顯殺眷而代之乃將謀逆商人王
霸知之履帝足於衆中帝乃馳還是時故大人
梁蓋盆子六眷為顯謀主盡知其計密使元他
穆崇馳告帝乃陰結舊臣長孫犍元他等部人

魏書紀二　二

月乃幸賀蘭部其日顯果使人求帝不及語在
獻明大后傳是歲鮮卑乞伏國仁私署大單于
苻堅為姚萇所殺子丕僭立
登國元年春正月戊申帝即代王位郊天建元
大會於牛川復以長孫嵩為南部大人以叔孫
普洛為比部大人班爵敘勳各有差二月幸定
襄之盛樂息衆課農三月改稱魏王四月幸馬
邑其族奴眞率所部來降夏乙弗部帥
月車駕東幸陵石護佛侯辰等世修職役雖
代題叛走諸將追之帝曰侯辰等世修職役雖
有小愆宜且忍之當今草荆人情未思近者

二〇九九

章忠

固應趙趄不足追也秋七月巳酉車駕還盛樂

代題復以部落來降旬有數日而奔劉顯帝使

其孫倍斤代領部落是月劉顯弟肺泥率騎掠

收真部落既而率以來降是月初帝叔父窟咄為符

堅徙于長安因隨慕容永永以為新興太守八

月劉顯遣弟亢泥迎窟咄以兵隨之來逼南境

於是諸部騷動人心顧望帝左右于桓等與諸

部人謀為逆以應之事泄誅造謀者五人餘悉

不問帝慮內難乃北踰陰山幸賀蘭部阻山為

固遣行人安同長孫賀使于慕容垂以徵師垂

魏書紀二 三　沈曼

遣使朝貢弁令其子賀驎帥步騎以隨會冬

十月賀驎軍未至而寇巳前逼於是比部大人

叔孫普洛等十三人及諸烏九亡奔衛辰衛辰

智山遷幸牛川屯于延水南出代谷會賀驎於

高柳大破窟咄窟咄奔衛辰衛辰殺之帝悉收

其眾十二月慕容垂遣使朝貢奉帝西單于印

綬封上谷王帝不納是歲慕容垂僭禪皇帝於

中山自號大燕符丕死符登自立於隴東姚萇

稱皇帝於長安自號大秦慕容沖為部下所殺

慕容永僭立

二年春正月帝賜功臣長孫嵩等七十三人各

有差二月帝幸甯川夏五月遣行人安同徵兵

於慕容垂使子賀驎率眾來會六月常親征

劉顯於馬邑南追至彌澤大破之顯南奔慕容

永盡收其部落八月帝至自伐顯冬十月癸

卯幸濡源遣外朝大人王建使於慕容垂十一

月遂幸赤城十有二月巡松漠還幸牛川

魏書紀二 四　全

三年春二月帝東巡夏四月幸東赤城五月癸

亥比征庫莫奚六月大破之獲其四部雜畜十

餘萬渡弱落水班賞將士各有差秋七月庚申

庫莫奚部帥鳩集遺散夜犯行宮縱騎撲討盡殺

之其月帝還赤城八月使九原公元儀使於慕

容垂冬十月慕容垂遣使朝貢十有二月辛卯

車駕西征至女水討解如部大破之獲男女雜

畜十數萬是歲乞伏國仁死弟乾歸立私署河

南王

四年春正月甲寅帝襲高車諸部落大破之二月
癸巳至女水討吐突隣部大破之戊戌賀染干
兄弟率諸部來救與大軍相遇逆擊走之夏四
月行還赤城吾引陳留公元虔使於慕容垂冬
十月垂遣使朝貢是歲武呂呂光自稱三河王遣
使朝貢

五年春三月甲申帝西征次鹿渾海龍襲高車表
紇部大破之虜獲生口馬牛羊二十餘万慕容
垂遣子賀驎率眾來會夏四月丙寅行幸意辛
山與賀驎討賀蘭紇突隣紇奚諸部落大破之
之賀訥等請降告困秋七月丙子帝引兵救之
至羊山直力鞬退走八月還幸牛川遣泰至觚
使於慕容垂九月壬申討吐奚部於囊曲河大
破之冬十月還雲中討高車豆陳部於狼山破
之十有一月紇奚部大人庫寒舉部內屬十有
二月紇突隣大人屈地鞬舉部內屬帝還次白
漠

六年春二月辛紐埿川三月遣九原公元儀陳
留公元虔等西討黜弗部大破之夏四月祠天
六月慕容賀驎破賀訥於赤城帝引兵救之川慕
退走秋七月壬申講武於牛川行還紐埿川慕
容垂止元觚而求名馬帝絕之乃遣使於慕容
永永使其大鴻臚莫題奉表勸進尊號其月
衛辰遣子直力鞬出栖陽塞侵及黑城九月帝
龍襄五原屠之收其積穀還紐埿川戊戌北征
樹碑記功冬十月戊戌北征蠕蠕追之及於大
蠕蠕傳十有一月戊辰還幸紐埿川戊寅衛辰
二部主四候跋及縕紇提斬別帥屋擊干事具
磧南牀山下大破之班賜從臣各有差其東西
遣子直力鞬南部已卯車駕出討壬午大破
直力鞬軍於鐵岐山南獲其器械輜重牛羊二
十餘万戊子自五原金津南渡河辛卯次其所
居悅跋城衛辰父子奔遁壬辰詔諸將追之擒
直力鞬十有二月獲衛辰尸斬以徇遂滅之語
在衛辰傳衛辰少子屈丐奔薛于部東駕次

千臨池自河巳南諸部悉平簿其珍寶畜產名
馬三十餘万四牛羊四百餘万頭班賜大臣各
有差收衞辰子弟宗黨無少長五千餘盡殺
之山胡酋大幡頗業易千等率三千餘家降附
出居于馬邑是歲起河南宮
七年春正月幸木根山逐次鹽池鄉饗宴羣臣
觀諸國貢使比之羙永三月甲子宴羣臣於水
濱還幸河南宮西部涘黎大人茂解叛走遣南
部大人長孫嵩追討大破之夏五月班賜諸官
馬牛羊各有差秋八月行幸漠南仍築巡臺冬
十有二月慕容永遣使朝貢是歲皇子譚生
八年春正月帝南巡二月幸羖羊原赴白樓三
月車駕西征俟呂降部夏四月至苦水大破之
五月還幸白樓慕容垂討慕容永於長子六月
車駕北巡永來告急遣陳留公元虔將軍庾岳
率騎五万東度河救之破頗拔部帥劉曜等從
其部落元虔等因屯秀容慕容垂遂圍長子秋
七月車駕臨幸新壇更寅宴羣臣仍講武先是

七

衞辰子屈丐奔薛干部徵之不送八月帝南征
薛干部帥太悉佛於三城會其先出擊曹覆帝
乘虛屠其城獲太悉佛子珍寶徙其民而還太
悉佛聞之來赴不及遂奔姚興九月還幸河南
宮是歲姚萇死
九年春三月帝北巡使東平公元儀屯田於河
北五月至於栯楊塞外夏五月田於河東秋七
月還幸河南宮冬十月蠕蠕社崙等率部落西
走事具蠕蠕傳是歲姚萇子興償立殺待登慕
容垂滅永

十年春正月太悉佛自長安還嶺北上郡以西
皆應之夏五月幸鹽池六月還幸河南宮秋七
月慕容垂遣其子寶來寇五原造舟收穀帝遣
右司馬許謙徵兵於姚興東平公元儀從據朝
方八月帝親治兵於河南九月進師臨河築臺
告津連旌泝河東西千里有餘是時陳留公元
虔五万騎在東以絕其左元儀五万騎在河北
以承其後略陽公元遵七万騎塞其中山之路

八

冬十月辛未寶燒船夜遁十一月己卯帝進軍
濟河乙酉冬至參合陂丙戌大破之語在寶傳
生擒其陳留王紹魯陽王倭奴桂林王道成濟
陰公尹國北地王世子鍾葵安定王世子羊兒
以下文武將吏數千人器甲輜重軍資雜財十
餘萬計於俘虜之中擇其才識者賈彝賈閨晃
崇等與參謀議憲章故寶班賞大臣將校各有
差十有二月還辛雲中之盛樂、
皇始元年春正月大蒐于定襄之虎山因東幸

善無北陂三月莫慕容垂來寇桑乾川陳留公元
慶先鎮平城時徵兵未集慶率麾下邀擊失利
死之垂遂至平城西北踰山結營聞帝將至乃
築城自守疾甚遂遁走死於上谷子寶匿喪而
還至中山乃僭立夏六月癸酉遣將軍王建等
三軍討寶廣審太守劉亢泥斬之徙其部落寶
上谷太守慕容普隣捐郡奔走丁亥皇太后賀
民崩是月葬獻明太后秋七月左司馬許謙上
書勸進尊號帝始建六子雄旗出入警蹕於是

改元八月庚寅治兵于東郊己亥大舉討慕容
寶帝親勒六軍四十餘萬邑蹦于句注
旌旗駱驛二千餘里鼓行而前民屋皆震別詔
將軍封真等三軍從東道出襲幽州圍劉九月
戊午次陽曲乘西山觀晉陽命諸將引騎圍
棄城出東道井州平初建臺省置百官封公
脅巳而罷還寶并州牧遼西王農大懼將妻子
拓中原留心慰納諸士大夫詣軍門者無少長
侯將軍刺史大守尚書郎巳下悉用文人帝初
皆引入賜見存問周悉人得自盡苟有微能咸
蒙叙用巳未詔輔國將軍案牧略地晉川獲慕
容寶丹陽王買得等於平陶城冬十月乙酉車
駕出井陘使冠軍將軍王建左軍將軍李栗五
萬騎先驅啓行十有一月庚子朔帝至眞定自
常山以東守宰或捐城奔竄或稽顙軍門唯中
山鄴信都三城不下別詔征東大將軍東平公
儀五萬騎南攻鄴冠軍將軍王建左軍將軍李
栗等攻信都軍之所行不得傷民桑棗東戊午進

軍中山已未引騎圍之帝謂諸將曰朕軍寶不
能出戰必當憑城自守偷延日月急攻則傷士
久守則費糧不如先平鄴信都然後還取中山
於計為便若移軍遠去寶必散衆求食民間如
此則人心離阻攻之易克諸將稱善丁卯車駕
幸魯口城是歲司馬昌明死子德宗僭立遣使
朝貢吕光僭稱天王號大惊遣使朝貢
遣其左衛將軍慕容騰冠博陵殺中山太守及
二年春正月己亥朝大饗羣臣於魯口慕容寶

高陽諸縣令長抄掠租運是時信都未下庚申
乃進軍壬戌引騎圍之其夜寶冀州刺史且都
王慕容蹄城奔走于中山癸亥寶輔國將
軍張驤護軍將軍徐超率將吏已下與城降寶
聞帝幸信都乃趣博陵之深澤屯滹沱水遣弟
賀麟寇楊城殺常山守兵三百餘人寶悉出珍
寶及宮人招募丁丑軍于鉅鹿之柏肆塢臨
已巳帝進幸楊城丁丑軍于鉅鹿之柏肆塢臨
濠滹水其夜寶悉衆犯營燎及行宮兵六駭散

十一　洪源

帝驚起不及衣冠跳出擊鼓俄而左右及中軍
將士稍稍集帝設奇陳列烽營外縱騎衝之
寶衆大敗斬首萬餘級擒其將軍高長等四千
餘人戌夜寶走中山獲其器仗輻重數十萬計
寶尚書閔亮祕書監崔逞太常孫沂殿中侍御
史孟輔等並降降者相屬賜拜職爵各有差平
原徐超聚衆反於畔城詔將軍奚斤屠捕斬之弁
州守將封眞率其種族與徒何爲逆將攻刺史
元延討平之是時栢肆之役遠近流言賀蘭

部帥附力眷紇突隣部帥叱
奴根聚衆黨反於陰館南安公元順率軍討之不
克死者數千詔安遠將軍庾岳揔萬騎還討此
奴根等滅之三月己酉車駕次于盧奴寶遣使
求和請送元觚割常山以西奉國乞守中山以
東帝許之已而寶背約辛亥車駕次中山命諸
將圍之是夜寶弟賀麟將妻子出走西山寶見
賀麟走恐先擴和龍壬子夜遂將其妻子及兄
弟宗族數千騎北遁寶將李沈王次多張超賣

十二

歸等來降遣將軍長孫肥追之至范陽不及受
還城內共立慕容普隣爲主夏四月帝以軍糧
未繼乃詔征東大將軍東平公元儀罷鄴圍徙
屯鉅鹿積租楊城普隣軍出步卒六千輕騎
犯諸屯兵詔將軍長孫肥等輕騎挑之帝以虎
隊五千橫截其後斬首五千生虜七百人宵而
遣之夏五月庚子大賞功臣帝以中山城內爲
普隣所脅而大軍迫之欲降無路乃密招諭之
甲辰曜兵揚威以示城內命諸軍罷圍南徙以
待其變甲寅以東平公元儀爲驃騎大將軍都
督中外諸軍事兗豫雍荊徐揚六州牧左丞相
封衛王襄城公元題進封爲王秋七月普隣遣
烏九張驤率五千餘人出城求食寇常山之靈
壽殺害吏民賀隣臮自立帝還幸魯口遣將軍
長孫肥復入中山入其郛而還八月丙寅
朔帝自魯口進軍常山之九門時大疫人馬牛
多死帝問疫於諸將對曰在者纔十四五是時

中山猶拒守而饑疫益臻羣下咸思還北帝知
其意因謂之曰斯固天命將若之何四海之人
皆可與爲國在吾所以撫之耳何恤乎無民羣
臣乃不敢復言遣撫軍大將軍略陽公元遵襲
中山荄其禾茉入郛而還九月賀麟饑窮率三
萬餘人出寇新市甲子晦帝進軍討之太史令
晁崇奏曰不吉帝曰紂以甲子亡武王不以甲
子勝乎崇無以對冬十月丙寅帝進軍新市賀
麟退阻泒水依漸洳澤以自固甲戌帝臨其營
戰於義臺塢大破之斬首九千餘級賀麟單馬
走西山遂奔鄴慕容德殺之甲申其所署公卿
尚書將吏士卒降者二萬餘人其將張驤李沈
慕容文等先來降尋皆赦之是日復獲之皆赦
而不問獲其所傳皇帝璽綬圖書府庫珍寶簿
列數萬班賜功臣及將士各有差中山平乙酉
襄城王題薨丁亥遣三萬騎赴衛王儀將以攻
鄴是歲鮮卑禿髮烏孤私署大單于西平王

【魏書紀二】

天興元年春正月慕容德走保滑臺儀克鄴收
其金庫詔賞將士各有差儀追德至於河不及
而還庚子車駕自中山行幸常山之真定次趙
郡之高邑遂幸于鄴迎登臺棚遍覽宮城將有定
縣賑恤之帝至鄴有老不能自存者詔郡
都之意乃置行臺以龍驤將軍日南公和跋為
尚書與左丞賈彝率郎吏及兵五千人鎮鄴車
駕自鄴還中山所過存問百姓詔大軍所經州
郡復貲租一年除山東民租賦之半車駕將北
還發卒萬人治直道自望都鐵關鑿恆嶺至代
五百餘里帝慮還後山東有變乃置行臺於中
山詔左丞相守尚書令衛王儀鎮中山撫軍大
將軍略陽公元遵鎮勃海之合口右軍將軍尹
國先督租于冀州聞帝將還謀反欲襲信都安
南將軍長孫嵩送斬之辛西車駕發自中山
至于望都堯山徙山東六州民吏及徒何高麗
雜夷三十六萬百工伎巧十萬餘口以充京師
車駕次于恆山之陽博陵勃海章武羣盜並起

【魏書紀二】

略陽公元遵等討平之廣川太守盧溥殺冀州
刺史王輔驅勒守兵抄掠陽平頓丘諸郡遂南
渡河奔慕容德二月車駕自中山幸繁畤宮更
選屯衛詔給內徙新民耕牛計口受田三月離
石胡帥呼延鐵西河胡帥張崇等聚黨數千人
版詔安遠將軍庾岳討之徵左丞相衛
王儀還京師詔略陽公元遵代鎮中山夏四月壬
戌進遵封常山王南安公元順進封畢陵王征
虜將軍歷陽公穆崇為大尉安南將軍鉅鹿公
長孫嵩為司徒帝祠天於西郊廢懺有加焉廣
平太守遼西公元意烈謀反於郡賜死原其妻
子鄴城屠各董羌城盧水郝奴河東蜀薛榆
氏帥符典各率其種內附六月丙子詔有司議
定國號羣臣曰昔周秦以前世居所生之土有
國有家及王天下即承為號自漢以來罷侯置
守時無世繼其應運而起者皆不由尺土之資
今國家萬世相承啓基雲代臣等以為若取長

遠應以代為號詔曰昔朕遠祖摠御幽都控制

退國雖踐王位未定九州遠于朕躬處〔百代之

季天下分裂諸華之主民俗雖殊撫之在德故

躬率六軍掃平中土凶逆蕩除遐邇通服宣仍

先號以為魏焉布告天下咸知朕意秋七月遷

都平城始營宮室建宗廟立社稷

傣官詔復聚黨為寇詔冠軍將軍王建討之

八月詔有司正封畿制郊甸端術標道里平

五權較五量定五度遣使循行郡國舉奏守宰

不法者親覽察黜陟之九月烏丸張驤子超收

合亡命聚黨三千餘家據勃海之南皮自號征

東大將軍烏丸王抄掠諸郡詔尚書吏部

郎中鄧淵典官制立爵品定律呂協音樂儀曹

郎中董謐撰郊廟社稷朝饗宴之儀云云

中王德定律令申科禁太史令晁崇造渾儀考

天象吏部尚書崔玄伯摠而裁之閏月左丞相

驃騎大將軍衛王儀及諸王公卿士詣闕上書

曰臣等聞宸極居中則列宿齊其墓帝王順天

則羣后仰其度伏惟陛下德協二儀道隆三五

仁風被於四海盛化塞于大區澤及昆蟲恩霑

行葦謳歌所屬八表歸心軍威所及如風靡草

萬姓顒顒咸思係命而躬履謙虛退身後已宸

儀未彰袞服未御非所以上充皇天之意下副

推之心亶光崇烈示軌憲於萬世臣等謹昧

死以聞帝三讓乃許之十有二月己丑帝臨天

文殿大尉司徒進璽綬百官咸稱萬歲大赦改

年追算成帝巳下及后號諡樂用皇始之舞詔

百司議定行次尚書崔玄伯等奏從土德服色

尚黃數用五未祖辰臘犧牲用白五郊立氣宣

贊時令敬授民時夏之正徙六州二十二郡

守宰豪傑吏民二千家于代都是歲蘭汗殺慕

容寶而自立寶子盛殺汗僭立慕容德自稱燕

王

二年春正月甲子初祠上帝于南郊以始祖神

元皇帝配降壇視燎成禮而反乙丑曲赦京師始

制三駕之法庚午車駕北巡分命諸將大龍裒高
車大將軍常山王遵等三軍從東道出長川鎮
比將軍高涼王樂眞等七軍從西道出牛川車
駕親勒六軍從中道自駮輪水西北二月丁亥
朔諸軍同會破高車雜種三十餘萬驍騎大將
口馬三十餘萬四牛羊百四十餘萬驃騎大將
軍衞王儀督三萬騎別從西北絶漠千餘里破
十餘萬頭高車二十餘萬乘幷服玩諸物還次
其黨所殺以所獲高車衆起鹿苑南因臺陰北
戊征虜將軍庾岳破張超於勃海超走平原為
牛川及薄山亞刻石記功班賜從臣各有差庚
引武川水注之苑中疏為三溝分流宮城內外
距長城東包白登屬之西山廣輪數十里鑿渠
又穿鴻鴈池三月己未車駕至自北代甲子初
令五經羣書各置博士增國子太學生員三千
人是月氐人李辯叛慕容德求援於姚興行臺
書和跋跋輕騎往應之克滑臺收德宮人府藏

又破德桂林王鎭及郎吏將士千餘人丙子遣
建義將軍庾眞越騎校尉奚斤討庫狄部帥葉
亦干宥連部帥實羽泥於太渾川破之庫狄勲
支子沓亦干率其部落內附眞等進破侯莫陳
部獲馬牛羊十餘萬頭追殄遺迸入大峨谷中
山太守仇儒亡匿趙郡推擧趙準為主號使
持節征西大將軍冀青二州牧鉅鹿公仇儒為
淮長史聚黨扇惑詔中領軍長孫肥討平之夏
四月前清河太守傅世聚黨千餘家自號撫軍
將軍五月癸亥征虜將軍庾岳討破之秋七月
起天華殿辛酉大閱于鹿苑饗賜各有差陳郡
河南流民萬餘口內徙遣使者存勞之姚興道
衆圍洛陽司馬德宗將辛恭靖請救月遣太
尉穆崇率騎六千往赴之增啟京師十二門作
西武庫除州郡民租賦之半辛亥詔禮官備撰
衆儀著于新令范陽人盧溥聚衆海濱稱使持
節征比大將軍幽州刺史攻掠郡縣殺幽州刺
史封沓干慕容盛遼西太守李朗舉郡內屬西

河胡帥護諸于丁零帥翟同屬帥韓龍尟相率
內附冬十月太廟成遷神元平文昭成皇
帝神主于太廟十有二月甲午慕容盛征虜明將
軍燕郡太守高湖率三千內屬辛亥詔材官
將軍和突討盧溥天華殿成是歲呂光立其子
紹為天王自稱太上皇光死太子纂殺紹僣立
禿髮烏孤死弟鹿孤代立遣使朝貢
及其子煥傳送京師輯之癸亥有事於北郊分
三年春正月戊午和突破盧溥於遼西生獲溥
时
命諸官循行州郡觀民風俗察舉不法賜蠻臣
布帛各有差二月丁亥詔有司祀日于東郊始
耕籍田壬寅皇子聰薨三月戊午立皇后慕容
氏是月穿城南渠通於城內作東西魚池夏四
月姚興遣使朝貢五月戊辰詔謁者僕射張濟
使於姚興已巳車駕東巡幸涿鹿遣使者以
大牢祠帝堯帝舜廟西幸馬邑觀漯源秋七月
壬子車駕還宮起中天殿及雲母堂金華室十
有二月高車別帥勑力犍率九百餘落內屬十

有二月乙未詔曰世俗謂漢高起於布衣而有
天下此未達其故也夫劉承堯統曠世繼德有
蛇龍之徵致雲彩之應五緯上聚天人俱協明
革命之主大運所鍾不可以非望求也然狂狡
之徒所以顛蹶而不已者誠惑於逐鹿之說而
迷於天命也故有踵覆車之軌蹈覆轍逆之毒
甚者傾州郡害身者敗邑里至乃死名頹殞
及九族從亂隨流死而不悔豈不痛哉春秋之
義大一統之羙景楚僣號旡加誅絕君子賤其
張嵩
僭名比之塵坑自非繼聖載德天人合會帝王
之業夫豈虛應歷觀古今不義而求非望者徒
喪其保家之道而伏刀鋸之誅有國有家者誠
能推廢興之有期審天命之不易察徵應之潛
授杜競逐之邪言絕姦雄之僣肆思多福於止
足則幾於神智矣如此則可以保榮祿於天年
流餘慶於後世勖哉戒之可不慎歟時太史
因而起凡厥來世宜勉故禍悖無緣而生兵甲何
屢奏天文錯亂帝親覽經占多云改王易政故

數革官號二欲防塞凶狡二欲消災應變已而
慮羣下疑惑心謗腹非丙申復詔曰上古之治
尚德下名有任而無爵易治而事序故邪謀息
而不起姦慝絕而不作周姬之末下凌上替以
號自定以位制祿卿世其官大夫遂事陽德不
暢議發家陪舊寡由此起兵由此作秦漢之弊
捨德崇俗咸能否混雜賢愚相亂庶官失序任非
其人於是忠義之道寢廉恥之節屢退讓之風
絕毀譽之議興莫不由乎貴尚名位而禍敗及
之矣古置三公職大憂重故曰待罪宰相將委
任責成非虛寵祿也而今世俗僉以臺輔為榮
貴企慕而求之夫此職司在人主之所任耳用
之則重捨之則輕然則官無常名而任有定分
是則所貴者至矣何取於鼎司之虛稱也夫榮
紂之南面雖高而可薄苟以道德為下雖甲而可
尊一官可以效智華門可以垂範苟以道德為
實賢於覆餗蔀家矣故量已者終而義全昧
利者身陷而名滅利之與名毀譽之疵競道之

與德神識之家寶是故道義治之本名爵治之
末名不本於道不可以為宜爵無補於時不可
以為用用而不禁為病深矣能通其變不失其
正者其惟聖人乎來者誠思成敗之理察治亂
之由鑒殷周之失革秦漢之弊則幾於治矣是
歲乞伏乾歸為姚興所破李暠私署涼州牧涼
公

四年春正月高　別帥率其部三千餘落內附
二月丁亥命樂師入學習舞釋菜于先聖先師
丁酉分命使者循行州郡聽察辭訟糾劾不法
三月帝親漁蒐于寢廟夏四月辛卯罷鄴行臺
詔有司明揚隱逸五月起紫極殿玄武樓涼風
觀石池鹿苑臺秋七月詔鎮遠將軍兗州刺史
長孫肥步騎二萬南徇許昌彭城詔賜涼州刺史
成將士布帛各有差冬十二月辛亥詔征西大
將軍常山王遵等率眾五萬討破多蘭部帥木
易于樹官將軍和突率騎六千襲黜弗素古延
等諸部集博士儒生比眾經文字義類相從凡

四萬餘宇號曰眾文經是咸慕容盛死寶弟熙
偕立呂光弟子隆殺篡慕自立盧水胡沮渠蒙遜
私署涼州牧張掖公蒙遜及本昌並遣使朝貢
五年春正月丁丑慕容熙遣將寇遼西虎威將
軍宿沓于等拒戰不利章令支而還帝聞姚興
將寇邊遣大簡輿徒詔并州諸軍積穀千平
陽之乾壁戊子材官將軍和突破黜弗素古延
等諸部獲馬三千餘匹牛羊七刀餘頭辛外蠕
蠕社崙遣騎救素古延等和突逆擊破之于山
南河曲獲鎧馬二千餘匹班師 賞賜將士各有
差二月癸丑征西大將軍常山王遵等至安定
之高平木易干率數千騎與備辰屈丐葉國遁
走進至隴西无不及而還獲其輜重庫藏馬
四萬餘匹駱駝羊三千餘頭牛羊九萬餘口
班賜將士各有差徙其民於京師沙門張翹自
號無上王與丁零鮮于次保聚黨常山之行唐
夏四月太守樓伏連討斬之五月姚興遣其弟
安北將軍義陽公平率眾四萬來侵平陽乾壁

【魏書紀二】 二十五

為平所陷六月治兵于東郊部分眾軍詔鎮西
大將軍毗陵王順長孫肥等三將六萬騎為前
鋒秋七月戊辰朝車駕西討八月乙巳至於柴
壁平固守進軍圍之姚興與悉舉其眾來救甲子
帝渡蒙沉逆擊興軍大破之冬十月平赴水而
死俘其餘眾三萬餘人語在興傳獲興征虜將
軍尚書右僕射狄伯支越騎校尉唐小方積弩
將軍姚梁國建忠將軍雷星康官北中郎將康
狼平從弟伯禽巳下四品將軍巳上四十餘人
獲先亡臣王次多斬勸並斬以徇興頻使請和
帝不許羣臣勸進平蒲坡帝慮蠕蠕為難戊申
班師十有一月車駕次晉陽徵相州刺史康岳
為司空遣左將軍莫題討童蕘盜丁零
翟都於壺關平丑當太守捕頒斬之都走林
慮十有二月征蠕蠕社崙犯塞詔
常山王遵追之不及而還越勤莫弗率其部万
餘家內屬居五原之北是歲禿髮鹿孤病死弟
傉檀統任遣使朝貢

【魏書紀二】 二十六

六年春正月辛未朝方尉遲部別帥率方餘家
內屬入居雲中夏五月大簡輿徒將略江淮平
荊揚之亂秋七月鎮西大將軍司隸校尉毗陵
王順有罪以王還第戊子車駕比巡築離宮子
狩山縱士校獵東北踰劍嶺出參合代谷九月
建新邑辛未車駕還宮冬十月起西昭陽殿乙
郊立皇子諱為齊王加征南大將軍位相國紹
為清河王加南大將軍熙為陽平王曜為河
南王封故秦愍王子覬為豫章王陳留王子右
將軍悅為朱提王丁巳詔將軍伊謂率騎二萬
比襲高車大破高車是年島夷桓玄嚴其主司馬德
宗而自立僭稱大楚
天賜元年春正月遣離石護軍劉託率騎三千
襲蒲子三月丙寅擒姚興寧比將軍泰平太守
衡譚獲三千餘口初限縣戶不滿百罷之夏四
月詔尚書郎中公孫表使於江南以觀桓玄之

寡也值玄敗而還蠕蠕社崙從弟悅代大那等
謀殺社崙而立大那發與覽來奔五月置山東諸
冶發州郡徒謫造兵甲秋九月帝臨昭陽殿分
置眾職引朝臣文武親自簡擇皆能敘用制爵
四等曰王公侯子除伯男之號追錄舊臣加以
封爵各有差是秋江南大亂流民繦負而來淮
北行道相尋冬十月辛巳大赦改元當年築西宮十
才行諸部子孫失業賜爵者二千餘人有二
月戊辰車駕幸狩山宮是歲島夷劉裕起兵誅
桓玄
二年春二月癸亥車駕還宮夏四月車駕有事
于西郊車旗盡黑是歲司馬德宗復僭喜慕容
德死兄子超僭立
三年春正月甲申車駕北巡幸代園山建五石亭
屋孤山二月乙亥幸代園山宮校獵至
子車駕還宮夏四月庚申復幸狩山宮呂授著
作郎王宜弟造兵法孤虛立成圖三百六十時

逐登定襄角史山又幸馬城甲午車駕還宮是
月蠕蠕寇邊夜召兵將旦賊走乃罷六月發八
部五百里內男丁築灅南宮門闕高十餘丈引
溝穿池廣苑圍規立外城方二十里分置市里
經途洞達三十日罷秋七月大尉穆崇薨八月
甲辰行幸犲山宮遂至青牛山丙辰西登武要
北原觀九十九泉造石亝遂之石漠九月甲戌
幸漠南鹽池壬午至漠中觀天鹽池度漠北
之吐鹽池癸巳南還長川丙申臨觀長陂冬十
月庚申車駕還宮

四年春二月封皇子脩為河間王處文爲長樂
王連爲廣平王黎爲京兆王夏五月北巡自參
合陂東過蟠羊山大雨暴水流輜重數百乘殺
百餘人遂東北踰石漠至長川幸濡源常合陂
邊有罷賜死而罷乃還秋七月車駕自濡源西幸參合陂
築北宮垣三旬而罷乃還宮八月車駕還宮是
月誅司空庾岳冬十有一月車駕還宮旦立赫連屈丐自稱大單
容寶養子高雲殺熙自立

于大夏天王
五年春正月行幸犲山宮遂如參合陂觀漁於
延水至灅川三月姚興遣使朝貢是歲皇孫燾
生
六年夏帝不豫初帝服寒食散自大醫令陰羨
死後藥數動發至此踰甚而災變屢見憂懣不
安或數日不食或不寢達旦歸咎群下喜怒乖
常謂百寮左右人不可信慮如天文之占或有
肘腋之虞追思既往成敗得失終日竟夜獨語

不止若傍有鬼物對揚者朝臣至前追其舊惡
皆見殺害其餘或以顏色變動或以喘息不調
或以行步乖節或以言辭失措帝皆以為懷惡
在心變見於外乃手自毆擊死者皆陳天安殿
前於是朝野人情各懷危懼有司懔息莫相督
攝百工偷劫盜賊公行巷里之間人為希少帝
亦聞之曰朕縱之使然待過災年當更清治之
爾秋七月慕容支屬百餘家謀欲外奔發覺伏
誅死者三百餘人八月衛王儀謀叛賜死冬十

月戊辰帝崩於天安殿時年三十九永興二年
九月甲寅上諡宣武皇帝葬於盛樂金陵廟號
太祖泰常五年改諡曰道武

史臣曰晉氏崩離戎羯乘釁僭偽紛糺狡狢競
馳太祖顯晦安危之中屈伸潛躍之際驅率遺
黎奮其靈武克前方難遂啟中原揆神顯
登皇極雖冠履不暇栖遑外土而制作經謨咸
存長世所謂大人利見百姓與能抑不世之神
武也而屯厄有期禍生非慮將人事不足豈天

實爲之嗚呼

太宗紀第三

太宗明元皇帝諱嗣太祖長子也母曰劉貴人
登國七年生於雲中宮太祖晚有子聞而大悅
乃大赦天下帝明叡寬毅非禮不動太祖奇
之天興六年封齊王拜相國加車騎大將軍初
帝母劉貴人賜死太祖告帝曰昔漢武帝將立
其子而殺其母不令婦人後與國政使外家為
亂汝當繼統故吾遠同漢武為長久之計帝素
純孝哀泣不能自勝太祖怒之帝還宮哀不自

〔魏書紀三〕 一 王

止日夜號泣太祖知而又召之帝欲入左右曰
孝子事父小杖則受大杖避之今陛下怒盛入
或不測陷帝於不義不如且出待怒解而進不
晚也帝懼從之乃遊行逃於外天賜六年冬十
月清河王紹作逆太祖崩帝入誅紹壬申即皇
帝位大赦改年為永興元年追諡皇妣為宣穆
皇后公卿大臣先罷歸第不與朝政者悉復登
用之詔南平公長孫嵩北新侯安同對理民訟
簡賢任能疇倫攸敍聞十月丁亥朱提王悅謀

廣固

反賜死詔都兵將軍山陽侯奚斤巡行諸州問
民疾苦撫恤窮乏之十有二月戊戌封衛王儀子
良為南陽王陰平公元丕進爵為王高涼王樂
真改封平陽王巳亥帝始居西宮御天文殿蠕
蠕犯塞是歲乞伏乾歸據金城自稱秦王高雲
為海夷馮跋所滅跋僭號自稱大燕天王
二年春正月甲寅朔詔南平公長孫嵩等北伐
蠕蠕平陽民黃苗等依汾自固受姚興官號并
州刺史元六頭討平之二月癸未朔詔將軍于
栗磾領步騎一萬鎮平陽夏五月長孫嵩等
自大漠還蠕蠕追圍之於牛川壬申帝北伐蠕
蠕聞而遁走車駕還幸參合陂秋七月巳立
馬射臺於陂西仍講武教戰乙丑車駕至自北
伐八月章武民劉牙聚眾反山陽侯奚斤討平
之九月甲寅葬太祖宣武皇帝於盛樂金陵冬
十有二月辛巳詔將軍周觀率眾詣西河離石
鎮撫山胡是歲司馬德宗將劉裕滅慕容超於

〔三四平 魏書紀三〕 二 高文

三年春二月戊戌詔曰衣食足知榮辱夫人人飢
寒切已唯恐朝夕不濟所急者溫飽而已何暇
及於仁義之事乎王敦之多違蓋由於此也非
夫耕婦織內外相成何以家給人足矣其簡宮
人非所當御及執作伎巧自餘悉出以配鰥民
己亥詔比新徙安同等持節循行开定二州及
聞昌黎遼東民二千餘家內屬三月己未詔待

冤窮失職雜胡丁零相陵孤寒不能自存者各以事
諸山居雜胡丁零一千零家內屬五月戊寅河東蜀民黃思郭綜等
率營部七百餘家內屬五月丁卯車駕調金陵
於盛樂己巳昌黎王慕容伯兒謀及伏誅六月
姚興遣使來聘西河張賢等率營部內附秋
七月戊申賜衣服各有差八月戊寅詔將軍
東州俟尉古具統兵五千鎮西境太洛城冬十
二月甲戌蠕蠕斛律宗黨吐觝干等百餘人內
屬甲午詔南平公長孫嵩拔自馬俟

崔玄伯等坐朝堂錄決囚徒務在平當
四年春二月癸未登虎圈射虎賜南平公長孫
嵩等布帛各有差夏四月乙未宴羣臣於西宮
使各獻真言秋七月己巳朔東巡置四廂大將
又放十二時置十二小將以山陽侯奚斤元戊子
臨元屈行左右丞相庚寅至于濡源西巡幸北
落賜以繒帛八月庚戌車駕還宮王子幸西宮
臨板殿大饗羣臣將吏以田獵所獲賜之命民

大酺三日乙卯賜王公以下至宿衛將士布帛
各有差冬十有一月乙丑賜宗室近屬南陽王
良巳下至於緦麻之親布帛各有差十有二月
丁巳車駕北巡至長城而還是年乞伏乾歸為
兄子公府所殺子熾盤立沮渠蒙遜自稱河西
王
五年春正月己巳大閱戰內男子十二以上悉
集己卯幸西宮頒扷大渠帥四十餘人詣闕奉
貢賜以繒帛錦罽各有差乙酉詔諸州六十戶

出戎馬一匹庚寅大閱於東郊部署將帥以山
陽侯奚斤為前軍騎三萬陽平王熙等十二將
各一萬騎帝臨白登躬自校覽焉二月戊申賜
陽平王熙及諸王公侯將士布帛各有差庚戌
幸高柳川甲寅車駕還宮癸丑安南大將馬
午姚興遣使來聘詔分遣使者巡求儁逸其豪
門彊族為州閭所推者及有文武才幹臨疑能
決或有先賢世胄德行清美學優義博可為人
師者各令詣京師當隨才敘用以贊廉政夏四
月河東民薛相率部內屬乙巳上黨民勞聰士
臻羣聚為盜殺太守令長相率外奔乙卯車駕
西巡詔前軍奚斤等先行討越勤部於跋那山
夏五月乙亥行幸雲中舊宮之大室丙子大赦
天下西河張外建與王紹自以所犯罪重不敢
解散庚戌詔會稽公劉潔永安侯魏勤等率
乙卯詔會稽公劉潔永安侯魏勤等率衆三千
鎮西河六月西幸五原校獵于骨羅山獲獸十
萬漢澤劉逸自號征東將軍三巴王王紹為署

置官屬攻逼建興郡元屈等討平之秋七月己
巳還幸薄山二帝登觀太祖遊幸刻石頌德之慮
乃於其旁起石壇而薦饗焉賜從者大酺於山
下癸斤等破越勤倍泥部落於跋那西獲馬
五萬四牛二十萬餘家計口
受田河西胡曹龍張大頭等各領部擁衆二萬
人來入蒲子遍為張外於研子嵎外懼給以牛
酒殺馬盟誓推龍為大單于本美女良馬於龍
丙戌車駕自大室西南巡諸部落賜其渠帥繒
帛各有差遂南次定襄大落城東踰十嶺山田
於姜無川八月癸外車駕還宮癸丑奚斤等班
師甲寅帝臨白登觀降民數軍實曹龍降執
送張外斬之辛未賜征還將士牛馬奴婢各有
差置新民於大寧川給農器計口受田丁丑幸
犴山宮癸未車駕還宮冬十月丁巳將軍元屈
解被傷勤死之十一月癸酉大饗于西宮姚興
會稽公劉潔永安侯魏勤等擊吐京叛胡失利
遣使朝貢來請進女帝許之

神瑞元年春正月辛酉以禎瑞頻集大赦改元

辛巳幸繁畤賜王公已下至於士卒百工布帛各有差二月戊戌車駕還宮是月赫連屈丐入寇河東蒲坂殺吏民三城護軍張昌等要擊走之庚戌幸犲山宮西掠吏民初人乙卯起豐宮於平城東北夏五月辛酉車駕原攻殺屈丐所置吐京護軍及其守三百餘弟輔國將軍領東平太守陽平趙鸞廣威將軍還宮六月司馬德宗冠軍將軍太山太守劉研等萬餘家渡河內屬戊申幸犲山宮丁亥車駕七千餘家內屬河西胡酋劉遮劉退孤率部落辛丑遣謁者悅力延撫慰蠕蠕千什門招諭馮跋詔平南將軍相州刺史尉古真與司馬德宗太尉劉裕相聞使來聘冬十一月壬午詔使者巡行諸州校閱守宰資財非自家所齎恐簿為贓詔焉姚興遣使來聘

平昌太守羅卓斗城屠各帥張文興等率流民

魏書紀三 七 石昌

三色

守宰不如法聽民詣闕告言之十二月丙戌朔

蠕蠕犯塞丙申帝北伐蠕蠕河內人司馬順宰自號晉王太守討捕不獲是歲禿髮傉檀為乞伏熾磐所滅

二年春正月丙辰車駕至自北伐賜從征將士布帛各有差二月丁亥大饗于西宮賜附國大渠帥朝貢者繒帛金罽各有差司馬德宗琅邪太守劉朝率二千餘家內屬甲辰立太祖廟於白登之雲等率數萬戶內附

西三月詔曰刺史守宰率多逋慢前後怠惰數加督罰猶不悛改今年此事調懸違者適出家財充之不聽徵發於民河西飢胡屯聚上黨推白亞栗斯為盟主號大單于自號單于稱建平元年以司馬順宰為之謀主夏四月詔將軍公孫表等五將討之河南流民二千餘家內屬衆發栗斯而立劉虎號率善王司馬德宗遣使朝貢已卯車駕北巡五月丁亥次於參合東幸大寗丁未田于四岬山六月戊午幸去畿

魏書紀三 八 朱大吉

三百十五

陵觀漁辛酉次于濡源築立蜍臺射自能於頹
牛山獲之丁卯幸赤城親見長老問民疾苦復
祖一年南次石亭幸上谷問百年訪賢俊復田
租之半壬申幸涿鹿登橋山觀溫泉使使者以
太牢祠黃帝廟至廣寗登歷山祭癹廟秋七月
還宮復所過田租九月〔關有河南流民〕
前後三千餘家姚興使散騎常侍東武侯姚敞尚
書姚泰送其西平公主來帝以后禮納之辛酉
冬十月壬子姚興使散騎常侍東武侯姚敞尚
行幸沮洳城癸亥車駕還宮丙寅詔曰古人有
言百姓足則君有餘未有民富而國貧者也自
頃以來頻遇霜旱年穀不登百姓飢寒不能自
存者其衆甚眾其出布帛倉穀以賑貧窮十有一月
丁亥幸犾山宮庚子車駕還宮
泰常元年春正月甲申行幸犾山宮戊子車駕
還宮三月己丑長樂王處文薨常山王霍季自
言名在讖圖識持一黑石以為天賜王印誑惑聚
黨入山為盜州郡捕斬之夏四月壬子大赦改

元庚申河間王脩薨六月丁巳車駕北巡秋七
月甲申帝自白鹿陂西行大獮于牛川登釜山
臨殺繁水而南觀于九十九泉戊戌車駕還宮
九月戊午前并州刺史叔孫建大破山胡劉
虎渡河東走至陳留為從人所殺司馬順宰等
皆死司馬德宗相劉裕遣其部將
王仲德為前鋒從陸道至深城宛州刺史尉建
畏懦華州北渡王仲德遂入滑臺詔將軍叔孫
建等渡河曜威滑臺斬尉建於城下冬十月壬
戍辛犾山宮徙何部落庫傉官斌先降後叛
歸馮跋驍騎將軍延普渡濡水討擊大破之斬
斌及馮政幽州刺史漁陽公庫傉官昌征北將
軍關內侯庫傉官提等首生擒庫傉官女生縛
送京師幽州平十一月甲戌車駕還宮築蓬臺
於北苑十二月南陽王良薨是歲姚興卒子泓
立
二年春二月丙午詔曰九州之民隔遠京邑時
有雍滯守宰至不以聞今東作方興或有貧窮

失農務者其遣使者巡行天下省諸州觀民風
俗問民疾苦察守宰治行諸有不能自申皆因
以聞辛酉司馬德宗滎陽守將傳洪遣使詣叔
孫建請以虎牢降求軍赴接德宗詔司徒長
孫嵩率諸軍邀擊劉裕戰於畔城更有負捷率
思遣使王良詣闕上書請軍討劉裕詔司馬文
詔止諸軍不克夏四月丁未榆山丁零翟蜀率
馬德宗章武太守捕特兒等囚送京師丁巳幸

高柳壬戌車駕還宮五月汝南民胡謹等萬餘
家相率內屬乙未司馬德宗齊郡太守王懿來
降車駕西巡至于雲中遂濟河田于大漠秋七
月作白臺於城南高二十丈司馬順之入常山
流言惑眾稱受天帝命年二十五應為人君遂
聚黨於封龍山趙郡大盜趙德執送京師斬之
八月劉裕滅姚泓九月癸酉司馬德宗平西將
軍荊州刺史司馬休之息譙王文思章武王子
司馬國璠司馬道賜輔國將軍溫楷竟陵內史

魯軌荊州治中韓延之殷約平西參軍桓謐桓
璲及桓道子勃海刀雍陳郡袤式等數百
人來降冬十月己酉詔司徒長孫嵩等還京師遣
叔孫建鎮鄴癸丑豫章王燮薨十有一月司徒
長孫嵩等至樂平詔嵩遣娥清周幾等與
叔孫建討西山諸軍
還復諸州租稅十有二月己酉詔河東有
姚泓子弟播越民間能有送致京師者賞之庚
申田于西山癸亥車駕還宮

子等擁部落三萬於雍遣使內附詔將軍王洛
生及河內太守楊聲等西行以應之壬申辛大
審長川姚泓尚書東武侯姚敞敞弟鎮遠將軍
僧光右將軍姚定世自洛來奔是年李昌子
歆立遣使朝貢
三年春正月丁酉朔帝自長川詔護高車中郎
將薛繁率高車丁零十二部大人眾北略至弱
水降者二千餘人獲牛馬二萬餘頭河東胡蜀

五千餘家相率內屬三月司馬德宗遣使來貢

庚戌從幸西宮以范陽去年水復其租稅夏四月
己巳從冀定幽三州徙何於京師五月丙午詔
叔遣鎮廣阿壬子車駕東巡至于濡源及廿
松遣征東將軍長孫道生給事黃門侍郎奚觀
率精騎二萬襲馮跋又命驍騎將軍延普自幽
州北趨遼西為聲勢帝自突門嶺待之道生至
龍城從其民萬餘家而還六月乙酉車駕西返
秋七月戊午至於京師八月鴈門河內大雨水

復其租稅九月甲寅詔諸州調民租戶五十石
積於定相冀三州冬十月戊辰築宮於西苑是
歲司馬德宗卒弟德文僭位赫連屈丐僭稱
皇帝

四年正月壬辰朔車駕臨河大蒐于犢渚癸卯
車駕還宮三月癸丑築宮於蓬臺比司馬德文
寧朝將軍平陽太守匈奴護軍薛辯及司馬楚
之司馬順明司馬道恭並遣使請降夏四月庚
辰車駕有事於東廟遠藩助祭者數百國辛巳

【魏書紀三】　十三

南巡幸鴈門賜所過無出今年租賦五月庚寅
朔觀漁于灅水巳交車駕還宮復所過一年租
賦六月司馬德文建威將軍河西太守馮翊羌
酉党道子遣使內蜀車駕還宮所過復一年田租九月築
恆岳甲申車駕還宮秋八月辛未東巡遣使祭
宮於白登山冬十有二月癸亥西巡至于雲中蹋
白道比獵野馬於豪孤山至于黃河從君子津
西渡大狩於薛林山

五年春正月丙戌朔自薛林東還至于屋竇城

饗勞將士大餔二日班禽獸以賜之已亥車駕
還宮三月丙戌南陽王意文薨夏四月河西屠
各帥黃大虎羌酋不蒙娥等遣使內附丙寅起
灅南宮五月乙酉詔曰宣武皇帝體道得一天
縱自然大行大名未盡美非所以光揚洪烈
垂之無窮也今因啟緯圖始觀尊號天人之意
煥然著明其改宣曰道更上尊謚曰道武皇帝
以彰靈命之先啟聖德之宜于
八表庚戌淮南侯司馬國璠池陽侯司馬道賜

三百六　▪魏紀三　十四　宋帝

等謀反伏誅六月丙寅行幸翳犢山秋七月丁

西西至于五原丁未幸雲中大室賜從者大酺

八月癸亥車駕還宮閏月甲午陰平王烈薨冬

十有一月詔驍騎將軍延普城乾城十有二月

丁亥杏城羌酉狄溫子率三千餘家內附是歲

劉裕廢殺其主司馬德文僭自稱皇帝號宋本

散為沮渠蒙遜所滅散弟恂自立於敦煌

六年春正月辛未行幸公陽二月調民二十戶

輸戎馬一匹大牛一頭三月甲子陽平王熙薨

三百十五　魏紀三　十五　章東

乙亥制六部民羊滿百口輸戎馬一匹發京師

六千人築苑起自舊苑東包白登周回三十餘

里夏六月乙酉比巡至蟠羊山秋七月西巡狩

于柞山親射虎獲之遂至于河八月庚子大獮

于犢渚九月庚戌車駕還宮壬申劉裕遣使朝

貢冬十月巳亥行幸代十有二月丙申　西巡狩

至于雲中是歲沮渠蒙遜滅李恂

七年春正月甲辰朔自雲中西行幸屋竇城賜

從者大酺三日蕃渠帥繒帛各有差二月丙戌

車駕還宮賜從者布帛各有差大饗于西宮三

月乙丑河南王曜薨夏四月甲戌封皇子壽為

泰平王壽字佛貍簞拜相國加大將軍不為樂平

王加車騎大將軍彌為安定王加衛大將軍範

為樂安王加中軍大將軍健為永昌王加撫軍

大將軍崇為建寧王大將軍俊為新興

王加鎮軍大將軍獻初帝素服寒食散頻年動

王拜大司馬大將軍屬懷長公主耜敬封長樂

發不堪萬機五月詔皇太子臨朝聽政是月泰

三百十六　魏書紀三　十六　朱大?

平王攝政劉裕卒子義符僭立秋九月詔泰平

空癸酉節都督前鋒諸軍事為皆兵大將軍行

揚州刺史交阯侯幾為宋兵將軍交州刺史

安固子公孫表為吳兵將軍廣州刺史前鋒

劉義符乙巳幸澤南宮遂如廣寗巳酉詔泰平

王率百國以法駕田于東苑軍乘服物皆以乘

興之副辛亥駕平城外郭周回三十二里辛酉

幸橋山遣使者祠黃帝唐堯九廟因東幸幽州見

耆年問其所苦賜爵號分遣使者循行州郡觀

察風俗冬十月甲戌車駕還宮後所過問田租之
半癸卯伐滑臺不克帝怒議親南討以伺其聲援
壬辰車駕南巡出自天門關踰恒嶺四方蕃附
大人各率所部從者五萬餘人十有一月泰平
王親統六軍出鎮塞上安定
同居守丙午曲赦司州殊死已下劉義符東郡
太守王景慶棄滑臺走詔成皋侯元苟兒為兗
州刺史鎮滑臺十有二月遣壽光侯叔孫建等
率衆自平原東渡河下青兗諸郡劉義符兗州
刺史徐琰聞渡河棄守走叔孫建遂東入青州
司馬愛之秀之先聚黨濟東皆率衆來降
八年正月丙辰行幸鄴存恤民俗司空奚斤既
平兗豫還圍虎牢劉義符守將毛德祖距守不
下河東蜀薛定薛輔率五千餘家內屬蠕蠕犯
塞二月戊辰築長城於長川之南起自赤城西
至五原延袤二千餘里備置戍衛三月乙巳帝
田於鄴南韓陵山幸汲郡至于枋頭乙卯濟目
靈昌津辛陳留東郡乙丑濟河而北西之河內

造浮橋於冶坂津夏四月乙卯戌皋城觀虎
牢而城內之水懸練汲河帝令連艦上施轒轀
絕其汲路又穿地道以奪其井遂至洛陽觀石
經籍其王梅安率帥數千人來貢方物閏月己
未還幸河內北發太行幸高都虎牢潰獲劉義
符冠軍將軍司州刺史觀陽伯毛德祖冠軍司
馬榮陽太守翟廣建威將軍竇霸振武將軍姚
勇錯振威將軍觀陽之司州別駕姜元興治中
竇溫士衆大疫死者十二三辛酉帝還至晉陽
班賜從官王公已下逮於廝賤無不霑給五月
庚寅還次鴈門皇太子率留臺王公迎于句注
之北庚寅車駕至自北巡六月己亥太尉宜都
公穆觀薨丙辰此巡至於參合陂遊于蟠羊山
秋七月三會屋侯泉詔皇太子率百官以從
八月幸馬邑觀于灅源九月乙亥車駕還宮詔
司空奚斤還京師昌平侯娥清交趾侯周幾等
鎮枋頭劉義符潁川太守李元德竊入許昌詔
周幾擊之元德遁走幾平許昌還軍枋頭冬十月

癸卯廣西宮起外垣牆周回二十里十有一月
己巳帝崩於西宮時年三十二遺詔以司空奚
斤所獲軍實賜大臣自司徒長孫嵩已下至
卒各有差十有二月庚子上謚曰明元皇帝葬
于雲中金陵廟稱太宗帝禮愛儒生好覽史傳
以劉向所撰新序說苑於經典正義多有所闕
乃撰新集三十篇採諸經史該洽古義兼資文
武焉

安隆基固本內和外輯以德見宗良無愧也

史臣曰太祖英雄比驅朔漠末年內多釁隙明
元抱純孝之心逢梟鏡之禍權以濟事危而獲

魏書紀三　三四　十九　毛文

太宗紀第三　　　魏書三

魏收書太宗紀亡史館舊本帝紀第三卷上
有白簽云此卷是魏澹史棻隋書魏澹傳澹
之義例多與魏收不同其一曰諱皇王帝名澹
太子字四曰諸國君皆書曰卒今此卷書封

皇子燾為泰平王燾字佛貍姚興李昌司馬
德宗劉裕皆書卒故疑為澹史文案北史高
氏小史脩文殿御覽皇王部皆鈔略魏收書
其聞事及日有此紀所不載者比史本紀逐
卷後論全用魏收史臣語而微加增損惟論
明元即與此紀史臣語全不同故知非魏收
史明矣宗文總目有魏澹書一卷今亦亡矣

豈此篇乎

泰常七年四月封皇子燾為泰平王五月詔

三九四　魏紀三　二十

皇太子臨朝聽政是月泰平王攝政重複不
成文其年九月十月冊書皇太子明年五月
七月冊書皇太子前後乖戾今據此紀無立
泰平王為皇太子事世祖紀四月封泰平王
五月為監國亦不言曾立為皇太子此紀初
詔聽政便云皇太子後更稱泰平王惟此史
泰常七年五月立泰平王燾為皇太子臨朝
聽政小史御覽亦無立皇太子事而自臨朝
聽政後悉稱皇太子彼蓋出魏收史故與此

不同隋書稱魏澹書甚簡要不應如此重複

乖戾疑此卷雖存亦殘缺脫誤

魏紀三卷終

世祖太武皇帝諱燾太宗明元皇帝之長子也
母曰杜貴嬪天賜五年生於東宮體貌瓌異太
祖奇而悅之曰成吾業者必此子也泰常七年
四月封泰平王五月為監國太宗有疾命帝總
攝百揆聰明大度意豁如也八年十月壬申即
皇帝位大赦天下十有二月追尊皇妣為密
皇后進司徒長孫嵩爵為北平王司空奚斤為
宜城王藍田公長孫翰為平陽王其餘普增爵
位各有差於是除禁錮釋嫌怨開倉庫賑窮之
河南流民相率內屬者甚衆
始光元年春正月丙寅安定王彌薨夏四月甲
辰東巡幸大甯秋七月車駕還宮八月蠕蠕率
六万騎入雲中殺掠吏民攻陷盛樂宮赫連子
尉普文率輕騎討之虜乃退走詔平陽王長孫
翰等擊蠕蠕別帥破之殺數千人獲馬五餘匹
語在蠕蠕傳九月大簡輿徒治兵於東郊部分
諸軍五万騎將北討冬十有二月遣平陽王長

孫翰等討蠕蠕車駕次於柞山蠕蠕北遁諸軍追
之大獲而還是年劉義符為其臣徐羨之等所
廢殺立義符弟義隆
二年春正月已卯車駕至自北伐以其雜畜班
賜將士各有差三月慕容渴悉隣反於北平攻
破郡治太守將軍擊敗之三月丙辰尊保母
竇民曰保太后已已以北平王長孫嵩為太尉
平陽王長孫翰為司徒宜城王奚斤為司空庚
申營故東宮為萬壽宮起永安安樂二殿臨望
觀九華堂初造新字千餘詔曰在昔帝軒剏制
造物乃命頡因鳥獸之跡以立文字自茲以
降隨時改作故篆隸草楷並行於世然經歷遠
傳習多失其真故令文體錯謬會義不惬非所
以示軌則於來世也孔子曰名不正則事不成此
之謂矣夏四月詔龍驤將軍步堆謁者僕射胡覲
楷式
使於劉義隆五月詔天下十家發大牛一頭運
粟塞上秋九月永安安樂二殿成丁卯大饗以

落之冬十月治兵於西郊癸夘車駕北伐平陽
王長孫翰等絕漠追之蠕蠕北走事具蠕蠕傳
是年赫連屈丐死子昌僭立
三年春正月壬申車駕至自北伐班軍實以賜
將士行留各有差乙伏熾磐遣使朝貢請討赫
連昌三月起太學於城東祀孔子以顏淵配夏
五月辛夘中山公元纂進爵為王南安公元素
復先爵常山王六月辛卯舊宮謂陵廟西至
五原田於陰山東至和兕山秋七月築馬射臺
于長川帝親登臺觀走馬王公諸國君長馳射
中者賜金錦繒絮各有差八月車駕還宮劉義
隆遣使朝貢以屈丐旣死諸子相攻九月遣
司空奚斤率義兵將軍封禮雍州刺史延普龍
驤將軍步兵將軍周幾率洛州刺史于栗磾襲陝
蒲坂宋兵將軍周幾率洛州刺史于栗磾襲陝
城冬十月丁巳車駕西伐幸雲中臨君子津會
天暴寒數日冰結十有一月戊寅帝率輕騎二
萬龍驤赫連昌壬午至其城下徙万餘家而還語
在昌傳至祚山班所虜獲以賜將士各有差矣

斤未至蒲坂昌守將赫連乙斗棄城西走昌弟
助興守長安乙斗復與助興自長安奔安定
奚斤遂入蒲坂十有二月詔斤西據長安秦雍
氐羌皆叛昌詣斤降武都氐王楊玄及沮渠蒙
遜等皆遣使內附
四年春正月乙酉車駕至自西伐賜留臺文武
生口繒帛馬牛各有差從人在道多死其能到
都者縿十六七巳亥行幸幽州赫連昌遣其弟
平原公定率眾二萬向長安帝聞之乃遣就陰
山伐木大造攻具二月車駕還宮三月丙子遣
高涼王禮鎮長安詔執金吾桓貸造橋於君子
津丁丑廣平王連薨夏四月丁未詔員外散騎
常侍步堆謁者僕射胡觀等使於劉義隆
治兵講武分諸軍司徒長孫翰廷尉長孫道生
宗正娥清三万騎為前驅常山王素太僕丘堆
將軍元太毗步兵三万為後繼南陽王伏真執
金吾桓貸將軍姚黃眉步兵三万部攻城器械
將軍賀多羅精騎三千為前候五月車駕西討

赫連昌辛巳濟君子津三城胡酋鵲子相率內
附帝次拔隣山築城舍輜重以輕騎三萬先行
戊戌至于黑水帝親祈天告祖宗之靈而誓眾
焉六月甲辰昌引眾出城大破之之事在昌傳眾
將麾下數百騎西南走奔上邽諸軍乘勝追至
城北死者萬餘人臨陣殺昌弟河南公滿及其
昌母出走乙巳車駕入城虜昌君臣弟及其諸母
兄子蒙遜會日菩昌尚書僕射閻至拔城夜將
姊妹妻妾宮人萬數府庫珍寶車旗器物不可
勝計擒昌尚書王買辞超等及司馬德宗將毛
脩之秦雍人士數千人獲馬三十餘匹牛羊
數千萬以昌宮人及生口金銀珍哉布帛班賚
將吏有差昌弟平原公定拒司空奚斤於長
安城娥清率騎五千討之西走上邽辛酉班師
留常山王素斬金吾桓貸鎮統萬秋七月已卯
築壇於祚嶺戲馬馳射賜射中者金錦繒絮各
有差蠕蠕寇雲中聞破赫連昌懼而還走八月
壬子車駕至自西代飲至榮動告於宗廟班軍

實以賜留臺百寮各有差九月丁酉安定民舉
城歸降冬十有一月以氐王楊玄為都督荊梁
益寧四州諸軍事假征南大將軍梁州刺史南
秦王十有二月行幸中山守宰貪污免者十數
人癸卯車駕還宮復所過田租之半
神麚元年春正月以天下守令多行非法精選
忠良悉代之以二月改元赫連
昌退屯平涼司空奚斤進軍安定將軍立堆為
昌所敗監軍侍御史安頡出戰擒昌昌餘眾立
昌弟定為王走還平涼三月癸酉詔侍中古弼
迎赫連昌辛巳弼等以昌至于京師司空奚斤
追定於平涼馬髦嶺為定所擒立堆先守輜重
在安定聞斤敗棄甲東走蒲坂帝聞大怒詔安
頡斬堆夏四月赫連定遣使朝貢諭之王
子西巡戊午田于河西大赦天下南秦王楊玄
遣使朝貢六月丁酉并州胡酋卜田謀反伏誅
餘眾不安詔淮南公王倍斤鎮虜虎撫慰之甲
寅行幸長川秋七月車駕還宮八月東幸廣寗

臨觀溫泉以太牢祭黃帝堯舜廟蠕蠕大檀遣
子將萬餘騎入塞事具蠕蠕傳上郡休屠胡酋
金崖率部內屬九月車駕還宮上洛巴渠泉午
觸等萬餘家內附冬十月甲辰比巡王子田于
牛川劉義隆遣淮北鎮將王仲德遣步騎三千餘
又遣將王玄謨兗州刺史笠靈秀乃步騎二千人
入寇滎陽將龍衣虎牢豫州遣軍逆擊走之上郡屠
各隤詣歸率萬餘家內屬定州丁零鮮于臺陽

■魏書紀四上　七　曹吳

翟喬等三千餘家叛入西山劫掠郡縣州軍討
之失利詔鎮南將軍壽光侯叔孫建擊之十有
一月行幸河西大校獵十有二月甲申車駕還
宮昰歲皇子諱生气伏犧盤死子暮末僭立詛
渠蒙遜遣使朝貢
二年春正月赫連定弟酒泉公儁自平涼來奔
丁零鮮于臺陽等歸罪詔赦之三月上黨韋禹
聚眾殺太守自稱無上王署置將帥河內守將
擊破之禹亡走入山為人執送斬之夏四月治

兵于南郊劉義隆遣使朝貢庚寅車駕比伐以
太尉比平王長孫嵩衛尉廣陵公樓伏連留守
京師從東道與長孫翰等期會於賊庭五月丁
未次于沙漠舍輜重輕騎兼馬至栗水蠕蠕震
怖焚燒廬舍絕跡西走事具蠕蠕傳是月赫連
定來侵統萬軍實班賜王公將士各有差八
月帝以東部高車屯己尼陂詔左僕射安原率
騎萬餘討之事具蠕蠕傳冬十月振旅凱旋于
轅至黑山校數軍實賜王公將士各有差八

■魏書紀四上　八　曹吳

京師告於宗廟列置新民於漠南東至濡源
西暨五原陰山竟三千里詔司徒平陽王長孫
翰尚書令劉絜左僕射安原侍中古弼鎮撫之
十有一月西巡狩田于河西至牒山而還
三年春正月庚子車駕還宮壬寅大赦天下癸
卯行幸廣甯臨溫泉作溫泉之歌二月丁卯司
徒平陽王長孫翰薨戊辰車駕還宮三月壬寅
進會稽公赫連昌為秦王癸卯雲中河西敕勒
千餘家叛尚書令劉絜追滅之帝聞劉義隆將

冦邊乃詔冀定相三州造船三千艘簡幽州以
南戍兵集于河上以備之夏四月甲子行幸雲
中敕勒万餘落叛走詔尚書封鐵追討滅之五
月戊戌詔曰夫士之為行在家必孝慮朝必忠
然後身榮於時名揚後世矣近遣尚書封鐵翦
除亡命其所部將士有盡忠竭節以殞命者
今皆追贈爵號或有蹈鋒履難以自效者以功
次進位或有故違軍法私離幢校者以軍法行
戮夫有功則蒙賞有罪受誅國之常典不可暫廢

〔魏紀〕罘卷　九　宋琳

自今後以不善者可以自改其宣敕內外咸使
聞知六月詔平南大將軍假丹陽王太毗屯于
河上以司馬楚之為安南大將軍琅邪王屯潁
川秋七月巳亥詔曰昔太祖撥亂制度草太
宗因循未遑改作軍國官屬至刀闕然令諸征
鎮將軍王公仗節邊遠者聽開府辟召其次增
置吏員庚子詔大鴻臚卿杜超假節都督冀定
相三州諸軍事行征南大將軍太宰進爵為王
鎮鄴為諸軍節度八月清河羣盜殺太守劉義

隆將到彦之自清水入河泝流西行帝以河南
兵少詔攝罘鎮乃治兵將西討丙寅到彦之遣
將渡河攻治坂冠軍將軍安頡督諸軍擊破之
斬首五千餘級投水死者甚衆甲戌行幸南宮
獵于南山戊寅詔西討西大將軍長孫道生屯于河
上九月巳丑赫連定遣第弟諸軍討之擒賊將軍
將軍始平公隗歸等率諸軍討之擒賊將軍
殺萬餘人謂以代逍走癸卯立密皇太后廟于
鄴甲辰行統萬遂征平涼冬十月庚申到彦

〔魏書紀四上〕　十　徐緯

之王仲德沿河置守還保東平乙亥冠軍將軍
安頡濟河攻洛陽丙子拔之擒義隆將二十八
斬首五千級時河比諸軍會于十女津彦之恐
軍南度遣將王蟠龍泝流欲盜官舡征南大將
軍杜超等擊破斬之辛巳安頡平虎牢義隆司
州刺史尹沖隊城死十有一月乙酉車駕至平
涼先是赫連定將數萬人東御於鄜城留其弟
上谷公社干廣陽公度洛孤城守帝至平涼益
北原使赫連昌招諭之社干不降詔安西將軍

古弼等擊安定攻平涼定聞之棄鄘城入于安
定自率步騎三万從鶉觚原將救平涼與弼相
遇弼擊之殺數千人乃還詔諸軍四面圍之
甲午壽光疾叔孫建汝陰公長孫道生濟河到
彥之空靈秀棄湖南奔湖陸之定衆大潰死者万
下原詔武衛將軍丘眷擊之定衆丹陽爲視
史空靈秀葉濵昌南奔湖陸一酉定乏水引衆
餘人定中重劍單騎遁走獲定弟丹陽爲視
拔武陵公禿骨及公庶百餘人是日諸將乘勝
進軍遂取安定從兄東平公乙斗東平公長
安劫掠數千家西奔上邽戊戌叔孫建大破笠
靈秀於湖陸殺獲五千餘人乙亥帝幸安定獲乞
伏熾磐賀子及定車旗簿其生口財畜班賜將
士各有差庚子帝自安定還臨平涼遂掘塹圍
守之行幸紐城安慰初附赦秦雍之民賜復七
年定隴西守及將士數千人來降辛丑冠軍將
軍安頡率諸軍攻滑臺琅邪王司馬楚之破劉
義隆將於長社沮渠蒙遜遣使朝貢壬雷封壽

光侯叔孫建爲丹陽王十有二月丁卯定弟社于
度各孤面縛出降平涼收其珍寶定長安臨
晉武功守將皆杂走關中平壬車車駕東還留巴
東公延普等鎮安定是歲馮跋死弟文通僭立
德從清水救滑臺丹陽王仲德從清水救滑臺
賜布帛各有差丙申劉義隆將檀道濟王仲
連定所滅二月辛酉安頡司馬楚之平滑臺擒
道生拒之道濟等不敢進是月乞伏慕末爲赫
義隆將朱脩之李元德及東郡太守申謨癸酉
車駕還宮飲至策勳告於宗廟賜留臺百官
各有差戰士賜復十年丁丑行幸南宮定州民
飢詔啓倉君以賑之義隆將檀道濟王仲德東
諸將追之至歷城而還三月庚戌冠軍將軍安
頡獻義隆俘乃餘人甲兵三万夏五月庚寅行
幸雲中六月閏月乙未赫連定虵虵國遣使獻詔散
騎侍郎周紹使于劉義隆秋七月已酉行幸河
慕瑣所執閏月乙未赫連定虵虵國遣使朝獻

西起承華宮八月乙酉沮渠蒙遜遣子安周入
侍吐谷渾慕瓆遣便奉表請送赫連定巳丑以
慕瓆為大將軍西秦王九月癸丑車駕還宮庚
申加太尉長孫嵩高社國大將軍特進左光祿大
夫崔浩為司徒征西大將軍長孫道生為司空
癸亥詔兼太常李順持節拜阿西王沮渠蒙遜
為假節加侍中都督涼州及西域羌戎諸軍事
行征西大將軍太傅涼州牧涼王壬申詔曰項
逆命縱逸方夏未寧戎車屢駕不遑休息全二
寇摧殄士馬無為方將偃武修文遵太平之化
理殷職舉逸民拔起幽窮延登儁乂昧旦思求
想遇師輔雖殷宗之夢板築周以知也訪諸有
司咸稱范陽盧玄博陵崔綽趙郡李靈河間邢
潁勃海高允廣平游雅太原張偉等皆賢儁
之胄冠晃州邦有羽儀之用詩不云乎鶴鳴九
皋聲聞于天庶得其人任之政事共臻邕熙之
美易曰我有好爵吾與爾靡之如玄之比隱跡
衡門不耀名譽者盡敕州郡以禮發遣遂徵玄

等及州郡所遣至者數百人皆差次敘用冬十
月戊寅詔司徒崔浩改定律令行幸漠南十一
月內展北部敕勒莫弗庫若干率其部數萬騎
驅鹿數百萬詣行在所帝因而大狩以賜從者
勒石漠南以記功德冝城王奚斤坐事降爵為
公十二月丁丑車駕還宮
延和元年春正月丙午尊保太后為皇太后立
皇后赫連氏立皇子諱為皇太子謁于太廟大
赦改年巳巳詔曰朕以眇身獲奉宗廟思闡洪
基廓清九服遭值季運天下分崩是用屢征四
或寧寧息自始光至今九年之間戎車十舉羣帥
文武荷戈被甲櫛風沐雨蹈履鋒刃賢克前勞
賴神祇之助將士宣力用能摧折疆賢克前勤大
敦兵不極武而二寇俱滅師不違律而遐方以
寧加以時氣和洽嘉瑞並降遍於郡國不可勝
紀豈朕一人獨應此祐斯亦羣后協同之所致
也公卿因茲稽諸天人之會請建副貳夫慶賞
之行所以褒崇勳舊旌顯賢能以永無疆之休

其王公將軍以下普增爵秩啓國承家修廢官

舉儁逸彌除煩苛更定科制務從輕約除故革

新以正一統羣司當深思效績直道正身立功

立事無或懈怠稱朕意焉二月丙子行幸南宮

三月丁未追贈夫人賀氏為皇后壬申西秦王

吐谷渾慕璝送赫連定於京師夏五月大簡輿

徒于南郊將討馮文通劉義隆遣使朝貢六月

漠南以備蠕蠕辛卯兼散騎常侍鄧穎使於劉

庚寅車駕代和龍詔尚書左僕射安原等屯于

義隆秋七月己未車駕至濡水庚申遣安東將

軍宜城公奚斤發幽州民及密雲丁零萬餘人

運攻具出南道俱會和龍帝至遼西文通遣其

侍御史崔聘奉獻牛酒已巳車駕至和龍臨其

城文通石城太守李崇建德太守王融十餘郡

來降發其民三萬人穿圍塹以守之是月築東

宮八月甲戌文通使數萬人出城挑戰昌黎公

元丘與河間公元齊擊破之死者萬餘人文通

尚書高紹率萬餘家保羌胡固已卯車駕討紹

辛巳斬之詔平東將軍賀多羅攻文通帶方太

守慕容玄於猴固撫軍大將軍永昌王健攻建

德驃騎大將軍樂平王丕攻冀陽皆拔之虜獲

生口班賜將士各有差九月乙卯車駕西還徙

營丘成周遼東樂浪帶方玄菟六郡民三萬家

于幽州開倉以賑之冬十月癸酉車駕至濡水

吐谷渾慕璝遣使朝貢十有一月乙巳車駕至

自代和龍十有二月己丑馮文通遣將封羽

其母弟朗弟邈以遼西內屬文通遣將封羽及

圍遼西先是辟召賢良而州郡多逼遣之詔曰

朕除偽平暴征討累年思得英賢緝熙治道故

詔州郡搜揚隱逸進舉賢俊古之君子養志衡

門德成業茂然後爲世使或雍容雅步三命而後

至或棲遲蓬蓽貞賁而自達雖尚不同濟時

一也諸召人皆當以禮申諭任其進退何逼遣

之有也此刺史守宰宣揚失旨豈復光益乃所

以彰朕不德自今以後各令鄉閭推舉守宰但

宣朕虛心求賢之意既至當待以不次之舉隨

才文武任之政事其明宣赦咸使聞知是年禿

髮傉檀子保周棄沮渠蒙遜來奔以保周爲張

掖公

二年春正月乙卯撫軍大將軍永昌王健督諸

軍救遼西丙寅以樂安王範爲假節加侍中都

督秦雍涇梁益五州諸軍事衛大將軍儀同三

司鎮長安三月庚午詔兼鴻臚卿本繼持節假

馮崇車騎大將軍遼西王承制聽置尚書已下

賜崇功臣爵秩各有差征西將軍金崖與安定

鎮將延普及涇州刺史狄子玉爭權構隙舉兵

攻普不克退保胡空谷驅掠平民據險自固詔

散騎常侍平西將軍安定鎮將陸俟討獲之壬

午行幸河西詔兼散騎常侍宋宣使於劉義隆

丙申馮崇母弟朗來朝三月司馬德宗驃騎將

軍司馬元顯子天助來降壬子車駕還宮夏五

月己亥行幸山北六月遣撫軍大將軍永昌王

健尚書左僕射安原督諸軍討和龍將軍樓勃

別將五千騎圍凡城文通守將封羽以城降收

其民三千餘家辛巳詔樂安王範發秦雍兵一

萬人築小城於長安城內秋八月遼西王馮崇

上表求說降其父帝不聽九月劉義隆遣使朝

貢奉馴象二戊午詔兼大鴻臚卿崔賾持節拜

征虜將軍楊難當爲征南大將軍儀同三司封

南秦王亥十月南秦王楊難當率衆圍漢中十

有一月甲寅車駕自山北還宮十有二月己巳

大赦天下辛未幸陰山之北隴西休屠王弘祖

率衆內屬蜀金崖既死部人立崖從弟當川領其

衆詔兼散騎常侍盧玄使於劉義隆是歲沮渠

蒙遜死以其子牧犍爲車騎將軍改封河西王

三年春正月乙未車駕次于女水大饗羣臣班

賜各有差戊馮文通遣其給事中黃門侍郎伊

臣乞和帝不許丙辰金當川反楊難當克漢中

送雍州流民七千家于長安三月丁卯蠕蠕吳

提奉其妹并遣其異母兄禿鹿悅及左右數百

人朝貢獻馬二千四戊寅詔曰朕承統之始羣

凶縱逸四方未賓所在迸慝蠕蠕陸梁於漠北

鐵弗虜於三秦是以肝食忘寢抵掌扼腕期
在埽清殄寧濟万寓故頻年屢征有事西北
運輸之役百姓勤勞殿失農業遭水旱致使
生民貧富不均未得家給人足或有寒窮不能
自贍者朕甚愍焉今四方順軌兵革漸寧宜寬
徭賦與民休息其令州郡縣隱括貧富以為三
級其富者租賦如常平當如常平當者復三
年刺史守宰當務盡平當不得阿容以罔政治
明相宜約咸使聞知辛卯車駕還宮三月甲寅
行幸河西閏月甲戌秦王赫連昌叛走丙子河
西慊將格殺之驗其謀反舉第此曰伏誅巳卯車
駕還宮彭城公元栗進爵為王辛巳焉文通遣
尚書高顒上表稱蕃詔徵其侍子戊子金當川
率其衆圍西川羌彭文暉於陰密夏四月乙未
詔征西大將軍常山王素討當川丁未行幸河
西壬戌獲當川斬之子長安以徇六月甲辰車
駕還宮辛亥撫軍大將軍永昌王健司空汝陰
公長孫道生侍中古弼叔督諸軍討和龍及其禾

稼徙民而還秋七月辛巳東宮成備置屯衛三
分西宮之一壬午行幸美稷遂至隰城命諸軍
討山胡白龍于西河九月戊子克之斬白龍及
其將帥屠其城冬十月癸巳蠕蠕國遣使朝貢
甲午破白龍餘黨于五原詔山胡為白龍所逼
及歸降者聽為平民諸與白龍同惡斬數千人
虜其妻子班賜將士各有差十有一月車駕還
宮十有二月甲辰行幸雲中
太延元年春正月壬午降死刑巳下各一等癸
未出太祖太宗宮人令得嫁甲申大赦改年二
月庚子蠕蠕蠕焉耆車師諸國各遣使朝獻詔長
安及平涼民徙在京師其孤老不能自存者聽
還鄉里二未車駕還宮三月癸亥馮文通遣大
將渴燭渾朝獻醉以子疾夏五月庚申進為上
公穆壽為侍農王汝陰公長孫道生為上黨王
宜城公奚斤為宜都王廣陵公樓伏連為廣陵
王本官各如故遣使者二十輩使西域甲戌行
幸雲中六月甲午詔曰頃者寇逆消除方表漸

晏思崇政化敷洪治沿道是以屢詔有司班宣恩
惠綏理百揆羣公卿士師尹牧守或未盡道導揚
之美致令陰陽失序和氣不平去春小旱東作
不茂憂勤克巳祈請靈祇上下咸秩豈朕精誠有
感何報應之速雲雨震灑流澤霑渥有鄴婦人
持方寸王印詣潞縣侯孫家旣亡去莫知所
在玉色鮮白光照內映即有三字為龍鳥之形
要妙奇巧不類人迹文曰旦千沒亞推尋其理蓋
神靈之報應也朕用嘉焉比者巳來禎瑞仍臻

魏書紀四上　二十一　徐陵

所在甘露流液降於殿內芝蓏合帶生于中山
野木連理殖於魏郡在先后載誕之鄉白藥集
于盛樂舊都至烏隨之蓋有千數嘉禾頻歲合
秀於恆農白雉白兔並見於勃海白雉三隻又
集於平陽太祖之廟天降嘉貺將何德以酬之
所以內省驚震欣懼交懷其今天下大酺五日
禮報百神守宰丙午高麗鄴善國並遣使朝獻戊申詔以
求福祿癸未界內名山大川上荅天意以
驃騎大將軍樂平王不等五將率騎四萬東伐

文通秋七月田於栖楊巳卯不等至於和龍徒
男女六千口而還八月丙戌遂幸河西栗特國
遣使朝獻九月甲戌車駕還宮冬十月癸卯尚
書左僕射安原謀反伏誅甲辰行幸定州次于
新城宮十有一月乙丑行幸冀州巳校獵于
廣川丙子行幸鄴祀密太后廟諸所過對問高
年襄禮賢後十有二月甲申詔曰操持六柄王
者所以統攝平政理訟公卿之所司存勸農平
賦宰民之所專急盡力三時黔首之所濟各

魏書紀四上　二十二　張戩

修其分謂之有序全更不然何以為治越職侵
局有紊綱紀上無定令民知何從自今以後亡
匿避難羈旅他鄉皆當歸還舊居不問前罪民
相殺害牧守依法平決不聽私輒報者誅及宗
族鄰伍相助與同罪州郡縣不得妄遣吏卒煩
擾民庶若有發調縣宰集鄉邑三老計貲定課
哀多益寡九品混通不得縱富督貧避彊侵弱太
守覆檢能否殿其最列言屬州刺史明考優
劣抑退姦吏　升進貞良歲盡舉課上臺最優者擢

治民之任當宣揚恩化奉順憲典與國同憂直
道正身肅居官次不亦善乎癸卯遣使者以太
牢祀北岳
二年春正月甲寅車駕還宮二月戊午馮文通
遣使朝貢求送侍子帝不許壬辰遣使者十餘
董詰高麗東夷諸國設諭之三月丙辰劉義隆
遣使朝貢辛未平東將軍娥清安西將軍古弼
率精騎一万討馮文通平州刺史元嬰又率遼
西將軍會之文通迫急求救於高麗高麗使其
乙卯馮文通奔高麗戊午詔散騎常侍封撥使
鎮虎牢夏四月甲申皇子小兒亦薨五月
大將葛蔓葛盧以步騎二万人迎文通甲戌以
楊難當竊據上卸秋七月庚戌詔驃騎大將軍
樂平王丕等督河西諸軍討之詔散騎侍
郎廣平子游雅等使於劉義隆八月丁亥遣使
六董使西域帝校獦于河西詔廣平公張黎發
定州七郡一万二千人通莎泉道甲辰高車國

遣使朝獻九月庚戌驃騎大將軍樂平王丕等
至略陽難當奉詔攝上卸守高麗不送文通遣
使奉表稱當與文通俱奉王化帝以高麗違詔
議將擊之納樂平王丕計而止冬十有一月己
酉行幸栅陽驅野馬於雲中置野馬苑閏月壬
子車駕還宮乙丑潁川王提改封武昌王河西王
沮渠牧犍遣使朝貢是歲吐谷渾慕璝死
三年春正月癸未征東大將軍中山王纂薨乙
子太尉比平王長孫嵩薨巳
巳鎮南大將軍丹
陽王叔孫建薨二月乙卯行幸幽州存恤孤老
問民疾苦還幸上谷遂至代所過復田租之半
高麗契丹國並遣使朝獻三月丁丑以南平王
渾為鎮東大將軍儀同三司鎮和龍巳卯輿駕
還宮癸巳龜茲悅般焉者車師粟特踈勒烏孫
渴槃陀鄯善諸國各遣使朝獻丁酉劉義隆遣
使朝貢夏五月巳丑詔曰方今寇逆消殄天下
漸晏比年以來屢詔有司班宣惠政與民寧息
而內外羣官及牧守令長不能憂勤所司糾察

非法廢公帶私更相隱置濁也員為官政存苟且

夫法之不用自上犯之其令天下吏民得舉告

守令不如法者丙申行幸雲中秋七月戊子使

撫軍大將軍永昌王健司空上黨王長孫道生

討山胡白龍餘黨於西河滅之八月甲辰行幸

河西九月甲申車駕還宮丁酉遣使者拜西秦

王慕璝弟慕利延為鎮西大將軍儀同三司改

封西平王又冬十月癸卯行幸雲中十有一月壬

申車駕還遷宮甲申破洛那耆舌國各遣使朝獻

奉汗血馬是歲河西王沮渠牧犍出子封壇來

朝

四年春三月庚辰鄯善王弟素延耆來朝癸未

罷沙門年五十已下江陽王根薨是月高麗殺

馮文通夏五月戊寅大赦天下丙申行幸五原

秋七月壬午車駕北伐代事具蠕蠕傳冬十月乙

丑大饗六軍十二月十已車駕至自北伐上洛

泉蔓堇等相率內附詔兼散騎常侍高雅使劉義

隆

五年春正月庚寅行幸定州三月丁卯詔衛大

將軍樂安王範遣雍州刺史葛郝取上洛劉義

隆上洛太守鍾長生棄郡走辛未車駕還宮庚

寅以故南秦王世子楊保崇為征南大將軍秦

州牧武都王鎮上邽夏四月丁酉都善呂龜茲疏

勒焉耆諸國遣使朝獻五月丁丑治兵於西郊

癸未遮逸國遣使朝獻汗血馬六月甲辰車駕西

渠牧犍侍中且都王穆壽輔皇太子決留臺事

大將軍長樂王枇勍輔國大將軍建寧王崇

万人屯漠南以備蠕蠕秋七月已巳車駕至上

郡屬國城大饗羣臣講武馬射壬午留輜重分

部諸軍撫軍大將軍永昌王健尚書令鉅鹿公

劉潔諸軍與常山王素一二道並進為前鋒驃騎

大將軍樂平王丕太宰陽平王杜超督平涼廊

城諸軍為後繼八月甲午永昌王健獲牧犍牛

馬畜產二十餘万牧犍遣弟董來率乃餘人拒

戰於城南望塵退走丙申車駕至姑藏牧犍兄

子祖踰城來降乃分軍圍之九月丙戌牧犍兄

子

子萬年率厥下來降是日牧犍與左右文武五
千人面縛軍門帝解其縛待以藩臣之禮收其
城內戶口二十餘萬舍庫珍寶不可稱計進張
掖公禿髮保周爵為王與龍驤將軍穆罷安遠
將軍源賀分略諸郡雜人降者亦數十萬牧犍
弟張掖太守宜得燒倉庫西奔酒泉樂都太守
安周南奔吐谷渾遣鎮南將軍奚眷春討奔晉
至酒泉牧犍弟酒泉太守無諱及宜得復奔晉
昌使弋陽公元潔守酒泉鎮比將軍封沓討

都掠數千家而還班賜將士有差戊子蠕蠕
犯塞遂至七介山京師大駭皇太子命上黨王
長孫道生等拒之事具蠕蠕傳冬十月辛酉車
駕東還徙涼州民三万餘家于京師癸亥遣
將軍樂平王丕征西將軍賀多羅鎮涼州諸
張掖王禿髮保周詗諸部鮮卑保周因率諸部叛
於張掖十有一月乙巳劉義隆遣使朝獻开獻
馴象一是月高麗及粟特渴盤陁破洛那悉居
半諸國各遣使朝獻十有二月壬午車駕至自

西伐歠至策勳告於宗廟楊難當寇上邽鎮將
元勿頭擊走之是歲鄯善龜茲疏勒焉耆高麗
粟特渴盤陁破洛那悉居半等國並遣使朝貢

世祖紀第四上　　魏書四上

太平巳具君元年春正月巳酉巡渠無諱圍酒泉
辛亥分遣侍臣巡行州郡觀察風俗問民疾苦
壬子無諱誘執弋陽公元潔二月巳巳詔假通
直常侍邢穎使於劉義隆發長安五千人浚昆
明池三月酒泉陷夏四月庚辰無諱冠張掖禿
髮保周屯于刪丹丙戌詔撫軍大將軍永昌王
健等督諸軍計保周五月辛夘行幸北部乙巳
無諱復圍張掖不克退還丙辰車駕還宮六

魏書紀四下　一　曹吳

月丁丑皇孫諱生大赦改年秋七月行幸陰山巳
丑永昌王健至番禾破保周保周遁走丙申皇
太后竇氏崩于行宮癸丑保周自殺及諸將士九
八月甲申無諱降送弋陽公元潔及行幸山北
十二月車駕還宮是歲州鎮十五民飢開倉賑
恤以河南王曜子羯兒為河閒王後改封陽
三年春正月癸夘拜沮渠無諱為征西大將軍
王

涼州牧酒泉王甲辰行幸溫泉二月壬戌車駕
還宮三月辛夘葬惠太后於崞山庚戌封新興王
俊略陽王羯兒有罪並黜為公辛亥封蠕蠕郁
久閭乞列歸為朝方王沮渠万年為張掖夏
四月丁巳劉義隆遣使朝貢庚辰詔鎮南將軍
南陽公奚眷征酒泉五月辛夘行幸山北秋八
月辛亥詔散騎侍郎張偉等使劉義隆行幸河
西九月戊戌撫軍大將軍永昌王健薨冬十有
一月庚子鎮南將軍奚眷平酒泉獲沮渠天周

魏書紀四下　二

三年春正月甲申帝至道壇親受符籙備法駕
宮丙午劉義隆遣使朝貢
臧嗟屈德男女四千口有二月甲戌車駕還
頗有罪削爵為侯夏四月無諱走渡流沙據鄯
善李昌孫寶據敦煌遣使內附三月行幸陰山
之北閏月劉義隆龍驤將軍裴方明梁州刺史
劉康祖寇南秦南秦王楊難當敗奔於上邽六
月丙戌難當朝於行宮先是起殿於陰山之北

殿始成而難當至因名曰廣德焉秋七月丙寅
詔安西將軍建興公古弼督隴右諸軍及殿中
虎賁與武都王楊保宗等從祁山南入征西將
軍淮陽公皮豹子與琅邪王司馬楚之等督關
中諸軍從散關西入爵會仇池鬱林公司馬文
思為征南大將軍進爵東安公刁雍為廣陵趣方
趣襄陽征南將軍東安公刁雍為廣陵趣方
明歸路冬十月己卯封皇子伏羅為晉王翰為
秦王譚為燕王建為楚王余為吳王十有二月
辛巳侍中太保襄城公盧魯元薨一商車駕還
宮李寶遣使朝貢以寶為鎮西大將軍開府儀
同三司沙州牧封敦煌公
四年春正月己巳征西將軍皮豹子等大破劉
義隆將於樂鄉擒其將王奐之王長卿等強玄
明辛伯奮棄下辨遁走追斬之蓋廣其衆謐有
行幸中山二月丙子車駕至于恆山之陽庚午
司刊石勒銘是月克仇池三月庚申車駕還宮
壬戌烏洛侯國遣使朝貢夏四月武都王楊保

宗謀反諸將擒送京師諸氐羌復推保宗弟文
德為主圍仇池丁酉大赦天下己亥行幸陰山
五月將軍古弼大破諸氐解仇池圍六月庚寅
詔曰朕承天子民憂理萬國欲令百姓家給人
足興於禮義而牧守令宰不能助朕宣揚恩德
勤恤民隱至乃侵奪其產加以殘虐非所以為
治也今復民貲賦三年其田租歲輸如常牧守
之徒各厲精為治勸課農桑不聽妄有徵發
有司彈糾勿有所縱癸巳天閱于西郊秋九月辛
丑行幸漠南甲辰捨輜重以輕騎襲蠕蠕蠕分軍
為四道事具蠕蠕傳鎮北將軍封沓入蠕蠕
冬十一月將軍皮豹子等追破劉義隆將於濁
水甲子車駕至於朔方詔曰朕承祖宗重光之
緒思闡洪基恢隆萬世自經營天下平暴除亂
埽清不順二十年矣夫陰陽有往復四時有代
謝授子任賢所以休息優隆功臣式圖長久蓋
古今不易之令典也其令皇太子副理萬機總
統百揆諸朕功臣勤勞日久皆當以爾歸第隨

時朝請饗宴朕朋論道陳謨而巳不宜復煩以
劇職更舉賢俊分備百官主者明為科制以稱
朕心十二月辛夘車駕至自北伐
五年春正月壬寅皇太子始總百揆侍中中書
監宜都王穆壽司徒東郡公崔浩侍中廣平公
張黎侍中建興公古弼輔太子以決庶政諸上
書者皆稱臣上咸儀與表同戊申詔曰愚民無
識信惑妖邪私養師巫挾藏讖記陰陽圖緯方
伎之書又沙門之徒假西戎虛誕生致妖孽非
所以壹齊政化布淳德於天下也自王公巳下
至於庶人有私養沙門師巫及金銀工巧之人
在其家者皆遣詣官曹不得容匿限今年二月
十五日過期不出師巫沙門身死主人門誅明
相宣告咸使聞知庚戌詔曰自頃以來軍國多
事未宣文教非所以整齊風俗示軌則於天下
也今制自王公巳下至於鄉士其子息皆詣太
學其百工伎巧騶卒子息當習其父兄所業不
聽私立學校違者師身死主人門誅二月辛未

中山王辰等八將以北伐後期斬于都南癸酉
驃騎大將軍樂平王丕薨庚辰行幸廬闕
三月戊戌大會于那南池遣四大將軍司空上黨王長
車駕還宮癸丑詔征西大將軍甲辰
孫道生鎮統萬夏四月乙亥侍中太宰陽平王
杜超為帳下所殺五月丁酉行幸陰山之北六
月北部民殺立義將軍衡陽公莫孤率五千餘
落北走追擊于漠南殺其渠帥餘徙居翼相定
三州為營西平王吐谷渾慕利延殺其兄子
緯代是月緯代弟叱力延等來奔乞師以叱力
延為歸義王秋七月癸夘東雍州刺史沮渠秉
謀叛伏誅八月乙丑于河西壬午詔員外散
騎常侍高濟使於劉義隆晉王伏羅督高平涼
州諸軍討吐谷渾慕利延九月帝自河西至
邑觀于崿川巳亥車駕還宮丁未行幸漠南冬
十月癸未晉王伏羅大破慕利延
白蘭慕利延從弟伏念長史鵝鳩梨部大崇娥
等率其部一萬三千落內附十一月劉義隆遣

還宮

六年春正月辛亥車駕行幸定州引見長老存
問之詔員外散騎常侍宋愔使劉義隆二月
遂西幸上黨觀連理樹於泫氏西至吐京討徙
叛胡出配郡縣三月庚申車駕還宮詔諸有疑
獄皆付中書以經義量決是月酒泉公郝溫反
於杏城殺守將王幡縣吏蓋鮮率宗族討溫溫
棄城走自殺家屬伏誅夏四月庚戌征西大將

【魏書紀四下】　七

軍高涼王那等討吐谷渾慕利延於陰平白蘭
詔秦州刺史天水公封勑文擊慕利延兄子什歸
於抱罕散騎常侍成周公萬度歸乘傳發涼州
以西兵襲鄯善六月壬辰車駕北巡什歸聞軍
將至棄城夜遁秋八月丁亥封勑文入抱罕分
徙千家還上邽壬辰度歸以輕騎至鄯善執其
王真達以詣京師帝大悅厚待之車駕幸陰山
之北次于廣德宮詔發天下兵三分取一各當
戒嚴以須後命徙諸種雜人五千餘家於北邊

令民北徙畜牧至廣漠以餌蠕蠕壬寅高涼王
那軍到曼頭城慕利延驅其部落西渡流沙那
急追故西秦王慕璝世子被囊逆軍拒戰那擊
破之被囊輕騎遁走中山公杜豐精騎追之度
三危至雪山生擒被囊什歸及熾磐子成龍送
于京師慕利延遂西入于闐國九月盧水胡蓋
吳聚眾反於杏城冬十月戊子長安鎮副將軍
紇率眾討之為吳所殺吳黨遂盛民皆渡渭奔
南山於是詔發高平敕勒騎赴長安詔將軍叔

三百二十四字　【魏書紀四下】　八　中

孫拔乘傳領攝并秦雍兵屯渭北十有一月高
涼王那振旅還京師已未遣那及殿中尚書安
定公韓茂率騎屯相州之陽平郡發冀州民造
浮橋於碻磝津蓋吳遣其部落帥白廣平西掠
新平安定諸夷酋皆應之殺汧城守將章直與
戰大敗之兵溺死於河者三萬餘人吳又遣兵
西掠至長安將軍叔孫拔與戰於渭北大破之
斬首三萬餘級庚申遼東王寶漏頭薨河東蜀

薛永宗聚黨盜官馬數千匹驅三千餘人入汾
曲西通蓋吳受其位號秦州刺史金城公周鹿
觀率衆討之不克而還庚午詔殿中尚書扶風
公元處真尚書平陽公慕容嵩三万騎討薛永
宗詔殿中尚書乙拔率五將三万騎討薛永西
平公寇提三將一万騎討吳黨白廣平蓋吳自號
天公王署置百官辛未車駕還宮選六州兵勇猛
者三万人使永昌王仁高涼王那分領爲二道
各一万騎徃南略淮泗以北從青徐之民以實河

【魏書紀四下】　一九

比癸未車駕西巡

七年春正月戊辰車駕次東雍州庚午圍薛永
宗營壘永宗出戰大敗六軍乘之永宗衆潰并
男女無少長赴汾水死辛未車駕南幸汾陰永
宗棄走北地二月丙戌車駕南幸長
庚辰帝臨戲水蓋吳退走北地丙申幸盩屋誅叛
安存問父老丁亥幸昆明池丙申幸盩屋誅叛
民耿青孫溫二壘與蓋吳通謀者軍次陳倉誅
散關耿氏害守將者還幸雍城田於岐之陽北
道諸軍乙拔等大破蓋吳於杏城吳棄馬逃走

永昌王仁至高平擒劉義隆將王章略金鄉方
與遷其民五千家於河北高涼王那至濟南東
平陵遷其民六千餘家於河北三月詔諸州邊
沙門毀諸佛像徙長安城工巧二千家於京師坑
駕旋軫幸洛水分軍誅李閏叛羌是月金城邊
囧天水梁會反推會爲帥夏四月甲申車駕至
擊之斬囧衆復攝上邽東城秦州刺史封勅文
璽三其文皆曰受命於天既壽永昌其一刻其
自長安戊子鄴城毀五層佛圖於泥像中得王
旁曰魏所受漢傳國璽至五月癸亥安豐公閭根
率騎詣上邽與敕文討梁會自走漢中蓋吳復
聚杏城自號秦地王假署山民衆旅掁扳於是
遣永昌王仁高涼王那督北道諸軍同討之六
月甲申發定冀二州兵二万人屯長安南山
諸谷以防越逸丙戌發司幽定冀四州十万人
築畿上塞圍起上谷西至于河廣袤皆千里秋
八月蓋吳爲其下人所殺傳首京師永昌王仁
平其遺燼高涼王那破蓋吳黨白廣平生擒屠

二十四

【魏書紀四下】　十一

各路那羅於安定斬于京師復略陽公羯見王
爵

八年春正月吐京胡阻險為盜詔征東將軍武
昌王提征南將軍淮南王他討之不下山胡曹
僕渾等渡河西保山以自固招引朝方諸胡提
等引軍討僕渾二月己卯高涼王那等自安定
衆赴險死者以万數癸未行幸中山頒賜從官
討平朝方胡因與提等合軍共攻僕渾斬之其
文武各有差高陽易縣民不從官命討平之從

[二九三] 【魏紀四下】 十 李諒

其餘燼於北地三月河西王沮渠牧犍謀及伏
誅從定州丁零三千家於京師夏五月車駕還
宮六月西征諸將扶風公元國真等八將坐盜
没軍資所在虜掠賦各千万計並斬之八月衛
大將軍樂安王範薨冬十月侍中中書監宜都
王穆壽薨十二月鄯善遮逸國並遣子朝獻晉
王伏羅薨

九年春正月劉義隆遣使朝貢民楊文德受義
隆官號守葭蘆城招誘武都陰平五部氐民詔

仇池鎮將皮豹子討之文德棄城南走擒其妻
子寮屬義隆白水太守郎啓玄文德走還漢中
子逆擊大破之啓玄文德走還漢中宕昌王定
梁謹遣使內附并貢方物二月癸卯行幸上黨
州山東民飢啓倉賑之罷塞圍作遂西幸上黨
誅潞叛民二千餘家徙西河離石民五千餘家
于京師詔於壺關東北大王山累石為三封又
斬其共鳳皇山南足以斷之三月車駕還宮夏
五月甲戌以交趾公韓拔為假節征西將軍領

[三二九] 【魏書紀四下】 十二 德文山

護西戎校尉鄯善王鄯善賦役其民比之郡
縣六月辛酉行南廣德官丁卯悅般國遣使求
與王師俱討蠕蠕池許之秋八月詔中外諸軍
戒嚴九月乙酉治兵于西郊丙戌上幸陰山是
月成周公万度歸千里驛上大破焉著國其王
鳩尸卑那奔龜兹冬十月辛丑悟農壬辰斤薨
癸卯以婚姻奢靡喪葬過度詔有司更為科限
癸亥大赦天下十有二月詔成周公万度歸自
焉著西討龜兹皇太子朝于行宮遂從北討至

于受降城不見蠕蠕因積糧城內留守而還比
平王長孫敦坐事降爵為公
十年春正月戊辰朔帝在漠南大饗百寮賜
有差甲戌比伐二月蠕蠕渠帥介綿他拔等率
其部落千餘家來降蠕蠕吐賀真恐懼遠遁率
具蠕蠕傳二月遂蒐于河西庚寅車駕還宮夏
五月庚寅行幸陰山秋七月浮圖沙國遣使貢
獻九月閱武碻且遂比伐事具蠕蠕傳冬十月
庚子皇太子及羣官奉迎於行宮壬午大饗班
賜所獲及布帛各有差十有一月龜茲疏勒破
洛那員闊諸國各遣使朝獻十有二月戊申車
駕至自比伐己酉以平昌公元託真為中山王
十一年春正月乙酉行幸洛陽所過郡國皆親
對高年存恤孤寡以高涼王那為儀同三司二
月甲午大蒐於梁川皇子真薨是月大治宮室
皇太子居于北宮車駕遂征縣瓠益遣使者安
慰境外之民其不服者誅之求之仁大破劉
義隆將劉坦之程天祚於汝東斬坦之檎天祚

夏四月癸卯輿駕還宮賜從者及留臺郎吏已
上生已各有差六月己亥誅司徒崔浩辛丑比
巡陰山秋七月義隆遣其輔國將軍蕭斌之率
衆六萬寇濟州刺史王買得棄州走斌之遂入
城仍使寧朔將軍王玄謨西攻滑臺詔杭頭鎮
將平南將軍康公杜道儁助守兗州八月癸
亥田於河西癸未治兵於西郊九月辛卯輿駕
南伐癸巳皇太子比伐屯于漠南吳王余留守
京都庚子曲赦定冀相三州死罪巳癸州郡兵
五萬分給諸軍冬十月癸亥車駕止枋頭詔殺
中尚書長孫真坐騎五千自石濟渡備玄謨道
走乙丑車駕濟河謨大懼棄軍而走衆各潰
散追躡斬首萬餘級器械山積帝遂至東平蕭
斌之棄濟州退保歷城乃命諸將分道並進使
征西大將軍永昌王仁自洛陽出壽春尚書長
孫真趣馬頭葵王建趣鍾離高涼王那自青州
趣下邳車駕自印道十有一月辛卯至于鄒山
劉義隆魯郡太守崔邪利率屬城降使使者以

太牢祀孔子壬子次于彭城遂趨盱眙頓盾國
獻師子二十有二月丁卯車駕至淮詔刈雚葦
況栈數万而濟義隆盱眙守將臧質閉門拒守
將軍胡崇之等率衆二万援盱眙燕王譚大破
之枭崇之等斬首万餘級淮南皆降是月永昌
王仁攻懸瓠拔之獲義隆將趙淮祖斬之傳致行宮癸未車
之過定項城及淮西大破義隆將劉康祖斬之
并虜將軍胡盛之王羅漢等傳致行宮癸未車
駕臨江起行宮於瓜步山永昌王仁自歷陽至

於江西高涼王那自山陽至於廣陵諸軍皆同
日臨江所過城邑莫不望塵奔潰其降者不可
勝數甲申義隆使獻百牢其方物又請進女
於皇孫以求和好帝以師婚非禮許以女而不許
婚使散騎侍郎夏侯野報之詔皇孫為書報
馬通問焉
正平元年春正月丙戌朔大會羣臣於江班
賞各有差文武受爵者二百餘人丁亥興駕北
旋是月破洛那劉賓迷密諸國各遣使朝獻二

月戊寅車駕濟河癸未次于魯旦壬子太子朝於
行宮三月己亥車駕至自南伐飲至策勲賚賞以
宗廟以降民五万餘家分置近畿賜留臺文武
所獲軍資生口各有差夏五月壬寅大赦六月
壬戌改年車師國王遣子入侍詔曰夫刑網太
密犯者更衆朕甚愍之有司其案律令務求
傷游雅中書侍郎胡方回等改定律令務略陽王
歙中自餘有不便於民者依比增損詔太子少
覲見儀同三司高涼王那有罪賜死戊辰皇太

子燾壬申葬景穆太子於金陵秋七月丁亥行
幸陰山省諸曹吏員三分之二九月於巳車駕
還官冬十月庚申行幸陰山劉義隆遣使聘
詔殿中將軍郎法祐使於義隆已冬上黨
王長孫道生薨十有二月丁丑車駕還官封皇
孫濬為高陽王尋以皇孫世嫡不宜在藩乃止
封秦王翰為東平王燕王譚為臨淮王楚王建為
廣陽王吳王余為南安王
二年春正月庚辰朔南來降民五千餘家於中

山謀叛州軍討平之冀州刺史張掖王汨渠萬
年與降民通謀賜死三月甲寅帝崩於永安宮
時年四十五秘不發喪中常侍宗愛矯皇后令
殺東平王翰迎南安王余入而立之大赦改元
為永平尊皇后赫連氏為皇太后三月辛卯上
尊謚曰太武皇帝葬於雲中金陵廟號世祖夏
六月劉義隆將檀和之寇濟州梁坦及魯貪安生
軍于京索龐萌薛安都冠弘農晨秋七月征南將
軍安定公韓元興討之和之退梁坦安定亦走
八月冠軍將軍封禮率騎二千從洭津南渡赴弘農
九月司空高平公兒烏干屯潼關平南將軍昌
黎公元遼屯河內冬十月丙午朔余為宗愛所
賊殿中尚書長孫渴侯與尚書陸麗迎立皇孫
是為高宗焉帝生不逮密太后及有所識言則
悲慟哀感傍人太宗聞而嘉歎既喪太宗不豫衣
不釋帶性清儉率素服御飲膳取給而已不好
珍麗食不二味所辛昭儀貴人衣無兼綵羣臣
白帝更峻京邑城隍以從周易設險之義又陳

蕭何壯麗之說帝曰古人有言在德不在險屈
正蕪土築城而朕滅之豈在城也今天下未平
方須民力土功之事朕所未為蕭何之對非雅
言也每以財者軍國之本無所輕費至賞賜皆
是死事勳績之家親戚愛寵未嘗橫有所及臨
敵常與士卒同在矢石之間左右死傷者相繼
而帝神色自若是以人思効命所向無前命將
出師指授節度從命者無不制勝違爽者率多
敗失性又知人拔士於卒伍之中惟其才效所
長不論本末兼甚嚴斷明於刑賞功者賞不遺
賊罪者刑不避親雖寵愛之終不虧法常曰法
者朕與天下共之何敢輕也故大臣犯法無所
寬假雅長聽察瞬息之間下人無以措其姦隱
然果於誅戮後多悔之司徒崔浩既死之後帝
北伐時宣城公李孝伯疾篤傳者以為卒也帝
聞而悼之謂左右曰李宣城可惜又曰朕向失
言崔司徒可惜李宣城可哀慨歎雅意皆此類也
恭宗景穆皇帝諱晃太武皇帝之長子也毋賀

夫人延和元年春正月丙午立為皇太子時年
五歲明慧疆識聞則不忘及長好讀經史皆通
大義世祖甚奇之世祖東征和龍詔恭宗錄尚
書事西征涼州詔恭宗監國初世祖之代河西
也李順等咸言姑臧乃詔無水草不可行師恭宗
疑色及車駕至姑臧乃詔恭宗曰姑臧城東西
門外涌泉合於城北其大如河自餘溝渠流入
澤中其間乃無燥地澤草茂盛可供大軍數年
人之多言亦可惡也故有此敕以釋汝疑恭宗
謂宫臣曰為人臣不實若此豈是忠乎吾初聞
有疑恒帝使行耳幾誤人大事言者復何面見
帝也眞君四年恭宗從世祖討蠕蠕至鹿渾谷
與賊相遇虜惶怖部落擾亂恭宗言於世祖曰
今大軍卒至宜速進擊奮其不備破之必矣尚
書令劉潔固諫以為塵盛賊多出至平地恐為
所圍須軍大集然後擊之可也恭宗謂潔曰此
塵之盛由賊恇擾軍人亂故何有營上而有地
塵世祖疑之遂不急擊蠕蠕遠遁既而獲虜候

騎世祖問之對曰蠕蠕不覺官軍卒至上下惶
懼引眾北走經六七日知無追者始乃徐行世
祖深恨之自是恭宗所言軍國大事多見納用
遂知万機初恭宗監國曾令曰周書言任農以
耕事貢九穀任圃以樹事貢草木任工以餘材
貢器物任商以市事貢貨賄任牧以畜事貢
鳥獸任嬪以女事貢布帛任衡以山事貢其材
任虞以澤事貢其物其制有司課畿內之民使
無牛家以人牛力相貿墾殖鋤耨其有牛家與
無牛家一人種田二十二畝償以私鋤功七畝
如是為差至與小老無牛家種田七畝小老者
償以鋤功二畝皆以五口下貧家為率各列家
別口數所勸種頃畝明立簿目所種者於地首
標題姓名以辨播殖之功又禁飲酒雜戲棄本
沽販者墾田大為增闢正平元年六月戊辰罷
於東宫時年二十四庚午冊曰嗚呼惟介誕資
明叡歧嶷鳳成正位少陽克荷基構寅千四門
百揆時叙允釐庶績風雨不迷宜亶無疆隆

李憲

我皇祚如何不幸奄焉殂殞朕用悲慟于厥心
今使使持節兼太尉張黎兼司徒竇瑾奉策即
樞賜諡曰景穆以顯昭令德魂而有靈其尚嘉
之高宗即位追尊爲景穆皇帝廟號恭宗
史臣曰世祖聰明雄斷威靈傑立籍二世之資
奮征伐之氣遂戎軒四出周旋險夷掃統萬平
秦隴翦遼海盪河源南夷荷擔北蠕削跡廓定
四表混一戎華其爲功也大矣遂使世至於初則
光邁百王豈非神叡經綸事當命世有魏之業
東儲不終未乃豐成所忽固本貽防殆弗思乎
恭宗明德令聞鳳世祖夭其庆圍之悼歟

世祖紀第四下　　　　魏書四下

高宗文成皇帝諱濬恭宗景穆皇帝之長子也
母曰閭氏真君元年六月生於東宮帝少聰達
世祖愛之常置左右號世嫡皇孫年五歲世祖
比巡帝從在後逢虜帥一奴欲加其罰帝謂
之曰此兒雖小欲以天子自處意奇之旣長風
之曰奴今遭我汝宜釋之帥奉命解縛世祖聞
格異常一每有大政常決可否正平二年十月
戊申即皇帝位於永安前殿大赦改年

三百十五　　魏書紀五　　二

興安元年冬十月以驃騎大將軍元壽樂為太
宰都督中外諸軍事錄尚書事尚書長孫渴侯
為尚書令加儀同三司十有一月丙子二人爭
權並賜死癸未廣陽王建薨臨淮王譚薨甲申
皇姚覽太尉張黎司徒古弼以議不合旨黜為
外都大官平南將軍宋子侯周忸進爵樂陵王
南部尚書章安子陸麗為平原王文武皆加位
一等壬寅追尊景穆太子為景穆皇帝皇姚為
恭皇后尊保母常氏為保太后隴西屠各王景

文叛詔統萬鎮將南陽王惠壽討平之十有二
月戊申祔葬恭皇后於金陵乙卯初復佛法丁
巳以樂陵王周忸為太尉平原王陸麗為司徒
鎮西將軍杜元寶為司空保達沙獵國各遣使
朝獻戊寅建業公陸俟進爵東平王廣平公杜
遺進爵為王癸亥詔以營州蝗開倉賑恤甲子
太尉樂陵王周忸有罪賜死濮陽公閭若文進
爵為王

二年春正月辛巳司空杜元寶進爵京兆王廣
平王杜遺謀反尚書僕射東安公劉尼進爵為王
封建寧王崇子麗為濟南王癸未詔與民雜調
十五丙戌尚書西平公源賀進爵為王三月巳
未司空京兆王杜元寶所引各賜死乙丑發京師
子濟南王麗為元寶謀反伏誅建寧王崇崇
五千人穿天淵池是月劉義隆子劭殺其父而
自立三月壬午尊保太后為皇太后安豐公閭虎
皮進爵為河間王乙未疏勒國遣使朝獻夏五月乙
酉行辛峴山辛夘還宮是月劉劭弟駿殺劭而首

魏書目紀五　　二

立閏月乙亥太皇太后赫連氏崩秋七月辛亥
行幸陰山濮陽王閭若文征西大將軍永昌王
仁謀反乙丑賜仁死於長安若文伏誅己巳車
駕還宮是月築馬射臺於南郊八月辛未謁祭
施國遣使朝貢戊戌詔曰朕以眇身纂承大業
懼不能宣慈惠和寧萬寓風夜兢兢若臨淵
谷然即位以來百姓安樂方寸邊方無事
衆瑞兼呈不可稱數又於死內獲方寸玉印其
文曰子孫長壽羣臣咸曰休哉豈朕一人

克臻斯應實由天地祖宗降祐之所致也思與
兆庶共茲嘉慶其令民大酺三日諸殊死已下
各降罪一等九月壬子閱武於南郊冬十有一
月辛酉行幸信都中山觀察風俗十有二月誅
河間鄭民為賊盜者男年十五以下為生口班
賜從臣各有差甲午車駕還宮庫莫奚契
丹剱實等十餘國各遣使朝貢復比平公
長孫敷王爵

興光元年春正月乙丑以侍中河南公伊馛為

司空二月甲午帝至道壇登受圖籙禮畢曲赦
京師班賞各有差夏六月丙寅行幸陰山秋七
月庚子皇子譚生辛丑大赦改年八月甲戌趙
王深薨乙亥車駕還宮乙丑皇叔虎頭龍頭薨是
九月庚申庫莫奚國獻名馬有一角狀如麟冬
十有一月壬午鎮將房杜蠕蠕虜其將豆渾與
句等獲馬千餘匹戊戌行幸中山遂幸信都十
有二月丙子還幸靈丘至溫泉宮庚辰車駕還

宮出于叱萬單國各遣使朝獻

太安元年春正月辛酉奉世祖恭宗神主于太
廟車騎大將軍樂平王拔有罪賜死二月癸未
武昌王提薨三月己亥詔曰今始奉世祖恭宗
神主于太廟又於西苑遍秩君羣神朕以父慶饗
賜百寮及衆庶夫聖人之教自近及遠是以周文
生稍及寡妻至于兄弟以御家邦化苟從近恩亦
刑於寡妻至于兄弟以御家邦化苟從近恩亦
且然其曲赦京師死囚已下夏六月壬戌詔名

皇子曰謼曲赦京城改年癸酉詔曰夫爲治者
因宜以設官舉賢以任職故上下和平民無怨
謗若官非其人姦邪在位則政敎陵遲至於凋
薄思明黜陟以隆治道今遣尚書穆伏眞等三
十人巡行州郡觀察風俗入其境農不墾王殖田
畞多荒則偫役不時廢於力也耆老飯蔬食少
壯無衣褐則偫守聚斂煩數貢於財也閭里空虛民
多流散則綏導無方踈於恩也盜賊公行劫奪
不息則威禁不設失於刑也衆謗並興大小嗟
怨善人隱伏佞邪當途則爲法混淆昏於政也
諸如此比黜而戮之善於政者襄而賞之其有
阿枉不能自申聽詣使生呂狀使者檢治若信清
能衆所稱美誣告以求直及其罪使者受財斷
察不平聽詣公車上訴其不孝父母不順尊長
爲吏姦暴及爲盜賊各具以名上其容隱者以
所匿之罪罪之是月遮逸國遣使朝貢戊寅帝
畋於犢倪山甲申還宮秋七月丙辰行幸河西八
月丁亥車駕還宮冬十月波斯疏勒國並遣使

五　方至

朝貢庚午以遼西公常英爲太宰進爵爲王
二年春正月乙卯立皇后馮氏二月丁巳立皇
子諱爲皇太子大赦天下丁零數千家亡匿并
陜山聚爲寇盜詔定州刺史許宗之并州刺史
乞佛成龍討平之夏六月羽林郎于判元提等
謀逆伏誅秋八月甲申畋於河西是月平西將
軍漁陽公閭毗零陵公閭紇並進爵爲王
月辛巳河東公閭毗伊五兄其城大獲而還九
冬十月甲申車駕還宮甲午赦京師十有一
月尚書西平王源賀改封隴西王嚠噠普嵐國
並遣使朝貢獻陽太守姜龍駒新平太守
楊伯倫各棄郡率吏民來降
三年春正月壬戌畋於崞山戊辰還宮粟特于
闐國各遣使朝貢漁陽公尉眷拜太尉進爵
爲王錄尚書事夏五月庚申畋於松山已巳還
宮封皇弟新成爲陽平王六月癸酉行幸陰山
八月畋於陰山之北已亥還宮冬十月將東巡
詔太宰常英起行宮於遼西黃山十有一月蠻

六　李忠

王文虎龍率千餘家內附十有二月以州鎮五

蝗民飢使使者開倉以賑之是月于闐扶餘等

五十餘國各遣使朝獻

四年春正月丙午朔初設酒禁乙卯行幸廣甯

溫泉宮遂東巡平州庚午至於遼西黃山宮遊

宴數日親對高年勞問疾苦三月丙子登碣石

山觀滄海大饗羣臣於山下班賞進爵各有差

改碣石山為樂遊山築壇記行於海濱戊寅南

幸信都畋遊於廣川三月丁未觀馬射於中山

所過郡國賜復一年丙辰車駕還宮起太華殿

乙丑東平王陸俟薨夏五月壬戌詔曰朕即作

至今屢下寬大之旨蠲除煩苛去諸不急欲令

物獲其所人安其業而牧守百里不能宣揚恩

意求欲無厭斷截官物以入於已使課調縣少

而深文極墨委罪於民苟求免各當不改懼國

家之制賦役乃輕比年已來雜調減省而所在

州郡咸有逋懸非在職之官綏道失所貪擾過

度誰使之致自今常調不充民不安業宰民之

徒加以死罪申告天下稱朕意焉是月丙申畋

於松山秋七月庚午行幸河西九月乙巳還宮

辛亥太華殿成丙寅饗羣臣赦天下冬十月

甲戌北巡至陰山有故塚毀廢詔曰昔姬文葬

枯骨天下歸仁自今有穿毀墳壠者斬之劉駿

將殷孝祖脩兩城於清水東詔鎮西將軍天水

公封敕文等擊之辛卯車駕次于車輪山累石

記行征西將軍皮豹子等三萬騎助擊孝

祖車駕度漠蠕蠕絕跡遠遁其別部烏朱賀頹

庫世頹率衆來降十有二月征東將軍中山王

託真薨

五年春正月己巳征西將軍皮豹子略地至

高平大破孝祖斬獲五千餘級二月己酉侍中

司空河南公伊馛薨三月庚寅曲赦京師死罪

已下夏四月乙巳封皇弟子推為京兆王五月

居常國遣使朝獻六月戊申行幸陰山秋八月

庚戌遂幸雲中壬戌還宮九月戊辰詔曰天下

賞必於有功刑罰於有罪此古今之所同由

來之常式牧守蒞民侵食百姓以營家業王賦
不充雖歲滿去職應計前逋正其刑罪而主者
失於督察不加彈正使有罪者優游獲免無罪
者妄受其辜是啓姦邪之路長貪暴之心宜所
謂原情屛罪以正天下自今諸遷代者仰列在
職毀最案制治罪克舉者加之爵寵有愆者肆
之刑裁使能否殊貫刑賞不差主者明爲條制
以爲常楷儀同三司敦煌公本子寶薨年十有二
月戊申詔曰朕承洪業統御羣有思恢政化以
澗兆民故薄賦斂以實其財輕徭役以紓其力
欲令百姓脩業人不贖乏而六鎮雲中高平二
雍秦州徧災旱年穀不收其遣開倉厪以賑
之有流徙者諭還桑梓欲市糴他界爲關傍郡通
其交易之路若典司之官分職不均使上恩不
達於下下民不贍於時加以重罪無有攸縱
和平元年春正月甲子朔大赦改元庚午詔散
騎常侍馮闡使於劉駿二月衞將軍樂安王良
督東雍吐京六壁諸軍西趣河西征西將軍皮

豹子等督河西諸軍南趣一屢以討河西叛胡
夏四月戊戌皇太后常氏崩於壽安宮五月癸
酉葬昭太后於廣寧鳴雞山六月甲午詔征西
大將軍陽平王新成等督統萬高平諸軍出
南道南郡公李惠等督涼州諸軍出北道討吐
谷渾什寅崔浩之譖也史官遂廢至是復置河
西叛胡劉駿遣使朝貢壬午行幸河西八月乙
丑劉駿遣使首罪遣使者安慰之秋七月乙
軍至西平什寅走保南山九月諸軍濟河追之
遇瘴氣多有疫疾乃引軍還獲畜二十餘万庚
午輿駕還宮冬十月居常王獻馴象三有一
月詔散騎侍郎盧度世員外郎朱安興使於劉
駿
二年春正月乙酉詔曰刺史牧民爲万里之表
自頃每因發調徧民假貸太商富賈要射時利
旬日之間增贏十倍上下通同分以潤屋故編
戶之家困於凍餒豪富之門日有兼積爲政之
弊莫過於此其一切禁絕犯者十疋以上皆死

布告天下咸令知禁二月辛卯行幸中山丙午
至于鄴遂幸信都三月劉駿遣使朝貢輿駕所
過皆親對高年問民疾苦詔民年八十以上一
子不從役靈丘南有山高四百餘丈乃詔羣官
仰射山峯無能踰者帝彎弧發矢出山三十餘
丈過山南二百二十步遂刊石勒銘是月發并
肆州五千人治河西獵道辛巳輿駕還宮夏四
月乙未侍中征東大將軍河東王閭毗薨五月
癸未詔南部尚書黃盧頭李敷等考課諸州

七月戊寅封皇弟小新成為濟陰王加征南大將
軍鎮平原天賜為汝陰王加征南大將軍鎮虎
牢万壽為樂浪王加征北大將軍鎮和龍侯
為廣平王壬午行巡山比八月戊辰波斯國遣
使朝獻丁丑輿駕還宮冬十月詔假員外散騎
常侍游明根員外郎昌邑侯和天德使于劉駿
博陵之深澤章武之東州盜殺縣令州軍討平
之廣平王洛侯薨
三年春正月壬午以車騎大將軍東郡公乙渾

為太原王癸未樂浪王万壽薨二月癸酉畋于
崞山遂觀漁于旋鴻池三月甲申劉駿遣使朝
貢高麗莫莊王契嚙思獻於師疏勒石郍来居
渴槃陁諸國各遣使朝獻夏六月庚申行幸陰
山詔將軍陸真討雍州叛民仇傉檀統緒平之秋
七月壬寅辛河西九月丙辰詔西大將軍常山
王素薨冬十月丙辰詔曰朕承洪緒統万國
垂拱南面委政羣司欲緝熙治道以致寧天
三代之隆莫不崇尚年齒今選舉之官多不以

次令班白虑後晚進居先當三載所謂二疑倫收叙者
也諸曹選補其有先盡勞舊才能是月詔員外
散騎常侍游明根員外郎昌邑侯和天德使于
劉駿十有一月壬寅輿駕還宮十有二月乙卯
制戰陳之法十有餘條因大儺耀兵有飛龍騰
蚖魚麗之變以示威武戊午零陵王閭拔薨
四年春三月乙未賜京師民年七十以上太官
厨食以終其年皇子胡仁薨追封樂陵王乙巳
詔曰朕憲章舊典分職設官欲令敷揚泥緝

熙庶績然在職之人皆蒙顯擢委以事任當屬
已竭誠務省傜役使兵民優逸家給人贍令內
外諸司州鎮守宰侵使兵民勞役非一自今擅
有召役遍雇不程比皆論同枉法夏四月癸亥上
幸西苑親射虎三頭五月壬辰侍中漁陽王尉
春薨壬寅行幸陰山秋七月壬午詔曰朕每歲
以秋日閑月命羣官講武平壤所幸之處必立
宮壇糜費之功勞損非一宜仍舊貫時畋獵而
世八月丙寅遂畋于河西詔曰朕順時畋獵作

從官殺獲過度既殫禽獸乖不合圍之義其敕
從官及典圍將校自今已後不聽濫殺其畋獲
皮肉別自頒賚壬申詔前以民遭飢寒不自
存濟有賣鬻男女者盡仰還其家或因緣勢力
或私行請託共相通容不時檢校令良家子息
仍為奴婢今仰精究不聽取贖有犯加罪若仍
不檢還聽其父兄上訴以掠人論九月辛巳車
駕還宮冬十月以定相二州霜殺稼免民田
租是月詔員外散騎常侍游明根驃騎將軍昌

邑子妻內近寧將軍襄平子李五鱗使劉
駿十有二月辛丑詔曰名位不同禮亦異數所
以殊等級示軌儀今喪葬嫁娶大禮未備貴勢
豪富越度奢靡非所謂式昭典憲者也有司
為之條格使貴賤有章上下咸序著之于令王
寅詔曰夫婚姻者人道之始是以夫婦之義三
綱之首禮之重者莫過於斯尊卑高下宜令區
別然中代以來貴族之門多不率法或貪利財
賄或因緣私好在於苟合無所選擇令貴賤不

分巨細同貫塵穢清化虧損人倫將何以宣示
典謨垂之來商今制皇族師傅王公侯伯及士
民之家不得與百工伎巧卑姓為婚犯者加罪
五年春正月丁亥封皇弟雲為任城王三月詔
以州鎮十四去歲蟲水開倉賑恤夏四月癸卯
頓丘公李峻進爵為王閏月戊子帝以旱故減
膳責躬是夜澍兩大降五月庚申劉駿死子子
業僭立六月丁亥行幸陰山秋七月辛丑比鎮
游軍大破蠕蠕蠕壬寅行幸河西九月辛丑車駕

還宮冬十月琅邪王司馬楚之薨十有二月南
秦王楊難當薨吐呼羅國遣使朝獻
六年春正月丙申大赦天下二月丁丑行幸樓
煩宮高麗蠕蠕王對曼諸國各遣使朝獻三月戊
戌相州刺史西平郡王吐谷渾權薨乙巳車駕
還宮夏四月破洛那國獻汗血馬並風國獻寶
劔五月癸卯帝崩于太華殿時年二十六六月
丙寅上尊諡曰文成皇帝廟號高宗八月葬雲
中之金陵

史臣曰世祖經略四方內頗虛耗而國豐時
艱朝野楚楚高宗與時汛息靜以鎮之養威希
德懷緝中外自非機悟深裕矜濟爲心亦何能
若此可謂有君人之度矣

高宗紀第五　　　　魏書五

顯祖獻文皇帝諱弘高宗文成皇帝之長子也

母曰李貴人興光元年秋七月生於陰山之北

太安二年二月立為皇太子聰叡機悟幼而有

濟民神武之規仁孝純至禮敬師友和平六年

夏五月甲辰即皇帝位大赦天下尊皇后曰皇

太后車騎大將軍乙渾矯詔殺尚書楊保年平

陽公賈愛仁南陽公張天度于禁中戊申侍中

司徒平原王陸麗自湯泉入朝渾又殺之己酉

【魏書紀六】　　　　　　　　　一

以侍中車騎大將軍乙渾為太尉錄尚書事東

安王劉尼為司徒尚書左僕射和其奴為司空

壬子以淮南王他為鎮西大將軍儀同三司鎮

涼州六月封紇奚陽侯李峻疑為丹陽王征東大將

軍馮熙為昌黎王乙丑詔曰夫賦斂煩則民財

匱課調輕則用不足是以十一而稅頌聲作矣

先朝權其輕重以惠百姓承洪業上惟祖宗

之休命凤興待旦惟民之恤欲令天下同於逸

豫而傜賦不息將何以塞煩去苛拯濟黎元者

哉今兵革不起畜積有餘諸有雜調一以與民

秋七月癸巳太尉乙渾為丞相位居諸王上事

無大小皆決於渾九月庚子曲赦京師丙午詔

曰先朝以州牧親民宜置良佐故敕有司班九

條之制使刺史守宰到官之日仰自舉賢陽王

朝綱應叙然牧司寬惰不祗憲章更以待俊乂必謂銓衡允衷

千典度今制刺史守宰到官之日仰自舉民望

忠信以為選官不聽前政共相干冒若簡任失

所以罔上論是月劉子業征北大將軍義陽王

【魏書紀六】　　　　　　　　　二

劉昶自彭城來降冬十月徵陽平王新成京兆

王子推濟陰王小新成汝陰王天賜任城王雲

入朝是歲劉子業叔父或殺子業僭立

天安元年春正月乙丑朔大赦改元二月庚申

丞相太原王乙渾謀反伏誅乙亥以侍中元孔

崔為濮陽王侍中陸定國為東郡王三月庚子

以隴西王源賀為太尉辛丑高宗文成皇帝神

主祔于太廟辛亥帝幸道壇親受符籙曲赦京

師高麗波斯于闐阿襲諸國遣使朝獻秋七月

辛亥詔諸有詐取爵位罪特原之削其爵職其
有祖父假爵號貨賕以正名者不聽繼龔諸非
勞進超遷者亦各還初不以實聞者以大不敬
論九月劉彧司州刺史常珍奇以懸瓠內屬已
酉初立鄉學郡置博士二人助教二人學生六
十人劉彧徐州刺史薛安都以彭城內屬或將
張永沈攸之擊安都敗詔北部尚書尉元為鎮南
大將軍都督諸軍事鎮東將軍鎮城陽公孔伯恭
為副出東道救彭城殿中尚書鎮西大將軍西

河公元石都督荊豫南雍州諸軍事給事中京
兆侯張窮奇為副出西道救縣瓠冬十月曹利
彤昌國各遣使朝獻十有一月壬子劉彧兗州
刺史畢衆敬遣使內屬十有二月己未尉元軍
次于秺或將周凱張永沈攸之相繼退走皇弟
安平王薨是歲州鎮十一旱民饑開倉賑恤
皇興元年春正月癸巳尉元大破張永沈攸之
於呂梁東斬首數萬級凍死者其衆獲劉彧秦
州刺史垣恭祖羽林監沈承伯永攸之單騎走

免獲軍資器械不可勝數劉彧遣使朝貢庚子
東平王道符反於長安殺副將駙馬都尉萬
古具鉅鹿公李恢雍州刺史魚玄明丙午詔司
空平昌公和其奴東陽公元丕等討道符道符
道符司馬段太陽攻道符斬之傳首京師道符
兄弟皆伏誅閏月以頓丘王李峻為太宰劉彧
青州刺史崔文秀冀州刺史崔道固並遣使請
舉州內屬詔平東將軍長孫陵平南將軍廣陵
公侯窮奇赴援之三月詔使持節都督諸軍事

征南大將軍慕容白曜督騎五萬次於碻磝為
東道後援濟陰王小新成薨高麗庫莫奚具伏
弗郁羽陵日連匹黎尒于闐諸國各遣使朝貢
劉彧東平太守申纂戍無鹽曜過絶王使詔征南
大將軍慕容白曜督諸軍以討之三月甲寅剋
之沈文秀道固復叛歸劉彧白曜回師討之
拔或肥城垣苗犖溝三戍夏四月白曜攻升城
戍主房崇吉遁走秋八月白曜攻歷城丁酉行
幸武州山石窟寺戊申皇子譚生大赦改年九

月壬子高麗于闐普嵐粟特國各遣使朝獻丁
巳進馮翊公本李爵梁郡王是月詔賜六鎮貧
人布人三匹冬十月癸卯田於那男池濮陽王
及劉或梁鄒馬戍主平原太守劉休賓舉城降是
月徐州羣盜司馬元討自稱晉王休符自稱晉
二年春二月癸未田于西山親射虎豹崔道固
孔雀坐怠慢降爵為公
夏四月辛丑以南郡公本李惠為征南大將軍儀
平之三月白曜進圍東陽戊午劉或遣使朝貢
同三司都督關右諸軍事雍州刺史進爵為王
高麗庫莫奚契丹具伏弗郁羽陵日連匹黎介
叱六手悉萬丹阿大何羽眞侯于闐波斯國各
遣使朝獻五月庚辰以河南關地曲赦京師殊死以
下以昌黎王馮熙為太傅秋九月辛亥封皇叔
楨為南安王長壽為城陽王太洛為章武王休
為安定王冬十月辛丑上田於冷泉十有一月
以州鎮二十七水旱開倉賑恤十有二月甲午

詔曰頃張永迷敢拒王戎威暴骨原隰殘廢不
少死生冤痛朕甚愍焉天下民一也可救郡縣
永軍殘廢之士聽還江南露骸草莽者收瘞之
是月悉萬丹等十餘國各遣使朝貢
三年春正月乙丑東陽潰虜沈文秀戊辰司空
平昌公和其奴蠕蠕二月蠕蠕高麗庫莫奚契丹
國各遣使朝獻已卯以上黨公慕容白曜為都
督青齊東徐三州諸軍事征南大將軍開府儀
同三司青州刺史進爵濟南王夏四月壬辰劉
或遣使朝貢丙申名皇子曰譚大赦天下丁酉
田于崞山五月徙青州民於京師六月辛未立
皇子譚為皇太子秋七月蠕蠕蠕國遣使朝貢冬
十月侍中太宰頓丘王李峻蠕蠕十有一月吐谷
渾別帥白楊提度汗率戶內附襄城公韓頹進
爵為王
四年春正月詔州鎮十一民飢開倉賑恤二月
以東郡王陸定國為司空高麗庫莫奚契丹各
遣使朝獻吐谷渾拾寅不供職貢詔使持節征

西大將軍上黨王長孫觀討之廣陽王石侯薨

三月丙戌詔曰朕思百姓病苦民多非命明發
不寐疾心疾首是以廣集良醫遠採名藥欲以
救護兆民可宣告天下民有病者所在官司遣
醫就家診視所須藥物任醫量給之夏四月辛
丑大赦天下戊申長孫觀軍至曼頭山大破拾
寅拾寅與磨下數百騎宵道拾從弟豆勿來降附五月封皇
及其渠帥匹妻拔纍等卒所領降附五月封皇
弟長樂為建昌王六月劉彧遣使朝貢秋八月

羣盜入彭城殺鎮將元解愁長史勒兵滅之蠕
蠕犯塞九月丙寅輿駕北伐諸將俱會于女水
大破虜眾事具蠕蠕傳司徒東安王劉尼坐事
免壬申車駕至自北伐飲至策勳告於宗廟冬
十月誅濟南王慕容白曜高平王李敷十有一
月詔弛山澤之禁十有二月甲辰幸鹿野苑石
窟寺陽平王新成薨

五年春三月乙亥詔曰天安以來軍國多務南
定徐方北掃遺虜征戍之人亡竄非一雖罪合

刑書毋加寬宥然寬政猶水通逃逸多宜申明
典刑以肅姦偽自今諸有逃亡之兵及下代守
宰浮游不赴者限六月三十日悉聽歸首不首
者論如律詔假貸外散騎常侍邢祐使於劉彧
夏四月西部敕勒叛詔汝陰王天賜給事中羅
雲討之雲為敕勒所襲殺死者十五六比平王
長孫敦薨六月丁未車駕還宮帝雅薄時務常有
至陰山八月丁亥車駕還京
遺世之心欲禪位於叔父京兆王子推語在任

城王雲傳羣臣固請帝乃止丙午冊命太子曰
昔堯舜之禪天下也皆由其子不肖若丹朱商
均能負荷者豈搜揚仄陋而授之哉爾雖沖弱
有君人之表必能恢隆王道以濟兆民今使太
保建安王陸馛太尉源賀持節奉皇帝璽綬致
位於爾躬其踐昇帝位克廣洪業以光祖宗之
烈使朕優遊履道頤神養性可不善歟丁未
詔曰朕承洪業運屬太平淮岱率從四海清晏
是以希心玄古志存澹泊躬覽萬務則損頤神

之和一日或曠政有淹哺之失但子有天下歸
尊於父父有天下傳之於子今稽協靈運考會
羣心僉命儲宮踐昇從朕方優遊恭已栖心
浩然社稷乂安克廣丕業不亦善乎百官有司
其祇奉肖子以荅天命宣布寓內咸使聞悉於
是羣公奏曰昔三皇之世澹泊無為故稱皇是
以漢高祖既稱皇帝尊其父為太上皇明不統
天下今皇帝幼沖萬機大政猶宜陛下惣之謹
上尊號太上皇帝乃從之巳酉太上皇帝徙御

崇光宮採椽不斲土階而巳國之大事咸以聞
承明元年年二十三崩於永安殿上尊諡曰獻
文皇帝廟號顯祖葬雲中金陵
史臣曰聰点叡鳳成秉資能斷其顯祖之謂乎故
能更清漠野大啟南服而早懷厭世之心終致
宮闈之變將天意恝哉

顯祖紀第六　　　　魏書六

高祖孝文皇帝諱宏顯祖獻文皇帝之長子母
曰李夫人皇興元年八月戊申生於平城紫宮
神光照於室內天地氛氳和氣充塞帝生而潔
白有異姿襁褓岐嶷長而淵裕仁孝綽然有君
人之表顯祖尤愛異之三年夏六月辛未立為
皇太子五年秋八月丙午即皇帝位於太華前
殿大赦改元延興元年丁未劉彧遣使朝貢九
月壬戌詔在位及民庶直言極諫有利民益治
損政傷化悉心以聞壬午青州高陽民封辯自
號齊王聚黨千餘人州軍討滅之高麗民奴久
等相率來降各賜田宅冬十月丁亥沃野統萬
二鎮敕勒叛詔太尉隴西王源賀追擊至枹罕滅
之斬首三萬餘級徙其遺迸於冀定相三州為
營戶庚寅以征東大將軍安樂王槙為假節都
督涼州及西戎諸軍事領護西域校尉儀同三
司鎮涼州朔方民曹平原招集不逞破石樓堡
殺軍將劉彧將垣崇祖率眾二萬自郁州寇東

宛州屯于南城固十有一月刺史于洛侯討破
之崇祖還郁州妖賊司馬小君聚眾反於平陵
齊州刺史武昌王平原討擒之十有二月乙酉
以駙馬都尉穆亮為趙郡王王辰詔訪舜後獲
東萊郡民媯苟之復其家畢世以章盛德之不
朽復前濮陽王孔雀本封辛丑趙郡王穆亮徙
封長樂王
二年春正月乙卯統萬鎮胡民相率北叛詔寧
南將軍交阯公韓拔等追滅之大陽蠻酋桓誕
率戶內屬拜征南將軍封襄陽王曲赦京師及
河西南至秦涇西至枹罕北至涼州諸鎮詔假
貟外散騎常侍邢祐使於劉彧二月乙巳詔曰
尼父稟達聖之姿體生知之量窮理盡性道光
四海頃者淮徐未賓廟隔非所致令祠典寢頓
禮章殄滅遂使女巫妖覡淫進非禮殺生鼓舞
倡優媟狎豈所以尊明神敬聖道者也自今已
後有祭孔子廟制用酒脯而已不聽婦女合雜
以祈非望之福犯者以違制論其公家有事自

如常禮犧牲粢盛務盡豐潔臨事致敬令蕭如
也牧司之官明糾不法使禁令必行蠕蠕犯塞
太上皇帝次於北郊詔諸將討之虜遁走其別
帥阿大干率千餘落來降東部敕勒叛奔蠕蠕
太上皇帝追之至石磧不及而還壬子高麗國
遣使朝貢三月太上皇帝至自北討戊辰以散
騎常侍駙馬都尉萬安國為大司馬大將軍封
安城王庚午車駕耕於藉田石城郡獲曹平原
送京師斬之連川敕勒謀叛從配青徐齊兗四
州為營戶夏四月庚子詔工商雜伎盡聽赴農
諸州郡課民益種菜果辛亥劉或遣使朝貢癸
酉詔沙門不得去寺浮遊民間行者仰以公文
是月劉或死子昱僭立五月丁巳詔軍警事儲
印傳符次給馬印六月安州民遇水雹丐租賑
恤內申詔曰頃者州郡選貢多不以實碩人所
以窮處幽仄鄙夫所以超分妄進豈所謂旌賢
樹德者也今年貢舉尤為猥濫自今所遣皆門
盡州郡之高才極鄉閭之選閏月壬子蠕蠕寇

三

敦煌鎮將尉多侯擊走之又寇晉昌昌守將薛奴
擊走之戊午行幸陰山秋七月光州民孫晏等
聚黨數餘人叛通劉昱刺史叔孫瑱討平之辛
丑高麗國遣使朝貢壬寅詔州郡縣各遣二人
才堪專對者赴九月講武當親問風俗八月丙
辰高麗國遣使奉表請師伐高麗辛酉車駕
庫莫奚國遣使朝貢真宁國遣使獻蜀馬河西
曹也頭反薄骨律鎮將敕文走之九月辛巳車駕
還宮戊申　統萬鎮將河間王閭虎皮坐貪殘賜死
已酉詔以州鎮十一水丐民田租開倉賑恤又
詔流迸之民皆令還本違者配從邊鎮冬十月
蠕蠕犯塞及於五原十有一月太上皇帝親討
之將度漠襲擊蠕蠕聞軍至大懼北走數千里
以窮寇遠遁不可追乃止丁亥封皇叔略為廣
川王壬辰分遣使者巡省風俗問民疾苦帝每
月一朝崇光宮十有二月庚戌詔曰書云三載
一考三考黜陟幽明頃者已來官以勞升未久
而代牧守無恤民之心競為聚斂送故迎新相

四

屬於路非所以固民志隆治道也自今牧守溫
仁清儉克已奉公者可久於其任歲積有成遷
位一級其有貪殘非道侵削黎庶者雖在官甫
介必加黜罰著之於令永為彝準詔以代郡事
同豐沛代民先配邊戍者皆免之

三年春正月庚辰詔貪外散騎常侍崔演使於
劉昱丁亥政崇為鑾光宮戊戌太上皇帝
還至雲中是月相州執送妖人榮永安於京師
斬之詔赦其支黨二月戊申高麗契丹國並遣

【魏書紀七上】　五　刘子和　三十九

使朝貢癸丑詔牧守令長勤率百姓無令失時
同部之内貧富相通家有兼牛通借無者若不
從詔一門之内終身不仕守宰不督察免所居
官戊午太上皇帝至自北討飮至策勳告於宗
廟死王事者復其家詔織内民從役死事者郡
縣爲迎喪給以葬費甲戌詔縣令能靜一縣者
盜者兼治二縣即食其祿能靜二縣者兼治三
縣三年遷爲郡守二千石能靜二郡上至三郡
亦如之三年遷爲刺史三月壬午詔諸倉圖穀

麥充積者出賜貧民夏四月戊申詔假司空上
黨王長孫觀等討吐谷渾拾寅壬子契丹國遣
使朝貢詔以孔子二十八世孫魯郡孔乘爲崇
聖大夫給十戶以供洒埽六月甲子詔曰往年
縣召民秀才二人問以守宰治狀善惡具聞加
賞罰而賞者未幾罪者衆多肆法傷生情所未
忍朕今特垂寬恕之恩諸爲民所
列者特原其罪盡可代之秋七月詔河南六州
之民戶收絹一匹綿一斤租三十石乙亥行幸

魏書紀七上　六　刘子和　三〇九四

陰山蠕蠕寇敦煌鎮將樂洛生擊破之事具
蠕傳劉昱遣將寇緣淮諸鎮徐州刺史淮陽公
尉元擊走之八月己酉高麗庫莫奚國並遣使
朝獻庚申帝從太上皇帝辛河西拾寅、謝罪請
降許之九月辛巳車駕並還宮乙亥劉昱遣
使朝貢巳亥詔曰自今京師及天下之囚罪未
分判在獄致死無近親者公給衣衾棺櫝葬埋
之不得曝露辛丑詔遣使者十人循行州郡檢
括戶口其有仍隱不出者州郡縣戶主並論如

律庫莫奚國遣使朝獻冬十月太上皇帝親將
南討詔州郡之民十丁取一以充行戶收租五
十石以備軍粮悉萬斤國遣使朝獻武都王反
詔以河南七州牧守孫觀仍回師討之十有一月戊寅
攻仇池詔長孫觀遣使觀風察獄黜陟幽明其有鰥寡
能上達遣使觀風察獄黜陟幽明其有鰥寡
孤獨貧不自存者復其雜徭年八十已上一子
不從役力田孝悌于器有益於時信義著於鄉
閭者具以名聞癸巳太上皇帝南巡至於懷州

〔魏書紀七上〕 七 伍

所過問民疾苦賜高年孝悌力田布帛十有二
月庚戌詔關外苑圃聽民樵採壬子蠕蠕犯邊
辛玄詔鎮二部救勒叛應之癸丑沙門慧隱謀反
伏誅是歲州鎮十一水旱丙民田租開倉賑恤
相州民餓死者二千八百四十五人吐谷渾部
內羌民鍾葵渴千等二十三百戶內附是年妖
人劉舉自稱天子齊州刺史武昌王平原捕斬
之
四年春正月丁丑侍中太尉隴西王源賀以病

辭位辛巳粟特國遣使朝獻二月甲辰太上皇
帝至自南巡辛亥吐谷渾子費斗斤入
侍并獻方物辛未禁斷寒食三月丁亥詔員外
散騎常侍許於劉昱高麗吐谷渾曹利
諸國各遣使朝獻貢夏五月甲戌蠕蠕國遣使朝
貢六月乙卯詔曰朕應歷數開之期屬有閒房

〔魏書紀七上〕 八 一 欽

光熙之運雖仰德化不寬至有閒房
之誅然下民兇恣不顧親戚一人爲惡殃及
門朕爲民父母深所愍悼自今已後非謀反大
逆干紀外奔罪止其身而已今德被殊方文軌
將一宥刑寬禁不亦善乎關悉國遣使朝貢秋
七月庚午高麗國遣使朝獻己卯救仇池癸
巳蠕蠕寇敦煌鎮將尉多侯大閱於北郊九月以
吐谷渾國遣使朝獻戊申大閱於北郊九月庚子
劉昱內相攻戰詔將軍元蘭等五將三万騎及
假東陽王丕爲後繼伐蜀漢丙子起弁庫莫奚及
地豆于諸國各遣使朝獻冬十月庚子劉昱遣
使朝貢十有一月分遣侍臣循河南七州觀察

風俗撫慰初附戊寅吐谷渾國遣使朝獻是歲
州鎮十三大饑丙民田租開倉販之十有二月
詔西征吐谷渾兵在句律城初叛軍者斬次分
配柔玄武川二鎮斬者千餘人
四月丁丑龜茲國遣使朝獻癸未詔天下賦調
五年春二月庚子高麗國遣使朝獻夏
考課明黜陟閏月戊午吐谷渾國遣使朝獻夏
禁畜鷹鷂開相告之制五月丁酉契丹庫莫奚
縣專督集牧守對檢送京師違者免所居官詔
國各遣使獻名馬丙午詔員外散騎常侍許赤
虎使於劉昱丁未幸武州山辛酉幸車輪山六

三百卅 魏書紀七上 九 徐文山

月庚午禁殺牛馬壬申曲赦京師死罪遣備蠕
蠕秋八月丁卯高麗吐谷渾地豆于諸國遣使
朝獻九月癸卯洛州人賈伯奴豫州人田智度
聚黨千餘人伯奴稱恒農王智度稱上洛王夜
攻洛州州郡毅之斬伯奴於候氏執智度送京
師冬十月蠕蠕國遣使朝獻十一月
北郊十有二月丙寅建昌王長樂改封安樂王

己丑城陽王長壽薨庚寅劉昱遣使朝貢
承明元年春二月蠕蠕高麗庫莫奚波斯諸國
並遣使朝貢是月司空東郡王陸定國坐事免
官爵為兵夏五月冀州武邑民宋伏龍聚眾自
稱南平王郡縣捕斬之蠕蠕國遣使朝貢六月
甲子詔中外戒嚴分京師見兵為三等第一軍
出遣第一六二等兵亦如之辛未太上皇帝崩
壬申大赦改年大司馬大將軍安城王萬安國
坐矯詔殺神部長奚買奴於苑中賜死戊寅征
西大將軍安樂王長樂為太尉尚書左僕射南
平公目辰為司徒進封宜都王南部尚書李訢

三百卅 魏書紀七上 十 徐文山

為司空尊皇太后馮氏為太皇太后臨朝稱制秋七
月甲辰追尊皇妣李貴人為思皇后以汝陰王
天賜為征西大將軍儀同三司高麗庫莫奚國
詔曰朕猥承前緒纂戎洪烈思隆先志緝熙政
道群公卿士其各勉厥心匡朕不逮諸有便民
利國者具狀以聞壬午蠕蠕國遣使朝貢甲申

以長安二蠕多死丙民歲賦之半九月丁亥曲
赦京師高麗庫莫奚契丹諸國並遣使朝獻癸
丑宕昌悉萬斤國並遣使朝貢冬十月丁巳起
七寶永安行殿乙丑進征西大將軍假東陽王
元丕爵為正王己未詔曰朕纂承皇極照臨萬
方思闡堙風光被兆庶使朝有不諱之音野無
自蔽之響疇咨岳牧載詢及芻蕘自今已後群官
卿士下及吏民各聽上書直言極諫勿有所隱
諸有便宜益治利民可以正風俗者有司以聞
朕將親覽與三事大夫論其可否裁而用之辛
未輿駕幸建明佛寺大宥罪人濟南公羅拔進
爵為王十有一月蠕蠕國遣使朝貢戊子以太
尉安樂王長樂為定州刺史京兆王子推為青
州刺史司空李訢為徐州刺史並開府儀同三
司
太和元年春正月乙酉朔詔曰朕夙承寶曆懼
不堪荷而天貺具臻地瑞並應風和氣暖天人
交協豈朕沖昧所能致哉實賴神祇七廟降福

之助今三正告初祇感交切宜因陽始恊典章
元其改今號為太和元年平亥詔曰今牧民者
與朕共治天下也宜簡以徭役先之勸獎相其
水陸務盡地利使農夫外布桑婦內勤若輕有
徵發致奪民時起以侵擅論民有不從長教愆於
農桑者加以罪刑起太和安昌二殿己酉秦州
略陽民王元壽聚眾五千餘家自號衝天王
雲中飢開倉賑恤二月丙寅漢川民泉會譚酉
等相率內屬處之井州辛未秦益二州刺史武
都公尉洛侯討破元壽獲其妻子送京師癸未
高麗契丹庫莫奚國各遣使朝獻三月庚子徵
征西大將軍雍州刺史東陽王丕為司徒丙午
詔曰朕政治多闕災眚屢興去年生疫死傷太
半耕墾之利當有虧損今東作既興人須肆業
其赦在所督課田農有牛者加勤於常歲無牛
者倍庸於餘年一夫制治田四十畝中男二十
畝無令人有餘力地有遺利庫莫奚契丹國各
遣使朝獻夏四月丙寅蠕蠕國遣使朝貢丁卯

幸白登山壬申幸靈山出樂安王良薨詔復前東
郡王陸定國官爵五月乙酉車駕祈雨於武州
山俄而澍雨大洽蠕蠕國遣使朝貢秋七月壬
辰侍中開府儀同三司青州刺史京兆王子推
薨庚子定三等死刑己酉太和安昌二殿成起
朱明思賢門是月劉豆死弟準僭立八月壬子
大赦天下丙子詔曰工商皂隸各有欵分而有
司縱濫或深清流自今戶內有工役者推上本
部丞已下準次而授若階藉元勳以勞定國者
不從此制戊寅劉準遣使朝貢九月癸未蠕蠕
國遣使朝貢乙酉詔群臣定律令於太華殿辛
卯高麗國遣使朝貢庚子起永樂遊觀殿於北
苑穿神淵池車多羅西天竺舍衞疊伏羅諸國
各遣使朝貢冬十月癸酉宴京邑耆老年七十
已上於大華殿賜以衣服是月庫莫奚契丹國
各遣使朝貢又詔七十已上二子不從役龜兹
國遣使朝獻劉準又詔蘆戍主楊文度遣弟興
陷仇池丙子誅徐州刺史李訢庫莫奚契丹國

各遣使朝貢十有一月癸未詔征西將軍廣川
公皮懽喜鎮西將軍梁醜奴平西將軍楊靈珍
等率衆四萬討楊鼠乙酉吐谷渾國遣使獻丁
亥懷州民伊祁苟初自稱堯後應王聚衆於重
山洛州刺史馮熙討滅之閏月懽喜等軍到重
安楊鼠棄城南走癸亥粟提婆國遣使朝獻庚
子詔員外散騎常侍李長仁使於劉準十有二
月壬寅懽喜攻陷葭葮傳首京師甲辰
負關吐谷渾國並遣使朝貢丁未詔以州郡八
司
水旱蝗民飢開倉賑恤以安定王休為儀同三
二年春正月丁巳封昌黎王馮熙第二子始興
為北平王戊午吐谷渾遣使朝獻二月丁亥行
幸代之湯泉所過問民疾苦以官人賜貧民無
妻者戊戌蠕蠕國遣使朝獻癸卯車駕還宮三
月丙子以河南公梁彌機為宕昌王夏四月甲
申幸靈山丁亥還宮己丑劉準遣使朝貢京師
甲辰祈天災於北苑親自禮焉減膳避正殿

丙午澍雨大洽曲赦京師五月詔曰婚娉過禮
則嫁娶有失時之弊厚葬送終則生者有糜費
之苦聖王知其如此故申之以禮數約之以法禁
邇者民漸奢尚婚葬越軌致〈貧富相高貴賤無
別又皇族貴戚及士民之家不惟氏族下與非
類婚偶先帝親發明詔為之科禁而百姓習常
仍不肅改詔令憲章舊典祗案先制著之律令
永為定准犯者以違制論六月己丑辛鹿野死
庚子皇叔若堯秋七月戊辰龜茲國遣使獻名
駝七十頭劉準遣將寇仇池陰平太守楊廣香
擊走之八月分遣使者考察守宰問民疾苦丙
戌詔罷諸州禽獸之貢丁亥勿吉國遣使朝獻
九月丙辰曲赦京師龜茲國遣使獻大馬名駝
珍寶甚眾冬十月壬辰詔曰懸爵於朝而有
使於劉準十有一月庚戌詔曰懸刑於市而有罪者必罹其辜
功者必麻系其賞懸刑於市而有罪者必罹其辜
斯乃古今之成典治道之實要諸州刺史牧民
之官自頃以來逐各怠慢縱姦納賄背公緣私

致令賊盜並興侵劫兹其姦宄之聲屢聞朕聽
朕承太平之運屬千載之期思光洪緒以新庶
績亦望羣翰司牧宣惠以助朕共成斯
美幸克已復禮思忿改過使寡昧無愧於祖宗
百姓見德於當世有司明為條禁稱朕意焉十
有二月癸巳誅南郡王李惠是歲州鎮二十餘
水旱民飢開倉賑恤
察官二月辛巳帝太皇太后幸代郡温泉問民
三年春正月癸丑坤德六合殿成庚申詔罷行
疾苦鰥貧者以宮女妻之己亥還宮壬寅乾象
六合殿成三月甲辰曲赦京師戊午吐谷渾高
麗國各遣使朝獻夏四月壬申劉準遣使朝獻丙
癸未樂良王樂平王薨辛卯蠕蠕國遣使朝獻
申幸崞山己亥還宮庚子淮陽公尉元進爵為
王吐谷渾國遣使獻駝牛五十頭劉準遣使朝獻
王目辰有罪賜死五月丁巳帝祈雨於北死
閶闔門是日澍雨大洽辛酉詔曰昔四代養老
問道乞言朕雖沖昧每尚其美今賜國老各衣

五四六月辛未以雍州民
飢開倉賑恤起文石室靈泉殿於方山秋七月
壬寅詔八年老乃疾病者免之八月壬申詔
群臣直言盡規靡有所隱乙亥辛方山起思遠
佛寺丁丑還宮九月壬子以侍中司徒東陽王
丕為太尉侍中尚書右僕射趙郡公苟頹為司
徒進爵河東王侍中尚書河南公陳建為司
進爵河東王侍中尚書太原公王叡進爵中山
王侍中尚書隴南公張祐進爵新平王已未定
州刺史安樂王長樂有罪徵詣京師賜死庚申
隴西王源賀薨其司麗吐谷渾地于于契丹庫莫
奚龜茲諸國各遣使朝獻冬十月己巳朝大赦
天下十有一月癸卯賜京師貧窮高年疾惠不
能自存者衣服布帛各有差癸丑進假梁郡公
元嘉爵為假王督二將出淮陰隴西公元琛三
將出廣陵河東公薛虎子三將出壽春蠕蠕率
騎十餘萬南寇至塞而還十有二月粟特州逸
河襲疊伏羅貢闕恕万斤諸國各遣使朝貢是

【鬼紀七上】　十七　范元

年島夷蕭道成廢其主劉準而簒首號曰齊
四年春正月癸卯乾象六合殿成洮陽羌叛杞
罕鎮將討平之隴西公元琛等攻剋洮陽蕭道成馬
頭戌乙卯廣川王略寇雍州民齊男王及殺美
陽令州郡捕斬之丁巳罷廣川王韓頹有罪削爵徙邊
為報德佛寺戊午襄城王韓頹淮北陷莒眉戌二
蕭頤道成徐州刺史崔文仲寇淮北陷莒眉戌二
月遣尚書游明根率騎二千南討癸巳詔曰朕
承乾緒君臨海內夙興昧旦如履薄冰今東作

【魏紀七上】　十八　金榮

方興庶類萌動品物資生膏雨不降歲一不登
百姓飢乏朕甚懼焉其敕天下祀山川群神及
能興雲雨者修飾祠堂薦以牲璧民有疾苦所
在存問三月丙午詔車駕大將軍馮熙督迎
還假梁郡王嘉等諸軍乙卯蠕蠕國遣使朝貢
四月乙卯幸廷尉籍坊二獄引見諸囚詔曰延
尉者天下之平民命之所懸也朕得惟刑之恤
者仗獄官之稱其任也一夫不耕將或受其饑
一婦不織將或受其寒令農時要月百姓肆力

之秋而愚民陷罪者甚衆冝隨輕重决遣以赴

耕耘之業辛巳幸白登山甲申賜天下貧人一

戶之內無雜財穀帛者廪二年五月丙申朔幸

火山壬寅還宮六月丁卯以澍兩大洽曲赦京

師以紬綾絹布百萬匹及南伐所俘賜五公已

下秋七月辛亥行幸火山壬子改作東明觀

會京師耆老賜國遣使朝貢閏月丁亥幸虎

圈親錄囚徒輕者皆免之壬辰頓丘王李鍾葵

人不傜役悉萬斤賜家

南將軍郎大檀三將出胸城將軍白吐頭二將

丁酉詔徐州刺史假梁郡王嘉赴接之又遣平

有罪賜死蕭道成角城戍主請舉城內屬八月

出海西將軍元泰二將出連口將軍封四三將

出角城鎮南將軍賀羅出下蔡甲辰幸方山戊

申幸武州山石窟寺庚戌還宮乙卯詔諸州置

冰室蕭道成梁州刺史崔慧景遣長史裴叔保

率衆寇武興關城氐帥楊鼠擊破之叔保還南

鄭九月蕭道成汝南太守常元真龍驤將軍胡

青苗率戶內屬乙亥思義殷成壬午東明觀成

戊子詔曰隆寒雪降諸在徽纆及轉輸在都或

有凍餒用愍焉可遣侍臣詣廷尉及有因

之所周巡省察飢寒者給以衣食桎梏者代以

輕鏁假梁郡王嘉破蕭道成將盧紹之玄元度

於胸山其下蔡戍主兼兼城走冬十月丁未詔

昌黎王馮熙為西道都督與征南將軍桓誕出

義陽鎮南將軍賀羅自下蔡出鍾離蘭陵民

桓富殺其縣令與昌慮桓和北連太山群盜張

和顏等聚黨保五固推司馬朗之為主詔淮陽

王尉元等討之是歲詔以冀鎮十八水旱民飢

開倉賑恤

五年春正月己卯車駕南巡丁亥至中山親見

高年問民疾苦二月辛卯朔大赦天下賜孝悌

力田孤貧不能自存者穀帛有差免宮人年老

者還其所親丁酉車駕宰信都存問如中山癸

卯還中山己酉講武于唐水之陽庚戌車駕還

都沙門法秀謀反伏誅南征諸將擊破蕭道成

游擊將軍桓於淮陽道成豫州刺史垣崇祖
寇下蔡昌黎王馮熙擊破之假梁郡王嘉大破
道成將俘獲三万餘口送京師三月辛酉朝車
駕幸肆州癸亥講武于雲永之陽所經考察守
宰加以黜陟已車駕還宮詔曰法秀妖詐亂
常妄說符瑞蘭臺御史張求等一百餘人招結
奴隸謀為大逆有司科以族誅誠合刑憲且矜
愚重命猶所弗忍其五族者降止同祖三族止
一阴門誅止身夏四月已亥行幸方山建永固
石室於山上立碑於石室之庭又銘太皇太后
終制于金冊又起鑒玄殿壬子以南俘万餘口
班賜群臣甲寅詔曰時雨不霑春苗萎悴諸有
骸骨之處皆敕埋藏勿令露見有神祇之所悉
可禱祈任城王雲薨五月庚申朔詔曰酒者邊
兵屢動勞役未息百姓因之輕陷刑網獄訟煩
興四民失業朕每念之用傷懷抱農時要月民
須肆力其敕天下勿使有留獄父囚壬戌鄧至
國遣使朝貢庚午青州主簿崔次恩聚衆謀叛

州軍擊之次恩走郁洲六月甲辰中山王叡薨
戊午封皇叔簡為齊郡王猛為安豐王秋七月
甲子蕭道成遣使朝貢辛酉蠕蠕別帥他稽率
衆內附甲戌班乞養雜戶及尸籍之制五條九
月庚子關武於南郊大饗羣臣蕭道成使車亥
降人解奉君刃僧朗於會中詔誅奉君等乙亥
封昌黎王馮熙世子誕為南平王兗州斬司馬
朗之傳首京師冬十月癸卯蠕蠕國遣使朝貢
即以班在劉凖船靈誕之後辭不就席劉凖
巳白蘭王吐谷渾翼世以誣罔伏誅乙未詔曰
六年春正月甲戌大赦天下二月辛卯詔曰靈
丘郡土既褊堷又諸州路衝官私所經供費非
一徃年巡行見其勞瘵可復民租調十五年癸
十有二月癸巳詔以州鎮十二民飢開倉賑恤
蕭道成逆亂江淮戎旗頻舉七州之民既有征
運之勞深乖輕徭之義朕甚愍之其復常調三
年戊申地豆于國遣使朝貢癸丑賜王公巳下
清勤著稱者穀帛有差三月庚辰行幸虎圈詔

曰虎狼猛暴食肉殘生取捕之日每多傷害既
無所益損費良多從今勿復捕貢辛巳幸武州
山石窟寺賜老者衣服壬午幸方山是月蕭
道成死子賾僭立夏四月甲辰賜織內鰥寡孤
獨不能自存者粟帛有差六月蠕蠕國遣使
貢秋七月發州郡五萬人治靈丘道八月癸未
朝分遣大使巡行天下遭水之處丏民租賦貧
儉不自存者賜以粟帛庚子罷山澤之禁九月
辛酉以氏楊後起為武都王冬十有一月乙卯

吐谷渾國遣使朝貢十有二月丁亥詔曰朕以
寡薄政缺平和不能仰緝象緯茲六沴去秋
淫雨洪水為災百姓嗷然朕用嗟慇故遣使者循
方賑恤而牧守不思利民之道其於取辦愛毛
反裘甚其無謂也今課督未入及將來租筭一以
巳之有司勉加勸課以要來穰稱朕意焉
七年春正月庚申詔曰朕每思知百姓之所疾
苦以增修寬政而明不燭遠寔有缺焉敬其問
守宰奇虐之狀於州郡使者秀孝計掾而對多

不實甚乖朕虛求之意宣案以大辟明囚上必
誅然情可恕詔青齊光東徐四州之民戶運倉
犯無怨言猶未忍可恕罪聽歸申下天下使知後
粟二十石送瑕丘琅邪郡為粥於路以食之又
以粃糵定二州民飢詔以瑕丘琅邪復租筭一年
弛關津之禁任其去來夏四月庚子幸崞山賜
所過鰥寡不能自存者衣服粟帛壬寅車駕還
宮閨月癸丑皇子生大赦天下五月戊寅朝幸
武州山石窟佛寺六月定州上言

所活九十四萬七千餘口秋七月丁丑帝太皇
太后幸神淵池甲申幸方山詔假員外散騎常
侍李彪貞外郎蘭英使於蕭賾濟南王羅拔政
封趙郡王九月壬寅詔曰朕承祖宗夙夜惟懼
然聽政之際猶慮未周至於寨文審獄思聞已
過自今群官奏事當獻可替否無或面從便朕
之過彰於遠近冀州上言為粥給飢民所活七
十五萬二千七百餘口冬十月戊午皇信堂成
十有一月辛丑蕭賾遣使朝貢十有二月癸丑

詔曰淳風行於上古禮化用乎近葉是以夏殷
不嫌一族之婚周世始絕同姓之娶斯皆教隨
時設治因事改者也皇運初基中原未混撥亂
經綸日不暇給古風遺樸未遑矯改後遂因循
迄茲莫變朕屬百年之期當後仁之政思易質
舊式昭惟新目今悉禁絕之有犯以不道論庚
午開林慮山禁與民共之詔以州鎮十三民飢
開倉賑恤

八年春正月詔隴西公元琛尚書陸叡為東西

【魏書紀七上】　二十五　規　榮州

二道大使賑善罰惡二月蠕蠕國遣使朝獻夏
四月甲寅幸方山戊午車駕還宮庚申行幸族
鴻池遂幸崞山丁卯還宮五月己卯詔賑賜河
南七州戌兵甲申詔員外散騎常侍李彪員外
郎蘭英使於蕭賾六月丁卯詔曰置官班祿行
之尚矣周禮有食祿之典二漢著受俸之秩逮
于魏晉莫不聿稽往憲以經綸治道自中原喪
亂茲制中絕先朝因循未遑整改朕求鑒四方
求民之瘼夙興昧旦至於憂勤故憲章舊典始

班俸祿罷諸商人以簡民事戶增調三匹穀二
斛九斗以為官司之祿均預調為二匹之賦即
兼商用雖有一時之煩終克永逸之益祿行之
後贓滿一匹者死絕法改度宜為更始其大赦
天下與之惟新戊辰武州水泛濫壞民居舍秋
七月乙未行幸方山石窟寺八月甲辰詔曰帝
業至重非廣詢無以致治王務至繁非博採無
以興功先王知其如此故虛己以求過明恕以
思各是以諫鼓置於堯世謗木立於舜庭用能

【魏書紀七上】　二十六　茂　沈庵

耳目四達庶類咸熙朕承累聖之洪基屬千載
之昌運每布退風景行前式承明之初班下內
外聽入各盡規以補其闕中旨雖宣充稱者少
故變時法遠遵古典班制俸祿改更刑書寬猛
未允僉心或異議思言者莫由申情求諫者無因
自達故令上明不周下情壅塞令制百辟卿士
工商吏民各上便宜利民益治損化傷政直言
極諫勿有所隱務令辭無煩華理從簡實朕將
親覽以知世事之要使言之者無罪聞之者足

以為戒九月甲午蕭賾遣使朝貢戊戌詔曰體
制已立宜時班行其以十月為首每季請於
是內外百官受祿有差冬十月為首每季請於
貢蕭賾雙城戍主王繼宗內屬十有一月乙未
詔員外散騎常侍李彪員外郎蕭英使於蕭賾
十有二月詔以州鎮十五水旱民飢遣使者循
行問所疾苦開倉賑恤
九年春正月戊寅詔曰圖讖之興起於三季既
非經國之典徒為妖邪所憑自今圖讖祕緯及
又諸巫覡假稱神鬼妄說吉凶及委巷諸上非
名為孔子閉房記者一皆焚之留者以大辟論
墳典所載者嚴加禁斷癸未大饗群臣于太華
殿賜皇誥二月巳亥制皇子封王者皇孫及
曾孫紹封者皇女封者歲祿各有差以廣陽王
建第二子嘉紹建後為廣陽王乙巳詔曰昔之
哲王莫不博悚下情勤求箴諫建設旌鼓詢納
芻蕘朕班祿刪刑厲不周允慮懷謨直思顯洪
獸百司卿士及工商吏民其各上書極諫靡有

所隱三月丙申宕昌國遣使朝貢封皇弟禧為
咸陽王幹為河南王羽為廣陵王雍為潁川王
勰為始平王詳為北海王夏四月癸丑幸方山
甲寅還宮五月高麗國及蕭賾並遣使朝貢六
月辛亥辛方山遂幸靈泉池丁巳還宮秋七月
丙寅朝新作諸門癸未遣使拜宕昌王梁彌機
兄子彌承為其國王戊子幸魚頭山庚
午還宮八月巳亥行幸彌澤甲寅癸牛頭山庚
申詔曰數州災水飢饉荐臻致有賣鬻男女者
天之所譴在予一人而百姓無辜橫罹艱毒朕
用殷憂夕惕忘食與寢今自太和六年巳來賣
定冀幽相四州飢民良口者盡還所親雖娉為
妻妾遇之非理情不樂者亦離之甲子還宮冬
十月丁未詔曰朕承乾在位十有五年每臨先
王之典經綸百氏儲畜既積黎元永安爰暨季
葉斯道陵替富強者并兼山澤貧弱者望絕一
廛致令地有遺利民無餘財或爭畝畔以亡身
或因飢饉以棄業而欲天下太平百姓豐足安

可得哉今遣使者循行州郡與牧守均給天下
之田還受以生死爲斷勸課農桑興富民之本
戊申高麗吐谷渾國並遣使朝貢辛酉侍中司
徒魏郡王陳建薨詔員外散騎常侍李彪尚書
郎公孫阿六頭使蠕蠕犯塞詔任城王澄率眾討
南王他爲司徒蠕蠕犯塞詔任城王澄率眾討
之是年京師及州鎮十三水旱傷稼宕昌高麗
吐谷渾等國並遣使朝貢

高祖紀第七上

十年春正月癸亥朔帝始服袞冕朝饗萬國壬
午蠕蠕犯塞三月甲戌初立黨里隣三長定民
戶籍三月丙申蠕蠕國遣使朝貢庚申蕭賾遣
使朝貢夏四月辛酉朔始制五等公服甲子帝
初以法服御輦祀於西郊癸酉幸靈泉池戊寅
車駕還宮是月高麗吐谷渾國並遣使朝貢六
月辛酉方山巳卯名皇子曰恂大赦天下秋
七月戊戌幸方山八月乙亥給尚書五等品爵
巳上朱衣玉珮大小組綬九月辛卯詔起明堂
辟雍冬十月癸酉有司議依故事配始祖於南
郊十有一月議定州郡縣官依戶給俸十有二
月壬申蠕蠕犯塞癸未勿吉國遣使朝貢乙酉
詔以汝南頴川大飢丙戌田租開倉賑恤
十有一年春正月丁亥朔詔定樂章非雅者除
之二月甲子詔以肆州之鴈門及代郡民飢開
倉賑恤夏四月巳未吐谷渾國遣使朝貢五月
壬辰幸靈泉池遂幸方山癸巳南平王渾薨甲

【魏書紀七下】　一　恰

午車駕還宮詔復亡廟子孫及外戚總服巳上
賦役無所與詔南部尚書公孫文慶上谷張伏
干率衆南討舞陰山關高麗吐谷渾國遣使朝
貢六月辛巳秦州民飢開倉賑恤癸未詔曰春
早至本野無青草上天致譴冥由匪德百姓無
肱之臣謀猷所寄其極言無隱以救民瘼秋七
月巳丑詔曰今年穀不登聽民出關就食遣使
者造籍分遣去留所在開倉賑恤八月壬申蠕
蠕犯塞遣平原王陸叡討之事具蠕蠕傳庚辰
大議北伐進策者百有餘人辛巳罷山北苑以
其地賜貧民悉力斤國遣使朝獻九月庚戌詔
曰去夏以歲旱民須遷就食舊籍雜亂難可
分簡故依局割民閭戶造籍欲令去留得實賑
貸平然遒者以來猶有餓死衢路無人收識
良由本部不明籍貫未實顓恤不周以至於此
朕猥居民上聞用慨然可重遣精檢勿令遺漏
冬十月辛未詔罷起部無益之作出宮人不執

【魏書紀七下】　二

機杼者甲戌詔曰鄉飲禮廢則長幼之叙亂孟
冬十月民閑歲隙宜於此時導以德義可下諸
州黨里之內推賢而長者教其里人父慈子孝
兄友弟順夫和妻柔不率長者具以名聞十
有二月丁未詔罷尚方錦繡綾羅之工四民欲
造任之無禁其御府衣服金銀珠玉綾羅錦繡
太官雜器太僕乘具內庫弓矢出其太半班賚
百官及京師士庶下至工商皂隷逮於六鎮戌
吉各有差詔曰朕惟上政不明令民陷身
之凶宜速使之無令薄罪久留獄斤十有二月
夏不聽拷問罪人又歲既不登民多飢窘輕繫
罪戾今寒氣勁切杖捶難任自今月至來年孟

詔秘書丞李彪著作郎崔光改析國記依紀傳
之體是歲大飢詔所在開倉賑恤
十有二年春正月辛巳朔初建五牛旌旗乙未
詔曰鎮戌流徙之人年滿七十孤單窮獨雖有
妻妾而無子孫諸如此等聽解名還本諸犯死
刑者父母祖父母年老更無成人子孫旁無朞

親者具狀以聞二月壬戌高麗國遣使朝貢三
月丁亥宕昌國遣使朝獻中散梁眾保等謀反
伏誅夏四月高麗吐谷渾國並遣使朝貢蕭賾
將軍陳顯達等寇邊甲寅詔豫州刺史元斤率眾
禦之甲子大赦天下乙丑幸靈泉池丁卯遂幸
方山己巳還宮陳顯達攻陷醴陽左僕射長樂
王穆亮率騎一万討之五月丁酉詔六鎮雲中
河西及關內六郡各修水田通渠溉灌壬寅增
置冑甲弩器於太廟六月甲寅宕昌國遣使朝貢秋
七月己丑幸靈泉池遂幸方山己亥還宮八月
甲子勿吉國貢楛矢石砮九月吐谷渾宕昌國
遣使朝貢甲午詔曰日月薄蝕陰陽之恒度耳
聖人懼人君之放怠因之以設誡故稱日蝕修
德月蝕修刑遇癸巳夜月蝕盡公卿已下宜慎
刑罰以荅天意丁酉起宣文堂經武殿癸卯侍
中司徒淮南王他薨吐谷渾宕昌武興諸國各
遣使朝貢閏月甲子帝觀築圓丘於南郊乙丑
高麗國遣使朝貢辛未幸靈泉池癸酉還宮十

有一月詔以二雍豫三州民飢開倉賑恤梁州
刺史臨淮王提坐貪縱徙配北鎮十有二月蠕
蠕伊吾戍主高羗子率衆三千以城內附以侍
中安豐王猛為開府儀同三司
十有三年春正月辛亥車駕有事於圓丘於是
初備大駕乙丑兗州民王伯恭聚衆勞山自稱
齊王東萊鎮將孔伯孫討斬之戊辰蕭賾遣衆
寇邊淮陽太守王僧儁擊走之二月壬午高麗
國遣使淮陽獻庚子引群臣訪政道得失損益之
宜三月甲子吐谷渾國遣使朝獻夏州刺史章
武王彬以貪賕削封夏四月丁丑詔曰昇樓散
物以賚百姓至使人馬騰踐多有毀傷今可斷
之以本所費之物賜窮老貧獨者丁亥幸靈泉
池遂幸方山己丑還宮吐谷渾國遣使朝貢秋
鎮十五大飢詔所在開倉賑恤五月庚戌車駕
有事於方澤六月汝陰王天賜南安王楨並坐
賕賄免為庶人高麗國遣使朝貢秋七月甲辰
陰平國遣使朝貢丙寅幸靈泉池與羣臣御龍

三州　魏書紀七下　五　申信

舟賦詩而罷立孔子廟於京師八月乙亥詔兼
員外散騎常侍邢產兼員外散騎侍郎侯靈紹
使於蕭賾戊子詔諸州鎮有水田之處各通溉
灌遣匠者所在指授中尺國遣使朝貢九月丁
未吐谷渾武興宕昌諸國各遣使朝獻十有二
月丙子侍中司空河東王苟頹薨甲午蕭賾
遣使朝貢己亥以尚書令尉元為司徒左僕射穆
以賜北鎮人貧鰥無妻者冬十月甲申高麗國
亮為司空是歲蠕蠕別帥叱呂勤率衆內附

二三十　魏書紀七下　六　申信

十有四年春正月乙丑行幸方山二月辛未行
幸靈泉池壬申還宮戊寅初詔定起居注制已
卯詔遣侍臣循行州郡問民疾苦三月壬申吐
谷渾宕昌武興國並遣使朝貢夏四月
地豆于頻犯塞甲戌征西大將軍陽平王熙擊
走之甲午詔兼員外散騎常侍邢產兼員外散
騎侍郎蘇季連使於蕭賾五月己酉庫莫奚犯
塞安州都將樓龍兒擊走之沙門司馬惠御自

言聖王謀破平原郡擒獲伏誅秋七月甲辰詔
罷都牧　雜制丙午行幸方山丙辰遂幸靈泉
池高麗國遣使朝貢八月丙寅朝車駕還宮辛
卯宕昌國遣使朝貢詔議國之行次九月癸丑
太皇太后馮氏崩壬戌高麗國遣使朝貢詔聽
自丁茶菩奄踊毎朝仰遵遺旨祖奠莫有期朕將
蕃鎮曾經遣内侍者前後奔赴冬十月戊辰詔曰
親侍龍輿奉訣陵隊諸常從之具悉可停之其
武衛之官防侍如法癸酉葬文明太皇太后於
永固陵甲戌車駕謁永固陵羣臣固請公除帝
不許己卯車駕謁永固陵庚辰帝居廬訊見群
寮於太和殿太尉東陽王丕等據權制固請帝
引古禮往復群臣乃止詔在禮志京兆王太興
有罪免官削爵詔曰公卿屢依金冊遺旨中代
權式請過葬即吉朕思遵遠古終三年之制依
禮既虞卒哭此月二十一日授服以葛易麻旣
衰服在上公卿不得獨釋於下故於朕之授服
變從練禮已下復為節降斟酌今古以制厥衷

且取遺旨速除之一端粗申臣子周極之巨痛
癸未詔曰朕遠遵古式欲終三年之禮百辟羣
官據金冊顧命將奪朕心從先朝之制朕惟
金冊俯自推省取諸二衷不許衆議以衰服過
暮終四節之慕又奉聖訓事脩諮旨不敢闇嘿
自居以曠機政廢不惟慶之禮甲申車駕
情普下州鎮長至三元絶告慶之意羞展哀慕之
謁求固陵辛卯詔曰羣官以萬機事重請求聽
政朕仰祇遺命亦思無怠但哀慕纏綿心神迷
塞未堪自力以親政事近侍先掌機衡者皆謀
獸所寄且可任之如有疑事當時與論決十有
一月甲寅詔曰垂及至節感慕崩摧凡在臣列
誰不哽切内外職人先朝班次及諸方雜客冬
至之日盡聽入臨三品已上衰服者至夕復臨
其餘唯旦臨而已其拜哭之節一依別儀丁巳
蕭賾遣使與州郡宣行條制隱口漏丁郎聽附實
若朋附豪勢陵挪孤弱罪有常刑
式遣使朝貢十有二月壬午詔依準立并之

十五年春正月丁卯帝始聽政於皇信東室初
分置左右史官吐谷渾國遣使朝貢二月乙亥
枹罕鎮將長孫百年請討吐谷渾所置洮陽泥
和二戍許之巳丑蕭賾遣使朝貢三月甲辰車
駕謁永固陵巳酉悉力斤等五國遣使朝貢夏
四月癸亥帝始進蔬食巳丑調永固陵自正月
不雨至于癸酉有司奏祈百神詔曰昔成湯遇
旱庭景雲災並不由祈山川而致雨皆至誠發
中潚潤千里萬方有罪在予一人今普天霙恃
幽顯同哀神若有靈猶應未忍安饗何宜四氣
未周便欲祀事唯當考躬責巳以待天譴甲戌
詔貞外散騎常侍李彪尚書郎公孫阿六頭使
於蕭賾巳卯經始明堂改太廟五月巳亥議改
律令於東明觀折疑獄乙卯詔百年攻洮陽泥
二戍克之俘獲三千餘人認悉免歸高麗國遣
使朝獻丙辰詔造五輅六月丁未濟陰王鬱以
貪殘賜死秋七月乙丑謁永固陵規建壽陵戊
寅吐谷渾國遣使朝貢巳卯詔議祖宗以道武

爲太祖乙酉車駕巡省京邑聽訟而還八月壬
辰議養老又議肆類上帝禋于六宗之禮帝親
臨祭詔郡國有時物可以薦宗廟者貢之戊戌
移道壇於桑乾之陰改日崇虛寺巳亥詔諸州
舉秀才先盡于學乙巳親定禘祫之禮丁巳議
律令事仍省雜祀九月辛巳蕭賾遣使朝貢冬
十月庚寅高麗宕昌鄧至諸國並遣使朝貢十
有一月丁卯遷七廟神主於新廟乙亥大定官
品戊寅考諸牧守詔假通直散騎常侍李彪假
散騎侍郎蔣少遊使蕭賾丙戌初罷小歲賀丁
亥詔二千石考在上上者假四品將軍乘黃
馬一匹上中者五品將軍上下者賜衣一襲十
有二月壬辰遷社於內城之西癸巳頒賜刺史
巳下衣冠以安定王休爲太傅齊郡王簡爲太
保帝爲高麗王璉舉哀於城東行宮巳酉車駕
迎春於東郊辛亥詔簡選樂官
十有六年春正月戊午朝饗群臣於太華殿帝

始為王公興懸而不樂巳未宗祀顯祖獻文皇
帝於明堂以配上帝遂於靈臺以觀雲物降居
青陽左个布政事每朝依以為常辛酉始以太
祖配南郊壬戌詔定行次以水承金甲子詔罷
祖裸南郊 乙丑制諸遠屬非太祖子孫及異姓為
王皆降爵為公以諸侯為伯子男仍舊皆除將
軍之號戊辰帝臨思義殿策問秀才孝廉州郡
孟月祭廟二月戊子帝移御永樂宮庚寅詔罷
華殿經始太極辛卯燒主辰辛北部曹

歷親諸省巡省京邑聽理寃訟甲午初朝日于
東郊遂以為常丁酉詔祀唐堯於平陽虞舜於
西省西郊郊天雜事乙亥車駕初迎氣南郊自
曰文聖尼父告諡孔廟三月丁卯巡省京邑癸
廣寧夏禹於安邑周文於洛陽丁未改諡宣尼
丁亥朝班新律令大赦天下癸巳契丹國遣使
遣使朝貢是月高麗鄒至國並遣使朝貢四月
此為常辛巳以高麗王璉孫雲為其國王蕭賾
朝貢甲寅辛皇宗學親問博士經義五月癸未

詔群臣於皇信堂更定律條流徒限制帝親臨
決之六月巳丑高麗國遣使朝貢甲辰詔曰務
農重穀王政所先勸率田疇君人常事今四氣
休序時澤滂潤宜用天分地悉力東畝然京師
之民遊食者眾不加督勸或甚穬失時可遣明
使檢察勸惰以聞秋七月庚申吐谷渾世子賀
虜頭來朝壬戌詔曰王者設官分職垂拱責成
振綱舉綱眾目斯理朕德謝知人豈能一見臨
識徒乖為君委授之義貞今選舉每以季月本

曹與吏部銓簡甲成詔兼員外散騎常侍宋弁
兼員外散騎侍郎房亮使於蕭賾八月庚寅車
駕初夕月於西郊辛卯高麗國遣使
朝貢乙未詔陽平王頤左僕射陸叡督十二將
七万騎北討蠕蠕丙午宕昌王梁彌承來朝司
徒尉元以遜位巳酉以尉元為三老游明根
為五更文養國老庶老將行大射之禮兩不克
成癸丑詔曰文武之道自古並行威福之施必
也相藉故三五至仁尚有征伐之事夏殷明叡

未捨兵甲之行然則天下雖平忘戰者殆不教
民戰可謂棄之是以周立司馬之官漢置將軍
之職皆所以輔文強武威蕭四方者矣國家雖
崇文以懷九服武以寧人荒然於習武之方
猶爲未盡令則訓文有典教武闕然將於馬射
之前先行講武式可勑有司豫修埸圻其刻
之儀五戎之數別俟後勑九月甲寅朝大帝
昭穆於明堂祀文明太皇太后於立室辛未帝
以文明太皇太后冊周忌日哭於陵左絕膳二

魏書紀七下 十三 詩忠

日哭不輟聲辛巳武與王楊集始來朝冬十月
乙酉鄴至國遣使朝獻巳亥以大傳安定王休
爲大司馬特進馮誕爲司徒甲辰詔以功臣配
饗太廟丙午高麗國遣使朝獻庚戌太極殿成
大饗羣臣十有一月乙卯依古六寢權制三室
以安昌殿爲內寢皇信堂爲中寢四下 疑爲外寢
十有二月賜京邑老人鳩杖是月蕭賾遣使朝
貢
十有七年春正月壬子朝帝饗百寮於太極殿

三冊 魏書紀七下 十四

乙丑詔曰夫駿奔入觀臣下之常式錫馬賜車
君人之恒惠今諸邊君萊胤皆廢集象魏趨鏘
紫庭貢饗既畢言旋無遠各可依秩賜車旗衣
馬務令優厚其武興各賜錦繒纊一千吐
谷渾世子八百鄧至世子雖因緣至都亦宜賚
及可賜三百命數之差比依別牒詔兼貟外散
騎侍郎劉承叔使於蕭賾乙亥勿吉國遣使朝
獻丙子以吐谷渾伏連籌爲其國王庚辰大
司馬安定王休太保齊郡王簡朝望之朝二月
乙酉詔賜議律令之官各有差己丑車駕始籍
田於都南三月戊辰改作後宮帝幸永興園從
御宣文堂文武帝宴夏四月戊戌立
皇后馮氏是月蕭賾征虜將軍直閣將軍蠻酉
田益宗率部落四千餘户內屬五月乙卯宕昌
陰平契丹庫莫奚諸國並遣使朝獻壬戌宴四
廟子孫於宣文堂帝親與之齒行家人之禮甲
子帝臨朝堂引見公卿巳下决疑政錄囚徒丁
丑以旱撤膳襄陽蠻酋雷婆思等率一千三百

餘戶內徙居於太和川六月丙戌帝將南伐詔
造河橋巳丑詔免徐南豫陝歧東徐洛豫七州
軍粮丁未講武乙巳詔曰六職備于周經九列
炳於漢晉務必有恒人守其職比百秩雖陳事
典未叙自八元樹位躬加省覽遂依往籍近採
時宜作職員令二十一卷事迫戎期未善周悉
雖不足綱範万度永垂不朽且可釋滯目前羣
整時務須待軍回更論所關權可付外施行其
有當局所疑而令文不載者隨事以聞當更附

【魏書紀七下】 十五

之立皇子恂爲皇太子戊申高麗國遣使朝獻
秋七月癸丑以皇太子立詔賜民爲人後者爵
一級爲公士曾爲吏屬者爵二級爲上造鰥寡
孤獨不能自存者人粟五斛戊午中外戒嚴是
月蕭賾死孫昭業僭立六月乙酉三羌山陽郡
公尉元薨丙戌車駕類於上帝遂臨尉元喪丁
亥帝辭永固陵巳丑車駕發京師南伐步騎百
餘万太尉丕奏請以官人從詔曰臨戎不語內
事宜停來請壬寅車駕至肆州民年七十巳上

賜爵一級路見眇跛者傷駕親問賜老食終身
戊申幸并州親見高年間所疾苦九月壬子詔
兼員外散騎常侍高聰兼員外散騎侍郎賈禎
使於蕭昭業丁巳詔以車駕所經傷民秋稼者
敕給穀五斛戊辰濟河詔懷并肆所過四州
之民百年巳上假縣令九十巳上賜爵三級八
十巳上賜爵二級七十巳上賜爵一級鰥寡孤
獨不能自存者皆以名聞又詔斯養之戶不得與士

【魏書紀七】 十六 分 吾信

武應求者同庶族例聽之
庚午幸洛陽周巡故宮基趾帝顧謂侍臣曰晉
德不修早傾宗祀荒毁至此用傷朕懷遂詠黍
離之詩爲之流涕壬申觀洛橋幸太學觀石經
乙亥鄧至王像舒彭遣子詣闕朝貢幷奉表
求以位授舊詔許之丙子詔六軍發軫丁丑戎
服執鞭御馬而出群臣稽顙於馬前請停南伐
帝乃止仍定遷都之計冬十月戊寅朔幸金墉
城詔徵司空穆亮與尚書李沖將作大匠董爵

經始洛京己卯幸河南城乙酉幸豫州癸巳次
於石濟乙未解嚴設壇於滑臺城東告行廟以
遷都之意大赦天下起壇於滑臺宮又詔京師及諸
州從戎者賜爵一級應募者加二級主將加三
級癸卯幸鄴城乙巳詔安定王休率從官迎家
殿於鄴西十有二月癸亥宮成從御焉十有二
月戊寅車駕送於漳水上初帝之南伐也起宮
於代京車駕北巡省六軍庚寅陰平國遣使朝貢乙未
詔隱恤軍士死亡疾病務令優給

十有八年春正月丁未朝群臣於鄴宮澄鸞
殿丁巳高麗國遣使朝獻癸亥車駕南巡詔相
兗豫三州百年以上假縣令九十以上賜爵二
級七十以上賜爵一級孤老鰥寡不能自存者
賜粟五石帛二匹孝悌廉義文武應求者皆以
名聞戊辰經卹比干之墓祭以太牢乙亥幸洛
陽西宮二月乙丑行幸河陰規建方澤之所丙
申河南王幹從封趙郡穎川王雍從封高陽王
寅車駕北巡癸卯濟河蕭昭業遣使朝貢甲辰

詔天下喻以遷都之意閏月癸亥次句注陘南
皇太子朝于蒲池壬申至平城宮癸酉臨朝堂
部分遷留甲戌詔永固陵三月庚戌罷西郊祭
天壬辰帝臨太極殿諭在代群臣以遷移之略
夏五月乙亥詔罷五月五日七月七日饗六月
己巳詔兼員外散騎常侍盧昶兼員外散騎侍
郎王清石使於蕭昭業秋七月乙亥以宋王劉
昶為大將軍壬午侍中大司馬安定王休薨辛
卯高麗國遣使朝貢壬辰車駕比巡戊戌詔金
陵辛丑幸朔州是月島夷蕭鸞殺其主蕭昭業
立昭業弟昭文八月癸卯皇太子朝於行宮甲
辰行幸陰山觀雲川丁未幸閱武臺臨觀講武
癸丑幸懷朔鎮己未幸武川鎮辛酉幸撫冥鎮
甲子幸柔玄鎮乙丑南還所過皆親見高年問
民疾苦貧窶孤老賜以粟帛丙寅詔六鎮及禦
夷城人年八十以上而無子孫兄弟終身給其
廩粟七十以上家貧者各賜粟十解又詔諸北
城人年滿七十以上及廢疾之徒校其元犯以

準新律事當從坐者聽一身還鄉又令一子扶
養終命之後乃遣歸邊自餘之處如此之犯年
八十以上皆聽還戊辰車駕次旋鴻池庚午詔
永固陵辛未還平城宮九月壬申朔詔曰三調
考績自古通經三考黜陟以彰能否令若待三載
考然後黜陟可黜者不足為遲可進者大成賒
緩是以朕今三載一考即黜陟欲令愚滯無
妨於賢者才能不壅於下位各令當曹考其優
劣為三等六品以下尚書重問五品以上朕將
親與公卿論其本任壬午帝臨朝堂親加黜陟壬
中中者守其善惡上上者遷之下下者黜之
辰陰平王楊昺來朝冬十月甲辰以太尉東陽
王丕為太傅戊申親告太廟奉遷神主辛亥車
駕發平城宮壬戌次於中山之唐湖乙丑分遣
侍臣巡問民所疾苦己巳幸信都庚午詔曰比
聞緣邊之蠻多有竊掠致有父子乖離室家分
絕既虧和氣有傷仁厚方一區宇子育萬姓若
苟如此南人豈知朝德哉可詔荊郢東荊三州

勤救戀民勿有侵暴是月蕭鸞廢殺其主蕭昭
文而僭立十有一月辛未朔詔冀定二州民百
年以上假以縣令九十以上賜爵三級八十以
上賜爵二級七十以上賜爵一級鰥寡孤獨不
能自存者賜以穀帛孝義廉貞文武應求者具
以名聞丁丑車駕幸鄴甲申經比干之墓傷其
忠而獲戾親為弔文樹碑而刊之己丑車駕至
洛陽蕭鸞驍雍州刺史曹虎據襄陽請降十有二
月辛丑朔遣行征南將軍薛真度督四將出襄
陽大將軍劉昶出義陽徐州刺史元衍出鍾離
平南將軍劉藻出南鄭壬寅革衣服之制紱離
詔中外戒嚴戊申優復代遷之戶租賦三歲己
西詔王公侯伯子男開國食邑者天食半公三
分食侯伯四分食一子男五分食一辛亥車
駕南伐丁卯詔郢豫二州之民百齡以上假縣
令九十以上賜爵三級八十以上賜爵二級七
十以上賜爵一級孤寡耆老不能自存者賜以
穀帛緣路之民復田租一歲孝悌廉義文武應

求具以名聞戊辰車如馬至懸瓠已巳詔壽陽鍾
離馬頭之師所獲男女之口皆放還南
十有九年春正月辛未朝饗群臣於懸瓠癸
酉詔禁淮北之民不得侵掠犯者以大辟論甲
戌敕喻蕭鸞丙子鸞龍陽縣開國侯王朗自渦
陽來降壬午講武於汝水之西大賚六軍丙申
平南將軍王肅頻破蕭鸞將擒其寧州刺史董
巒已亥車駕濟淮二月甲辰幸八公山路中雨
甚詔去蓋見軍士病者親隱恤之戊申車駕巡
淮而東民皆安堵租運屬路壬子高麗國遣使
朝獻丙辰車駕至鍾離戊午軍士擒蕭鸞三千
辛帝曰在君為君甚民何罪於是免歸命之罪
駕發鍾離將臨江數蕭鸞殺主自立之罪惡三
師丁卯遣使臨江水司徒馮誕薨壬戌乃詔班
鄴至國遣使朝貢首夏四月庚子車駕幸彭城平
丑帝為太師馮熙舉哀於行在所丁未幸曲赦徐
豫二州其運漕之士復租賦三年辛亥詔賜百

歲以上假縣令九十以上賜爵三級八十以上
賜爵二級七十以上賜爵一級孤寡老疾不能
自存者賜以穀帛德著丘園者具以名聞蕭鸞
民降者給復十五年癸丑幸小沛遣使以太牢
祭漢高祖廟已未行幸瑕丘遣使以太牢祠岱
岳詔宿衛武官增位一級庚申行幸魯城親祠
孔子廟辛酉詔拜孔氏四人顏氏二人為官詔
兗州刺史舉部內士人才堪軍國及守宰治行
具以名聞又詔賜兗州民爵及粟帛如徐州又
詔選諸孔宗子一人封崇聖侯邑一百戶以奉
孔子之祀又詔兗州為孔子起園柏修飾墳壠
更建碑銘襃揚聖德戊辰行幸碻磝太和廟成
五月已巳城陽王鸞赭陽失利降為定襄縣王
廣川王諧薨庚午遷文成皇后馮氏為神主于太
和廟於平桃城行幸滑臺丙子次于云濟庚辰皇太
子朝於行宮高麗吐谷渾國各遣使朝貢癸
未車駕至自南伐告于太廟甲申減開官祿以
稞軍國之用乙酉行飲至之禮班賜有差甲午

皇太子冠於廟六月巳亥詔不得以北俗之語
言於朝廷若有違者免所居官辛丑詔復軍士
從駕渡淮者租賦三年癸卯詔皇太子赴平城
宮壬子詔濟州東郡滎陽及河南諸縣車駕所
經者百年以上賜爵三級七十以上賜爵三級
八十以上賜爵二級七十以上賜爵一級孤老
鰥寡不能自存賜以穀帛孝悌廉義文武應求
者具以名聞癸丑詔求天下遺書秘閣所無有
禪益時用者加以優賞乙卯曲赦梁州復民田
租三歲丙辰詔遷洛之民死葬河南不得還北
於是代人南遷者悉為河南洛陽人戊午詔改
長尺大斗依周禮制度班之天下八月甲辰幸
西宮路見壞冢露棺駐輦蕯之乙巳詔選天下
武勇之士十五萬人為羽林虎賁資以充宿衛丁
巳詔諸從兵從征被傷者皆聽還本金墉宮成
甲子引群臣歷宴殿堂九月庚午六宮及文武
盡遷洛陽丙戌行幸鄴丁亥詔曰諸有舊墓銘
記見存昭然為時人所知者三公及位從公者

三百六十一　魏書紀七下　三十三　胡澳

去墓三十步尚書令僕九列十五步黃門五校
十步各不聽狸壄殖王辰遣黃門郎以太牢祭比
干之墓乙未車駕還宮冬十月甲辰曲赦相州
民百年以上假郡守九十以上假縣令八十以
上賜爵三級七十以上賜爵二級孤老鰥疾不
能自存者賜以穀帛丙辰車駕至鄴辛酉詔
州郡諸有士庶經行修敏文思逸才長吏治
堪幹政事者以時發遣壬戌詔諸州牧品屬
官考其得失為三等之科以聞將親覽而升降
焉詔徐充光南青荊洛六州纂嚴戎備應須赴
集十有一月行幸委粟山議定圜丘甲申有事
於圜丘丙戌大赦天下十有二月乙未朔引見
群臣於光極堂宣示品令為大選之始辛酉驃
騎大將軍司州牧咸陽王禧為長兼太尉前南
安王楨復本封以特進廣陵王羽為征東大將
軍開府儀同三司青州刺史甲子引見羣臣於
光極堂班賜冠服
二十年春正月丁卯詔改姓為元氏壬辰改封

三百六十三　魏書紀七下　二十四　陳緑

始平王颺為彭城王以定襄縣王鸞復封城陽
王二月辛丑帝幸華林聽訟於都亭壬寅詔自
非金革聽終三年喪丙午詔畿內七十以上暮
春赴京師將行養老之禮庚戌幸華林聽訟於
都其癸丑詔介山之邑聽為寒食自餘禁斷三
月丙寅宴群臣及國老庶老於華林園詔曰三
老黃耇以上假中散大夫郡守著年五十以上假給
事中縣令庶老直假郡縣各賜鳩杖衣裳丁五
詔諸州中正各舉其鄉之民望年五十以上守

素衡門者授以令長夏四月甲辰廣州刺史薛
法護南叛五月丙子詔曰農惟政首稷實民先
澍兩豐洽所宜敦勵其令畿內嚴加課督隨業
者申以楚撻力田者具以名聞丙戌初營方澤
於河陰遣使者以太牢祭漢光武及明章三帝
陵又詔漢魏晉諸帝陵名禁方百步不得樵蘇
踐蹋丁亥車駕有事於方澤七月厲皇后馮氏
戊寅帝以久旱咸秩群神自癸未不食至于乙
酉是夜澍兩大洽丁亥詔曰炎陽爽節秋零卷

澍在子之責實深悚慄故輟膳三晨以命上訴
靈鑒誠款曲流雲液雖休勿休蓋敢忘怠將有
賢人湛德高士凝棲雖加銓採未能招致其精
訪幽谷舉茲賢彥直言極諫臣子不及又邪佞
毀朝固唯治蠱貪夫竊位大政以虧主者彈刻
不肖明黜能治要民命尤重在京之
囚悉命條奏朕將親案以時訪恤以拯窮廢鰥寡困乏之不能
人神所祐矜法為治議決又疾苦六極
自存者明加矜恤令得存濟又輕徭薄賦君人
常理歲中恒役有達式以狀聞又夫婦之道生民所
先仲春奔會禮有達式男女失時者以禮會之
又京民始業農桑桑為本田稼多少課督不具
以狀言八月壬辰朔幸華林園親錄囚徒咸降
本罪二等決遣之戊戌車駕幸嵩高甲寅還宮
丁巳南安王楨薨幸華林園聽訟九月戊辰車
駕閱武於小平津癸酉還宮丁亥將通洛水入
穀帝親臨觀冬十月戊戌以遷之士皆為羽
林虎賁司州之民十二夫調一更為四年更卒

歲開番假以供公私力役已酉曲赦京師十有
一月乙酉復封前汝陰王天賜孫景和為汝陰
王前京兆王太興為西河王閏月丙辰右將軍
元隆大破汾州叛胡十有二月甲子以西北州
郡旱儉遣侍臣循察開倉賑恤乙丑開鹽池之
禁與民共之丙寅廢皇太子恂為庶人丁卯告
太廟戊辰置常平倉任城陵王澄以樂陵王恵
反遣行吏部尚書任城王澄案汾之樂陵王恵
譽坐知泰陰謀不告削爵為庶人

魏書紀下　三百二十　二七　王恭

二十有一年春正月丙申立皇子諱為皇太子
賜天下為父後者爵一級已亥遣兼侍中張彝
崔光燕散騎常侍劉藻巡方省察問民疾苦黜
陟守宰宣揚風化乙巳車駕北巡二月壬戌次
於太原親見高年問所不便乙丑詔并州士人
年六十巳上假以郡守先是定州民王金鈎訛
言惑眾自稱應王丙寅州郡捕斬之癸酉車駕
至平城甲戌詔永固陵癸未行幸雲中三月庚
寅車駕至自雲中辛卯調金陵乙未車駕南巡

已酉次離石叛胡歸罪宥之甲寅詔汾州民百
年以上假縣令九十以上賜爵三級八十以上
賜爵二級七十以上賜爵一級丙辰車駕次平
陽遣使者以太牢祭唐堯夏四月庚申幸龍門
遣使者以太牢祭夏禹癸亥行幸蒲坂遣使者
以太牢祭虞舜戊辰詔修堯舜夏禹廟辛未行
幸長安壬申武興王楊集始來朝乙亥親見高
年間所疾苦丙子遣侍臣分省縣邑賑賜穀帛
戊寅辛未央殿阿房宮遂幸昆明池癸未大將
軍宋王劉昶薨丙戌遣使者以太牢祀漢帝諸
陵五月丁亥朔衛大國遣使朝貢已丑車駕東
旋汎渭入河庚寅詔雍州士人百年以上假華
郡太守九十以上假荒郡八十以上假華縣令
七十以上假荒縣老以年各減一等七十以
上賜爵三級其營船之夫賜爵一級孤貧鰥寡
窮痾癈疾各賜帛二匹穀五斛其孝友德義文
學才幹悉仰貢舉壬辰遣使者以太牢祭周文
王於豐祭武王於鎬癸卯遣使者祭華嶽六月庚

魏書紀七下　二十八　陳壽

申車駕至自長安壬戌詔諸縣定瀛相濟五州發
卒二十萬將以南討癸亥司空穆亮遜位丁卯
部分六師以定行留秋七月甲午立昭儀馮氏
為皇后戊辰以前司空穆亮為征北大將軍開
府儀同三司冀州刺史甲寅帝親為群臣講喪
服於清徽堂六月丙辰詔中外戒嚴壬戌皇
子愉為京兆王懌為清河王懷為廣平王壬申
行幸河南城甲戌於華林園庚辰車駕南
討九月丙申詔曰衰貧恤老王者所先鰥寡六

疾尤宜矜愍可敕司州洛陽之民年七十巳上
無子孫六十以上無朞親貧不自存者給以衣
食及不滿六十而有癈痼之疾無大功之親窮
困無以自療者皆於別坊遣醫救護給醫師四
人豫請藥物以療之丁酉詔河南尹李崇討梁
州叛羌受征西源懷節度辛丑帝留諸將攻赭
陽引師而南癸卯至宛城夜襲其郭克之丁未
車駕發南陽留大尉咸陽王禧前將軍元英攻
之巳酉車駕至新野冬十月丁巳四面進攻不

克詔左右軍築長圍以守之乙亥遣廢員皇后
林氏為庶人十一月甲午蕭鸞前軍將軍韓
秀方弋陽太守王副之後軍將軍趙祖悅等十
五將來降丁酉大破賊軍於沔北獲其將軍王
伏保等於是民皆復業九十以上假以郡守六
十五以上假以縣令新野民張　首冊萬餘家丁卯詔
守不下十有二月庚申車駕臨沔遂巡河東遠戊寅車駕還新
流徙之內皆勿決遣有登城之際令其先鋒自
效庚午車駕臨沔遂巡河東還戊寅車駕還新
野巳卯親行營壘隱恤六軍蕭蘭蕭鸞將王曇紛等
萬餘人寇南青州黃郭戊戍主崔僧淵擊破之
悉虜其眾以齊郡王子琛紹河間王若後高昌

國遣使朝貢

二十有二年春正月癸未朔朝饗羣臣於新野
行宮丁亥詔拔新野獲蕭蘭蕭鸞輔國將軍新野太守
劉忌斬之於宛戊子蠻湖陽戍主蔡道福棄城
遁走辛卯蠻赭陽戍公期戍主胡松棄城
遁走壬辰蠻為輔國將軍舞陰戍主黃瑤起及直

閣將軍臺軍主鮑舉南鄉太守席謙相尋道走
瑤起鮑舉爲軍人所獲送庚戌行幸南陽二月
乙卯進攻宛北城甲子拔之蠻冠軍將軍南陽
太守房伯玉面縛出降庚午車駕幸新野辛未
詔以穰民首歸大順終始若一者給復三十年
標其所居曰歸義鄉次降者給復十五年三月
壬午朝大破蠻平北將軍崔惠景等黃門郎蕭衍行
軍於鄧城斬獲首虜二万有餘庚寅行幸樊城
觀兵襄沔耀武而還曲赦二荊魯陽郡鎮南將
軍王蕭攻蠻叛義陽蠻遣將裴叔業冠渦陽乙未
詔將軍鄭思明嚴虛敬宇文福等三軍繼援辛
丑行幸湖陽乙未次比陽戊申詔荆州諸郡之
民初降次附復同穰縣辛亥行幸懸瓠夏四月
甲寅從征武直之官進位三階大官二級外官
一階庚午發州郡兵二十万人限八月中旬集
懸瓠趙郡王幹薨五月丙午詔在征身喪者四
品已下及卑兼之職給昂有差六月庚申詔諸
王將士戰沒皆加優贈弔秋七月壬午詔曰朕以

寶德屬茲靖亂實賴羣英凱清南夏宜約躬賞
效以勸茂績后之私府便可損半六宮嬪御五
服男女常恤悁供亦令減半在戎之親三分省
一是月蕭鸞死子寶卷僭立八月辛亥皇太子
自京師來朝壬子蕭寶卷奉朝請鄧學撫其齊
興郡內屬勑勒樹之相率反叛詔平北將軍江
陽王繼都督北討諸軍事以討之壬午高麗國
遣使朝獻九月己亥帝以蕭鸞爲死禮不伐喪乃
詔反斾庚子仍將北伐叛虜丙午車駕發懸瓠
陽王繼定敕勒乃詔班師
[歲十有一月辛巳幸鄴十有二月甲寅以江
冬十月己酉朔曲赦二豫殊死已下復民田租
上壽大饗於澄鸞殿壬午幸西門豹祠遂歷漳
二十有三年春正月戊寅詔朝羣臣以帝疾瘳
水而還蕭寶卷遣太尉陳顯達冠荆州癸未詔
前將軍元英討之乙酉幸鄴逢寇戊戌至自鄴
庚子告於廟社癸卯行飲至策勳之禮甲辰大
赦天下太保齊郡王簡薨二月辛亥以長兼太

尉咸陽王禧為正太尉癸亥以中軍大將軍彭
城王勰為司徒復樂陵王思譽本封彭達
攻陷馬圈戌三月庚辰車駕南伐癸未次梁城
甲申以順陽被圍危急詔振武將軍慕容平城
率騎五千赴之丙戌帝不豫車駕至馬圈詔鎮南大
疾禁中且攝百揆丁酉車駕至馬圈詔司徒彭城王勰侍
將軍廣陽王嘉斷均口邀顯達歸路戌亥收
破之其夜顯達及崔惠景曹虎等宵遁已亥戰
其戌資億計班賜六軍諸將追奔及於漢水斬
獲及赴水而死者十八九斬實卷左軍將軍張
于達等賊將綮道福成公期率數万人棄順陽
遁走庚子帝疾甚車駕北次穀塘原甲辰詔賜
皇后馮氏死詔司徒勰徵太子於魯陽踐阼詔
以侍中護軍將軍北海王詳為司空公鎮南將
軍王肅為尚書令鎮南大將軍廣陽王嘉為尚
書左僕射尚書宋弁為吏部尚書與侍中太尉
公禧尚書石僕射任城王澄等六人輔政顧命
宰輔曰茲介太尉司空尚書令左右僕射吏部

尚書惟我太祖丕丕之業與四象齊茂累聖重
明屬鴻曆於寡昧兢兢業業思纂乃聖之遺蹤
還都蒿極定鼎河瀍庶南蕩甌吳復禮万國以
仰光七廟俯濟蒼生室不亦善歟可不永乃志公卿
甚善毗繼子隆我室不亦善歟可不勉之夏
四月丙午朔帝崩于穀塘原之行宮時年三十
三祕諱至魯陽發哀長陵師上諡曰孝文皇帝
廟曰高祖惠帝親自吮膿五歲受禪悲泣不
歲顯祖曾患癰帝親自吮膿五歲受禪悲泣不
能自勝顯祖問帝帝以帝聰聖後或不利於
祖甚歡異之文明太后以帝聰聖後或不利於
馮氏將謀廢帝乃於寒月單衣閉室絕食三朝
召咸陽王禧將立之元丕穆泰李冲固諫乃止
帝初不有憾唯深德不等撫念諸弟始終曾無
纖介悼睦九族禮敬俱深雖於大臣持法不縱
然性寬慈每垂矜捨進食者曾以熱羹傷帝手
又曾於食中得蟲穢之物並笑而恕之官者先
有譖帝於太后太后大怒杖帝數十帝默然而

受不自申明太后崩後亦不以介意聽覽政事
莫不從善如流哀矜百姓恒思所以濟益天地
五郊宗廟二分之禮常必躬親不以寒暑為倦
尚書奏案多自尋省百官大小無不留心務於
苟能均誠胡越之人亦可親如兄弟常從容謂
周洽每言凡為人君患於不均不能推誠御物
曰粗修橋梁通輿馬便止不須去草剗令平也

【魏書紀七下】三十五　朱大海

史官曰直書時事無諱國惡人君威福自己史
後不書將何所懼南北征巡有司奏請治道帝
凡所修造不得已而為之不為不急之事損民
力也巡幸淮南如在內地軍事須伐民樹者必
留絹以酬其直民稻粟無所傷踐諸有禁忌禳
厭之方非典籍所載者一皆除罷雅好讀書手
不釋卷五經之義覽之便講學不師受探其精
奧史傳百家無不該涉善談莊老尤精釋義才
藻富贍好為文章詩賦銘頌有興而作有大文
筆馬上口授及其成也不改一字自太和十年
已後詔冊皆帝之文也自餘文章百有餘篇愛

奇好士情如飢渴待納朝賢隨才輕重常寄以
布素之意怡然安邁不以世務嬰心又少而善
射有膂力年十餘歲能以指彈碎羊髆骨及射
禽獸莫不隨所志斃之至年十五便不復殺生
射獵之事悉止性儉素常服澣濯之衣鞍勒鐵
木而已帝之雅志皆此類也
史臣曰有魏始基代朔廓平南夏闢壤經世咸
以威武為業文教之事所未遑也高祖幼承洪
緒早著叡聖之風時以文明攝事優游恭己立

【魏書紀七下】三十六　許忠

覽獨得著自不言神契所標固以符於冥化及
躬摠大政一日萬機十許年間曾不暇給殊途
同歸百慮一致至夫生民所難行人倫之高迹
雖尊居黃屋盡蹈之矣若乃欽明稽古協御天
人帝王制作朝野軌度斟酌用捨煥乎其有文
章海內生民咸受耳目之賜加以雄才大略愛
奇好士視下如傷役已利物亦無得而稱之其
經緯天地豈虛謚也

高祖紀第七下　　　魏書七下

世宗宣武皇帝諱恪高祖孝文皇帝第二子母
曰高夫人初夢為日所逐避於牀下日化為龍
繞巳數帀而驚悸既而有娠太和七年閏四
月生帝於平城宮二十一年正月甲午立為皇
太子二十三年夏四月丁巳即皇帝位壬魯陽
大赦天下帝居諒闇委政宰輔五月丙子朔高
麗國遣使朝貢六月乙卯分遣侍臣巡行郡國
問民疾苦考察守令黜陟幽明文武應求道著
丘園者皆加聚禮戊辰追尊皇妣曰文昭皇后
秋八月戊申遵遺詔高祖三夫人巳下悉歸家
癸丑宮臣增位一級癸亥南徐州刺史沈陵南
叛冬十月辛未鄧至國王象舒彭來朝丙戌車
駕謁長陵丁酉有事於太廟十有一月幽州民
王惠定聚衆及自稱明法皇帝刺史李韶捕斬
之是歲州鎮十八水民飢分遣使者開倉賑恤
高麗國遣使朝獻
景明元年春正月壬寅車駕謁長陵乙巳大赦

改年丁未蕭寶卷豫州刺史裴叔業以壽春內
屬驃騎大將軍彭城王勰師車騎十萬赴之二
月戊戌復以彭城王勰為司徒寶卷將胡松李
居士率衆萬餘屯死陳伯之水軍沂淮而上以
逼壽春春夏四月丙申彭城王勰車騎將軍王蕭
大破之斬首萬數巳亥皇弟桃薨五月甲寅以
北鎮大飢遣兼侍中楊播巡撫賑恤六月丙子
司徒彭城王勰進位大司馬車騎將軍王蕭加
開府儀同三司癸未大陽蠻酋田育丘等率戶
內附秋七月寶卷又遣陳伯之寇淮南庚子吐
谷渾國遣使朝獻八月乙酉彭城王勰破伯之
於肥口乙未高麗國遣使朝貢九月乙丑東豫
州刺史田益宗破寶卷將吳子陽鄧元起於長
風齊州民柳世明聚衆友冬十月丁卯朔長
謁長陵庚寅齊兗二州討世明平之丁亥改授
彭城王勰為司徒錄尚書事甲午詔壽春置兵
四萬人十有一月巳亥荊州刺史桓道進攻寶
卷下笮戍拔之降者二千餘戶丁巳陽平王頤

竟足是歲十七州大飢分遣使者開倉賑恤是冬
島夷蕭衍起兵東下伐其主蕭寶卷
政遵遺詔聽司徒壹城王勰以王歸第太尉咸
二年春正月丙申朝車駕謁長陵庚戌帝始親
陽王禧進位太保司空北海王詳為大將軍錄
王禧領太尉大將軍廣陵王羽為司徒咸陽
尚書事丁巳引見羣臣於太極前殿告以覽政
之意辛酉高麗國遣使朝獻壬戌以太保咸陽
幼承寶曆艱憂在疚庶事不親風化未洽今始
臨覽政務義惟新思使四方風從率善可分遣
大使黜陟幽明二月庚午宿衞之官進位一級
甲戌大赦天下三月乙未朝詔曰比年以來連
有軍旅役務既多百姓彫弊宜時矜量拯民
漠正調之外諸妨害損民一時蠲罷辛亥詔曰
諸州刺史不親民事綏於督察郡縣稽通旬月
之閒覽決淹獄久訟動延時序百姓怨嗟
方成困弊可明條制申下四方令日親庶
事嚴勤守宰不得因循寬怠虧政壬戌詔曰治

三百卅八

尚簡靜任貴應事州府佐史除板稍多方成損
弊無益政道又京師百司寮局駢雜官有閒長
者亦同此例苟非稱要悉從閒省責齊徐兗四
州大飢民死者萬餘口是月蕭衍立寶卷弟南
康王寶融為主年號中興東赴建業夏五月壬
子廣陵王羽薨壬戌太保咸陽王禧謀反賜死
六月丁亥考諸州刺史加以黜陟秋七月乙巳
蠕蠕犯塞乙未東豫州刺史田益宗破蕭寶卷
將黃天賜於赤亭辛酉大赦天下壬戌車騎將
軍儀同三司王肅薨九月丁酉發畿內夫五萬
人築京師三百二十三坊四旬而罷已亥立皇
后于氏乙卯壽春營戶為揚州民冬十月丁
卯吐谷渾國遣使朝獻辛未蕭寶卷為零陵
華侯卒酉內屬十有一月丙申以驃騎大將軍
穆亮為司空丁酉大將軍北海王詳為太傅領
司徒壬寅改築圓丘於伊水之陽乙卯仍有事
焉十二月高麗國遣使朝貢是月寶卷真後張
齊殺其主寶卷降蕭衍衍克建業

三年春二月戊寅詔曰比陽旱積時農民廢
殖霡言增愧在子良多申下州郡有骸骨暴露
者悉可埋瘞三月魯陽蠻及蠻寶員卷弟建安王
寶夤來降夏四月詔撫軍將軍本崇討魯陽反
蠻是月蕭衍又廢其主舅融而僭立自稱曰梁
閏月丁巳司空穆亮薨五月揚州小峴戍主党
法宗龍驤將軍邾菩
薩送之京師秋七月癸酉于闐國遣使朝獻詔
加文官從征顯達宿衞者二階閒散者一階八
月癸卯蕭寶夤融鎮南大將軍江州刺史陳伯之
遣使請降乙卯以前太傅平陽公丕為三老九
月丁巳車駕行幸鄴丁卯詔使者弔殷比干墓
戊寅閱武於鄴南庚辰武興國世子楊紹先遣
使朝獻文十月庚子帝親射遠及一里五十步
羣臣勒銘於射所甲辰車駕還宮十有一月己
卯詔京洛兵無歲踰十紀先皇定鼎舊都惟新
魏曆前埽榛荒翦故豐宮樽鴻功茂績規模長遠
今廟社乃建宮極斯崇便當以來月中旬剋吉

從御仰尋遺意感慶交衷既禮盛周宣斯千之
制事高漢祖壯麗之儀可依典故備茲考告以
稱遐邇人臣之望十有二月戊子詔曰民本農
桑國重螽籍粱盛所憑充織收寄比京邑初基
耕桑斬缺遺規徃旦忽祗修今寢殿顯成移
御維始春郊未援笲躬勸億兆壬貢饗羣臣于太
設宮壇東未援笲躬勸億兆壬貢饗羣臣于太
極前殿賜布帛有差以初成世甲辰揚州破蕭
衍將張囂之斬級二千是歲疏勤賞婆羅捺
烏萇阿喻陁羅婆不綸陁拔羅弗波女提斯羅
嚏舍伏老自夫那太羅般米烏稽悉萬尒朱居槃詞
盤陁撥斤厭味朱洺洛南天竺持沙那斯頭諸
國並遣使朝貢河州大饑死者二千餘口
四年春正月乙亥車駕籍田於千畝梁州楊
會反詔行梁州事楊椿左將軍羊祉討之三月
己巳皇后先蠶於北郊庚辰揚州破蕭衍將於
陰山斬其龍驤將軍吳道爽等數千級夏四月
癸未朔以蕭寶夤為鎮東將軍東揚州刺史封

丹陽郡開國公齊王庚寅南天竺國獻辟支佛
牙戊戌詔曰酷吏為禍古同患孝婦淫刑東
海燋壞今不雨十旬者其有冤獄平尚書鞫
京師見囚務盡聽察之理己亥帝以旱膳徹
縣辛丑澍雨大洽五月甲戌封皇弟悅為汝南
氏斬首數千級六月壬午朔楊椿羊祉大破反
王丙戌發冀定瀛相并濟二州二萬人馬千定
增配壽春秋七月乙卯三老平陽公丕薨庚午
詔還收鹽池利以公辛未以彭城王勰為太
師八月庚子以吏部尚書元英假鎮南將軍攻
蕭衍義陽易吉國員摧矢辛丑行幸河南城離
宮冬十有一月壬子揚州大破蕭行軍斬其徐
州刺史潘伷憐擒司馬明素以武興國世
子楊紹先爲其國王癸亥詔尚書左僕射源懷
撫勞代都北鎮隨方拯恤乙亥鎮南將軍元英
大破蕭衍行將吳子陽於白沙擒斬千數十有二
月庚寅詔鎮南將軍本于崇計東荊反蠻丙申詔
曰先朝制立軌式庶事惟允但歲積人移物情

乘憍比或擅有壇損廢隊不行或守舊遒宜時
有舛妨或職分錯亂下百司列其
疑闕速以奏聞癸卯蕭衍行梁州刺史平陽縣開
國侯崔遠徐州刺史永昌縣開國侯陳虎牙降
正始元年春正月庚戌江州刺史曲江公陳伯
之破蕭衍行將趙祖悅於東關丙辰東荊州刺史
楊大眼大破蕭衍將莘苟慶眞龍婆陷壽春改年二
之破蕭衍行將趙祖悅於東關
月戊子蕭衍行將姜慶眞龍婆陷壽春外郭州軍擊
走之丁酉揚州統軍劉思祖大破衍眾於邵陽
擒其冠軍將軍邵陽縣開國侯張惠紹驍騎將
軍祁陽縣開國男趙景悅等十將斬獲數千級
三月壬申元英破衍將王僧炳於樊城夏四月
辛卯高麗國遣使朝獻五月丁未太傅北海
王詳以罪廢爲庶人六月以旱徹樂減膳癸巳
詔以匪德政刑多舛陽旱歷旬京旬枯瘁
在子之責鳳宵疚懷有司可循案舊典祗行六
事圓窊寬滯平劇波之庶尹廢職量加修舉鰥
亥因窮在所存恤役賦骭煩咸加蠲省賢良讜

直以禮進之貪殘使諫時加屏黜男女怨曠務
今嫌會稱朕意焉甲午帝以旱親薦廟於首陽山庚子以旱見
戊戌詔立周旦夷齊廟於首陽山
公卿巳下引咎責躬又録京師見囚殊死巳下
皆減一等鞭杖之坐悉皆原之秋七月癸丑蕭
衍角城戊主柴慶宗以城來降本崇大破諸蠻
義陽拔之檻送蕭衍冠軍將軍蔡靈恩等十餘
義陽詔洛陽令有大事聽面敷奏乙酉元英攻
帥樊素安八月丙子元英破蕭衍將馬仙琕於

將辛卯英又大破衍將仍清三關丁酉封元英
為中山王戊戌西羌宋萬率戶四千內附九月
丙午詔緣淮南北所在鎮戍皆令及秋播麥春
種粟稻隨其土宜水陸兼用必使地無遺利兵
無餘力比及來稔公私俱濟也又詔諸州繕蕭
停徭役不得橫有徵發甲子詔中山王英所執
蕭衍冠軍將霍州刺史由道龍義州刺史張宗之
乙丑蕭衍冠軍將蔡靈恩等隨才擢敘
遣使內附蝡蝡犯塞詔左僕射源懷討之冬十

月乙未詔斷羣官白衣募吏十有一月戊午詔
曰古之哲王剏業垂統安民立化莫不崇建膠
序開訓國冑聞宣三禮明四術使道暢羣邦
風流萬宇自皇基徙構光宅中區軍國務殷未
遑經綸建靖言思之有懟古烈可勑有司依漢魏
舊章營繕國學十有二月丙子以苑牧公田分
賜代遷之戶巳卯詔羣臣議定律令巳亥行幸
伊闕閭月癸卯朔蕭衍行梁州事夏侯道遷據
漢中來降假尚書邢巒鎮西將軍率眾以赴之

乙丑驃騎大將軍高陽王雍為司空尚書令廣
陽王嘉加儀同三司
二年春正月丙子以宕昌國世子梁彌博為其
國王鄧至國遣使朝貢二月梁州氏反絕漢中
運路刺史邢巒頻大破之夏四月己未城陽王
鸞薨乙丑詔曰任賢明治自昔通規宣風贊務
實惟多士而中正所銓但存門第吏部彝倫
不才舉遂使英德空昇司務多滯不精厥選將
何考陟八座可審議往代貢士之方權賢之體

必令才學並申資望兼致丙寅以仇池氐叛詔
光祿大夫楊椿假平西將軍率眾以討之邢巒
遣統軍王足西代頻破蕭衍諸軍遂入劍閣執
衍輔國將軍范始男送京師五月辛巳氐賊
虎率眾沉湎六月己丑詔曰先朝勳臣或身罹譴
黜子孫沉滯或官途失次有替舊流因而弗採
何以獎勸言念前績情有親踈及庶族祖曾功
績可紀而無朝官有官而才堪優引者隨才銓
授甲寅蕭衍冠軍將軍李略等置營始平郡東

涪永之北王足逆擊敗之斬衍冠軍將軍張湯
輔國將軍馬市寧朔將軍本當姜見祖輔國將
軍馮文豪龍驤將軍何營之等甲子詔尚書李
崇太府卿于忠散騎常侍游肇諫議大夫鄧羨
崇忠使持節並兼侍中義兼黃門俱為大使糾
斷外州纖內其之徒各失彰露者即便施
決州鎮重職聽為表聞乙丑蕭衍冠軍將軍王
景龍輔國將軍魯方達等攻竹其王王足大破之
斬其輔國將軍王明達龍驤將軍張方熾丁卯

揚州刺史薛真度大破蕭衍將王超宗俘斬三
千級戊辰蕭衍將軍魯方達屯氐城新城足又遣統軍
盧祖遷等擊敗之斬衍冠軍將軍楊伯仁寧朔
將軍任安定秋七月甲戌詔曰朕纂業曆於
今七載德澤未敷鑒不燭遠人之冤瘝所在猶
滋而糾察之獄未暢于下賢愚靡分皂白均貫
非所以革民耳目使善惡勵心今分遣大使省
方巡檢隨其愆負與風響相符者即加糾黜以
明雷霆之威以申旌軒之舉因以觀風辯俗採

訪功過褒賞賢者糾罰淫愿理窮恤弊以稱朕
心戊子王足擊破蕭衍輔國將軍斬其龍驤將
軍竇寧朔將軍庫保壽輔國將軍魚天惠建武將
軍文摽三足通涪城壬辰蕭衍冠軍將軍巴西太守庚
域冠軍將軍統軍王李敗等逆戰足擊破之俘
斬千數八月壬寅詔中山王英南討襄沔庚戌
王足遣統軍紀洪雅盧祖遷等攻破衍軍斬其
秦梁二州刺史魯方達等擊破
遣統軍盧祖遷等擊破衍軍斬其都督冠軍將

軍梓潼縣開國子王景徵劉達等二十四將軍
甲寅揚州擊行將姜慶真於羊石破之是月行
沔東太守田青喜率郡七縣三十一戶萬九千
內附九月己巳揚州刺史元嵩載姜行湘州刺
史楊公則等斬獲數千冬十有一月戊辰朔武
興國王楊紹先叔父集起謀反詔光祿大夫楊
椿討之王足圍涪城益州諸郡戍降者十二三
民送編籍者五萬餘戶既而足引軍而退十有
二月庚申又詔行騎大將軍源懷慎令討武興
反氏
三年春正月丁卯朔皇子生大赦天下壬申梁
秦二州刺史邢巒連破氐賊克武興蕭行冀州
刺史桓和入寇南青州軍擊走之秦州民王
智等聚衆二子自號王公尋推秦州主簿呂苟
兒為主年號建明已卯楊集起兄弟相率降二
月丙辰詔曰昔虞戒面從昌言屢進周任諫輔
王闕必箴朕仰續濁基伏膺寶曆思康庶績一
日萬幾是以側席忠言虛求讜直而良策弗進

躬書無聞豈所謂弼諧元首匡救不逮者乎可
詔王公已下其有嘉謀深圖直言忠諫利國便
民矯時厲俗者咸令指事陳奏無或依違戊午
詔右衛將軍元麗等討呂苟見乙丑平南將軍
陳伯之破蕭行徐州刺史趙怡平南將
軍癸卯詔康生赴淮陽樂良王長命坐殺人賜死國
除戊子名皇子曰昌庚寅平南將軍曲江縣開
國公陳伯之自梁城南奔夏四月乙未詔罷臨
池禁甲辰詔遣使巡慰北邊詔庶康戌以中
山王英為征南將軍都督楊徐二道諸軍事指
授邊將詔蕭行江州刺史王茂先寇荊州屯於河
南城詔平南將軍王花首虜二千餘進攻河南城茂
其輔國將軍王大眼討之辛酉大破之斬河
先逃潰追奔至於漢水拔其五城將軍甯文福
略行司州俘獲千餘口而還五月乙丑朔詔尚
書拯義陽初附之戶丙寅詔曰掩骼埋胔古之

今典順辰脩令之恢式今時澤未降春稼巳
旱或有孤老餒疾無人贍救因以致死暴露溝
斬者洛陽部尉依法棺埋壬申衍將蕭容
入寇陷宿豫乙亥衍將蕭容陷梁城辛巳衍將張惠紹
韋叡陷合肥城壬午詔尚書元遙率衆討癸
未以秦隴未平詔征西將軍于勁節度諸軍
衍將又陷羊石霍丘二城六月辛丑又陷小
峴戍乙巳安西將軍元麗大破秦賊斬帥王
智五人梟首六千丁未假平南將軍安康生破
蕭衍將張惠紹斬其徐州刺史宋黑丁巳詔尚
書邢巒出討徐兗秋七月丙寅衍將桓和寇孤
山陷固城庚辰元麗大破秦賊降呂苟兒及其
王公三十餘人秦涇二州平戊子中山王英大
破衍徐州刺史王伯敖於陰陵斬其將二十五
人首虜五千有餘己丑詔發定冀瀛相并肆六
州十萬人以濟南軍八月壬寅安東將軍邢巒
破蕭衍將桓和於孤山斬首万餘級將軍元恒
別克固城斬衍冠軍將軍桓方慶統軍車祖朽

別克蒙山斬衍龍驤將軍矯道儀彎寺斬賊及赴
死者四千餘人兗州平己酉詔平南將軍安
沂州刺史四千餘人兗州平己酉詔平南將軍
樂王詮督後發諸軍以赴淮南壬戌曲赦涇秦
岐涼河五州九月癸酉邢巒大破衍軍於宿豫
斬其大將藍懷恭等四十餘人張惠紹棄宿豫
蕭昞棄淮陽南走追斬數万級徐州中軍大將
山王英大破衍軍於淮南衍中軍大將軍臨川
王蕭宏尚書右僕射柳惔徐州刺史昌義之等
棄梁城泓淮東走追奔次於馬頭衍冠軍將軍
戊主朱思遠棄城宵遁擒送衍將四十餘人斬
獲士卒五万有餘遂攻鍾離五固高麗國遣使
貢蕭衍遣將士卒三万寇義陽丁酉夜遁走鄖
州刺史婁悅追擊破之戊申蠕蠕國遣使朝貢
己未征虜將軍趙遐大破衍衆於濤城桑坪十
有一月甲子帝為京兆王愉清河王懌廣平王
懷汝南王悅講孝經於式乾殿庚寅詔曰往歲
龍右扇逆合境不民其中猶有卒能自守無豫
賞勿亂疾風知勁良在可嘉尚書可甄量報賞以

上欄

表誠義是月梁州再破反獠

四年春二月丙午吐谷渾宕昌國並遣使朝獻

巳未勿吉國貢楛矢三月丙子疊伏羅國遣使

朝貢夏四月代郡蠕蠕鍾離大水中山王英敗績而

還壬寅吐谷渾鳩磨羅阿拔磨拔切磨勒乘萬

斤諸國並遣使朝獻夏六月己丑朔詔曰高祖

德格兩儀明並日月播文教以懷遠人調禮學

以旌儁造徙縣中區光宅天邑揔霜露之所均

一姬卜於洛涘戎繢兼興未遑儒教朕慕承鴻

三光二廟　魏紀八　十七　王蓮

緒君臨寶曆思模聖規述遵先志令天平地寧

方隅無事可敕有司準訪前式置國子立太學

樹小學於四門丙午蕭衍龍驤將軍馮翊太守

宇文子生等七郡相率內附丁未社蘭達那羅

舍彌比羅直諸國並遣使朝獻秋八月辛外契

丹國遣使朝獻己亥中山王英齊王蕭寶夤坐

鍾離敗退並除名為民庚子庫莫奚宕昌吐谷

渾諸國遣使朝獻辛丑敦煌民飢開倉賑恤九

月己未詔曰朕秉曆承天履年將紀從正宮極

下欄

歲浹歸餘台懿茂親祗勤巳久列司英彥庸績

未酬非所謂有功見知賞以時及其以司空高

陽王雍為大尉尚書令廣陽王嘉為司空百官

悉進位一級庚申夏州長史曹明謀反伏誅甲

子開斜谷舊道疏勒阿駒南天竺婆羅等

諸國遣使朝獻丙戌司州民飢開倉賑恤閏月

高麗半社悉万斤可流伽比沙疏勒于闐等諸

國並遣使朝獻丁卯皇后于氏崩戊辰疏勒國

魏書紀八　十八　王蓁

遣使朝貢庚午淮陽太守安樂以城南叛辛未

噠噠波斯渴槃陁渴文提不那杖忸杖提等諸

國並遣使朝獻乙酉葬順皇后於永泰陵十有

一月丁未禁河南畜牝馬自硙石至於劍閣東

西七十里置二十二都尉已酉阿與陁呵羅槃

陁跋吐羅諸國並遣使朝獻十有二月戊午詔

兵士鍾離没落者復房田租三年辛酉特那

杖提莎鉢離没落阿失勒摩致鉢諸國遣使朝貢甲

子蠕蠕高車民他莫孤率部來降丁丑鉢崙波

永平元年春正月戊戌潁川太守王神念奔於
蕭衍二月辛未勿吉南天竺國並遣使朝獻三
月戊子皇子昌薨己亥斯羅阿陁比羅阿夷義
多婆那伽師達于闐諸國並遣使朝獻丙午
以去年旱儉遣使者所在賙恤夏四月阿伏至
羅國遣使朝貢五月癸未高麗國遣使朝獻辛
卯帝以旱故減膳撤懸六月壬申詔曰慎獄重
刑著於往誥朕御茲寶曆明鑒未遠斷決煩疑

宴有攸愧可依洛陽舊圖修聽訟觀農隙起功
及冬令就當與王公卿士親臨錄問癸酉高車
國遣使朝貢秋七月辛卯高車契丹汗畔
諸國並遣使朝獻甲午以夫人高氏為皇后乙
未詔曰察獄以情審之五聽枷杖小大各宜定
准然比廷尉司州河南洛陽河陰及諸獄官鞫
訊之理未盡秩怨撩拷之苦毋多切酷非所以
祇憲量衷慎刑重命者也推濫究枉良賴於懷
可付尚書精檢枷杖違制之由斷罪聞奏八月

癸亥冀州刺史京兆王愉據州反乙丑假尚書
李平鎮北將軍行冀州事以討之丁卯大赦改
年庚午吐谷渾庫莫奚國並遣使朝貢九月辛
巳朝李平大破元愉於草橋丙戌復前中山王
英本封王辰蠕蠕國遣使朝貢定州刺史安樂
王詮大破元愉於信都戊戌殺侍中太師彭
城王勰辛丑詔赦冀州民雜工役為元愉所註
誤者其能斬獲逆黨別加優賞癸卯李平克信
都元愉北走斬其所署冀州牧韋超右衞將軍

睦雅尚書僕射劉子直吏部尚書崔㧑等統軍
叔孫頭執愉送信都羣臣詣闕請誅人愉帝弗許詔送
京師冀州平庚子鄴州司馬彭珍治中督榮祖
等謀叛潛引蕭衍衆入義陽鄴州刺史婁悅擊
走之詔將軍胡季智屈祖等南赴義陽三關戊
主侯登陽鳳省等以城南叛妻悅嬰城固守遣
中山王英督步騎三万以赴之冬十月丁巳詔
復故北海王詳本封葬以王禮豫州彭城人白早
生殺刺史司馬悅據城南叛蕭衍遣將齊苟仁

等四將以助之詔尚書邢巒行豫州事督將軍
崔逞率騎討之丙子邢巒大破皁生及苟仁軍
於鮑口丁丑前宿豫戍主成安樂子景儁殺宿
豫戍主嚴仲賢以城南叛十有一月康寅詔安
東將軍楊椿率衆四萬攻宿豫十有二月己未
邢巒克懸瓠斬白早生擒齊苟仁等停蕭衍卒
三十餘人分賜王公已下癸亥中山王英破衍
將於樊城擒衍寧朔將軍張疑等郢州刺史妻
悅破衍將馬仙琕於金山王申漢東蠻民一萬

魏書紀八　二十　外

七千戶相率內附丙子高麗國遣使朝獻是歲
高昌國王麴嘉遣其兄子私署左衛將軍孝亮
奉表來朝因求內徙乞師迎接
二年春正月蕭衍遣王神念寇南兗詔輔國將
軍長孫稚假平南將軍爲都督率統軍邴虬等
五軍以討之丁亥胡密步就磨恪宻樂是悉万
斤辛豆那越拔忸諸國並遣使朝獻王辰嚈噠
薄知國遣使來朝貢白象一乙未高昌國遣使
朝貢丙申中山王英進遍蕭衍長薄戍戍宵

潰殺傷千數丁酉拔武陽關擒衍雲騎將軍松
滋縣開國侯馬廣冠軍將軍邁陵縣開國子彭
笵生驍騎將軍當陽縣開國伯徐元季等二十
六將俘獲七千餘人進攻黃嵾黃嵾西關行馬仙
琕棄西關李元履葉黃嵾遁走是月涇州沙門
劉慧汪聚衆友詔華州刺史癸酉康生討之二月
乙卯詔曰比軍役頻興徒多毀敗在庫戎器覽
有無幾安不忘危古人所戒五兵之器須充
積經造既勛非衆莫舉今可且更造四万人雜仗

魏書紀八　二十二　外

三月癸未磨豆羅阿曜社稜突闔地伏羅諸國
並遣使朝獻夏四月己酉詔以武川鎮飢開倉
賑恤甲子詔曰聖人濟世馭俗隨物汙隆或正或權
理無恒在先朝代來新宅尚不能就伊闕西南羣
庶徙舊未安代來新宅尚不能就伊闕西南羣
蠻填聚沔陽賊城連邑作戍蠢爾愚民巴心未純
固與昔不同楊郢荊益皆悉我有保險諸蠻閩不
款故暫抑育之仁權緩肅姦之法令京師天
歸附商洛氏情誠倍往日唯樊襄巳南仁罪道

政被拘隔化非民之徒輕相劫掠
屠害良善離人父兄衍之為酷實亦深矣便可
放彼掠民示其大惠捨此殘賊未令之懲井勑
緣邊州鎮自今已後不聽境外寇盜犯者罪同
境內若州鎮主將知容不糾坐之如律五月高
麗國遣使朝獻辛丑帝以早故減膳徹縣禁斷
屠殺甲辰六月高昌國遣使朝獻辛亥詔曰江海
降等六月高昌國遣使朝獻四徒犯死罪已下
方同車書宜一諸州軌轍南北不等今可申勑
獻八月丁未鄧至國遣使朝
四方使遠近無二秋七月癸未契丹國遣使朝
世子像覽蹄為其國王高昌勿吉庫莫奚諸國
並遣使朝獻九月辛巳封故此海王子顥為北
海王壬午詔定諸門闥名冬十月癸丑以司空
十有一月甲申詔禁屠殺含孕以為永制己丑
廣陽王嘉為司徒庚午鄯州獻七寶牀詔不納
帝於式乾殿為諸僧朝臣講維摩詰經十有二
月詔曰五等諸侯比無選式其同姓者出身公

正六下侯從六上伯從六下子正七上男正七
下異族出身公從七上侯從七下伯正八上子
正八下男從八上清脩出身公從八下侯正九
上伯正九下子從九上男從九下可依此叙之
疊伏羅弗苦提朝隨咥波羅諸國並遣使朝獻
州龐西羌沙門劉光秀謀反叛州郡捕斬之癸亥秦
子秦州沙門劉光秀謀反州郡討平之
三年春二月高昌國遣使朝獻壬
三月丙戌皇子生大赦天下高麗吐谷渾宕昌

諸國並遣使朝獻夏四月平陽郡之禽昌襄陵
二縣大疫自正月至此月死者二千七百三十
人五月丁亥詔以冀定二州旱丁卯名皇子曰詡
閏月己亥吐谷渾高麗契丹諸國各遣使朝貢
閏月壬寅詔重求遺書於天下
秋七月己未吐谷渾國遣使朝貢八月己卯勿
吉國遣使朝貢九月壬寅烏萇伽秀沙尼諸國
並遣使朝獻丙辰高車別帥可略汗等率眾一
千七百內屬冬十月辛卯中山王英薨丙申詔

曰朕乘乾御曆年周一紀而道謝擊壤教勤刑
曆至於下民之煢疾苦忘常愍之此而不恤
豈為民父母之意也可勅太常於閒敞之處別
立一館使京畿內外疾病之徒咸令居處嚴勅
醫署分師療治考其能否而行嘗訓雖齡數有
期倘脩分定然三疾不同或賴針石庶幾扁之
言難窮究更令有司集諸醫工尋篇推務存
精要取三十餘卷以班九服郡縣備寫布下鄉
邑使知救患之術耳戊戌高車龜茲難地那竭
庫莫奚等諸國遣使朝獻辛巳江陽王繼坐事除
麗比沙杖國遣使朝獻十有二月己卯高
名甲申詔於青州立高祖廟殿中侍御史王敞
謀反伏誅
四年春正月丁巳汾州劉龍駒聚眾反詔諫議
大夫薛和率眾討之甲子阿悅陁不數羅國並
遣使朝獻二月壬午青齊徐兗四州民飢甚遣
使賑恤三月癸卯婆比幡弥烏萇比地乾達諸

國並遣使朝獻壬戌司徒廣陽王嘉薨夏四月
琅邪民王萬壽斬蕭衍輔國將軍琅邪東莞二
郡太守劉晰首以胊山來降徐州刺史盧昶遣
琅邪戊主傅文驥率眾據之甲戌薛和大破山
胡蕭衍遣其鎮北將軍張稷及馬仙琕寇胊山
詔盧昶率眾赴之五月己亥遷代京銅龍置天
淵池丙辰詔禁天文之學六月乙亥乾達阿婆
羅達兗越伽使密不流沙等諸國並遣使朝獻秋
七月辛酉吐谷渾契丹國並遣使朝獻八月辛
未阿婆羅達兗越伽使密不流沙等諸國並遣
使朝獻癸巳勿吉國獻楛矢九月甲寅蕭衍九
出戍主茍仁以戍來降嚏噠蠕噠朱居般柴波羅真伽
陁移婆僕羅俱薩羅舍彌樂陁等諸國並遣
使朝獻冬十月丁丑婆比幡弥樂陁烏萇比地乾達
等諸國並遣使朝獻十有一月甲午宕昌國遣
使朝獻己亥詔本李崇奚康生等治吾壽春以分
胊山之寇戊申難地伏羅國並遣使朝獻胊城
陷盧昶大敗而還十有二月壬申詔曾進姜退

惡治之通規三載考察政之明典正始二年以
來于今未考功過難齊寧無昇降從景明二年
至永平四年通考以聞戊子大羅汗婆來伽國
遣使朝獻

騎大將軍儀同三司二月辛卯朔渴槃陁國遣
夫清河王懌為司空司州牧廣平王懷進號驃
以車大將軍尚書令高肇為司徒公光祿大
遣使開倉賑恤戊申詔勒國遣使朝獻丙辰
延昌元年春正月乙巳以頻水旱百姓饑弊分
使朝獻甲午州郡十一大水詔開倉賑恤以京
穀貴出倉西粟八十萬石以賑貧者已未安樂
王詮薨夏四月詔以旦故食粟之兒旦斷之丁
四門絕講誦之業博士端然虛祿歲祀貴遊之
卯詔曰遷京舊縣年將二紀虎闈闃唱演之音
歡同子衿靖言念之有兼愧慨可嚴勒有司
國子學子弗更使成太學四門明年暮春令就戊
辰以旱詔尚書與墓司鞫理獄訟詔河北民就
穀諓悃二州辛未詔饑民就穀六鎮十五帝以

旱故減膳撤懸發未詔肆州地震陷裂死傷
甚多言念毀沒有酸懷抱亡者不可復追生病
之徒宜加療救可遣太醫折傷醫幷給所須之
藥就治之乙酉大赦改年詔立理訴殿申訟車
以盡寬窮之理天下有粟之家供乏之外悉貸
使朝獻丙午詔五月辛卯詔勒及高麗國並遣
饑民自二月不兩至於是晦六月壬申澍雨大
洽戊寅通河南牝馬之禁己卯詔曰去歲水災
今春炎旱百姓饑餒救命靡寄雖經賑貸月不能
養績今秋輸將及郡縣期於責辦尚書可嚴勒
諸州皇民資產明加檢校以救艱弊康辰詔出
太倉粟五十萬石以賑京師及州郡饑民康辰詔出
月吐谷渾契丹國並遣朝獻八月壬戌吐谷渾
國遣使朝貢丁亥勿吉國貢楛矢冬十月乙亥
立皇子譚為皇太子是月巘蓬于闐高昌及庫
莫奚諸國並遣使朝獻十有二月丙申詔曰朕
運承天休統御宸宇太子體籍靈明肇建宮華
明兩既孚三善方洽宜澤均率壤榮況庶屑其

賜天下為父後者爵一級孝子順孫廉夫節婦

牂表門閭量給粟帛十有二月己巳詔守宰為

御史所彈遇赦免者及考在中第皆代之

二年春正月戊戌帝御申訟車親理冤訟高麗

國遣使朝獻二月丙辰朝賑恤京師貧民甲戌

以六鎮大饑開倉賑贍己卯太尉高陽王雍進

位太保庚辰蕭衍郁州民徐玄明等斬送衍鎮

北將軍青冀二州刺史張稷首以州內附詔前

南兗州刺史樊魯肇率眾赴之閏二月辛丑以苑

牧之地賜代遷民無田者癸卯定奴良之制以

景明為斷三月丙寅高昌國遣使朝獻是春民

饑餓死者數萬口夏四月庚子以絹十五萬匹

賑恤河南郡饑民五月壽春大水遣平東將軍

癸康生等步騎數千赴之高麗國遣使朝獻冀

月乙酉青州民饑詔使者開倉賑恤甲午曲赦

揚州三大水秋八月辛亥帝御申訟車親理冤訟是夏州郡十

儉百姓窘弊多陷罪辜煩刑之愧朕用懼矣其

殺人掠賣人質彊盜首而殺傷財主

曾經再犯公斷道路刼奪行人者依法行決自

餘恕死徒流巳下各準減降庚戌嚈噠千闐禪

施及契丹庫莫奚諸國並遣使朝獻九月丙辰

以貴族豪門崇習奢俟詔尚書嚴立限級節其

流宕是月勿吉吐谷渾鄧至國並遣使朝獻冬

十月詔以恆肆地震民多死傷蠲兩河一年租

賦十有二月丙戌正洛陽河陰二縣租賦乙巳

詔以恆肆地震民多離災其有課丁沒盡老幼

單于家無受後者各賜廩以接來稔高麗國遣

使朝獻

三年春二月乙未詔曰肆州秀容郡敷城縣鴈

門郡原平縣並自去年四月以來山鳴地震于

今不已当譴彰咎朕甚懼焉祗畏兢兢若臨淵

谷可恤瘼寬寬刑以荅災譴三月三關別將李世

哲大破羣蠻斬蕭衍龍驤將軍文思之文天生

夏四月青州民饑辛巳開倉賑恤乙巳上御申

訟車親理冤訟六月南荊州刺史桓叔興大破

蕭衍軍於九山斬其虎旅將軍新豐縣開國子
蔡令孫冠軍將軍席興員義將軍藍茨孫秋
七月丙子勿吉國遣使朝貢八月甲申帝臨朝
堂考百司而加黜陟九月吐谷渾契丹勿吉諸
國並遣使朝貢冬十月庚辰詔驍騎將軍馬義
舒慰諭蠕蠕庫莫奚國並遣使朝貢十有一月庚
戌南天竺佐越費諸國並遣使朝獻辛亥詔
司徒高肇為大將軍平蜀大都督步騎十萬西
伐益州刺史傅竪眼出巴比平南將軍羊祉出
涪城安西將軍奚康生出綿竹撫軍將軍甄琛
出劍閣乙卯以中護軍元遥為征南將軍東道
都督鎮過涼楚丁巳幽州沙門劉僧紹聚眾反
自號淨居國明法王州郡捕斬之甲戌高麗國
遣使朝獻十有二月庚寅詔立明堂
四年春正月甲寅帝不豫己巳崩于式乾殿時
年三十三月甲戌朝上尊諡曰宣武皇帝廟
號世宗甲午葬景陵帝幼有大度喜怒不形於
色雅性儉素初高祖欲觀諸子志尚乃大陳寶

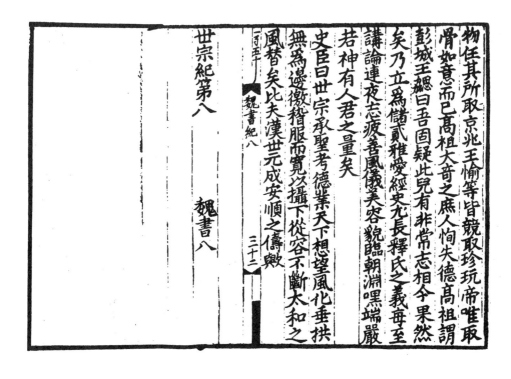

物任其所取京兆王愉等皆競取珍玩帝唯取
骨如意而已高祖大奇之嗟人恂失德高祖謂
彭城王勰曰吾固疑此兒有非常志相今果然
矣乃立為儲貳雅愛經史尤長釋氏之義每至
講論連夜忘疲善風儀美容貌臨朝淵嘿端嚴
若神有人君之量矣
史臣曰世宗承聖考德業天下想望風化垂拱
無為邊徼稍服而寬怒攝下從容不斷太和之
風替矣比夫漢世元成安順之儔歟

世宗紀第八　　　　魏書八

▲魏書紀九　　一　顧求

肅宗孝明皇帝諱詡世宗宣武皇帝之第二子
母曰胡充華永平三年三月丙戌帝生于宣光
殿之東北有光照于庭中延昌元年十月乙亥
立為皇太子四年春正月丁巳夜即皇帝位戊
午大赦天下已未徵下西討東防諸軍庚申詔任城
王澄為尚書令百官揔已以聽於二王巳勿
吉達般地豆和尼步伽拔佢佐越費貢每㠯等諸國
遣使朝獻二月庚辰尊皇后高氏為皇太后辛
巳司徒高肇至京師以罪賜死蕭衍竇州刺史
任太洪率衆寇關城益州長史成興孫擊破之
癸未太保高陽王雍進位太傅領太尉司空清
河王懌為司徒驃騎大將軍廣平王懷為司空
巳亥尊胡充華為皇太妃宕昌國遣使朝獻三
月甲辰朝皇太后出俗為尼徙御金墉西辰詔
進宮臣位一級先是蕭衍於浮山堰准規為揚
徐之害詔平南將軍楊大眼討之乙丑進文武

▲魏書紀九　　二　隨　劉昭

羣官位一級夏四月梁州刺史薛懷古破反氏
於沮水五月甲寅南秦州刺史崔暹擊破氏賊
解武興圍六月沙門法慶聚衆反於冀州殺阜
城令自稱大乘大赦秋七月癸卯蠕蠕國遣使朝獻
丁未詔假右光祿大夫元遙征北大將軍攻討
陽王雍以王還第丙子尊皇太妃為皇太后
法慶宕昌國遣使朝獻八月乙亥領軍于忠矯
詔殺左僕射郭祚尚書裴植免太傅領太尉高
巳卯吐谷渾國遣使朝獻庚辰蕭衍定州刺史
田超秀率衆三千請降戊子帝朝皇太后於宣
光殿大赦天下巳丑司徒清河王懌進位太尉
司空廣平王懷為太尉領司徒驃騎大將軍任
城王澄為司空庚寅車騎大將軍並儀同三司壬辰
令特進崔光為車騎大將軍或復先封為臨
復前江陽王繼本國以濟南王或復先封為臨
淮王羣臣奏請皇太后臨朝稱制九月乙巳皇
太后親覽万機詔曰高祖革禮成治遺澤在民
世宗欽承丕業聖德昭遠朕以沖幼屬當寳圖

洪基至重若履冰薄王公百辟群牧庶官比旦受
遇先朝寵榮自昔宜各勉崇共康世道勠力竭
誠以臣輔不逮其有懷道丘園昧跡板築山棲
谷飲舒卷從時者宜廣爰旁綜和鼎餌有能讜
言直諫濟世益時者在所以聞當待以不次之
位孝子順孫義夫節婦表其門閭以彰厥美高
年孤獨不能自存者贍以粟帛若因飢失業天
屬流離或賣鬻男女以爲僕隸者各聽歸還此
冀方未肅徐城寇擾將統女勞士卒疲弊並遣
撫慰賜以衣馬綠邊州鎮固捍之勞朕方酌庶
北回所委亦令勞資以副其心其有先朝舊事
寢而不舉頃來便習不依軌式者並可疏聞當
加臨覽裁若益時利治不拘常制者自依別例其
明相申約稱朕意焉甲寅征北元遣破斬法慶
及渠帥百餘人傳首京師安定王爕薨庚申高
昌莫箇奚契丹諸國並遣使朝獻蕭衍將趙祖
悅襲據硤石癸亥詔定州刺史崔亮假鎮南將
軍率諸將討之冀州刺史蕭寶寅爲鎮東將軍

次淮堰戊辰至國遣使朝貢冬十月庚午朔
勿吉國貢楛矢壬午高麗吐谷渾國並遣使朝
獻乙酉以安定公胡國珍爲中書監儀同三司
甲午蕭衍弘化太守杜桂舉郡內屬十有二月
辛丑以高陽王雍爲太師己酉鎮南崔亮破祖
悅遂圍硤石丁卯帝皇太后謁景陵高車國遣
使朝獻
熙平元年春正月戊辰朔大赦改年荊沔都督
元志大破蕭衍軍斬其恆農太守王世定等以
吏部尚書李平爲鎮軍大將軍兼尚書右僕射
爲行臺節度討硤石諸軍二月乙巳鎮東蕭琰
黃大破衍行將於淮北癸亥初聽秀才對策第居
中上已上叙之乙丑鎮南崔亮鎮軍李平等克
硤石斬衍豫州刺史趙祖悅傳首京師盡俘其
衆是月吐谷渾宕昌至諸國並遣朝貢三月
辛未以揚州刺史李崇爲驃騎將軍儀同三司
壬辰以硤石俘虜分賜百寮夏四月戊戌以瀛
州民饑開倉賑恤高昌陰平國並遣使朝獻五

月丁卯朝詔曰炎旱彌甚鎮辰苗稼萎悴比雖微澍
猶未霑洽晚種不納企望夏務在予之責思自
兢厲尚書可量恤獄訟察其淹枉簡重輕隨
事以聞一人怨嗟增傷和氣枉土木作役權
可必罷勸農省務肆力田疇庶嘉澤近降豐年
皆伏罷衡州刺史張齊寇益州復遣傅竪眼
午詔放刺史以討之頻破賊軍斬其將任太洪首庚
爲刺史重申殺牛之禁丙子詔兵使征
獻秋七月庚午

硤石者後租賦一年傅竪眼大破張齊斯走
乙酉高昌國遣使朝獻八月乙巳以侍中中書
監領同三司安定郡開國公胡國珍爲都督雍
涇岐華東秦函六州諸軍事驃騎大將軍開府
儀同三司雍州刺史丙午詔曰先賢列聖道冠
生民仁風盛德煥平圖史曁曆數永終迹隨物
變陵壞沓謁鞠爲茂草古帝諸陵多見踐藉可
明勑所在諸有帝王墳陵後四面各五十步勿聽
耕稼宕昌國遣使朝貢九月丁丑淮堰破蕭衍

綠淮城戍村落十餘万巳皆漂入千海十有二
月癸巳詔洛陽河陰及諸曹雜人年七十巳上
鰥寡貧困不能自存及年雖少而痼疾長廢窮
苦不濟者研實具列以聞
二年春正月大乘餘賊復相聚結攻瀛州刺史
宇文福討平之甲戌大赦天下戊子詔諸國遣
使朝貢庚寅詔遣大使巡行四方問疾苦恤孤
寘黜陟幽明又詔選曹用人務在得才廣求栖
遁共康治道州鎮城隍各令嚴固齊會聚紂
執妖誼圖圉皆令造屋楷楷務存輕小工巧浮
進不得隱藏絹布繒綵長短合式細緒軍階亦
悉沙汰籍貫不實並皇便納首通違加
罪詔中尉元匡考定權衡癸丑地伏羅剌貢國
並遣使朝獻十二月庚子契丹鄧至宕昌諸國並
遣使朝獻十未封御史中尉元匡爲東平王三
月甲戌吐谷渾國遣使朝獻十亥太保領司徒
廣平王懷薨夏四月甲午高麗波斯疏勒嚈噠
諸國並遣使朝獻十酉詔京尹所統百年巳上

賜大郡板九十以上賜小郡板戊申以中書監
開府儀同三司胡國珍為司徒公特進汝南王
悦為中書監儀同三司乙卯皇太后幸伊闕石
窟寺即日還宮乙安定王超改封北平王五月辛
酉詔曰揚州硤石荊山新淮郡城兵士戰没者
追給歛財復一房五年若身無妻子復其家一人
二年身被三瘡賞一階雖一瘡而四體廢落者
亦同此賞庚辰重申天文之禁犯者以大辟論
乙酉鄧至國遣使朝貢秋七月乙丑地伏羅剌
賓國並遣使朝獻乙亥中書監儀同三司汝南
王悦坐殺人免官以王還第己巳車駕有事於
太廟八月戊戌宴太祖以來宗室年十五以上
於顯陽殿申家人之禮己亥詔庶族子弟年未
十五不聽入仕詔曰皇魏開基道邁周漢蟬連
二都德盛百祀雖帝胄蕃衍親賢並茂而猶沉
屈素履巾褐衡門非所謂廣命戚族翼屏王室
者也今可依世近遠敘之列位庚子詔咸陽京
兆二王子女還附屬籍壬寅吐谷渾國遣使朝

獻丁未詔侍中太師高陽王雍入居門下參決
尚書奏事己酉契丹國遣使朝貢員九月辛酉吐
谷渾國遣使朝貢丙寅詔曰察訟理寃實維政
首躬親聽覽民信所由比日諒闇之中治綱未
振獄犴繁廣莠訴騰聞雖司存毋多諲繫雍曾
是窮德寃深矜慨自今月望當斷繫出城闈親納
滯枉主者可宣諸近遠咸使聞知是月城青齊
兗涇平營肆七州所治東陽歷城瑕丘平涼肥
如和龍九原七城冬十月庚寅以幽冀滄瀛四
州大饑遣尚書長孫稚兼尚書鄧羨元纂等巡
撫百姓開倉賑恤丁酉呂國貢楛矢戊戌以
光州饑弊遣使賑恤乙卯詔曰北京根舊帝業
所基南遷二紀猶有留住懷本樂故未能自遣
若未遷者悉可聽其仍停安諸永業門千術藝
應於時求者亦可自別徵引不在斯例周之子
之劉族遍於海內咸致蕃衍豈拘南北千里而
已哉十有一月甲子蕭衍平西將軍巴州刺史
牟漢寵遣使請降十有二月丁未蠕蠕國遣使

神龜元年春正月甲子詔以氐酋楊定為陰平
王丙寅以特進江陽王繼為驃騎大將軍儀同
三司壬申詔曰朕沖昧撫運政道未康民之疾
苦弗違紀鳳宵矜慨臨鑒森深懷眷彼百齡悼
茲六極京畿百年以上給大郡板九十以上給
小郡板八十以上給大郡板七十以上給小縣
上縣板八十以上給中縣板鰥寡孤獨不能自
存者賜粟五斛帛二匹庚辰詔以雜役之戶或
冒入清流所在職人皆五人相保無人任保者
奪官還役乙酉加特進汝南王悅儀同三司秦
州羌及幽州大饑民死者三千七百九十九人
詔剌史趙邕開倉賑二月戊申噘噠高麗勿
吉吐谷渾宕昌疏勒父未陀末父半諸國並遣
使朝獻己酉詔以神龜表瑞大赦改年東益州
氐反蠕蠕國遣使朝貢三月辛酉以尚書右僕
射干忠為儀同三司辛巳儀同三司尚書右僕

魏書紀九　九

射干忠薨南秦州氐反遣龍驤將軍崔龍猛持節
諭之吐谷渾國遣使朝貢夏四月丁酉司徒胡
國珍薨甲辰江陽王繼改封京兆王辛亥舍摩
國遣使朝貢五月高麗高車高昌諸國並遣使
朝貢自正月不雨至于六月辛卯澍雨乃降秋
七月河州民卻鐵忽聚衆反自稱水池王詔行
臺源子恭討之閏月戊戌吐谷渾國遣使朝貢
甲辰開悃州銀山之禁與民共之八月癸丑詔
勒烏養龜茲諸國並遣使朝獻八月癸丑詔
曰朕沖昧篡曆未闓政道皇太后躬憂在疚始
覽萬幾故獄犴淹枉百姓寃敥升言念繁刑思存
降省京師見四殊死以下可悉減一等丁巳詔
曰頃年以來戎車頻動服制未終奪哀從役囹
極之痛弗見申鞠育之恩靡報非所謂敦崇至道
者也自今雖金革之事皆不得請起居喪甲子
勿吉國遣使朝貢鐵忽相率降於行臺源子恭
九月癸未朝以右光祿大夫劉騰為衛將軍儀
同三司戊申皇太后高氏崩于瑤光寺冬十月

魏書紀九　十

丁卯以尼禮葬莽於北邙十有二月辛未詔曰民
生有終下歸兆域京邑隱賑口盈億万貴賤攸
憑未有定所爲民父母九宜存恤令制乾脯山
以西擬爲九原
二年春正月丁亥詔曰朕以沖眇算纂本寶位夙
夜惟寅若涉淵海賴皇太后慈仁被以凤訓自
臨朝踐極歲將半紀天平地成四海寧乂天道
高遠巍巍難名猶以攜攬自居稱號弗備非所
以崇奉坤元九協億兆者也宜遵舊典稱字

〔魏書紀九〕 〔十二〕 〔收七〕

內以副黎蒸元元之望是月改蒐弁文昭皇太后
高氏二月乙丑齊郡王祐薨庚午羽林千餘人
谷渾宕昌國並遣使朝貢乙亥大赦天下丁丑
林犬征西將軍張彝弟歐傷尋將燒殺其子始均吐
詔求直言諸有上書者聽密封通奏壬寅詔曰
農要之月時澤弗應嘉穀未納三麥枯悴德之
無感歡懼兼懷可勅內外依舊雩禜率從祀典
察獄理冤掩骼埋胔冀瀛之境往經寇暴死者
既多白骨橫道可遣專令收葬賑窮恤寡救疾

存老準訪前式務令周備三月甲辰澍雨大洽
夏四月乙丑嚈噠國遣使朝貢五月戊戌以司
空任城王澄爲司徒驃騎大將軍儀同三司京
兆王繼爲司空辛未以左光祿大夫皇甫集
臣坐事削除官爵辛未九月庚寅皇太后幸伏
爲征西將軍儀同三司九月庚寅皇太后幸松
高山癸巳還宮蠕蠕莫緣梁賀侯丑率男女
七百人來降十有二月癸丑司徒任城王澄薨
冬十有一月乙酉徒任城王澄薨

〔魏書紀九〕 〔十二〕 〔收七〕

庚申大赦天下詔除淫祀焚諸雜神是歲高麗
王雲死以世子安爲其國王
正光元年春正月乙酉詔曰建國緯民立教爲
本尊師崇道茲典自昔來歲仲陽節和氣潤釋
莫孔顏乃其時也有司可豫緝國學圖飾聖賢
置官簡牲擇吉備禮夏四月丙辰詔尚書長孫
稚巡撫北藩觀察風俗夏五月辛巳詔曰朕以寡
薄運膺寶圖雖未明求衣惕懼終日而闇昧多
關炎旱爲災在予之愧無忘寢食令刑獄敏系多

圖尚積宜敷仁惠以濟斯民八座可推鞫見
囚務申枉濫癸未詔曰攘災招應惰政為本民
乃神主宜定宜率先刺史守令與朕共治天下宜
哀矜勿喜視民如傷況今炎旱歷時萬姓彫弊
而不撫恤寬理庶獄可嚴勅州郡善加綏
隱務盡聰明加之祗肅必使事允人神時致靈
應其賦役不便於民者其以狀聞便當纘罷秋
皇太后詔曰魏有天下弈葉重光高祖孝文皇
七月丙子侍中元乂侍中劉騰奉帝幸前殿
帝以英聖馭天徙京定鼎世宗宣武皇帝以庸
明承業廓寧區夏而鴻勳未半早已登遐乃令
車書弗同鯨冠尚熾幼主稚弱鳳算纂曆曾是
宗祐莫克祗奉朕所敬順羣請臨朝摠政具是
年以長久思退身所以往歲殷勤具陳情旨百
官內外已照此懷而僉爾眾意苦見勤奪儁儙
從事以迄于茲自此春來先疾屢發藥石攝療
莫能善瘳夏首又令數加動劇便不堪日慈万
務巨細兼省帝齒周星紀識學逾蹞日就月將

人君道茂足以撫緝万邦諧洯百揆朕當率前
志勗遜別宮遠惟復子明辟之義以自綏養寔
望囊黍速于黎庶深鑒斯理如此則上下休嘉
天地清晏魏道熙隆人神慶悅不其善歟乃幽
皇太后於北宮殺太傅領太尉清河王懌摠勒
禁旅決事殿中辛卯帝加元服大赦改年內外
百官進位一等八月甲寅相州刺史中山王熙
與兵欲誅義騰不果見殺九月壬辰蠕蠕主阿
那瓌來奔戊戌以太師高陽王雍為丞相加後
部羽葆鼓吹班劍四十人冬十月乙卯以驃騎
大將軍儀同三司汝南王悅為太尉公十有一
月己亥詔曰蠕蠕世雄朔方擅制漠裔隣通上
國百有餘載自神鼎南底累紀千茲虔貢難達
邊燧靜息憑心象魏潛款彌純令其主阿那瓌
屬離時難邦分親析万里遠馳底命有道悲同
申伍忠孝足矜禮期之立功疏爵胙土大啟河岳
宜且優以賓禮興滅之師以隆繼絕之舉
可封朝方郡關國公蠕蠕王食邑二千戶錫以

衣冕加以軺車祿恤儀衞同平戚蕃十有二月
壬子詔曰蠕蠕王阿那瓌遭離寇禍遠來投庇
邦分衆析猶無定主而永懷北風思還綏集啓
訴情切良用愍然夫存亡恤敗自古通典可差
國使及彼前後三介與阿那瓌相隨并勑懷朔
都督簡銳騎二千躬自率護送達境首令觀機
招納若彼倰迎宜錫筐篚車馬之屬務使優隆
禮餞而返如不容受任聽還關其行裝資遣付
尚書量給辛酉以司空京兆王繼爲司徒公
二年春正月南秦州氐反二月庚戌假光祿大
夫邢虬撫軍將軍以討之癸亥車駕幸國子學
講孝經三月庚午帝幸國子學祠孔子以顏淵
配甲午右衞將軍奚康生於禁內將殺元乂不
果爲乂矯害以儀同三司劉騰爲司空公夏四
月庚子司徒京兆王繼進位太保壬寅車騎大
將軍儀同三司崔光爲司徒公蕭衍行義州刺史
文僧明率衆內屬五月辛巳南荆州刺史桓叔
興自安昌南叛乙酉烏萇國遣使朝貢閏月丁

巳居密波斯國並遣使朝貢六月己巳高昌國
遣使朝貢癸巳勿吉國遣使朝貢秋七月癸丑
詔曰時澤弗降未稼形損在予之責夙宵震懼
雖克躬撤膳仍無招感有司可脩案舊典祗行
六事圉狂淹枉速鞫決殿尹廢貪尹廢屬
鰥獨困窮在所存恤役賦煩民咸加優贍
謹直以時升進貪殘邪佞即就屛黜男女怨曠
務令會偶廢革止徵遣有彊災沴八月己巳伏
羅國遣使朝貢蠕蠕後主郁久閭侯匿代來奔
懷朔鎮十有一月乙未朔高昌國遣使朝貢戊
申衞大將軍儀同三司皇甫集薨癸丑侍中車
騎大將軍侯剛加儀同三司十有二月甲戌詔
司徒崔光安豐王延明等議定服章庚辰以東
益南秦氐反詔中軍將軍河間王琛討之失利
三年春正月辛亥帝耕籍田夏四月庚辰以高
車國主覆羅伊匐爲鎮西將軍西海郡開國公
高車王六月己巳詔曰朕以沖眛夙篡寶歷不
能祗奉上靈感延和氣致令炎旱頻歲嘉雨弗

合百稼燧菱晚種未下將成災年秋稔莫覩在
予之責憂懼雲展懷令可依舊分遣有司馳祈獄
瀆及諸山川百神能興雲雨者盡其虔肅必令
感降王帛牲牢隨應薦享上下群官側躬自厲
理寬獄止土功減膳撒縣禁止屠殺諸國遣使
子波斯不漢龜茲諸國遣使朝貢冬十月壬
吐谷渾國遣使朝貢十有二月乙巳車駕有事
於圓丘丙午詔曰治歷明時前王茂軌考正
律亦代通規是以北平革定於漢年楊偉草箏

於魏世自皇運肇其圣典章猶鞍推步晷曜未盡
厥理先朝仍世每所慨然至神龜中始命儒官
改掷踈蹄回度易憲始會琁衡令天正斯始陽
駒將開品物初便可班宣內外號曰正光曆又其
照將開品物初萌宜變耳目所謂魏雖舊邦其
曆維新著也便可班宣內外號曰正光曆又
節嘉辰獲展丘稀神人交和理契幽顯思與億
兆共此維新可大赦天下十有二月癸酉以左
光祿大夫皇甫度為儀同三司乙酉以車騎大
將軍尚書僕射元欽為儀同三司太保京兆

王繼為太傅司徒崔光為太保丁亥以牧守妄
立碑頌輒與寺宅豐儉店肆商販詔中尉
端衡蕭厲威風以見事糾劾七品六品祿足代
耕亦不聽錮貼店肆爭利城市
四年春二月壬辰追封故咸陽王禧為敷城王
京兆王愉為臨洮王清河王懌為范陽王以禮
加葬丁丑河間王琛章武王融並以貪汙削爵
除名己卯以蠕蠕主阿那瓌率衆犯塞遣尚書
左丞元孚兼尚書為北道行臺持節喻之蠕蠕

後主侯匿代來朝京師石昌國遣使朝貢司空
劉騰薨夏四月阿那瓌執元孚驅掠畜牧北遁
甲申詔驃騎大將軍尚書令本子崇中軍將軍兼
尚書右僕射元纂率騎十万討蠕蠕出塞三千
餘里不及而還秋七月辛亥詔曰達尊有三
預一焉崇勳黃耇先代雖七十致仕明平典故然
位元勳緣自彊見留今庶寮之中或年追縣車
以德尚壯許其筋力維今厭寮之中或年追縣車
諠禮宜退但少收其力老弃其身言念勤舊脈

然未忍或戴白在朝未當外任或傅私歷紀甫
受考級如此之徒雖滿七十聽其莅民以終常
限或新解郡縣或外佐始傅已滿七十方求更
敘者吏部可依令不奏其有高名俊德老成耆
士灼然顯達為時所知者不拘斯例若才非秀
異見在朝官依令合解者可給本官半祿以終
其身使辭朝之叟不恨歸於閭巷時接賊徒慄
詔曰狂春肆暴陵竊北垂雖軍威時接賊徒慄
遭然獷虐所過多離其禍言念斯弊有彰深懷

可勅北道行臺遣使巡撫遭寇之處飢餒不粒
者厚加賑恤務令存濟戊寅詔曰朕以眇聞忝
承鴻緒因祖宗之基託王公之上每臨金鏡屬慮
思康億兆比兩夕惕時星運舛錯政闕和靈
祇表異冀永尋夕懷宜詔百司各勤厥
職諸有鰥寡窮疾冤濫不申者並加矜恤若孝
子順孫廉身義節于學超異獨行高時者具以
言上朕將親覽加以旌命癸未追復故范陽王
懌為濟河王九月丁酉庫莫奚國遣使朝獻詔

侍中太尉汝南王悅入居門下與丞相高陽王
雍參決政尚書奏事冬十有一月丙申趙郡王諡
薨丁酉太保崔光薨十有二月蕭衍遣將寇邊
詔假征南將軍崔延伯討之以太尉汝南王悅
為太保徐州刺史北海王顥坐貪汙削除官爵
五年春正月辛丑車駕有事於南郊閏二月癸
巳嚥噠國遣使朝貢三月沃野鎮人破落汗拔
陵聚眾反殺鎮將號真王元年詔臨淮王彧為
鎮軍將軍假征北將軍都督北征諸軍事以討

之夏四月高平酋長胡琛反自稱高平王攻鎮
以應拔陵別將盧祖遷擊破之琛北遁五月臨
淮王彧敗於五原削除官爵壬申詔尚書令李
崇為大都督率廣陽王淵等北討六月秦州城
人莫折大提據城反自稱秦王殺刺史李彥詔
雍州刺史元志討之南秦州城人孫掩太提遣
韓祖香據城反殺刺史崔遊以應太提遣
城人卜朝龍克高平鎮將赫連略行臺高元
榮太提尋死子念生代立僭稱天子號年天建

置立百官丁酉大赦秋七月甲寅詔吏部尚書
元脩義兼尚書僕射為西道行臺率諸將西討
戊午復河閒王琛臨淮王彧本封都督崔遲失
利于白道大都督李崇率眾還平城坐長史祖
瑩截沒軍資免除官爵丁丑念生遣其都督楊
伯年樊元朗等攻仇鳩河池二戍東益州刺
史魏子建遣將尹祥黎叔和擊破之斬樊元首
殺賊千餘人是月涼州遣其兄高陽王天生下
剌史宋穎據州反念生遣其兄高陽王天生下

魏書紀九　二十　章

隴東寇六月甲午元志大敗於隴東退守岐州
丙申詔曰賞貴宿勞明主恒德恩沾舊績哲后
太武皇帝纂戎丕緒光闡王業躬率六師埽清
常範太祖道武皇帝應期撥亂大造區夏世祖
連穢諸州鎮城本充牙服勤征旅契闊行
閒備嘗勞劇隸顯祖獻文皇帝自比被勤淮海
思父便差割彊族分衛方鎮高祖孝文皇帝遠
遵盤庚將遷嵩洛規過北疆蕩關南境選良家
酉附增戍朝垂戍捍所寄是惟斯等先帝以其

誠効虔亮方加酬錫會宛鄴馳烽胸泗告警軍
旗頻動兵連積歲蒙恩仍寢用迄于今怨叛之
興頻由於此朕叨承乾曆撫宇宙調風布政
思廣惠液宜追述前恩敷茲後施諸州鎮軍貫
元非犯配者悉免為民鎮咬為州依崔目立稱此
等世習干戈率多勁勇奮擊先驅應可齊其力
三五簡發討彼沙隴當使人齊其力奮擊先驅
妖黨狂醜必可蕩滌衝鋒斬級自依恒賞丁酉
南秀容牧子千乞真反殺太僕卿陸延別將介

魏書紀九　二十二　政王

朱榮討平之戊戌莫折念生遣都督竇念祖討之斬
頭郡東益州刺史魏子建遣將竇念祖討之斬
雙擒斬千餘人九月壬申詔尚書左僕射齊王
蕭寶寅為西道行臺大都督征西將軍都督
崔延伯又詔復撫軍將軍北海王顥官爵為都
督並率諸將西討乙亥帝幸明堂餞春外城刺史
月蕭衍遣將裴邃虞鴻龔據壽春外城刺史長
孫稚擊走之遂退屯黎漿詔河閒王琛揔眾援
之衍又遣將寇淮陽詔祕書監安樂王鑑率眾

討之吐谷渾主伏連籌兵討涼州于普提棄城
走追斬之城民趙天安復推宋穎爲刺史冬十
月營州城人劉安定就德興據城反執刺史李
仲遵城人王惡兒斬安定以降德興東走自號
燕王胡琛遣其將宿勤明達寇豳夏北華三州
戊申莫折天生攻陷岐州刺史元志及刺史
壬午詔都督北海王顥率諸將討之十有一月
裴芬之高平人攻殺卜朝共迎胡琛十有二月
壬辰詔大傅京兆王繼爲太師大將軍率諸將
討之嚈噠契丹地豆干庫莫奚諸國並遣使朝
貢汾州正平平陽山胡叛逆詔復征東將軍章
武王融封爵爲大都督率衆討之山南行臺東
益州刺史魏子建招降南秦氐民復六郡十二
戊又斬賊王韓祖香南秦賊王張長命畏逼乃
告降於蕭寶夤是月莫折念生遣兵攻涼州城
人趙天安復執刺史以應之
孝昌元年春正月庚申徐州刺史元法僧據城
反害行臺高諒自稱宋王號年天啓遣其子景

仲歸於蕭衍衍遣其將胡龍牙成景雋元略等
率衆赴彭城詔祕書監安樂王鑒回師以討之
鑒於彭城南擊元略大破之盡俘其衆旣而不
備於法僧所敗衍遣其豫章王綜入守彭城法
僧擁其寮屬守令及戌及郭邑士女萬餘口南
入詔鎮軍將軍臨淮王彧或尚書李憲爲都督
將軍國子祭酒安豐王延明爲東道行臺復儀
同三司李崇爵爲東道大都督討儀同三司崇
以疾不行癸亥蕭寶夤黃崔延伯大破秦賊於黑
水斬獲數万天生退走入隴西涇岐及隴東悉
平以太師大將軍京兆王繼爲太尉餘官如故
二月以領軍將軍元乂爲驃騎大將軍儀同三
司詔追復樂良王長命本爵以其子忠紹之侍
中特進衛大將軍穆紹爲儀同三司戊戌大赦
壬辰莫折念生遣都督楊鮓卜辯姜齊等攻
仇池郡城行臺東益州刺史魏子建遣將盛遷
擊破之斬下辯幷首壬寅詔曰勸善黜惡經
國戎典其令每歲一終郡守列令長刺史列守

相以定考課，辯其能否，若有濫謬，以考功失衷論。是月，齊州魏郡民房亮聚眾反，會赦乃散。三月己巳，詔太尉西道都督京兆王繼班師。壬申，詔曰：丞相高陽王道德淵廣，明允篤誠，儀形太階，垂風下國，寔所以予違波弼，致治責成。宜班新制，宣之遐邇。其州郡先上司徒公文悉可改上相府施行，符告皆如之。甲戌，詔曰：選眾而舉，其眾若渴，知人則哲，振古所難，宜博訪公卿，治心焉。

採茲謇實，可令第一品以下、五品以上人，各薦其所知，不限素身居職，必使精辯器命藝具注所能，然後依牒權隨才收敘，庶濟濟之美無替往時，塞塞之直有申。茲歲，蕭衍遣其北梁州長史錫休儒、司馬魚和、上庸太守姜平洛等入寇直城。梁州刺史傅豎眼遣息敬紹率眾拒擊，大破之，擒斬三千餘人，休儒等走還魏興。是月，齊州清河民崔畜殺太守董導，廣川民傅堆執太守劉萇反，及青州刺史安樂王臨監討平之。是月，破

落汗拔陵別帥王也不盧等攻陷懷朔鎮。夏四月，蕭衍益州刺史蕭淵猷遣將樊文熾、蕭世澄等率眾圍小劍戍，益州刺史邴虯遣子達行臺魏子建遣別將淳于誕拒擊之。辛卯，皇太后復臨朝攝政，引羣臣面陳得失。詔曰：朕以寡昧，承天歷，莊若涉海，罔知所濟，憑茲宗社降祐之靈，庶勉幼志，以康世道。而神龜之末，權臣擅命，元叉、劉騰陰相影響，遂使皇太后幽隔後宮，太傅清河王無辜致害，相州刺史中山王熙橫

被夷滅，右衛將軍奚康生仍見誅翦，從此已後，無所畏忌，恣諸侵任所與奪，無君之心積罸，稍久不臣之迹，緣事彌彰，敝耳目之明，專生殺之柄，天下為之不康，四郊由茲多壘。此而可忍，執不可懷，雖屢經赦宥，未容致之于法，猶宜辦正以謝朝野。騰身既往，可追削爵位，義之誠合徽纆，但以宗枝舅戚，特加全貸，可除名為民。壬辰，征西將軍都督崔延伯大敗於涇川，戰歿。五月戊辰，淳于誕等大破蕭衍軍，俘斬萬計

擒蕭世澄等十一將文熾僅以身免走成都戊
子驃騎大將軍儀同三司本崇薨六月癸未大
赦改年詔文武之官徙軍二百日文官優一級
武官優二級蠕蠕主阿那瓌率眾夜大破拔陵斬
其將孔雀等諸將逼彭城蕭綜夜潛出降蕭衍
諸將奔退眾軍追躡免者十二秋八月丞酉
詔斷遠近貢獻珍麗邊者免官柔安鎮南圍燕
州代子莫折念生遣都督杜黑兒杜光等攻洛
周率眾反於上谷號年亡具王攻沒郡縣八杜洛
九月乙卯詔減天下諸調之半丙辰詔左將軍
幽州刺史常景為行臺征廣將軍元譚為善都督
以討洛周辛酉詔曰追功表德為善者勸祖宗
功臣勒銘王府而子孫廢替淪於凡民爵位無
聞遷流有失潁川名守重泉令宰惠風美政及
於民心而猶同常品未蒙襄陟非所謂愛及廿
棠勲倫攸叙者也其功臣名將為先朝所知子
孫屈塞不見齒叙牧守令長聲稱草然者皆仰

三七　陳玄

有司具以名聞朕將振彼幽滯用闡治風壬戌
詔百官五品已上各舉所知辛未曲赦南北兩
秦州冬十月蠕蠕國主阿那瓌遣使朝貢是月
吐谷渾國復討趙天安降之河州長史元永平
治中孟賓等推嚩噠使圭高徽行州事而前刺
史梁釗子景進攻殺之景進又自行州事冬十
有一月辛亥詔曰大孝榮親著之昔典故安平
老毛董諸子滿朝自令諸有父母年八十以上者
皆聽居官祿養溫清朝夕時四方多事諸蠻復
及十有二月壬午詔曰高祖以大明定功世宗
以下武嘗亂聲溢朝南化清中宇業盛隆周祚
延七百朕幼齡纂曆夙馭鴻基戰戰兢兢若臨
淵谷閒於治道政刑未孚權臣擅命亂我朝式
致使西秦跋扈朝漠構妖蟲介荊蠻氣埃不息
孔熾甚於涇陽出軍切於細柳而師旅盤桓留
滯不進北清懸危南陽告急將蔚荊沔之地以
致感國之憂令茅轂扼腕爪牙歡憤並欲摧挫
封承勤截長蚰使人神兩秦幽明獻馘吉朕將躬

二十八　王炎

駆六師掃蕩逋穢其配衣六軍分隷熊虎前驅
後隊左翼右師必令將帥雄果軍吏明濟糧仗
軍馬速度時須其有失律亡軍兵戍逃叛盜賊
劫掠伏竄山澤者免其往咎録其後劫別立募
格聽其自新廣下州郡令赴軍所令先討荊蠻
疆理南服戈旗東指埽平淮外然後奮七萃於
西戎騰五牛於比狄躬撫亂離之苦面恤饑寒
之患爾乃還蹕嵩宇歆至廟庭沉璧河洛告成
泰岱豈不盛歟百官內外牧守軍宰各肅勤

三百九十四　魏書紀九　一　二千九　孫閑

用明尒職山胡劉蠡升外及自稱天子置官寮是
月以臨淮王彧為征南大將軍率衆討魯陽蠻
二年春正月庚戌封廣平王懷庶長子太常少
卿海為范陽王壬子以太保汝南王悦領太尉
都督元譚次於軍都為洛周所敗五原降
戶鮮千脩禮及於定州號魯興元年詔左光祿
大夫長孫稚禮為使持節假驃騎將軍大都督北
討諸軍事與都督河間王琛率衆討之二月甲
申帝皇太后臨大夏門親臨見冤訟是月豐伏羅

國遣使朝貢三月庚子以驃騎大將軍徐州刺
史安豐王延明為儀同三司追復中山王熙本
爵子叔仁紹之甲寅西部勅勒斛律洛陽反於
桑乾西與河西牧子通連別將尒朱榮擊破之
夏四月大赦天下癸巳以侍中車騎大將軍
陽王徽為儀同三司朔州城人鮮于阿胡據城
為洛周所敗琚戰沒戊申以驃騎大將軍開府
豐樂王據城反丁未都督李琚次於薊城之北又
齊王寶廣為儀同三司比討都督河間王琛長

三百九十五　魏書紀九　三十　陳奕山

孫稚失利奔還詔免琛稚官削庫莫奚國遣使
朝貢五月丁未車駕將比討內外戒嚴前給事
黃門侍郎元略自蕭衍還朝封義陽王淵為驃
高陽王雍為大司馬吏部尚書廣陽王淵為驃
王融比討脩禮戊申燕州刺史崔秉率衆棄城
南走中山乙丑以安西將軍光祿大夫宗正珍
孫為都督討汾州反胡六月己巳曲赦齊州絳
蜀陳雙熾聚衆反自號始建王曲赦平陽建興

正平三郡詔假鎮西將軍都督長孫稚討雙熾

平之丙子義陽王略改封東平王衛大將軍西

道都督元恌芝為車騎大將軍儀同三司戊寅

詔復京兆王繼本封江陽王戊子詔曰自運屬

艱棘歷載於茲烽驛交馳旌鼓不息祖宗盛業

危若綴旒社稷鴻基殆將淪墜朕威德不能

被經略無以及遠俾令蒼生罹此塗炭何以苟

安黃屋無愧黔黎今便避居正殿蔬餐素服當

親自招募收集忠勇其有直言正諫之士敢決

徇義之夫二十五日悉集華林東門人別引見

共論得失班告內外咸使聞知乙未以衛將軍

東平王為左光祿大夫儀同三司秋七月丙

午杜洛周遣其別帥曹紇真寇掠幽州行臺常

景遣都督于榮邀于粟園大破之斬紇真穫三

十餘級牛驢二萬餘頭戊申恆州陷行臺元慕

奔冀州甲子蕭衍將元樹湛僧珍等寇壽春八

月丙子進封廣川縣開國公元邵為常山王以

驃騎大將軍東道行臺臨淮王彧為儀同三司

戊寅帝韋南石竇寺即日還宮戊子進散騎常

侍御史中尉武城縣開國公譚為長樂王都督

伊瓮生討巴失利戰歿癸巳賊帥元洪業斬鮮

于脩禮請降為賊黨葛榮所殺都督尒朱榮於

肆州執刺史尉慶賓令其從叔羽生統州事九

月辛亥葛榮敗都督廣陽王淵章武王融於博

野白牛邏融歿於陣榮自稱天子號曰齊國年

稱廣安甲申常景又破洛周斬其武川王賀拔

文興別帥侯莫陳升生擒男女四百口牛驢五

千餘頭就德興攻陷平州殺刺史王買奴是月

莫折天生請降蕭寶夤使行臺左丞崔士和入

據泰州天生復叛送士和於胡琛殺之冬十有

一月戊戌杜洛周陷幽州執刺史王延年及

行臺常景丙午稅京師田畝五升借貸公田

者畝一升閏月稅市人出入者各一錢店舍為

五等齊州平原民劉樹蒼生聚衆反州軍破

走之劉樹奔蕭衍行將原樹逼壽春揚州刺史

李憲力屈以城降之初幽州郡縣及長史司馬

戎主副貲子於京師衍又遣將攻逼新野詔都
督魏承祖討之詔曰頃舊京淪覆中原喪亂宗
室子女屬籍在七廟之內為雜戶濫門所拘辱
者悉聽離絕
三年春正月甲戌以司空公皇甫度為司徒儀
同三司蕭寶寅為司空車騎將軍比海王顥為
東騎大將軍儀同三司徐州民任道棱聚眾反
龍襲據蕭城以叛州軍討平之辛巳葛榮陷殷州
刺史崔楷卻死之遂東圍冀州甲申詔峻鑄
錢之制蕭寶寅寅元恒芝大敗于涇州大隴都督
南平王仲岊小隴都督高羋並相尋退散東秦
州刺史潘義淵以汧城降賊高平虜賊逼岐州
城人執刺史魏蘭根以城應之醐州刺史畢祖
暉行臺羊深並奔退祖暉於陣殁比海王顥尋
亦敗走賊帥胡引祖據比華州以應之賊帥比
千騏麟入據幽州曲赦關西及正平平陽建興
戊子以司徒皇甫度為太尉辛卯蕭衍將湛僧珍圍
詔內外戒嚴將親出討辛

三十三

東豫州詔散騎常侍元曄為都督以討之是月
衍又遣將彭君羣王辯等率眾數萬逼琅邪詔青
州南青二州討之二月丁酉詔曰頃隴遭羅寇
難地賊逆憑陵蒼生波流耕農廢業加諸轉
運勞役已甚州郡倉儲實買無懸自非開輸賞
之格何以息漕運之煩凡有能輸粟入瀛定岐
雍四州者官斗二百斛賞一階入二華州者五
百石賞一階不限多少粟畢授官虜賊據潼關
丁未追復故東平王臣晉改封濟南王庚申東
郡民趙顯德反殺太守裴烟自號都督并其兄
子為太守趙顯德都督李叔仁討之是月蕭衍將成
景儁寇彭城詔員外常侍崔孝芬為行臺率將
擊走之三月甲子詔將西討中外戒嚴虜賊走
復潼關戊辰詔將回駕并討詔金紫光祿大夫
源子邕為大都督討葛榮辛未燕州廣川民劉
鈞執清河太守邵懷聚眾及自署大行臺清河
民房須自署大都督據昌國城夏四月別將
元斌之討東郡斬顯德已酉蠕蠕國遣使朝貢

大三百十四

三十四

三六

六月蠕蠕國遣使朝貢是月詔都督李叔仁討
劉鈞平之秋七月陳郡民劉獲鄭辯反於西華
號年天授州軍討平之相州刺史安樂王鑒據
州反己丑大赦天下是月青州刺史彭城王劭
南青州刺史胡平遣將斬蕭衍將彭羣首俘獲
東豫州刺史元慶和以城南叛戊子蠕蠕國遣
使朝貢秦州城民杜粲殺莫折念生自行州事
未斬蕭寶夤首俘獲
二千餘人八月都督源子邕等討葛榮九月辛卯

南秦州城民辛琛自行州事遣使歸罪冬十月
戊申曲赦恒農已西河北正平陽邵郡及關
西諸州辛亥以衛將軍討虜大都督朱榮為
車騎將軍儀同三司甲寅雍州刺史蕭寶夤據
州反自號曰齊年稱隆緒詔尚書右僕射長孫
稚討之十有二月己丑葛榮攻陷冀州執刺史
元孚逐出居民凍死者十六七十有二月戊申
都督源子邕裴衍與葛榮戰敗於陽平東北漳
水曲並戰歿是月杜粲為駱超所殺遣使歸

罪

武泰元年春正月癸亥以北海王顥為驃騎大
將軍開府儀同三司相州刺史乙丑定州為杜
洛周所陷執刺史楊津瀛州刺史元寧以城降
於周皇女生祕言曰王子丙寅大赦改元丙子
長孫稚平潼關丁丑雍州城人侯終德相率攻
寶夤寅寶夤攜南陽公主及子與百餘騎渡渭而
走雍州平二月以長孫稚為車騎大將軍開府
儀同三司雍州刺史兼尚書僕射西道行臺群

盜燒劫華縣以西關口以東公路澗以南詔武
衛將軍李神軌為都督討平之癸丑帝崩於顯
陽殿時年十九甲寅皇子即位大赦天下皇太
后詔曰皇家遷曆受圖年將二百祖宗累聖社
稷載安高祖以文思先天世宗以下武經世股
肱惟良元首穆穆朕以寡昧親臨萬國識謝塗山
德慚文毋屬妖逆遄興四郊多故實基孽宁靈降
祜麟趾眾繁自潘充華有孕椒宮冀誕儲兩而

熊罷無兆維熊遂彰于時直以國步未康假稱
統亂欲以底定物情情係仰宸極何圖一旦劍
莫追國道中微大行絕祀皇曾孫故臨洮王寶
暉世子劍體自高祖天表卓奧大行平日養愛
特深義齊考子事符當璧及翊日弗念大漸彌
留乃延入青蒲受命玉几暨陳衰在庭登纂靡
及兗雁又喪君有君宗祐惟固且崇賞卿主爰及
百辟凡厥在位並加陞叙內外百官文武督將
麼泊今喪君即日踐阼朕是用惶懼忸怩心焉
問以下直從以上及主帥可軍功二階其禁衛武官直
征人遭艱解府普加軍功三階削除者不在斯限清
失爵尉聽復封位謀反大逆削除者不在斯限清
議禁錮亦悉鐫除若二品以上不能自受者任
授見第可班宣遠邇咸使知之乙卯幼主即位
儀同三司大都督介朱榮抗表請入奔赴勒兵
而南是月杜洛周爲葛榮所并三月癸未葛榮
攻陷滄州執刺史薛慶之居民死者十八九甲
甲申上尊諡曰孝明皇帝乙酉葬于定陵廟號肅

宗夏四月戊戌介朱榮濟河庚子皇太后幼主
崩
史臣曰魏自宣武已後政綱不張肅宗沖齡統
業靈后婦人專制委用非人賞罰乖舛於是豺
起四方禍延幾甸卒於享國不長抑亦淪胥之
始也嗚呼

肅宗紀第九

魏書九

孝莊皇帝諱子攸彭城王勰之第三子母李
妃肅宗初以勰有魯陽翼衛之勳封武城縣開
國公幼侍肅宗書於禁內及長風神秀慧美兒
甚美拜中書侍郎城門校尉兼給事黃門侍郎
雅為肅宗所親待長直禁中遷散騎常侍御史
中尉孝昌二年八月進封長樂王轉侍中中軍
將軍三年十月以兄彭城王勰事轉為衛將軍
左光祿大夫中書監實見出也及武泰元年春

魏書紀十 一 智

二月肅宗崩大都督尒朱榮將向京師謀欲殿
立以帝家有忠勳其兼民望陰與帝通榮乃率
眾來赴夏四月丙申帝與兄弟夜北渡河丁酉
會榮於河陽戊戌南濟河即帝位以兄彭城王
劭為無上王弟霸城公子正為始平王以榮為
使持節侍中都督中外諸軍事大將軍尚書令
領軍將軍領左右封太原王己亥百寮相率有
司奉璽紱備法駕奉迎於河梁庚子車駕巡河
西至陶渚榮以兵權在己遂有異志乃害靈太

后及幼主次害無上王劭始平王子正又害丞
相高陽王雍司空公元欽儀同三司元恒芝儀
同三司東平王略廣平王悌常山王邵北平王
超任城王彝趙郡王毓中山王叔仁齊郡王溫
公卿已下二千餘人列於騂儷帝遷於便坐既而
榮悔稽顙謝罪語在榮傳辛丑車駕入宮御太
極殿詔曰太祖誕命應期龍飛燕代累世重光
戴隆帝緒冀欲闡茲洪業永在無窮豈圖多難

魏書紀十一 二 智

遘茲百六致使妖悖四起內外競侵朝無恤政
之臣野多怨酷之衆由女主專朝致茲顛覆
孝明皇帝大情沖順深存隱忍奄棄萬國眾甚
疑焉苟求胡出入守神器凡厥有心莫不解體
太原王榮世抱忠孝功格古令赴義晉陽大會
河洛乃推翼朕躬應茲大命謝少康道愧前
緒猥以眇身君臨萬國如涉淵海罔知所濟可
大赦天下改武泰為建義元年從太原王督將
軍士普加五階在京文官兩階武官三級復天
下租役三年壬寅太原王尒朱榮上表請追謚

無上王爲皇帝餘死於河陰者諸王刺史贈三
司三品者令僕五品者刺史七品以下及民郡
鎮諸死者子孫聽立後授封爵詔從之癸卯以
前太尉公江陽王繼爲太師司州牧驃騎大將
軍開府儀同三司相州刺史北海王顥爲太傅
開府仍刺史平東將軍光祿大夫轉太傅安南
侯李延寔爲太保平王光祿大夫清淵縣開國
中車騎大將軍儀同三司楊椿爲司徒公車騎
將軍弁州刺史元天穆爲太尉公封上黨王侍
公領尚書令進爵爲王使持節車騎大將軍雍
州刺史上黨公長孫稚爲驃騎大將軍開府儀
同三司進爵爲王尋改封馮翊王中軍大將軍殿
中尚書元諶爲儀同三司尚書左僕射封魏郡
王中軍將軍給事黃門侍郎元瑛爲東海王金
紫光祿大夫廣陵王恭爲儀同三司甲辰追復
故廣陽王淵故樂安王臨金爵通直散騎常侍敷
城王坦爲咸陽王諫議大夫元貴平爲東萊王

直閣將軍元肅爲魯郡王祕書郎中元曄爲長
廣王馮翊郡開國公源紹景復先爵隴西王扶
風郡開國公馮俟東熙公陸子彰北平公長孫
悅並復其先王爵以北平王超還復爲安定王
丁未詔內外解嚴康成封大將軍尒朱榮次子
義羅爲梁郡王詔蠕蠕主阿那瓌拜不名上
前後奔蕭衍郢州刺史元願達據城南叛五月
書不稱臣是月汝南王悅北海王顥臨淮王彧
丁巳朔加大將軍尒朱榮北道大行臺以尚書
右僕射元羅爲東道大使征東將軍光祿勳元
欣副之巡方黜陟先行詔聞辛酉大將軍尒朱
榮還晉陽帝餞於邙陰內詔曰孝昌之季
法令昏滯懷忠素擁隔莫申深怨宿憾控告
廢所其有事在通途橫被疑異名例無蒙枉見
排抑或選舉不平或賦役煩苛諸如此者不可
具說其有訴人經公車注不合者悉集華林東
門朕當親理冤獄以申積滯已已齊郡民賈
皓聚眾反夜襲州城會明退走乙亥晉州刺史

樊子鵠克唐州斬刺史崔元珍行臺酈惲傳首京師壬午詔求德行文藝政事強直者縣令太守刺史皆敘其志業具以表聞得三人以上縣令太守敘軍勳不過征虜自今以後宜依式以舊敕賞階舉非其人亦黜一階又以曹義宗寇荊州癸未以中軍將軍吏部尚書費穆為使持節都督南征諸軍事節度荊州刺史恐不聽破品受階破階請昂先是蕭衍遣其將

王熊以討之六月丁亥朔追封兄眞定縣開國公子眞為陳留王庚寅以鎮軍將軍金紫光祿大夫李虔為車騎大將軍儀同三司特進辛卯南荊州刺史李志據城南叛通直散騎常侍高乾邑又弟等率合流民起兵於齊州之平原頻破州軍詔東道大使元欣喻旨乃降是月葛榮飢使其僕射任褒率車三萬餘乘南寇至沁水癸卯以高昌王世子光為平西將軍瓜州刺史龍衣爵泰臨縣開國伯高昌王太尉公上黨王天

穆為大都督東北道諸軍事率都督宗正珍孫癸毅賀拔勝尒朱陽都等討任襄帝以寇難未夷避正殿責躬撤膳又班募格收集忠勇其有直言正諫之士敢使徇義之夫陳國家利害之謀赴君親危難之節者集華林園面論事幽州平北府主簿河間邢杲率河北流民十餘萬戶反於青州之北海自署漢王號年天統戊申以征東將軍金紫光祿大夫李叔仁為車騎大將軍儀同三司率眾討之詔直寢紀業持節募新

免牧戶有投名効力者授九品官己酉詔諸有私馬仗從戎者職人優兩大階亦授實官白民出身外優兩階授實官若武藝超倫者雖無私馬亦依前條雖不超倫但射塑翔關藝貢而膽略有施者依第出身外特優一大階授實官若無姓第者從八品出身加特授實官辛亥詔曰朕當親御六戎埽靜燕代六將軍太原王尒朱榮率精甲十萬為左軍上黨王天穆揔眾八萬為前軍司徒公楊椿勒兵十萬為右

軍司空公穆紹統卒八萬衆爲後軍是月葛榮衆
退屯相州之北秋七月丁巳詔從四品以上從
征者不得優階正四品者優一階軍級從三品
以上從四品者優一大階正五品以下還依
前格若有征階十餘計入四品三品限授五階
已未詔試守東郡太守唐昆宣爲將節都督
於東郡召募僑居流民二千人渡河隨便爲柵
維望臺軍是月齊獻武王於鄴西北慰喻葛榮
別帥稱王者七人衆萬餘降之乙丑加大將軍
衆數千反於濮陽自稱皇武大將軍是月高平
百官公給衣冠劍佩綬爲壬子兆州人劉舉聚
尒朱榮柱國大將軍錄尚書事辛巳尚書奏斷
鎮人万俟醜奴僭稱大位署置百官是月臨淮
王彧自江南還朝八月大山太守羊侃據郡引
蕭衍行將軍王僧辯攻兗州甲辰詔大都督宗正
珍孫率南廣州刺史都督鄭先護討劉舉於濮
陽破平之以侍中驃騎大將軍臨淮王彧爲儀
同三司是月葛榮率衆圍相州九月乙丑詔太

尉公上黨王天穆討葛榮次於朝歌之南巳巳
以從東將軍尒朱榮齊州刺史元欣爲沛郡王壬申柱
國大將軍尒朱榮率騎七萬討葛榮於滏口破
擒之餘衆悉降冀定滄瀛殷五州平乙亥兴平
葛榮大赦天下改爲永安元年辛巳以柱國大
將軍太原王尒朱榮爲大丞相都督河北畿外
諸軍事以榮子平昌郡開國公
文暢並進爵爲王以司徒公楊椿爲太保城陽
王徽爲司徒冬十月丁亥尒朱榮檻送葛榮於
京師帝臨閶闔門榮稽顙謝罪斬於都市丙申
以撫軍將軍太常卿太原王世子菩提爲使持
節驃騎大將軍開府儀同三司丁酉以冀州之
長樂相州之魏郡趙定州之博陵滄州之浮陽平
州之遼西燕州之上谷幽州之漁陽七郡各萬
戶增封太原王尒朱榮爲太原國戊戌又加榮
太師庚戌以侍中鎮南將軍太原郡開國公于
暉兼尚書左僕射爲行臺與齊獻武王討羊侃
壬子太師江陽王繼薨癸丑以膠東縣開國侯

李僧希復其祖爵南郡王是月車騎大將軍儀
同三司李叔仁討邢杲於濰水失利而還大都
督費穆大破蕭衍衍軍曹義宗入據南宛

魏書帝紀十

九

將軍開府世襲并州刺史封前將軍太中大夫
元凝為東安王十有二月庚子詔行臺于暉回
師討邢杲次於歷下是歲葛榮餘黨韓樓復據
幽州反

二年春正月甲寅子暉所部都督彭樂率二千
餘騎北走於韓樓乃班師二月癸未朝詔諸禁
衛之官從戎有功及傷夷者皆赴選先敘甲午算
皇考為文穆皇帝廟號蕭祖皇妣為文穆皇后
燕州民王慶祖聚眾於上黨自稱為王柱國大

蕭衍以北海王顥為魏主號年孝基入據南宛
之鉅城十有二月戊午以無上王世子韶為彭城
徐兗行臺崔孝芬大都督刁宣大破羊侃於瑕
丘俼李蕭衍兗州平戌寅以上黨王天穆為大
王陳留王寬為陳留王寬第剛為浮陽王
剛第賀為林慮王癸亥齊獻武王行臺于暉與

將軍尒朱榮討擒之壬寅詔散騎常侍濟陰王
暉業兼行臺尚書督都督李德龍丘大千鎮梁
國三月壬戌詔大將軍上黨王天穆與齊獻武
王討邢杲夏四月癸未遷蕭祖文穆皇帝及文
穆皇后神主于太廟內外百寮普汎加一級曲
赦畿內死罪至流人減一等徒刑以下悉免庚
子詔太原王尒朱榮下將士並汎加二級辛丑
上黨王天穆齊獻武王大破邢杲於濟州之濟

魏書紀十

十一

南杲降送京師斬於都市元顥攻陷考城執行
臺元暉業都督丘大千五月壬寅朔元顥克梁
國己巳以撫軍將軍前徐州刺史楊昱為使持
節鎮東將軍東南道大都督率眾鎮滎陽尚書
僕射尒朱世隆鎮虎牢侍中尒朱世承鎮崿坂
辛酉詔私馬仗從戎優階授官壬戌又詔募士
一依征葛榮甲子又詔職人及民出馬優階各
有差乙丑內外戒嚴癸酉元顥陷滎陽執楊昱
尒朱世隆棄虎牢遁還甲戌車駕北巡乙亥幸
河內丙子元顥入洛丁丑進封城陽縣開國公

元祉為平原王安昌縣開國侯元顥駕為華山王
並加儀同三司戊寅行臺僕射崔孝芬大都督刁宣
破元顥後軍都督侯暄於梁國斬之擒其卒三
千人以侍中車騎將軍尚書右僕射尒朱世隆
為使持節行臺僕射本將軍相州刺史鎮鄴城
以便宜從事又詔上黨太守
天穆比渡會車駕於河內六月己丑儀同三司
原王尒朱榮會車駕於長子即日反旆上黨王
三品郡八十以上四品郡七十以上五品郡太

十一

費穆為顥所害壬寅克河內斬太守元襲都督
宗正珍孫秋七月戊辰都督尒朱兆賀拔勝從
硤石夜濟破顥子冠受及安豐王延明軍元顥
敗走庚午車駕入居華林園昇大夏門大赦天
下以使持節車騎將軍顥川郡開國公公
朱兆為車騎大將軍儀同三司詔以前朝勳書多
竊冒宜一切蔡棄之若立效灼然為時所知者別
加科賞番客及邊會翻降有勳未敘者不在焚
斷之限比來軍士及随駕文武諸立義加汎五

級河北執事之官二級河南立義及迎駕之官
并中途崫從亦二級壬申以柱國大將軍太原
王尒朱榮為天柱大將軍加前後部羽葆鼓吹
癸酉臨顥縣卒江豐斬元顥傳首京師甲戌以
大將軍上黨王天穆為太宰司徒公徽
為大司馬太尉公乙亥宴然天柱大將軍尒朱
榮上黨王天穆及北來督將於都真出營人三
百繒錦雜綵數萬匹班賜有差又諸州郡遣使
奉表行官者並加一大階丁丑獲元顥弟斬
於都市詔受元顥爵賞階級悉追奪之己卯以
鎮東將軍南兗州刺史元旭為襄城王平南將
軍南兗州刺史元暹為汝陽王閏月辛巳帝始
居宮內辛卯以車騎將軍兼吏部尚書楊津為
司空巴州刺史嚴始欣據州南叛蕭行遣其將
蕭玩張鴻江茂達等率衆赴援八月庚戌朔詔
諸有公私債負一錢以上巨萬以還悉皆禁斷
不得徵責責已未以侍中大傅李延寔為司徒公
丁卯封汲州刺史元太榮為東陽王甲戌侍中

十二

太保楊椿致仕乙亥詔車騎將軍右光祿大夫
奚毅板授天柱大將軍尒朱榮太宰天穆下勳
及祖父叔伯者年者牧守有差九月大都殺侯
淵討韓樓於薊破斬之幽州平万俟醜奴攻東
秦城隤之殺刺史高子朗冬十月丁丑以前司
空公丹陽王蕭贊為司徒公廿有一月已卯就
者皆令赴闕程會有差丙午以大司馬太尉公
德興自營州遣使請降丁亥詔羣官休傅在外
城陽王徽為太保司徒公丹陽王蕭贊為太尉

公開府儀同三司雍州刺史長孫稚為司徒公
史李靈起雄信將軍蕭進明來降
十有二月辛亥蕭衍兖州刺史張景岱荊州刺
元儁等遣將與征巴州都督元景夏討嚴始欣
斬之蕭衍都督蕭玩何難尉陳愁敗走斬玩首
俘獲五餘人辛卯本徐州城民呂文欣王怒等
殺刺史元賓據城反以撫軍將軍都官尚書
樊子鵠兼右僕射為行臺督征南將軍都督賈

顯智征東將軍徐州刺史嚴思達以討之二月
甲寅克之東徐州平三月醜奴大行臺尉遲菩薩
寇歧州大都督賀拔岳司朱渾道元大破之夏
四月丁巳以侍中太尉公丹陽王蕭贊為使持
節都督齊濟兗三州諸軍事驃騎大將軍開府
儀同三司齊州刺史丁卯雍州刺史尒朱天光
討醜奴蕭寶寅於安定破擒之囚送京師甲戌
以關中平大赦天下醜奴斬於都市寶寅賜死
於駞牛署六月戊午詔胡民親屬受爵位於朝者

黜附編民斌達國師子是月白馬龍週胡
王慶雲僭稱大位於永洛城擒慶雲坑其城民一万七
車騎大將軍儀同三司李叔仁坐本黨除名為民
晉陽來朝戊戌帝殺榮天穆於明光殿及榮子
九月辛卯天柱大將軍尒朱榮士黨王天穆自
千癸巳蕭衍民革虹卜湯世率堡聚內附庚子
丙子天光平永洛城擒慶雲坑其城民一万七
儀同三司菩提乃昇閶闔門詔曰蓋天道忌盈
人倫娛惡踈而不漏刑之無捨是以呂霍之門

10-167

禍譴所伏梁董之家各徵斯往頃孝昌之末天
步孔覬女主亂政監國無主朱榮爰自晉陽
同憂王室義旗之建大會盟津與世樂推共成
鴻業論其始圖非無燃效但致遠恐泥終之實
難曾未崇朝對聲已露河陰之役安忍無親王
公卿士二朝宗戚靡遺內外俱盡假假弄天
威殄危神器時事倉卒未遑問罪尋以爲賊橫
行馬首南向捨過責成用平醜虜及元顥問鼎
大駕北巡復致勤王展力行所以此論功且可

補過既位極宰衡地踰齊魯容養之至已復是
過佢心如猛火山林無以供其暴意等漏巵江
河無以充其谿既見金革稍寧方隅漸泰不推
天功專爲己力與奪任情臧否肆意無君之跡
日月以甚拔髮數罪蓋不足稱斬竹書您豈云
能盡方復託名朝宗陰圖鬱逆睚眦天居親覦
聖歷乃有裂冠毀冕之心將爲拔本塞源之事
天既厭亂人亦悔禍同惡之臣密來投告將而
必誅罪無容捨又元天穆宗室末屬名望素微

遭逢際會頗參義舉不能竭其忠誠以奉家國
乃復棄本逐末皆同即異爲之謀主成彼禍心
是而可忍孰不可恕並以伏辜自貽伊戚元惡
既除人神慶泰便可大赦天下遣武衛將軍癸
毅前燕州刺史崔淵率兵鎮比中是夜僕射介
朱世隆妻鄉郡長公主率榮部曲焚西陽門
出屯河陰已亥玫河橋擒毅等於途害之據比
中城南逼京邑詔以驃騎大將軍雍州刺史廣
宗郡開國公尒朱天光爲侍中儀同三司以侍

中司空公楊津爲使持節督并肆燕恒雲朔顯
汾蔚九州諸軍事驃騎大將軍并州刺史兼尚
書令北道大行臺經略并肆庚子詔諸舊代人
赴華林園帝將親簡叙以撫軍將軍金紫光祿
大夫高乾邕爲持中河北大使招集舊勇及十
月癸卯朔封安南將軍大鴻臚卿元寶炬爲南
陽王大宗正卿波陽縣開國公元脩爲平陽王
通直散騎常侍龍驤將軍新陽縣開國公元誕
爲昌樂王復通直散騎常侍琅邪縣開國公李

叔仁官爵仍為使持節大都督以討世隆以魏
郡王諶從祖封趙郡王諶弟子趙郡王貞改封平
昌王儀同三司李虔蒐丁未班募攻河橋格賞
帛授官各有差戊申皇子生大赦天下文武百
寮汎二級以平南將軍中書令魏蘭根兼尚書
左僕射為河北行臺定相三州稟蘭根節度
乙卯通直散騎常侍假平西將軍都督李苗以
火舩焚河橋尒朱世隆退走內辰詔大都督兼
尚書僕射行臺源子恭率步騎一萬出自西道

行臺楊昱領都督李侃希等部募勇士八千往
從東路防討之子恭仍鎮太行丹谷世隆至建
州刺史陸希質拒守城陷盡屠之唯希質獲免
以中軍將軍前東荊州刺史元顯恭為使持節
都督晉建南汾三州諸軍事鎮西將軍晉州刺
史兼尚書左僕射為征西道行臺節度都督薛
善樂薩修義裴元儁薩崇禮薩憘族等丁卯詔
以世隆比叛河內固守其在城督將文武普加
二級兵士給復三年壬申尒朱世隆偉建興之

高都尒朱兆自晉陽來會之共推太原太守行
升州刺史尒朱兆廣王暉為主大赦所部號年建明
曹汎四級徐州刺史尒朱仲遠反率眾向京師
十有一月癸酉朔詔車騎將軍左衛將軍鄭先
護為使持節大都督與都督李侃希赴西
道大行臺司徒公長孫稚為太尉公以使持節
令驃騎大將軍開府儀同三司臨淮王彧為司
徒公丙子以驃騎大將軍雍州刺史

廣宗郡開國公尒朱天光開府進爵為王丁丑
尒朱仲遠陷西兗州執刺史王衍癸未以右衛
將軍賀拔勝為東征都督壬辰又以左衛將軍
大都督鄭先護兼尚書左僕射為行臺與勝並
討仲遠戊戌詔罷魏蘭根行臺以後將軍定州
刺史薛曇尚為使持節兼尚書行州事陰導隨
機召毅行豫州刺史元崇禮殺後戰於滑臺東
和擅攝豫州庚子賀拔勝與仲遠戰於滑臺東
失利仍奔之十有二月壬寅朔尒朱兆寇丹谷

都督崔伯鳳戰歿都督羊文義義史五龍降兆大
都督源子恭奔退甲辰尒朱兆尒朱度律自富
平津上率騎涉渡以襲京城事出倉卒禁衛不
守帝出雲盖龍門逼帝幸永寧佛寺殺皇子并
殺司徒公臨淮王彧左僕射范陽王諶戌申元
曄大赦天下尒朱度律自鎮京師甲寅尒朱兆
遷帝於晉陽甲子崩於城內三級佛寺時年二
十四并害陳留王寬是月河西人紇豆陵步番
破落韓常大敗尒朱兆於秀容尒州城人趙洛
周據西城反應尒朱兆刺史丹陽王蕭贊棄城
走南陽太守趙脩延執荊州刺史李琰之自行
州事中興二年論爲武懷皇帝太昌元年又論
孝莊皇帝廟號敬宗十一月葬於靜陵

史臣曰魏自孝昌之末天下淆然外侮內乱神
器固將無主莊帝潛思變化招納勤王雖時事
孔棘而卒有四海徇逆旣翦權彊擅命抑其是兆
謀運智之秋勞謙夕惕之日也末聞長轡之策
遠深貟刺之恐謀謨軍術授任乘方倩嫌行戮

〔九〕

禍不旋踵嗚呼胡醜之禽亂也豈周襄晉末而
已哉至於高祖不祀武宣享廟三后降鑒福祿
固不永矣

孝莊紀第十　　　魏書十

前廢帝廣陵王

後廢帝安定王

出帝平陽王

前廢帝諱恭字脩業廣陵惠王羽之子也母曰
王氏少端謹有志度長而好學事祖母嫡母以
孝聞正始中龍襲爵延昌中拜通直散騎常侍神
龜中進兼散騎常侍正光二年正常侍領給事
黃門侍郎帝以元乂擅權遂稱疾不起久之因
於龍花寺無所交通永安末有白莊帝者言王
不語將有異圖民間遊聲又云有天子之氣王
懼禍逃匿上洛尋見追躡執送京師拘禁多日
託齊病五年執除金氏紫光祿大夫加散騎常侍
建義元年除儀同三司王既絕言垂將一紀居
以無狀獲免及莊帝崩尒朱世隆等以元曄疎
遠又非人望所推以王潛晦身有過人之量兼
將謀廢立恐實不協乃令王所親申其意且兼
迫以脅王遂苫曰天何言哉世隆等大悅春二月

三百六十五　【魏書紀十一】　（二）　陵次山

己巳曄進至邙南世隆等奉王東郭之外行禪
讓之禮羣臣上表曰否泰沿時殷憂啟聖敬六
飛在御三石興符伏惟陛下運屬千齡智周萬
物獨照龍象妙極天人寶曆有歸光宅攸屬而
將安獨善不務兼濟命徘徊載行伏願
時順謳謠念茲柘用捨勞疾允苦人神王答
今敬承所陳惟悅弗堪負荷耳太尉公尒朱度
曰自量眇身足以謙執然王必勤至不可拒違
律奉進踵殷袞晃之服乃就輅車百官侍儒入

自建春雲龍門昇太極前殿羣臣拜賀禮畢登
閶闔門詔曰朕以寡薄臨御邦思與億兆同
茲慶泰可大赦天下以魏為大魏改建明二年
為普泰元年其稅市及稅鹽之官可悉廢之百
雜之戶貸賜民名官任仍舊天下調絹四百一
匹內外文武普汎四階合叙未定第者亦沾
級除名免官者特復本資品封依舊頴川王尒
朱兆彭城王尒朱仲遠隴西王尒朱天光樂平
王尒朱世隆常山王尒朱度律車騎大將軍儀

三百册　【魏書紀十一】　（二）　陵次山

同三司齊獻武王都督斛斯椿下軍士普汜六
級庚午詔朕以眇身臨王公之上夕惕祗懷
若履冰谷詔賴七廟之靈百辟忠誠之舉庶免
殁夫三皇稱皇五帝稱帝三代稱王逮乎庶隊
自秦之末競為皇帝忘負秉之深狹垂貪鄙於
万葉子今稱帝已為喪矣可並息令知是月鎮
遠將軍清河崔蜎祖蜎聚青州七郡之眾十餘万
人圍東陽幽州刺史劉靈助起兵於蓟撫軍將
軍金紫光祿大夫兼侍中河北大使高乾邕及

弟平北將軍通直散騎常侍敕曹濟夜龑冀
州刺史元嶷殺監軍孫白鷂共推前河內太
守封隆之行州事三月癸酉封長廣王瞱為東
海王詔太師特進車騎大將軍沛郡王欣為大傅
還為太師改封淮陽王驃騎大將軍魯郡王肅
司州牧驃騎大將軍青州刺史魯郡王肅
司徐州刺史彭城王尒朱仲遠驃騎大將軍儀
同三司雍州刺史隴西王尒朱天光並為大將
軍柱國大將軍并州刺史潁川王尒朱兆為天

柱大將軍驃騎大將軍儀同三司左衛將軍大
都督晉州刺史平陽郡開國公齊獻武王封渤
海王增邑五百户特進車騎大將軍清河王亶
為儀同三司侍中太傅驃騎大將軍開府前
三司尚書令樂平王尒朱世隆為太保開府侍中驃騎
司徒公長孫稚為太尉公錄尚書事侍中驃騎
大將軍開府儀同三司趙郡王諶為司空公稚
固辭尋除驃騎大將軍開府儀同三司丙子帝
引見尚書右僕射元羅及皇宗於顯陽殿勞勉

之丁丑加驃騎大將軍北華州刺史公孫畋儀
同三司巳卯詔右衛將軍賀拔勝并尚書一人
募役及雜戶從征者正入出身皆授實官私
馬者優天階庚辰以侍中徵陽王寶炬待中征東將
衛將軍尚書左僕射南陽王寶炬待中征東將
軍平陽王脩並儀同三司乙酉詔簡北來及在
京官貞外刺置者巳丑以持節驃騎將軍涇
州刺史賀拔岳為儀同三司岐州刺史使持節
車騎大將軍渭州刺史侯莫陳悅為儀同三司

秦州刺史庚寅詔天下有德孝仁賢忠義志信
者可以禮召赴闕不應召者以不敬論丙申劉
靈助率衆次於安國城定州刺史侯淵破斬之
傳首京師戊戌以使持節侍中車騎大將軍斛
斯椿侍中衞將軍元受並特進儀同三司詔曰
頌官方失序仍令沙汰定員簡剩已有判決退
州刺史茹懷朗使其部將何寶率步騎三千擊
將軍預參選限隨能補用是春冠軍將軍南青

五

下之徒微亦可愍諸在簡下可特優一級皆授
幸華林都亭燕射班錫有差太樂奏伎有倡優
雲麾將軍都督宛二州刺史劉相如夏四月癸卯
蕭衍守將於琅邪擒其尚書左僕射儀同三司
癸丑詔以齊獻武王為使持節侍中都督冀其
廟為愚疑者帝以非雅戲詔罷之壬子有事於太
州諸軍事驃騎大將軍開府儀同三司大都督
東道大行臺冀州刺史驃騎大將軍安定王元
尒朱智虎為開府儀同三司肆州刺史元乙卯以右
衞將軍賀拔勝武衞將軍大野拔並為儀同三

司已未帝於顯陽殿簡試通直散騎
侍郎通直郎剩貞非才他轉之癸亥隴西王元
尒朱天光大破宿勤明達檻送京師斬之丙寅以
侍中驃騎大將軍尒朱彥伯為司徒公詔有司
不得復租傭梁罷細作之條無禁鄰國往還詔
員外諫議大夫步兵校尉奉車都尉羽林監給
中司馬督冶禮郎十一官得俸而不給力老合
外選者依常格其未老欲外選者聽解其七品

六

以上朝望入朝若正貞有闕隨才進補前員外
簡退優階者追之稱事簡下者仍優一級先是
南陽太守趙脩延刺史尒朱琇之五月丙子荊
州城民斬脩延送首還推琇之為刺史尒朱仲
遠使其都督魏僧勗等討崔祖蝎於東陽擒斬
之六月庚申齊獻武王以尒朱兆逆亂始興義兵
於信都西定殷州斬其刺史爾朱羽生命義兵
郡太守李元忠為刺史鎮廣阿癸亥帝臨顯陽
殿親理冤訟戊辰以使持節驃騎大將軍開府

企朱弼為儀同三司秋七月壬申企朱世隆寺
晝前太保楊椿前司空公楊津及其家丙戌司
徒公企朱彥伯以旱遜位戊子除彥伯侍中開
府儀同三司庚寅以侍中太保開府尚書令樂
平三企朱世隆為儀同三司位次上公八月庚
子詔隴西王企朱天光討宿勤明達者
汜三級潁川王企朱兆平步騎二万出井陘趙
郢州李元忠棄城還信都丙午常山王企朱度
律彭城王企朱仲違等率衆出抗義旗九月丁
丑以侍中驃騎將軍盧同驃騎大將軍杜德車
騎大將軍橋寧並為儀同三司己卯以使持節
都督東道諸軍事兼尚書令東道大行臺彭城
王企朱仲違為太宰庚辰加使持節大將軍都
督關中諸軍事兼尚書令西道大行臺隴西王
企朱天光為大司馬驃騎大將軍青州刺史開
府儀同三司穆紹薨癸巳追尊皇考為先帝皇
妣王氏為先太妃封皇弟永業為高密王皇子
子恕為勃海王冬十月壬寅齊獻武王推勃海

太守元朗即皇帝位於信都
二年春三月齊獻武王敗企朱天光等於韓陵
夏四月辛巳齊獻武王與廢帝至邙山使魏蘭
根慰諭洛邑且觀帝之為人蘭根惡帝雅德還
致毀謗竟從崔懷議廢帝於崇訓佛寺而立平
陽王脩為帝帝既失位乃賦詩曰朱門久可患
紫極非情覬覦覆立可待一年三易換時運正
如此唯有修真觀太昌初帝殂於門下外省時
年三十五出帝詔百司趙會大鴻臚監護喪事
十人二儔羽林備儀衞
後廢帝諱朗字仲哲章武王融第三子也母曰
程氏少稱明悟永安二年為肆州魯郡王後軍
府錄事參軍儀同開府司馬元曄之建明二年
正月戊子為起冀州勃海太守及齊獻武王起義
兵將誅暴逆乃推戴之冬十月壬寅即皇帝位
於信都城西昇壇燎燔大赦稱中興元年文武
百官普汜四級以齊獻武王為侍中丞相都督

中外諸軍事大將軍録尚書事大行臺增邑三
万戶以兼侍中撫軍將軍河北大使高乾邑為
侍中司空公前平北將軍通直散騎常侍高敖
曹為驃騎大將軍儀同三司冀州刺史以終其
身以前刺史元疑為儀同三司己酉爾朱度律
疑義師齊獻武王繼及間構之遂與爾朱兆相
抗義師齊獻武王大破爾朱兆於廣
爾朱仲遠斛斯椿賀拔勝賈顯智次於陽平將
阿虜其卒五千餘人詔將士況五級留守者二

魏書紀十　九

級詔征東將軍吏部尚書封隆之為使持節北
道大使隨方處分十有一月己巳詔曰王度冊
開暴人倫方始所班官秩不改舊章而無識之徒
理難推抑自非嚴為條制無以防其偽稱諸有
因茲僥倖謬增軍級虛名顯位皆豆則朝所授
虛增官號為人發紅罪從軍法若入格檢覈無
名者退為平民終身禁錮庚辰齊獻武王率師
攻鄴城是年南兖城民王乞德逼前刺史劉世
明以州降蕭衍衍使其將元樹入據譙城

二年春正月壬午拔鄴擒仍刺史劉誕詔諸將士
況四級封侯增邑九十七人各有差等癸未詔
曰自中興草昧典制權輿郡縣之官率多行督
假有正者風化未均卷彼周餘漁獵朕所
以鳳興夜寐有惕於懷有司明加刻罰稱朕意
焉二月辛亥上尊莊皇帝諡曰武懷皇帝甲子
以齊獻武王為大丞相柱國大將軍太師增封
三萬戶并前為六萬戶三月丙寅丁卯以侍中
起家為驃騎大將軍儀同三司丙子以侍中車

魏書紀十一　十

騎大將軍尚書左僕射孫騰為驃騎大將軍儀
同三司丁丑車駕幸鄴乙酉詔文武家屬自信
都赴鄴城閏月乙未為安北將軍光祿大夫博
野縣開國伯尉景為驃騎大將軍儀同三司丙
申以衛將軍金紫光祿大夫庫狄千為車騎大
將軍儀同三司壬寅爾朱天光兆度律仲遠等
屯於洹水之南癸丑齊獻武王出頓紫陌庚申
爾朱兆率輕騎三千夜龔鄴城卯西門不剋退
走壬戍齊獻武王大破爾朱天光等四胡於韓

前廢帝鎮軍將軍賀拔勝徐州刺史杜德於
陳降尒朱兆走趣并州仲遠奔東郡天光度律
將赴洛陽大都督斛斯椿賈顯智倍道先還夏
四月甲子朝椿等據河橋懼罪自劾尋擒天光
度律於河橋西尒朱世隆彥伯斬於都街因
等卒騎入京師尒朱世隆驃騎大
將軍行濟州事侯景據城降仍除儀同三司兼
尚書僕射南道大行臺濟州刺史甲戌以軍騎

【魏書紀十一】　　十一

將軍尚書右僕射魏蘭根為驃騎大將軍儀同
三司乙亥以車騎大將軍儀司三司中軍大都
督高盛兼尚書僕射北道行臺隨機處分尒朱
仲遠奔蕭衍青州刺史尒朱彌為其部下馮紹
隆所殺傳首京師丙子前廢帝安東將軍辛永
右將軍建州大都督張悅舉城降辛巳車駕至
河陽遜位於別邸太昌元年五月封安定郡王
邑二万户後以罪殂於門下外省時年二十永
熙二年葬於鄴西南野馬岡

出帝諱脩字孝則廣平武穆王懷之第三子也
母李氏性沉厚少言好武事始封汝陽縣開國
公拜通直散騎侍郎轉中書侍郎建義初除散
騎常侍尋遷平東將軍兼太常卿又為鎮東將
軍宗正卿永安三年封平陽王普泰初轉侍中
鎮東將軍儀同三司齊獻武王戊子即帝
尚書左僕射中興二年夏四月安定王自以疎
遠未允四海之心請遜大位齊獻武王與百寮
會議僉謂高祖不可無後乃共奉王戊子即帝

【魏書紀十一】　　十二

位於東郭之外入自東陽雲龍門御太極前殿
羣臣朝賀禮畢異聞閶闔門詔曰昔泰相沴廢典
千有女天無所隱精靈弗能諭大魏統乾德漸
區寓牟籠九服旁礴三光而上天降禍運踵多
難禮樂崩淪憲章漂没赫赫宗周翦為戎藪蕭
蕭清劇海內競其吞噬之意不識醉飽之心自
王剗劉海內競其吞噬之意不識醉飽之心自
書契以來未有若斯者已大丞相勃海王忠存
本朝精貫白日及眾義旗志雪國恥故廣阿之

軍貔虎奮氣鄴下之師金湯失險近者四胡相
率宜繁有徒驅天下之兵盡華戎之銳椎鼓斬
交一朝盪滅元兇授首大憝斯擒揚斾濟河掃
清伊洛士民安堵不失舊章社稷危而復安洪
基毀而還構朕以託體寢極猥當樂推祗握寶
圖承茲大業得以眇身託於王公之上若臨淵
水罔識攸津思與兆民同茲嘉慶可大赦天下
改中興二年為太昌元年詔前御史中尉攀子
鵠起復本官兼尚書左僕射東南道大行臺都
督儀同三司徐州刺史杜德討元樹齊獻武王
上言建義之家枉為尒朱氏籍殁者悉皆蠲免
帝以世易復除丞相獻武王為大丞相天柱大將
軍太師世襲定州刺史增封九万并前十五万
戶庚寅加齊文襄王侍中開府儀同餘如故壬
辰丞獻武王還鄴車駕餞別於乾脯山五月丙
申前廢帝廣陵王祖以太傅淮陽王欣為太師
封沛郡王司徒公趙郡王諶為太保侍中驃騎
大將軍開府儀同三司清河王亶儀同三司使

持節侍中驃騎大將軍開府儀同三司司州牧
南陽王寶炬為太尉公侍中太保錄尚書事長
孫稚為太傅侍中驃騎大將軍尚書左僕射元
羅儀同三司尚書令驃騎大將軍吏部尚書元
世儁儀同三司戊戌以齊獻武王固讓聽解天
柱大將軍減封五万戶餘悉如故辛丑以前司
空高乾邕復為司空乙巳帝幸華林都其宴
羣臣班賚有差羽林隊主唐猛突入稱慶帝以
猛犯禁衛杖之階下丁未詔

曰無侮惸獨事炳前經惠此鰥寡眷留往冊朕
以薄德作民父母乃卷元元言增歎念全理運
惟新哀矜伊始如有孤老疾病無所依歸者有
司明加隱括依格賑贍又詔曰理有一準則民
無覬覦法啟二門則吏多威福前主為律後主
為令歷世永久寔用滋章非所以準的庶品隄
防万物可令執事之官四品以上集於都省取
諸條格議定一途其不可施用者當局傳記新
定之格勿與舊制相連務在約通無致冗滯已

酉以侍中驃騎大將軍儀同三司清河王亶為
司徒公庚戌詔曰頃西土年飢百姓流徙或身
倚溝渠或命懸道路比見棄草土取厭烏鷟言
念於此有驚惋痛道路比見棄草土取厭所在埋覆可宣告
義冀亦可勉其諸有露骸之禮誠所庶幾行壙之
天下乙卯詔外內解嚴六月癸亥朔帝坐華林
遣使朝貢丁卯太尉公司州牧南陽王寶炬坐
園納訟丙寅蠕蠕蠕嚙嚭髙麗契丹庫莫奚國並
事隆為驃騎大將軍開府王如故歸第令羽林
乃
衛守改謚武懷皇帝曰孝莊癸酉蠕蠕蠕嚙嚭國
遣使朝貢戊寅詔內外百司普況六級在京百
寮加中興四級義師將士並加軍況六級在鄴
百官三級關西二級諸受建明普泰封爵況級優特
五級關西二級河北同義之州兩級河橋建義者加
之階乘追巳卯帝臨顯陽殿納訟乙酉髙麗契
丹庫莫奚國遣使朝貢丙戌以前驃騎大將軍
開府儀同三司斛斯椿還為前官詔曰間者凶
權誕恣法令變常遂立夷貊輕賦冀收天下之

意隨以箕斂之重終納十倍之征掩目捕雀何
能過此朕屬念蒸黎無寘眾食加田桑始事生
業未滋若依常格或不周展今歲租調且兩
收一匹來年復舊辛如以使持節衛大將軍儀
同三司尚書左僕射賈顯度為驃騎大將軍開
府儀同三司秋七月乙未詔曰頃永安馭運載
育皇儲遂錫況階以申慶近普泰便卒前恩
追令罪人既殄況階復宜述往旨用卒前恩
皇子況二級悉可還授文穆廟況故宜傳之寢若
已受者依例追之庚子以驃騎大將軍開府南
陽王寶炬為太尉公壬寅齊獻武王率眾入自
滏口大都督庫狄干入自井陘討尒朱兆乙巳
齊獻武王以尒朱天光尒朱度律送之京師斬
於都市巳酉以兼尚書左僕射東南道大行臺
樊子鵠為儀同三司庚戌詔侍中驃騎大將軍左
光祿大夫髙隆之為使持節驃騎大將軍儀同
三司兼尚書左僕射北道行臺率步騎十萬趨
太行會齊獻武王隆之冀州行臺仍為大丞相軍

司齊獻武王次於武鄉尒朱兆大掠晉陽北走
秀容并州平乙卯帝臨顯陽殿親理冤獄丙辰
以宗師東萊王貴平為車騎大將軍儀同三司
是月夏州徙民耶遹樂宥州反刺史景棄城
走詔行臺侯景率齊州刺史尉景濟州刺史蔡
子鵠大破蕭衍軍於譙城擒其鄴王元樹及譙
州刺史朱文開八月壬戌朔承文襄王來朝燕
射班賚部下各有差丁卯以西中郎將元寧為

高平王甲戌以車騎大將軍左光祿大夫本琰
之為儀同三司庚寅以車騎將軍左光祿大夫
崔秉為驃騎大將軍儀同三司辛卯以車騎將
軍右光祿大夫高岳為驃騎大將軍儀同三司
九月癸未以侍中驃騎大將軍左光祿大夫封
津為儀同三司庚子帝幸華林都其引見元樹
及公卿百寮蓄使督將等宴射班賚各有差癸
卯燕郡開國公賀拔允進爵為王乙巳帝幸都
水南過洛汭遂至灅澗巳酉復田于北原癸丑

以太師沛郡王欣為廣陵王前廢帝子勃海王子
恕改封沛郡王甲寅以侍中驃騎大將軍封陰
之任祥並為儀同三司乙卯車騎大將軍河南尹
元仲景為驃騎大將軍儀同三司乙卯車騎謁
山陵丙辰蠕蠕高昌國遣使朝貢庚申以衛將
軍儀同三司丁卯以車騎大將軍右衛將軍
使持節衛將軍光州刺史高仲密為車騎大將
昭並為驃騎大將軍儀同三司冬十月甲子以
軍前吏部尚書李神儁撫軍將軍畫
使持節驃騎將軍肆州刺史劉貴為驃騎大將
軍儀同三司十有一月甲午以車騎將軍揚州

潘靈虯為儀同三司己卯以車騎大將軍左光祿
大夫高琰為特進驃騎大將軍肆州
南至車駕有事於圓丘戊戌朝會百官於太極
前殿甲辰安定王朗及東海王曄坐事死乙巳
刺史斛斯敦為驃騎大將軍儀同三司丁酉日
蠕蠕國遣使朝貢己酉以前太尉公汝南王悅
為侍中大司馬開府葬靈太后胡氏十有二月

丙寅以驃騎大將軍領御史中尉綦儁為儀同
三司乙亥以侍中廣平王贊為驃騎大將軍開
府儀同三司丁亥以大司馬汝南王悦大赦天
下改太昌為永興以太宗諱故改為永熙元年
二年春正月庚寅朔朝饗羣臣于太極前殿甲
午齊獻武王自晉陽出討尒朱兆丁巳大破之
於赤洪嶺兆遁走自殺巳亥車駕辛酉松高石窟
靈巖寺庚子又幸散施各有差庚戌大赦儀同三司
李琰之薨丁巳追尊皇考為武穆帝皇太妃馮
氏為武穆后皇妣本李氏為皇太妃以驃騎將軍
前滄州刺史高車為驃騎大將軍儀同三司蕭
衍勞州刺史曹鳳東荊州刺史雷能勝等舉城
內屬二月庚申以使持節鎮東將軍行汾州事
張瓊為驃騎大將軍儀同三司辛酉以司空公
高乾邕為使持節驃騎大將軍開府儀同三司
咸陽王坦為司空公三月巳丑湖加驃騎大將
軍滄州刺史賈顯智開府儀同三司辛卯詔以
前普解諸行臺令阿至羅相率降款復以齊獻

武王為大行臺隨機裁處甲午以車騎將軍尉
州刺史竇泰為使持節車騎大將軍開府儀同
三司相州刺史高乾邕坐事賜死太師魯郡王
三司徐州刺史高乾邕坐事賜死太師魯郡王
蕭贊戊申以侍中太保司州牧趙郡王諶為太
驃騎大將軍世襲河州刺史梁景叡為儀同三
司巳以侍中太保司州牧趙郡王諶為太
尉開府尚書令夏四月戊辰詔諸祭佐自三府
以下爰及外州皆不得復加常侍及兼兩員雖
巳授者亦悉追之是月青州人耿翔襲膠州
殺刺史裴粲通於蕭衍五月庚寅詔諸幽枉未
申者經一周巳上悉集華林將親覽察脫事已
經年有司不列者聽其各自陳訴若事連州
郡由緣淹歲者亦仰尚書惣集以聞壬寅以使
持節驃騎大將軍儀同三司齊州刺史侯淵復
為開府儀同三司乙巳詔曰大夫之職位秩貴
顯負外之官亦為匪賤而下及胥吏帶領非一

高軍渾雜有損斁章自今已後京官樂為稱事
小職者直加散號將軍願罷甲官者聽為大夫
及負外之職不且仍前散實領其中旨特加
者不在此例東徐州城民王早簡實等殺刺史
崔庠據州入蕭衍六月壬申以驃騎大將軍開
府儀同三司尚書右僕射樊子鵠為書膠大使
督濟州刺史大都督蔡儁門討耿翔丁丑以驃騎
大將軍前行南兗州事念賢大都督泰州刺史
月辛夘以使持節鎮南兗州秋七
師司州牧廣陵王欣為大司馬侍中以太尉公
趙郡王諶為太師並開府庚戌以前司徒公燕
郡王賀拔允為太尉公八月乙丑齊文襄王來
朝帝燕於華林都其班賚部下各有差以驃騎
大將軍前南岐州刺史司馬子如為儀同三司
戊辰車駕餞文襄王於河梁仍濟河而返癸酉
齊獻武王上表固讓王爵不許請分邑十万戶
節降為品回授勳義從之九月壬子以散騎常

侍車騎大將軍左光禄大夫崔孝芬為儀同三
司冬十月癸未以衛將軍瓜州刺史泰臨縣開
國伯高昌王麹子堅為儀同三司進爵郡王十
有一月癸巳持節征北將軍殷州刺史邸珍為
徐州大都督東道行臺僕射率將討東徐州十
有二月丁巳車駕狩於嵩陽已巳遂幸溫湯丁
丑車駕還宮
三年春正月壬辰齊獻武王討費也頭於河西
苦洩河大破之獲其帥紇豆陵伊利還其部落
於內地二月東梁州為夷民侵逼詔使持節車
騎大將軍行東雍州事泉企為東梁州行臺都
督以討之已未蕭衍假節豫州刺史南昌王毛
香舉城內附授以持節安南將軍信州刺史義
昌王壬戌大赦天下丙子帝親釋奠禮先師辛
巳幸洪池陂遂遊田壬午以衛將軍前徐州刺
史元祐為衛大將軍儀同三司以驃騎將軍左
衛將軍元斌之為潁昌王三月壬寅以前侍中
車騎大將軍李或為驃騎大將軍儀同三司夏

四月戊午开國遣使朝貢辛未高平王寍坐
事降爵為公丙子高麗國遣使朝貢五月丙戌
增置勳府庶子廂別六百人又增騎官廂別二
百人依第出身騎官秩比直齋辛卯詔曰大魏
得一居宸乘六馭寓考風雲之所會宅日月之
所中自北而南東西怨世祖太武皇帝握金鏡
以照耀王鼓以鏗鏘神武之所牢籠威風之
而句吳貪險父遺度外世祖后來其蘇無思不偃
所輻輳莫不雲徹霧卷瓦解冰消長江已比盡
為魏土頃天步中屯凶竪因機乘窺
上國疆場侵軼州郡乃眷東顧無心寢食
自非五牛馨紼七萃按部何以復文武之舊業
拯塗山炭於遺黎朕將親撫六軍徑臨彭汴一勞
永逸庶保無疆内外百寮便可嚴備出頓之期
更聽後勅時帝為斛斯椿元岯王思政戮魏光等
詔度間阻貳於齊獻武王託討蕭衍盛暑徵發
河南諸州之兵天下怔惡之語在斛斯椿傳丙
申以使持節侍中大司馬開府司州牧廣陵王

欣為左軍大都督太傅録尚書事長孫稚為中
軍四面大都督丁酉帝幸華林都亭集京畿
督及軍十三千餘人慰勉之庚子又幸華林都
亭納訟壬寅又以長孫稚為後軍大都督六月
丁卯大都督源子恭鎮胡陽汝陽王暹守石濟
儀同三司賈顯智率豫州刺史斛斯壽討東趍濟
州庚午吐谷渾國遣使朝貢丙子詔曰頃年以
來天步時阻干戈不戢荊棘生或徇節感恩
奮不顧命或臨戎赴難如歸身首橫分骸
骨不斂勳誠靡録榮贈莫加惻隱拯之良有嗟
悼可曾告内外所在言列若無親近聽故友陳
之尚書檢實隨狀科贈庶慰冤塊少申惻隱
庚辰以使持節車騎大將軍中軍大都督斛律
沙門為開府儀同三司秋七月辛巳朔以鎮東
將軍前大鴻臚卿太原王昶特為車騎大將軍
儀同三司巳丑帝親揔六軍十餘萬衆次於河
橋以斛斯椿為前軍大都督尋詔椿鎮虎牢又
詔荊州刺史賀拔勝赴於行所勝率所部次於

汰水庚子以使持節征西將軍岐州刺史越肱
特為儀同三司丁未帝為椿等迫遂出於長
安己酉齊獻武王入洛賀拔勝走還荊州八月
甲寅推司徒公清河王亶為大司馬承制揔萬
幾居尚書省辛酉齊獻武王西迎車駕戊辰制
曰睠為明姬亂實治基爰著天道又符人事故
姬祚中微踐土有勤王之役劉氏將傾北軍致
左祖之舉用能隆此遠年克兹卜世永熙之季
權佞擅朝輦輿小是崇勳賢見害官價塗貴賤

魏書紀十一　廿五　宋金

獄因貪而死生宗祐飄若綴旒民命棄如草莽
大丞相位居晉鄭往屬桓文興甲汾川問罪伊
洛鏊荽娶襲威擁迫人主以自敝衛遠出秦方雖
車駕流移未即返御然權佞將除天下延頸雖
邦雖舊其化惟新思與兆民同兹更始可大赦
天下行臺侯景討荊州賀拔勝戰敗走奔蕭衍行
節行臺僕射使持節驃騎大將軍開府儀同三
司領軍將軍妻昭為西道大都督幷率左右侍

官西迎車駕己酉椿薨毛鴻賓守潼關齊獻武
王破擒之是日齊獻武王東還於洛是月東清
河人傳晶殺太守韓子捷據郡反會赦乃降冬
十月戊辰使持節驃騎大將軍開府儀同三司
行青州事侯儁克東楊州斬刺史東萊王貴平
傳首京師閏十二月癸巳帝為宇文黑獺所害
時年二十五

魏書紀十一　二十六

史臣曰廣陵廢於前中興廢於後平陽猜惑自
絕宗廟晉泰雅道居多永熙悖德為甚是俱

宋金

亡滅天下所棄歟

廢出三帝紀第十一　　魏書十一

孝靜皇帝諱善見清河文宣王亶之世子也母
曰胡妃永熙三年拜通直散騎侍郎八月爲驃
騎大將軍開府儀同三司出帝既入關齊獻武
王奉迎不克乃與百寮會議推帝以奉肅宗之
後時年十一冬十月丙寅即位于城東北大赦
天下改永熙三年爲天平元年庚午以太師趙
郡王諶爲大司馬以司空咸陽王坦爲太尉以
開府儀同三司高盛爲司徒以開府儀同三司

魏書紀十二　　一　　東忠

高昂爲司空壬申有事于太廟詔曰安安能遷
自古之明典所居靡定往昔之成規是以勢遷
八城周上三地吉凶有數隆替無恒事由於變
通理出於不得已故也高祖孝文皇帝式觀乾
象俯協人謀發自武州來幸嵩縣魏雖舊國其
命惟新及正光之季國步孔棘喪亂不已寇賊
交侵偪我生民無所措手今遠遵古式深驗時
事者明爲條格及時發邁丙子車駕北遷于鄴
主者明爲條格及時發邁丙子車駕北遷子鄴

詔齊獻武王留後部分改司州爲洛州以衛大
將軍尚書令元弼爲驃騎大將軍儀同三司洛
州刺史鎮洛陽詔從遷之戶百官給復三年安
居人五年十有一月兗州刺史樊子鵠南青州
刺史大野拔據瑕立反庚寅車駕至鄴居北城
相州之廨改相州刺史爲司州牧魏郡太守爲
魏尹徙鄴舊人西徑百里以居新遷之人分鄴
置臨漳縣以魏郡林慮廣平陽丘汲郡黎陽東
濮陽清河廣宗等郡爲皇畿十有二月丁卯燕

魏書紀十二　　二　　東忠

郡王賀拔允薨庚午詔內外解嚴百司卷依舊
章從容雅服不得以矛鋋從事丙子遣侍中封
隆之等五人爲大使巡諭天下丁丑赦畿內閏
月薨蕭衍以元慶和爲鎮北將軍魏王入據平瀨
鄉宇文黑獺既害出帝乃以南陽王寶炬僭尊
號初置四中郎將於礓石橋置東中於滎泉置西
中濟北置南中洺水置北中
二年春正月寶炬僭渭州刺史可朱渾道元擁部
來降齊獻武王迎納之賑其虜食已己詔以齊

獻武王為相國假黃鉞翊履上殿入朝不趨餘悉
如故王固讓不受乙亥兼尚書右僕射東南道
行臺元晏討元慶和破走之三月壬午以太尉
咸陽王坦為太傳以司州牧西河王悰為太尉
已丑前南青州刺史大野拔斬樊子鵠以降究
州平戎蕭衍行司州刺史陳慶之寇豫州刺史
堯雄擊走之三月辛酉以司徒高盛為太尉以
司空高昂為司徒濟陰王暉業為司空齊獻武
王討平山胡劉蠡升斬之其子南海王復僭帝
號獻武王進擊破擒之及其弟西海王皇后夫
人巳下四百人弁連逃之人二万餘戶辛未以
旱故詔邑邑及諸州郡縣收瘞骸骨是春高麗
契丹並遣使朝貢夏四月前青州刺史侯梁反
攻掠青齊癸未濟州刺史蔡儁討平之壬辰降
京師見四五月大旱勒城門殿門及省府寺署
坊門澆人不簡王公無限日得雨乃止六月元
慶和寇南豫州刺史堯雄大破之秋七月甲戌
封汝南王悦孫綽為琅邪王八月辛卯司空濟

三

王

陰王暉業坐事免甲午發眾七万六千人營新
宮九月齊獻武王以治民之官多不奉法請選
朝士清正者州別遣一人問疾苦丁巳以開府
儀同三司襄城王旭為司空冬十有一月丁未
蕭衍行將柳仲禮寇荊州刺史王元擊破之癸丑
祠圓丘甲寅閶闔門災龍見并州人家井中丙
寅詔齊文襄王起家為散騎常侍驃騎大將軍
左光祿大夫儀同三司太原郡開國公食邑三
千戶十有二月壬午車駕狩于鄴東甲午文武
百官量事各給祿

三年春正月癸卯朔饗群百於前殿代申詔百
官舉主簿不稱才者兩免之齊獻武王龍寶炬
西夏州克之詔加齊獻武王九錫之禮侍中元
子思敦諭固讓乃止二月丁未蕭衍行光州刺史
郝樹以州內附丁酉詔加齊文襄王使持節尚
書令大行臺大都督以鮮甲高車酋庶皆隸之
三月甲寅以開府儀同三司華山王鷙為大司
馬丁卯陽夏太守盧公篡據郡南叛大都督元

四

陳王

整破之夏四月丁酉昌樂王誕薨五月癸卯賜
鰥寡孤獨貧窮老者衣物各有差丙辰以錄尚書
事西河王愷為司州牧戊辰太尉高盛薨六月
辛巳趙郡王諶薨秋七月庚子大赦天下蕭衍
夏州刺史田獨鞞潁川防城都督劉鸞慶並以
州內附八月弁肆涿建四州隕霜大飢九月壬
寅以定州刺史侯景兼尚書右僕射南道行臺
節度諸軍南討丙辰陽平人路季禮聚眾反辛
酉御史中尉竇泰討平之冬十有一月戊申詔

魏紀十二　五　五兵　司州

尚書可遣使巡檢河北流移飢人邢臺溢口所
經之處若有死屍即為藏掩勿使靈臺枯骨有
感於通夢廣漢露骸時聞於夜吳侯景攻克
行楚州獲刺史桓和十有二月以并州刺史尉
景為太保辛未遣使者板假老人官百歲已下
各有差壬申大司馬清河王亶薨丁丑齊獻武
王自晉陽西討次於蒲津司徒公大都督高敖
曹趨上洛車騎大將軍竇泰父子潼關發未以
太傅咸陽王坦為太師乙酉勿吉國遣使朝貢

是歲高麗國遣使朝貢
四年春正月禁十五日相偷戲竇泰失利自殺
丁巳高敖曹攻上洛克之攜竇泰驃騎大將軍
洛州刺史梁企以汝陽王遷為錄尚書事夏四
月辛未遷七帝神主入新廟大赦天下內外百官
普進一階先是滎陽人張儉等聚眾反於大魏
己巳幸華林園理訟辛未詔尚書掩骼埋胔推
山通竇炬壬辰武衛將軍高元盛討破之六月

魏書紀十二　六　三十七

錄囚徒壬午閶闔門災先是蕭衍因益州刺史
傳和請通好秋七月甲辰遣兼散騎常侍李楷
兼吏部郎中盧元明兼通直散騎常侍鄭伯使
弟子華謀西入並賜死閏月乙丑衛將軍右光
于蕭衍八月竇炬宇文黑獺冠陝州城陷刺史
史李徽伯為黑獺所殺九月侍中元子思與其
祿大夫蔣天樂謀及伏誅禁京酤酒冬十月以
咸陽王坦為錄尚書事壬辰亦獻武王西討至
沙苑不克而還己酉竇炬行臺宮景壽都督楊
白駒冠洛州大都督韓延大破之竇炬又遣其

子大行臺元羅海大都督獨孤如願過洛州刺
史廣陽王湛棄城退還李海如願遂據金墉穎
州長史賀若微執刺史田迅西叛引寶炬都督
梁回攘城寶炬又遣其都督趙繼宗右丞韋孝
寶等攻陷豫州十有一月丙子以驃騎大將軍
儀同三司万俟普為太尉十有二月甲寅蕭衍
遣使朝貢河間人邢摩納汾陽人盧仲禮等各
聚眾反是歲高麗蠕蠕國並遣使朝貢
元象元年春正月有巳象自至磁郡陂中南兗
州穫送于鄴丁卯大赦改元大都督賀拔仁攻
寶炬南汾州已卯拔之擒其刺史韋子粲行臺
任祥率豫州刺史堯雄等與大行臺侯旦京司徒
高敖曹大都督万俟受洛干等於北豫相會俱
討穎州梁回等棄城道走穎州平二月豫州刺史
堯雄攻楊州拔之擒寶炬義州刺史韓顯楊州
長史丘岳送京師丙辰遣寶炬兼散騎常侍鄭伯獻
使于蕭衍行三月齊獻武王固請解大丞相詔從
之夏四月庚寅曲赦畿內壬辰齊獻武王還晉

陽請開酒禁六月壬辰帝幸華林都堂聽訟是
夏山東大水蝦蟇蔽鳴于樹上秋七月巳亥高麗
國遣使朝貢行臺侯景司徒公高敖曹圍寶炬
將獨孤如願於金墉寶炬宇文黑獺並寶炬
大都督庫狄干率諸將削驅齊獻武王總眾繼
進八月辛卯戰于河陰大破之斬其大都督儀
同三司寇洛生等二十餘人俘獲數万司徒公
高敖曹大都督李猛宋顯戰沒寶炬留其將
長孫子彥守金墉壬辰齊獻武王濟河子彥棄
城走九月大都督賀拔仁擊邢摩納盧仲禮等
破平之冬十月蕭衍遣使朝貢十有一月庚寅
遣陸操使于蕭衍遣獻武王來朝十有二月甲
辰還晉陽
興和元年春正月辛酉以尚書令孫騰為司徒
三月甲寅朝封常山郡王劭第二子曜為陳郡
王夏五月齊文襄王來朝甲戌立皇后高氏乙
亥大赦天下是月高麗國遣使朝貢六月乙酉
以尚書左僕射司馬子如為山東黜陟大使尋

為東北道大行臺差選之勇士庚寅前潁州刺史
奚思業為河南大使簡發男士丁酉蕭衍遣使
朝貢戊申開府儀同三司汝陽王暹薨秋七月
丁丑詔以齊獻武王為相國錄尚書事大行臺
固辭相國八月壬辰兼散騎常侍王元景使内
直散騎常侍魏收使四十日罷辛未曲赦畿內
民夫十力人城鄴城之夫給後一
死罪以下各有差冬十有一月癸亥以新宮成
大赦天下改元八十以上賜綾帽及杖七十以
上賜帛及有疾廢者賜粟帛築城之夫給後一
年
二年春正月壬申以太保尉景為太傅以驃騎
大將軍開府儀同三司庫狄干為太保丁丑徒
御新宮大赦內外百官普進一階營構主將別
優一階三月己卯蕭衍遣使朝貢夏五月己酉
置之河北新附賑廩各有差壬子遣兼散騎常
西魏行臺宮延和陝州刺史宮元慶率戶內屬
侍李象使于蕭衍閏月己丑封皇子景植為宜

陽王皇弟威為清河王謙為潁川王六月壬子
大司馬華山王鷙薨令十月丁未蕭衍遣使於
貢十有二月乙卯遣兼散騎常侍崔長謙使於
蕭衍是歲蠕蠕高麗勿吉國並遣使朝貢
三年春二月甲辰阿至羅出吐拔那渾大率部
來降三月己酉梁州人公孫貴賓聚眾反自號
天王陽夏鎮將討擒之夏四月戊申阿至羅國
主副伏羅越居子去賓來降封為高車王六月
乙丑蕭衍遣使朝貢秋七月齊文襄王如晉陽
己卯宜陽王景植薨八月甲子遣兼散騎常侍
李騫使于蕭衍冬十月癸卯齊文襄王自晉陽
來朝先是詔文襄王與群臣於麟趾閣議定新
制甲寅班於天下已巳發夫五万人築漳濱堰
三十五日罷癸亥車駕狩于西山十有一月戊
寅還宮丙戌以開府儀同三司彭城王韶為太
尉以度支尚書胡僧敬為司空是歲蠕蠕高麗
勿吉國並遣使朝貢
四年春正月丙辰蕭衍遣使朝貢夏四月丙寅

遣兼散騎常侍李繪使于蕭衍乙酉以侍中廣
陽王湛為太尉以尚書右僕射高隆之為司徒
以太尉彭城王韶為錄尚書事丁亥太傅尉景
坐事降為驃騎大將軍開府儀同三司辛卯以
太保庫狄干為太傅以領軍將軍婁昭為大司
馬封祖商為尚書右僕射五月辛巳齊獻武王
來朝請令百官月一面敕政揚瓜陋納諫
屏邪親理獄訟燕黜勤怠牧守有愆節級相坐
椒掖之內進御以序後園鷹犬悉皆放弃六月

還晉陽丙申復前侍中樂浪王忠爵丁酉復陳
留王暉皓常山王紹宗高密王永業爵秋八月
庚戌以開府儀同三司吏部尚書侯景為兼尚
書僕射河南行臺隨機討防冬十月甲寅蕭衍
遣使朝貢齊獻武王圍寶炬玉壁十有一月壬
午班師驃騎大將軍開府儀同三司青州刺史
西河王悰薨十有二月辛亥遣兼散騎常侍楊
斐使于蕭衍是歲蠕蠕高麗吐谷渾國並遣使
朝貢

武定元年春正月壬戌朔大赦天下改元已巳
車駕觀兎于邯鄲之西山癸酉還宮三月壬申北
豫州刺史高仲密據虎牢西叛三月寶炬遣其
子突與宇文黑獺率衆來援仲密庚子圍寶炬河橋
南城丙午帝親納訟戊申齊獻武王討黑獺戰
於邙山大破之擒寶炬兄子臨洮王柬林蜀郡王
榮宗江夏王昇鉅鹿王闡譙郡王亮驃騎大將
軍儀同三司太子詹事趙善督將參寮等四百
餘人俘斬六萬餘甲仗牛馬不可勝數豫洛二

州平秦獻武王追奔至恒農而還夏四月封彭
城王韶弟襲為武安王五月壬辰以克復虎牢
降天下死罪以下囚乙未吏部尚書侯景為
司空六月乙亥蕭衍遣使朝貢封前貝為
散騎侍郎元長春為南郡王秋八月乙未以汾
州刺史斛律金為大司馬壬午遣兼散騎常侍
李渾使于蕭衍是月齊獻武王召夫五萬於肆
州北山築城西自馬陵戍東至土隥四十日罷
冬十有一月甲午車駕狩于西山乙巳還宮是

歲吐谷渾高麗蠕蠕國並遣使朝貢

二年春正月地豆于國遣使朝貢二月丁卯徐
州人劉烏黑聚眾反遣行臺慕容紹宗討平之
三月蕭衍遣使朝貢以旱故宥死罪以下丙
午以開府儀同三司孫騰為太保壬子以齊文
襄王為大將軍領侍中其文武職事賞罰衆典
詢禀之中書監元弼為錄尚書夏四月室韋國
遣使朝貢五月甲午遣散騎常侍魏季景使于
蕭衍丁酉太尉廣陽王湛薨秋八月癸酉尚書
令司馬子如坐事免九月甲申以開府儀同三
司濟陰王暉業為太尉咸陽王坦坐事免
以王還第冬十月丁巳太保孫騰大司馬高隆
之各為括戶大使凡獲逃戶六十餘萬十有一
月西河地陷有火出甲申以司徒齊文襄王如晉
書令以前大司馬妻昭為司徒齊文襄王如晉
陽庚子車駕有事於圓立辛丑蕭衍遣使朝貢
壬寅齊文襄王從獻武王討山胡破之俘獲一

万餘戶分配諸州是歲吐谷渾高麗吐谷渾蠕蠕勿吉
國並遣使朝貢
三年春正月丙申遣兼散騎常侍李獎使于蕭
衍丁未齊獻武王請於并州置晉陽宮以虞
没之口二月庚申吐谷渾國奉其從妹以備後
庭納為容華嬪夏五月甲辰大赦天下秋七月
庚子蕭衍遣使朝貢冬十月遣中書舍人尉瑾
使于蕭衍乙未齊獻武王請邙山之俘釋其桎
梏配以人閒寡婦十有二月以司空侯景為司
徒以中書令韓軌為司空戊子以太保孫騰為
錄尚書事是歲高麗吐谷渾蠕蠕國並遣使朝
貢
四年夏五月壬寅蕭衍遣使朝貢六月庚子以
司徒侯景為河南大行臺雁機討防秋七月壬
寅遣兼散騎常侍元廓使于蕭衍八月移洛陽
漢魏石經于鄴齊獻武王自鄴帥眾西伐文襄
王會于晉州九月圍玉璧以挑之寶炬黑獺不
敢應冬十有一月齊獻武王有疾班師文襄王

如晉陽是歲室韋勿吉地豆于高麗蠕蠕國並

遣使朝貢

五年春正月丙午齊獻武王薨於晉陽祕不發
喪辛亥司徒侯景反潁州刺史司馬世雲以城
應之景入據潁城誘執豫州刺史高元成襄州
刺史李密廣州刺史暴顯等遣司空韓軌驃騎
大將軍儀同三司賀拔勝可朱渾道元左衛將
軍劉豐生帥衆討之景分遣使降於寶炬請師
救援寶炬遣其將李景和王思政帥騎赴之思
政等入據潁川景乃出走豫州乙丑蕭衍行臺
朝貢二月侯景復背寶炬歸於蕭衍行臺署景
南大將軍承制夏四月壬申大將軍齊文襄王
來朝甲午遣兼散騎常侍侍李繢使于蕭衍五月
丁酉朔大赦天下戊戌以尚書右僕射襄城王
旭為大尉甲辰以太原公今上為尚書令領
書監餘如故詢以政事以青州刺史尉景為大
司馬以開府儀同三司庫秋干為太師以錄尚
書事孫騰為大傅以汾州刺史賀仁為太保以

司空韓軌為司徒以領軍將軍司空可朱渾道元為
司空以司徒高隆之錄尚書事以徐州刺史慕
容紹宗為尚書左僕射高陽王斌為右僕射戊
午大司馬尉景薨六月乙酉司徒韓軌司空可朱渾
道元等自潁州班師乙酉帝為齊獻武王舉哀
於東堂服總緦詔尚書右僕射高陽王斌兼大
鴻臚卿晉陽監護喪事太尉襄城王旭兼尚
書令奏宣慰秋七月戊戌詔贈齊王璽綬輼輬車
持節相國都督中外諸軍事齊王假黃鉞使
之禮謚曰獻武王以齊文襄王為使持節大丞
相都督中外諸軍事錄尚書事大行臺齊文襄
黃屋左纛縣前後羽葆鼓吹輕車介士兼備九錫
王入朝固辭丞相詔復授大將軍餘如故甲申
莊於鄴城西北車駕祖於漳濱九月
齊文襄獻武王還晉陽辛酉蕭衍行遣其兄子貞陽侯
淵明帥衆寇徐州堰泗水於寒山灌彭城以應
侯景冬十月乙酉以尚書左僕射慕容紹宗為

東南道行臺與驃騎大將軍儀同三司大都督
高岳潘相樂討淵明十有一月大破之擒淵明
及其三子瑒道將帥二百餘人俘斬五萬級凍
多赴水死者不可勝數十有二月乙亥蕭淵明
至關帝御閶闔門讓而宥之岳等回師討侯景
是歲高麗勿吉國並遣使朝貢
侯景俘斬五萬餘人其餘溺死於渦水水為之
不流景走淮南己未齊文襄王來朝請以寒山
六年春正月己亥大都督高岳等於渦陽大破
獲士賜百官及督將等各有差二月己卯蕭衍
遣使欵闕乞和并修書弔齊文襄王文襄王還
晉陽三月癸巳以太尉襄城王旭為大司馬以
開府儀同三司高岳為太尉辛亥以冬春九旱
赦罪人各有差夏四月甲子吏部令史張永和
青州人崔闊等為假人官覺糺檢百者六萬
餘人秋八月甲戌以尚書左僕射慕容紹宗為
大行臺與太尉高岳司徒韓軌大都督劉豐
等討王思政於潁川高岳引洧水灌其城九月乙酉

蕭衍遣使朝貢冬十月戊申侯景簿江推蕭衍
弟子臨賀王正德為主以攻建業是歲高麗室
韋蠕蠕吐谷渾國並遣使朝貢
七年春正月戊辰蕭衍弟子北徐州刺史中山
侯蕭正表以鍾離來降封蘭陵郡開國公吳郡
王衍江北兗州刺史定襄侯蕭祇相譚侯蕭退來降
衍江北郡國皆內屬夏四月大行臺慕容紹宗
大都督劉豐遇暴風溺水死甲辰詔以齊文襄
王為相國齊王綠綟綬讚拜不名入朝不趨劍
履上殿食冀州之勃海長樂安德武邑瀛州之
河間五郡邑十五萬戶餘如故王固讓是月侯
景殺蕭衍立子綱為主五月齊文襄王帥衆自
鄴赴潁川六月丙申克潁州擒寶炬大將軍尚
書左僕射東道大行臺太原郡開國公王思政
潁州刺史皇甫僧顯等及戰士二萬餘人男女
數萬口齊文襄王遂如洛州秋七月齊文襄王
至自南討請宥思政之罪八月辛卯詔立皇子

長仁為皇太子齊文襄王薨於第祕不發喪癸
巳大赦天下內外百官並加二級甲午齊王如
晉陽冬十月癸未以開府儀同三司威陽王坦
為太傅甲午以開府儀同三司潘相樂為司空
十有二月甲辰吳郡王蕭正表薨己酉以并州
刺史彭樂為司徒是歲蠕蠕地豆于室韋高麗
吐谷渾國並遣使朝貢
八年春正月辛酉帝為齊文襄王舉哀於東堂
丁卯詔贈齊文襄王假黃鉞使持節相國都督
中外諸軍事齊王璽綬輼輬車黃屋左纛縣前後
部羽葆鼓吹輕車介士備九錫之禮謚曰文襄
王戊辰詔齊王為使持節丞相都督中外諸軍
事錄尚書事大行臺齊郡王食邑二万戶甲戌
地豆于契丹國並遣使朝貢二月甲申竟齊文
襄王車駕馬祖於漳濱庚寅以尚書令高隆之為
太保三月庚申進齊郡王爵為齊王夏四月乙
已蠕蠕遣使朝貢五月甲寅詔齊王為相國總
百揆封冀州之渤海長樂安德武邑瀛州之河

閻高陽章武定州之中山常山博陵十郡二十
万戶備九錫之禮以齊國太妃為王太后王妃
為王后丙辰詔歸帝位於齊國即日遜於別宮
齊天保元年五月已未封帝為中山王邑一万
戶上書不稱臣苔不稱詔載天子旌旗行魏正
朔乘五時副車封王諸子為縣公邑各一千戶
奉絹三万匹錢一千万粟二万石奴婢三百人
水碾一具田百頃園一所於中山國立魏宗廟
二年十二月已酉中山王殂時年二十八三年
二月奉謚曰孝靜皇帝葬于漳西山岡其後發
之陵崩死者六十八人帝好文學美容儀力能挾
石師子以踰牆射無不中嘉宴會多命群臣
賦詩從容沈雅有孝文襄王嗣事其已
焉以大將軍中兵參軍崔季舒為中書黃門侍
郎令監察動靜小大皆令季舒知文襄與季舒
書曰癡人復何似癡勢小差未知當與獵於鄴
東馳逐如飛監衛都督烏那羅受工伐從於鄴
帝曰天子莫走馬大將軍怒文襄嘗侍飲大舉

鷁曰臣諱勸陛下酒帝不悅曰自古無不亡之
國朕亦何用此活文襄怒曰朕狗脚朕文襄
使季舒歐帝三拳奮衣而出明日文襄使季舒
勞帝帝亦謝焉賜絹季舒未敢受以啟文襄文
襄使取一段帝束百匹以與之曰亦一段耳帝
不堪憂辱詠謝靈運詩曰韓亡子房奮秦帝魯
連恥本自江海人忠義動君子常侍講荀濟
知帝意乃與華山王大器元瑾密謀於宮內為
山而作地道向北城至千秋門門者覺地下響

動以告文襄文襄勒兵入宮曰陛下何意反邪
臣父子功存社稷何負陛下邪將殺諸妃嬪帝
正色曰王自欲反何關於我我尚不惜身何況
妃嬪文襄下牀叩頭大啼謝罪於是酣飲夜久
乃出居三日幽帝於含章堂大器瑾等皆見煞
於市及將禪位於文宣襄城王旭及司徒潘相
樂侍中張亮黃門郎趙彥琛等求入奏軍帝在
昭陽殿見之旭曰五行遞運有始有終齊王聖
德欽明萬姓歸仰臣等昧死聞奏願陛下則堯

禪舜帝便斂容曰此事推挹已久謹當遜避
又云君爾須作詔畫寫侍郎崔劬裝讓之奏云詔
已作訖即付楊愔進於帝凡十條書訖帝曰將
安朕何所復若為而去楊愔對曰在北城別有
館宇還備法駕依常仗衛而去帝乃下御座步
就東廊口詠范蔚宗後漢書贊云獻生不辰身
播國屯終我四百永作虞賓所司奏請發帝曰
古人念遺簪弊履慾以與六宮別可乎高隆之曰
今天下猶陛下之天下況在後宮乃與夫人妃

嬪已下訣莫不欷歔掩涕媼趙國李氏誦陳思
王詩云王其愛玉體俱享黃髮期皇后已下皆
哭直長趙德以故犢車一乘候於東上閤帝
乘車德超上車持帝帝府之曰朕畏天順人授位
相國何物奴敢逼人趙德尚不下及出雲龍門
王公百寮衣冠拜辭帝曰今日不減常道鄉公
漢獻帝眾皆悲惽音高隆之泣灑遂入北城下司
馬子如南宅及文宣行幸常以帝自隨帝后封
太原公主常為帝當苦食以護視焉音

魏收書孝靜紀亡後人補以北史又取高氏

小史脩文殿御覽附益之

魏紀十二　　三十三　　全

漢因秦制帝之祖母曰太皇太后母曰皇太后
妃曰皇后餘則多稱夫人隨世增損非如周禮
有夫人嬪婦御妻之定數焉魏晉相因時有昇
降前史言之具矣魏氏王業之兆雖始於神元
至於昭成之前世崇儉質妃嬪嬙御率多闕焉
惟以次第為稱而章平惠昭穆惠煬烈八帝妃
后無聞太祖追尊祖妣皆從帝謚為皇后始立
中宮餘妾或稱夫人多少無限然皆有品次世
祖稍增左右昭儀及貴人椒房中式數等後庭
漸已多矣又魏故事將立皇后必令手鑄金人
以成者為吉不成則不得立也又世祖高宗以
保母劬勞之恩並極尊崇之義雖事乖典禮而
觀過知仁高祖改定內官左右昭儀位視大司
馬三夫人視三公三嬪視三卿六嬪視六卿世
婦視中大夫御女視元士後置女職以典內事
內司視尚書令僕作司大監女侍中三官視二
品監女尚書美人女史女賢人書史女小書

女五官視三品中才人供人中使女生才人恭
使宮人視四品春衣女酒女饗女食奚官女奴
視五品
神元皇后竇氏沒鹿回部大人竇之女也賓臨
終誠其二子速侯回題令善事帝及賓卒速侯
等欲因帝會喪為變語頗漏泄帝聞之知其終
不奉順乃先圖之於是伏勇士於宮中晨起以
佩刀殺后馳使告速侯等言后暴崩速侯等
驚走來赴因執而殺之
氏遠近赴會二十餘万人有司以聞令藏之太
廟
文帝皇后封氏生桓穆二帝早崩和帝立乃葬
焉高宗初穿天淵池獲一石銘稱桓帝葬母封
帝平文崩后攝國事時人謂之女國后性猛忌
桓帝皇后祁氏生三子長曰普根次惠帝次煬
次妃蘭氏生三子長子曰藍早卒次子思帝也
平文之崩后所為也
平文皇后王氏廣寧人也年十三因事入宮得

幸於平文生昭成帝平文崩昭成在襁褓時國
有內難將害諸皇子后匿帝於袴中懼人知呪
曰若天祚未終者汝便無聲遂良久不啼得免
於難昭成初欲定都於灅源川築城郭起宮室
議不使后聞之曰國自上世遷徙爲業今事難
之後基業未固若城郭而居一旦寇來難卒遷
昭成皇后慕容氏元真之女也初帝納元真妹

也十八年崩葬雲中金陵太祖即位配饗太廟
動乃止烈帝之崩國祚殆興大業后之力
逆后元真送于境上后至有寵生獻明帝及秦
明王后性聰敏多知沈厚善決斷專理內事每
事多從初昭成遣衛辰辰兄姦獵終當滅汝悉
戒之曰汝還必深防衛辰辰殺
勿祈死其子果爲衛辰所殺卒如后言建國二
十三年崩太祖即位配饗太廟
獻明皇后賀氏父野干東部大人后少以容儀
選入東宮生太祖符洛之內侮也后與太祖及

故臣吏避難北徙俄而高車來抄后乘車
與太祖避賊而南中路失轄后懼仰天而告曰
國家消胃當出乃絕滅也惟神靈助吾馳輪
正不傾行百餘里至七介山南而得免難後劉
顯使人將害太祖帝姑爲顯第九渥妻知之密
以告后后亦來告難后乃令太祖去之后夜
飲顯使醉向晨故驚廄中群馬顯使起視馬后

泣而謂曰吾諸子始皆在此今盡亡汝等誰
殺之故顯不使急追太祖得至賀蘭部慕情未
禮顯怒將害后后夜奔亢渥家匿神車中三日
其歸附后從第外朝大人悅舉部隨從供奉盡
亢渥舉室請救乃得免會劉顯部亂始得亡歸
後后弟染干忌太祖之得人心舉兵圍逼行宮
后出謂染干曰汝等今欲殺我而欲殺吾子秦
王珣使于燕慕容
也深干觳而去后少子秦王珣使于燕慕容
垂止之后以觚不返憂念寢疾皇始元年崩時
年四十六祔葬于盛樂金陵後追加尊謚配饗
焉

道武皇后慕容氏寶之季女也中山平入充掖
庭得幸左丞相衞王儀等奏請辛皇后帝從羣
臣議令后鑄金人成乃立之告於郊廟封后母
孟為漂陽君後崩

道武宣穆皇后劉氏劉眷女也登國初納為夫
人生華陰公主後生太宗后專理內事寵待有
加以鑄金人不成故不得登后位魏故事後宮
產子將為儲貳其母皆賜死太宗母以舊
法薨太宗即位追尊謚號配饗太廟自此後宮

人為帝母皆正位配饗焉

明元昭哀皇后姚氏姚興女也興女封西平長公
主大宗以后禮納之後為夫人后以鑄金人不
成未昇尊位然帝寵幸之出入居處禮秩如后
焉是後猶欲正位而后謙讓不當泰常五年薨
帝追恨之贈皇后璽綬而後加謚焉葬雲中金
陵

明元密皇后杜氏魏郡鄴人陽平王超之妹也
初以良家子選入太子宮有寵生世祖及太宗

即位拜貴嬪泰常五年薨謚曰密貴嬪葬雲中
金陵世祖即位追尊號謚配饗太廟又立后廟
于鄴刺史四時薦祀以魏郡太后所生之邑復
其調役後甘露降于廟庭相州刺史高

閭表脩后廟人外成理無獨祀陰必配
陽以成天地未聞有茅之國立大妣之饗此乃
先皇所立一時之至感非經世之遠制便可罷
祀先是世祖保母竇氏初以夫人家坐事誅與二
女俱入宮操行純備進退以禮太宗命為世祖

保母性仁慈勤撫導世祖感其恩訓奉養不異
所生及即位尊為保太后後尊為皇太后封其
弟漏頭為遼東王大后訓釐內外甚有聲稱性
恬素寡欲喜怒不形於色好揚人之善隱人之
過世祖征涼州蠕蠕吳提入寇太后命諸將擊
走之真君元年崩時年六十三詔天下大臨三
日太保盧魯元監護喪事謚曰惠葬崞山從后
意也初后嘗登崞山顧謂左右曰五母養帝躬
敬神而愛人若死而不滅必不為賤鬼然於先

朝本無位次不可違禮以從園陵此山之上可以終託故葬焉別立后寢廟於嶺山建碑頌德

太武皇后赫連氏赫連屈丐女也世祖平統萬納后及二妹俱為貴人後立為皇后高宗初崩祔葬并金陵

太武敬哀皇后賀氏代人也初為夫人生恭宗神麚元年薨追贈貴嬪葬雲中金陵後追加號謚配饗太廟

景穆恭皇后郁久閭氏河東王毗妹也少以選入東宮有寵真君元年生高宗世祖末年薨高宗即位追尊號謚葬雲中金陵配饗太廟

高宗乳母常氏本遼西人太延中以事入宮世祖選乳高宗慈和履順有劬勞保護之功高宗即位尊為保太后尋為皇太后謚曰昭葬於郊廟和平元年崩詔天下大臨三日謚曰昭葬於廣甯磨笄山俗謂之鳴雞山太后遺志也依惠太后故事別立寢廟置守陵二百家樹碑頌德

文成文明皇后馮氏長樂信都人也父朗秦雍二州刺史西城郡公母樂浪王氏后生於長安有神光之異朗坐事誅后遂入宮世祖左昭儀后之姑也雅有母德撫養教訓年十四高宗踐極以選為貴人後立為皇后高宗崩故事國有大喪三日之後御服器物一以燒焚百官及中宮皆號泣而臨之后悲叫自投火中左右救之良久乃蘇顯祖即位尊為皇太后丞相乙渾謀逆顯祖年十三居于諒闇太后密定大策誅渾遂臨朝聽政及高祖生太后躬親撫養是後罷令不聽政事太后行不正內寵李弈顯祖因事誅之太后不得意顯祖暴崩時言太后為之也承明元年尊曰太皇太后復臨朝聽政太后性聰達自入宮掖粗學書計及登尊極省決萬機高祖詔曰朕以虛寡紹纂鴻緒仰恃慈明緝寧四海欲報之德正覺是憑諸鸞傷生之類宜放之山林其以此地為太皇太后經始靈塔於是罷鷹師曹以其地為報德佛寺太后與高祖

遊于方山顧瞻川阜有終焉之志因謂羣臣曰
舜葬蒼梧二妃不從豈必遠祔山陵然後爲貴
哉吾百年之後神其安此高祖乃詔有司營建
壽陵於方山又起永固石室將終爲清廟焉太
和五年起作八年而成刊石立碑頌太后功德
太后以高祖富於春秋乃作勸戒歌三百餘章
又作皇誥十八篇文多不載太后立文宣王廟
於長安又立思燕佛圖於龍城皆刊石立碑太
后又制內屬五廟之孫外戚六親總麻皆受復

除性儉素不好華飾躬御縵繒而已宰人上膳
案裁徑尺羞膳滋味減於故事十分之八太后
嘗以體不安服菴藺子宰人昏而進粥有蟅蜒
在焉后舉匕得之高祖侍側大怒將加極罰太
后笑而釋之自太后臨朝專政高祖雅性孝謹
不欲參決大事生殺賞罰決於俄頃多有不關
高祖者是以威福兼作震動內外故杞道德王
遇張祐符承祖等拔自微閣歲中而至王公王

叡出入臥內數年便爲宰輔賞賚財帛以千萬
億計金書鐵券許以不死之詔李沖雖以器能
受任亦由見寵帷幄密加錫賚不可勝數后性
嚴明假有寵待亦無所縱左右纖介之愆動加
箠楚多至一百餘少亦數十然性不宿憾尋復
之如初或因此更加富貴是以人人懷於利欲
至死而不思退太后曾與高祖幸靈泉池燕羣
臣及藩國使人諸方渠帥各令爲其方舞高祖
帥羣臣上壽太后忻然作歌帝亦歌遂命羣

臣各言其志於是和歌者九十人太后外禮民
望元丕游明根等頒賜金帛與馬每至羣美叡
等皆引不等參之以示無私又自以過失懼人
議已小有疑怪便見誅戮后之崩高祖不知
所生至如李訢之徒猜嫌覆滅者十餘家
死者數百人率多枉濫天下寬之十四年崩於
太和殿時年四十九其日有雄雉集于太華殿
高祖酌飲不入口五日毀慕過禮諡曰文明太
皇太后葬于永固陵日中而反虞於鑒玄殿詔

日尊旨從儉不申罔極之痛稱情允禮仰損儉
訓之德進退思惟倍用崩感又山陵之節亦有
成命內則方丈外裁揜坎脫於孝子之心有所
不盡者室中可二丈墳不得過三十餘步今以
山陵萬世所仰復廣爲六十步壽眞遺旨益以
痛絕其幽房大小棺槨質約不設盟器至於素
帳縵茵瓷瓦之物亦皆不置此則遵先志從冊
令俱奉遺事而有從有違未達者或以致怪梓
宮之裏玄堂之內聖靈所憑其以二奉遵仰

昭儉德其餘外事有所不從以盡痛慕之情其
宣示遠近者告羣司上明儉誨之善下彰違其
之失及卒哭孝文服襄近臣從服三司已下外
臣袞服就練七品已下盡除即吉設祔
祭於太和殿公卿已下始親公事高祖毀瘠絕
酒肉不內御者三年初高祖孝於太后乃於永
固陵東北里餘豫營壽宮有終焉之志及
遷洛陽乃自表瀍西以爲山園之所而方山虛
宮至今猶存號曰萬年堂云

士
書文

文成元皇后李氏梁國蒙縣人母頓丘王峻之
妹也后之生也有異於常父方叔恒言此女當
大貴及長姿質美麗世祖南征永昌王仁出壽
春軍至后宅因得后及仁鎮長安遇事誅后與
其家人送平城宮高宗登白樓望見美之謂左
右曰此婦人佳乎左右咸曰然乃下臺后得幸
於齋庫中遂有娠常太后後問后云爲帝所
幸仍有娠時有顯祖拜貴人太安二年太后令
皆相符同及生顯祖拜貴人太安二年太后令

士

依故事令后具條記在南兄弟及引所結宗兄
洪之悉以付託臨訣每一稱兄弟輒拊肯慟泣
遂薨後諡曰元皇后葬金陵配饗太廟
獻文思皇后李氏中山安喜人南郡王惠之女
也姿德婉淑年十八以選入東宮顯祖即位爲
夫人生高祖明元年追崇諡配饗太廟
陵承明元年追崇諡配饗太廟
孝文貞皇后林氏平原人也叔父金閭起自閭
官有寵於常太后官至尚書平涼公金閭兄勝

為平涼太守金閭祖初為定州刺史未幾為

乙渾所誅兄弟皆死勝無子有二女入掖庭后

容色美麗得幸於高祖生皇子恂以恂將為儲

貳太和七年后依舊制薨高祖仁恕不欲襲前

金陵及恂以罪賜死有司奏追廢后為庶人葬

孝文廢皇后馮氏太師熙之女也太和十七年

高祖既終喪太尉元丕等表以長秋未建六宮

無主請正內位高祖從之立后為皇后高祖每

遵典禮后及夫嬪以下接淑皆以次進車駕南

伐后留京師高祖又南征后率六宮遷洛陽及

后父熙兄誕薨高祖為書慰以叙哀情及車駕

還洛恩遇甚厚高祖後重引后姊昭儀至洛稍

有寵后禮愛漸衰昭儀自以年長且前入宮掖

素見待念輕后而不率妾禮后雖性不妒忌時

有愧恨之色昭儀規為內主謗構百端尋廢后

為庶人后貞謹有德操遂為練行尼後終於瑤

光佛寺

孝文幽皇后亦馮熙女母曰常氏本微賤得幸

於熙熙元妃公主薨後遂主家事生后與北平

公鳳文明太皇太后欲家世貴寵乃簡熙二女

俱入掖庭時年十四其一早卒后有姿媚偏見

愛幸未幾疾病文明太后乃遣還家為尼高祖

猶留念焉歲餘而太后崩高祖服終頗存訪之

又聞后素疹痤除遣閹官雙三念問遂

迎赴洛陽及至寵愛過初專寢當夕宮人稀復

進見拜為左昭儀後立為皇后始以疾病頗有

失德之間高祖頻歲南征后遂與中官高菩薩

私亂及高祖在汝南不豫后便公然醜恣中常

侍雙蒙等為其心腹中常劇鵬謀而不從憤

懼致死是時彭城公主宋王劉昶子婦也年少

整居北平公馮夙后之同母弟也后求婚於高

祖高祖許之公主志不願后欲強之婿有日矣

公主密與侍婢及家僮十餘人乘輕車冒霖雨

赴懸瓠奉詣高祖自陳本意因言后與菩薩亂

狀高祖聞而駭愕未之全信而祕匿之惟彭城

王侍疾左右具知其事此後后漸憂懼與母常
氏求託女巫禱厭無所不至願高祖疾不起一
且得如文明太后輔少主稱命者賞報不貲又
取三牲宮中妖祠假言祈福專為左道母常或
自詣宮中或遣侍婢與相報苟高祖自豫州北
幸鄴后慮還見治檢彌懷危怖令闇人託參
蒙充行皆目其信不然惟小黃門蘇興壽密委
曲高祖聞其本末勅以勿洩至洛執問菩薩雙

國 ‖魏書傳一　　十五　　孫春

蒙等六人送相證舉具得情狀高祖以疾臥含
溫室夜引后并列菩薩等於月外后臨入令闇
人搜衣中稍有寸刃便斬后頓首泣謝乃賜坐
東檻去御筵二丈餘高祖令菩薩等陳狀又讓
后曰汝母有妖術可具言之后乞屏左右有所
密啟高祖勅中侍悉出唯令長秋卿白整在側
后猶不言高祖乃以綿堅塞整
取衛直刀柱之后猶不言高祖乃令
耳自小語呼整冊三無所應乃令后言事隱人
莫知之高祖乃喚彭城北海二王令入坐言昔

是汝嫂令乃他人但入勿避二王固辭不獲命
及入高祖云此老嫗乃欲白刃捕我肋上可窮
問本末勿有所難高祖深自引過致愧二王又
云乃馮家女不能復相廢逐且使在宮中空有
心乃自死汝等勿謂吾猶有情也高祖素至
孝猶以文明太后故未便行廢良久二王出乃
賜后死訣再拜稽首涕泣歔欷入
入宮後帝命闇人有所問於后后罵曰天子婦
親面對豈令汝傳也高祖怒勅后母常入

竇天 ‖魏書傳一　　八十六　　鬼取評

與后按常攤之百餘乃止高祖尋南伐后留京
師雞以罪失寵而夫人嬪妾奉之如法惟令世
宗在東宮無朝謁之車高祖疾甚謂彭城王
成漢末故事吾死之後可賜自盡別宮葬以后
禮庶掩馮門之大過高祖崩梓宮達魯陽乃行
遺詔北海王詳奉宣遺旨長秋卿白整入授
后藥后走呼整不肯引決曰官豈有此也是諸王
輩欲殺我耳整等執持強之乃含掀而盡殯以后

禮梓宮次洛南咸陽王禧等知審死相視曰若
無遺詔我兄弟亦當作計去之豈可令失行婦
人宰制天下殺我輩也謚曰幽皇后葬長陵塋

內

孝文昭皇后高氏司徒公肇之妹也父颺母蓋
氏凡四男三女皆生於東裔高祖初乃舉室西
歸達龍城鎮表后德色婉艷任充宮掖及至
文明太后親幸北部曹見后姿貌奇之遂入掖
庭時年十三初后幼曾夢在堂內立而日光自
窗中照之灼灼而熱后東西避之光猶斜照不
已如是數夕后自怪之以白其父颺颺以問遼
東人閔宗宗曰此奇徵也貴不可言颺曰何以
知之宗曰夫日者君人之德帝王之象也光照
女身必有恩命及之女猶照者主上來求女
不獲已也昔有夢月入懷猶生天子況日照之

郡之共縣或云昭儀遣人賊后也世宗之爲皇
太子三日一朝幽后后拊念慈愛有加高祖出
征世宗入朝必久留后宮親視櫛沐母道隆備
其後有司奏請加昭儀號謚曰文昭貴人高祖
從之世宗踐阼追尊配饗先葬城西長陵東
南陵制甲局因就起山陵號終寧陵置邑戶五
百家蕭宗詔曰文昭皇太后德協坤儀美符文
姒作合高祖實誕英聖而夙世淪暉孤塋弗祔

先帝孝感自衷遷奉未遂永言哀恨義結幽明
可更上尊號稱太皇太后以同漢晉之典正姑
婦之禮廟號如舊遷靈櫬於長陵兆西北長
六十步初開終寧陵數丈於梓宮上獲大蛇長
丈餘黑色頭有王字蟄而不動靈櫬既遷置蛇
廢呂尊薄禮伸漢代又詔曰文昭皇太后尊配
高祖祔廟制定禮號促令遷奉自終及始太后當主

舊宮

宣武順皇后于氏太尉烈第勁之女也世宗始
親政事烈時爲領軍揔心膂之任以嬪御未備

因左右諷諭稱后有容德世宗乃迎入為貴人
時年十四甚見寵愛立為皇后謁于太廟后靜
默寬容性不妬忌生皇子昌三歲夭歿其後暴
崩宮趄不事祕莫能知悉而世議歸咎于高夫人
葬永泰陵謚曰順皇后
宣武皇后高氏文昭皇后弟偃之女也世宗納
為貴人生皇子早夭又生建德公主後拜為皇
后甚見禮重性妬忌宮人希得進御及肅宗即
位上尊號曰皇太后尋為尼居瑤光寺非大節
慶不入宮中建德公主始五六歲靈太后恆置
左右撫愛之神龜元年太后出覲母武邑君時
天文有變靈太后欲以后當禍是夜暴崩天下
冤之喪還瑤光佛寺殯葬皆以尼禮初高祖幽
后之寵也欲專其愛後宮接御多見限遏高祖
時言于近臣稱婦人妬防雖王者亦不能免況
士庶乎世宗暮年高后悍忌夫人嬪御有至帝
崩不蒙侍接者由是在洛二世二十餘年皇子
全育者惟肅宗而已

十九一　茆傳光

宣武靈皇后胡氏安定臨涇人司徒國珍女也
母皇甫氏產后之日赤光四照京兆山比縣有
趙胡者善於卜相國珍問之胡云賢女有大貴
之表方為天地母生天地主勿過三人知也后
姑為尼頗能講道世宗初入講禁中積數歲諷
左右稱后姿行世宗聞之乃召入掖庭為承華
世婦而椒掖之中以國舊制相與祈祝皆願生
諸王公主不願生太子唯后每謂夫人等言天
子豈可獨無兒子何緣畏一身之死而令皇家
不育家嫡乎及肅宗在孕同列猶以故事相恐
勸為諸計后固意確然幽夜獨誓言但使所懷
是男次當長子生身死所不辭也既誕肅宗
宗進為充華嬪先是世宗頻喪皇子自以春秋
長矣深加慎護為擇乳保皆取良家宜子者養
於別宮皇后及充華嬪皆莫得而撫視焉及肅
宗踐祚后為皇太妃後尊為皇太后臨朝聽
政猶稱殿下下令行事後改令稱詔羣臣上書
曰陛下自稱曰朕太后以肅宗沖幼未堪親祭

三十

時御焉

欲傍周禮夫人與君父獻之義代行祭禮訪尋
故式門下召禮官博士議以為不可而太后欲
以幝幔自鄣觀三公行事重問侍中崔光便
據漢和熹鄧后薦祭故事太后大悅遂攝行初
祀太后性聰悟多才藝姑飢為尼幼相依託略
得佛經大義親覽万機手筆斷使辛西林園法
流堂命侍臣射不能者罰之自射針孔中之
大悅賜出自雲龍大司馬門從宮西北入自千

秋門以納寃訟又親策孝秀州郡計吏於都亭曲水令
太后與肅宗辛華林園宴羣臣于都亭曲水令
王公已下賦七言詩太后詩曰化光造物含
氣貞帝詩曰恭已無為賴慈英王公已下賜帛
有差太后父覽百寮表請公除太后不許遂辛
永寧寺親建剎於九級之基僧尼士女赴者數
万人及改葬文昭高后太后不欲令肅宗主事
乃自為喪主出至終寧陵親奠遣事遂哭於太
極殿至於訖事皆自主焉後辛嵩高山夫人九

嬪公主已下從者數百人昇于頂中廢諸淫祀
而胡天神不在其列後辛左藏王公嬪主已下
從者百餘人皆令任力負布絹即以賜之多者
過二百四少者百餘匹唯長樂公主手持絹二
十四而出示不異眾而無勞也世稱其廉儀同
陳留公本李崇章武王融並以所負過多顧仆於
地崇乃傷踝時人為之語曰陳留
武傷腰折股貪人敗類穢我明主尋辛關口溫
水登雞頭山自射象牙簪一發中之勑示文武

時太后得志遂過幸清河王懌淫亂肆情為天下
所惡領軍元义長秋卿劉騰等奉肅宗於顯陽
殿幽太后於北宮於禁中殺懌其後太后從子
都統僧敬與備身左右張車渠等數十人謀殺
义復奉太后臨朝事不克僧敬坐徙邊車渠等
死胡氏多免黜後肅宗朝太后於西林園謀文
武侍臣飲至日夕义乃起至太后前自陳外云
太后欲害已及騰太后蒼云無此語遂至于極
昏大后欲乃起執肅宗手下堂言母子不聚父今

暮共一宿諸大臣送我入太后與蕭宗向東北
小閤左衛將軍奚康生謀欲殺義不果自劉騰
死又寬怠太后復臨朝大赦改元自是朝政踈緩
義領軍太后與蕭宗及高陽王雍為計解
威恩不立天下牧守所在貪悷鄭儼汙亂宮掖
勢傾海內李神軌徐紇並見親侍二年中位
憾禁要手握王爵輕重在心宜潛於朝魚爛由於
之所厭藏文武聚集親族遂涕泣諫曰陛下母

魏書傳一　二十三　曹榮
三百廿四

此矣僧敬又因
太后自以行不脩懼宗室所嫌於是內為朋黨
儀海內豈宜輕脫如此后大怒自是不召僧敬
致消息三月三日於城南大巷中殺之方懸賞
蜜多道人能胡語蕭宗置於左右太后慮其傳
並帝所親也母子之間嫌隙屢起鄭儼慮禍乃
慕賊又於葬中殺領左右鴻臚少卿谷會紹達
與太后計因潘充華生女太后詐以為男便大
赦改年肅宗之崩事出倉卒時論咸言鄭儼徐

紇之計於是朝野憤歎太后乃奉潘嬪女言太
子即位經數日見人心已安始言潘嬪本實生
女今宜更擇嗣君遂立臨洮王子釗為主年始
三歲天下愕然及武泰元年尒朱榮稱兵渡河
太后盡召蕭宗六宮皆令入道太后亦自落髮
榮遣騎拘送太后及幼主於河陰太后對榮多
所陳說榮拂衣而起太后及幼主並沉於河太
后妹馮翊君收瘞於雙靈佛寺出帝時始葬以
后禮而追加謚

魏書傳一　二十四　曹榮
三百廿九

孝明皇后胡氏靈太后從兄冀州刺史盛之女
靈太后欲榮重門族故立為皇后肅宗頗有酒
德專嬖充華潘氏后及嬪御並無過寵太后為
肅宗選納充押屈人流時博陵崔孝芬范陽盧道
約龐西李瓚等女但為世婦諸人訴訟咸見忿
責武泰初后既入道遂居於瑤光寺
孝靜皇后高氏齊獻武王之第二女也天平四
年詔娉以為皇后王前後固辭帝不許興和初
詔侍中司徒公孫騰司空公襄城王旭兼尚書

令司州牧西河王悰兼太常卿及宗正卿元孝

友等奉詔致禮并備宮官侍衞以后駕迎於晉

陽之丞相第五月立為皇后大赦天下齊受禪

降為中山王妃後降于尚書左僕射楊遵彥

史臣曰始祖生自天女克昌後葉靈后姪恣卒

云天下傾城之戒其在茲乎弋年稚子幼漢

武所以行權魏世遂為常制子貴母死矯枉之

義不亦過哉高祖終革其失良有以也

皇后列傳第一　　　魏書十三

魏收書皇后傳亡後人補以此史又取高氏

小史及脩文殿御覽附益之

上谷公紇羅神元皇帝之曾孫也初從太祖自
獨孤如賀蘭部招集舊戶得三百家與弟建議
勸賀訥推太祖為主及太祖登王位紇羅常翼
衛左右又從征伐有大功紇羅有援立謀特見
子題以以雄武知名賜爵襄城公從征中山受
優賞及即帝位與弟建同日賜爵為公卒
詔徇下諸郡撫慰新城皆安化樂業進爵為王
轂平慕容驎於義臺中流矢薨帝以太醫令陰光

【魏書傳二】　　　一

為視療不盡術伏法
子忽龍襲爵為襄城公卒贈襄城王
建德公嬰文神元皇帝之後也少明辯有決斷
太宗哭之典出納詔命常執機要世祖踐阼拜
護東夷校尉進爵建德公鎮遼西卒
真定侯陸神元皇帝之後也世祖時以武功頗
蒙恩遇拜散騎常侍賜爵真定侯卒
陸曾孫軌字法壽稍遷洛陽令時天下多事軌
惟以深刻遇下死多酷濫識者非之孝靜時黜

宮創制以軌為營構使除徐州刺史軌風望既
陋又無學術雖歷名位時人輕之卒於州
武陵侯因章帝之後也從太祖平中原以功封
曲逆侯世祖時改爵武陵
長樂王壽哥章帝之後也位選部尚書南安王
改封長樂王壽哥樂平王高宗即位壽哥有援立功拜太宰
大都督中外諸軍錄尚書事孫功與尚書令長
孫渴侯爭權並伏法
望都公頹昭帝之後也隨太祖平中原賜爵望

【魏書傳二】　　　二

都侯世祖以頹美儀容進止可觀使迎左昭儀
於蠕蠕頹進爵為公卒
曲陽侯素延桓帝之後也以小緩從太祖征討
諸部初定并州為刺史太祖之驚於栢肆也并
州守將封實為逆素延斬之時太祖意欲撫
悅新附悔參合之誅而素延殺戮過多坐免官
中山平拜幽州刺史其豪奢放逸左遷上谷太守
後賜爵曲陽侯時太祖留心黃老欲以純風化
俗雖乘輿服御皆去彫飾咸尚質儉而素延奢

順陽公郁(桓)帝之後也少忠正元初以羽林
中郎內侍勤幹有稱高宗時位殿中尚書從高
宗東巡臨海以勞賜爵順陽公高宗崩乙渾專
權壅絕內外百官震恐計無所出郁率便殿中宿
接百官諸君何疑遂奉顯祖臨朝後渾心規為
上渾窘怖謂郁曰今大行在殯天子諒闇故未
曰君入何意郁曰不見天子羣臣憂懼逆出問郁
士數百人從順德門入欲誅渾渾懼求見主

魏書傳二　三　徐仁

忠正追贈順陽王諡曰簡
亂朝臣側目郁復謀殺渾為渾所誅顯祖錄郁
南伐至江高宗即位以勞累遷侍中當貴左僕
射封南平公乙渾之謀亂也目辰與兄郁議欲
宜都王目辰(桓)帝之後也初以羽林郎從太祖
殺渾軍事洩被誅目辰逃隱得免顯祖傳位有定
策動高祖即位還司徒封宜都王除雍州刺史
鎮長安目辰性元直耿介不為朋黨朝臣咸憚
之然奸財利在州政以賄成有罪伏法爵除

穆帝長子六脩少而凶悖穆帝五年遣六脩為
前鋒與(輔)相衛雄范班及姬澹等救劉琨帝躬
統大兵為後繼劉琨懼焚輜重實圍遁走縱
騎追之殺傷甚眾帝因大獵於壽陽山陳閱皮
肉山為戀赤及晉懷帝為劉聰所執穆帝遣六
毋六脩有驊騮駿馬日行五百里穆帝欲取以
給比延後六脩來朝穆帝又命拜比延六脩不
脩與桓帝子普根率精騎助劉琨初穆帝少子
比延有寵欲以為後六脩出居新平城而黜其

觀傳二　四　方中

從穆帝乃坐比延於已所乘步輦使人導從出
遊六脩望見以為穆帝調伏路左及至乃是比
延斬怒而去召之不還穆帝恕率眾伐之帝軍
不利(六脩殺比延帝改服微行民間有賤婦人
識帝遂暴崩普根先守于外聞難率眾赴文
六脩滅之

吉陽男比干太祖族弟也以司衛監討白澗丁
零有功賜爵吉陽男後為南道都將戰役
江夏公呂太祖族弟也從世祖平涼州有功封

江夏公位外都大官委以朝政大見尊重卒贈

江夏王陪葬金陵

高涼王孤平文皇帝之第四子也多才藝有志
略烈帝之前元年國有內難昭成如襄國後烈
帝臨崩顧命迎昭成立之社稷可安及崩羣臣
咸以新有大故內外未安昭成在南來未可果
此至之間恐生變詐宜立長君以鎮衆望次弟

屈剛猛多變不如孤之寬和柔順於是大人梁
蓋等殺屈共推孤孤曰吾兄居長自應繼位我
安可越次而處大業乃自詣鄴奉迎請身留為
質石虎義而從之昭成即位乃分國半部以與
之甍

子斤失職懷怒構冤君為逆死於長安太祖時
以孤勳高追封高涼王諡曰神武
斤子真樂頻有戰功後襲祖封太宗初改封平
陽王甍
子禮龍襲本爵高涼王甍諡懿王
子那襲爵拜中都大官驍猛善攻戰和平初坐

事伏法顯祖即位追那功命子統紹封甍
子大曹性愿直高祖時諸王非太祖子孫者例
降爵為公以大曹先世讓國功重曾祖樂真勳
著前朝改封太原郡公卒無子國除世宗又以
大曹從兄子洪威紹恭謙好學為潁川太守有
政績孝靜初在潁川聚衆應關西齊獻武王遣
將討平之

禮弟陵世祖賜爵襄邑男進爵為子卒
子瓌位柔玄鎮司馬
瓌子鷙字孔雀兒魁壯青帶十圍為羽林隊
仗副高祖末以征討有功賜爵晉陽男累遷領
軍纖部都督武泰元年尒朱榮至河陰殺戮朝
士鷙與榮共登高家俯而觀之自此後與榮合
元顥之過也鷙從駕北迎既到河內欲入城鷙
秦曰河內晝則閉門夜引駕入此之意趣難以
測量本圖有在願便發邁帝從之前至長子以
尒朱榮赴援除鷙車騎將軍封華山王莊帝既
殺尒朱榮榮從子兆為亂帝欲率諸軍親討鷙

與兆陰通乃勸帝曰黃河萬仞寧可卒渡帝遂
自安及兆入殿藝又約止衛兵遇京邑破
皆由藝之謀孝靜初入為大司馬加侍中藝有
武藝木訥少言性方厚每息直省閭雖暑月不
解衣冠嘗於侍中高岳之席咸陽王坦謂藝曰孔
酒陵侮一坐衆皆下之不敢應咎曰斬反人元愉首
是以得之衆皆失色藝怡然如故興和三年薨
崔老武官何因得王藝即咎曰斬反人元愉首

贈假黃鉞尚書令司徒公

【魏書傳二】 七 董澄

子大器龔爵後與元瑾謀害齊文襄王見害
孤孫度太祖初賜爵松滋侯位比部尚書卒
子乙斤龔爵襄陽侯顯祖崇舊幽拜外都大官
子藝高祖時龔爵松滋侯例降侯賜汝陵伯長
卒

甚見優重卒

子平字楚國龔世爵松滋侯以軍功賜汝陵男
卒

莫以代尹留鎮除懷朔鎮都大將因別賜長酒
性剛毅雖有吉慶事未嘗開口而笑高祖遷都

雖拜飲而顏色不泰高晳聞公一生不笑今
方隅山當為朕筭竟不能得高祖曰五行之氣
偏有所不入六合之間亦何事不有左右見者
無不扼腕大笑世宗時為北中郎將帶河內太
守莫以河橋船緪路狹不便行旅又秋水沦漲
年常破壞乃為船路遂廣
郡無復勞擾公私賴之歷位度支尚書侍中雍
州刺史卒謚曰成莫中年以後官位微達乃自

【魏書傳二】 八

尊倨閨門無禮昆季不穆性又貪虐論者鄙之
莫子子華字伏榮龔爵孝莊初除齊州刺史先
是州境數經兵逆邢杲之亂人不自保而子華
撫集彊豪右委之管籥衆皆感悅境內怡然而性
甚褊急當其急也口不擇言手自捶擊長史鄭
悔廞終不能改在官不為矯潔之行凡有餽贈
者辭多受少故人不厭其取輔獄訐四務加仁
恕齊人樹碑頌德後除濟州刺史介朱兆之入

洛也齊州城人趙洛周逐刺史丹陽王蕭贊表
濟南太守房士達攝行州事洛周子元顯先隨
子華在濟州邀路改表請子華復為齊州刺史
子華母房氏曾就親人飲食夜還大吐人以為
中毒甚憂懼子華遂掬吐熏敷之其母乃安尋
以毋憂還都初除南兗州刺史弟子思通
使關西朝廷使右衛將軍郭瓊收之子思謂瓊
僕曰速可見殺何為父執國士子華謂子思曰
由汝巑跪令我如此以頭叩床涕泣不自勝子

思以手持鬚顧謂子華曰君惡體氣尋與子思
俱死於門下外省
子思字景念性剛暴恫以忠烈自許元天穆當
朝權以親從薦為御史中尉先是兼尚書僕射
元順奏以尚書百揆之本至於公事不應送御
史至子思奏以尚書令云中尉督司百寮治
書侍御史糾察禁內又云中尉出行車輻前驅
除道一里王公百辟避路時經四帝前後中尉
二十許人奉以周旋未曾暫履府寺臺省並從

此令唯蕭宗之世為臨洮舉哀故兼尚書左僕
射臣順不肯與名又不送簿故中尉臣酈道元
舉而奏之而順復啟云名御史亦掌勅聽
言之貴不宜下隸中尉送名一臣初上臺其見
事意欲申請決議但以權兼未宜便爾日復一
日遂歷炎涼去月朔旦臺移尚書索應朝名帳
而省稽留不送尋復移催并主更忽為尚書郎
中裴獻伯後注云案舊事御史中尉逢臺郎於

褥道中尉下車執板郎中車上舉手禮之以此
而言明非敵體臣既見此深為怪愕旋省二三
未解所以正謂都省別被新式改易高祖舊命
即遣移問事何所依又獲尚書郎中王元旭報
出蔡氏漢官似非穿鑒始知裴王亦規壞典誤
兩人心欲自矯臣案漢書宣秉傳云詔徵秉為
御史中丞與司隸校尉尚書令俱會殿庭並專
席而坐京師號之為三獨坐又尋魏書崔琰傳
晉文陽　傅暇傳皆云既為中丞百寮震悚以

此而言則中丞不揖省郎蓋已久矣憲臺不屬
都堂亦非今日又尋職令云朝會失時即加彈
糾則百官簿帳應送上臺灼然明矣又皇太子
以下違犯憲制皆得糾察則令僕朝名宜付御
史又亦彰矣不付名至否臧何驗臣順專執未
為平通先朝曲遂當是正法謹案尚書郎中臣
裴獻伯王元旭等望班士流早參清官輕弄短
札斐然若斯苟執異端忽焉至此此而不綱將
陳朝令請以見事免獻伯等所居官付法科處

【魏書傳二】 十一

尚書納言之本令僕百揆之要同彼浮虛助之
乘失宜明首從節級其罪詔曰國異政不可據
之古事付司檢高祖舊格推廁得失以聞尋從
子思奏仍為元天穆所怨遂傳元顯之敗封安
定縣子孝靜時位侍中而死
莫弟珍字金省襲爵艾陵男世宗時曲軍高肇
遂為帝寵昵彭城王勰之死珍率壯士害之後
卒於尚書左僕射
平弟長生位游騎擊將軍卒孝莊時以子天穆

貴盛贈司空

天穆性和厚美形兒善射有能名年二十起家
員外郎六鎮之亂尚書令本崇廣陽王深北討
天穆奉使慰勞諸軍路出秀容尒朱榮見其法
令齊整有將領氣深相結託約為兄弟未幾榮
請天穆為行臺朝廷不許改授別將令天穆留

【魏書傳二】 十二 桂

惟榮當職路衝招聚散二天穆為榮腹心除并
是時北鎮紛亂所在蜂起六鎮蕩然無復蕃捍
州刺史及榮赴洛天穆參其始謀乃令天穆留
後為之繼援莊帝踐阼天穆以榮之眷昵特除
太尉封上黨王徵赴京師榮之討葛榮詔天穆
為前軍都督率京師之眾以赴之榮擒葛榮天
穆增封通前三万戶尋監國史錄尚書事開府
世龍羨并州刺史初杜洛周鮮于脩禮為寇瀛冀
諸州人多避亂南向幽州前北平府主簿河間
邢杲擁率部曲屯據鄴城以拒洛周葛榮垂將
三載及廣陽王深等敗後杲南度居青州北海
界靈太后詔流人所在皆置命屬郡縣選豪右

為中令以撫鎮之時青州刺史元世儁表置新
安郡以杲為太守未報會臺甫休簡授郡縣
以杲從子瑗賀萇居前乃授河間太守杲深
恥恨於是遂反所在流人先為士人凌忽聞杲
起逆率衆來從之旬朝之間衆踰十萬劫掠塢
毒害民人齊人號之為酷榆賊先是河南人常
笑河北人好食榆葉故因以號之杲東掠光州
畫海而還文破都督李叔仁軍詔天穆與齊獻
武王討大破之杲乃請降傳送京師斬之增天
穆邑万戸時元顥乘虛陷榮陽天穆聞莊帝北
巡自畢公璽比渡會車駕於河內尒朱榮以天
時炎熱欲還師天穆苦執不可榮乃從之莊帝
還宮加太宰羽葆鼓吹增邑通前七万戸天穆
以踈屬本無德望憑藉尒朱爵位隆極當時燻
灼朝野傾悚王公已下毎旦盈門受納財貨珍
寶充積而寬柔容物不甚見疾於時莊帝以其
榮黨當外示寵敬詔天穆乘車馬出入大司馬門
天穆與榮相侔情寄特甚榮常以兄禮事之而

尒朱世隆等雖雲榮子姪位遇已重衆憚天穆術
仰承迎天穆曾言世隆之失榮即加杖前相親
任如此莊帝內畏惡之與榮同時見殺前廢帝
初贈丞相柱國大將軍雍州刺史假黃鉞謚曰

武昭

子儼龍襲美才兒位都官尚書及齊受禪聞勑召
假病遂怖而卒
西河公敦平文帝之曾孫也太祖初從征被堅
執銳名冠諸將後從征中山所向無前太宗時

拜中都大官世祖時進爵西河公寵遇彌篤卒

子撥襲

司徒石平文帝之玄孫也忠勇有膽略尤善騎
射從世祖南討至瓜步位尚書令雍州刺史歷
比部侍郎華州刺史累遷征南大將軍卒贈司

徒公

武備將軍謂烈帝之第四子也寬雅有將略常
從太祖征討有功除武衛將軍後謝老歸家顯
祖善禮遇之賜几杖服物致膳於第卒賜祕器

子烏真㩧力絕人隨太祖征伐屢有戰功官至

鉅鹿太守

子興都聰敏剛毅高宗時為河間太守賜爵樂

城子為政嚴猛百姓憚之顯祖初以子丕貴重

進爵樂城侯謝老歸家顯祖益禮之賜几杖服

物致膳於第其妻妻氏為東陽王太妃卒追贈

定州刺史河間公謚曰宣

子提襲父侯爵

提弟丕世祖擢拜羽林中郎從駕臨江賜爵興

平子顯祖即位累遷侍中丞相乙渾謀反丕以

奏聞詔丕帥元賀牟益得收渾誅之遷尚書令

改封東陽公高祖時封東陽王拜侍中司徒公

時有諸疑事三百餘條勅丕制決率皆平允丕

子超生車駕親幸其第特加賞賜賜以執心不二

放其同籍丁口雜使役調求受復除若有姦邪

詔賜丕八議丁子孫犯至百聽責數恕之

人方便讒毀者即加斬戮尋遷太尉錄尚書事

時淮南王他淮陽王尉元河東王苟頽並以舊

老見禮每有大事引入禁中乘步挽杖于朝進

退相隨丕他元乂三人皆見壯偉賈帶十圍大

耳秀眉顯鬢斑白百寮觀瞻莫不祗肅唯苟頽

小為短劣姿望亦不逮之高祖文明太后重年

敬舊存問周渥賜以珍寶不聲氣高朗博記國

事饗讌之際忻恌居坐端必抗音大言敘列既往

王叡肇承祖敬納焉然詔事要人驕侮輕賤每見

造宅故亦為丕造甲第第成帝后親幸之率百

官文武饗落焉使尚書令王叡宣詔賜丕金印

一紐太后親造勸戒歌辭以賜羣官丕上疏辭

謝太后令曰臣哉隣哉君則臣逸於

上臣履冰於下若能如此太平可致乎及

丕妻叚氏卒謚曰恭妃又特賜丕金券高祖文

明太后引見公卿於皇信堂太后曰今京師旱

儉欲聽飢貧之人出關逐食如欲給過所恐奸

延時日不救火窘若任其外出復慮姦良難辨

卿等可議其所宜丕議諸曹下大夫以上人各

將二吏別掌給過所州郡亦然不過三日給之
便詎有何難也高祖從之四日而詔不請立代
宮詔曰年尚幼小有何急乎不曰臣年在西夕
思觀盛禮於臣實急不許後例降王爵封平陽
郡公求致仕詔不許及車駕南代不與廣陵王
羽留守京師並加使持節詔不羽曰留守非賢
莫可太尉年尊德重位揔阿衡羽之懿弟溫
柔明斷故使二人留守京邑授以二節賞罰在
手其祇允成憲以稱朕心不對曰謹以死奉詔

箋　魏書傳二　十七　詹世榮

羽對曰太尉旦專節度臣但可副貳而已高祖
曰老者之智少者之決何得辭也及高祖還代
不請作歌詔許之歌訖高祖曰公傾朕願還車故
親歌述志今經構既有次第故斷還舊京願後
時亦同茲適及高祖遷都臨太極殿引見留
中之官大議乃詔不等如有所懷各陳其志燕
州刺史穆罷進曰移都事大如臣愚見謂為未
可高祖曰卿便言不可之理罷曰此有獫狁之
寇南有荊楊未實西有吐谷渾之阻東有高句

麗之難四方未平九區未定以此推之謂為不
可征伐之舉要湏戎馬如其無事不可克高
祖曰卿言無馬此理粗可馬常出北方厰在此
置之故何慮無馬令代在恆山之北爲九州之外
以是之故遷于中原罷曰臣聞黃帝都涿以
此言之古昔聖王不必悉居中原高祖曰黃帝
以天下未定居于涿鹿既定之後亦遷于河南
尚書于泉曰臣誠不識古事如聞百姓之言先
皇建都於此無何欲移以為不可中原其如是

維　魏書傳二　十八　陳壽

所由擬數有篡奪自建邑平城以來與天地並
固日月齊明臣雖管見膚淺性不昭達終不以
恆代之地而擬伊洛之美但以安土重遷物之
常性一旦南移恐懼不樂也不曰陛下去歲親御
六軍討蕭氏至洛遣任城王澄宣旨勑臣等議
都洛初奉恩旨心情惶惶越凡欲遷移當訊之
笞審定吉否然後可高祖謂不曰往在鄴中司
徒公誕咸陽王禧尚書李冲等皆欲請龜占移
洛吉凶之事朕時謂誕等曰昔周邵上宅伊洛

乃識至兆今無若斯之人卜亦無益然卜者所
以決疑此既不疑何湏卜也昔軒轅卜兆焦
上者請訪諸賢哲軒轅乃問天老天老謂爲善
遂從其言終致昌然則至人之量未然審於
龜矣朕自多積倉儲不令寒之不曰臣仰奉
爲移徙也昔平文皇帝棄背率土昭成營居盛
慈詔不勝喜舞髙祖詔羣官曰卿等或以朕南
移之民既以四海爲家或南或比遲速無常南

樂太祖道武皇帝神武應天遷居平城朕雖虛
寡章屬勝殘之運故移宅中原肇宇卿等
當奉先君令德光迹洪規前懷州刺史青龍前
秦州刺史呂受因等仍守愚固帝皆撫而荅之
辭屈而退帝又將北巡不遷太傅録尚書事頻
表固讓詔斷表啟就家拜授及車駕發代不留
守詔上所乘車馬往來府省不雅愛本風不達
傳賜式至於變俗遷洛改官制服禁絕舊言皆
不願髙祖知其如此亦不逼之但誘示大理令
新

其不生同異至於衣冕已行朱服列位而不猶
常服列在坐隅晚乃稍加弁帶而不能脩容
儀髙祖以五年乘體重亦不強責及罷降非太
祖子孫及異姓王者雖較於公爵而刺享封邑
亦不快懿髙祖南征不表乙少留思更圖舉
會司徒馮誕薨詔六軍反旆不又以熙薨于代
都表求鑾駕親臨詔同今洛邑肇構踐望成勞
開闡既覽不豈有以天子之重遠赴舅國之喪朕
縱欲爲孝其如大孝何縱欲爲義其如大義何

天下至重君居道懸豈宜茍相誘引陷君不德
令僕已下可付法官繩之又詔以不爲都督領
并州刺史後詔以平陽畿甸改封新興公初李
沖又德望所屬既當時貴要有權情誼遂與子
超聚沖兄女即伯尚妹也不前妻子隆同產數
人皆與別居後得宮人所生同宅共産父子情
因此偏不留於舊京及將還洛隆與超等密謀留
太子恂留於舊京及將遷洛髙祖之發平城
恂因舉兵斷關規據陘比時不以老居并州雖
惆

不預其始計而隆超咸以告丕丕外慮不成口
雖致難心頹然之及高祖幸平城推穆泰等首
謀隆兄弟並是黨不亦隨駕至平城毋於測問
令丕坐觀隆超與元業等兄弟並以謀逆伏誅
有司奏處怒戮詔以丕應連坐但以先許不死
之詔躬非深逆之身聽免死仍為太原百姓其
後妻二子隨隆超母及餘庶兄弟皆徙敦其
煌丕時年垂八十猶自平城力載隨駕至洛陽
高祖每遣左右慰勉之乃還晉陽高祖崩不目

【魏書傳二】 二十一 陳壽

并州來赴世宗引見之以不舊老禮有加焉尋
勅留洛陽後宴于華林都其特令二子扶侍坐
起丕仕歷六世垂七十年位極公輔而還為民
庶然猶心戀京邑不能自絕人事尋詔以不為
三老景明四年薨年八十二詔贈左光祿大夫
冀州刺史謚曰平
長子隆先以反誅
隆弟乙升超亦同誅
超弟儁邕並有軍功儁封新安縣男邕封涇縣

淮陵侯大頭烈帝之曾孫世善騎射擢為內三
郎從世祖有戰功賜爵高宗初封淮陵性謹密
帝其重之〔俇靈北將軍遷右將軍卒贈高平公
謚曰烈
河間公齊烈帝之玄孫也少雄傑魁岸世祖愛
其勇壯引侍左右從征赫連昌世祖馬蹶賊衆
逼帝齊以身敵捍決死擊賊賊乃退世祖得上
馬是日微齊世祖幾至危殆世祖以微服入其

【魏書傳二】 二十二 王

城齊固諫不許與數人從世祖入城內既覽
諸門悉閉世祖及齊等因入其宮中得婦人裙
繫之頺上世祖乘而上因此得拔齊有力焉賜
爵浮陽侯從征和龍以功拜尚書進爵為公後
與新興王俊討禿髮保周坐事免官爵劉義隆
將裴方明陷仇池世祖復授齊前將軍與建興
公古弼討之遂剋仇池威振羌氏復賜爵河間
公與武都王楊保宗對鎮駱谷時保宗弟文德
說保宗閉險自固有期矣秦州主簿邊因知之

密告齊齊旦晨詣保宗呼曰古弼至欲宣詔保宗
出齊吒左右扶保宗上馬馳驛送臺諸氏遂推
文德為主求援於劉義隆遣將房亮之符
昭喽龍等率眾助文德齊擊斬殺龍擒亮之氏
遂平以功拜內都大官卒謚曰敬
昭弟陵龍襲爵陵性抗直天安初為乙渾所害
陵弟蘭以忠謹見寵高祖初賜爵建陽子卒於
武川鎮將
子志字猛略少清辯強幹歷覽書傳頗有文才
為洛陽令不避強禦與御史中尉李彪爭路俱
入見面陳得失彪言御史中尉避承華車蓋駐
論道劒鼓安有洛陽縣令與臣抗衡志言神鄉
縣主普天之下誰不編戶豈有俯同眾官避中
尉高祖曰洛陽我之豐沛自應分路揚鑣自今
以後可分路而行及出與彪折尺量道各取其
半高祖謂邢巒曰此見竟可所謂王孫公子不
鑲自彫蔜曰露枝霜條故多勁節非鸞則鳳
在本枝世貞外郎馮俊昭儀之弟恃勢恣擅所

部里正志令主吏收繫處刑除官由此忤旨左
遷太尉主簿俄為從事中郎車駕南征高祖微
服觀戰所有箭欲犯帝志以身障之高祖便得
免矢中志目因此一目喪明以志行恂州事世
宗時除荊州刺史還御史中尉王顯奏志在州
兼廷尉卿後除揚州刺史賜爵建忠伯志在州
州日抑買良人為婢兼剌請供會救免肅宗初
威名雖減李崇亦為荊楚所憚尋為雍州刺史
晚年航好聲伎在揚州日侍側將百人器服珍
麗冠於一時及在雍州逾尚侈侈聚斂無極聲
名遂損及莫折念生反詔志為西征都督討之
念生遣其弟天生屯龍口與志相持為賊所乘
遂棄大眾奔還歧州賊遂攻城剌史裴芬之疑
城人與賊潛通將盡出之志不聽城人果開門
引賊鑲志及芬之送念生見霄剛廢帝初贈尚
書僕射太保
扶風公處貞烈帝之後也少以壯烈聞位殿中
尚書賜爵扶風公委以大政甚見尊禮吐京胡

曹僕渾等叛招引朝方胡爲援勯眞與高涼王
那等討賊之性貪婪在軍烈暴坐事伏法
文安公泥國之疎族也性忠直壯烈有智畫太
祖厚遇之賜爵文安公拜安東將軍卒
子屈襲爵大宗時居門下出納詔命性明敏善
平公長孫嵩白馬侯崔玄伯等並決獄訟大宗
奏事每合上言賜爵元城侯加功勞將軍與南
東巡命屈行右丞相山陽侯奚斤行左丞相命
掌軍國甚有聲譽後吐京胡與離石胡出以兵

【魏傳二】

等叛置主將校外引赫連屈丏屈督會稽公劉
潔永安俟魏勤捍之勤沒於陳潔墜馬胡執送
屈丏唯屈衆猶存太宗以屈沒失二將欲斬之
時并州刺史元六頭荒淫怠事乃赦屈令攝州
事屈縱酒頗廢政事太宗積其前後失檻車徵
還斬於市
子磨渾少爲太宗所知元紹之逆也大宗潜隱
於外磨渾與叔孫俊許云太宗所在紹使帳下
二人隨磨渾往規爲逆磨渾既得出便縛帳下

詣太宗斬之太宗得磨渾大喜因爲羽翼以勳
賜爵長沙公拜尚書出爲定州刺史卒

神元平文諸帝子孫列傳第二　魏書十四

魏收書神元平文諸帝子孫列傳亡後人補
以此史又取高氏小史附益之後卷魏收舊
史亡者皆放此

昭成子孫列傳第三　魏書十五

寒君者昭成皇帝之庶長子也性愚戇安忍不
仁昭成李年苻堅遣其行唐公苻洛等來寇南
境昭成遣劉庫仁逆戰於石子嶺昭成時不勝
不能親勒衆軍乃率諸部避難陰山度漠北高
車四面寇抄復度漠南苻洛軍退雲中初
昭成以子孤讓國乃以半部授孤卒子斤失
職懷怨欲伺隙為亂是時獻明皇帝及秦明王
翰皆先終太祖年六歲昭成不豫慕容氏子關

【魏書傳三】　一　　勝

婆等雖長而國統未定斤因是說寒君曰帝將
立慕容所生而懼汝為變欲先殺汝其以頃日
以來諸子戎服夜持兵仗達汝庭舍伺便將發
吾懸而相告時苻洛等軍猶在君子津夜常警
備諸皇子挾仗傍徨廬舍之間寒君視察以斤
言為信乃率其屬盡害諸皇子昭成亦暴崩其
夜諸皇子婦及宮人奔告苻洛軍堅將李柔張
蚝勒兵內逼部衆離散苻堅聞之召燕鳳問其
故以狀對堅曰天下之惡一也乃執寒君及斤

轅之於長安市

寒君孫勿期位定州刺史賜爵林慮侯卒
子六狀真定侯

秦明王翰昭成皇帝第三子少有高氣年十五
便請率騎征討帝壯之使領二千騎及長統兵
號令嚴信周旋征討多有剋捷建國十年卒太
祖即位追　贈秦王謚曰明
子儀長七尺五寸容貌甚偉美鬚髯有籌略少
能舞劍騎射絕人太祖幸賀蘭部侍從出入登

【魏書傳三】　二　　闥

國初賜爵九原公從破諸部有謀戰功及太祖
將圖慕容垂遣儀觀釁垂問儀太祖不自來之
意儀曰先人以來世據北土子孫相承不失其
舊乃祖受晉正朔爵稱代王東與燕世為兄弟
儀之奉命理謂非失垂壯其對因戲曰燕若不
四海鄉主不自見吾云何非失儀曰燕若不脩
文德欲以兵威自強此乃本朝將帥之事非儀
所知也及還報曰垂死乃可圖今則未可太祖
作色問之儀曰垂年已暮其子寶弱而無威謀

不能決慕容德自負才氣非弱主之臣矍將內
起是可計之太祖以為然後政封平原公太祖大
征衞辰儀出別道獲衞辰首行宮太祖
喜從封東平公命督屯田於河北自五原至棝
陽塞外分農稼大得人心慕容寶之寇五原儀
攝據朔方要其還路及并州平儀功多遷尚書
氏賜儀并其僮僕財物尋遷都督中外諸軍事
左丞相進封衞王中山平復遣儀討鄴平之太
祖將還代都置中山行臺詔儀守尚書令以鎮
之遠近懷附尋徵儀以丞相入輔又從征高車
儀別從西北破其別部又從討姚平有功賜以
絹布綿牛馬羊等儀賀力過人合力將十石陳
留公廆稍大稱異時人云衞王弓桓王稍世祖
之初育也太祖喜夜召儀入太祖曰卿聞夜喚
乃不怪懼乎儀曰臣推誠以事陛下陛下明察
臣輒自安忽奉夜詔怪有之懼實無也太祖告
以世祖生儀起拜而歌舞遂對飲申旦召羣臣

入賜儀御馬御帶練錦等先是上谷侯及張袞
代郡許謙等有名于時學博今广亡初來入國聞
儀待士先就儀儀亦禮之共談當世之務指畫
山河分別墟邑成敗要害造次備舉謙等歎服
相謂曰平原公有大才不世之略五哥等當附其
尾太祖以儀器望待之尤重數其第如家人
禮儀孫功恃寵遂與宜都公穆崇子遂為亂武
士伺太祖欲為逆崇子遂留在伏士中太祖召
之將有所使遂留聞召恐發踰牆告狀太祖祕
而恕之天賜六年天文多變占者云當有逆臣
伏尸流血太祖惡之頗殺公卿欲以厭當天災
儀內不自安單騎道走太祖使人追執之遂賜
死葬以庶人禮儀十五子
子纂五歲太祖命養於宮中少明敏動止有禮
太祖愛之天賜之恩與諸皇子同世祖踐阼除定州刺
史封中山公進爵為王賜步挽几以優異之纂
好酒愛使政以賄成世祖殺其親舅人後悔之纂
脩謹拜內大將軍居官清約簡慎更稱廉立纂

於宗屬昆最長宗室有事咸就諮焉薨諡曰簡

纂弟良性忠篤太宗追錄儀功封南陽王以紹

儀後

良弟幹機暗沈勇善弓馬少有父風太宗即位

拜內將軍都將以備禁中太宗出遊於白登之

東北幹以騎從有雙鷗飛鳴於上太宗命左右

射之莫能中鷗旋飛稍高幹自請射之以二箭

下雙鷗太宗嘉之賜御馬弓矢金帶一以旌其

能軍中於是號曰射鷗都將從世祖南巡進爵

新蔡公高宗即位拜都官尚書卒諡曰昭

子禎通解諸方之語便騎射世祖時為司衛監

從征蠕蠕忽遇賊別部多少不敵禎乃就山解

鞍放馬以示有伏賊果疑而避之高祖初賜爵

沛郡公後拜南豫州刺史大胡山蠻時鈔掠

前後守牧多羈縻而已禎乃設畫召新蔡襄城

蠻魁三十餘人禎盛武裝於州西為置酒使之

觀射先選左右能射者二十餘人禎自發數前

皆中然後命左右以次而射並中先出一囚犯

死罪者使服軍衣亦參射限命射不中禎即責

而斬之蠻魁等威畏相視股慄又預教左

右取死囚十人皆著蠻衣云是鈔賊禎乃臨坐

僞舉目瞻天微有風動禎謂蠻曰風氣少暴似

有鈔賊入境不過十人當在西南五十里許即

命騎追捕果縛送之向代共禎告諸蠻曰爾鄉里作

賊如此合死以不蠻等皆叩頭曰合萬死禎即

斬之乃遣蠻還并加慰諭諸蠻犬服自是境無

暴掠淮南之人相率投附者三千餘家禎置之城

東汝水之側名曰歸義坊初豫州城豪胡丘生

為不軌詐以婚進城告丘生嘗有犯懷恨圖

家送之向代共謀翻城城人石道起以軍密告

禎速掩丘生并諸預謀者禎曰吾不負人人何

以叛但丘生誣誤若即收捕眾必大懼吾靜以

待之不久自當悔服語未訖而城中三百人自

縛詣州門陳丘生謗誣之罪丘生單騎逃走禎

恕而不問後徵為都牧尚書薨贈侍中儀同三

第五子瑞初瑞母尹氏有娠致傷後晝寢夢一
老翁具衣冠告之曰吾賜汝一子汝勿憂之寤
而私喜又問筮者曰大吉未幾而生瑞禎
以為慟夢故名瑞字天賜位太中大夫卒贈太
常卿

儀弟烈剛武有智略元紹之逆百寮莫敢有聲
惟烈行出外詐附紹普執太宗紹信之自延秋
門出遂迎立太宗以功進爵陰平王薨謚曰熏

子裒襲

魏書傳三　七

烈弟觚勇略有膽氣少與兄儀從太祖待衞左
右使於慕容垂垂末年政在羣下遂止觚以求
略太祖絕之觚率左右數十騎殺其衛將走歸
為慕容寶所執歸中山垂待之逾厚觚因留心
學業誦讀經書數十萬言垂之國人咸稱之
太祖之討中山慕容普驎既自立遂害觚以固
衆心太祖聞之哀慟及平中山發普驎棺斬其
尸收議害觚者高霸程同等皆夷五族以大刃

劉殺之乃改葬觚追謚秦愍王封子崚為豫章
王以紹觚

常山王遵昭成子壽鳩之子也少而壯勇不拘
小節太祖初有佐命勳賜爵略陽公慕容寶之
敗也別率騎七百邀其歸路由是有叅合之捷
及平中山拜書左僕射加侍中領勃海之合
口及博陵勃海羣盜起遵討平之遷州牧封常
山王遵好酒天賜四年坐醉亂失禮於太原公
主賜死葬以庶人禮

魏書傳三　八

子素太宗從母所生特見親寵少引內侍頻歷
顯官賜爵尚安公拜外都大官世祖初復襲爵
休屠郁原等叛素討之斬渠率徒千餘家於涿
鹿之陽立平源郡以戮之及平統萬以素有威
懷之略拜假節征西大將軍以鎮之後拜內都
大官高宗即位務崇寬征罷諸雜調有司奏國
用不足固請復之惟素曰臣聞百姓不足君孰
與足帝善而從之詔羣臣議定皇子名素及司
徒陸麗議曰古帝王之制名其體有五有信有

義有象有假有類伏惟陛下當盛明之運應昌
發之期又年老帝宜以德命高宗從之素宗屬
之懿又年老帝每引入訪以治國政事固辭疾
歸第雅性方正居官五十載終始如一時論賢
之薨謚曰康陪葬金陵配饗廟庭

長子可悉陵年十七從世祖獵遇一猛虎陵遂
空手搏之獻世祖曰汝才力絕人當為國立
事勿如此也即拜內行阿干又從平涼州沮渠
茂虔令一驍將與陵相擊兩槊皆折陵抽箭射
之墮馬陵恐其救至未及拔劍以刀子屠其頸
使身首異處世祖壯之即日拜都幢將封暨陽
子卒于中軍都將

弟陪斤襲爵坐事國除

陪斤子昭小字阿倪尚書張舜引兼殿中郎高
祖將為齊郡王蘭舉哀而昭乃作宮懸高祖大
怒詔曰阿倪愚騃誰引為郎於是黜爲白衣守
尚書昭遂傳廢世宗時昭從弟暉親寵用事稍
遷左丞世宗崩于忠執政昭爲黃門郎又曲事

之忠專權擅威陛墮忠賢多昭所指導也靈太
后臨朝爲尚書河南王龍而很戾理務峭急所
在患之尋出爲雅州刺史在州貪虐大爲人害
後入爲尚書諜事劉騰進號征西將軍卒贈尚
書左僕射納貨元父所以贈禮優越

昭子玄字彥道以節儉知名莊帝時議善之後
及前廢帝即位玄上表乞葬莊帝時爲左僕射
除尚書左丞出帝即位玄依法舉劾當時咸爲
齊獻武王心贊仗入省玄
玄懼出帝重其強正封臨淄縣子後從帝入關

昭弟紹字醜倫少聰慧遷尚書右丞紹斷決不
避強禦世宗詔令檢趙脩獄以脩倖幸因此遂
加杖罰令其致死帝責紹曰惰姦使
甚於董賢臣若不因釁除之恐陛下復被哀帝
之名以其言正遂不罪焉及出廣平王懷拜紹
賀曰阿翁乃皇家之正直雖朱雲汲黯何以仰
過紹曰但恨戮之稍晚以爲愧耳卒於涼州刺
史

陪斤弟忠字仙德少沈厚以忠謹聞高祖時累
遷右僕射賜爵城陽公加侍中鎮西將軍有翼
贊之勤百寮咸敬之太和四年病篤辭退養疾
於高柳輿駕親送都門之外賜雜綵二百四疋
寮侍臣執別者莫不涕泣及卒皆悼惜之謚曰
盛弟壽興少聰慧好學世宗初為徐州刺史在
官貪虐失於人心其從兄侍中暉深害其能因
宣命有司為立碑銘有十七子
子盛字始興襲爵位謂者僕射卒

譖之於帝詔尚書崔亮馳檢覆亮發曰受暉
旨遂鞭撻二賓婦令其自誣稱壽興壓己為婢
壽興終恐不免乃令其外弟中丞參軍薛循義
將車十乘運小麥經甘禁之旁壽興因踰墻出
循義以大木函盛壽興其上加麥載之而出遂
至河東匿循義家逢赦初出見世宗自陳為暉
所譖世宗亦更無所責初壽興為中庶子時王
顯在東宮賊因公事壽興杖之三十及顯有寵
為御史中尉奏壽興在家每有怨言誹謗朝廷

因帝極飲無所覺悟遂奏其事命帝汪司直付
壽興賜死帝書半不成字當時見者亦知非本
心但懼暉等威不敢申拔及行刑日顯自往看
之壽興命筆自作墓誌銘曰洛陽男子姓元名
景有道無時不永餘文多不載季壽興之死
曰我棺中可著百張紙筆兩枚吾欲訟於地
下若高祖之靈有知必取顯如遂無知
亦何足戀及世宗崩顯尋被殺壽興之死時論
亦以為前任中尉彈高　闕　讒諷所致靈太后臨

朝三公郎中崔鴻上疏理壽興詔追雪贈豫州
刺史謚曰莊
壽興弟益生少云
忠弟德封河間公卒於鎮南將軍贈曹州刺史
德子悝潁川太守卒於光州刺史謚曰恭
子巋字子仲出帝初授兗州刺史于時城人王
奉伯等相謀逆棄城出走懸門發斷疑要　闕
而出詔亦州刺史尉景本州刺史蔡儁各部在
尉士往討之疑返復任封濮陽縣伯孝靜時轉

尚書令攝選部疑難居重任隨時而已竟於瀛
州刺史贈司徒公諡曰靖懿

忠子暉字景襲少沉敏頗涉文史世宗即位拜
尚書主客郎巡省風俗還奏事稱旨皆為給事黃
門侍郎初高祖遷洛而在位舊貴皆難於移徙
時欲和合眾情遂許冬則居南夏便居北世宗
頗惑左右之言遂有還北之問至乃牓賣
田宅不安其居暉乃請間言事世宗曰先皇遷
都之日本期冬南夏北朕欲畢遵成詔故有外

人之論暉曰先皇移都為百姓戀土故發冬夏
二居之詔權寧物意耳乃是當時之言實非先
皇深意且此來遷人安居歲久公私計立無復
遠情陛下終高祖定鼎之業勿信邪臣不然之
說世宗寵之冊遷侍中領右衛將軍雖無補益
深被親寵凡在禁中要密之事暉別奉旨藏之
於櫃唯暉入乃開其餘侍中黃門莫有知者侍
中盧昶亦蒙恩眄故時人號曰饑虎將軍饑鷹
侍中遷吏部尚書納貨用官皆有定價大郡二

千匹次郡一千匹下郡五百匹其餘受職各有
差天下號曰市曹出為冀州刺史下州之日連
車載物發信都至湯陰間首尾相繼道路不斷
其車少脂角即於道上所逢之牛生截取角以
充其用暉檢括丁戶聽其歸首出調絹五萬匹
然聚斂無極百姓患之肅宗初徵為尚書左僕
射詔攝吏部選事上疏曰臣聞治人之本寬委
牧守之官得其人則政平物理失其人則訟興
怨結自非察訪善惡明加黜賞將何以黜彼貪

急陛此清勤也竊以大使巡省必廣迎送之費
御史馳糾頗回威濫之刑且暫爾往還理不委
悉縱有簡舉良未平當愚謂宜令三司八座侍
中黃門各布耳目外訪州鎮牧將治人守令能
不若德教有方清白獨著者宜以名聞即加褒
此則不出庭戶坐知四方端委垂拱明賞審罰
若治績無效貪暴遠聞亦便示牒登加貶退如
矣又表以御史之職鷹鸇是任必逞爪牙有所
噬搏若選後生年少血氣方剛者恐其輕肆勤

直傷物颭廣惠謂宜簡宿官經事忠良平慎者
爲之詔付外依此施行後詔暉與任城王澄京
兆王愉東平王匡共決門下大事暉又上書論
政要其一曰御史之職務使得賢必得其人不
拘階秩久於其事責其成功其二曰安人寧邊
觀時而動須來邊將亡遠大之略貪萬一之功
楚梁之好未聞而贊嫗之怨屢結斯乃庸人所
爲銳於姦利之所致也平吳之計自有良圖不
在於一城一戍也又河比數州國之基本飢荒
永
多年戶口流散方今境上兵復徵即如此日
何易舉動愚謂數年以來唯宜靜邊以息役
安人勸農展惠此中夏請嚴勅邊將自今有賊戍
求內附者不聽輒遣援接皆須表聞達者雖有
功請以違詔書論三曰國之資儲唯藉河北飢
饉積年戶逃散生長姦詐因生隱藏出縮老
小妾注死失收人租調割入於已人困於下官
損於上自非更立權制善加檢括損耗之來方
在未已請求其議明宣條格帝納之暉頗愛文

學招集儒士崔鴻等撰錄百家要事以類相從
名爲科錄九二百七十卷上起伏羲迄於晉宋
九十四代暉疾篤表上之神龜元年卒賜東園
祕器贈使持節都督中外諸軍事司空公諡曰
文憲將葬給羽葆班劍鼓吹二十人羽林百二
十人

陳留王虔昭成子紇根之子也少以壯勇知名
登國初賜爵陳留公與衛王儀破黜弗部從攻
衛辰慕容寶來冠虔絕其左翼寶敗垂惠憤來
桑乾虔勇而輕敵於陳戰沒虔姿兒克魁傑武力
絕倫每以常稍細短大作之猶患其輕復綴鈴
於刃下其弓力倍常人以其殊異於世代京
武庫常存而志之虔常臨陣以稍刺人遂貫而
高舉又嘗以一手頓稍於地馳馬偽退敵人爭
取引不能出虔引弓射之一箭殺二三人搖稍
之徒亡魂而散徐乃令人取稍而去每從征討
常先登陷陳虔冠當時敵無衆寡莫敢抗其前
者及薨舉國悲歎爲之流涕太祖追惜傷慟者數

焉追諡陳留桓王配饗廟庭封其子悅為朱提王

悅外和內恨太祖常以桓王死王事特加親寵

為左將軍襲封後為宗師悅恃寵驕矜每謂所

親王洛生之徒言曰一旦宮車晏駕吾止避衞

公除此誰在吾前衞王儀美鬚為內外所重悅

故云初姚興之贖狄伯支反之路由鴈門悅

因背誘姦暴以取其意後遇事譴逃亡投鴈門

規收其家傑忿為土人執送太祖恕而不

罪太宗即位引悅入侍仍懷姦計說帝云京師

雜人不可保信宜誅其非類者又鴈門人多詐

并可誅之欲以雪其私忿太宗不從悅內自疑

懼懷刀入侍謀為大逆叔孫俊疑之竊視其懷

有刀執而賜死

弟崇世祖詔令襲桓王爵崇性沈厚初衞王死

後太祖欲敦宗親之義詔引諸王子弟入宴常

山王素等三十餘人咸謂與衞王相坐疑懼皆

出迚迺將奔蠕蠕唯崇獨至太祖見之甚悅厚

加禮賜遂寵敬之素等於是亦安又之拜并州

刺史有政績從征蠕蠕別督諸軍出大澤越涿

邪山戍懼漠北薨諡曰景王

子建襲隆爵為公位鎮北將軍懷荒鎮大將卒

建子琛襲位恒朔二州刺史

琛子翌尚書左僕射

慶兒顗性嚴重少言太祖常敬之雅有謀策從

平中山以功賜爵蒲城侯平盧天守特見寵厚

給鼓吹羽儀禮同岳牧茝政以威信者稱居官

七年乃以元易于代顗為郡時易于子万言得

寵於太祖易于恃其子輕忽於顗不生且其狀輕

騎卒至排顗墜牀而據顗坐顗不知已謂以

罪見捕既而知之恥其侮慢謂易于曰我更滿

被代常也汝無禮見辱豈可容哉遂殺之

以狀其聞太祖壯之方言累以許請乃詔顗輸

贖顗乃自請罪太祖赦之復免其贖病卒

子崘世祖時襲父爵以功除總萬鎮將後從永

昌王仁南征別出汝陰濟淮劉義隆將劉康祖

屯於慰武冝以邀軍路師人恚之崘曰今大風

既勁若令推草車方軌並進乗風縱煙火以精
兵自後乗之破之必矣從之斬康祖傳首行宮
高宗即位除秦州刺史進爵隴西公卒謚定公
子琛襲爵
毗陵王順昭成子地干之子也性踈很登國初
賜爵南安公及太祖討中山留順守京師栢肆
之敗軍人有亡歸者言大軍奔散不知太祖所
在順聞之欲自立納莫題諫乃止時賀力眷等
聚衆作亂於陰館順討之不剋乃從留宮自白

登南人繁時故城阻灅水爲固以寧人心太祖
善之進封爲王位司隸校尉太祖好黃老數召
諸王及朝臣親爲說之在坐莫不祗肅順獨坐
寐欠伸不顧而唾太祖怒廢之以王薨於家
遼西公意烈昭成子力真之子也先没於慕容
垂太祖征中山棄妻子迎於井陘及平中原有
戰獲勳賜爵遼西公除廣平太守時和跋爲鄴
行臺意烈性雄耿自以帝屬居跋下遂陰結
徒黨將襲鄴發覺賜死

子拔干博知古今父雖有罪太祖以拔干宗親
委之心腹有計略屢效忠勤太宗踐阼除潄海
太守吏人樂之賜爵武遂子轉平原鎮將得將
士心卒謚曰靈公
子受洛襲進爵武邑公卒
子叱奴武川鎮將
叱奴子洪超頗有學涉大乗賊亂之後詔洪超
持節兼黃門侍郎綏慰冀部還上言冀土寬廣

界去州六七百里負海險遠宜分置二州鎮遏
意烈弟勃善射御以勳賜爵彭城公卒陪葬金
陵
海曲朝議從之後遂立滄州卒於北軍將光祿
大夫
龍以功進封爲王薨陪葬金陵
粟亮直善馭衆撫恤將士必與之同勞逸征和
長子粟襲世祖時督諸軍屯漠南蠕蠕闕表聞
粟弟渾少善弓馬世祖嘉之會有諸方使命渾
射獸三頭發皆中之舉坐咸以爲善及爲宰官

尚書頗以驕縱為失坐事免徙長社為人所害子庫汗為羽林中郎將從北巡有免起乘輿前命庫汗射之應絃而斃世祖悅賜一金兔以旌其能高宗起恭宗廟拜殿中給事進爵為公庫汗即位復造母奉使察行州鎮折獄以情所歷皆稱之秦州父老詣闕乞庫汗為刺史者前後千餘人朝廷許之未及遣遇病卒

子古辰襄

昭成子窟咄昭成崩後符洛以其年長遍徙長安符堅禮之教以書學因亂隨慕容永東遷永以為新興太守劉顯之敗遣弟元堀等迎窟咄遂偪南界於是諸部騷動太祖左右于桓等謀應之同謀人單烏干以告太祖虎駭人心沉吟未發後三日桓以謀白其舅穆崇崇告之太祖乃誅桓等五人餘莫題等七姓悉原不問太祖慮內難乃北踰陰山幸賀蘭部遣安同及長孫賀徵兵於慕容垂賀兔窟咄安同間行遂

達中山慕容垂遣子賀驎步騎六千以隨之安同與垂使人蘭紀俱還達牛川窟咄兄子意烈捍之安同乃隱藏於商賈囊中至暮乃入空井得免仍奔賀驎軍既不至而稍前遍遇賀驎染干陰懷異端乃為窟咄來侵北部人皆驚駭莫有固志於是比部大人叔孫普洛節及諸烏丸奔衛辰賀驎聞之遽遣安同朱譚等來既知賀驎軍近衆乃小定太祖自弩山幸牛川窟咄進屯高柳太祖復使安同詣賀驎因刻會期安同還太祖踰參合出代北與賀驎會於高柳窟咄因迫望旗奔走遂為衛辰殺之帝來收其衆賀驎別帝歸於中山

昭成子孫列傳第三　魏書十五

魏收書昭成子孫列傳二

清河王　　陽平王

河南王　　河間王

長樂王　　廣平王

京兆王

道武皇帝十男宣穆劉皇后生明元皇帝賀夫
人生清河王紹大王夫人生陽平王熙王夫人
生河南王曜河間王脩長樂王處皇子渾及聰
關毉夫人生廣平王連京兆王黎皇子渾及聰

母氏並闕皆早薨無後

魏書傳四　　　一　　　隆

清河王紹天興六年封兇很險悖不遵教訓好
輕遊里巷劫剝行人斫射犬豕以為戲樂太祖
嘗怒之倒懸井中垂死乃出太宗常以義方責
之遂與不協恒懼其為變而紹母夫人賀氏有
譴太祖幽之於宮將殺之會日暮未決賀氏密
告紹曰汝將何以救吾紹乃夜與帳下及宦者
數人踰宮犯禁左右侍御呼曰賊至太祖驚起
求弓刀不獲遂暴崩明日宮門至日中不開紹

稱詔召百寮於西宮端門前北面而立紹從門
扇間謂群臣曰我有父亦有兄公卿欲從誰也
王公已下皆驚愕失色莫有對者良久南平公
長孫嵩曰從王群臣乃知宮車晏駕而不審登
遐之狀唯清平公元烈哭泣而去於是朝野洶
洶人懷異志肥如侯賀護舉烽於安陽城北故
賀蘭部人皆往赴之其餘舊部亦率子弟招集
族人往往相聚紹聞人情不安乃出布帛班賜
王公已下上者數百匹下者十四先是太宗在
外聞變乃還潛于山中使人夜告北新侯安同
眾皆響應太宗至城西衞士執送紹於是賜紹
母子死誅帳下閹官宮人為內應者十數人其
先犯乘輿者群臣於城南都街生臠割而食之
紹時年十六紹母即獻明皇后妹也美而麗初
太祖如賀蘭部見而悅之告獻明后請納焉后
曰不可此過美不善且已有夫太祖密令人殺
其夫而納之生紹終致大逆焉

陽平王熙天興六年封聰達有雅操為宗屬所

魏書傳四　　　二

欽重太宗治兵於東部詔熙督十二軍校閱其
得軍儀太宗嘉之賞賜隆厚後討西部越勤有
功泰常六年薨時年二十三太宗哀慟不已賜
溫明祕器禮物備為熙有七子
長子他龍裒爵身長八尺美姿貌性謹厚武藝過
人從世祖討山胡白龍於西河屠其城別破餘
黨斬首數千級改封臨淮王拜鎮東將軍尋改
封淮南王除使持節都督豫洛河南諸軍事鎮
南大將軍開府儀同三司鎮虎牢威名甚著後

紇倶四

張回

三

與武昌王提率并州諸軍討吐京叛胡曹僕渾
於河西平之拜使持節前鋒大將軍都督諸軍
事北討蠕蠕破之運軍儲於比干城劉義隆遣
將寇邊他從征於懸瓠破之拜使持節都督
泰二州諸軍事鎮西大將軍開府儀同三司雍
州刺史鎮長安綏撫秦土得民夷之心時義隆
寇南鄙以他威信素著復為虎牢鎮都大將軍
宗時轉使持節都督涼州諸軍事鎮西大將軍
儀同如故高祖初入為中都大官拜侍中轉征

西大將軍遷司徒賜安車几杖入朝不趨太和
十二年薨年七十三時高祖有事宗廟始聞
薨為之廢祭興駕親臨哀慟詔有司監護喪事
禮賜有加追贈平東大將軍定州牧司徒如故
謚曰靖王他三子
世子吐万早卒贈冠軍并州刺史晉陽順侯
子顯襲祖爵薨謚曰僖王
子世遵襲世宗時拜前軍將軍行幽州事兼西
中郎將又行青州事尋遷驍騎將軍出為征虜

魏傳四

張回

四

將軍幽州刺史世遵性清和推誠化導百姓樂
之肅宗時以本將軍為荊州刺史尋加前將軍
初在漢陽復有聲迹後頗行貨賄散費邊儲由
是聲望有損沔南蠻首及襄陽民望入密信引世
遵請以襄陽內附世遵表求赴應朝議從之詔
加世遵持節都督荊州及沔南諸軍事平南將
軍加散騎常侍餘如故遣洛州刺史伊瓮生冠
軍將軍魯陽太守崔模等為別將率步騎二萬受
世遵節度軍至漢水模等皆疑不渡世遵恐臨

之以兵模乃濟而內應者謀泄為蕭衍行雍州刺
史所殺築門以自固模焚襄陽邑郭燒殺數萬
口會是夜大風雨雪模等班師士卒凍死十二
三世遵及兗州模並坐免官後除散騎常侍平
北將軍定州刺史百姓安之孝昌元年薨於州
贈散騎常侍征西將軍雍州刺史謚曰康王
子敬先龑歷諫議大夫散騎常侍領主衣都統
起義為顯所害追贈侍中車騎大將軍太尉公
元顥入洛莊帝北巡敬先與叔父均筭于於河梁

魏傳四　五　張固

定州刺史
子宣洪龑歷諫議大夫光祿少卿武定中與元
瑾謀反誅國除
世遵弟均字世平累遷通直常侍征虜將軍以
河梁立義之功封安康縣開國伯食邑五百戶
除散騎常侍平東將軍卒贈使持節征東將軍
青州刺史出帝時復贈驃騎大將軍儀同三司
冀州刺史均六子
長子忻之性麤鄙武㓪有氣力釋褐定州平北府

中兵參軍稍遷尚書右中兵郎以河渚起義之
勳賜爵東阿侯初孝莊之圖尒朱榮元天穆也
忻之密啟臨事之日乞得侍立手斬二人及榮
之死百寮入賀忻之獨蒙勢問莊帝崩於晉陽
忻之內懼及齊獻武王起義河北忻之奔赴後
廢帝時除散騎常侍大丞相右長史徐州刺史
先封安康縣開國伯除撫軍將軍北徐州刺史
道之州屬樊子鵠據瑕丘反遂於中途遇害以
死王事追贈使持節都督定殷二州諸軍事驃

魏書傳四　六

騎大將軍司空公定州刺史謚曰文貞
忻之弟慶鸞武定末司徒諮議參軍
慶鸞弟慶哲終於司農少卿贈中軍將軍濟州
刺史
慶驎弟慶哲終於司農少卿贈中軍將軍濟州
刺史
均弟禹容貌魁偉起家司空參軍轉符璽郎太
常丞鎮遠將軍東海太守帶嶠嶬戍主禹頗好
內學每云晉地有福孝昌末遂詣尒朱榮建義
元年與榮同入洛除中軍將軍金紫光祿大夫
封鄄城縣開國伯邑五百戶為并州東面大都

瞀鎖樂平榮死之後為土民王惡氐起義殺之

後贈征西將軍雍州刺史

子長淵襲武定中南青州長史齊受禪爵例降

禺弟音薩給事中卒贈濟南太守

吐萬弟鍾葵早卒

長子法壽侍御中散累遷中散大夫出除龍驤將軍安州刺史法壽先令所親微服入境觀察風俗下車便大行賞罰於是境內肅然更滿還朝史人詣闕訴乞肅宗嘉之詔復州任後徵為州刺史

魏書傳四 七 羅怨

子慶始大司農丞與父同時見害贈前將軍廣太中大夫加左將軍遷平東將軍光祿大夫建義初於河陰遇害贈車騎將軍相州刺史

慶始弟慶導武定末瀛州騎府司馬

慶導弟慶智美容貌有几案才著作佐郎司徒中兵參軍卒於太尉主簿

法壽弟法僧自太尉行參軍稍轉通直郎寧遠將軍司徒司馬掾龍驤將軍益州刺史素無治

幹加以貪虐殺戮自任威怒無恆王賈諸姓州內人士法僧皆召為卒伍無所假縱於是合境皆反招引外寇蕭衍遣將張齊率眾攻逼城門晝閉行旅不通法僧上表曰臣忝守邊方變生近州之民亦皆擾張唯獨州治僅存而已陷沒慮表賊眾侮張不淺

魏傳四 八 張開刀

之期非旦夕臣自思忖必是死人但恐不得謝罪闕庭既喬枝累辱不淺若死為鬼永曠天顏九泉之下實深重恨合募使間行偷路奔告若臺軍速至猶希全保道兼行而猶未達肅宗詔曰比勅傳豎眼倍道兼行而猶未達更遣尚書郎堪幹者一人馳驛催遣庶令拔彼倒懸救茲危急豎眼頻破張齊於是獲全徵拜光祿大夫出為平東將軍充州刺史轉安東將軍徐州刺史自稱尊號號年天啟大軍致討法僧攜諸彭城自稱尊號號年天啟大軍致討法僧攜諸子擁掠城內及文武南奔蕭衍

鍾葵弟篤字阿成太子右率北中郎將撫冥鎮

將光祿卿出除平比將軍幽州刺史卒諡曰貞

長子浩字洪達太尉長史

他弟渾繼叔父廣平王連

渾弟比陵太延五年為司空賜爵牂牱公除安

遠將軍懷荒鎮大將卒

子天琚襲高祖時征虜將軍青州刺史從駕南

征拜後將軍尋降除西中郎將世祖時

征虜將軍夏州刺史卒贈本將軍濟州刺史

子延伯襲卒

■魏書傳四

河南王曜天興六年封五歲嘗射雀於太祖前

中之太祖驚歡焉及長武藝絕人與陽平王熙

等並督諸軍講武衆咸服其勇泰常七年薨時

年二十有七子

長子提驍烈有父風世祖時襲爵改封潁川王

迎昭儀于塞比時年十六有夙成之量殊域敬

馬後改封武昌拜使持節鎮東大將軍平原敬

都大將在任十年大著威名後與淮南王他討

平吐京叛胡遷使持節車騎大將軍統萬鎮都

九

大將賜馬百匹羊十口甚見寵待太安元年薨

年四十七諡曰成王

長子平原襲爵忠果有智略顯祖時蠕蠕犯塞

從駕擊之平原戰功居多拜假節都督齊兗二

州諸軍事鎮南將軍齊州刺史善於懷撫邊民

歸附者千有餘家高祖時妖賊司馬小君自稱

晉後聚黨三千餘人屯聚平陵號聖君攻破

郡縣殺害長吏平原身自討擊殺七人擒小君

送京師斬之又有妖人劉舉自稱天子扇感百

■魏書四

姓復討斬之時歲穀不登齊民飢饉平原以私

米三千餘斛為粥以全民命北州戎人一千餘

人還者皆給路糧百姓咸稱詠之州民韓焉之

等千餘人詣闕頌之高祖覽而嘉歎及還京師

每歲率諸軍屯於漠南以備蠕蠕遷都督雍秦

梁益四州諸軍事征南大將軍開府雍州刺史

鎮長安太和十一年薨贈以本官加羽葆鼓吹

諡曰簡王有五子長子和襲為沙門捨其子顯以

爵讓其次弟鑒鑒固辭詔許鑒身終之後令顯

十

鹽宇紹達少有父風頗見書傳沉重少言寬和
好士拜通直散騎常侍尋桑加冠軍將軍守河南
尹車駕代以鹽為平南將軍還除左衛將軍
出為征虜將軍齊州刺史時革變之始百度惟
新鹽上遵高祖覽其所上采齊之舊風軌制粲然
皆合規矩高祖鹽覽其所上嗟美者父之顧謂侍
臣曰諸州刺史此旨能如此變風易俗更有何難
下詔褒美班之天下一如鹽所上齊人受詠咸

魏傳四　十一

處受納鹽此旨順其意言無不從於是獄以貽成
取受狼籍齊人苦之鹽冶名大損世宗初以本
將軍轉徐州刺史屬徐究大水民多飢饉鹽表
加賑恤民賴以濟先是京兆王愉為徐州王既
年少長史盧淵寬以駈下郡縣多不奉法鹽表
曰梁郡太守程靈虯唯酒是貪財為事虐政

殘民寇盜並起黷音悖響晉盈於道路部境呼嗟
斂焉怨梁郡密邇偽譎醜聲易布非直有黜
清風臣恐取嘩荒遠請免所居官以明刑憲詔
免靈虯郡徵還京師於其徐境書關然衍衍角城
戰破之乘勝而進遂趕角城世宗詔鹽曰知摧
率兵柴慶宗以城內附鹽遣淮陽太守吳秦生
戍主朱慶宗之衍淮援軍已來斷路濟川路衝
角城威謀風辰稱良以欣然此城遮帶淮濟川衝
要自晉經鉴掌未能尅之蟻固積紀每成邊生將

魏傳四　十二

軍淵規濟連妙略克宣關境尅城功署著不日據
要扼喉津徑勢阻可謂動高三捷朕甚嘉焉守
御諸耳善以量度矜慰之使尋當別遣年四十
二薨贈衛大將軍齊州刺史王如故諡曰悼王
長子伯宗員外郎
次仲淵蘭陵太守並早卒
仲淵弟李偉武定中太尉中兵參軍
和字善意鹽宛之後與鹽子伯宗競求承龍驤尚
書令肇奏和太和中出為沙門讓爵於鹽鹽後

以和子顯年在弱冠宜承基緒遜王爵以歸

正徽先朝詔終臨鑒既身聽如其請臨鑒既薨薨斃和求

龍襲封謹尋詔旨聽傳子顯不許其襲世宗詔曰和先讓後求

求有乖道素請令伯宗承龍襲世宗詔曰和初以

讓終臨鑒還讓其子交讓之道於是乎著其子

早終可聽和龍襲尋拜諫議大夫兼太子率更令

轉通直散騎常侍兼東中郎將肅宗時出為輔

國將軍涼州刺史坐事免之除東郡太守正

光四年薨贈安東將軍相州刺史

頁五五　魏傳四　十三　舊圖三

子謙字思義襲襲爵後拜前軍將軍征蠻都督莊

帝初於河陰遇害贈散騎常侍征東大將軍儀

同三司相州刺史

子棽襲齊受禪例降

監弟榮字冤生高祖時直寢從駕征新野終於

羽林監

榮弟亮字辟邪威遠將軍羽林監卒贈河間太

守

亮弟馗字道明太尉府行參軍司徒掾鎮遠將

軍太僕少卿出除安西將軍東泰州刺史建義

初卒於州贈征東將軍青州刺史

河間王脩天賜四年封泰常元年薨無子世祖

繼絕世詔河南王曜之子羯兒襲脩爵改封

略陽後與永昌王健督諸軍討尨蠡保周於

番和徙張掖民數百家於武威遂與諸將私自

沒入坐貪暴降爵為公後統河西諸軍鎮蠕蠕

至於漠南仍復王爵加征西大將軍正平初有

罪賜死爵除

親傳四　十四　昇

長樂王處文天賜四年封聰辯風成年十四泰

常元年薨太宗悼傷之自小斂至葬常親臨哀

慟陪葬金陵無子爵除

廣平王連天賜四年封始光四年薨無子世祖

繼絕世以陽平王熙之第二子渾為南平王

以繼連後加平西將軍渾好弓馬射鳥輒歷

飛而殺之時皆歎異焉世祖嘗命左右分射勝

者中的籌滿詔渾解之三發皆中世祖大悅器

其藝每能常引侍左右賜馬百匹僮僕數十人後

拜假節都督平州諸軍事領護東夷校尉鎮東
大將軍儀同三司平州刺史鎮和龍在州綏導
有方民夷悅之徙涼州鎮將都督西戎諸軍事
領護西域校尉賜御馬二疋臨鎮清慎恩著涼
土更滿還京父老皆涕泣追送若違所親太和
十一年從駕巡方山道薨
子飛龍襲後賜名齊身長九尺腰帶十圍容貌
魁偉雅有風則貞白卓然好直言正諫朝臣憚
之高祖特垂欽重除宗正卿右光祿大夫詔曰
自今奏事諸臣相稱可云姓名惟南平王一人
可直言其封還左光祿大夫太和十七年薨賜
朝服一具衣一襲東園第一祕器絹千匹高祖
總襄臨賮月襲哀慟左右醜不舉樂贈衛將軍定
州刺史賜帛五百四諡曰安王子貞襲
纂亦有譽於時除恢武將軍進平西將軍領西
中郎將出為安比將軍平州刺史景明元年薨
於平城
子伯和襲永平三年薨贈散騎侍郎諡曰哀王

子思略武定末瀛州治中

思略弟叔略武定中太尉主簿

京兆王黎天賜四年封神麚元年薨

繼字世仁襲封江陽王加平北將軍薨無子顯祖

以南平王霄第二子繼爲根後

子根龍改封江陽王加平北將軍薨高祖時除

撫冥懷荒三鎮諸軍事鎮北將軍柔玄鎮大將

魏書傳四 十七

入爲左衛將軍兼侍中又兼中領軍留守洛京

尋除持節平北將軍鎮撫舊都高車酋帥樹者

擁部民反叛詔繼都督北討諸軍事自懷朔已

東悉畫繼繼度繼表高軍頑黨不識威憲輕相

合集背役逃歸計其凶反事合窮極若悉追戮

恐遂擾亂請道使鎮別推檢斬豎首一人自餘

加以慰喻若悔悟從役者即令赴軍詔從之於

是叛徒往往歸順高祖善之顧謂侍臣曰江陽

良足大任也車駕北巡至鄴而高車來隆恬朝

清定繼以高車擾叛頻表請罪高祖優詔諭之

世宗時除征虜將軍青州刺史轉平北將軍恒

州刺史入爲度支尚書繼在青州之日民飢餒

爲家僮取民女爲婦妾又以良人爲婢爲御史

所彈坐免官爵後大將軍高肇伐蜀世宗以繼

爲平東將軍鎮過徐楊世宗崩及靈太后以繼

臨朝繼子義先納太后妹復繼尚書本封尋除

侍中領軍將軍又除特進驃騎將軍侍中領軍

魏書傳四 十八

如故繼頻表固讓許之又詔還依前授太師高

動增邑二千五百戶繼又上表陳謝詔聽減尸

八座奏追論繼太和中慰喻高車安輯四鎮之

陽王雍太傅清河王懌太保廣平王懷及門下

五百靈太后以子義姻戚數與蕭宗幸宅置

酒高會班賜有加尋加侍中驃騎大將軍儀同

三司特進領軍如故徙封京兆王繼疾患積年

枕養于家每至靈太后與蕭宗遊幸於外時令

扶入居守禁內及節慶宴饗皆力疾參爲還司

空公侍中如故寬和容裕號爲長者神龜末子

义得志轉司徒公仍加侍中繼以番王宿官舊
貴高祖時歷內外顯任意遇巳隆靈太后臨朝
入居心膂兼處門下歷轉台司义又居權重榮
赫一世繼頻表遜位乞以司徒授崔光詔遣侍
中安豐王延明給事黃門侍郎盧同敦勸繼又
啓固讓轉太保侍中如故加後部鼓吹勸繼又
辭不許詔曰至節嘉辰禮有朝慶親尊咸老理
旦優異王位至高年宿可依齊郡王簡故事朝記
引坐免其拜伏轉太傅侍中如故頻讓不許又

遣使敦勸乃受之時义執殺生之柄威福自己
門生故吏遍於省闥拜受之日送者傾朝富世
以爲榮有識者爲之致懼太官給酒膳供賓客
又詔令乘步挽至殿庭兩人扶侍禮秩與丞相
高陽王相埒後除使持節度西道諸軍及
尚書事大都督節度西道諸軍及出師之日車
駕臨餞傾朝祖送賞賜万計轉太尉公侍中太
師錄尚書都督並如故尋詔班師繼啓求還復
江陽詔從之繼既更令貪婪聚斂無巳牧守令長

新除趙官無不受納貨賄以相託付妻子各別
請屬至乃郡縣微吏亦不得平心選舉憑义威
勢法官不敢糾摘天下患之义黜繼廢於家初
尒朱榮之爲直寢世數以名馬奉义接以恩
意榮其德之建义我初復以繼爲太師司州牧永
安二年薨贈假黃鉞都督雅華涇邠泰岐河梁
益九州諸軍事大將軍錄尚書大丞相雅州剌
史王如故諡曰武烈

义繼長子字伯儁小字夜义世宗時拜員外郎
靈太后臨朝以义妹夫除通直散騎侍郎义妻
封新平郡君後遷馮翊郡君拜女侍中义以此
意勢日盛尋遷散騎常侍光祿少卿領嘗食典
御轉光祿卿义女夭靈太后詔以义長女年垂
弱笄奄致天喪悼念兼懷可贈鄉主尋遷侍中
餘官如故加領軍將軍既在門下兼摠禁兵深
爲靈太后所信委太傅清河王懌以親賢輔政
衆決機事以义特寵驕盈志欲無限懌裁之以
法义輕其爲人每欲斥黜之义遂令通直郎宋

維告司染都尉韓文殊欲謀逆立懌懌坐禁止後竄治無實懌雖得免猶以兵衛守於宮西別館父之義恐懌終為巳害乃與侍中劉騰密謀靈太后時在嘉福未御前殿騰詐取主食中黃門胡玄度胡定列誣懌云許度等金帛令必毒藥置御食中以害帝自望為帝許度兄弟當貴騰以具奏蕭宗聞而信之乃御顯陽殿開永巷門靈太后不得出懌入遇義於舍章殿後欲入徽章東閣義屬聲未聽懌曰汝欲反邪義

曰元義不反正欲縛反人義命宗主及直齋等三十人執懌衣袂將入舍章東省使數十人防守之騰稱詔召集公卿議以大逆論咸畏懌無敢異者唯僕射游肇執意不同語在其傳義持公卿議入奏俄而事可夜中殺懌於是假為靈太后詔辭遜之詔以遂與太師高陽王雍等輔政常直㮠中蕭宗呼為姨父後專綜機要巨細波之威振於內外百寮重跡相州刺史中山王熙抗表起義以討義為名不果見誅義尋

遷衞將軍餘如故後靈太后與蕭宗讌於西林園日暮還宮右衞將軍奚康生復欲圖義不克而誅語出在其傳是後蕭宗從御徽音殿義亦入居殿右既在密近曲盡佞媚以承上旨遂蒙寵信出入禁中恒令勇士持刀劍以自先後公私求見者遇對之而巳乃封其子亮平原郡開國公食邑二千戶及拜蕭宗御南門臨觀並賜御

有時出止息其中腹心防守以備竊發人物行止彌加威防義於千秋門外廠下施木闌檻馬帛千四初義之專政矯情自飾勞謙待士時事得失頗以關懷而才術空淺終無遠致得志之後便驕恣恍酒好色與奪任情乃於禁中自作別庫掌握之竇充牣其中又曾卧婦人於食與以帊覆之今人聲入禁內出亦如之直衞雖知莫敢言者輕薄趨勢之徒以酒色事之姑姊婦女朋淫無別政事怠惰綱紀不舉州鎮守宰多非其人於是天下遂亂矣從劉騰死後防衞微緩義頗亦自寬時宿於外每日出遊留連他

邑靈太后微察知之義積習生常無復虞慮其所親諫義義又不納正光五年秋靈太后對蕭宗謂羣臣曰隔絕我毋子不聽我往來兒聞復何用我為放我出家我當永絕人間脩道於嵩高閑居寺先帝聖鑒於未然本營此寺者正為我今日欲自下髮蕭宗與羣臣大懼叩頭泣涕殷勤苦請靈太后聲色甚厲意殊不回蕭宗乃宿於嘉福殿積數日遂與太后密謀圖義蕭

宗內雖圖之外形彌密靈太后頗忿之言欲得往來顯陽之意皆以告義又對義流涕叙太后欲出家憂怖之心如此密言曰有數四殊不為疑乃勸蕭宗從大后意於是大后數御二宮無復禁礙義舉其親元法僧為徐州刺史法僧據州反叛靈太后舉以為言義深慙悔丞相高陽王雍位重於義而甚畏憚欲進言於蕭宗而事無因會太后與蕭宗南遊洛水雍邀請車駕遂幸雍第日晏蕭宗及太后至雍內室從者莫得而入遂定圖義之計後雍從蕭宗朝

太后乃進言曰臣不慮天下諸賊唯慮元義何者義揔握禁旅兵皆屬之父率百万之衆虎視京西弟為都督揔三齊之衆元義無心則已若其有心聖朝將何以抗義雖曰不反誰見其而不可不懼太后曰然元義若忠於朝廷無懼免冠求解乃以義為驃騎大將軍儀同三司尚書令侍中領軍以義為驃騎大將軍儀同三司殊不慮有黜廢之理也後義出宿遂解其侍中

旦欲入宮門者不納尋除名為民初咸陽王禧以逆見誅其子樹牽蕭衍衍封為鄴王及法僧反叛後樹遺公卿百官書曰魏室二不遑榮賢擅朝社禝阽危綴旒非臂元義險愿狼戾人倫不齒屬籍踈遠妻無閨墅特以太后姻婭早蒙寵擇曾不懷音公行及嚙肆荼悷逆人神同憤目頃境土所傳咸云義狼心董毐毋藉權位雪滋含忍詭詐與日月而彌甚無君之心非復一日篡逼之事昌暮必行抑又聞之夫名以出信信

以制義山川隱疾且猶不以名成師兆亂巨君
不臣求之史籍有自來矣元義本名夜叉弟羅
實名羅剎夜叉羅剎此鬼食人非遇黑風事同
飄惰嗚呼魏境離此二災惡木盜泉不息不飲
勝名梟稱不入不為況昆季此名表能噬物日
露久矣始信斯言況乃毋后幽繼主蒙塵釋
位揮戈言謀斯言況不在今日何謂人臣諸賢或
弈世載德或將相繼踵或受任累朝或職居機
要或姻戚匪他或忠義是秉俛眉逆手見制凶

咸臣節未申徒有勤悴又聞自義專政億兆離
德重以歲時災厲年年水旱牛馬殭踣桑柘焦
枯飢饉相仍萊色滿道妖災告譴人皆歎息
澗西北羌戎陸梁泗汴左右戍漕流離加以剖
斮忠賢殲殄宗室衰彼本邦一朝橫潰令既率
師將除君側區區之懷庶令冠屨得所大憝同
必誅之戮魏祀無忽諸之非義為遠近所惡如
此其後靈太后顧謂侍臣曰劉騰元義昔遨朕
索鐵券豈得不死朕賴不與中書舍人韓子熙

曰事關殺活豈計與否陛下昔雖不與何解令
曰不殺靈太后憮然未幾有人告義及其弟八
謀反欲令其黨攻近京諸縣破市燒邑郭以驚
動內外先遣其從弟洪業率六鎮降戶反於定
州又令人勾魯陽諸蠻侵擾伊闕義兄為內
應起事有日得其手書靈太后以妹壻之故未
忍便決黃門侍郎李琮之曰元義之罪具尚書
巡未敢羣臣固執不已肅宗又以為言太后乃
遍詔容復傅以惑視聽黃門徐紇趨前欲諫遂

從之於是義及弟爪並賜死於家太后猶以妹
故復追贈義侍中驃騎大將軍儀同三司尚書
義弟羅字仲綱以儉素著稱起家司空參軍事
義庶長子稚祕書郎中義以死之後遂亡本義蕭行
義子亮襲祖爵齊受禪例降
令冀州刺史

轉司徒主簿領嘗食典御散騎侍郎散騎常侍
雖父兄貴盛而虛已謙退恂恂接物遷平東將
軍青州刺史義當朝專政羅望傾四海于時才

名之士王元景邢子才本獎等咸為其賓客從
遊青土時蕭衍遣將寇邊以羅行撫軍將軍都
督青光南青三州諸軍事罷州入為宗正卿孝
莊初除尚書右僕射東道大使出帝時遷常書
令尋除使持節驃騎大將軍開府儀同三司梁
州刺史羅既懦怯孝靜初蕭衍遣將圍逼羅以
州降父死之後羅過義妻時人穢之或云其救
命之計也

　羅弟癸字景㣞少而機警㣞為父所寵愛解褐
祕書郎稍遷給事黃門侍郎金紫光祿大夫求
熙二年卒贈使持節都督涇歧秦三州諸軍事
衛將軍尚書左僕射秦州刺史諡曰懿
奕子德隆武定末太子中庶子
奕弟璧武定末光祿卿
爪字景邑給事中與兄奕同以罪誅
繼弟羅侯遷洛之際以墳陵在比遂家於燕州
之昌平郡内豐資産唯以意得為適不入京師
有賓客往來者必厚相禮遺豪據比方甚有聲

稱義權重以羅侯不樂入仕就拜昌平太守正
光末逆賊大俄佛保陷郡見害
子景遂直寢太常丞
史臣曰桌鏡為物天實生之知母忘父蓋亦禽
獸元紹其人此之不若平陽平以下降年天促
英才武略未顯於時稱首臨淵
有聲渾亦見器雲荷遇高祖繼受任太和苟無
其才名位豈徒及也義階緣寵私智小謀大任
重才弱遂亂天下殺身全杞不亦幸哉

道武十王列傳第四　魏書十六

樂平王　安定王

樂安王　永昌王

建寧王　新興王

明元皇帝七男杜密皇后生世祖太武皇帝

慕容夫人生樂平戾王丕安定王彌闕母氏

慕容夫人生樂安宣王範尹夫人生永昌莊王

健寧王崇新興王俊二王並闕母氏

樂平王丕少有才幹為世所稱太宗以丕長愛

魏書傳五 乙

其器度特優異之泰常七年封拜軍騎大將軍

後督河西高平諸軍討南秦王楊難當軍至略

陽禁令齊肅所過無私百姓爭致牛酒難當懼

還仇池而諸將議曰若不誅豪帥軍還之後必

聚而為寇入以大眾遠出不有所掠則無以充

軍實賞將士將從之時中書侍郎高允參玉軍

事諫曰今若誅之是傷其向化之心恐大軍一

還為亂必速丕以為然於是綏懷初附秋毫無

犯初馮弘之奔高麗世祖詔遣送之高麗不遣

世祖怒將討之丕上疏以為和龍新定宜優復

之便廣修農殖以饒軍實然後進圖可一舉而

滅帝納之乃上書劉絜事以憂薨事在絜傳

諡曰戾王拔龍驤將軍後坐事賜死國除丕之薨

及日者董道秀之死也高允遂著論曰昔明

元末起白臺其高二十餘丈樂平王嘗夢登其

上四望無所見王以問日者董道秀筮之曰大

吉王默而有喜色後事發王遂憂死而道秀棄

市道秀若推六爻以對王曰易稱元龍有悔窮

高曰元高而無民不為善也夫如是則上寧於

王下保於已福祿方至豈有禍哉今舍於本而

從其末咎釁之至不亦宜乎

魏傳五 二

安定王彌泰常七年封大宗討滑臺留守京師

薨諡殤王無子國除

樂安王範泰常七年封雅性沈厚寬和仁恕世

祖以長安形勝之地非範莫可任者乃拜範都

督五州諸軍事備大將軍開府儀同三司長安

鎮都大將高選才能以為僚佐範謙恭惠下推

三

心撫納百姓稱之時秦土新罹寇賊流亡者相
繼範請崇易簡之治帝納之於是寬傜役與人
休息後劉潔之謀範聞而不告事發因疾暴薨
長子良世祖未有子嘗曰兄弟之子猶子也親
撫養之長而壯勇多知常參軍國大計高宗時
襲爵拜長安鎮都大將雍州刺史為內都大官
薨諡曰簡王

魏書傳五

三

永昌王健太常七年封健姿貌瓌壯壯善弓馬達
兵法所在征戰常有大功才藝比陳留桓王而
智略過之從世祖破赫連昌遂西略至木根山
討和龍健別攻拔建德後平叛胡白龍餘黨于
西河世祖襲蠕蠕越涿邪山車駕還詔健殿所
討蠕蠕萬騎追之與數十騎擊之矢不虛發所
中皆應弦而斃遂退威震漠北尋從平涼州健
功居多又討破禿髮保周自殺傳首京師復降
沮渠無諱無疾薨諡曰莊王
子仁襲仁亦驍勇有父風世祖奇之後與濮陽
王閭若文謀為不軌發覺賜死國除

建寧王崇泰常七年封拜輔國將軍從討北虜
有功高宗時封崇子麗濟南王後與京兆王杜
元寶謀逆父子並賜死
新興王俊泰常七年封拜鎮東大將軍少善騎
射多才藝坐法削爵為公俊好酒色多越法度
又以母先遇罪死而已被眨削恒懷怨望頗有
悖心後事發賜國除

明元六王列傳第五　魏書十七

魏書傳五

四

魏收書明元六王列傳亡

晉王　　東平王

臨淮王　廣陽王

南安王

太武皇帝十一男賀皇后生景穆皇帝越椒房
生晉王伏羅舒椒房生東平王翰弗椒房生臨
淮王譚伏椒房生楚王建閭石昭儀生南安王
余其小兒猫兒虎頭龍頭並闕母氏皆早薨無
傳

▲魏書傳六　一　鍾

晉王伏羅真君三年封加車騎大將軍後督高
平涼州諸軍討吐谷渾慕利延軍至樂都謂諸
將曰君從正道恐軍聲先振必當遠遁若潛軍
出其非意此鄧艾擒蜀之計也諸將咸難之伏
羅曰夫將軍制勝萬里擇利專之可也遂間道
行至大母橋慕利延衆驚奔白蘭慕恭利延子拾
寅走阿曲斬首五千餘級降其一萬餘落八年
薨無子國除

東平王翰真君三年封秦王拜侍中中軍大將
軍矣與都曹事忠貞雅正百僚憚之太傅高兒
以翰年少作諸侯箴以遺之翰覽之大悅後鎮
枹罕以信惠撫衆羌戎敬服改封東平王世祖
崩諸大臣等議欲立翰而中常侍宗愛盡翰不
協矯太后令立南安王余遂殺翰
子道符襲爵卒中軍大將軍顯祖踐阼拜長安鎮
都大將皇興元年謀反司馬叚太陽討斬之傳
首京師

臨淮王譚真君三年封燕王拜侍中參都軍

▲魏書傳六　二　昇

後改封臨淮王世祖南討授中軍大將軍先是
劉義隆以鄉山陰固有榮胡家乃積粮為守禦
之備譚率衆攻之獲米三十万以供軍儲義隆
衆驚潰遂斬其將胡崇首万餘級薨諡宣王
特淮之阻素不設備譚造筏數十潛軍而濟賊
子提襲爲梁州刺史以貪縱削除加罰從配比
鎮父之損子負外郎穎免冠請解所居官代父
邊戍高祖不許從詔提從駕南伐至洛陽參定
還都之議尋卒以預參遷都功追封長鄉縣侯

世宗時贈雍州刺史諡曰懿

提子昌字法顯好文學居父母喪哀號孺慕悲
感行人世宗時復封臨淮王未拜而薨贈齊州
刺史諡曰康王追封濟南

子或字文若紹封或退而謂人曰黑頭三公當此人也少
有才學時舉甚美侍中崔光見或甚重之
與從兄安豐王延明中山王熙並以宗室博古
文學齊名時人莫能定其優劣尚書郎范陽盧
思道謂吏部清河崔休曰三人才學雖無優劣

然安豐少於造次中山皁白太多未若濟南風
流沉雅時人為之語曰三王楚琳琅邪王誦有
備員方或姿制閑裕吐發流靡琅邪王誦有名
人也見之未嘗不心醉忘疲拜前軍將軍中書
侍郎奏郊廟歌辭除給事黃門侍郎
或本名其字仕明時侍中穆紹與或同署避紹
父諱啟求改名詔曰仕明風神運吐常自以比
苟文若可名或以取定體相倫之美或求復本
封詔許復封臨淮寄食相州魏郡又長兼御史

中尉或以為倫敘得之不謝領軍于忠忿言之
朝廷曰臨淮雖復風流可觀而無骨鯁之操中
尉之任恐非所堪復去威儀單車而還朝涕為
之歡息累遷侍中衛將軍左光祿大夫兼尚書
左僕射攝選是時蕭衍遣將圍逼溫湯進或以
本官為東道行臺會爾朱榮入洛殺害元氏或
撫膺慟哭遂奔蕭衍遣其舍人陳建孫迎接
并觀或為人建孫還報或風神閑雅衍亦先
聞名深相器待見或於樂遊園因設宴樂或聞

樂聲歔欷涕淚交下悲感傍人衍為之不樂自
前後奔叛皆希旨稱魏為偽唯或上表啟常云
魏臨淮王衍體或雅性不以為責及知莊帝踐
作或意遣其母老請還辭旨懇切衍惜其人才又難
遣其意遣其僕射徐勉私勸或曰昔王陵在漢
姜維相蜀在所成名何必本土或曰死猶願北
况於生也衍乃以禮遣或性至孝事父母盡禮
自經違離不進酒肉容貌憔悴見者傷之累除
位尚書令大司馬兼錄尚書莊帝追崇武宣王

爲文穆皇帝廟號肅祖母李妃爲文穆皇后將
還神主於太廟以高祖爲伯考或表諫曰漢祖
創業香街有太上之廟光武中興南頓立春陵
之寢元帝之於光武踈爲絶服猶尚身奉子道
入繼太宗高祖之於聖躬親實猶子陛下旣
洪緒宣宜忘宗承考妣蓋以大義斯奪又金
德將興宣王受寄自茲而降世秉威權景王意
有毁冕文裂冠祭則魏主而權歸晉

室昆之與李子實傾曹氏且子元宣王家統文王

以今類古恐或非儔又臣子一例義彰舊典禘
成其大業故晉武繼文祖宣景王有伯考之稱
祐失序著議前經曾奉贄稱臣穆皇后稟德坤
祖雖動格宇宙猶此乃君臣並延嫂叔歷
元復將配享乾位此乃君臣並延嫂叔歷
觀墳籍未有其事時並帝意銳朝臣無敢言者
唯或與吏部尚書李神儁並有表聞詔報曰文
穆皇帝動格四表道邁百王是用考循舊軌恭

上尊號王表云漢太上於香街南頓於春陵漢
高不因瓜瓞之緒光武又之德皆身受漢
符命不由父祖別廟異寢於理何差文穆皇帝
天睠人宅歷數有歸朕忝承下武遂主神器旣
帝業有統漢氏非倫若以昔況今不當移寢則
魏太祖晉景帝雖王跡已顯皆以人臣而終豈
得與餘帝別廟有關餘序漢郡國立廟者欲
尊高祖之德使饗遍天下非關太廟神主獨在
外祠薦漢宣之父亦非勳德所出雖不追尊不

亦可乎伯考之名自是尊卑之稱何必準古而
言非類也復云君臣同列嫂叔共室當以文穆
皇帝昔遂臣道以此爲疑禮天子元子猶士禘
祐宣不得同室平且晉文景共爲一代議者云
世限七主無定數昭穆旣同明有共室之理
旣有祔嫂叔何嫌禮士祖禰一廟豈無婦舅共
室也若專以共室爲疑容可更議遷毁蒸嘗帝旣
遍諸妹之請此辭意黃門侍郎常景中書侍郎
邢子才所替戍也又追尊兄彭城王爲孝子宣皇

帝或面諫曰陛下中興意欲憲章前古作而
不法後世何觀歷尊書貫籍未有其事願割支于
之情使名器無越帝不從又神主入廟復勅百
官悉陪從一依乘輿之式或上表以為愛自中
古迄於今若去帝直留皇名求之古義少有依
無帝不納介朱榮死除或司徒公介朱世隆率
淮又不納詔或防河陰及介朱兆率眾奮至或出
部北叛詔或為賊所獲見兆辭色不屈為羣胡所歐
東被門為賊所獲見兆辭色不屈為羣胡所歐

莞出帝贈太師太尉公雍州刺史或美風韻善
進止衣冠之下雅有容則博覽羣書不為章句
所著文藻雖多亡失猶有傳於世者然居官不
能清白所進舉止於親婭為識者所譏無子
弟孝友少有時譽龍驤將軍淮陽王果遷滄州刺史
為政溫和好行小惠不能清白而無所侵犯百
姓亦以此便之孝靜帝實齊文襄王於華林園
孝友因醉自譽又云陛下許賜臣能帝笑曰朕
恒聞王自道清文襄曰臨淮王雅旨舍罪於是

君臣俱笑而不罪孝友明於政理嘗奏表曰令
制百家為黨族二十家為閭五家為比隣百家
之內有帥二十五徵發皆免苦樂不均羊少狼
多復有蠶食此之為弊父矢京邑諸坊或七八
百家唯一里正二史庶事無關而況外州乎請
依舊置三正之名不改而百家為四閭閭二比
計族省十二丁得十二匹貲絹略計見管之戶
應二萬餘族一歲出貲絹二十四萬匹十五丁
出一番兵計得一萬六千兵此富國安人之道

也古諸侯娶九女士有一妻二妾晉令諸王置
妾八人郡公侯妾六人官品令第一第二品有
四妾第三第四第五第六有二妾第七
第八有一妾所以陰教聿脩繼嗣有廣繼嗣
孝也而聖朝忽棄此數由來漸久
將相多尚公主王侯亦娶后族故無妾媵魇以
為常婦人多幸生逢今世舉朝略是無妾天下
殆皆一妻設令人彊志廣娶則家道離索身事
迍邅內外親知共相嗤怪凡今之人通無準節

父母嫁女則教之以妒姑逢迎必相勸以息
持制夫爲婦德以能妒爲女工自云受人欺畏
他笑我王公猶自一心已下何敢二意夫妬忌
之心生則妻妾之禮廢妻妾之禮廢則姦淫之
兆興斯臣之所以毒恨者也請以王公第一品
娶八通妻以備九女稱事二品備七三品四品
備五五品六品則一妻二妾限以一周悉令充
數若不充數及侍妾非禮使妻妬加捶接免所
居官其妻無子而不娶妾斯非自絕無以血食
家國欲使吉凶無不合禮貴賤各有其宜省人
帥以出兵丁立君儲以豐穀食設賞祿以擒姦
盜行典令以示朝章庶使足食足兵父信之矣
又冒申妻妾之數正欲使王侯將相功臣子弟
苗裔滿朝傳祚無窮此臣之志也詔付有司議
奏不同孝友又言令人生爲卑隸葬擬王侯存
沒異途無復節制崇壯丘壠盛飾祭儀隣里相
榮稱爲至孝又夫婦之始王化所先共食合瓢

足以成禮而今之富者彌奢同牢之設甚於祭
槃累魚成山山有林木林木之上驚鳳斯存徒
有煩勞終成委棄仰惟天意其或不然請自茲
以後若婚葬過者以違旨論官司不加糾劾即
與同罪孝友在郡積年以法自守其清者聲稱然
性無骨鯁美善事權勢爲正直者所譏奢受禪爵
例降

昌弟乎字秀和少有令與侍中游肇并州刺史
高聰司徒崔光等見乎咸曰此子當準的人物
后臨朝官者干政乎乃摁括古今名妃賢后凡
爲四卷奏之遷左丞蠕蠕王阿那瓌既得返國
其人大飢道行臺乞糶彼阿那瓌上表請臺賑給詔
恨吾徒徒衰暮不及見耳累遷兼當書石丞靈太
之人未嘗粒食且從俗因利拯其所無昔漢建
武中單于款塞時轉河東米糒二萬五千斛牛
羊三萬六千頭以給之斯即前代和我撫新柔
遠之長策也乞以牸牛産羊餉其口命且畜牧

繁息是其所便毛血之利志兼衣食又尚書奏
云如其仍住七州隨寬置之臣謂人情戀本寧
肯從內若依臣請給賑雜畜愛本重鄉必還舊
土如其不然禁留益損置令遍從事非父計何
者人面獸心去留難測既易水草疴恙將多憂
勃翻歸舊巢必殘掠邑里遺毒百姓亂而方塞
愁致困死亡必甚兼其餘類尚在沙磧旁出狂
未若杜其未萌又貿遷起於上古交易行於中
世漢與胡通亦立關市今北人阻飢命懸溝壑
公給之外必求市易彼若願求宜見聽許又云
營大者不計小名圖遠者弗拘近利雖戎狄裏
盛歷代不同叛服之情略可論討周之北伐獫
獲中規漢氏外攘裁收下策昔在代京恒為重
備將帥勞止甲士疲力前世苦之計未能致今
天祚大魏亂亡在彼朝廷垂天覆之恩廓大造
之德鳩其散亡禮送令返宜因此時善思遠策
竊以理雖万變可以一觀來事雖懸易以往卜
昔漢宣之世呼韓款塞漢遣董忠韓昌領邊郡

李良

十一

士馬送出朝方留衞助又光武時亦令中郎
將段彬置安集掾史隨單于所在參察動靜斯
皆守吉之元龜安邊之勝策今朝廷成功不
減襄時蠕蠕國槃亦同曠日宜準昔成謀略依
舊事借其所開地聽使田牧粗置官屬以久策
撫嚴戒邊兵以見保衞馭反今北鎮諸將舊常慰
親不至矯詐踈不容叛反令仁廉以久策使
夷者也又云先人有奪人之心待降如受敵
一代外邏因令防察所謂天子有道守在四
武非專外亦以防內若從處分割配諸州鎮遼
遠非轉輸可到悔叛之情變起難測又居人畜
業布在原野戎性貪見則思盜防彼蕭此少
兵不堪運流之際易相干犯驅之還本未必樂
去配州內徙復不肯從既其如此為費必大朝
廷不許孚持白虎幡勞阿那瓌號三十万段有異意遂拘留子
鎮關阿那瓌衆於柔玄懷荒二
載以輜車日給酪一升肉一段每集其衆坐守
東廂耕為行臺甚加禮敬阿那瓌遂南過至舊

沈諒

十二

10-254

京後遺孚等還因上表謝罪有司以孚事下廷
尉丞高謙之云孚辱之父孚流罪後拜冀州刺
史孚勸課農桑境內稱為慈父鄰州號曰神君
先是州人張孟都張洪建馬潘崔獨憐張叔緒
王命州郡號曰八王孚至皆請入城願致死效
崔覬張天宜崔思哲等八家比屯保林野不臣
力後為葛榮所陷為榮所執兄祐為防城都督
兄子子禮為錄事參軍榮欲先害子禮孚請先
死以贖子禮叩頭流血榮乃捨之又大集將士
議其死事孚兄弟各誣已引過爭相為死又孟
都潘紹等數百人皆叩頭就法請活使君榮曰
此魏之誠臣義士也凡同禁五百人皆得免榮
卒還除冀州刺史元顥入洛授孚東道行臺彭
城郡王孚封顥逆書送朝廷天子嘉之顥平封
孚萬年鄉男永安末樂器殘毀莊帝命孚監儀
注孚上表曰昔太和中中書監高閭太樂令公
孫崇修造金石數十年閒乃奏成功時大集儒
生考其得失太常卿劉芳請別營造久而方就

魏書傳六 〔十三〕 高

復召公卿量校合否論者沸騰莫有適從被
旨勑並見施用往歲大軍入洛戎馬交馳所有
樂器亡失垂盡臣至太樂署問太樂令張乾龜
等云承前以來置宮縣四箱簨虡六架東北架
編黃鍾之聲十四雖器名黃鍾而聲實夷則考
之音制不其諧韻姑洗縣於東北太簇編於西
北蕤賓列於西南並皆懸架首初不叩擊令便刪廢以
有儀鍾十四虛懸架首初不叩擊令便刪廢以
從正則臣今據周禮及氏脩廣之規磬氏倨句
之法吹律求聲叩鍾求音損除繁雜討論鑄錄
依十二宮各準辰次當位懸設月聲
既備隨用擊考則會還相為宮之義又得律呂
相生之體令量鍾磬之數各以十二架為定奏
可于時搢紳之士咸往觀聽靡不咨嗟歎服而
返太傅錄尚書長孫承業妙解聲律特復稱善
後從出帝入關
廣陽王建閭具君三年封楚王後改封廣陽王
薨謚曰簡王

魏書傳六 〔十四〕 章年

子石侯襲爵薨諡曰哀王

子遺興龍薨諡曰定王無子

石侯弟嘉少沈敏喜愠不形於色兼有武略高

祖初拜徐州刺史甚有威惠後封廣陽王以紹

建閭後高祖南代詔嘉斷均口嘉達失指授令

賊得免帝怒責之曰叔祖定非世孫何太不上

類也及將大漸遺詔以嘉為尚書左僕射與咸

陽王禧等輔政遷司州牧嘉表請於京四面築

坊三百二十各周一千二百步乞發三正復丁

魏書傳六　十五　高異

以充兹役雖有暫勞姦盜永止詔從之拜衛大

將軍尚書令除儀同三司嘉好飲酒或沉醉在

世宗前言笑自得無所顧忌帝以其屬尊年老

常優容之與彭城北海高陽諸王每入宴集極

懽彌夜敷加賞賜帝亦時幸其第性好儀飾車

服鮮華既居儀同又任端首出入容衞道路榮

之後遷司空轉司徒嘉好立功名有益公私多

所敷奏帝雅委付之愛敦人物後來才俊未為

時知者侍坐之次轉加談引時人以此稱之薨

遺命薄葬世宗悼惜之贈侍中太保諡曰懿烈

嘉後妃宜都王穆壽孫女司空從妹也聰明婦

人及為嘉妃多所匡贊光益家道

子深字智遠龍裒爵蕭宗初拜肆州刺史預行恩

信胡字智息後為恂州刺史多匡州多

以此為怕累遷殿中尚書未拜坐淫城陽王徽

妃于氏為徽表訟詔付丞相高陽王雍等宗室

議決其罪以王還第及沃野鎮人破六韓拔陵

魏書傳六　十六　李憲

反叛臨淮王彧討之失利詔深為北道大都督

受尚書令李崇節度時東道都督崔暹敗於白

道深上書曰邊豎構逆以成紛梗其所由來非

一朝也昔皇始以移防為重盛簡親賢擁麾作

鎮配以高門子弟以死防遏不但不廢仕官至

乃偏得復除當時人物忻慕為之及太和在歷

僕射李沖當官任事涼州土人悉免厮役豐沛

舊門仍防邊戍自非得罪當世莫肯與之為伍

征鎮驅使但為虞候白直一生推遷不過軍主

然其往世房分留居京者得上品通官習鎮者
便爲清途所隔或投彼有此以御魑魅多復逃
胡鄉乃峻邊兵之格鎮人浮遊在外皆聽流兵
捉之於是少年不得從師長者不得遊官獨爲
匪人言者流沸自定鼎伊洛邊任益輕唯底滯
莫能自改咸言女妖吏爲此無不切齒增怒及阿
姦吏犯罪配邊爲之指蹤過弄官府政以賄立
凡士出爲鎮將轉相模習專事聚斂或有諸方
那瓌背恩縱掠竊奔命命師追之十五萬衆度沙

魏書傳六

十七

漠不日而還邊人見此援師便自意輕中國尚
書令臣崇時節申聞求改鎮爲州將允其願抑
亦先覺朝廷未許而高闕戍主率下失和拔陵
殺之爲逆命攻城所見必誅王師屢北賊
當日盛此叚之舉指望鎖平其萑渥隻輪不反
臣崇與臣遂巡復路今者相與還次雲中馬首
是瞻未便西邁諸將士之情莫不解體今日所慮
非止西北將恐諸鎮尋亦如此天下之事何易
可量眭不納其策東西二部勅勒之叛韶議更思

深言遣兼黃門侍郎酈道元爲大使欲復鎮爲
州以順人望會六鎮盡叛不得施行深後上言
今六鎮俱叛二部高車亦同惡黨以疲兵討之
不必制敵請簡選兵或留守恒州要處更爲後
圖及李崇徵還深專惣戎政拔陵避蠕蠕南移
深赴之前後降附二十萬人深與行臺元纂表
求恒州比別立郡縣安置降戶隨宜賑贍息其
亂心不從詔遣黃門郎楊置分散之於冀定瀛
渡河先是別將李叔仁以拔陵來逼請求迎援

魏書傳六

十八

三州就食深謂纂曰此輩復爲乞活矣禍亂當
由此作既而鮮于脩禮叛於定州杜洛周反於
幽州其餘降戶猶在恒州深欲推深爲主深乃
上書乞還京師令左衞將軍楊津代深爲都督
以深爲侍中右衞將軍定州刺史時中山太守
趙叔隆別駕崔融討賊失利臺使劉審考覈案
訖會賊逼中山深乃令叔隆防境審馳驛還京
云深擅相放縱城陽王徽與深有隙因此構之
乃徵深爲吏部尚書兼中領軍及深至都蕭宗

不欲使徽深相感勑因宴會令相和解徽銜不
巳後河間王琛等爲鮮于脩禮所敗乃除深儀
同三司大都督並受深節度徽因奏靈太后構深曰廣陽
都督章武王融爲左都督裝衍爲右
愛子握兵在外不可測也乃勑章武王等潛
以防備融遂以勑示深深懼事無大小不敢自
相靈太后聞之乃使問深意狀乃具言曰往者
決義執權移天徙日而徽託附無翼而飛令大
明反政任寄唯重以徽編心銜臣切骨臣以疎
元義執權移天徙日而徽編心銜臣切骨臣以疎
滯遠雖京輦被其構阻無所不爲然臣昔不在
其後自此以來觸成陵谷徽遂一歲八遷位居
宰相臣乃積年淹滯有功不錄自徽執政以來
非但抑臣而巳北征之勳皆被擁塞將士告捷
終無片賞雖爲表請多不蒙遂前留元標據于
盛樂之後依階乞官徽乃盤退不允所請而徐
賊散後被重圍析骸易子倒懸一隅嬰城二載
州下邳戍主賈勳法僧叛後暫被圍逼固守之
勳比之未重乃音得州即授開國天下之事其

流一也功同賞異不平謂何又驃騎本崇北征
之日啓募八州之人聽用關西之格及臣在後
依此科賞復言北道征者不得同於關西定襄
陵廟之至重平城守國之要鎮若計此而論功
亦何負於秦楚但以望風排抑
然其當途以來何直退勳而巳但是隨臣征者
即便爲所嫉統軍表叔和曾經省復令臣兄子
理又聞北征隸臣爲統軍時釁色訴徽初言有
仲顯異端訟臣緝緝翻翻相誹謗言臣惡者
接以恩顏稱臣善者即被嫌責甄琛曾理臣屈
乃視之若仇讎徐紇頗言臣短即待之如親戚
又驃騎長史祖瑩昔在軍中妄增首級矯亂戎
行壹害軍府司馬劉曇直以謗臣之
故徽乃還雪其罪臣府司馬劉曇直送降人既
到定州觸然背叛賊如決河豈其能擁且以臣
府參寮不免身首異處徽既怒遷捨其元惡及
督徒從臣行者莫不悚懼頃恒州之人乞臣爲
剌史徽乃斐然言不可測及降戶結謀臣頻表

啟徽乃因執言此事及向定州遠彼姦惡又復
論臣將有異志翻覆如此欲相陷沒致令國朝
遠賜遷代賊人起之由誰使然也徽既優辛任隆
一世慕勢之徒於臣何有是故餘人攝選車馬
從命自安無所㥜先驅不敢辭事及臣出
是以孜孜乞起京闕屬流人擧斧元戎垂翅復
填門及臣居邊賓遊空至臣近比為廣其為梗
隨證為可疑之北忽稱此以構亂悠悠之人復
都行塵未滅已聞在後復生異議言臣將見自
傳音響言左軍臣融右軍臣衍比旦受密勅伺察
未夷國難猶梗方伯之任於斯為急徽昔潘
臣事徽既用心如此臣將何以自安竊以天步
使得申其利用徽若外從所長臣無內慮之切
乃有人譽及居端右蔑爾無聞今求出之為州
脫蒙關公私幸甚深以兵士頻經退散人無關
情連營轉柵日行十里行達交津隔水而陳賊
脩禮常與葛榮謀後稍信朔州人毛普賢榮常
銜之普賢普魯為深統軍及在交津深使人諭之

普賢乃有降意又使錄事參軍元晏說賊程殺
鬼果相猜貳葛榮遂殺普賢脩禮而自立榮以
新得大衆上下未安遂北度瀛州深便率衆北
轉榮東攻章武王融戰敗於白牛還深遂退走
趙定州聞刺史楊津疑其有異志乃止於州南
佛寺傅三日夜乃召都督毛謐等六七人臂肩
為約危難之際期相拯恤謐討深深意異乃密告
津云深謀不軌津遺謐討深深走出謐叫噪追
蹕深與左右行至博陵郡界逢賊遊騎乃引詣
葛榮賊徒見深頗有喜者榮新自立內惡之乃
害深莊帝追見深頗王爵贈司徒公諡曰忠武
子湛字士淵少有風尚莊帝初襲封孝靜初累
遷冀州刺史所在聚斂威政不立為侍中後
行司州牧時齊獻武王作相以湛頗有器望啟
超拜太尉公薨贈假黃鉞大司馬尚書令諡曰
文獻初湛名位漸重留連聲色始以婢此紫光遺
尚書郎中宋遊道後乃私眈出為冀州竊而攜
去遊道大致紛紛乃云紫光湛父所寵湛毋遺

已將致公文又乃傳息論著兩非之

湛弟瑾尚書祠部郎後謀殺齊文襄事泄合門

伏法

湛子法輪紫光所生也齊王孫湛霸滅乃啓原

之復其爵土

南安王余真君三年封吳王後改封南安王世

祖暴崩中常侍宗愛矯皇太后令迎余而立之

然後發喪大赦改年爲永平余自以非次而立

厚賞羣臣下取悅於衆爲長夜之飲聲樂不絶旬

月之間帑藏空罄无好弋獵出入無度邊方告

難余不恤之百姓憤悗而余晏如也宗愛權恣

日甚內外憚之余疑愛將謀變奪其權愛怒因

余祭廟夜殺余高宗葬以王禮謚曰隱

太武五王列傳第六　魏書十八

魏收書太武五王列傳云

陽平王　　京兆王
濟陰王　　汝陰王
樂浪王　　廣平王

景穆皇帝十四男，恭皇后生文成皇帝。表椒房生陽平幽王新成、京兆康王子推、濟陰王小新成。陽椒房生汝陰靈王天賜、樂良康王萬壽、廣平殤王洛侯，母並闕。孟椒房生南安惠王楨、城陽康王長壽。劉椒房生樂浪厲王雲壽。慕容椒房生章武敬王太洛。尉椒房生樂陵康王胡兒。孟椒房生安定靖王休、趙王深，早薨無傳。母闕。魏舊太子後庭未有位號，且宗即位，恭宗宮人有子者並薨，為椒房。

陽平王新成，太安三年封，拜征西大將軍，後為內都大官。薨，諡曰幽。

長子安壽，襲爵，高祖賜名頤，累遷懷朔鎮大將、都督三道諸軍事。北討，詔徵赴京，助以戰伐之事。對曰：當仰伏廟筭，使呼韓同渭橋之禮。帝嘆

曰：壯哉王言！朕所望也。未發，遭母憂，詔遣侍以金革敦喻。既殯，而發，與陸叡集三道諸將議軍途所詣。於是中道出黑山，東道趨土盧河西道向侯延河，過大磧，大破蠕蠕。蠕蠕頤入朝，詔曰：王之前言，東不虛也。後除朔州刺史及恆州刺史。穆泰謀反，遣使推頤為主。頤密以狀聞。泰等伏誅。帝甚嘉之。世宗景明六年薨於青州刺史。諡曰莊。王傳國至孫宗胤，蕭寶寅坐殺叔父所死，爵除。

頤弟衍字安樂，賜爵廣陵侯，位梁州刺史。表請假王，以崇威重。詔曰：可謂無厭求也，所請不合。轉徐州刺史，至州病重。帝勅徐成伯乘傳療疾。差成伯還，帝曰：卿定名醫，賚絹三千四成伯辭讓，受一千。帝曰：詩云：六人之六，邦國殄瘁。以而言之，惟三千四平。其爲帝所重如此。後所生母雷氏卒，表請解州。詔曰：先君餘，尊之所厭，禮之明文。本末陵遲，斯典或廢。侯既親王之子，且從餘尊之義，便可大功。後卒於雍州刺史。諡曰

康侯衍性清慎所在廉潔又不營產業歷牧四
州皆有稱績亡二日無斂屍具子暢
暢弟融字叔貌甚短陋驍武過人莊帝謀殺
介朱榮以融為直閣將軍及介朱兆入洛融逃
人間

衍弟欽字思若位中書監尚書右僕射儀同三
司欽色尤黑故時人號為黑面僕射欽淫縱兄
麗妻崔氏為御史中尉封劾奏遇赦免尋除
司州牧欽少好學早有令舉時人語曰皇宗略
略壽安思若及晚年貴重不能有所匡益識者
輕之欽曾託青州人高僧壽為子求師師至未
幾逃去欽以讓僧壽僧壽性滑稽及謂欽曰兄
人絕粒七日乃死始經五朝便爾逃遁去食就
信實有所關欽乃大慙於是待客稍厚後除司
空公封鉅平縣公於河陰遇害贈假黃鉞太師
太尉公
子子孝字季業早有令譽年八歲司徒崔光見
而異之曰後生領袖必此人也

京兆王子推太安五年封位侍中征南大將軍
長安鎮都六將子推性沈雅善於綏接秦雍之
人服其威惠入為中都大官察獄有稱顯祖將
禪位於子推以大臣固諫乃傳高祖即位
拜侍中本將軍開府儀同三司青州刺史未至
道薨

子太興襲拜長安鎮都大將以贓貨削除官爵
後除祕書監還復前爵拜統萬鎮將改封西河
後改鎮為夏州仍以太興為刺史除守衛尉卿

初太興遇患請諸沙門行道所有資財一時布
施乞求病愈名曰散生齋及齋後僧皆四散有
一沙門方云乞齋餘食太興戲之曰齋食既盡
唯有酒肉沙門曰亦能食之因出酒一斗羊腳
一隻食盡猶言不飽及辭出後酒肉俱在門
追之無所見太興遂佛前乞願向者之師當非
俗人若此病得差即捨王爵入道未幾便愈遂
請為沙門表十餘上乃見許時高祖兩討沮渠
詔皇太子於四月八日為之下髮施帛二千四

既爲沙門更名僧懿居嵩高山太和二十二年終

子昇字伯暉襲爵薨

子憬字魏慶襲孝靜時累遷太尉錄尚書事司

州牧青州刺史薨於州贈假黃鉞太傅司徒公

謚曰文憬寬和有度量美容兒風望儼然得喪

之間不見於色性清儉不營產業身死之日家

無餘財

昇弟仲景性嚴峭莊帝時兼御史中尉京師肅

然每向臺恆駕赤牛時人號赤牛中尉太昌初

爲河南尹奉法無私時吏部尚書樊子鵠部下

縱橫又爲盜竊仲景密加收捕悉獲之咸即行

決於是豪盅寒心出帝西行授仲景中軍大

都督留京師齊獻武王欲至洛陽仲景遂棄妻

子而逃

刺史貪暴無極欲規府人及商胡富人財物詐

壹臺符誑諸亡等云欲加賞一時屠殺所有資

財生口悉沒自入孝靜時位侍中錄尚書事薨

贈太師錄尚書

子沖襲爵無子國絕

太興弟遙字太原有器望以左衛將軍從高祖

南征賜爵饒陽男世宗初遭所生母憂表請解

任詔以餘尊所厭不許蕭宗初累遷左光祿大

夫仍領護軍遷冀州刺史遙以諸胡先無籍貫

姦良莫辨悉令造籍又以諸胡設籍當欲稅之

以充軍用胡人不願乃共構遙云取納金馬御

史按驗事與胡同遙坐除名遙誑枉不已勅有

司重究乃披雪遷右光祿大夫時冀州沙門法

慶既爲妖幻遂說勃海人李歸伯歸伯合家從

之招率鄉人推慶爲主法慶以歸伯爲十住

菩薩平魔軍司定漢王自號大乘殺一人者爲

一住菩薩殺十人爲十住菩薩又合狂藥令

人服之父子兄弟不相知識唯以殺害爲事於

仲景弟遵字叔照莊帝初除南兗州刺史在州

猛暴多所殺害元顥入洛遷據州不屈莊帝還

宮封汝陽王遷秦州刺史先時秦州城人屢爲

反覆遵盡誅之存者十二普泰元年除涼州

是聚眾殺皁城令破勃海郡殺雲吏人刺史蕭
寶寅遣兼長史崔伯驎討之敗於荼園城伯驎
戰沒凶眾遂盛所在屠滅寺舍斬戮僧尼焚燒
經像云新佛出世除去舊魔詔以遙為使持節
都督北征諸軍事帥步騎十萬以討之法慶相
率攻遙遙破擒法慶并其妻尼惠暉等斬之傳
騎驛掩討破擒遙遣輔國將軍張虬等率之傳
首京師後擒遙等屬籍
是恭宗之孫至肅宗而本服絕故除遙等屬籍
遙表曰竊聞聖人所以南面而聽天下其不可
得變革者則親也尊也四世而緦服窮五世而
祖免六世而親屬竭兄弟去茲以往猶繫之以
而弗別綴之以食而弗殊又律云議親者非唯
當世之屬親歷謂先帝之五世謹尋斯旨將以
廣帝宗重盤石先皇所以變茲事條為此別制
者太和之李方有意於吳蜀經始之費慮深在
初割減之起豐出當時也且臨淮王提分屬籍
之始高祖賜帛三千四所以重分離樂良王長

命亦賜縑二千四所以存慈睠此皆先朝殷勤
克念不得已而然者也古人有言百足之蟲至
死不僵者以其輔已者眾臣誠不欲妄親太階
苟求潤屋但傷大宗一分則天子屬籍不過十
數人而已在漢諸王之子不限多少皆列土而
封謂之曰侯至于魏晉莫不廣胙河山稱之曰
公者蓋惡其不固骨肉之恩踈矣臣去高
皇上雖是五世之遠於先帝便是天子之孫高
祖所以國秩祿賦復給衣食后族唯給其賦不
與衣食者欲以別外內限異同也今諸廟之感
在心未忘行道之悲愴然已及其諸封者身亡
之日三年服終然後改奪今朝廷猶在過密之
中便議此事實用未安詔付尚書博議以聞尚
書令任城王澄尚書僕射元暉奏同遙表以聞靈
太后不從辛謚曰宣公
遙第恒字景安粗涉書史恒以春秋之義為名
不以山川表求改名芝歷位太常卿中書監侍
中後於河陰遇害贈太傅司徒公謚曰宣穆公

濟陰王小新成和平二年封頗有武略庫莫奚
侵擾詔新成率衆討之新成乃多為毒酒賊既
漸逼便棄營而去賊至喜而競飲聊無所備逐
簡輕騎因醉縱擊俘馘甚多後位外都大官薨
贈大將軍諡曰惠公
子鬱字伏生襲位開府為徐州刺史以黷貨
死國除
長子弼字邕明剛正有文學位中散大夫以世
嫡應襲先爵為李父尚書僕射麗因于氏親寵
遂奪弼王爵橫授同母兄子誕於是弼絕棄人
事託疾還私第世宗徵為侍中弼上表固讓人
嵩山以先為室布衣疏食卒建義元年子暉業
訴復王爵永安三年追贈尚書令司徒公諡曰
文獻初弼嘗夢人謂之曰君身不得傳世卒其
紹先爵者君長子紹速也弼覺即語暉業終如
其言
暉業少險薄多與寇盜交通長乃變節涉子史
亦頗屬文而慷慨有志節歷位司空太尉加特

進領中書監錄尚書事齊文襄當閼之曰比何
所披覽對曰數尋伊霍之傳不讀曹馬之書暉
業以時運漸謝不復圖全唯事飲唱一日三羊
三日一犢又嘗賦詩曰昔居王道泰濟濟富羣
英今逢世路阻狐兔鬱縱橫齊初降封美陽縣
公開府儀同三司特進暉業頗有學尚位諫議
交通居常閒暇乃撰魏藩王家世號為辨宗室
錄四十卷行於世
暉業弟昭業頗有學尚位諫議大夫莊帝將幸
洛南昭業立於閶闔門外扣馬諫帝避之而過
後勞勉之位給事黃門侍郎衛將軍右光祿大
夫卒諡曰文侯
撰鬱弟偉字仲琬位太中大夫卒
子誕字曇首初誕伯父鬱以貪汙賜死爵除景
明三年誕訴云伯纂襲鬱前朝之封正以年長襲封
以罪除爵由譯襲龔應歸正詔以偃正元妃
息曇覽首濟陰王嫡孫可聽紹封以纂先緒誕既
龔襲爵除齊州刺史在州貪暴大為人患牛馬騾

驅無不遍奉家之奴隸悉追取良人為婦有沙
門(為誕採藥還而見之誕曰師從外來有何消
息對曰唯聞天員願王早代誕曰齊州七萬戶
吾至來一家未得三十錢何得言合員後為御史
中尉元纂所糺會赦免薨諡曰靜王
子撫字伯懿襲莊帝初為從兄暉業訴奪王爵
偃弟麗字寶掌位兼宗正卿右衛將軍遷光祿
勳宗正右衛如故時秦州屠各王法智推州主
簿呂苟兒為主號建明元年置立百官攻逼州
郡涇州人陳瞻亦聚衆自稱王號聖明元年詔
以麗為使持節都督秦州刺史與別駕楊椿討
之苟兒率衆十餘萬屯孤山列據諸險圍逼州
城麗出擊大破之便進軍永洛賊徒逆戰麗夜
擊走之行秦州事本郡破苟兒于孤山乘勝追
本升三十里獲其父母妻子斬賊王五人其餘相
繼歸降諸城之圍亦悉奔散苟兒率其王公三
十餘人詣麗請罪椿又斬瞻麗因平賊之勢杖
掠良善七百餘人世宗嘉其功詔有司不聽追

檢拜雍州刺史為政嚴酷吏人患之其妻崔氏
誕一男麗遂出州獄四死及徒流案未申帝問
一時放免遷異州刺史入為尚書左僕射帝問
曰聞公在州殺戮無理枉濫非一又大殺道人
對曰臣在冀州可殺道人二百許人亦復何多
帝曰一物不得其所若納諸隍況殺道人二百
而言不多麗脆冠徒記室參軍司徒崔光
子顯和少有節操歷司徒記室參軍司徒崔光
每見之旦兀參軍風流清秀容止閑雅乃宰相
之器命除徐州安東府長史刺史元法僧叛顯和
與戰被擒執手命與連坐顯和曰顯和與阿翁
同源別派旦是盤石之宗一朝以地外叛若遇
董狐能無慚德遂不肯坐法僧猶欲慰喻顯和
曰刀可死作惡鬼不能坐為叛臣及將殺之神
色自若建義初贈秦州刺史
汝陰王天賜後為內都大官高祖初殿中尚書胡
鎮都大將後封拜鎮南大將軍虎牢
莫寒簡西部勅勒豪富兼丁者為殿中武士而

大納財貨簡選不平衆怒殺莫寒及高平假鎮

將奚陵於是諸部勅勒悉叛詔天賜與給事中

羅雲督諸軍討之前鋒勅勒詐降雲信之副將

元伏曰勅勒色動恐將有變令不設備將為所

圖雲不從勅勒輕騎數千襲殺雲天賜僅得自

全後除征北大將軍護匈奴中郎將累遷懷朔

鎮大將坐貪殘恕死削除官爵卒高祖哭於思

政觀贈本爵茔并從王禮諡曰靈王

子逞字万安卒於齊州刺史諡曰威

逞子慶和東豫州刺史為蕭衍將所攻舉城降

之衍以為比道總督魏王至項城朝廷出師討

之望風退走衍責之曰言同百舌膽若鼮鼠遂

徙合浦

逞弟況字普安自元士稍遷營州刺史性貪殘

人不堪命相率逐之況走平州後除光禄大夫

宗正卿封東燕縣男於河陰遇害

天賜第五子脩義字壽安涉獵書傳頗有文才

為高祖所知自元士稍遷左將軍齊州刺史脩

義以齊州頻喪刺史累表固辭詔曰脩短有命

吉凶由人何得過致憂憚以乖維城之寄違凶

就吉時亦有之可聽更立館宇於是移理東城

脩義為政寬和愛人在州四歲不殺一人百姓

以是追思之遷泰州刺史蕭宗初表陳庶人禧

庶人愉等請宥前恕賜葬陵域靈太后詔曰收

葬之恩事申上旨潘岳何得越職千陳在州多

受納累遷吏部尚書及在銓衡唯專貨賄授官

大小皆有定價時中散大夫高居者有旨先叙

時上黨郡缺居遂求之脩義私已許人抑居不

與居大言不遜脩義命左右牽之居對大衆

呼天唱賊人問居曰白日公庭安得有賊居指

脩義曰此是達天子明詔物多者得官京

師曰胡此非大賊乎脩義失色居行罵而出後

欲邀車駕論脩義罪狀左僕射蕭寶寅諭之方

止二秦反假脩義兼尚書右僕射西道行臺行

泰州事為諸軍節度脩義性好酒每飲連日遂

遇風病神明昏喪雖至長安竟無部分之益元

志敗沒賊東至黑水更遣蕭寶寅討之以脩義

為雍州刺史卒於州贈司空謚曰文

子均位給事黃門侍郎

樂浪王万壽和平三年封拜征東大將軍鎮和

龍性貪暴徵還道憂薨薨謚曰厲王

子康王樂平龍襲薨

子長命襲坐殺人賜死國除

子忠蕭宗時復前爵位太常少卿出帝汎天

淵池命宗室諸王陪宴忠愚而無智性好衣服 〔魏書傳七上〕 十五 任其真

廷衣冠應有常式何為著百戲衣忠曰臣少來

所愛情存綺羅歌舞服是臣所願帝曰人之

無良乃至此乎

廣平王洛侯和平二年封燕謚曰殤無子後以

陽平幽王第五子匡後之

遂著紅羅襦繡作領碧紬緗錦為緣帝謂曰朝

匡字建扶性耿介有氣節高宗奧命之謂曰叔父

必能儀形社稷匡輔朕躬今可改名為匡以成

克終之美世宗即位累遷給事黃門侍郎苅皓

始有寵百寮微憚之世宗曾於山陵謚遂詔匡陪

乘又命皓皓登車皓褰裳將上匡諫止世宗推之

令下皓匡既忤皓懼為當時壯其忠褰自修其有聲

州刺史匡徵為大宗正卿河南邑中正匡

績遷怏州刺史徵其有妃名而下不及五品

奏親王及始藩二藩王妻乘有妃號而三藩巳 〔魏書傳七上〕 十六

下皆謂之妻上不得同為妃名而下不及五品

巳上有命婦女之號竊為疑詔曰夫貴於朝妻

於室婦女無定升從其夫三藩既啓王封妃名

亦宜同等妻者齊也理與已齊可從妃例自是

三藩王妻名號始定後除度支尚書匡表引樂

陵章武之例求紹洛侯封詔付尚書議尚書奏

聽龍襲封以明興絕之義匡與尚書令高肇不平

常無降下之色時世宗委政於肇朝廷傾憚唯

匡與肇抗衡先自造棺置於廳事意欲興肇相

關論肇罪惡自殺切諫戲聞而惡之後因與太

常劉芳議爭權量遂與肇聲色御史中尉王顯

奏匡曰金行失御羣偽競與禮壞樂崩謂舜倫

收斂大魏應期奄有四海高祖孝文皇帝以睿
聖統天克復舊典乃命故中書監高閭廣雅儒
林推尋漢舊樂府依據六經參諸國志以黍裁寸將
均周漢舊章屬雲構中遷尚未云就高祖睿思
玄深參考經記以一黍之大用成分體準之為
尺宣布施行曁正始中故太樂令公孫崇輒自
成訖表求觀試時敕太常卿臣芳以崇造既成
請集朝英議其得否芳疑崇尺度與先朝不同
察其作者於經史復異推造勘據非所宜行時
尚書令臣肇清河王懌等以崇造乖謬與周禮
不同遂奏臣芳依周禮更造成訖量校從其善
黍列寸竝呈朝廷用裁金石于時議者多云芳
者而芳以先朝事合古典乃依前詔書以
是唯黃門侍郎臣孫惠蔚與崇扶同二途各差
頗經考議而尚書令臣肇以芳造物故之後
而惠蔚亦造一尺仍云扶以比崇尺自相乖背
量省二三謂芳為得而尚書臣臣表云劉孫二

尺長短相傾稽考兩律所庸殊異言取中黍校
彼二家並參差抑中無所自立一途請求議
判當時議者或是於匡兩途姧駁未即時定肇
又云權斛斗尺班行已久今者所論豈喻先旨
宜仰依先朝故尺為定自爾以後而臣與肇屢
言都座聲色相加高下失其常倫嘩競無復尋
敕旨共表列據已十是云芳十非又云肇前被
乃憑樞衡之尊藉舅氏之勢與奪任心藏否自
已阿黨劉芳過絕臣事望勢雷同者接以恩言
依經按古者即被怒責雖未指鹿化馬移天徙
日實使蘊籍之士賫氣坐端懷道之夫結舌鉗
次又言芳昔與崇競恐言自作今共臣論忽稱
先朝豈不前謂可行輒欲自取後知錯謬便推
先朝殊非大臣之體深失為下之義復考校勢
臣之前量度偏頗之手臣必刑足內朝抱璞人
外覽言肆意彰於朝野然臣職當出納獻替所
在斗尺權度正是所司若已有所見能練藏否

宜應首唱義端草辨諸惑何故嘿心隨從不關

一言見芳成事方有此語計芳才學與臣殊懸

所見淺深不應相四今乃始發恐此由心借智

於人規成非恭況臣表云所據銅權形如古誌

明是漢作非恭別造及案權銘云黃帝始祖德

布於虞虞帝始祖德布於新若恭居攝即變漢

有銘爲新之號哉文尋恭傳云恭居攝漢

制度考校二證非漢權明矢復云芳之所造文

短先朝之尺既此之權然相合更云芳尺與

千金壍又云臣復量比因見其異二三浮濫難

可據準又云共構虛端妄爲疑似託以先朝云

非巳制裝臣按此欺詐乃在於臣不在於芳何以

言之芳被勑專造鍾律管篇僞易豈其所載

權解尺度本非其事比前門下索芳尺度而芳

牒報云依先朝所班新尺復應下泰更不增損

爲造鍾律調正分寸而巳檢臣造時在牒後一

歲芳於爾日臣未共爭巳有此牒豈爲詐也計

崇造寸積泰十一畢情共知而芳造寸唯止十

泰亦俱先朝認書以泰成寸首尾歷然寧有輒

欲自取之理肇任居端右百寮是望言行動靜

必副其瞻若恃權阿黨詐託先認將指鹿化馬

徒曰移天即是魏之趙高何以宰物肇指若無此

臣既誣毀宰相訕謗明時當暴揚議之閭便有

指鹿之事可否之際足之言趙高惑

事屬裴泰卜和抱璞時遇暴樊

而有斯謗者哉阻惑朝聽不劾至甚請以肇臣

並禁尚書推窮其原付廷尉定罪認可有司

秦臣誣肇虔處王死刑世宗恕死降爲光祿大夫

又兼宗正卿出爲兖州刺史臣臨發帝引見於

東堂勞勉之臣猶以尺廋金石之事國之大經

前雖爲南臺所彈然猶許更議若議之願聽

臣斷赴世宗曰劉芳學高一時深明典故其所

據者與先朝尺乃寸過一泰何得復云先朝之

意也究竟旣所執不經後議之曰何待赴都也

肅宗初入爲御史中尉臣臨嚴於彈糾始奏于忠

次彈高聰等免官靈太后並不許以

之心又慮臣辭解欲竊八安之進號安南將軍後
加鎮東將軍臣屢請更權衡不已於是詔曰謹
權審度自昔令典定章華歷往代良規臣宗室
賢亮留心既久可令更集儒貴以時驗決必務
權衡得東令寸篇不舛又詔曰故廣平殤王洛
侯體自恭宗茂年薨殯國除祀廢不祀忽諸臣
親同若子私繼歲父宜樹維城永茲盤石可特
襲王爵封東平郡王臣所制尺度詎請集朝士
議定是非詔付門下尚書三府九列議定以聞
太師高陽王雍等議曰伏惟高祖剏改權量已
定臣今新造微有參差且臣云所造尺度與漢
志尺長於古四分有餘於是依周禮積黍以起
魏尺解不殊又晉中書監荀勖云後漢至
度量惟古玉律及鍾遂改正之尋勖所造之尺
與高祖所定毫釐略同又侍中崔光得古象尺
于時亦準議令施用仰惟孝文皇帝德邁前王
睿明下燭不列之式事難驟改臣等參論請傳
臣議永遵先皇之制詔從之臣每有奏請尚書

令任城王澄時致執奪臣剛隘內遂不平先所
造棺猶在僧寺乃復修事將與澄相攻澄顧知
之後將軍赴省與臣逢遇驟卒相搆朝野駭愕澄
因是奏臣罪狀三十餘條廷尉處以死刑詔付
八座議特加原宥削爵除官三公郎中辛雄奏
理之後特除平州刺史徙青州刺史尋為關右
都督兼尚書行臺遇疾還京孝昌初卒謚曰文
貞後追復本爵封濟南王
第四子獻襲齊受禪爵例降

景穆十二王列傳第七上　魏書十九

魏收書景穆十二王列傳卷上七

任城王雲年五歲恭宗崩號哭不絕聲世祖聞
之而抱之呼使持節汝何知而有成人之意也和
平五年封拜使持節征東大將軍和龍鎮
都大將顯祖時拜都督中外諸軍事中都坐大
官聽理民訟甚收時譽延興中顯祖集羣寮欲
禪位於京兆王子推王公卿士莫敢先言雲進
曰陛下方隆太平臨覆四海豈得上違宗廟下

魏傳七中　一

棄兆民父子相傳其來久矣皇魏之興未之有
革皇儲正統聖德鳳章陛下必欲割捐塵務顧
神清曠者冢副之寄宜紹寶曆若欲捨儲輕移
宸極恐非先聖之意駭動人情又天下是祖宗
之天下而陛下輒欲神器上乘七廟之靈下長
姦亂之道此是禍福所由願深思慎之太尉源
賀又進曰陛下今欲外選諸王而禪位于皇叔
者臣恐春秋昭穆有亂脫万世之後必有
逆饗之譏深願恩任城之言東陽公元丕等進

曰皇太子雖聖德夙彰然實富於春
秋始覽機政普天景仰率土僉心欲隆善不
以万物為意其若宗廟何其若億兆何顯祖曰
儲官正統受終文祖羣公相之有何不可於是
傳位於高祖後蠕蠕犯塞雲為中軍大都督從
顯祖討之遇於大磧事具蠕蠕傳後仇池氐反
以雲為征西大將軍討平之除都督徐兗二州
緣淮諸軍事征東大將軍開府徐州刺史雲以
太妃蓋氏薨表求解任顯祖不許雲悲號動疾

魏傳七中　二

乃許之性善撫綏得徐方之心為百姓所追戀
送遺錢貨一無所受顯祖聞而嘉之復拜使持
中都大官賜帛千四羊千口出為冀州刺史仍
本將軍雲留心政事甚得下情於是合州請戶
輸絹五尺粟五升以報雲恩高祖嘉之遷使持
節都督陝西諸軍事征南大將軍長安鎮都大
將雍州刺史雲廉謹自脩留心庶獄挫抑豪彊
羣盜息止州民頌之者千有餘人文明太后嘉
之賜帛千匹太和五年薨於州遺令薄葬勿受

贈襚諸子奉導其旨喪至京師車駕親臨哭之
哀慟贈以本官諡曰康陪葬雲中之金陵
雲長子澄字道鎮少而好學及康王薨澄居喪
以孝聞龑封加征北大將軍高祖時蠕蠕犯塞
加澄使持節都督北討諸軍事以討之蠕蠕道
走又以氐羌反叛除都督梁益荊三州諸軍事
征南大將軍梁州刺史文明太后引見澄誡厲
之顧謂中書令李沖曰此兒風神吐發德音閑
姚當爲宗室領袖是行使之必稱我意卿但記

【魏書傳七中】　三

之我不妄談人物也梁州氐帥楊仲顯婆羅楊
卜兄弟及符叱盤等自以居邊地險世爲山狡
澄至州量彼風俗誘導懷附表送婆羅授仲顯
循城鎮副將楊卜廣業太守叱樂固道鎮副將
自餘首帥各隨才而用之款附者賞違命加誅
於是仇池帖然西南款順加侍中賜衣一襲乘
馬一匹以旌其能後轉征東大將軍開府徐州
刺史甚有聲績朝於京師引見於皇信堂高祖
詔澄曰昔鄭子產鑄刑書而晉叔向非之此二

人皆是賢士得失竟誰對曰鄭國寡弱攝於彊
鄰民情去就非刑莫制故鑄刑書以示威雖乖
古式合今權道隨時濟世子產爲得而叔向譏
議示不忘古可與論道未可語權高祖曰任城
當欲爲魏之子產也澄曰子產道合當時聲流
竹素臣既庸近何敢廢幾今陛下以四海爲家
宣文德以懷天下但江外尚阻車書未一季世
之民易以威伏難以禮治愚謂子產之法猶應
暫用大同之後便以道化之高祖心方革變深

【魏書傳七中】　四

善其對笑曰非任城無以識變化之體朕方翔
改朝制當與任城共萬世之功耳後徵爲中書
令改授尚書令蕭賾使庾蓽來朝華見澄音韻
遒雅稱風儀秀逸謂主客郎張彝曰往魏任城以
武著稱令玄孫之冑申宗宴於皇信堂不以爵
秩爲列悉序昭穆爲次用家人之禮高祖曰行
禮已畢欲令宗室各言其志可率賦詩特令澄
爲七言連韻與高祖往復賭賽遂至極懽際夜

乃罷後高祖外示南討意在謀遷齋於明堂左
个詔太常卿王諶親令龜卜易筮南伐之事其
兆遇革高祖曰此是湯武革命順天應人之卦
也羣臣莫敢言澄進曰易言革者更也將欲應
天順人革君臣之命湯武得之為吉陛下帝有
天下重光累葉今日卜征乃可云革未為盡善

高祖厲聲曰象云大人虎變何言不吉也澄曰陛
下龍興既久豈可方同虎變此非君之卦未可全
為吉也高祖勃然作色曰社稷我之社稷任城而
欲沮衆也澄曰社稷誠知陛下之社稷然臣是社
稷之臣豫參顧問敢盡愚衷高祖既銳意必行惡
澄此對久之乃解曰各言其志亦復何傷車駕還
宮便召澄未及昇階遙謂曰向者之革卦今更欲
論之明堂之忿恐衆人競言阻我大計故厲色怖
文武耳想解朕意也乃獨謂澄曰今日之行誠知
不易但國家興自北土徙居平城雖富有四海文
軌未一此閒用武之地非可文治移風易俗信為
甚難崤函帝

宅河洛王里因茲大舉光宅中原任城意以為
何如澄曰伊洛中區均天下所據陛下制御華
夏輯平九服蒼生聞此應當大慶高祖曰北人
戀本忽聞將移不能不驚擾也澄曰此既非常
之事當非常人所知唯須決之聖懷此輩亦何
能為也高祖曰任城便是我之子房加撫軍大
將軍太子少保又兼尚書左僕射及駕幸洛陽
定遷都之策高祖詔曰遷移之旨必須訪眾當
遣任城馳驛向代問彼百司論擇可否近日論

革今真所謂革也王其勉之既至代都眾聞遷
詔莫不驚駭澄援引今古曉之以變眾乃開伏
澄遂南馳還報會車駕於滑臺高祖大悅曰若
非任城朕事業不得就也從幸鄴都尋兼吏部
尚書及幸代車駕北巡留澄銓簡舊臣初魏自公
侯以下迄于選臣動有萬數冗散無事澄品為
三等量其優劣盡其能否之用咸無怨者駕還
洛京復兼右僕射高祖至北邙遂幸洪池命澄
侍昇龍舟因賦詩以序懷高祖曰朕昨夜夢一

之自云晉侍中秘紹故此奉迎神輿單懼似有
求焉澄對曰晉世之亂秘紹以身衞主殞命御
側亦是晉之忠臣比干遭紂虐忠諫剖可
謂殷之良士二人俱死於王事墳壟並在於道
周然陛下徒御殷洛經壖壚而弔比干至洛陽
而遺秘紹當是希恩而感夢高祖曰朕何德能
幽感達士也然實思追禮先賢標揚忠懿比干
秘紹皆是古之誠烈而朕務濃於比干禮略於
【魏書傳七中】 七
秘紹情有愧然既有此夢或如任城所言於是
求其兆域遣使弔祭焉蕭鸞既殺蕭昭業而自
立昭業雍州刺史曹虎請以襄陽內附分遣諸
將車駕將自赴之豫州又表虎奉誠之使不復
重來高祖引澄及咸陽王禧彭城王勰司徒馮
誕司空穆亮鎮南李沖等議之高祖曰得復邊州
表云襄陽慕化朕將鳴鑾江沔為彼聲勢今復
表稱更無後信於行留之計竟欲如何禧等或
云宜行或言宜止高祖曰眾人紛紜意見不等

朕莫知所從必欲盡行留之勢使言理俱暢者
宜有客主共相起發任城與鎮南為應留之議
朕當為宜行之論諸公俱坐聽得失長者從之
於是高祖曰二賢試言留計也沖對曰臣等從正
以徒御草荊人斯樂安內而應者未審不宜輕
爾動發高祖曰襄陽款問似當乘其悅附初遷
之民無宜勞役脫誠有實即當乘其悅附速
則有會稽之會近則略平江北如其送款是虛
且可遊巡淮楚問民之瘼使彼土蒼生知君德
【魏書傳七中】 八
之所在復何所損而惜此一舉脫降問是實而
停不撫接不亦稽阻款誠毀朕大略也澄曰降
問若審應有表質而使人一返靜無音問其詐
也可見今代遷之眾人懷戀本細累相攜始就
洛邑居無一椽之室家闕檐石之粮而使怨苦
即戎涉當自刃恐非歌儛之師也今茲區宇初
構又東作方興正是子來百堵之日農夫肆力
之秋宜寬彼款通誅惠此民庶且三軍已援無稽
赴接苟其寬款實力足納撫待赳平襄涇然後動

李澄

駕令無故勞涉空為往返恐挫損天威更成賊
膽願上覽盤庚始遷之艱難下矜詩人由庚之
至詠輯寧新邑惠康億兆而司空詩以為宜行
公卿皆同之澄謂亮曰公在外見旌鉞既張而
有憂色每聞談論不願此行何得對聖顏更如
斯之語也面背不同事涉欺佞非所謂論道之
德更失國士之體或有傾側當由公輩使臣李
沖曰任城王可謂忠於社稷願陛下深察其言
臣等在外皆懼征行唯貴與賤不謀同辭仰願
聖心裁其可否高祖曰任城適以公等從朕有
如此論不從朕者何必皆忠而通識安危也小
忠是大忠之賊雖無乃似諸澄曰臣既愚闇不識
大理所可言者雖是竭盡微款不知
大忠者竟何據高祖曰任城脫居台鼎之任欲
令大忠在已也澄曰亮誠才非台弼智闕和鼎
脫得濫居公鉉庶當官而行不負愚志高祖大
笑澄又謂亮曰昔汲黯於漢武前面折公孫食
脫粟飯卧被云其詐也于時公孫謙讓下之

武帝歡黯至忠公孫長者二人稱賢公既道
均昔士願思長者之言高祖笑曰任城欲自比
汲黯也且所言是公未知得失所在何便謝司
空也駕遂南伐五等開建食邑二千戶後從征至
懸瓠以篤疾還京駕餧之汝潁賦詩而別車駕
還洛引見王公侍臣於清徽堂高祖曰此堂成
來未與王公行宴樂之禮後東閣廡堂復始
就故今與諸賢欲無高而不昇無小而不因
之流化渠高祖曰此曲水者亦有其義取道
曲成萬物無滯次之洗煩池也高祖曰此池中亦
有嘉魚澄曰此所謂魚在在藻有頌其首高祖
曰且取王在靈沼於牣魚躍次之觀德殿高祖
曰射以觀德故遂命之次之疑閑堂高祖曰名
目要有其義盖取夫子閑居之義不可縱奢
以忘儉自安以志儉故此堂後作茅茨堂高祖
曰且以儉以志儉故此堂後作茅茨堂高祖
沖曰此東曰歡元凱廡此堂雖無唐
竟之君卿等當無愧於元凱之譽高祖曰光景垂落朕

同宗則有載考之義卿等將出無遠何得默爾
不示德音即命黃門侍郎崔光郭祚通直郎邢
巒崔休等賦詩言志燭至公卿辭退李沖再拜
上千萬歲壽朕報卿以燭向以燭至致辭復獻千
萬之壽朕報卿以南山之詩高祖曰燭至辭退
庶姓之禮在夜載考宗族之義卿等且還朕與
諸王宗室欲成此夜飲又從幸鄴還洛以出納
之勞增邑五百戶坐公事免官桑乾兼吏部尚書
恒州刺史穆泰在州謀反推朔州刺史陽平王

頤為主頤表其狀高祖召澄入見疑開堂曰適
得陽平表曰穆泰謀為不軌招誘宗室脫或必
然遷京甫爾比人巒舊舊南北紛擾朕洛陽不立
此直往擒翦若其勢彊可承制發兵以殄
也此事非任城不辦可為我力疾向比如其弱
之雖知王患既是國家大事不容辭也澄曰泰
等愚惑正巒本為此非有遠圖臣誠怯弱不憚
是輩雖復患懷且敢有辭謹當罄盡心力繼之
以死願陛下勿以憂高祖笑曰得任城此行朕復

何憂也遂授節銅虎竹使符仗左右仍行恒
州事行達鴈門太守夜告泰已握眾西就陽平
城下聚結唯見弓仗澄聞便速進時右丞孟斌
曰事不可量須依勑召并肆兵然後徐動澄曰
泰既搆逆應據堅城而更迎陽平慶其所為似當
勢弱泰既不相拒無故發兵非宜也徂速往鎮
之民心自定遂倍道兼行出其不意又遣治書
待御史李煥先赴至即擒泰民情怡然窮其黨
與罪人皆得鉅鹿公陸叡安樂侯元隆等百餘

人皆入獄禁其狀表高祖覽表大悅召集公卿
以下以表示之曰我任城可謂社稷臣也尋其
罪案正復皇陶斷獄豈能過之顧謂咸陽王等
曰汝等脫當其處不能辦此車駕尋幸平城勞
澄曰任城此行深副遠寄對曰陛下威靈遠被
罪人無所逃刑臣何勞之有引見逆徒無一人
稱枉時人莫不歎之高祖顧謂左曰昔仲尼
云聽訟吾猶人也必使無訟乎然聖人之聽
訟殆非常人所及必也無訟今日見之矣以澄

正尚書車駕南伐留澄居守復兼右僕射澄表
請以國秩一歲租布帛助供軍資詔受其半高
祖幸鄴值高車樹者反叛車駕將親討之澄表
諫不宜親行會江陽王繼平之乃止高祖還洛
引見公卿高祖曰營國之本禮教為先朕離京
邑以來禮教為日新以不澄對曰臣謂日新高
祖曰朕昨入城見車上婦人冠帽而著小襦襖
者若為如此尚書何為不察澄曰著猶少於
不著者高祖曰深可怪也任城意欲令全著乎
曰一言可以喪邦者斯之謂歟可命史官書之又
曰王者不降佐於蒼昊皆拔才而用之朕失於
舉人任許一輩婦人輩帝事當更銓簡耳任
城在省為舉天下綱維為當署事而已澄曰臣實
署事而已高祖曰如此便一令史足矣何待任
城又曰我遣舍人宣詔何為使小人聞之澄曰
時雖有幹束去榜亦遠則不聞聞則
不遠既得聞詔理故可知於是留守羣臣遂免
冠謝罪尋除尚書右僕射蕭寶卷遣其太尉陳

顯達入寇漢陽是時高祖不豫引澄入見清徽
堂詔曰顯達侵竊亂灃陽不安朕不親行莫攘此
賊朕疾患淹年氣力憊弊如有非常委任城大
事是段任城必須從朕淮灃涕對曰臣謹當竭
股肱之力以任城必須從朕灃涕對曰臣謹當送
勑於蕭公喜還南蘭盟裴叔業馬為信澄信之
孔思達潛通寶卷圖為叛逆寶卷遣俞金遺
顧命世宗初有降人嚴叔懋告尚書表遣俞金遺
乃表蕭將軍叛輒下禁止咸陽北海二王奏澄擅

禁宇輔免官歸第桑出為平西將軍梁州刺史
辭以母老除安東將軍相州刺史復固辭改授
安西將軍雍州刺史尋徵赴秋講武除都督
淮南諸軍事鎮南大將軍開府揚州刺史南世宗
封孫權敖之墓毀蔣子文之廟頻表南伐下車
不許又辭母老乞解州任襄十文之廟頻表南代世宗
亦聞之又昔在恒代親習皇宗熟祕序庭無
侍澄表曰臣每於侍坐先帝未常不以書典在懷禮
闕曰臣每於侍坐先帝未常不以書典在懷禮

經為事周旋之則不輟於時自鳳舉中京方隆
禮教宗室之範毎蒙委及四門之選貢荷銓量
自先皇升遐未遑修述學宮虛荷四門之名宗
人有闕四時之業青衿之緒於茲將廢臣毎惟
其事竊所傷懷伏惟聖略宏遠四方籌務宴安
之辰於是乎在何為太平之世而令子衿之歎
有司脩復皇宗之學開闢四門之教使將墜之
族曰就月將詔曰冑子崇業自古盛典國均之
興焉聖明之日而使宗人之訓闕焉愚謂可勅
訓無應久廢當書更可旦夕修肆澄又表毋疾
解州任不聽蕭衍將張嚻之寇陷夷陵戍澄遣
輔國將軍成興討大破之復夷陵戍澄遣
遁走又遣長風戍主奇道遜攻□戍蕭衍豎
之斬其戍主龍驤將軍都其侯梅興祖仍引玫
白其戍又破之斬其寕朔將軍關內侯吳道爽
澄表白華蕭衍頻欲令巢湖沉溢湖周回
四百餘里東關合江之際廣不過數十步若賊
計得成大湖傾注者則淮南諸戍必同為陽之

事矣又吳楚便水且灌且掠淮南之地將非國
有壽陽去江五百餘里衆庶惶怖並懼水害脫
乘民之願攻敵之虛豫勒諸州簡聚士馬首秋
大集則南濟可為飲馬之津霍領必成徙倚之
觀事貴應機經略須早縱混一不可必果江西
陵方及平原若民戍定為魚矣詔發冀定瀛相
自是無虞若猶豫緩圖不加除討關塞既成襄
濟六州二萬人馬一千五百四令仲秋之中畢
會淮南并壽陽先兵三萬委澄經略先是朝議
有南伐之意以蕭閤蠻貝黃為東揚州刺史據東城
陳伯之為江州刺史戍陽石以澄揔督二鎮授
之節度至是勤兵進討以東關水衝大峴險要
東關縱水陽石合肥有急懸之切不圖天峴則
歷陽有乘險之援淮陵陸道九山水路並宜經
略於是遣統軍傅豎眼王神念等進次大峴東
關九山淮陵皆分部諸將悟道據之揔勒大衆
絡繹相接而神念冠其關要潁川二城斬衍軍
主曹貝尼而寕朔將軍韋惠龍驤將軍李伯由仍

固大峴澄遣統軍黨法宗傳豎眼等進軍尅之
遂圍白塔牽城數日之間便即逃潰衍清溪戍
望風散走衍徐州刺史司馬明素率眾三千欲
援九山徐州長史潘伯隣規固淮陵寧朔將軍
大略將蕩江吳長旗始舒賊徒懾氣銳旅方馳
亦本退詔澄曰將軍文德內昭功外暢奮揚即
斬伯隣其濟陰太守王厚彊廬江太守裴邃即
王燮負險焦城法宗進克焦城破淮陵擒明素
東關席卷想江湖弭波在旦夕耳所送首虜並

七十

已聞之初澄出討之後衍將姜慶真龍據壽春
外郭齊王蕭寶寅擊走之長史韋績坐免官澄
以在外無坐遂攻鍾離又詔鍾離若食盡三月
已前固有可尅如至四月淮水泛長舟行無礙
宜善量之前事捷也此實將軍經略勳有常焉
如或以水盛難圖亦可為萬全之計不宜眛利
無成以貽後悔也蕭衍冠軍將軍張惠紹
將軍毅遣驍騎將軍趙景悅龍驤將軍張景仁
等率眾五千送糧鍾離澄遣統軍王足劉思祖

等邀擊惠紹等大破之獲惠紹毅遷景仁及其
屯騎校尉史文淵等軍主以上二十七人既而
遇兩淮水暴長引歸壽春還既狼狽失兵四千
餘人頻表解州世宗不許有司奏軍還失路奪
其開府又降三階時蕭衍有移換張惠紹澄
奏宜還之詔乃聽還後果復寇邊轉澄鎮北大
表請不許詔付八座會議尚書令廣陽王嘉等
將軍定州刺史文初民中每有橫調百姓煩苦
後牧守未能蠲除澄多所省減民以忻賴又明

黜陟賞罰之法表減公園之地以給無業貧口
禁造布絹不任衣者毋孟太妃薨居喪毀瘠當
世稱之服闋除太子太保於時高肇當朝猜忌
賢戚澄為肇間構常恐不全乃終日昏飲以示
荒敗所作詭越時謂為狂世宗夜崩時事倉卒
高肇擁兵於外蕭宗沖幼朝野不安澄跣斥不
預機要而朝望所屬領軍于忠侍中崔光等奏
澄為尚書令於是眾心忻服又加散騎常侍驃
騎大將軍尋遷司空加侍中俄詔領尚書令初

正始之末詔百司普昇一級而執事者不達旨
意刺史守令限而不及澄奏曰竊惟雲搆鬱起
澤及百司企春望榮內外同慶至於賞陟不及
守宰爾來十年寃訟不絕封回自鎮遠安州入
爲太尉長史元匡自征虜恒州入作宗卿二人
遷授並在先詔應蒙之理備在於斯兼州佐傅
私之徒陪臣郡丞之例尚蒙天澤下降豈佐官獨
時然參佐之來皆因府主今府主不霑佐官請
預棄本賞末愚謂未允今計刺史守宰之官請
者元元之心詔曰自今已後內外之事皆經先
朝者不得重聞澄奏曰臣聞堯懸諫謗之鼓訟
置誹謗之木皆所以廣耳目於四聰達四聰於
天下伏惟太祖開基化隆自遠累聖相承於今
九帝重光體照汙隆必同與奪隨時道無恆體
思過如渴言重千金故稱無諱之朝邁蹤三五
高祖沖年篡曆文明協統聽覽易律未爲違典
及慈聖臨朝母儀寓縣爰發慈令垂心獄深

枉者仰日月於九泉微屈者希曲照於盆下今
乃格以先朝限以一例斯誠奉遵之本心實乖
元元之至望在于謙抱有乖舊典謹尋抱枉求
直或經累朝墓塵之差正之宜速諫諫若千里駟
馬弗追故禮有損益事有可否父有諍子君有
諫臣琴瑟不調理宜改作是以防川之論小決
則通鄉校之言擁則敗國矧伊陳屈而可抑以
先朝且先朝屈者非故屈之或有司愛憎或執
事濁僻空文致法以誤視聽如此寃塞彌在可
哀惜之與濫當失不經乞收今旨還依前詔詔
曰省奏深體毗贊之情三皇異軌五代殊風一
時之制何必詮改必謂虛文設言理在可申者
何容不同來執可依往制澄表上皇誥認宗制开
訓詁各一卷意欲皇太后臨覽之思勸戒之益又
奏利國濟民所宜振舉者十條一曰律度量衡
公私不同所宜一之二曰興學校以明黜陟
之法三曰興滅繼絕各舉所知四曰五調之
外一不煩民任民之力不過三日五曰臨民之

官皆須黜陟以旌賞罰六曰逃亡代輸去來年
父者若非使作任聽即住七日邊兵逃走或實
陷沒皆須精檢三長及近親若實隱之徵其代
輸不隱勿論八曰工商世業之戶復徵租調無
以堪濟今請免之使專其業九曰三長禁姦不
得隔越相領戶不滿者隨近并合十曰羽林虎
賁邊方有事暫可起戰常成宜遣番上靈
太后下其奏百寮議之事有同否時四中郎將
兵數寡弱不足以襟帶京師澄奏宜以東中帶
榮陽郡南中帶魯陽郡西中帶恆農郡北中帶
河內郡選二品三品親賢兼稱者居之省非急
之作配以彊兵如此則深根固本彊幹弱枝之
義也靈太后初將從之後議者不同乃止澄又
重奏曰固本宜彊防微在豫故雖有文事難
武功況今南蠻仍獍北妖頻結來事難圖勢同
往孽脫暴勃忽起振動關畿四府鸞卒何以防
擬平康之世可以寄安遣之久長恐非善策如
臣愚見郎將領兵兼摠民職省官實祿於是乎

在求還依前增兵益戲將位既重則念報亦深
軍郡相依則表裏俱濟朝廷無四顧之憂姦宄
絕窺覦之望矣卒不納又以流人初至遠鎮衣
食無資多有死者奏并其妻子給粮一歲從之
尋以疾患求解任不許蕭衍於浮山斷淮南討諸
軍事勒眾十萬將出彭宋尋淮堰自壞山陵危迫
以灌壽春乃除使持節大都督南討諸
以北邊鎮將選舉彌輕恐賊虜闚邊詔不從賊虜入
奏求重鎮將之選修警備之嚴詔不從賊虜入
[冠]至於舊都鎮將多非其人所在叛亂犯逼山
陵如澄所慮澄奏都城府寺猶未周悉全軍旅
初寧無宜發眾請取諸職人及司州郡縣犯十
杖已上百鞭已下收贖之物絹一匹輸塼二百
以漸脩造詔從之太傅清河王懌表奏其事遂
寢不行澄又奏曰臣聞賞必以道用防濫人之
姦罰不濫及以戒良士之困刑者例也每垂三
宥秉律執請不得已而用之是故小大之獄察
之以情一人呼嗟或虧王道刑罰得失乃興廢

之所由也竊聞司州牧高陽王臣雍拷殺奉朝
請韓元昭前門下錄事姚歆賢雖因公車理實
未盡何者太平之世草不橫伐行葦之感事驗
隆周若昭等狀彰死罪以定應刑於都市與衆
棄之如其疑似不分情理未究不宜以三清九
流之官鞭殺五人及檢贓敗法往年州
害一至於此朝野云云咸懷駭愕若殺生在下
虐專於臣人君之權安所復用自聞古以來明

明之世未聞斯比也武王曰吾不以一人之命
而易天下蓋重民命也請以見事付廷尉推覈
驗其為殺之狀察其拷殺之理使是非分明幽
魂獲雪詔從之澄當官而行無所回避又奏懇
田授受之制八條其有綱貫大便於時前來尚
書文簿諸曹須出借時公車署以理冤事重
奏請真案澄執奏以尚書政本特宜速慎故凡
所奏事閣道通之蓋以秘要之切防其宣露寧
有古制所重今反輕之內猶設禁外更寬也宜

繕寫事意以付公車詔從之西域嚈噠波斯諸
國各因公使並遣澄駿馬一四澄請付太僕以
充國閑詔曰王廉貞之德有過楚相可物付廄
以成君子大哉之美御史中尉東平王臣奏請
安案弁諸殿最欲以案校竊階盜官之靈太后
取景明元年以來內外考簿吏部除書中兵勳
許之澄表曰臣聞三季之弊由於煩刑之
與在於三約是以老聃六法令滋彰盜賊多有
又曰其政察察其民鈌鈌令天網恢恢踈而

不漏是故欲求治本莫若省事清心苛漢文斷
獄四百幾致刑措省事所致也蕭曹為相載其
清靜畫一之歌清心之本也今欲求之於本宜
以省事為先使在位羣官簒簒蕭蕭曹曹以聖
化如此則上下相信百司不怠事無
愆失豈宜擾世教以深文責小鮮以煩手哉臣
竊惟景明之初方加黜陟五品以上引之朝堂
課逮延昌之末內外羣官三經考
親決聖目六品以下例由勅判自世宗崇重駕大

宥三行所以蕩除故意與物更始革世之事方
相窮轂以臣愚見謂為不可又尚書職分樞機
出納昔魏明帝卒至尚書門陳矯元辭帝慽而
返夫以萬乘之重非所宜行猶屈一言慽而回
駕羣官百司而可相亂乎故陳平不知錢轂之
數郊吉不問僵道之死當時以為達治歷代用
為美談但宜各守其職思不出位潔己以勵時
靖以致節又尋御史之體風聞是司至於冒
勳妄考皆有處別若一處有風謠即應攝其一

二十五　毛原敏

簿研檢虛實若差舛不同偽情自露然後繩以
典刑人執不服豈有移一省之案取天下之簿
尋兩紀之事窮革世之尤如此求過誰堪其罪
斯實聖朝所宜重慎也故澄又表曰伏惟世宗
司徒公侍中尚書令
宣武皇帝命將授旗隨陸啟頴運籌制勝淮漢
自實即用勢心志清六合是故續武修文仍世
彌盛陛下當周康靖治之時豈得晏安於玄默
然取外之理要由內彊圖人之本先在自備蕭

衍雖虐使其民而窺覦不已若遇我虛疲士民
凋窶賊衍年老志張思播毒毒此之弗圖恐受
其病伏惟陛下妙齡在位聖德方昇皇太后摠
御天機乾乾夕惕若留意於負荷忿書之未
一進賢拔能重官人之舉標賞忠旌養人之
器修干戈之用畜熊虎之士愛時卹財輕賫重
穀七八年間陛下聖略方剛親王德幹壯茂將
相贊力未衰愚臣猶堪我伍荷戈帶甲之眾蓄
銳於今燕弧冀馬之盛充牣在昔又賊衍惡積

二十六　毛原敬

禍盈勢不能久父子弟闇悖釁逆已彰亂亡之兆
灼然可見兼弱有徵天與不遠大同之機宜須
蓄備昔漢帝力疾討滅英布高皇卧病親除顯
達夫以萬乘之主豈志宴安實以侵名亂正計
不得已今宜慕二帝之遠圖以肅蠻為大任然
頃年以來東西難寇艱虞之興首尾連接雖尋
得鞘除亦大損財力且飢饉之民散云莫保收
入之賦不增出用之費彌眾不愛力以悅民無
豐資以待敵此臣所以夙夜懷憂悚息不寧者

也易曰何以守位曰仁何以聚人曰財故曰財
者非天不生非地不長非時不成非人不聚生
聚之由如此其難集人守位若此之重興替之
道焉可不慮又古者使民歲不過三日食莊者
之粮任老者之智此雖太平之法難卒而因然
妨民害財不亦宜戒今壃埸素脩厩庫崇列雖
府寺膠塾亦有未周大抵省府粗得庇䕃理務
諸寺靈塔俱足致虔講道唯明堂辟雍國禮之
大來冬司徒兵至請籌量減徹專營務令

早就其廣濟數施之財酬商互市之獎凡所營
造自非供御切須戎仗急要亦宜微減以務卓
積庶府無橫損民有全力夫食土箷而媦德昭
寢甲室而禹功盛章臺麗而楚力衰阿宮壯而
秦財竭存亡之由灼然可覩願思前王之同之
功玄力聚財以待時會靈太后銳於繕興在京
師則起永寧太上公等佛寺功費不少外州各
造五級佛圖又數為一切齋會施物動至萬計
百姓疲於土木之功金銀之價爲之踊上削奪

降

百官事力費損庫藏兼曹賚左右曰有數千澄
故有此表雖不從常優各禮之政無大小皆於
引參決澄亦盡心匡輔事有不便於民者必於
諫諍雖不見用殷勤不已內咸敬憚之神龜
二年薨年五十三賵布一千二百四錢六十万
蠟四百斤給東園溫明祕器朝服一具衣一襲
大鴻臚監護喪事詔百寮興喪贈假黃鉞使持
節都督中外諸軍事太傅領太尉公加以殊禮
備九錫依晉大司馬齊王攸故事諡曰文宣王

澄之葬也岖飾甚盛靈太后親送郊外停輿悲
哭哀動左右百官會赴千餘人莫不歔欷當時
以爲哀榮之極第四子繼龑
龑字子倫繼室馮氏所生頗有父風拜通直散
騎常侍及元乂專權而龑耻於託附故不得顯
職莊帝初河陰遇害贈征虜將軍儀同三司青
州刺史諡曰文
子度世龑襲武定中金紫光祿大夫齊受禪爵例

舜兄順字子和九歲師事樂安陳豐初書王羲
之小學篇數千言晝夜誦之旬有五日一皆通
徹豐奇之曰澄曰豐十五從師迄于白首耳目
所經未見此比江夏黃童不得無雙也澄曰
藍田生玉何容不爾十六通杜氏春秋恒集門
生討論同異千時四方無事國富民康豪貴子
弟率以朋遊為樂而順下帷讀書篤志愛古性
謇謇淡於榮利好飲酒解鼓琴能長吟永歎吒
詠盧室世宗時上魏頌文多不載起家為給事
中時尚書令高肇帝舅權重天下人士望塵拜
伏順曾懷刺詣肇門門者以其年少告云在坐
大有貞客不肯為通順叱之曰任城王可是
賤也及見直往登牀捧手抗禮王公先達莫不
怵惕而順辭吐傲然若無所觀肇謂衆賓曰此
兒豪氣尚爾況其父乎及出肇加敬送之澄聞
之大怒杖之數十後超轉中書侍郎俄遷太常
少卿以父憂去職哭泣嘔血身自負土時年二
十五便有白髮免喪抽去不復更生世人以為

孝思所致尋除給事黃門侍郎時領軍元乂威
勢尤盛凡有遷授莫不造門謝謁順拜表而已
曾不詣乂謂順曰卿何謂耶不見我順正色
曰天子富於春秋委政叔父宜以至公為
心舉士報國如何賣恩責人私謝豈所望也至
於朝論得失順常鯁言正議曾不阿曲此見
憚出除平北將軍恒州刺史順謂義曰比鎮紛
紜方為國梗桑乾舊都根本所繫請假都督為
國捍屏心疑難不欲授以兵官謂順曰此朝
廷之事非我所裁順曰叔父既握國柄殺生由
己自言天之歷數應在我躬何得復有朝廷也
義彌忿憚之轉為安東將軍齊州刺史順自負
有才不得居內每懷鬱怏快形於言色遂縱酒歡
娛不親政事義解領軍徵為給事黃門侍郎
友郊迎賀其得入順曰不惠不入正恐入而復
出耳俄兼殿中尚書轉侍中初中山王熙起兵
討元乂不果而誅及靈太后反政方得改葬順
侍坐西遊園因奏太后曰臣昨往看中山家葬

非唯宗親哀其寬酷行路士女見其一家七喪
皆為潛然莫不酸泣義妻時在太后側順指之
曰陛下奈何以一妹之故不伏元義之罪使天
下懷冤太后嘿然不語就德興反於營州使尚
書盧同徒討之大敗而返屬侍中穆紹與順侍
坐因論同之罪同先有近宅借紹紹頗欲為言
順勃然曰同有好宅與要勢侍中豈慮罪也紹
之言順不敢復言靈太后頗事糚飾數出遊幸
懟不敢復言靈太后頗事糚飾數出遊幸順面

世

羅悉

示後世靈太后懟而不出還入宮責順曰千里
相徵豈欲眾中見辱也順曰陛下盛服袿容不
畏天下所笑何恥臣之一言乎初城陽王徽慕
順才名偏相結納而廣陽王淵姦徽妻于氏大
為嫌隙及淵自定州被徵入為吏部尚書兼中
領軍順為詔書辭頗優美徽疑順為淵左右由
是與徐紇開順於靈太后出順為護軍將軍太

常卿順奉辭於西遊園徽紇侍側順指之謂靈
太后曰此人魏之宰輅魏國不滅終不死紇紇
脅有而出順遂抗聲叱之曰爾刀筆小人正堪
為机案之吏寧應翕翕執我戲倫逐振衣
而起靈太后嘿而不言時追論順父顧託之功
增任城王彝邑二千戶又析彝邑五百戶以封
順為東阿縣開國公順疾徽等間之遂為蟵賦
曰余以仲秋休沐偶閒寄想琴書託情紙
翰而蒼蠅小蟲往來牀几疾其變白聊為賦云

三十二

羅悉

遐哉大道廓矣洪氛肇立秋夏受啟冬春既舍
育於万性又匑狗而不仁隨因緣以授體稟美
惡而無分生茲穢類靡益於人名備羣品聲損
眾倫欿胚纖翼紫首蒼身飛不能迥聲若遠聞
點緇成素變白為黑寡愛蘭芳偏貪穢食桓
公之屍居平叔之側亂鷄鳴之響毀皇宮之飾
督晉戶庭營營榛棘反覆往還言彼讒賊庸受
既通譖潤罔極緝緝幡幡交亂四國於是妖姬
進邪士來聖賢擁忠孝摧周昌拘於拍里天乙囚

於夏臺臺伯奇為之痛結申生為之蒙災鳴鳥悲
其室採葛懼其懷小升隤其涕靈均表其哀自
古明哲猶如此何況中庸與凡卉若夫天生地
養各有所親獸必依地鳥亦憑雲或來儀以呈
社或自擾而見圖而歸德或街書以告
真或天胎而奉味或殘軀以獻珍或麦皮而興、
人非如蒼蠅之無用唯構亂於烝民遂屬茨在
家杜絕廝養後除吏部尚書兼右僕射又上省

登階向榻見榻其故問都令史徐竹起仲起曰
此榻曾經先王坐順即哽塞泗泗交流父而不
能言遂令換之時三六曹令史朱暉素事錄尚
書高陽王雍雍欲以雍為廷尉評頻請託順不
為用雍遂下命用之於地雍聞之大怒
昧奕都聽召尚書及丞郎畢集欲待順至於
衆挫之順曰高方至雍攘袂撫八而言曰身天
子之子天子之弟天子之叔天子之相四海之
內親尊莫二元順何人以身成命投棄於地順

顯驥驥俱張仰面看屋憤氣奔涌長戲而不言又
之搖一百羽扇徐而謂雍曰高祖遷宅中土朝
定九流官方清濁軌儀萬古而朱暉小子身為
省吏何合為廷尉清官殿下旣先皇同氣宣遵
成旨自有短垣而復踰之也雍曰身為丞相錄
尚書如何不得用一人為官順曰殿下不治
下參選事順又屬聲曰庖人雖不
庖尸祝不得越樽俎而代之未聞有別百令殿
奏聞雍遂笑而言曰豈可以朱暉小人便相恣

恨遂起呼順入室與之極飲順之元毅不撓皆
此類也後除征南將軍右光祿大夫轉兼左僕
射尒朱榮之奉莊帝召百官悉至河陰素聞順
省不須來順不達其音聞害衣冠遂便出走為
陵戶鮮于康奴所害家徒四壁無物斂屍止有
書數千卷而已門下通事令史王才達列裂裳覆
之莊帝還宮遣黃門侍郎山偉巡喻京邑偉臨
順喪悲慟無已旣還莊帝怪而問曰黃門何為

聲散偉以狀對莊帝勅侍中元祉曰宗室喪亡
非一不可周贍元僕射清苦之節死乃益彰特
贈絹百匹餘不得例贈驃騎大將軍尚書令司
徒公定州刺史諡曰文烈順撰帝錄二十卷詩
賦表頌數十篇今多云失

長子朗時年十七枕戈潛伏積年乃手刃康奴
以首祭於順墓然後詣闕請罪朝廷嘉而不問
朗涉歷書記為司徒屬天平中為奴所害贈都
督瀛冀二州諸軍事　將軍尚書右僕射冀
州刺史

沒於關中

悲弟嵩字道岳高祖時自中大夫遷員外常侍
順弟淑淑弟悲並早卒
轉步兵校尉大司馬安定王休薨未及卒哭嵩
澄弟嵩字道岳

紀字子綱永熙中給事黃門侍郎隨出帝

便遊田高祖聞而大怒詔曰嵩不能克已復禮
企心典憲大司馬薨俎甫爾便以鷹鷂自娛有
如父之痛無猶子之情掊心棄禮何其太速便

可免官後從平沔北累有戰功除左中郎將兼
武衛將軍高祖南伐蕭寶卷將陳顯達率眾拒
戰嵩身備三仗免冑直前將士從之顯達本潰
斬獲萬計嵩於陣曰勇冠三軍高祖大悅而言
曰任城康王大有福德文武頓出其門以功賜
爵高平縣侯賞帛二千五百四初高祖之孫洛
也馮皇后以罪幽於宮內既平顯達次穀唐
原高祖疾其西將賜后死曰使人不易可得顧謂
任城王澄曰任城必不負我嵩亦當不負任城
可使嵩也於是引嵩入內親詔遣之世宗即位
以武衛將軍兼侍中出為平南將軍荊州刺史
嵩表曰蕭寶卷之弟必有圖行之志臣若
刺史蕭衍兄懿於建業阻兵與寶卷相持荊郢
莫不離背君臣攜貳干戈日尋流聞寶卷雍州
二州刺史蕭穎並是寶卷之弟必有圖行一行
遣書相聞迎其本謀異雖同心并力除影行
之後彼必旅師赴救丹陽當不能復經越呂疆陲
全固襄沔臣之軍威已得臨據則沔南之地可

一舉而收綠漢曜兵示以威德思歸有道者則
引而納之受疑告危者則援而接之投兵斫鋒
觀釁伺隙若其零落之形巳彰怠惰之魏色著
便可順流推鋒長驅席卷詔曰所陳嘉謀深是
良計如當機形可進任將軍裁之既而蕭衍尋
克建業乃止除平比將軍恒州剌史轉平東將
軍徐州剌史又轉安南將軍揚州剌史蕭衍相
州剌史揚公則率衆二萬屯於首陂又遣其左軍將軍塞小眼軍
卒五千據於首陂又遣其左軍將軍塞小眼軍

主何天柱俟興華等率衆七千攻圍陸城其男
遣統軍封遇王會等領步騎八千討之遇達陸城
賊皆夜遁道擊破之斬獲數千公則慶真退還
馬頭衍徐州剌史昌義之屯據高皇遣三軍潛
寇陰陵以淮水淺竭不通舡艦屯於馬頭衍將
田道龍何景先等領卒三千巳至衡山規寇陸
城寇並充適其高遣兼統軍本叔仁等接合肥小
岘楊右頻戰破之衍征虜將軍趙革屯於黃□
莫遣軍司趙熾等往討之先遣統軍安伯醜潛

攻破五明世宵遁慶真合餘燼浮淮下下蔡戍
賊戰敗奔走斬獲數千溺死萬數賊牛歡寶
為表襄聲勢迺會軍既分擊衆賊之四屋四壘
引次于淮西去賊營十里司馬趙熾高遣別將羊
屯於雞口軍主尹明世屯東破石岢高遣別將羊
破之衍將姜慶與員專據肥汭冠軍將軍曹天寶又
死四千餘人統軍李叔仁等夜龍襲破石之賊又
與下蔡戍主王虎等前後夾擊大敗之俘斬溺
師夜渡伏兵下蔡革卒卒四千逆來拒戰伯醜

主王略截流擊之俘斬太半於是威名大振後
為芟君頭李太伯等同謀害岀高并妻秭氏父子世
賢世宗為嵩舉哀於東堂贈絹一千四百贈車騎
將軍領軍諡曰剛侯
弟二子世儁頗有幹用而無行業龍爵除給事
中東宮舍人伯父澄表求轉階授之於是除員
外散騎常侍蕭宗時追論萬勳對世儁縣開
國男食邑三百戶遷冠軍將軍宗室少卿又為
散騎常侍安南將軍武衞將軍河南尹尋除鎮

東將軍青州刺史轉征東將軍加散騎常侍邢

杲之亂圍逼州城世儁憑城拒守遂得保全孝

莊時除衛將軍吏部尚書仍介朱兆寇京師詔世

儁以本官為都督防守河橋及兆至河世儁初

無拒守意便開岸逃拜時論疾之前廢帝世為

驃騎將軍仍加尚書尤為介朱世隆所昵出帝

初加儀同三司改封武陽縣開國子食邑五百

戶世儁居選曹不能厲心多所受納為中尉彈

斜坐免官尋復本職孝靜初加侍中尚書右僕

射遷尚書令世儁輕薄好去就諂送晉陽興和

中薨贈侍中都督冀定瀛殷四州諸軍事驃騎

大將軍太傅定州刺史尚書令開國公如故諡

曰躁戾

子景遠頗裴散騎侍郎

世賢弟世哲武定中支部郎

嵩弟瞻守道周高祖時自　大夫稍遷宗正少

卿龍驤將軍光州刺史並散騎常侍左將軍遷平

東將軍充州刺史頗愛　書史而貪暴好殺澄深

耻念之絶其性來有四子

長子遠尚書郎

史臣曰顯祖之禪讓可謂國之大節康王毅

然廷諍德音孔昭一言興邦其斯之謂歟文宣

貞固俊遠鬱彭為宗傑身因累朝寧濟夷險旣社

稷是任其梁棟之望也順賽謬儵有汲黯之

風不用於時橫招非命惜矣萬有行陳之氣

則裂冠之徒歟

百二十七

景穆十二王列傳第七中　魏書十九

南安王　　城陽王

章武王　　樂陵王

安定王

★魏書傳七下　　　一

南安王楨皇興二年封加征南大將軍
官尋遷內都大官高祖即位除涼州鎮都大將
軍尋以綏撫有能加都督西戎諸軍事征西大將
軍領護西域校尉儀同三司涼州刺史徵為內
都大官出為使持節侍中本將軍開府長安鎮
都大將雍州刺史楨性忠謹事毋以孝聞賜帛
千四以褒之徵武高祖引見於皇信堂戒
之曰翁孝行著於私庭令問章彰於邦國每欽忠
懿思一言展故因講武遠徵赴闕仰戀行慈情
在未已但長安鎮年飢民儉理須綏撫不容
留翁既今還州其勤恤無令境內有飢餒之民
翁已國之懿親終始無貳賤之慮所宜慎者略有
三事一者特親驕矜違禮憒度二者懦慢貪奢
不恤政事三者飲酒遊逸不擇交友三者不去

★魏書傳七下　　　二

惠禍將生但能慎此是以全身遠害光國榮家
終始之德成矣而楨不能遵奉後乃聚歛辭情
文明太后高祖並臨皇信堂引見王公太后令
曰汝陰王天賜南安王楨不順法度賍貨聚歛
欲滅親以明法羣臣咸以二王體先皇夀蒙
孫恕太后不答高祖乃詔曰南安王楨以懿戚
之貴作鎮關右不能潔已奉公助宣皇度方肆
貪欲殖貨私庭縱姦凶雍絕訴訟諸使
依犯親坐將至不測鄉黨先親以毀令為
齋衆叔向戮弟以明法克已忍愛率天下夫
邀求虛稱二三之狀皆犯刑書昔魏武剄髮以
推刑實在難恕今所犯事重疇日循古
豈不懷有為而然耳今者所犯事重疇日循古
一尋惟高宗孔懷之近愍言哽塞悲慟于懷且
以南安王孝養之名聞於內外特一原如削除
封爵以庶人歸第禁錮終身後高祖南代楨從
至洛及議遷都首從大計高祖甚悅楨每劉太
妃薨高祖親幸臨慰及葬贈布帛綵五百段又

以槓議定遷出郡復封南安王食邑一千戶出為
鎮北大將軍相州刺史高祖餞槓於華林都亭
詔曰從祖南安既之蕃任將曠違千里豫懷惘
戀然今者之集雖曰分政實為曲宴並可賦詩
申意射者可以觀德不能賦詩者可聽射也當
使武士彎弓文人下筆高祖送槓於階下流涕
而別太和二十年五月至鄴入治日暴風大雨
凍死者十數人奉祀之槓告虎神像去三日不雨當
石虎廟人奉祀之槓告虎神像去三日不雨當

加鞭罰請雨不驗遂鞭像二百是月遘發背薨
謚曰惠贈帛一千四及葬又賜帛千四遣黃門
郎監護喪事及恂州刺史穆泰謀反槓知而不
告雖薨猶追奪其爵封國除有五子
子英字虎兒性識聰敏博聞彊記便弓馬解吹
笛微曉醫術高祖時為平北將軍武川鎮都大
將假魏公未幾遷都督洸汾益寧三州諸軍事安
南將軍領護西戎校尉仇池鎮都大將梁州刺
史高祖南代為梁漢別道都將後大駕次鍾離

毛壽

詔英率眾備寇境上英以大駕親動勢傾東南
漢中有可乘之會表求進討高祖許之師次沮
水蕭鸞鸞馬將蕭懿遣將尹紹祖梁季羣等領眾二
萬徹山立柵分為數處居高視下隔水為營英
乃謀曰彼帥職卑民慢莫能相服眾而無上固知
適從若選精卒并攻一營彼不相救我克必矣
若克一軍四面騰上果
相救既破一處四營俱潰生擒梁李羣斬三千
餘級俘七百人鸞白馬將其夜逃潰乘勝長

驅將遍南鄭漢川之民以為神也相率歸附梁
州民李天幹等詣英降待以國士之禮天幹等
家在南鄭之西請師迎接英遣迎之蕭懿聞而
遣將姜脩率眾追襲逮夜交戰頗有殺傷脩後
屢敗復更請軍懿遣眾赴之迎者告急英率騎
一千倍道赴救未至賊以退還英徵其前合擊之盡俘
遣統軍元拔以隨其後英徽至且眾力已疲軍少
其眾懟欲奔走英乃緩騎徐行神色自若登高
人懼咸欲奔走英乃緩騎徐行神色自若登高

10-293

墾賊東西指麾狀似處分然後豎列而前賊謂
有伏兵俄然賊退乘勢追殄遂圍南鄭禁止三
軍一無所犯遠近皆供租運先是英未至也蕭
懿遣軍主范潔領三千餘人伐樔潔聞大軍圍
城欲還救英遣統軍李平敵李鐵騎等收合
巴西晉壽土人以斷潔以死決戰遂敗平
敵之軍英候其稍近以奇兵掩之盡皆擒獲攻
圍九十餘日四戰無不克被勑班師英於是先遣
老弱身勒精卒斷後遣使與懿告別懿以為詐

也英還一日猶開門不開二日之後懿乃遣將
追英英親自殿後與士卒下馬交戰賊衆莫敢
逼之四日四夜然後賊退全軍而還會山氏並
反斷英歸路英勒衆奮擊且戰且行為流矢所
中軍人莫有知者以功遷安南大將軍賜爵廣
武伯在仇池六載有威惠之稱父憂解任高
祖討漢陽起英為左衛將軍加前將軍鎮荊州
宗正又轉尚書仍本將軍鎮荊州蕭寶卷將陳
顯達等寇荊州英連戰失利車駕至南陽免英

官爵世宗即位行徐州還復尚書廣武伯蕭寶
卷遣將軍陳伯之寇淮南司徒彭城王勰鎮壽
春以英為鎮南將軍率衆討之英未至賊已引
退勰還詔英行揚州後英還京師上表曰臣聞
取亂侮亡有國之常道陳師鞠旅因機而致發
竊以區區島顧天常憑恃山河敢抗中國
今妖逆數亡驕縱日甚威侮五行急棄三正淫
刑以逞虐雲無辜其雍州刺史蕭衍東伐秣陵
壃土與兵順流而下唯有孤城更無重儒此則

皇天授我之曰曠載一逢之秋事易走丸理同
拾芥此而不乘將欲何待臣乞躬率步騎三萬
直指沔陰據襄陽之城斷黑水之路昏虐君臣
目相魚肉我居上流威震遐邇長驅南出進拔
江陵其路既近不盈五百則三楚之地一朝可
收岷蜀之道自成斷絕又命揚徐二州聲言俱
舉緣江焚毀靡使所遺建業窮蹙魚遊金內士
治之師再興孫皓之縛重至齊文軌而大同混
天地而爲一伏惟陛下暫闡旒纊少垂聽覽獨

決聖心無取疑議此期脫衷吞未日事寢不
報英又奏曰臣聞乘虛討弱事在速舉因危攻
昧徼捷可期今寶卷亂常骨肉相賊番戍靡立
莫知所歸義陽孤絕密邇天境外靡粮援之期
內無兵儲之固此乃臨焚之鳥不可去薪授首
之寇何容緩爾若此非直後舉難圖亦或居要
經略之基如脫否也非直後舉難圖亦或居要
生疾令豫州刺史司馬悅巳戒嚴垂邁而東豫
州刺史田益宗方擬守三關請道軍司為之節

度世宗遣直寢羊靈引為軍司以軍功拜吏部
尚書以前後軍功進爵常山侯英奏謹案學令
諸州郡學生三年一校一校所通經數因正使列之
然後遣使就郡練考臣伏惟聖明崇道顯成均
之風蘊義光膠序之美是以太學之館久置於
下國四門之教方構於京縱計習訓海年聽受
累紀然儁造之流應問於魏闕不革之輩宜返
於齊民使就郡練考覈其最殿頃以皇都遷構
江揚未一故鄉校之訓弗遑正試致使薰蕕之

質均誨學庭蘭蕭等教文肆今外宰京官
銓依令黜陟詔曰學業惟廢為已久非使
能勸比當別勤尋詔英使持節假鎮南將軍都
督征義陽諸軍事率眾南討蕭衍行司州刺史蔡
道恭聞英將至遣其驍騎將軍楊由率城外居
民三千餘家於城西南十里賢首山即嶺為三
柵作表裏之勢英勒諸軍圍賢首山柵其柵門
楊由乃驅水牛從營而出繼之以兵軍人避牛

師遂退下尋分兵圍守其夜柵民任馬駒斬由
以降三軍館穀降民安堵蕭衍遣其平西將軍
曹景宗後將軍王僧炳等率步騎三萬來救義
陽僧炳統眾二萬據鑿峴景宗率二萬繼後英
遣冠軍將軍元遙揚烈將軍曹文敬進據樊城
以抗之英又於士雅山結壘與景宗仙理相抗
斬首餘人英又於士雅山結壘大破僧炳軍俘
分遣諸統伏於四山示之以弱衍將馬仙琕率
眾萬餘來擁英營英命諸軍偽北誘之既至平

地統軍傅求等三軍擊之賊便奔退進擊之
斬首二千三百級斬賊羽林監軍鄧終年仙理
又率一萬餘人重來決戰英勒諸將隨便分擊
領之復斬賊將陳秀之統軍王買奴別破東
蔡靈恩復憑窮城短兵日接景宗仙理知城將
拔盡銳決戰一日三交皆大敗而返靈恩勢窮
達降三關戍闔之亦棄城而走詔曰知城已
下復克三關展威闔境聲略宣振公私稱泰良

以欣然將軍淵規內斷忠謨外舉受律揚雄克
申廟筭雖方叔之制蠻荊郘虎之掃淮浦匹茲
蔑如也新州初附宜廣經略想善加檢督必令
周固有所委付然後凱旋耳初高祖之平漢陽
英有戰功許復其封反顯達所敗遂襄是役
也世宗大悅乃復之改封中山王食邑一千戶
遣大使鴻臚少卿睦延吉持節就拜英送蔡靈
恩及衍尚書郎蔡僧勰前軍將軍義陽太守馮
道要游擊將軍鮑懷愼天門太守王承伯平北

府司馬宗象平北府諮議參軍伏燅給事中寧
朔將軍蔡道基中兵參軍龐脩等數十人詔
會平江南此等便可放歸世英旣還世宗引見
深嘉勞之後增封千戶蕭衍遣將軍寇肥梁
詔英使持節加散騎常侍征南將軍都督揚徐
二道諸軍事率衆十萬討之所在皆以便宜從
事詔英勢滋甚圍逼肥梁邊將後規以至
於此故英舉必期勝捷而出軍淹滯肥梁已
陷聞之悅憑實菲本圖今衆軍盡集十有五萬

進取之方其筭安在克登之期復當遠近竟以
幾日可至賊所必勝之規何者爲先故遣步兵
校尉領中書舍人王雲六指取機要英表陳軍機
乃擊破陰陵斬衍將二十五人及虜首五千餘
級又頻破賊軍於梁城斬其支將四十二人殺
獲及關死者將五萬衍中軍大將軍臨川王蕭
宏尚書左僕射柳惔等大將五人泝淮南走凡
收米三十萬石詔勞英曰知大摧鯨寇威振南
海江浦無塵三楚卷甃聲被荒隅同軌斯始公

私慶慰貝副朕懷便當乘威藉氣長驅吳會前嶺
拉遺燼截從東南也英追至于馬頭衍馬頭戍
主委城遁走遂圍鍾離詔曰師行已久士馬疲
瘵賊城險固卒難攻屠冬春之交稱非勝便平
萬之眾曰費無其方圖後舉不待今事且可密
裴徐嚴為振旅之意整疆完土開示威略若凶
壁埜素雁逃亡或竄山湖或難制掠者凶渠黠
當有須討除者便可撲掃以清疆界如其疆徼
憑阻未易致力者亦不煩肆兵凱旋邇近不復
一曰以來霖雨連併可謂天達人願然王者行
期至三月將末三月之初理在必克但自此月
委曲英表曰臣奉辭伐罪志殄逋寇想敵量攻
師舉動不易不可以少致聯淹憑陵坐異議臣亦
譎思者入三月已後天晴地燥憑陵便生異議臣亦
連雨仍接不得進攻者臣已更高邵陽之橋防
其汛突意外洪長愿其破橋臣亦部分造船後
於鍾離城隨水狹處營造浮橋至三月中旬橋
必克成晴則攻騰兩則圍守水陸二圖以得為

限實願朝廷特開遠略少復賜寬假以日月無
使為山之功中途而廢詔曰大軍野次已成勞
久攻守之方理可豫見比頻得啟制勝不過暮
春及省後表復期孟夏之末彼王蒸罇無宜久
淹勢雖必取刀將軍之深計兵久力始亦朝廷
之所憂故遣主書曹道往觀軍勢使還三具
聞及道還英猶表云可克四月水盛破橋英及
諸將狼狽奔走刀衆計十有五六英至揚州又
遣使送節及衣冠貂蟬章綬詔以付典有司奏
英經笃失圖萊劾處死詔恕死為民後京兆王
愉反英後王封邑一千戶除使持節假征東將
軍都督冀州諸軍事英未發而冀州已平時郢
州治中督榮祖潛引蕭衍行郢州刺史妻嬰城自守
之戎並據城降衍遣別郢州刺史妻嬰城應之三關
瓢城民白早生等殺豫州刺史司馬悅據城南
叛衍將齊苟仁率衆守懸瓠悅子曇華陽公主
主并為所劫詔英使持節都督南征諸軍事假
征南將軍出自汝南世宗引英謂之曰妻悅綏

御失和銓衡聞於簡授故使郢民引寇關戍外
奔義陽孤寄有倒懸之切王國之邵虎威名宿
雲故屈王親摠元戎掃清氛穢昔衛霍以匈奴
之故居無寧歲今南疆不靖王不得以屢勞為
辭也英對曰臣才非韓白識闇孫吳徒以宗室
之長頻荷推轂之寄規略淺短失律喪師宜章
子反之戮以謝天下陛下慈深念屢愛等鍾牛
使臣得同荀伯再生明世抵言追孟氏以報復為
期關郢微寇何足平殄滅賊方略已在臣目中
願陛下勿勞聖慮也世宗曰截彼東南再清隨
所望於將軍鍾離一捷豈足以損大德今王
董彼三軍無憂矣世宗以邢巒頻破早生詔
英南赴義陽英以眾少累表請軍世宗弗許而
英輒與邢巒分兵共攻懸瓠克之乃引軍而進
初苟仁之據楚城南走英追擊斬道疑等率眾
據楚城聞英將至棄城南走英追擊斬道疑及
衍虎賁中郎曹苟生盡俘其眾既及義陽將取
三關英策之曰三關相須如左右手若克一關

兩關不待攻而定攻難不如攻易東關易攻宜
須先取即黃石公所謂戰如風發攻如河決英
恐其并力於東乃使長史李華率五統向西關
分其兵勢身督諸軍向東關先是馬仙理使雲
騎將軍馬廣率眾拒守於長薄軍主胡文超別
屯松峴英至長薄馬廣夜遁入於武陽英進師
攻之秀接武陽英乃緩軍曰縱之使入此城吾先
超觀其形勢易攻耳吾取之如拾遺也諸將未
之信寵生等既入武陽英促圍攻之六日而廣
等降於是進擊黃峴衍太子左衛率李元履棄
城奔竄又討西關衍司州刺史馬仙理亦即退
走果如英策凡擒其大將六人支將二十八卒
七千米四十萬石軍資稱是還朝除尚書僕射
永平三年英薨給東園祕器朝服一具帛七百
匹贈司徒公謚曰獻武王英五子
攸字玄興東宮洗馬早卒贈散騎侍郎
攸第熙字真興好學俊爽有文才聲著於世然

輕躁浮動英深慮非保家之主常欲廢之立第
四子略為世子宗議不聽略又固請乃止起家
祕書郎延昌二年襲封累遷兼將作大匠拜太
常少卿給事黃門侍郎尋轉光祿勳時領軍于
忠執政熙忠之婿也故歲中驟遷尋除平西將
軍東秦州刺史進號安西將軍祕書監尋以本
將軍授相州刺史熙以七月入治其日大風寒
雨凍死者二十餘人驢馬數十四熙聞其祖父
前事心惡之又有蛆生其庭初熙兄弟並為清
河王懌所昵及劉騰元乂隔絕二宮矯詔殺懌
熙乃起兵上表曰臣聞安危無常時有休否臣
早屬休明晚逢多難自皇基綿茂九葉承光高
祖世宗徽明相襲皇太后聖敬自天德同馬鄧
至尊神叡纂御神鑒燭遠四海晏如八表歸化
而領軍將軍元乂寵藉外親叨榮左右豺狼為
心飽便反噬遂使二宮阻隔溫清闕禮又太傅
清河王橫被屠害致使忠烈士喪氣闕庭親
賢宗戚憤恨內外妄指鹿馬執能踰之王董權

十五

逼方此非譬臣仰瞻雲闕泣血而生以細草不
除將為爛漫況乂教逆如此執可忍之臣忝籍
枝葉思盡力命碎首屠肝甘之若薺令輒起義
兵實甲八萬大徒旣進支武爭先與并州刺史
城陽王徽恒州刺史廣陽王淵徐州刺史齊王
蕭寶夤寅等同以今月十四日俱發庶帝憑祖宗
之靈俯整義夫之命掃前兇更清京邑臣親
揔三軍星邁趣難置兵溫城伏聽天旨王公宰
輔或世著者忠烈或佩恩顧如能同力翦除元
乂使太后至尊忻然奉對者臣即解甲散兵赴
謝朝闕臣雖于乖昔人位居蕃屏寧容坐觀姦
醜虛受榮祿哉熙兵起甫十日為其長史柳元
章別駕游荊魏郡太守李孝怡率諸城人鼓譟
而入殺熙左右四十餘人執熙置之高樓并其
子弟乂遣尚書左丞盧同斬之於鄴街傳首京
師始妃于氏知熙必敗不從其謀自初哭泣
不絕至於熙死妃臨刑為五言詩示其辭旨曰
義實動君子主辱死忠臣何以明是節將解七

十六

尺身與知交別曰平生方寸心殷勤屬知巳從
今一銷化悲傷無極巳熙既蕃王之貴加有文
學好奇愛異交結偉俊風氣甚高名美當世先
達後進多其門始熙之鎮鄴也知友才學之
士袁翻李琰李神儁王誦兄弟裴敬憲等咸餞
於河梁賦詩告別及熙復與知故書曰吾
與弟並蒙皇太后知遇兄據大州弟則入侍殿
勤言色恩同慈母今皇太后
河王橫受屠酷主上幼年獨在前殿君親如此

無以自安故率兵民達大義於天下但智力淺
短旋見囚執上懟朝廷下愧相知本以名義干
心不得不爾流腸碎首後何言哉昔李斯憶上
蔡黃犬陸機想華亭鶴唳豈不悵惚無際去
不還者乎今欲對秋月臨春風藉芳草蔭花樹
廣召名勝賦詩洛濱其可得乎凡百君子各敬
爾宜為國為身善勖名節立功立事為身而
巳吾何言哉時人憐之又熙於任城王澄薨前
夢有人告之曰任城當死死後二百日外君亦

不免若其不信試看任城家熙蒙夢中顧瞻任城
第舍四回牆崩無遺堵焉熙惡之覺而告所
親及熙之死也果如所夢兄第三人每然英征
代在軍舍暴或因迎逆北至有斬殺無辜多
意未使害之由熙勸獎遂至靈太后反政贈使
熙之禍議者以為有報應焉靈太后贈使
持即都督冀定瀛相幽五州諸軍事大將軍太
尉公冀州刺史增本封二千戶諡曰文莊王
長子景獻次仲獻次叔獻並與熙同被害後贈
景獻中軍將軍青州刺史裴以王禮神獻左將
軍兗州刺史叔獻石將軍齊州刺史
叔獻弟叔仁以年幼獲全與母于氏從朔州
昌初景獻還歸京師還其財宅龍襄先爵
除征虜將軍通直散騎常侍孝莊初遇害於河
陰贈衛大將軍儀同三司并州刺史
子琳襲齊受禪冊附例降
熙弟誘字惠興員外郎稍遷通直郎太子中

庶子征虜將軍衛尉少卿出為右將軍南秦州
刺史義斬之於岐州妻子得不坐追贈車騎大
將軍雍州刺史後贈儀同三司追封都昌縣開
國伯食邑八百戶謚曰恭
子始伯龕襲給事中齊受禪爵例降
誘弟略字儁興才氣劣於熙而有和遜之譽自
員外郎稍遷羽林監通直散騎常侍冠軍將軍
給事黃門侍郎清河王懌死後義黜略為懷朔
鎮副將未及赴任會熙起兵與略書來去尋值

熙敗略遂潛行自託舊書識河內司馬始賓始
便為荻筏夜與略俱渡盟津詣上黨屯雷縣栗
法光法素敢信義忻而納之略舊識刁雙時
為西河太守俄而蕭衍止經年雙乃令從子
昌送略潛遁江左蕭衍甚禮敬之封略為中山
王邑二千戶宣城太守俄而徐州刺史元法僧
據城南叛州內士庶皆為法僧擁逼迫行乃以略
為大都督令詣彭城接誘初附略至屯於河南
為安樂王鑒所破略唯數十騎入城衍尋遣其

豫章王綜鎮徐州略與法僧同還略雖在江
南自以家禍晨夜哭泣身若居喪又惡法僧為
人與法僧言未嘗一笑衍復除略衡州刺史未
行會綜以城歸國綜長史江革司馬祖暅將士
五千人悉見擒虜蕭宗敕有司悉遣革等還南
因以徵略衍乃備禮遣之略之將還為置
酒餞別賜金銀百斤衍之百官悉送別江上遣
大夫刁雙送略境首勞問又敕徐州賜絹布各一千
其右衛徐確率百餘人送至京師蕭宗詔光祿

四除略侍中義陽王食邑二千戶還達石人驛
亭詔宗室親黨內外百官先相識者聽迎之近
郊賜帛三千匹宅一區粟五千石奴婢三十八
其司馬始賓除給事中領直後粟法光本縣令
刁昌東平太守刁雙西兗州刺史其略所至一
餐一宿之處無不霑賞尋改封東平王又拜車
騎大將軍左光祿大夫儀同三司領左衛將軍
侍中如故又本官領國子祭酒遷大將軍尚書
令靈太后甚寵任之其見委信始與元徽相埒

於時天下多事軍國万端略守常自保無他裨
益叱唯具臣而已尒朱榮略之姑夫略素所輕
忽略又黨於鄭儼徐紇榮兼衛之榮又洛也見
害於河陰贈以本官加太保司空徐州刺史諡
曰文貞

子景式襄武定中北廣平太守齊受禪爵例降
略弟纂字紹興頗有將略為司徒祭酒聞熈舉
兵因逃奔於鄴至即見擒與熈俱死追封北平
縣公贈安比將軍恒州刺史改封高唐縣開國
侯食邑八百戶

子子獻襄卒於涇州司馬

熈異母弟義興出後叔父並洛蕭宗初除員外
散騎侍郎及熈之遇害也義興以別後故得不
坐稍遷輔國將軍通直散騎常侍孝莊初於河
陰遇害贈中軍將軍瀛州刺史後贈散騎常侍
征東將軍餘如故義興妻趙郡李氏頗有婦
工為尒朱榮妻所親眤永安中追封義興燕郡
王邑五百戶尋改封鉅鹿王又改封武邑王

子述襄天平中通直郎齊受禪爵例降
英弟怡起家步兵校尉轉城門校尉遷鄴善鎮
將所在貪暴為有司所糾逃竄得免延昌中卒
莊帝初尒朱榮婦兄超贈驃騎大將軍太尉
公雍州刺史扶風王

長子肅起家員外散騎侍郎轉直寢莊帝初封
蕭魯郡王邑千戶除散騎常侍出為後將軍廣
州刺史後除儲將軍肆州刺史其弟曄僭立拜
蕭侍中太師錄尚書事尋改除使節都督青
州刺史

朕光齊南青五州諸軍事驃騎大將軍東南道
大行臺青州刺史不行永熈二年薨贈使持節
侍中都督并恒二州諸軍事本將軍司徒公并
州刺史

子道與襄除前將軍齊受禪爵例降
曄字華興小字盆子性輕躁有膂力起家秘書
郎稍遷通直散騎常侍莊帝初封長廣王邑一
千戶出為太原太守行并州事尒朱榮之死也
世隆等奔還并州與尒朱兆會於建興乃推曄

為主大赦所部號年建明尋為世隆等所廢前

廢帝立封曄為東海王邑萬戶出帝初坐事賜

死於第無子爵除

城陽王長壽皇興二年封拜征西大將軍外都

大官出為沃野鎮都大將性聰惠善撫接在鎮

甚有威名延興五年薨諡康王

長子多侯早卒

次子鸞字宣明始繼叔章武敬王及兄卒還襲為北

父爵身長八尺䪙帶十圍以武藝著稱頻為北

河西諸軍事征西大將軍領護西戎校尉涼州

鎮都大將改鎮立州以鸞為涼州刺史姑臧鎮

都大將餘如故後朝子京師會車駕南討領鎮

軍將軍定都洛陽高祖幸鄴詔鸞留守及開建

五等食邑二千戶除使持節都督

豫荊郢三州河內山陽東郡諸軍事與安南將

軍盧淵李佐攻赭陽不克敗退而還時高祖在

瑕丘鸞馬請罪行宮高祖引見鸞等責之曰卿等

揔率戎徒義應奮節而進不能夷拔賊城退不

能珍茲小寇虧王威罪大辟革變之始

事從寬貸今捨卿等死罪城陽降為定襄縣王

削戶五百古者軍行必載廟社之主於示其

威惠各有攸歸今徵卿等敗軍之罪於社之

前以彰厥咎後以留守之功還復本封增邑二

百戶除冠軍將軍河內太守轉并州刺史定州

刺史鸞愛樂佛道脩持五戒不飲酒食肉積歲

初除平東將軍青州刺史後安北將軍世宗

長齋繕起佛寺勸率百姓共為土木之勞公私

費擾頗為民患世宗聞而詔曰鸞親唯宗懿作

牧大州民物殷繁綏寧所屬宣克已應誠崇清

樹惠而乃驟相徵發專為煩擾編戶敝敝家懷

嗟怨比州生廣姦亂自由准法尋愆應加蠲黜

以鸞戚屬威情有未忍可遣使者以義督責奪祿

一周微示威罰也正始二年薨時年三十八贈

帛六百四詔中書舍人王雲宣旨臨弔贈鎮北

將軍冀州刺史諡懷王

子徽字顯順粗涉書音史頗有吏才世宗時襲封
除游擊將軍出為河內太守在郡清整有民譽
徽拜長兼散騎常侍蕭宗時除右將軍涼州刺
史徽以徑途阻遠固請不行除散騎常侍其年
除後將軍并州刺史夏霜未稼不熟
民庶逃散安業者少徽輒開倉賑之文武咸共
諫止徽曰昔汲長孺郡守耳尚輒開倉救民災
況我皇家親近受委大藩豈可拘法而不救
弊也先給後表蕭宗嘉之加安北將軍後拜

安西將軍秦州刺史詔書旦至夕發徽以將之
秦部請詣闕恭授仍表啟固陳請不之職改授
輔國將軍加度支尚書進號鎮軍將軍于時戎
馬在郊王師屢敗徽以軍旅之費上國封絹二
千匹粟一万石以助軍用蕭宗不納又以本官
兼吏部尚書加侍中征東將軍遷衛將軍右光
祿大夫拜尚書左僕射轉車騎將軍儀同三司
固辭不拜聽解侍中然後受詔尋除尚書令加
開府西道行臺不行時靈太后專制朝綱頹褫

徽既居寵任無所匡弼與鄭儼之徒更相阿黨
外似柔謹內多猜忌睚眦之忿必思報復識者
嫉之又不能防閑其妻千氏遂與廣陽王淵姦
通及淵任軍府每有表啟論徽罪過雖涉誣
毀頗亦實焉莊帝踐祚拜司州牧尋除司徒仍
領牧元顥入洛徽從莊帝北巡及車駕還宮以
與謀之功除侍中大司馬太尉公加羽葆鼓吹
增邑通前二萬戶官封如故徽表辭官封前後
屢上又啟云河上之功將士之力求回所封加諸

勳義徽為莊帝親待內懼榮寵故有此辭以
防外議莊帝識其意聽其辭封不許讓官後
妻莊帝男女待中李或帝之姊婿徽性佞媚善
自取容挾內外之意宗室親戚莫與比焉遂與
或等勸帝圖榮莊帝亦先有意榮死雖隆等屯
不解除徽太保仍大司馬錄尚書事惣
統內外徽本意謂榮死後枝葉自應散亡及尒
朱宗族聚結謀難徽籌略無出憂怖而已性多
嫉妬不欲人居其前每人參謀議獨與帝決朝

臣有上軍國籌策者並勸帝不納乃云小賊何

感不除又悋惜財用自家及國於是有所賞錫

咸出薄少或多而中減與而復追徵有靡費恩

不感物莊帝雅自約狹尤亦徵所贊成太府少

卿李苗徵司徒時司馬也徵待之頗厚苗每致

忠言徵自得志多不採納苗謂人曰城陽本自

散莊帝步出雲龍門徵乘馬本度帝頻呼之徵

蜂目而豺聲復將露也及尒朱兆之入禁衛奔

不顧而去遂走山南至故吏寇彌宅彌外雖容

納內不自安乃怖徵云官捕將至令其避他所

使人於路邀害送屍於尒朱兆出帝初贈使持

節侍中太師大司馬錄尚書事司州牧諡曰文

獻

子延襲爵尉武定末官至太子中庶子齊受禪爵

例降

徵兄顯魏給事中司徒掾卒贈輔國將軍東豫

州刺史

徵次兄顯恭字懷忠揚州別駕以軍功封平陽

魏書傳七下　二十七　陳士通

縣開國子邑三百戶孝莊初除北中郎將遷左

將軍東徐州刺史入為安東將軍大司農卿尋

除中軍將軍荆州刺史莊帝既殺尒朱榮乃除

顯恭使持節都督晉建南汾三州諸軍事鎮西

將軍兼尚書左僕射西北道行臺晉州刺史尒

朱兆入洛後死於晉陽出帝初贈衛大將軍并

州刺史重贈車騎大將軍儀同三司

子彥昭襲武定中漁陽太守齊受禪爵例降

顯恭第旭字顯和莊帝時封襄城郡王邑二千戶

武定末位至大司馬齊受禪爵例降

章武王太洛皇興二年薨追贈征北大將軍章

武郡王諡曰敬無子高祖初以南安惠王第二

子彬為後

彬字豹兒襲爵勇健有武用出為使持節都督

東秦幽夏三州諸軍事鎮西大將軍西戎校尉

統萬鎮都大將朔州刺史以貪惏削封是時吐

京胡反詔彬持節假平北將軍行汾州事率并

肆之眾往討之胡平仍除征虜將軍汾州刺史

魏書傳七下　二十八　陳士通

胡民去居等六百餘人保險謀反扇動徒類彬

請兵三万有司奏許之高祖大怒曰何有動兵

馬理也可隨宜蕭治若不能權方靜帖必須大

衆者則先斬刺史然後發兵彬奉詔大懼而率

州兵身先將士討胡平之太和二十三年卒賜

錢十万絹二百匹贈以本官加散騎常侍彬有

五子

長子融字永興儀兒壯麗衣冠甚偉性通率有

豪氣高祖時拜祕書郎世宗初復先爵除驍騎

將軍蕭衍遣將冠逼淮陽梁城陷没詔融假節

征虜將軍別將南討大權賊衆還復梁城于時

揚州刺史元嵩為奴所害勑驅行揚州事尋除

假節征虜將軍并州刺史及世宗崩兼司空營

陪景陵拜宗正卿以本官行瀛州事遇疾不行

未幾除散騎常侍平東將軍青州刺史還為祕

書監遷中護軍進號撫軍將軍領河南尹加征

東將軍性尤貪殘恣情聚歛為中尉所彈削除

官爵汾夏山胡叛逆連結正平平陽詔復融前

封征東將軍持節都督以討之融寰於經略為

胡所敗久之加散騎常侍衛將軍左光禄大夫後

賊帥鮮于脩禮冠暴瀛定二州長孫稚等討之

失利除融車騎將軍為前驅左軍都督與廣陽

王淵等共討脩禮師渡交津葛榮殺脩禮而自

立轉營至白牛邏融苦戰終日更無

外援遂大奔敗於陳見殺蕭宗為舉哀於東堂

賜東園祕器朝服一具絹二千八百段贈司

督雍華歧三州諸軍事本將軍司空雍州刺史

尋以融死王事進贈司徒加前後部鼓吹謚曰

莊武

子景哲襲武定中開府儀同三司齊受禪爵例

降

景哲弟朗即後廢帝語在帝紀

降

子黃頭襲封安定王旼封安平王齊受禪爵例

融弟凝字定興起家恒州征虜錄事參軍累遷

護軍長史凝姑介朱榮妻莊帝初封東安王食

邑五百戶除持節安東將軍兗州刺史轉濟州
刺史仍本將軍永熙二年薨贈持節都督滄瀛
冀三州諸軍事驃騎大將軍冀州刺史
子彥友襲武定中光祿大夫齊受禪爵例降
疑弟湛字鎮興起家祕書郎轉尚書左司郎中
遷廷尉少卿莊帝初遇害河陰贈征東將軍青
州刺史追封漁陽王食邑五百戶
子俊襲齊受禪爵例降
湛弟晏字俊興卒於祕書丞贈平東將軍祕書
監豫州刺史

樂陵王胡兒和平四年薨追封樂陵王贈征
北大將軍諡曰康無子顯祖詔胡兒兄汝陰
王天賜之第二子永全後之襲封後改名思
譽高祖初蠕蠕犯塞以思譽為鎮北大將軍
北征大都將除使持節本將軍領護匈奴
校尉都督中軍都將出為使持節鎮東大將
軍和龍鎮都大將營州刺史加領護東夷校
尉轉為鎮北將軍行鎮北大將軍高祖引見

陳士元

百官於光極堂謂思譽曰恂代路懸舊都意
重故區叔父遠臨此任不可不敬慎所臨以
副朕望及穆泰陰謀不軌思譽知而不告恕死
削封為庶人太和末還復其王封正始四年薨
贈光州刺史諡曰密王
子霸字休邦襲武定中鉅鹿太守齊受禪爵例
豫州刺史賜帛四百匹諡曰惠王
節冠軍將軍幽州刺史熙平元年薨贈本將軍
子景略字世彥世宗時龍驤將軍除持
降

景略弟慶略散騎侍郎
子子政通直散騎常侍
慶略弟洪略恆農太守中軍將軍行東雍州刺
史
洪略弟子業平原太守
安定王休皇興二年封拜征南大將軍外都大
官休少而聰慧治斷有稱高祖初庫莫奚寇邊
以休為使持節侍中都督諸軍事征東大將軍

陳士元

領護東夷校尉儀同三司和龍鎮將休撫有
方賊乃欵附入為中都大官蠕蠕犯塞出為使
持節征比大將軍撫其鎮大將休身先將士擊
虜退之入為內都大官遷太傅及開建五等食
邑三千戶車駕南代領大司馬高祖親行諸軍
遇休陸下將遠清衡霍故親御六師跋涉野次
執曰陸爾已有姦竊如其不斬何以息盜請必
行刑以肅姦慝詔曰大司馬執憲誠應如是但
因緣會朕聞王者之體亦時有非常之澤雖違
軍法可特原之休乃奉詔高祖謂司徒馮誕曰
大司馬嚴而秉法諸軍不可不慎於是六軍肅
然定都洛邑休從駕幸鄴命休率從駕文武迎
家于平城高祖親餞休於漳水之比十八年休薨
疾高祖幸其第流涕問疾中使殷勤繼踵於
路薨贈帛三千四目奠至殯高祖三臨高祖至
其門改服裼衰并加經皇太子百官皆從行
弟禮及將葬又贈布帛二千四謚曰靖王詔假

黃鉞加羽葆鼓吹虎賁班劍六十三人悉準三
老尉元之儀高祖親送出郊慟哭而返諸王恩
禮莫比焉世宗世配饗廟庭
長子安幼年早卒
次子瘝除下大夫世宗初龍襄拜太中大夫除征
虜將軍華州刺史薨表曰謹惟州治李潤堡雖
是少梁舊地晉內錫壤然胡夷內附遂為戎落
城非舊邑先代之名爰自國初護羌小戍及改
鎮立郡依岳立州因籍倉府未刊名實竊見馮
翊古城憑藉魏兩民之交許洛水陸之際先漢之
左輔皇魏之右翼形勝名都實惟西番奧府今
州之所在豈唯非舊至乃居岡飲澗井谷穢雜
昇降劬勞往還數里譚諸明昏有虧禮教未若
馮翊面偑華渭包原澤井淺池平樵牧饒廣採村
華陰陸運七十伐木龍門順流而下陪削舊雜
功省力易人各為已不以為勞昔宋民無井穿
井而忻得人況合城無水得水而不家慶竊聞
前政刺史非是無意或值兵興或遇年災緣此

契闊稽延至此去歲巳熟秋方大登四境晏安
京師無事丁不十錢之費人無八旬之勤損輕
益重乞垂昭鑒遂詔曰一勞求逸便可聽移後
除征虜將軍幽州刺史延昌四年薨贈本將軍
朔州刺史
子超字化生蕭宗初龑時以胡國珍封安定公
改封北平王拜城門校尉通直散騎常侍東中
郎將尋除光祿大夫領將作大匠後復本封介
朱榮之入洛超避難洛南遇寇見害莊帝初贈

三百四　魏書傳七下　三十五　付善可

車騎大將軍儀同三司岐州刺史
子孝景襲武定中通直郎齊受禪爵例降
燮弟願平清狂無行高祖末拜貟外郎世宗初
遷給事中悖惡日甚殺人刼盜公私成患世宗
以其戚近未忍致之於法乃免官禁之別館館
名愁思堂冀其克念世宗崩願平乃得出靈太
后臨朝以其暴亂不悛詔曰願平志行輕跳每
乖憲典可還於別館依前禁錮久之解禁還家
付師嚴加誨獎後拜通直散騎常侍前將軍坐

裸其妻王氏於其男女之前又彊姦妻妹於妻
母之側御史中丞侯剛案以不道處死絞刑會
赦免黜爲貟外常侍孝昌中卒
子緒幽州安西府功曹祭軍莊帝初直閤將軍
尋爲持節兼武衛將軍關右慰勞十二州大使
遂没吐谷渾
子長春貟外散騎侍郎武定初封南郡王邑五
百戶齊受禪爵例降
願平弟求平征虜將軍南州刺史爲城民華

二百六十三　魏書傳七下　三十六　付善可

延明所害太昌初追贈使持節侍中都督定瀛
幽三州諸軍事衛將軍定州刺史
求平弟珍平司州治中
子叔遵貟外散騎常侍
珍平弟貴平羽林監封東萊王邑百戶除平北將
軍南相州刺史莊帝初除散
騎常侍宗正少卿莊帝既殺介朱榮加武衛將軍
兼侍中爲河北山東慰勞大使至定州東北爲
幽州大都督侯淵所執送於晉陽後還洛前廢

10-309

帝時以本官行青州事屬王民崔祖螭作逆賊
徒甚盛圍逼東陽一百餘日貴平率城民固守
又令將士開門交戰大軍救至遂擒祖螭等斬
之還除車騎將軍加散騎常侍遷左衛將軍宗
師又遷車騎大將軍左光禄大夫儀同三司貴
平人才除薄為出帝所信出為青州刺史又加
驃騎大將軍開府儀同三司為幽州大都督侯
淵所害

史臣曰南安原始要終善不掩惡英將帥之用

有聲於時熙略兄弟早播民譽或才踈志大或
器狹任廣咸不能就其功名俱至非命惜也康
王不求釁為起家聲徽飾智蹻情外諂內忌永安
之禍誰任其責竟其死也固其宜哉童武樂陵
蓋不足數靜王聰斷威重見稱太和美矣

景穆十二王列傳第七下　　魏書十九

安樂王　　廣川王

齊郡王　　河間王

安豐王

文成皇帝七男孝元皇后生獻文皇帝李夫人
生安樂厲王長樂曹夫人生廣川莊王略沮渠
夫人生齊郡順王簡乙夫人生河間孝王若憮
夫人生安豐匡王猛玄夫人生韓哀王若安平
王早薨無傳

〔親傳八〕　一

安樂王長樂與四年封建昌王後改封安樂
王長樂性疑重顯祖器愛之承明元年拜太尉
出為定州刺史輶撻豪右頓厚衣冠多不奉法
為人所患百姓諧闕訟其過高祖罰杖三十貪
暴彌甚以罪徵詣京師後與內行長乙肆虎謀
為不軌事發賜死於家葬以王禮謚曰厲
子詮字搜賢襲世宗初為涼州刺史在州貪藏
政以賄成後除定州刺史及京兆王愉之反詐
言國孌在北州鎮咸疑朝廷有豐遣使觀詮動

靜詮具以狀告呂州鎮帖然愉奔信都詮與李平
高殖等四回攻燒愉突門而出尋除侍中兼以
首告之功除尚書左僕射愉薨謚曰武康
子鑒字長文襲後除尚書令與都督
葛榮仍兼尚書右僕射北道行臺尚書令大都督
督裴衍共救信都鑒既庸才諸弟饕餮暴見天下
多事遂謀反降附葛榮都督源子邕與裴衍合
圍鑒斬首傳洛詔改其元氏莊帝初許復本族
又特復臨王爵贈司空

廣川王略延興二年封位中都大官性明敏輶
之任帝入關斌之奔蕭衍後還長安
葛榮榮滅得還出帝時封潁川郡王委以腹心
鑒弟斌之字子爽性險無行及與臨反敗遂奔

獄稱平太和龍裝十九年薨詔曰朕宗室多敬從
子諧字仲和龍裝十九年薨詔曰莊
弟諧喪逝悲痛摧割不能巳巳古者大臣之喪
有三臨之禮此蓋三公巳上至於卿司巳下故
應〔闕〕自漢巳降多無此禮朕欲遵古典哀感從情

雖以尊降伏私痛寧爽欲令諸王有甚親者爲
之三臨大功之親者爲之再臨小功緦麻爲之
一臨廣川王於朕大功必欲再臨舊典者欲於
大殮之日親臨盡哀成服之後緦衰而弔旣殯
之緦麻理在無疑大殮之臨當否如何爲須撫
樞於始要爲雁盡哀於闔棺早晚之宜擇其厭
中黃門侍郎崔光宋弁通直常侍劉芳等議曰三臨之事
大夫李元凱中書侍郎高敏等議曰三臨之命下
乃自古禮爰及漢魏行之者稀陛下至聖慈仁

方遵前軌志必哀喪慮同靈戚臣等以爲若甚
親三臨大功宜再始要之初哀之至極旣以情
降宜從始喪大殮之臨伏如聖日詔曰魏晉已
來親臨多闕至於戚臣必於東堂哭之項大司
馬安定王薨朕旣臨之後復更受慰於東堂今
之故今陛下躬親撫視群臣從駕尊位重參議
日之事應更哭否光等議曰東堂之哭蓋以哭
臨之故今陛下躬親撫視群臣從駕臣等參議
以爲不宜復哭詔曰若大司馬戚尊位必哭
於東堂而廣川旣是諸王之子又年位尚幼卿

等議之朕無異焉諧將大殮高祖素服深衣哭
之入室哀慟撫尸而出有司奏廣川王妃薨於
代京未審以新尊從於甲舊來就新
尊詔曰遷洛之人自茲厥後悉可歸骸邙嶺皆
不得就塋恆代其有夫先葬在北婦今喪在南
婦人從夫宜還代葬其有妻墳於恆代夫死於
洛不得以尊就卑欲移父就母亦得還葬若異
其母就父宜母亦從父若不在葬
限身在代喪葬於彼此皆得任之其尸屬恆燕
身官京洛去留之宜亦從所擇其屬諸州者各

得任意詔贈諧武衛將軍諡曰剛及葬高祖親
臨送之

子靈道龍蚤卒諡悼王

齊郡王簡字叔亮太和五年封位中都大官簡
母祖渠宋犍女也簡性貞謹類外祖後爲內都
大官高祖眷與簡俱朝文明太后於皇信堂簡
居帝之右行家人禮遷太保高祖仁孝以諸父
零落存者唯簡母見立以待之侯坐致敬問起

居傳簡拜伏簡性好酒不能理公私之事妻常

氏燕郡公常喜女也文明太后以賜簡性幹綜
家事頗節斷簡酒乃至盜竊求乞婢侍卒不能

禁二十三年薨時高祖不豫詔曰叔父薨非身痛

慕摧絕不自勝任但虛頓床枕未堪奉赴當力

疾發哀授襲母從子貴詔特拜為齊國太妃

子祐字伯襲世宗時改謚曰順

祐位涇州刺史薨謚曰敬

河間王若字叔儒年十六未封而薨追封河間

謚曰孝詔京兆康王子太安為後太安於若為

從弟非相後之義廢之以晉郡王子琛繼

琛字曇寶初而敏慧惠高祖愛之世宗時拜定州

刺史琛妃世宗舅女高皇后妹琛憑恃內外多

所受納貪惏之極及還朝靈太后詔曰琛在定

州惟不將中山宮來自餘無所不致何可更復

敕用由是遂廢千家琛以書肅宗始學獻金字孝

經又無方自達乃與劉騰為養息賂騰金寶巨

万計騰屢為之言乃得兼都官尚書出為秦州

刺史在州聚斂百姓吁嗟屬東益南秦二州氐

反詔琛為行臺仍兼都督還攝州事琛性貪暴

既擁軍省求欲無厭百姓患害有甚狼虎進討

氐羌大被摧破士卒死者千數率眾走還內恃

劉騰無所畏憚為中尉糾彈會赦除名為民尋

復王爵後討鮮于脩禮敗免官爵後討汾晉胡

蜀卒於軍追復王爵

安豐王猛字季烈太和五年封加侍中出為和

龍鎮都大將營州刺史猛寬仁雄毅甚有威略

戎夷畏愛之薨于州贈太尉謚曰匡

子延明襲世宗時授太中大夫延昌初歲大飢

延明乃減家財以拯賚客數十人并贍其家至

肅宗初為豫州刺史其有政績累遷給事黃門

侍郎延明既博極群書兼有文藻鳩集圖籍万

有餘卷性清儉不營產業與中山王熙及弟臨

淮王彧等並以才學令望有名於世雖風流造

次不及熙或而稽古淳篤過之尋遷侍中詔與

侍中崔光撰定服制後兼尚書右僕射以延明

博識多聞勅監金石事及元詔為東道

行臺徐州大都督節度諸軍事與都督臨淮王

或尚書李憲等討法僧蕭衍遣其豫章王綜鎮

徐州延明先牧徐方甚得民譽招懷舊土遠近

歸之綜既降延明因以軍乘之復東南之境至

宿豫而還都督徐州刺史頻經師旅人物凋

弊延明招攜新故人悉安業百姓咸附莊帝時

兼尚書令大司馬及元顥入洛延明受顥委寄

率衆守河橋顥敗送將妻子舟艦衍死於江南

莊帝末喪還出帝初贈太保王如故諡曰文宣

所著詩賦讚頌銘誄三百餘篇又撰五經宗略

詩禮別義注帝王世紀及列仙傳又以河間人

信都芳工筭術引之在館其撰古今樂事九章

十二圖又集器準九篇芳別為之注皆行於世

陳兄喬

咸陽王　　趙郡王
　　高陽王　　廣陵王
　　北海王

獻文皇帝七男李思皇后生孝文皇帝封昭儀
生咸陽王禧韓貴人生趙郡王幹高陽文穆
王雍孟椒房生廣陵惠王羽潘貴人生彭城武
宣王勰高椒房生北海平王詳勰別有傳
咸陽王禧字永壽太和九年封加侍中驃騎大
魏書傳九上
將軍中都大官文明太后令曰自非生知皆由
學誨皇子皇孫訓教不立溫故求新蓋有闕矣
可於閑靜之所別置學館選忠信博聞之士為
之師傅以匠成之高祖以諸弟典三都誠禧等
曰汝等國之至親皆幼年任重三都折獄特宜
用心夫未能操刀而使割錦非傷錦之尤寔授
刀之責皆可修身慎行勿有乖爽文明太后亦
誡禧等曰汝兄繼承先業統御萬機戰戰兢兢
恆恐不稱汝所治雖小亦宜克念高祖又曰周

文王小心翼翼聿懷多福如有周公之才使驕
且吝其餘不足觀汝等宜小心畏慎勿自驕怠
出為使持節開府冀州刺史高祖餞於南郊又
以濟陰王鬱枉法賜死之事遂使告禧因而誡
之後禧朝京師高祖謂王公曰皇太后平日以
朝儀闕然遂命百官更欲撰緝令將畢修遺志
卿等謂可行不不當各盡對無以面從禧對曰儀
制之事用捨隨其時而人可使由之不可使
知之曰謂宜述元志備行朝式高祖然之詔曰
魏傳九上
仲尼在鄉黨猶恂恂周文王為世子甲躬求
道禧等雖連蕚宸暉得不尊尚師傅也故為置
之以加令德廷尉卿李沖可咸陽王師禧將遂
州高祖親餞之賦詩叙意加禧都督兗豫東
兗南豫東荊六州諸軍事於時王國舍人應取
八族及清修之門禧取任城王隸尸為之深為
高祖所責詔曰夫婚姻之義襲葉攸崇求賢擇
偶縣代斯慎故剛柔著於易經鵲巢載于詩典
所以重夫婦之道美□鳩之德作配君子流芳

後昆者也然則婚者合二姓之好結他族之親
上以事宗廟下以繼後世必敬慎重正而後親
之夫婦既親然後父子君臣禮義忠孝於斯備
矣太祖龍飛九五始稽遠則而撥亂創業日昊
不暇至於諸王娶合之儀宗室婚姻之戒或得
賢族或乖好逑自兹以後其風瀾缺皆人主之
用為歡以皇子茂年宜簡令正前者所納可為
妾朕將以此年為六弟娶室長弟咸陽王禧可
娶故潁川太守隴西李輔女次弟河南王幹可
娉故中散代郡穆明樂女次弟廣陵王羽可娉
驃騎諮議參軍滎陽鄭平城女次弟潁川王雍
可娉故中書博士范陽盧神寶女次弟始平王
勰可娉廷尉卿隴西李沖女次弟北海王詳可
娉吏部郎中滎陽鄭懿女有司奏冀州人蘇僧
瓘等三千人稱禧清明有惠政請世胙冀州詔
曰利建雖古未必今宜經野由君理非下請邑
采之封自有別式入除司州牧都督司豫荊郢

洛東荊六州諸軍事開府如故賜帛二千四
百匹粟五千斛詔以禧元弟之重食邑三千戶自餘五
王皆食邑二千戶高祖引見朝臣詔之曰卿等
欲令魏朝齊美於殷周為令漢晉獨擅於上代
禧曰陛下聖明御運實願邁迹前王高祖曰若
然將以何事致之為欲修身改俗為欲仍染前
事禧對曰宜應改舊以成日新之美高祖曰為
欲止在一身為欲傳之子孫禧對曰既卜世靈
長願欲傳之來葉高祖曰然則必須改作卿等
當各從之不得違也禧對曰上命下從如風靡
草高祖曰自上古以來及諸經籍焉有不先正
名而得行禮乎今欲斷諸北語一從正音年三
十以上習性已久容或不可卒革三十以下見
在朝廷之人語音不聽仍舊若有故為當降爵
黜官各宜深戒如此漸習風化可新若仍舊俗
恐數世之後伊洛之下復成被髮之人王公卿
士咸以然不禧對曰實如聖旨宜應改易高祖
曰朕嘗與李沖論此沖言四方之語音知誰是

帝者言之即為正矣何必改舊從新沖之此言
應合死罪乃謂沖曰卿實負社稷合令御史章
下沖免冠陳謝又引見王公卿士責留京之官
曰昨望見婦女之服仍為夾領小袖我祖宗東山
雖不三年既離寒暑卿等何為而違前詔禧對
曰陛下聖過堯舜光化中原臣雖仰奉明規每
事輒互將何以宣布皇經敷賛帝則則朕剐遠之罪
實合刑憲高祖曰若朕言非卿等當須庭論如

何人則順音退有不從昔舜語禹汝無面從退

五

有後言其卿等之謂乎尋以禧長兼太尉公後
高祖幸禧第謂司空穆亮射李沖曰既有天
地又有君臣太尉位居台鉉在冢宰之上三槐
九棘不可久空元弟禧雖在事不長而威連皇
極且長兼太尉以和鉶鼎禧常恐君有空良以為
名臣貽彼已之刺令幸其宅徒屈二賓良以為
愧高祖有事於方澤質明群臣問起居高祖曰
昨日方澤殊自大暑遇天雲蔭密行人差得無
獎禧對曰陛下德感天地故雲物凝彩雖復雨

師灑埽風伯清塵嘗過於此高祖曰伊洛南北
之中此乃天地氤氳陰陽風雨之所會自然
之應非實德所能致此高祖篤於兄弟以禧次
長禮遇優隆然亦知其性貪每加切誡雖偏捨
之暇番上之日訓其兵法弓矢千稍三分並教
來久州鎮兵人或有雄勇不閑武藝本取歲暮
使人閑其能臨事無闕詔曰雖云教武禧未練其

方既遍此行臣聞敕教武脫生群惑且可停之後

六

祖崩禧受遺輔政雖為宰輔之首而從容推委
無所是非而潛受賄賂陰為威惠者禧特甚焉
是年八座奏增邑千戶世宗從之固辭不受禧
性憍奢貪婪淫貨色婢妾數十意尚不已衣被繡
綺車乘鮮麗猶遠有簡娉以恣其情由是昧求
貨賄奴婢千數田業鹽鐵徧於遠近臣吏僮隸
相繼經營世宗頗惡之景明二年春禧等為將
初祭入齊世宗詔領軍于烈率左右召禧等入

於光極殿詔曰諱雖寡昧恭承寶曆比纏屯疹

實憑諸父荀延視息奄涉三齡父等歸遜殷勤

今便親攝百揆且還府司當別尋詔曰朕

以寡昧夙罹閔凶冀憑威兆在疚罔知攸濟是賴先

帝聖德遺澤所覃宰輔中賢勠勞王室用能撫

和上下肅清內外乃武遵復子歸政告遜辭理

惟元叔父英明聖略茂舉可大將軍錄尚書事

懇至遜然難奪便當勵茲親賢機務遂辭司空比

海王季父英明聖略茂舉可大將軍錄尚書事

三二四　魏書傳九上　　十　　范華

世宗既覽政禧意不安而其國齋帥劉小苟毎

稱左言欲誅禧聞而歎曰我不負心天家

豈應如此由是常懷憂懼加以趙脩專寵王公

罕得進見禧遂與其妃兄兼給事黃門侍郎李

伯尚謀反時世宗幸小平津禧在城西小宅初

欲勒兵直入金墉衆懷沮異禧心因緩自曰蓮

暉計不能決遂約不洩而散武興王揚集始出

便馳告而禧意不疑乃與臣亲向洪池別墅逍

小苟奉啓云檢行田牧小苟至邙嶺已逢軍人

怏小苟赤衣將欲殺害小苟困迫言欲告及乃

緩之禧是夜宿於洪池大風暴雨拔樹折木禧

不知事露其夜或說禧曰殿下集衆圖事見意

而傳恐必漏洩今夕何宜自寬恐危禍將至禧

曰有此驅命應知自惜豈待人言又說曰殿下

兒婦已渡河兩頭不相知今應還而尹作期與禧長子

平禧曰初遣去日令如行人渡河我動靜我

久巳遣人追之計今應還聽禧言在追

通已入河內郡列兵仗放囚徒而將士所在追

三二四　魏書傳九上　　八　　范華

禧禧自洪池東南走僅僕不過數人左右從禧

者唯兼防閤尹龍虎禧憂迫不知所為謂龍虎

曰吾憒憒不能堪試作一謎當思解之以釋毒

悶龍虎欻憶舊謎去眠則俱眠起則俱貪如

狀狼職不入已都不有心於規刺也禧亦不以

為諷已因解之曰此是眼也而龍虎謂之是箸

渡洛水至柏谷塢從者唯禧一舅及龍虎而已

顧謂龍虎曰凡夫尚有節義相為取死汝可勉

心作與太尉公同死計龍虎曰龍虎東野常人

遭殿下寬明接撫左右今屬危難恨無遠計匡
濟聖躬若與殿下同命雖死猶生俄而禧被擒
獲送華林都亭世宗親問事源著千斤鏁格龍
虎羽林掌衛之初高祖閒宴從容言於禧等我
後子孫邂逅不逮汝等觀望輔取之理無令他
人有也禧臨喪志雖言不次猶尚涕泗追述先
旨然畏迫喪志不能慷慨有所感激也及與諸
妹公主等訣言及二愛妾公主哭且罵之云
坐多取此婢董貪逐財物畏罪作反致今日之

【魏書傳九卷上】 九 林茂叔

事何復囑問此等禧愧而無言遂賜死私第其
宮人歌曰可憐咸陽王柰何作事悞金床王几
不能眠夜踊霜與露洛水湛湛弥長行人那
得度其歌遂流至江表比人在南者雖富貴絲
管奏之莫不灑泣同謀誅斬者數十人潛瘞禧
於北邙絕其諸子屬籍禧之諸女微給資產奴
婢自餘家財悉以分賚高肇趙脩二家其餘賜
內外百官逮于流外多者百餘匹下至十四於
後禧諸子每乏衣食獨彭城王勰歲中再三賑

給之禧有子八人
長子通字曇和竊入河內太守陸琇初與通情
既聞禧敗乃殺之
通第翼字仲和後會赦詣闕上書求葬其父頻
年泣請世宗不許翼乃與弟昌曄奔於蕭衍翼
與昌申屠氏出曄李妃所生也翼容皃魁壯風
制可觀衍甚重之封為咸陽王翼讓其嫡第曄
衍不許後以為信武將軍青冀二州刺史鎮郁
州翼謀舉州入國為衍所移昌為衍直閤將軍

翼弟顯和昌第樹後亦奔於衍顯和卒於江南
樹字秀和美姿皃善吐納兼有將略衍尤器之
封為魏郡王後改封鄴王數為將領窺覦邊服
時揚州降衍兵武既衆衍將湛僧珍處其釁異
盡欲殺之樹以家國遂皆聽還衍以樹為鎮西
將軍郢州刺史衍之害百官也樹聞之乃
請衍討榮衍乃資其士馬侵擾境上前廢帝時
竊據譙城出帝初詔御史中尉樊子鵠為行臺
率徐州刺史大都督杜德以討之樹城守不下

子鶴使金紫光祿大夫張安期往說之樹乃請
委城還南子鶴許之樹特誓約不為戰備杜德
襲擊之擒樹送京師禁於永寧佛寺未幾賜死
孝靜時其子貞自建業赴鄴啟求葬樹許之詔
贈侍中都督青徐兗揚豫五州諸軍事太師
司徒公尚書令楊州刺史貞既葬還於江南
曄寧世茂衍封為桑乾王拜散騎常侍卒於林
陵初正光中詔曰周德崇厚蔡仲享國漢道仁
恕准南畢王皆所以申恩懿戚溫舊寵賢義彰
曇襲梁詠流前史頗有咸陽京兆二王自貽禍敗事
由間惑猶有可稱兩門諸子並可聽附屬籍後
復福王爵葬以王禮詔曄弟坦襲改封敷城王
邑八百戶坦懶很兄麤嚨從叔安豐王延明責之
曰汝凶悖性輿身而長昔有宋東海王禕志性
凡劣時人號曰驢王我執觀汝所作亦恐不免
驢號莊帝初還復本封武定中為太師齊受禪
爵例降
坦弟昶起家通直散騎常侍琅邪縣開國公邑

五百戶莊帝初特封太原王㷍邊鴻臚卿超拜
車騎大將軍儀同三司天平二年㷍贈太尉公
子善慧龍裴齊受禪爵例降
趙郡王幹字忠直太和九年封河南王加衛大
將軍除侍中中都大官尋授車騎將軍左光祿
大夫領吏部尚書所生母薨高祖詔曰太妃韓
氏薨逝情以傷慟太妃先朝之世位擬九嬪豫
班上族誕我同氣念此孤稚用感惻明富暫
性臨哭可勅外備辦遣侍御史假節監護喪事
贈綠八百匹詔曰李世多務情緣理奪幹既居
要任銓衡是荷當思容遂其私志致曠所司可遣
黃門郎敦諭令勉從王事朕尋當與之相見拜
使持節都督豫鄧東荊三州諸軍事征南大
將軍開府豫州刺史及車駕南伐以幹為使持
節車騎大將軍關右諸軍事給銅虎符十
別賜詩書高祖篤愛諸弟以幹揔戎別道誠之
曰司空穆亮九年器可師散騎常侍盧淵子堪詢
訪汝其師之尋以蕭頤死班師遷洛改封趙郡

王除都督冀定瀛三州諸軍事征東大將軍冀
州刺史開府如故賜雜物五百段又密賜黃金
十斤高祖親餞於近郊詔幹曰夫刑獄之理先
哲所難然既有邦國得不自勵也汝我之懿弟
當事修厭德光崇有魏深思遠圖如臨深履薄
若特親重不務世政國有常憲方增悲感高祖
詔以李憑為長史唐茂為司馬盧堂〔為諮議〕
雜軍以臣弼之而憑等諫諍幹殊不納州表斬
盜馬人於律過重而尚書以幹初臨縱而不劾

▲魏書傳九上　　十三　　金震

詔曰夫刑以節人罪必無濫故刑罰不中民無
措足若必以威殺為良則應況通泉牧苟須有
禁何得不稽之正典令條憲無聽新君加
戮之文典禮舊章不著始臨專威之美尚書曲
阿朕意實傷皇度幹聞於治理律外重刑並可
推聞後轉特進司州牧車駕南討詔幹都督中
外諸軍事給鼓吹一部甲十三百人出入殹門
幹貪淫不遵典法御史中尉李彪將糾劾之會
遇幹於尚書下舍因屏左右而謂幹曰殿下此

有風聞即欲起彈恐損聖明委託之旨若改往
修來彪當不言脫不悛改夕聞旦發而幹悠然
不以為意彪乃表彈之高祖省之忿惋詔幹與
北海王詳俱隨太子詣行在所既至詳獨得朝
見幹不蒙引接密令左右察其意色知無憂悔
乃親數其過杖之一百免所居官以王還第二
十三年薨年三十一給東園祕器斂服十五稱
賻帛三千四謚曰靈王陪葬長陵

子謐世宗初襲封幹妃穆氏表謚母趙等悖禮

▲魏書九上　　十四　　方至

恕常不遜曰甚尊卑義阻母子道絕詔曰妾之
於女君猶婦人事舅姑君臣之禮義無乖二妾
子之於君母禮加如子之恭何得顯我風政可
付宗正依禮治罪謐在母喪聽音聲飲戲為御
史中尉李平所彈遇赦復封除通直散騎常侍
加龍驤將軍遷太子中庶子出為冠軍將軍岐
州刺史謐性嚴暴虐下人蕭宗初臺使元延到
其州界必驛邏無兵攝帥檢覈隊主高保願列
言所有之兵王皆私役謐聞而大怒鞭保願等

五人各二百數日之簡謚名近州夫閉城四門
內外嚴固搜掩衆城中楚掠備至又無事而斷六
人合城党懼衆遂大呼屯門謚帝登樓毀梯以
自固士人散走城人分守四門靈太后遣游擊
將軍王靖馳騁諭之城人既見靖至開門謝罪
奉送管籥八罷謚州還除大司農卿又除散騎
常侍平北將軍幽州刺史謚妃胡氏靈太后從
女也未發坐其妃免官後除都官尚書加安
南將軍正光四年薨給東園祕器朝服一具衣

三十

一襲贈帛五百匹高陽王雍幹之母弟啓論謚
故超贈假侍中征南將軍司州牧謚曰貞景
讓子寔字景融為後龍驤府及寔伯諶復封趙郡
改封平昌王齊受禪爵例降
子毓字子春襲莊帝初河陰遇害贈衛大將軍
儀同三司青州刺史謚曰宣恭無學詔以謚第
子瓛龍襲齊受禪爵例降
謚兄諶字興伯性平和自通直正貟郎遷太子
庶子司空司馬鴻臚少卿遷後將軍肆州刺史
固辭不拜改授平南將軍光祿少卿轉黃門侍

郎進號安南將軍光祿大夫出為散騎常侍中
軍將軍相州刺史罷州除宗正卿都官尚書以
親例封上蔡縣開國公食邑四百戶讓而不受
莊帝初拜車騎將軍儀同三司尚書左僕射封
魏郡王食邑二千戶又加侍中謚以為世子莊帝詔
王封其父靈王寵愛其弟謚以為世子莊帝遷司
復諶封趙郡王進號驃騎大將軍加開府遷司
空公出帝時轉太保司州牧太尉公又遷太師
錄尚書事孝靜初為大司馬三年薨贈假黃鉞
侍中都督冀州刺史謚曰孝懿諶無他才識歷
位雖重時人忽之
子煒龍襲齊受禪爵例降
謚弟譚頗強立少為宗室所推敬自羽林監出
為高陽太守為政嚴斷豪右畏之蕭宗初入為
直閤將軍歷太僕正少卿加冠軍將軍元法
僧外叛詔譚為持節假左將軍別將以討之徐
州平遷光祿少卿行南兗州事征虜將軍濟州
刺史入為武衞將軍尋詔譚為都督以討杜洛

周次於軍都為洛周所敗還除安西將軍秦州
刺史辛贈撫軍將軍儀同三司青州刺史
諶弟讜為人貪暴無禮目羽林監遷司徒主簿
蕭宗時除正員郎稍遷左將軍太中大夫封平
鄉縣開國男邑三百戶莊帝初河陰遇害贈車
騎大將軍儀同三司定州刺史
讜弟譓羽林監直閤將軍從出帝沒於關西
子景暄直閤將軍早卒贈帛五百匹贈
鎮遠將軍恆州刺史

廣陵王羽字叔翻太和九年封加侍中征東大
將軍為外都大官羽少而聰慧有斷獄之稱後
罷三都羽為大理加衞將軍典決京師獄訟微
有聲譽遷特進尚書左僕射又為太子大保錄
尚書事高祖將南討遣羽持節安撫六鎮發其
突騎夷人寧悅還領廷尉卿車駕既發其與太
尉丕留守加使持節語在不傳高祖友愛諸弟
及將別不忍早分詔羽從至鴈門乃令羽歸望
其稱効故賜如意以表心遷都議定詔羽兼太

尉告于廟社遷京之後北蕃人夷多有未悟羽
鎮撫代京內外肅然高祖嘉之十八年春羽表
辭廷尉不許詔羽奏外考令文毋歲終州鎮列牧
守治狀及至秋考隨其品第以彰黜陟去十五
年中在京百寮盡已經考為三等此年便是三
載雖外有成令而內外考察理應同
未宣績已久著故明堂月令載公卿大夫論考
等臣輒推進外考以定京官治行詔曰雖內考
屬官之治職區分著三公　尚書三載殿最之

義此之考內已為明矣但論考之事理在不輕
問績之方應關朕聽輒尓輕發殊為躁也每考
之義應在年終既云此年何得春初也今始維
夏且待至秋後高祖臨朝堂議政事謂羽曰遷
都洛陽事格天地但汝之迷從未開沈鄣耳朕
家有四海往來何難諸處分之事已著前勑今
謂分別比自來後諸處分之事已差前勑耳皆
大功寧為虛費且朕無周邵之弟豈容晏安八
遷今便北巡遷留之事當稱朕懷後高祖臨朝

堂謂群臣曰兩儀既闢人生其間故上天不言
樹君以代是之筆稱三考之績禮云考成之章
自皇王以降斯道靡易朕必寡德猥荷洪基思
與百辟允釐庶務然朕識之知人不能使朝絕
素餐之譏野無考盤之刺夙宵寤寐載懷怵惕
卿等皆是朝賢國彥匡弼是寄率乃心以旌
考績之義如乖忠正國有常刑賢者雖踈必進
不肖者雖親必黜顧謂羽曰上下二等可為三
品中等守但為一品所以然者上下是黜陟之科

■魏書傳九卷上　九一　陳

故旌絲髮之美中等守本事可大通羽先呈廷
尉五局司直高祖曰夫刑獄之難實惟自古必
也斷訟夫子所稱然五局所司專主刑獄比聞
諸風聽多論五局不精知人之難朕豈獨決當
與群臣同之卿等各陳所聞高祖謂羽及少卿
鄧述曰五局司直卿等以何為品羽對曰諸司
直並簡聖心往者百官初置擢為獄官聽訟察
辭無大差越所以為二等者或以視事庸爾或
以見機運速朝廷既有九品之制故計其絲髮

之差以為品第統論所得大都相似高祖曰朕
項年以其人識見可取故簡司獄官小優劣不
足為差然廷尉所司人命之本事須心平性正
抑彊良弱不避貴勢直情折獄者可為上等今
正欲聽採風謠虛實難悉正欲不採事無所據
然人言惡者未必是惡言善者不必是善所以
然者或斷訟不避豪貴賞罰必以為惡或將勢
賊貴人以為好然開朕之聽皆以貴者言之以
迴三復良由於此局事浪冰清王潔明揚褒貶

■魏書傳九卷上　二十　陳

卿等既是親典邪正得失悉所具之可精辨以
聞鄧述對曰陛下行賞得人餘者甘心若實不
盡能無以勸勵如臣愚見願不行賞既經今考
昔置此官許三年考績行賞罰既經今考高祖曰朕
無黜陟恐正直者莫肯用心邪曲者無以改肅
自非釋之于公何能盡其至理雖不可精其微
致具望此粗有殿最諸尚書更與群官善量所
高祖謂尚書等曰朕仰慕乾構君臨萬宇往者
稽古典章樹茲百職然尚書之任樞機是司豈

惟揔括百揆緝和人務而巳朕之得失宴是在於
斯自卿等在任年垂三周未嘗言朕之一失獻
可否之片規又不嘗進一賢而退一不肖此二
事罪之大者高祖又謂羽曰汝之淺薄固不足
以況晉之巨源考之今世民斯下矣汝始為廷
尉及初作尚書內外瞻望以五有弟自往秋南
旂之後近尚禮則計汝所行應在下下之第高
祖又謂羽曰汝既是宸極之弟而居樞端之任
入無章勳乖禮則計汝所行應在下下之第高
汝自在職以來功勤之績不聞於朝阿黨之音
頻干朕聽汝之過失巳備積於前不復能別敘
今黜汝錄尚書廷尉但居特進太保又謂尚書
令陸叡敕曰叔瓛在省之初其有善稱自近以來
偏頗懈怠當不由卿等隨其邪偽之心不能相
導以義雖不成大責巳致小訓今奪卿尚書令
祿一周謂左僕射元贊曰卿風德老成父居機
要不能光贊物務獎勵同寮賊人之謂當不在
卿計叔瓛之黜卿應大辟但以各歸一人不復

相罪又為少師未允所授今解卿少師之任削
祿一周詔吏部尚書澄曰叔父既非端右又非
座元當宜濫歸衆過也然觀叔父神志驕傲少
保之任似不能存意可解謂少保謹長兼尚書
昺曰卿履歷累淺超昇名任不能勤謹夙夜數
辭以疾長兼之職位亞正負今解卿長兼可光
祿大夫守尚書削祿一周又謂守尚書羽曰
卿在集書殊無憂存在史之事今降為長兼常
侍亦削祿一周又謂守尚書盧淵曰卿始為守
尚書未合考績然卿在集書雖非高功為一省
文學之士嘗不以左史在意如此之咎罪無所
歸今降卿長兼王師守常侍尚書如故奪卿常侍
祿一周謂左丞公孫良右丞乞伏義受曰二丞
之任所以協贊尚書宣出納而卿等不能正
心直言規佐尚書論卿之罪應合大辟但以尚
書之失事鍾叔瓛故不能別致貶責二丞可以
白衣守本官冠服祿恤盡此旦削奪若三年有成
還復本任如其無成則永歸南畝又謂散騎常

侍元景曰卿等自任集書合省通隳致使王言
遺滯起居不修如此之咎責在於卿令降為中
大夫守常侍等祿一周謂諫議大夫李彥曰
卿雖處諫議之官實人不稱職可去諫議退為
元士又謂中庶子游肇等曰自建承華已經一
稔然東宮之官無直言之士雖未經三載事須
考黜肇及中舍人李平識學可觀可為中安樂
王詮可為下中解東華之任退為員外散騎常
侍馮夙可為下下免中庶子免辭兩任員外常
侍如故中舍人間賢祿可為下下退為武騎常
【魏書傳九上】
侍又謂公孫良曰頃年用人多乖觀才之授實
是武人而授以文官黜同大例於理未均諸如
此比黜官如初高祖引陸敞元贊等於前曰比
人每言北人何用知書朕聞此深用憮然知
書者其衆當呈皆聖人朕自行禮九年置官三載
正欲開導兆人致之禮教朕為天子何假中原
欲令卿等子孫博見多知苦永居恆北值不好
文主卿等子孫不免面墻也陸敞對曰實如明

三十四

二十三　吳志

詔金氏若不入仕漢朝七世知名亦不可得也
高祖大悅及五等開建羽食渤海之東光二千
戶車駕南代羽進號寧朔將軍除使持節都督青
齊光南青四州諸軍事征東大將軍開府青州
刺史以留守代京之功增邑五百戶高祖幸羽
第臨諸弟言曰朕昨親受人訟始知廣陵之（明
了咸陽王禧對曰臣年為廣陵兄為廣陵弟
高祖曰我兄汝兄汝為羽此汝復何恨又曰叔
翻沈痾縣懍遂有辰感我毎為深憂恐其不振
【魏書傳九上】
今得疾愈晚成姻嬚且喜其吕慶故命駕耳高
祖親餞之華林園後詔羽曰吾因天歷運乘時
樹功開荊拓沔威振楚越時暨三炎息駕汝潁
勢臨荊徐聲過江外未容解甲凱入三川纂兵
修律俟秋方墜海服之寄故惟宗良善開經策
寧我東夏敬慎汝儀勿墜車嘉問唯酒唯田可不
戒歟加散騎常侍進號車騎大將軍餘如故世
宗即位遷司州牧常侍如故羽頻表辭牧至于
三四詔不許世宗覽政引羽入內面授司徒羽

三十五

二十四　高文

10-326

辭曰彥和本自不願而陛下彊與令新去此官
而以臣代之必招物議豈李預旣轉取之無嫌請
爲司空世宗猶彊焉固辭乃許之羽先嫡貞外
郎馮俊與妻夜因私遊爲俊興所擊積日祕匿
覺於年三十二世宗親臨哀慟詔給東園溫
明祕器朝服一具衣一襲錢六十萬布一千四
刺史贈使持節侍中驃騎大將軍司徒公冀州
都亭侯羽葆鼓吹班劍四十人諡曰惠及葬帝
蠟三百斤大鴻臚護喪事大斂帝親臨之舉哀
親臨送子恭襲語在紀
恭兄欣字慶樂性殗癙率好鷹犬蕭宗初除通直
散騎常侍比中郎將出爲冠軍將軍荊州刺史
轉征虜將軍齊州刺史欣在二州頗得人和又
爲征東將軍太僕卿孝莊初封沛郡王邑一千
戶後改封淮陽王出帝時加太師開府復封廣
陵王除太傅司州牧尋除大司馬隨出帝沒於
關中
欣弟永業普泰元年特封高密郡王食邑二千

戶武定末金紫光祿大夫齊受禪爵例降
高陽王雍字思穆少而偲儻不恾髙祖曰吾亦
未能測此見之深淺然觀其任真率素或年嚣
曉成也太和九年封潁川王加侍中征南大將
軍或說雍曰諸王皆待士以營聲譽名何以獨
否雍曰吾天子之子位爲諸王用聲名何爲以
之拜中護軍領鎮比大將軍改封高陽本遷七
廟神主於洛陽五等開建食邑二千戶車駕南
代雍行鎮軍大將軍惣攝留事遷衛尉加散騎
常侍除使持節鎮比將軍相州刺史常侍如故
高祖誠雍曰相州乃是舊都自非朝賢德望無
由居此是以使汝作牧爲牧之道非難亦易其
身正不令而行故便是易其身不正雖令不從
故便是難又當愛賢士存信約無用人言而輕
與奪也進號征比將軍世宗初遷使持節都督
冀相瀛三州諸軍事征比大將軍開府冀州刺
史常侍如故雍在二州微有聲稱入拜驃騎大
將軍司州牧世宗時幸雍第皆盡家人之禮遷

司空公議定律令雍常入參大議轉太尉公加
侍中時雍單故再表遜位優詔不許除太保
領太尉侍中如故世宗行考陟之法雍表曰竊
惟三載考績百王通典今任事上中者三年昇
一階散官上第者四載登一級開冗之官本非
虛置或以賢能既其以能進或因累勤而舉如其無能
不應忝茲高選催督通懸察檢州鎮皆是散官以
戍遠使絕域催督通懸察檢散官之人非才
充劇使及於考陟排同開伍檢散官之人非才

皆劣稱事之輩未必悉賢而考閑以多年課煩
以少歲上乖天澤之均下生不等之苦又尋景
明之格無折考之文正始之奏有與奪之級明
參差之考非聖慈之心改典易常乃有司之意
又尋考級之奏委於任事之手涉議科勤絕於
散官之筆遂使在事者得展自勤之能散董者於
獨絕披袞之所抑以上下之閑限以旨格之判
致使近侍禁職抱槃屈之辭禁衛武夫懷不申
之恨欲剗平四海何以獲諸又散官在直一站

成尤衡使愈失差毫即坐微纏所逮未必事閑
優之節慶之資不以祿微加賞罪殷之犯未殊
任事考陟之機推年不等臣聞君舉必書書而
不法後代何觀詩云王事靡監不遑啟處夙夜
當玆不懷歸畏此簡書依楊柳以敘治立交之役
罪罪兩雪又申振旅之勤若折往來日月便是
採薇之詩廢秋杜之歌罷又任事之官吉凶請
假定省掃拜動歷十旬或因患重請動輒經歲
征役往途勤泰百倍苦樂之執非往事之倫在

家私閑非理務之日論優語劇先宜折之武
本挽上格者為羽林次格者為虎賁下格者為
直從或累紀征戍靡所不涉或帶甲連年召重
千里或經戰損傷或年老表竭今試以本格責
其如初有爽於先退階奪級此便責以不衰理
未通也又蕃使之人必抽朝彥或歷嶮千餘或
履危萬里登有死亡之憂感懷不返之感魂骨
奉忠以尸將命先朝賞格酬以爵品今朝改式
止及階勞折以代考有乖使望非所以獎勵皇

華而敦崇四牡者也復尋正始之格況後任事
上中者三年升一階況前任事上中者六年進
一級三年一考自古通經今以況前六年昇一
階檢無愆犯倍年成級以此推之明以況代考
新除一日同露階階榮卜第之人因況上陟上第
之士由況而退臣又見部尉資品本居流外列
諸明令行之已久然近里巷多盜以其威輕
不蕭欲進呂即清流以壓數究甄深啟去為法者
施而觀之不便則改稿謂斯言有可採用聖慈

【親書傳九卷上】 二十九 陳

昭覽更高卒尉之秩今考格始宣懷怨者眾臣
編觀之亦謂不可有光國典改之何難世宗乃
引雍共論時務蕭宗初詔雍入居太極西柏堂
諸決大政給親信二十人又詔雍為宗師進太
傅侍中領太尉公王如故別勅將作營國子學
寺給雍居之忠矯權專恣僕射郭祚勤
傳出之忠矯詔殺祚及尚書裴植廢雍以王
雍第朝有大事使黃門郎就諮訪之忠憙復矯
歸第欲殺雍以問侍中崔光拒之乃止未幾
詔將欲殺雍以問侍中崔光拒之乃止未幾

靈太后臨朝出忠為冀州刺史雍表曰臣初入
柏堂見詔旨之行一由門下而臣出君行不以
悛意每瞻傷孫視之悚目深知不可不能禁制
臣之罪一也臣近禾內樞兼尸師傅宜保護聖
躬溫清晨夕而于忠身居武司禁勤自在限以
內外朝謁簡絕皇居寢食所在不知社稷安危
又亦不預出入柏堂尸立而巳臣之罪二也忠
規欲殺臣賴在事執拒又令僕卿相任情進默
還官授職多不經旬斥退賢良專納心腹威振

【魏書傳九卷上】 三十 于

百寮執勢傾朝野臣見其如此欲出忠為雍州刺
史鎮撫關右在心未行反為忠廢禾官尸祿孤
負恩私臣之罪三也先帝昇退儲宮篡統斯乃
君父之恓謨臣子之求則加賞之義自古無之
忠既入臣受恩先帝喪禍之際竭節是常迎陛
下於東宮臣之恓事如其不爾更欲何為而
忠意氣凌雲坐更封爵兩日抑之交恐為禍臣
以權臣所欲不敢輒違即集王公卿士議其多
少清河王臣懌先帝懿弟識度寬明臨眾唱議

非以勤而賞之憚違權臣之旨望顏而授臣知
不可因而從之臣之罪四也忠秉權門下且居
宰執又摠禁旅為崇訓衛身兼內外橫干官
掖臣之罪五也古者重罪必令三公會期至旬
日所以重死刑也先帝登極十有七年細人犯
旨擅行誅戮臣知不能救臣之罪六也忠臣位荷
師相年未及終難恕之罪顯露非一何情以處

何顏以生雖經恩宥猶有餘責謹反私門伏聽
司敗靈太后感忠保護之勳不問其罪增雍封
一千尸除侍中太師又加使持節以本官領司
州牧雍表請王公以下賤妾悉不聽用織成錦
繡金玉璣璫違者以違旨論奴婢悉不得以綾
綺纈止於縵繒而已奴則布服並不得以金銀
為釵帶犯者鞭一百太后從之而不能久行也
詔雍乗步挽出入掖門又以本官錄尚書事雍
頻表辭遜優荅不許詔侍中敦諭詔雍朝夕侍

講蕭宗覽政除使持節司州牧侍中太師錄尚
書如故蕭宗加元服雍兼太尉與太尉崔光
攝行冠禮詔雍乗車出入大司馬門進位丞相
給羽葆鼓吹倍加班劍餘悉如故又賜帛八百
四與一千人供具催令速拜詔雍依齊郡順王
外與元乂同決庶政歲禄萬餘伎至四萬伎侍
盈房諸子瑇瑁榮貴之盛昆弟貴及為元妃盧
氏甍後更納博陵崔顯妹其有色寵欲以為妃

世宗初以崔氏世號東崔地寒望劣難之父乃
聽許延昌已後多幸妓侍近百許人而踈弃崔
氏別房幽禁不得關豫內政僅給衣食而已至
乃左右無復使子女欲省其母必啓聞許乃
得見未幾崔暴薨云雍歐殺之也靈太后許
賜其女妓未及送之雍遣其闍竪一鬶自至宮
內料簡四口置以還第太后責其專擅追停之
孝昌初詔曰比相府弗開陰陽未燮王秉哲居
宗勳望隆重道底茲著生威被華裔體國猶家匡

躬在節可開府置佐史尋罷司徒以為丞相府

孝駐初介朱榮欲害官朝士遂云雍州將謀逆河

陰遇害贈假黃鉞相國謚文穆王雍識懷短淺

又無學業雖位居朝首不為時情所推既以親

尊地當宰輔自熙平以後朝政褫落不能守正

匡弼唯唯而已及清河王懌之死元乂專政天

下大責歸焉

嫡子泰字昌頤有時譽為中書侍郎尋遷通直

散騎常侍鎮東將軍太常卿與雍同時遇害贈

贈侍中特進驃騎大將軍太尉公武州刺史高

陽王謚曰文孝

子斌龑武定中官至尚書右僕射齊受禪爵例

降

泰兄端字宣雅美容白頤涉書史起家散騎侍

郎累遷通直常侍鴻臚大常少卿散騎常侍出

為安東將軍青州刺史是時蕭衍遣將寇逼徐

揚除端撫軍將軍金紫光祿大夫使持節東南

道大使慮分軍機賊平拜鎮軍將軍兗州刺史

俄而衍將復寇逼兗州城端率在州文武

拒守得全以功封安得縣開國公食邑五百戶

還除都官尚書與雍俱遇害贈車騎大將軍儀

同三司相州刺史子峻襲爵齊受禪例降

泰第叡字子拓忽榮利愛靜琴書起家拜通

直散騎侍郎遷衞尉少卿轉光祿少卿封濟北

郡王與雍俱遇害贈車騎大將軍司空公雍州

刺史

子徽普泰中龑爵起家通直即武定五年坐與

元瑾等謀反伏法

叡弟誕字支發少聰惠有風儀起家通直即遷

中書侍即通直散騎常侍封新陽縣開國伯食

邑三百戶加龍驤將軍進封昌樂王食邑七百

戶遷平南將軍散騎常侍封

侍中車騎大將軍儀同三司司州牧天平三年

侍中車騎大將軍散騎常侍黃門侍郎孝靜初拜

薨贈使持節侍中太保司徒公尚書令將軍牧

如故謚曰文獻無子以斌第二子亮焉後

誕弟勤義勤義弟亶亶弟伏陸伏陸弟弥陸弥

陛弟僧育弟居羅出帝初勳又封陽平一縣
亘封濮陽縣伏陀封武陽縣弥陀封新陽縣除僧
育封頓丘縣羅封衛縣正開國伯食邑四百
戶天平中並除鎮遠將軍散騎侍郎僧育走關
西國除其餘齊受禪爵例降

北海王詳厚子季豫美姿容善舉止太和九年封
加侍中征北大將軍拜光祿大夫解侍中將
軍又兼侍中從高祖南伐為散騎常侍高祖自

洛比巡詳常與侍中彭城王勰並在輿輦侍
五右至高宗射銘之所高祖傳駕詔詳弟及侍
臣皆武射遠近唯詳箭前不及高宗前所十餘步
高祖嘉起之將掌欣笑遂詔勳銘親目為制五等
開建食邑二千戶遷守給鼓吹一部甲仗三百人兼
詳行中領軍留守何事非娛善正風猷肅是禁旅詳後
督營構之務高祖賜書曰比遊神何逆業也
朝於行宮高祖引見之詳慶平津北高祖曰朕
以敬南未清神麾親勳汙北數城並皆不服此

乃將士之效非朕之功詳對曰陛下德邁唐虞
功微周漢自南之風於是乎始詳還洛高祖餞
之詔詳曰昔者淮夷叛命故有三年之舉鬼方
不令乃致殄載之師況江吳竊命于今十紀朕
必欲蕩滌南海然後言歸今夏俱此故興汝相
見善守京邑副我所懷趙郡王幹薨以詳行司
州牧除護軍將軍兼尚書左僕射高祖臨崩顧
命詳為司空輔政世宗即位以詳有誓樣之勤
增邑二千戶詳以帝居諒闇不受世宗覽政遷

侍中大將軍錄尚書事咸陽王禧之謀反也詳
表求解任詔曰一人之身慾不累德形乖性別
忠逆固殊是少父殞子興義高唐世弟戲兄登
迹顯周魯禧之與國異體同氣既肆廟社之逆
安顧弟友之親叔父忠顯二朝誠貫廟社宴勤
贊沖昧保乂鴻猷豈容以微介之慮志阿衡
重貂章即已勃還願不再述柞屬眇躬言及斯
事臨紙慙恨愴慨兼深詳重表陳解詔復不許
除太傅領司徒侍中錄尚書事如故詳固辭詔

遣敦勸乃受詳與八座奏曰竊惟姦劫難除為

壽蠧日久群盜作患有國收病故五刑為用猶陷為

觸網之誅道幾勝殘寧息狗竊之鄉曾是以班制

垂式名為治本整網提目政之大要謹尋奪祿

事條班已周歲然京邑尹令善惡易聞邊州遠

守或難聽審皆上下同情迭相掩沒設有賊發

隱而不言或以劫為偷或過掠成盜更令賊發

難知攝竊惟甚臣等參議若依制削奪則縣無

所謂法令滋章盜賊多有昔黃龍碌風不由削

祿張趙稱美豈懼黜退然綏導之體得失在人

乃可重選慎官依律勒禁不宜輕改法令削黜

群司今請改制條還附律處其勵已公清賞有

常典風謠賄案為考第世宗從之詳之拜命

其夜暴風震電拔其庭中桐樹大十圍倒立本

處初世宗風震殿政也詳聞彭城王勰有震主之

慮而欲奪其司徒大懼物議故為大將軍至是

乃居之天威如此識者知其不終世宗講武於

鄴詳與右僕射高肇領軍于勁留守京師初太

和末詳以少弟延愛景明初復以委父宗寵位

望兼極百寮懍之而貪冒無厭多所取納公私

販侵剝遠近壁神群小所在請託珍麗充盈至

於東掖門外大路之南驅逼細人規占第宅又

聲色後庭飾第午開起山池所費巨萬矣又

有要樞在堂請延至葬而不見許乃令輿櫬巷

次行路哀嘆詳毋高太妃頗亦助為威虐親命

歐擊手怨嚮口嗷嗷妃宋王劉昶女不見苔禮寵妻

范氏愛妾仇儷及其死也詳不自勝乃至舉訖

猶毀塚視之表請贈平昌縣君詳又燕於安定

王爕妃高氏即茹皓妻姊嚴禁左右閒密

始末詳既素附於皓又緣姬好往來綢密皓之

取妻也詳親至其家又忻飲極醉詳貪負後聚斂

朝野所聞而世宗禮敬尚隆憑寄無替軍國大

事摠而裁决毋所敢奏事皆協辦詳常別往華

林園之西隅與都其宁宮館密邇相接通後閒

世宗每潛幸其所肆飲終日其寵如此又詳拜

受因其私慶啟請世宗世宗頻幸南第御
堂與高太妃相見呼為阿母伏而上酒禮若家
人臨出高母拜送舉觴祝言願官家千萬歲壽
歲歲一至妾母子舍也初世宗之親政也詳與
咸陽王禧彭城王勰並被召入共乘犢車防衛
嚴固高時惶迫以為詳必死亦乘車傍路哭而
送至金墉及詳得免高云自今而後不願言眾
但令母子相保共汝堀市作活也至此眾寵崇
盛不復言有禍敗之理後為高肇所譖云詳與

皓等謀為逆亂于時詳在南第世宗召中尉崔
亮等禁勅糾詳詀貪及姪皓曲日常李賢陳掃
靜等寸專恣之狀亮乃奏詳諂貪害公私姪亂典禮
威令尊卑之節塵敗窒業多私第丞稡無
道失所居爵付鴻臚削奪輒下禁正付廷尉
朝廷比以軍國費廣禁斷諸番雜獻而詳擅作
事免所居官爵付鴻臚削奪輒下禁正付廷尉
治罪并劾皓等夜即收禁南臺又虎賁百人圍
守詳第慮其艦懼奔越遺左右郭翼開金墉門

馳出諭之示以中尉彈狀詳母高見翼頓首號
泣不自勝詳言言審如中尉所紏何憂也正恐更
有大罪橫至耳人奉我以自寬至明皓等皆賜死
為取受吾何憂乎私以珍異貨物我實愛之果
引高陽王雍等五王入議詳罪單車防守遠革
林之館母妻相與哭入所居小奴弱婢數人隨
從官防甚嚴終夜擊柝列坐圍守外內不通世
宗為此不幸圍十餘日徒詳就太府寺圍禁彌
切詔曰王位兼台輔親懿莫二朝野屬賴員瞻

所歸不能勵德存道宣融軌訓方乃肆恣貪覬
藏暴顯聞遠貧先朝友愛之寄近乖家國推敬
所期理官執憲寔合刑典天下為公豈容私抑
但朕諸父傾落存者無幾便極違坐情有未安
可免為庶人別營坊館如法禁衛限以終身邪
家不造言尋感慨遂別營館於洛陽縣東北隅
二旬而成將徙詳密居之會其家奴數人陰結黨
輩欲以劫出詳託侍婢通於詳詳
始得執省而門防主司遇見突入就詳手中攬

得呈奏至夜守者以聞詳哭數聲而暴死詳自
至太府令其母妻遠居南宅五日一來與其相
見此夜母妻不在死於婢手中至明告其凶問
詔曰比海叔奄至便背痛慕抽慟情不自任明
便舉哀可勑備辦喪還南宅諸王百官示悉令本
姦通令致此罪我得詳高麗當噉其肉乃杖詳背
及兩脚百餘下自行杖力疲乃令奴代高氏素
嚴詳每有微罪常加責詞以縶裹杖至是丟繋
皆至瘠腰詳苦杖十餘日乃能立又杖其妃劉
氏數十云新婦大家女門尸匹敵何所畏也而
不檢校夫婿婦人皆妬獨不妬也劉笑而受罰
卒無所言詳貪淫之失雖聞遠近而死之日罪
無定名遠近歡怪之停殯五載永平元年十月
詔曰故太傅北海王體自先皇特鍾友愛受遺
訓輔沖昧攸記不圖暮節晦德終缺哀榮便可

追復王封剋日營厝少慰幽魂以旌陰德謚
曰平王
子顥字子明襲少慷慨有壯氣除龍驤將軍通
直散騎常侍轉宗正卿光祿大夫兼宗正卿
散騎常侍平東將軍轉都官尚書加安南將軍
出除散騎常侍撫軍將軍徐州刺史坐為御史
彈勒除名其後賊帥宿勤明達叱千騏驎等寇
亂幽華諸州乃復顥東秦諸軍事加使持節
假征西將軍都督華幽東秦諸軍事兼左僕射
西道行臺以討明達顥轉戰而前頻破賊眾解
幽華之圍以功增封八百戶進號征西將軍又
除尚書右僕射持節行臺都督如故值蕭寶夤
大將軍儀同三司餘如故於時嶲榮南進稍逼鄴城
平涼顥亦奔還京師及郡屬尒朱榮南侵
武泰初以顥為侍中驃騎大將軍開府儀同三
司相州刺史以衡榮大傅開府侍中刺史王並如
推奉莊帝詔授顥大傅開府儀同
故顥以葛榮南侵尒朱縱害遂盤桓顧望圖目

安之策先是顥啓其舅范遵爲殷州刺史遵以
葛榮克遍未得行顥令遵權行於鄴顥既懷異
謀乃遣遵行相州事代前刺史李神爲已表裏
之援相州行臺甄楷先受朝旨委其守鄴知顥異
圖恐導爲變遂先遣還推李神攝理州事
然後遣軍候顥逆順之勢顥以事意不諧遂與
子冠受率左右奔於蕭衍顥見衍泣涕自陳言
辭壯烈衍奇之遂以顥爲魏主假之兵將令其
北入永安二年四月於梁國城南登壇燔燎號

孝基元年莊帝詔濟陰王暉業爲都督於考城
拒之爲顥所擒又剋行臺楊昱於滎陽介朱世
隆自虎牢走退莊帝北幸顥遂入洛改稱建武
元年顥以數千之衆轉戰輒剋據有都邑號令
自己天下人情想其風政而自謂天之所授顥
懷驕怠宿昔賓客近習之徒咸見寵待干擾政
事又日夜縱酒不恤軍國所統南兵凌竊市里
朝野莫不失望時又酷歛公私不安莊帝與尒
朱榮還師討顥自於河梁拒戰王師渡於馬渚

冠受戰敗被擒因相繼而敗顥率帳下數百騎
及南兵勇健者自轘轅而出至臨潁顥部騎分
散爲臨潁縣卒所斬出帝初贈使持節侍中都
督冀定相殷四州諸軍事驃騎大將軍大司馬
冀州刺史武定中子娑羅襲齊受禪爵例降
顥第瑱字寶意起家爲通直郎轉中書郎歷武
衛將軍光祿少卿黃門郎出除平北將軍相州
刺史爲大宗正卿封平樂縣開國公食邑八百
戶莊帝初拜侍中車騎將軍封東海王食邑

千戶俄選中書監左光祿大夫兼尚書右僕射
又拜車騎大將軍加侍中瑱無他才幹以親屬
早居重任兄顥敗潛竄未分便以意氣自得
爲時人所笑顥入洛成敗未執送斬於都市出
帝初贈侍中都督雍華岐三州諸軍事驃騎大
將軍太尉公尚書令雍州刺史
子衍襲爵武定中通直散騎侍郎齊受禪爵例
降

史臣曰顥祖諸子俱聞道於太和之日咸陽望
降

重位隆自猜謀亂趙郡愨終於王慶終謚曰靈廣
陵凮稱明察不幸中天惜矣高陽器術缺然終
荷棟幹莘昌之寄蓋不足以責之北海義眛鶺
鴒李洤自喪雖禍由閒言亦自貽伊戚顯取若
拾遺亡不旋踵豈守之無術其天將覆之

彭城王

彭城王勰字彥和少而岐嶷姿性不群太和九年封始平王加侍中征西大將軍勰生而母潘氏卒其年顯祖崩及有所知啓求追服文明太后不許乃毀瘠三年弗弁參王慶高祖大奇之敏而耽學不捨晝夜愽綜經史雅好屬文高祖幸創解侍中將軍拜光祿大夫復除侍中長直禁内參決軍國大政万機之事無不預焉及車駕

【魏傳九下】　一

南伐以勰行撫軍將軍領宗子軍宿衛左右開建五等食邑二千戶轉中書令侍中如故改封彭城王高祖與侍臣升金墉城顧見堂後梧桐竹曰鳳皇非梧桐不栖非竹實不食今梧桐竹並茂詎能降鳳平勰對曰鳳皇應德而來當千梧桐能降高祖曰何以言之勰曰昔在虞舜鳳皇來儀周之興也亦於岐山未聞降桐食竹高祖笑曰朕亦未爲嘉鳴爲於岐山末所徽堂日晏移於流化池芳林之下高祖曰向宴

之始君臣蕭然及將末也醺情始暢而流景將頹竟不盡適戀戀餘光故重引卿等因仰觀桐葉之茂曰其桐其椅其實離離愷悌君子莫不令儀令林下諸臣敷歌詠遂令黃門侍郎崔光讀暮春羣臣應詔詩至勰詩高祖仍爲之改一字曰昔祁奚舉子天下謂之至公今見勰詩始知中令之舉非私也勰對曰臣露此拙方見聖朝之私賴蒙神筆賜刊得有令譽高祖曰雖琢一字猶是王之本體勰曰臣聞詩三百一言

【魏書傳九下】　二

可蔽今陛下賜刊一字足以價等連城勰表解侍中詔曰蟬貂之美污而光人乏之秋何容方退也克念作聖庶必有資耳後幸代都次于上黨之銅鞮山路旁有大松樹十數根時高祖進繖遂行而賦詩令人示勰曰五日始作此詩雖不七步亦不言遠汝可作之比至吾所令就之也時勰去帝十餘步遂且行且作未至帝所而就詩曰問松林松林經幾冬山川何如昔風雲與古同高祖大笑曰汝此詩亦調書吾耳詔曰

弟勰所生母潘早齡謝世顯未加勰禍與身
具痛隨形起今因其展思有足悲矜可贈彭城
國太妃以慰存亡又除中書監侍中如故高祖
南討漢陽假勰中軍大將軍加鼓吹一部勰以
寵受頻煩刀面陳曰臣聞兼親疎而兩並異同
而建此既成丈於昔日願誦之於後陳思求而
不允愚臣不請而得豈但今古云殊遇吾大異
非獨曹植遠義於臣是亦陛下踐魏文而不顧
高祖大笑執勰手曰二曹才名相忌吾與汝以
道德相親緣此而言無慙並烈汝但克巳復禮
更何多及高祖親講喪服於清徽堂從容謂群
臣曰彦和季豫等年在蒙稚早登緌緩失過庭
之訓並未習禮每欲令我一解喪服自審義解
浮踈抑而不許頃因酒醉坐脫爾言從故屈朝
彦遂親傳說將臨講坐懃戰交情御史中尉李
彪對曰自古及今未有天子講禮陛下聖敬
明事超百代臣得親承音旨千載一時從征沔
比賜帛三千四除使持節都督南征諸軍事中

▆魏書傳九下　三

軍大將軍開府又詔曰明便交敵可勒將士庶
爾軍儀勰於是親勒大眾須臾有二大鳥從南
而來一向行宮一向府幕各為人所獲勰言於
高祖曰始有一鳥望旗頭仆臣謂大吉高祖戲
之曰鳥之畏威豈獨中軍之略也吾亦分其一
爾此乃大善兵法咸說至明便大破崔惠景蕭
衍其夜大雨高祖曰普聞國軍獲勝每逢雲雨
今破新野南陽及權此賊果降時潤誠哉斯言
勰對曰水德之應遠稱天心高祖令勰為露布
勰辭曰臣聞露布者布於四海露之耳目必須
宣揚威略以示天下臣小才豈足大用高祖曰
汝豈獨親詔亦為才遠但可為之及就尤類帝
文有人見者咸謂御筆高祖曰汝所為者人謂
吾製非兄則弟誰能辨之勰對曰子夏被蚩於
先聖臣汝荷責於來今及至豫州高祖為家人
書於勰曰教風密微禮政嚴若不深心日勸
何以敬諸每欲立一宗師我元族汝親則宸
極位乃中監風標才具實足師範屬有口勅切

執衝遏難違捷往弁至令宗制之重捨汝誰
寄便委以宗儀責成汝躬有不遵教典隨事以
聞吾別蕭治之若宗室有愆隱而不舉鍾罰汝以
躬綱維相厲庶有勸励吾朝聞夕逝不為恨也
勰翌日面陳曰奉詔令專主宗制科舉非違臣
聞其身正不令而行其身不正雖令不從臣處
宗蒙借不謂令詔終不矜免猶願聖慈賜垂蠲
遂高祖曰汝諧往欽哉勰表以一歲國秩職俸
親恤以禪軍國詔曰割身存國理為遠矣但汝
亦我乃減已助國職俸便停親國二事聽三分
受一高祖不豫勰內侍醫藥外摠軍國之務遞
遞肅然人無異議徐塞當世也先是假
還洛陽及召至勰引之別所泣涕執手而謂之
曰君今世元化至尊氣力危惙願君竭心專思
方治若聖體日康令四海有賴當獲意外之賞
不然便有不測之誅非但榮厚乃存亡由此君
其勉之左右見者莫不鳴咽及引入塞便欲進

五　楊仁

治勰以高祖神力虛弱唯令以食味消息勰乃
密為壇於汝水之濱依周公故事告天地願祖
請命乞以身代高祖翊日有瘳損自懸發辠郷
勰常侍坐輿輦晝夜不離於側飲食必先嘗之
而後手自進御車駕還京會百寮於宣極堂行
飲至策勳之禮命舍人宣旨勰曰翼弼六師墓戎
荊楚沔北之勳每眦廟筭從討新野有克城之
謀受命鄧城致大捷之効功為羣將之最也別
當授賞不替厥庸高祖謂勰曰吾與汝等早罹
艱苦中逢契闊每謂情義隨事而踈比纏患經
歲危如寒葉非汝孔懷敦忠孝執能動止躬
親必先藥膳每尋此事感思殊遠勰悲泣對曰
臣等宿遭不天酷恨長世賴陛下撫育得參人
伍豈謂上靈無鑒復使聖躬道和萬國所縣蒼
生繫氣寢興之勞豈茶蓼以破慧景等動增
邑五百戶又詔曰朕形疲稚年心勞長歲積思
成痾頓發汝頻第六弟勰孝均周弟感伴姬旦
遺食捨寐動止必親敦醫勸膳誠力俱竭致兹

六　九

10-340

保康宴賴同氣又秉務緝政百司是憑綱維折
東萬機獲濟撫師於森浩之辰處戎於莽遹之
日安外靜內功大道侍省之績可以孔懷無
襄異忠之勤實乃勳存社稷宜有酬賞必旌國
功可增邑二千戶勰辭曰臣受遇綠親榮枯國
等以此獲賞殊乖情願乞追成臣用息謗言詔
曰汝在私能孝處公必忠比來勤憂足布朝野
但可祗膺尋必勰為司徒太子大傅侍中如故
俄而蕭寶寅將陳顯達內寇高祖復親討之詔
勰使持節都督中外諸軍事總攝六師是時高
祖不豫勰辭曰臣侍疾無暇六軍須有所託事
不兩興情力又竭更請一王總當軍要高祖曰
戎務侍疾皆憑於汝宰輔如此吾深慮不濟安
六軍保社稷者捨汝而誰何容方便請人必違
心寄宗祏所賴唯在於汝諸葛孔明霍子孟異
姓受託而況汝乎行次清陽高祖謂勰曰吾患
轉惡汝其努力車駕至馬圈去賊營數里顯達
等出戰諸將大破之勰部分諸軍將攻賊壘其

友奔退高祖疾甚謂勰曰脩短命也死生大分
今吾氣力危惙當成不濟矣雖敗顯達國家安
危在此一舉社稷所伏唯在汝身霍子孟以異
姓受付況汝親賢可不勉也勰泣曰士於布衣
猶為知己盡命況臣託靈先皇聯暉陛下誠應
竭股肱之力加之以忠貞但臣出入喉膂每應
時要及於寵靈輝赫聞之遐邇復參室匠機政
歸震主之聲見忌必矣此乃周旦遄逃王
疑惑陛下愛臣便為未盡始終之美臣非所以
惡華捐勢非所以辭勤請逸正希仰成陛下曰
鏡之明下念愚臣忘退之禍高祖久之曰吾尋
思汝言理實難奪乃手詔世宗曰汝第六叔父
勰清規萬賞與白雲俱潔厭榮捨綟以松竹為
心吾少與綢繆提攜道趣每請解朝纓恬真丘
壑吾以長兄之重未忍離遠何容仍屈素業長
嬰世網吾百年之後其聽勰辭蟬捨冕遂其沖
把之性無使成王之朝鼬疑姬旦之聖不亦善乎
汝為孝子勿違吾勑及高祖崩于行宮遄祕喪

事獨與右僕射任城王澄及左右數人為計奉
遷高祖於安車中勰等出入如平常視疾進膳
可使外奏累日達宛城乃夜進安車於郡廳事
得加斂櫬還載卧輿與六軍內外莫有知者遺中
書舍人張儒奉詔徵世宗會駕宮至魯陽乃
發喪行服世宗即位勰跪授高祖遺勅咸
陽王禧疑勰為憂停在魯陽郡外久之乃入謂
勰曰汝非但辛勤亦危險彥和握蛇騎虎不覺艱

難禧曰汝恨吾後至耳目高祖不豫勰常居中
親侍醫藥夙夜不離左右至於夜帶窐解亂首
垢面帝患久多忿因之以遷怒勰每被詰讓言
至厲切威責近侍動將誅斬勰承顏悉心多所
匡濟及高祖昇退陳顯達本道始爾慮凶問洩
漏致有逼迫勰內雖悲慟外示吉容出俯仰
神貌無異及至魚復陽也東宮官屬多疑勰有異
志竊懷防懼而勰推誠盡禮卒無纖介勰上高
祖謚議謹案謚法協時肇享曰孝子五宗安之曰

孝道德博聞曰文經緯天地曰文仰惟大行皇
帝義實該之宜上尊號為孝文皇帝廟曰高祖
陵曰長陵世宗從之既葬世宗固以勰為宰輔
勰頻口陳遺旨請遂素懷世宗對勰悲慟每不
許之勰頻頻表聞世宗對勰難違遺勅遂
其雅情勰猶遍以外任乃以勰為使持節侍中都
督冀定幽瀛營安平七州諸軍事驃騎大將軍
開府定州刺史勰仍陳讓又面申前意世宗固
執不許乃述職尚書令王蕭等奏臣等聞雄功
表德道貴前王庸勳親義高盛典是故姬旦
翼周光宅曲阜東平寔漢寵列蕃彭城王勰
景思內昭英風外發勳廓規靜氣漢陟屬先
帝在天徊開有魏之靈祚論道中鈗王猷以穆七
德丕宣九功在詠臣等參詳宜增邑二千五百
戶詔曰覽奏倍增崩絕未足以上酬勳德且可
如奏勰頻表固讓世宗許之世宗與勰書曰譚
奉辭既覽今悲戀哽咽歲月易遠俛迫暮冬每思

聞道奉承風教父既辭榮關外無容頓違至德
出蕃累胡荒馳寒深令遣主書劉道斌奉宣慈
戀顧父來望必當屆京展泄哀窮指不云遠勰
乃朝於京師景明初蕭寶卷豫州刺史裴叔業
必壽春內屬詔勰都督南征諸軍事餘官如故
與尚書令王肅迎接壽春詔曰五教治朝古難
其選自非親賢兼切莫應斯舉王以明德懋親
任屬保傅出居蕃陝入御袞章內外克諧民神
收屬念董率戎麾威猷宜重可復授司徒以光
望實又詔勰以本官領揚州刺史勰簡刑道禮
與民休息州境無虞退通安靜揚州所統建安
成主胡景略猶為寶卷拒守不下勰水陸討之
景略面縛出降自勰之至壽春東定城戌至於
陽石西降建安山蠻順命斬首獲生以數萬計
進位大司馬頒司徒餘如故增邑八百戶又寶
卷遣將陳伯之屯於肥口胡松又據梁城水軍
相繼二百餘里勰部分將士分攻諸營伯之胡
松率眾出戰諸將掔之斬首九十俘獲一萬伯

之等僅以身免止於烽火勰又分命諸將頻戰
伯之計窮宵遁南平詔曰王威算上輔德勳
莫二孤心昧識訓保攸憑比以壽春初開顧壓
任重故令王親董元戎遠撫淮外冒敵炎炎丞衝
蓋飄飆經略踰時必有齰損違詣觀鳳夜係
情兼制勝宣規威効兼著公私允稱義所歆嘉
雖凱旋有期無申延屬可遣給事黃門侍郎鄭
道昭就彼祗勞徵勰還朝勰政崇寬裕絲毫不
犯淮南士庶追其餘惠至今思之初勰之定壽
春也獲蕭寶卷汝陰太守王果豫州治中庚襪
等數人勰傾袴禮之常參坐席果承間進曰果
又謝曰殿下賜處有過國士果等念還仰負慈
生死分張乞還江外以申德澤勰於而許之果
遭聖化正應力茲愚老申展尺寸但在南百口
澤請聽仁駕振旅友跡江外至此乃還其為遠
人所懷如此勰至京師世宗臨東堂引見詔勰
曰比鳳皇未一疑蒼敥二化故仰屈尊誤綏懷

邊附而寇竪昏迷敢關淮楚叔父英略高明應
機殄定凱旋今辰伏慰悲忻勰謝曰臣喬充戍
帥撫安新故而不能宣武遵守恩威懷邇致小
堅伯之驅率蟻徒侵擾邊堡非唯仰乗天顏實
亦俯愧朝列春秋責帥臣實忝竭之賴陛下慈深
捨過故使愚臣獲免罪勰煩表辭大司馬領
司徒及所增邑乞還中出有詔不許乃除錄尚
書侍中司徒如故固辭不免勰雅好恬素不以
勢利嬰心高祖重其事幹勢維不許雖臨崩遺
詔復世宗留連每乖情願常悽然歎息以詔曰
殷勤匪懈應命時咸陽王禧漸以憍矜頗有不
法比海王詳言於世宗世宗深已之又言勰
大得人情不宜久在宰輔勸世宗遵高祖遺詔
禧等又出領軍于烈為恒州非烈情願固彊之
烈深以為忿烈子忠嘗在左右密令忠言於世
宗云諸王等宜不可測宜廢之早自覽政時將
初祭王公並齋於廟東坊世宗遣子烈將宿衛
壯士六十餘人召禧勰詳等列入見之於光極

殿世宗謂勰曰頃求南北務殷不容仰遂沖操
譚是何人而敢久違先勅今遂叔父高蹈之意
勰謝曰先帝不以臣虛薄曲垂罔己之澤出入
絪縲公私無捨自陛下龍飛九五屢求解落既
為宰輔所抑亦不為陛下所許先歲夏申重塵
天聽時蒙優借出為定州往年還洛陽勅摠我
淮肥雖無功效幸免罪戾云歸未幾復委臣以
非據之任臣頻煩干請具簡聖聽陛下孝深無
改仰遵先詔上成睿明之美下遂微臣之志感
惟今往悲喜交深乃詔曰王宿尚閑靜志捐世
務先帝愛兄之至弗奪此情遺勅炳然許遂沖
退雅操不移朕亦未敢違奪今乃釋位歸第五
園是營高尚之節礭爾貞履之操邈焉難
追而王宅初構財力多闕成立之期歲月莫就
可量遣工役分給材瓦至王所好速令制辦務
從簡素以稱王心勰因是作蠅賦以諭懷惡讒
構也又以勰為太師勰遂固辭詔曰蓋二儀分
象君臣之位形焉上下既位咽和之義生焉自

古統天位主昌常不賴明師伏賢輔而後燮和
陰陽燮倫民物者哉往而不返者先民誠有之
斯所謂獨善其身而亂大倫山林之士耳賢人
君子則不然也屈己以安民難身以濟物所謂
以先知覺後知同塵而與天下俱潔而求朕欵
以冲年篡臨實賴叔父匡濟之功誠宜求
兼將相以綱維內外但過隼先旨憚違沖挹悅
志割心以遂高素自比水旱乖和陰陽失序是
以屈王論道庶燮茲王燭旦師宰從容無廢清
尚故周旦復辟而居之高父期順以終位王羲
兼家國理絕獨高可道侍中敦諭世宗又修家
人書於勰曰讜言本還告承猶執沖遜謙實闇
宴政術各秕匡弼之寄仰屬親尊父德望兼重
師訓所歸豈得近遺家國遠崇清尚也便願允
降時副傾注之心勰不得已而應命世宗後頻
喜勰第及京兆廣平暴虐不法詔宿衛隊主率
羽林虎賁幽守諸王於其第勰上表切諫世宗
不納勰既無山水之適又絕知己之遊唯對妻

子懷鬱鬱不樂議定律令勰與高陽王雍八座朝
士有才學者每旦集豪論軌制應否之宜而勰
夙侍高祖兼聰達博聞凡所裁決時彥歸仰加
以美容兒善風儀端嚴若神折旋合度出入言
笑觀者忘疲又加侍中勰敦尚文史物務之暇
披覽不輟撰自古帝王賢達至於魏世子孫三
十卷名曰要略小心謹慎初無過失雖關居宴
勰亦無慢色情容愛敬儒彥傾心禮待清正儉
素門無私謁性仁孝言於朝廷以其舅潘僧固
為冀州樂陵太守京兆王愉構逆僧固見逼從
之尚書令高肇性既凶慝賊害賢俊又肇之兄
女入為夫人順皇后崩世宗欲以為后勰固執
以為不可肇於是屢譖勰於世宗世宗不納因
僧固之同愉逆肇誣勰比與愉通南招蠻賊勰
國郎中令魏偃前防閤高祖與愉希肇提攜構成
其軍肇初令侍中元暉以奏世宗暉不從令左
衛元珍言之世宗訪之於暉暉明勰無此世宗
更以問肇肇以魏偃祖珍為證世宗乃信之求

平元年九月召飈及高颺陽王雍廣陽王嘉清河
王懌廣平王懷及高肇等入時飈妃方產飈乃
固辭不赴中使相繼不得巳乃令命駕意甚憂
懼與妃訣而登車入東掖門度一小橋牛不肯
進遂擊之良久更有使者責飈來遲乃令去牛
人挽而進宴於禁中至夜皆醉各就別所消息
俄而元珍將武士齎毒酒而至飈曰吾忠於朝
廷何罪見殺一見至尊死無恨也珍曰至尊何
可復見王但飲酒飈曰至尊聖明不應無事殺

魏書傳九下 十七 王璉

我求與呂我罪者一對曲直武士以刀鐶築飈
二下飈大言曰皇天忠而見殺武士又以刀鐶
築飈飈乃飲毒酒武士就殺之向晨以褥裹屍
輿從屏門而出載屍歸第云王因飲而薨飈妃
李氏司空沖之女也號哭大言曰高肇枉理殺
人天道有靈汝還當惡死及肇以罪見殺論者
知有報應焉世宗為舉哀於東堂給東園第一
秘哭郡朝服龍羇賵錢八十萬布二千四蠟五百
斤大鴻臚護喪事飈既有大功於國無罪見害

百姓寬之行路士女流涕第而言曰高令公枉殺
如此賢王在朝貴賤莫不喪氣追崇假黃鉞使
持節都督中外諸軍事司徒公侍中太師王如
故給鑾輅九旒虎賁班劍百人前後部羽葆鼓
吹輼輬車有司奏太常卿劉芳議飈諡曰王挺
德弱齡誕資至孝睿性過人學不師故入參政務
綸綍有光芟登中鈫敷明五教漢北告危皇赫
問罪王內親藥膳外揔六師及宮車晏駕上下

魏書傳九下 三十四 大 陳良

哀慘奮猛銜戚英略潛通翼衞靈輿鑾旌振斾
歷次宛謝迄千魯陽送往奉居無斁周霍寔遵
作輔遠至通安分陝恒方流詠燕趙廊靖江西
威惕南越入釐百揆庶績咸熙復勤不懈在功
愈抱溫恭愒悚忠雅寬亮典居有度善善終始
高尚厥心功成身退義貴亮聖更美先世典依諡
法保大定功曰武善問周達曰宣諡曰武宣王
及莊帝即位追號文穆皇帝妃李氏為文穆皇
后遷神主於太廟廟稱蕭祖語在臨淮王彧傳

前廢帝時去其神主

嫡子劭字子訥龍封善武藝少有氣節庸宗初
蕭衍遣將犯邊劭上表曰偽遊塊關覷邊境
勞兵兼時日有千金之費臣仰籍先資鄉餐厚
秩思以埃塵用褂山海頃等扇動三丞蕭衍遣將
謹奉粟九千斛絹六百四國吏二百人以充軍
用靈太后嘉其至意而不許之起家宗正少卿
又除使持節假散騎常侍平東將軍青州刺史
于時齊州民劉均為房頃等扇動三丞

魏書九下　十九　王洪

豐王延明所啟乃徵入為御史中尉莊帝即位
靈太后失德四方紛擾劭遂有異志為安
昌末
彭城郡王勰寺撝寺擾邊劭頻有防拒之效
鶯為無上王尋遇害河陰追諡曰孝宣皇帝妻
李氏為文恭皇后有二子
詔字世胄襲武定末司州牧齊受禪爵例降
詔弟龍襲字世紹武定初封武安王邑二千戶武
定末中書侍郎齊受禪爵例降
劭兄子直字方言少知名為清河文獻王所賞

愛起家除散騎侍郎轉中書侍郎後除通直散
騎常侍遷給事黃門侍郎靈太后詔曰故太師
彭城武宣王道隆德盛功高微管協契先朝導
揚末命扶訶濟難劭功漢北之誠送往奉居盡魯
南之節宗社賴之以安皇基由之永固而謙光
守約屢撝舊邑之賞辭多受少終保初錫之封
非所謂追崇報念勳德者也可以前後所
封别封三子為縣公食邑各二十戶庶以少
慰仁魂微申朝典

三五　魏書九下　廿　施昌

子直封眞定縣開國公出為冠軍將軍梁州刺
史未幾遇患優遊南鄭無他政績徵還京師病
卒贈散騎常侍安南將軍都官尚書冀州刺史
孝莊踐阼追封陳留王邑二千戶贈假黃鉞太
師大司馬太尉加前部羽葆鼓吹
子寬字思猛襲王爵除散騎常侍平南將軍尋
除侍中撫軍將軍永安三年尒朱兆害之於晉
陽無後國除出帝初追贈使持節散騎常侍都
督青齊濟三州諸軍事衛大將軍青州刺史重

贈司徒公

弟剛字金明莊帝初封滹陽王邑千戶武定末
宗正少卿齊受禪爵例降
剛第賢莊帝邑千戶永安三年薨出
帝時贈車騎大將軍左光祿大夫儀同三司
劭弟子正美貌性寬和肅宗初封霸城縣公邑
一千戶歷散騎侍郎太常少卿莊帝即位除尚
書令封始平王與兄劭俱遇害贈假黃鉞侍中
都督中外諸軍事大將軍錄尚書事相王如故
降
子欽字世道襲武定中散騎侍郎群受禪爵例
釗一百人謚曰貞
鸞為略九旒黃星左纛前後部羽葆鼓吹虎賁班

史臣曰武宣王孝以為質忠而樹行文謀武略
自得懷抱網緒太和之世豈徒然哉至天在安
奧危之操送往事居之即周旦匪他之義罹光
異姓之誠事兼之矣功高霜主德隆動俗間言
一入卒不全志烏呼周成漢昭亦未易遇也

魏書傳九下　〔二十二〕　林甫按

魏書傳九下　〔廿二〕　蘭子和

廢太子　京兆王

清河王　廣平王

汝南王

孝文皇帝七男林皇后生廢太子恂文昭皇后
生宣武皇帝廣平文穆王懷袁貴人生京兆王
愉羅夫人生清河文獻王懌汝南文宣王悅鄭
充華生皇子恌未封早夭

廢太子庶人恂字元道生而母死文明太后撫

【魏書傳十】　一　章東

視之常置左右年四歲太皇太后親為立名恂
字元道於是大赦太和十七年七月癸丑立恂
為皇太子及冠恂於廟高祖臨光極東堂引恂
入見誡以冠義曰夫冠禮表之百代所以正容
體齊顏色順辭令容體正顏色齊辭令順故能
正君臣親父子和長幼然母見必拜兄弟必敬
責以成人之禮字汝元道所寄不輕汝當尋名
求義以順吾旨二十年改字宣道遷洛詔恂詣
代都其進止儀禮高祖皆為定及恂入辭高祖

日今汝不應向代但太師薨於恒壤朕既居皇
極之重不容輕赴舅氏之要欲使汝展哀舅氏
拜汝母墓一寫為子之情汝至彼太師事畢後
曰宜一拜山陵拜訖汝族祖南安可一就問訊
征幸恂常留守主執廟祀恂不好書學體貌肥
大深忌河洛暑熱意每追樂北方中庶子高道
悅數苦言致諫恂其衙之高祖幸崧岳恂留守
金墉於西掖門內與左右謀欲召牧馬輕騎奔

【魏書傳十】　二　張明

代手刃道悅於禁中領軍元儼勒門防遏夜得
寧靜厥明尚書陸琇馳啟高祖於南高祖聞之
駭惋外寢其事仍至汴口而還引恂數罪與咸
陽王禧等親杖恂又令禧等更代百餘下扶曳
出外不起者月餘拘於城西別館引見群臣於
清徽堂議廢之司空太子太傅穆亮尚書僕射
少保李沖並免冠稽首而謝高祖曰卿所謝者
私也我所議者國也古人有言大義滅親今恂
欲違父背尊跨據恒朔天下未有無父國何其

包藏心與身俱此小兒今日不滅乃是國家之
大禍脫我無後恐有永嘉之亂乃廢為庶人
置之河陽以兵中之服食所供粗免飢寒而已
恓在困蹐頗知咎悔恒讀佛經禮拜歸心於善
高祖幸代遂如長安中尉李彪承間密表告恂
復與左右謀逆高祖在長安使中書侍郎邢巒
與咸陽王禧奉詔齎椒酒詣河陽賜恂死時年
十五殯以鹿轀棺常服瘞於河陽城二十二年冬
御史臺令史龍文觀坐法當死告廷尉稱前

〔魏書傳十〕 三 王正

被攝左右之日有手書自理不知狀而中尉李
彪侍御史賈尚寢不為聞賈坐繫赴尉時彪免
歸高祖在鄴尚書表收恂赴洛會赦遂不窮其
本末賈在鄴繫暴病數日死初高祖將為恂娉
司徒馮誕長女以女幼待年長先為娉彭城劉
長文榮陽鄭懿女為左右孺子時恂年十三四
高祖泛舟天淵池謂郭祚崔光宋弁曰人生須
自放不可終朝讀書我欲使恂旦出省經傳食
後還內晡時復出日夕而罷卿等以為何如光

曰孔子稱血氣未定戒之在色傳曰書以訪事
夜以安身太子以幼年涉學之曰不宜於正書
之時高祖以光言為然乃不令恂晝入內無子
之命高祖以光言又非所以安柔弱之體固永年
京兆王愉字宣德太和二十一年封拜都督徐
州刺史以彭城王中軍府長史盧陽烏兼長史
州事巨細委之陽烏世初為護軍將軍世宗
留愛諸第愉等常出入宮掖晨昏寢處若家人
焉世宗每日華林戲射衣衫騎從往來無間遷

〔魏書傳十〕 四 王正

中書監世宗為納順皇后妹為妃而不見禮咨
愉在徐州納妾李氏本姓楊東郡人夜聞其歌
悅之遂被寵嬖罷州還京欲進貴之託右中郎
將趙郡李恃顯為之養父就之禮逆產子寶月
順皇后召李入宮毀擊之彊令為尼於內以子
付妃養之歲餘后父于勁以后久無所誕乃上
表勸廣嬪侍因令后歸李於愉舊愛更甚愉好
文章頗著詩賦時引才人宋世景李神僬祖瑩
邢晏王遵業張始均等共申宴喜招四方儒學

賓客嚴懷真等數十人館而禮之所得穀帛率
多散施又崇信佛道用度常至不接與弟廣平
王懷顒相令尚競慕奢麗貪縱不法於是世宗
攝愉禁中推案杖愉五十出為冀州刺史始愉
自以職求侍要既勢劣二弟潛懷愧恨頗見言
色又以幸妾屢被頓辱內外離抑及在州謀逆
愉遂殺長史羊靈引及司馬本導稱得清河王
密疏云高肇謀殺害主上於是遂為壇於信都
之南柴燎告天即皇帝位赦天下號建平元年

巍傳十　　五　劉仁

立李氏為皇后世宗詔尚書李平討愉愉出拒
王師頻敗遂嬰城自守愉知事窮攜李及四子
數十騎出門諸軍追之見執以送詔徵赴京師
申以家人之訓愉每止宿其傳必攜李手盡其
私情雖被鏁執之中飲食自若略無愧懼之色至
野王愉語人曰雖主上慈深不忍殺我吾亦何
面目見於至尊於是歐歊流涕絕氣而死年二
十一或云高肇令人殺之縊以小棺瘞之諸子
至洛皆赦之後靈太后令愉之四子皆附屬籍

追封愉臨洮王子寶月襲乃啟葬父母追眼三
年

寶月弟寶炬輕躁薄行躭淫酒色㛹莊時特封
南陽王從出帝沒於關西宇文黑獺害出帝寶
炬乃僭大號

清河王懌字宣仁幼而敏惠美姿貌高祖愛之
彭城王勰甚器異之並曰此兒風神外偉黃中
內潤若天假之年比二南矣博涉經史兼綜群
言有文才善談理寬仁容裕喜怒不形於色太
和二十一年封世宗初拜侍中轉尚書僕射懌
才長從政明於斷決割衆務甚有聲名司空

三百九九　巍書傳十　　六　鄭

高肇以帝舅寵任既擅威權謀去良宗屢譖懌
及愉等愉不勝其忿怒遂舉逆冀州因愉之逆
又構殺懌懌恐不免讒文錄囚徒以立私惠懌
因侍宴酒酣乃謂肇曰天子兄弟詎有幾人而
炎炎不息昔王莽頭禿亦藉渭陽之資遂篡漢
室今君曲形見矣恐復終成亂階又言於世宗
曰臣聞唯器與名不可以假人是故季氏旅泰

宣尼以為深譏仲叔軒縣五明以為至誡諒以
天尊地卑君臣道別宜杜漸防萌無相僭越至
於減膳錄囚人君之事今乃司徒行之詎是人
臣之義且陛下修政教解獄訟則時雨可降王
燭知和何使明君失之於上姦臣竊之於下長
亂之基於此在矣世宗笑而不應蕭宗初遷太
尉侍中如故詔懌裁引下之事又典經義注時
有沙門惠憐者自云呪水飲人能差諸病病人
就之者曰有千數靈太后詔給衣食事力優重
使於城西之南治療百姓病懌表諫曰臣聞律
深惑眾之科禮絕妖淫之禁皆所以大明居正
防過姦邪昔在漢末有張角者亦以此術熒惑
當時論其所行與今不異迷能誘生人致黃
巾之禍不登於明堂五利僥終嬰於顯戮靈太后以
竭力匡輔以天下為己任領軍元義擬周霍懌
懌蕭宗懿叔德先具瞻委以朝政擬靈太后以
夫也侍寵驕盈懌裁之以法每抑默之為義所

〔三十〕 ■魏書傳十 七■

疾義黨人通直郎宗準義百吾懌謀反葉
懌門下訊問左右及朝貴人分明乃得雪釋
馬懌以忠而獲謗乃鳩集普忠烈之士為顯忠
錄二十卷以見意焉正光元年七月義與劉騰
遍蕭宗於顯陽殿閉靈太后於後宮囚懌於門
下省誣懌罪狀遂害之時年三十四朝野冤之
知與不知合悲喪氣慟振遠近夷人在京及歸
聞懌之喪為之劈面者數百人
廣平王懷闕有魏諸王召入華林別館禁其出
入令四門博士董徵授以經傳世宗崩乃得歸
汝南王悅好讀佛經覽書史為性不倫俶儻難
測悅妃閻氏即東海公之女也生二子不見禮
答有崔延夏者以左道與悅遊合服仙藥松朮
之屬時輕與出採芝宿於城外小人之所遂斷
酒肉粟稻唯食麥飯又絕房中而更好男色輕
忿妃妾至加捶撻同之婢使悅之出也妃住於
別第靈太后勃檢問之引入窮悅事故妃住於
伏床蓐瘠尚未俞太后因悅之杖妃乃下令禁

■魏書傳十 八■ 九

斷令諸親王及三蕃其有正妃疾患百日已上

皆遣奏聞若有猶行捶撻就削封位及清河王

懌為元義所害悅了無讎恨之意乃以桑落酒

候伺之盡其私佞求懌服翫之物不時稱旨乃召

拜日就懌置求懌服翫之物不時稱旨乃召臨

大喜以悅為侍中太尉臨

宣杖之百下置居廬未葬形氣羸弱暴加威撻

殆至不濟（闕）仍呼阿見親自循撫悅為大剚（闕）

碓置於州門益者便欲斬其手時人懼其無常

能行異事姦偷偷盜畏之（而）暫息及尒朱榮舉兵向

洛既憶入間（疑）俄而聞榮肆毒於河陰遂南奔

蕭衍衍立為魏主號年更興衍遣其將軍王僧

辯送置於境上以覘侵逼及齊獻武王既誅榮

以悅高祖子宜承大業乃令人示意悅既至清

狂如故動為罪失不可扶持乃止出帝初除大

司馬卒

衛操　劉庫仁

莫含

衛操字德元代人也少通俠有才略晉征北將
軍衛瓘以操為牙門將數使於國頗自結附始
祖崩後與從子雄及其宗室鄉親姬澹等十數
人同來歸國說桓穆二帝招納晉人於是晉人
附者稍眾桓帝嘉之以為輔相任以國事及劉
淵石勒之亂勸桓帝匡助晉氏東嬴公司馬騰

聞而善之加將軍號稍遷至右將軍封定襄侯
桓帝崩後操立碑於大邗城南以頌功德云魏
軒轅之苗裔言桓穆二帝馳名域外九譯宗焉
治國御眾威加大行聲著華裔齊光純靈智
深謀遠窮幽極明治則清斷沉浮得情仁如春
陽威若秋零禁暴羌党教化無
而不刑國無奸盜路有頌聲自西訖東變化無
形威武所向下無交兵南壹王室北服丁零招
諭六狄咸來歸誠超前絕後致此有成奉承晉

皇扞禦邊疆王室多難天網弛綱豪心遠濟靡
離其姦殘歲前逆命姦盜豺狼永安元年歲次甲
子姦黨猶逆東西狼跱敢逼天王兵甲歲殺
類屠各凶姦劉淵姦賊結黨同呼敢擊并土殺
害無辜殘破狼籍城邑丘墟交刃千里長地塞
塗晉道凶應天言展良謨使持節平北將軍并州
刺史護匈奴中郎將東嬴公司馬騰才神絕世

規略超遠時逢多難懼損皇祀欲引兵驅獫狁
孔熾造設權策濟難奇思欲招外救朝臣莫應
高筭獨斷決謀盟意爰命外國引軍內備簡賢
選士命茲良使遣參軍壹倫牙門中行嘉義陽
亭侯衛謨恊義武侯衛鞬等馳奉檄書至晉陽
城又稱桓穆二帝心在宸極輔相二衛對揚
翼操展文謀雄奮武烈承命會議諮論奮發
昔桓文匡佐功著周室與軍百萬期不經日兄弟齊
眾迴動熙同靈集興軍百萬期不經日兄弟齊
契決勝廟筭鼓譟南征平夷險難又云二帝到

鎮言若合符引接款密信義不渝會盟汾東銘
篆丹書永世奉承慎終如初契誓命將精銳先
驅南救涅縣東解壽陽窘迫之邑幽而復光太
原西河樂平上黨遠遭寇暴白骨交橫羯賊肆
虐六郡凋傷群惡相應圖及華堂旌旗輕指羯
黨破喪遣騎十萬翦臨淇漳鄴遂振潰凶逆奔
亡軍據州南曜鋒太行翼衛內外鎮靜四方志
在竭力奉戴天王忠恕用暉外動亦攘於是曜
武振旅而旋長路匪夷出入經年毫毛不犯百
姓稱傳周覽載籍自古及今未聞外域奔救內
患棄家憂國以危易安惟公遠略臨難能權應
天順人恩德宣和戎靜朔危邦復存又云非
衆感公之言功勳烈光延升平之日納
貢充蕃憑瞻鑾蓋步趾三川有德無祿大命不
延年三十有九以永興三年六月二十四日寢疾
薨殂背棄華殿雲中名都國朕惠主袁感歖歔
悲痛煩冤載號載呼舉國崩絕攀援廉訴遠

近齊軌奔延梓廬人百其身盈塞門塗高山其
積茂林凋枯仰訴造化痛延悲夫又云桓帝忠
於晉室駿奔長衢隆冬凄凄四出行誅蒙犯霜
雪疹入脉膚用致薨殂不水桑榆以死勤事經
勳同模垂名金石載美晉書平北哀悼祭以豐
厨考行論勳諡曰義烈功施於人祀典所說又
云桓帝經濟存亡繼絕荒服是賴祐存不輟金
龜筭簡鼓鞞蓋殊制反及三代莫與同列并域嘉
歎北國感榮各竭其心思揚休名刊石紀功圖
像存形靡輟耳饗以犧牲永垂于後没有餘
靈長存不朽延於億齡其頌又稱桓帝金堅玉
剛應期順會王有北方行能濟國武平四荒無
思不服區域大康世路紛紜運遭播揚羯胡因
釁募敢害并土哀痛下民死亡失所率衆百萬平
夷險阻存亡繼絕一州蒙祐功烈桓桓龍文虎
武朱邑小善遺愛桐鄉勳攘大患六郡無闕
兼之來由功而存利石勒銘垂示後昆時晉光
熙元年秋也皇興初雍州別駕鷹門叚榮於大

邢掘得此碑文雖非麗事宜載焉故錄於傳桓
穆二帝並禮重操穆帝三年卒操所與宗室
鄉親入國者衛勤安樂亭侯衛崇衛清並都
亭侯衛泥段繁並信義將軍都亭侯王發建武
將軍上洛亭侯賈循都亭侯李壹關中侯郭
隨劉琨任子遵南奔衛雄姬澹莫含等名皆見
乳關內侯皆為桓帝所表授也六脩之難存者多

雄字世遠澹字世雅並勇健多計畫晉世從
事既與衛操俱入國桓帝壯其膂力並以為將
常隨征伐大著威名桓帝之姪也表列其
勳效皆拜將軍連有戰功稍遷至左將軍雲
中侯澹亦以勇並著名桓帝末至信義將軍樓
煩侯穆帝初並見委任衛操卒後俱為左輔
相六脩之逆國內大亂新舊猜嫌迭相誅戮雄
澹並為屠情所附謀欲南歸言於眾曰聞諸舊
人忌新人悍戰欲盡殺之吾等不早為計恐無

種矣晉人及烏丸驚懼皆曰死生隨二將軍於
是雄澹與劉琨任子遵率烏丸晉人數萬眾而
叛琨聞之大悅率數百騎馳如平城撫納之會
石勒攻琨樂平太守韓據請救於琨琨以得雄
澹之眾欲因其銳以滅石勒雄澹諫曰以得雄
疲未可便用宜休息觀釁而動琨不從使雄
率眾討勒琨屯廣牧為之聲援勒輕騎與雄
澹戰澹大敗率騎千餘奔于代郡勒遣孔萇追

莫含鴈門繁時人也家世貨殖貲累巨萬劉琨
為并州辟含從事含居近塞下常往來國中穆
帝愛其才器善待之及為代王備置官屬求舍
於琨琨遣入國含心不願琨諭之曰當今胡
寇滔天泯滅諸夏百姓流離死亡塗地主上幽
執沉溺醜虜唯此一州介在群胡之間以吾薄
德能自存立者賴代王之力是以傾身竭寶長
子遠質覘滅殘賊報雪大恥卿為忠節亦是奮
義之時何得苟惜共事之小誠以忘出身之大

益入為代王腹心非但吾願亦□州所賴含乃

入代參國後琨從五縣之民於陘南含獨

留含甚為穆帝所重常參軍國大謀卒於左將

軍關中侯其故宅在桑乾川南世稱莫含壁或

音訛謂之莫回城云

子顯知名於時昭成世□為左常侍

顯子題亦有策謀太祖使題與將軍王建等三

軍討慕容寶廣寧太守劉亢埿斬之徒九埿部

落于平城寶上谷太守鱗捐郡逃走太祖追討

題為大將別出東道以功賜爵東宛侯及還京

師常與本于栗侍宴栗坐不敬獲罪題亦被黜為

濟陽太守後太祖欲運廣宮室規度平城四方數

十里將模鄴洛長安之制運材數百萬根以題

機巧當令監之召入與公論興造之宜題久侍顧

怠賜死

題弟雲好學善尉太祖時常典選曹轉給事中

以功賜爵安德侯遷執金吾常參軍國謀議世

祖之剋赫連昌詔雲與常山王素留鎮統萬進

爵安定公加平西將軍後遷鎮西大將軍時初

井河西人心未□雲撫慰新搬比得其所神麚

中卒諡曰敬公

劉庫仁本字沒根劉虎之宗也一名洛垂少豪

爽有智略母平文皇帝之女昭成皇帝復以宗

女妻之為南部大人建國三十九年昭成皇帝暴崩

太祖未立庫仁以庫仁為陵江將軍關內侯令

與衛辰分國部衆而統之自河以西屬衛辰自

河以東屬庫仁於是獻明皇后攜太祖及衛辰

三王自賀蘭部來居焉庫仁盡忠奉事不以興

廢易節撫納離散恩信甚彰符堅進庫仁廣武

將軍給幢麾鼓蓋儀比諸侯虜衛辰在庫仁之

下衛辰怒殺堅五原太守而叛攻庫仁西部庫

仁又代衛辰符堅破之追至陰山西比千餘里獲其

妻子盡收其衆庫仁西征庫狄部大獲畜産徙

其部落置之桑乾川符堅賜庫仁振威將軍後慕容

其資送庫仁又詣堅加庫仁妻公孫氏厚

垂圍符丕于鄴又遣將平規攻堅幽州刺史王

永于薊庫仁自以受堅爵命遣妻兄公孫希率
騎三千助永擊規大破之阮規降卒五千餘人
乘勝長驅進據唐城與垂子麟相持庫仁聞希
破規復將大舉以救丕發鴈門上谷代郡兵次
於繁時先是慕容文等當從長安遁依庫仁部
乃夜率三郡人攻庫仁庫仁匿於馬廄文執殺
之乘其駿馬奔慕容垂公孫希聞亂自唐城走
於丁零

庫仁弟眷繼攝國事曰部大人絜佛皈眷力不
能討乃引符堅并州刺史張蚝擊佛破之眷又
破賀蘭部于善無又擊蠕蠕別帥帥渥于意親
山破之獲牛羊數十萬頭眷第二子羅辰性機
警有智謀謂眷曰比來行兵所向無敵心腹之
疾願早圖之眷曰誰也曰從兄顯忍人也為亂
非旦則夕耳眷不以為意其後徙牧于牛川庫
仁子顯果殺眷而代立羅辰奔太祖事在外戚
傳

顯本名醜伐既殺眷代立又欲謀逆語在太祖
紀太祖即位顯自善無南走馬邑族人奴真領
部來附奴真兄犍先居賀蘭部至是奴真請
召犍而讓部焉太祖義而許之犍既領部自以
託賀訥德之乃使弟去斤遺奴真曰父為國家
附臣世効忠
貞我志全名節是故推讓今汝等無狀乃欲叛
主懷貳於是殺犍及去斤涤干聞其殺兄欲率騎

討之奴真懼徙部來奔太祖太祖自迎之遣使
責止涤干奴真感恩請奉妹充後宮太祖納之
後太祖討顯于馬邑追至弥澤大破之衛辰與
慕容垂通好送馬三千疋於垂垂遣子麟措
之顯擊敗良軍掠馬而去怒遣子麟兄子措
討之顯奔馬邑西山麟輕騎追之遂奔慕容永
於長子部眾悉降於麟徙之中山顯弟元
渥事在皇后傳

史臣曰始祖及栢穆之世也王迹初基風德未

展操含託身馳驟之秋自立功之地可謂志識
之士矣劉庫仁兄弟忠以爲心盛衰不二純節
所存其意蓋遠而並貽非命惜乎

列傳第十一　　　魏書二十三

燕鳳　　許謙

張袞　　崔玄伯

鄧淵

拜代王左長史參決國事又以經授獻明帝村

燕鳳字子章代人也好學博綜經史明習陰陽
讖緯昭成素聞其名使人以禮迎致之鳳不
聘乃命諸軍圍代城謂城人曰燕鳳不來吾將
屠汝代人懼送鳳昭成與語大悅待以賓禮後

堅遣使牛恬朝貢令鳳報之堅問鳳代王何如
人鳳對曰寬和仁愛經略高遠一時之雄主常
有并吞天下之志堅曰卿輩北人無鋼甲利器
敵弱則進彊即退走安能并兼鳳曰北人壯悍上
馬持三仗驅馳若飛主上雄雋率服北土控弦
百萬號若一軍無輜重樵爨之苦輕行速捷
因敵取資此南方所以疲弊而北方之所常勝
也堅曰彼國人馬實為多少鳳曰控弦之士數
十方馬百萬疋堅曰卿言人眾可爾說馬太多

是虛辭耳鳳曰雲中川自東山至西河二百里
北山至南山百有餘里每歲秋馬常大集略
為滿川以此推之使人之言猶當未盡鳳還堅

厚加贈遺及昭成崩太祖將遷長安鳳以太祖
幼弱固請於苻堅曰代主初崩臣子叛遺孫
沖幼莫相輔立其別部大人劉庫仁勇而有智
鐵弗衛辰狡猾多變皆不可獨任宜分諸部為
二令此兩人統之兩人素有深讎其勢莫敢先
發此御邊之良策待其孫長乃存而立之是陛

下施大惠於亡國也堅從之鳳尋東還太祖即
位歷更部郎給事黃門侍郎行臺當書甚見禮
重太宗世與崔玄伯封懿梁越等入講經傳出
議朝政世祖初以舊勳賜爵平舒侯加鎮遠將
軍神麚元年卒

子干龍襲散騎常侍平遠將軍卒
子元龍襲官至博陵太守卒
子世宗襲

許謙字元遜代人世少有文才善天文圖讖之

學達國時將家歸附昭成嘉之擢爲代王郎中
令兼掌文記與燕鳳俱授獻明帝經從征衞辰
以功賜僮隸三十戶昭成崩後謙從長安符堅
從弟行唐公洛鎮和龍請謙之鎮未幾以繼母
老辭還登國初遂歸太祖太祖怳以爲右司馬
與張袞等參贊初基慕容寶來冠也太祖使謙
告難於姚興興遣將楊佛嵩率衆來援而佛嵩
稽緩太祖命謙爲書以遺佛嵩曰夫杖順必翦
遺乘義而珠珠未有非其運而顯功無其時而著
業慕容無道侵我疆場師老兵疲天亡期至是
以遣使命軍必望克赴將軍據方邵之任摠熊
虎之師事與機會今其時也因此而舉役不再
駕千載之勳一朝可立然後高會雲中進師三
魏舉觴稱壽不亦綽乎佛嵩乃倍道兼行太祖
大悅賜謙爵關內侯重遣謙與佛嵩曰昔殷湯
湯有鳴條之誓周武有河陽之盟所以藉神靈
昭忠信夫親仁善隣古之令軌歃血割牲以敢
永穆今旣明盟之後言歸其好分災恤患休戚是

同有違此盟神祇斯殛寶敗佛嵩乃還明年
慕容垂復來冠太祖謂謙曰今事急矣非卿豈
能復致姚師卿其行也謙未發而垂退乃止及聞
垂死謙上書勸進太祖善之并州平以謙爲陽曲
護軍賜爵平舒侯安遠將軍皇始元年卒官
時年六十二贈平東將軍左光祿大夫幽州刺史高
陽公謚曰文
子洛陽龍從征慕容寶爲冠軍司馬
宗追錄謙功以洛陽爲鴈門太守洛陽家田三
子寄生襲爵降爲侯皇興元年卒
洛陽弟安國中山太守
安國弟安都廣寗滄水二郡太守加揚威將軍賜爵
鎮南將軍出爲明壘鎮將居八年卒謚曰恭
生嘉禾皆異龍合穎世祖善之進爵比地公加
東光子天安初卒贈平遠將軍冀州刺史東光
侯謚曰烈
子白虎襲爵爲侍御中散後以罪免官奪爵
張袞字洪龍上谷沮陽人也祖翼遼東太守父

卓昌黎太守袞初為郡五官掾純厚篤實好學
有文才太祖為代王選為左長史從太祖征蠕
蠕蠕蠕遁走追之五六百里諸部帥因袞言於
太祖曰今賊遠粮盡不宜深入請速還軍太祖
令袞問諸部帥若殺副馬足三日食否皆言足
也太祖乃倍道追之及於廣漠赤地南床山下
大破之既而太祖問袞卿曹外人知我前問三
日粮意乎對曰皆莫知也太祖曰此易知耳問

[魏書傳十一]
五
沈文

蠕奔走數日玄留產之餘至未必留計其道程三
矣袞以太祖言出告部帥咸曰聖策長遠非愚
近所及也袞常參大謀決策幃帳太祖器之禮
遇優厚袞每告人曰昔樂毅杖策於燕昭公遠
委身於魏武蓋命世難可期千載不易遇主上
天姿傑邁逸志凌霄必能囊括六合混一四海
夫遭風雲之會不建騰躍之功者非人臣家也遂
策名委質竭誠伏事時劉顯地廣兵彊跨有朔
齊會其兄弟乘離共相疑阻袞言於太祖曰顯

志大意高希冀非望乃有參天貳地龍皇宇宙
之規吳不并越將為後患今因其內釁宜速乘
之若輕師獨進或恐越逸可遣使告慕容垂共
相聲援東西俱舉勢必擒之然後揔括英雄撫
懷退邇此千載一時不可失也太祖從之遂破
走顯又從破賀訥遂命羣官登勿居山遊宴命
袞為文慕容寶之來寇也袞言於太祖曰寶乘
滑臺之功因長子之捷傾資竭力難與爭鋒愚

[魏書傳十二]
六
張明

以為宜羸師卷甲以後其心太祖從之果破之
參合皇始初遷給事黃門侍郎太祖南伐師次
中山袞言於太祖曰寶憑三世之資城池之固
雖皇威震赫勢必擒殄然窮兵極武非王者所
宜昔酈生一說田橫委質曾連飛書聊將授首
臣誠德非古人略無奇策仰憑靈威庶必有感
太祖從之袞之遺寶書喻以成敗寶見書大懼遂
奔和龍既剋中山聽入入議拜袞奮武將軍幽
州刺史賜爵臨渭侯袞清儉寡欲勸課農桑省

姓之天興初徵還京師後與崔逞蒼司馬德
宗將郗恢書失旨黜裒爲尚書令裒遇之創業
之始以干謨見任率心奉上不顧嫌疑大祖
曾問南州人於裒裒與盧溥州里數談薦之又
裒未嘗與崔逞相見聞風稱美及中山平盧溥聚
黨爲逆崔逞答書不允並本言故分之裒年
過七十闔門守靜手執經書刊定乖失受好人
物善誘無倦士類以此高之永興二年疾篤上
跡曰既庸人志無殊操值太祖誕膺期運天

地始開參戎氛霧之初馳驅革命之會託冀郡
林寄鱗溟海遂荷恩寵桀兼出內陸龍飛九
五仞參顧問曾無微誠塵山露海今舊疾彌留
氣力虛頓天罰有罪將填溝壑然犬馬戀主敢
不盡言方今中夏雖平九域未一西有不賓之
羌南有逆命之虜岷蜀雖殊風遼海異教雖天挺
明聖撥亂乘時而因幾撫會寔須經略外焉易
失功在人謀伏願恢崇叡道克廣德心使揖讓
與干戈並陳文德與武功俱運則太平之化康

哉之美復隆於今不獨前世昔子囊將終寄言
城郢荀偃辭吟遺恨在齊臣雖闇劣敢忘前志
魂而有靈結草泉壤後數日卒年七十二後世
祖追錄舊勳遣大鴻臚即墓策贈太保謚曰文
康公
子溫興昌黎太守卒
子貳興昌黎太守
溫弟楷州主簿
子誕有學尚性尤雅直初與高允同時被徵後

除中書侍郎通直散騎常侍建威將軍賜爵容
城子
裒次子度少有志尚襲爵臨渭侯上谷太守入
爲武昌王師加散騎常侍除使持節都督幽州
廣陽安樂二郡諸軍事平東將軍崎城鎮都大
將又轉和龍鎮都大將所在著稱還朝爲中都
大官卒贈征東大將軍冀州刺史謚康侯
子陵龍襲爵後爲赤城典作都將卒
子狀龍襲爲中散卒

子法龍襲太和中例降爲伯世宗時除懷荒鎭金

城戍將

陵弟延散騎常侍左將軍庫部尚書贈齊州

侯

延弟嘉之長而好學博通敏於當世孝聞世

聞而嘉之長而好學博通敏於當世孝聞世祖

中散遷殿中曹給事中甚見寵任參預幾密後

蠕蠕犯塞顯祖引見群臣議之尚書僕射元目

辰進曰若軍駕親行恐京師危懼不如持重固

守自安虜懸軍深入粮無繼運以目重之自退

不父遣將追擊破之必矢白澤曰陛下欽明則

天比蹤前聖而蠢爾荒愚輕犯王略寇乃顛沛

於遠圖我將宴安於近主毒仰惟神略則不然矣

今若窮興親動賊必望塵崩散寧容仰挫神兵

坐而縱敵萬乘之尊嬰嬰陛下留神顯祖從之遂大破

退非無前之義惟陛下留神顯祖

虜衆白澤本字鍾葵顯祖賜名白澤納其女爲

嬪出行雍州刺史清心少欲吏民安之顯祖詔

諸監臨之官所監治受羊一口酒一斛者罪至

大辟與者以從坐論諸吏得尚書已下罪狀者

各隨所糾官輕重而授之白澤上表諫曰伏見

詔書禁錮尚書已下受禮者刑身科之者代職伏

惟三載考績黜陟幽明斯乃不易之令軌王王

之通式今之都曹古之公卿也皆翊扶萬機讚

徽百揆風化藉此而平治道由茲而穆且周之

下士尚有代耕況今皇朝貴仕而服勤無報宣所

謂祖襲堯舜憲章文武者乎羊酒之罰若行不

已臣恐姦人闚望忠臣懈節而欲使事靜民安

治清務簡至於委任責成下民難辨如臣愚量

請依律令舊法稽同前典班祿酬廉首去亂群

常刑無赦苟能如此則外平之軌碁月可望刑

措之風三年必致矣顯祖納之太和初懷州民

伊祁苟初三十餘人謀反將殺刺史文明太后

欲盡誅一城之民白澤諫曰臣聞上天愛物之

生明王重民之命故殺一人而取天下仁者不

爲且周書父子兄弟罪不相及今群凶肆虐輒

裂誅盡合城無辜奈何極辟不誣十室而況一
州或有忠焉或有仁者若滛刑濫及殺忠與仁
斯乃西伯所以歎息於九侯孔子所以回輪於
河上伏惟聖德昭明殷鑒水鏡前禮止迅烈之
怒抑雷霆之威則溥天知幸矣昔屬防民口卒
滅宗姬文聽輿頌摧彊楚願不以人廢言留
神省察太后從之轉散騎常侍遷殿中尚書太
和五年卒詔賜帛一千疋粟三千石遺侍御史
營護喪事冊贈鎮南將軍相州刺史廣平公謚
曰簡

長子倫字天念年十餘歲入侍左右稍遷護軍
長史員外常侍轉大司農少卿燕州大中正熙
平中蠕蠕主醜奴遣使來朝抗敵國之書不修
臣敬朝議將依漢咎匈奴故事道使報之倫表
曰臣聞古之聖王疆理物土辨章要旬荒遐之
俗政所不及故禮有壹見之文書著羈縻之事
太祖以神武之姿聖明之略經略帝圖曰有不
暇遂令豎子遊魂一方亦由中國多虞急諸華

而綏夷狄也高祖光宅土中業隆卜世赫雷霆
之威振熊羆之旅方役南轅未遑北伐昔舊京
烽起虜使在郊主上按劍璽書不出于時世宗運籌
帷幄開境揚旌衣裳所及舟車萬里于時醜類
款開上亦述尊遺志今大明臨朝澤及行葦國
下遣世宗之意且魯雖慕德亦來觀我懼之以
棄我於前陛下交夷於後無乃上垂高祖之心
曰蕭衍行通敬求和以誠抑而不許先帝
富兵彊能言率職何憚而為之何求而行此佳

彊懦即歸附示之以弱窺覷或起春秋所謂以
我卜也又小人難近夷狄無親疎之則怨狎之
則悔其所由來久矣是以高祖世宗知其若此
來飢莫逆去又不一之義於是乎在必其
委贄王帛之辰屈膝蕃方之禮則可豐其勞賄
籍以珍物至於王人遠役衛命虜庭優以四敵
之尊加之相望之寵恐徒生虜慢無益聖朝假
令選眾而舉使乎稱職資臞生之辯騁終軍之
辭憑軾下齊長纓繫越苟異襄時猶為不願

而況極之以隆崇申之以宴好臣雖下愚輒敢
固執若事不獲已應制詔示其上下之儀宰
臣致書諷以歸順之道若聽受忠誨明我話言
則萬乘之盛不失位於域中天子之聲必龍罩
於無外脫或未從焉能損益徐舞干戚以招之
敷文德而懷遠如迷心不已或肆犬羊則當命
辛李之將勒衛霍之師蕩定雲沙埽清連韓欲
馬瀚海之濱鑱石燕然之上開都護置戊已斯
亦陛下之高功不世之盛事如思掞甲養民務
農安邊之術經國之防豈可以我夷兼并而遽
興典制將取笑於當時貽醜於來葉昔文公請
隧襄后有言荊莊問鼎王孫是抑以古方今竊
為陛下不取又陛下方欲禮神岷瀆致禮衡山
登稽嶺窺蒼梧而反與夷虜之君酋緱之長結
昆弟之忻抗分庭之義將何以瞰文命之遺景
迹重華之高風者哉臣以為報使甚失如彼不
報甚得如此願留頃史之聽察愚臣之言不從
出為後將軍肆州刺史還朝除燕州大中正孝

莊初遷大常少卿不拜轉大司農卿卒官
倫弟恩奉朝請員外郎
白澤弟庫瀛州刺史宜陽侯
庫長子蘭累遷龍驤將軍行光州事
蘭弟修虎都牧駕部二曹給事中上谷公司農
少卿奉使柔玄察民疾苦遷平北將軍燕州刺
史
度弟太平西將軍荊州刺史祖陽侯
太弟那寧遠將軍雍城鎮將
崔玄伯清河東武城人也名犯高祖廟諱魏司
空林六世孫也祖悅仕石虎官至司徒左長史
關內侯父潛仕慕容暐為黃門侍郎並有才學
之稱玄伯少有儁才號曰冀州神童符融牧冀
州虛心禮敬拜陽平公侍郎領冀州從事管征
東記室出揔庶事入為賓友眾務修理處斷無
滯符堅聞而奇之徵為太子舍人辭以母疾不
就左遷著作佐郎符丕牧冀州為征東功曹太
原郝軒世名知人稱玄伯有王佐之才近代所

未有也堅亡避難於齊魯之間爲丁零翟釗及
司馬昌明叛將張願所留熱郝軒歎曰斯人而
遇斯時不因扶搖之勢而與鷃雀飛沈豈不惜
哉慕容垂以爲吏部郎尚書左丞高陽內史所
歷著稱立身雅正與世不群雖在兵亂猶勵志
篤學不以資產爲意妻子不免飢寒太祖征慕
容寶次於常山玄伯棄郡東走海濱太祖素聞
其名遣騎追求執送於軍門引見與語悅之以
爲黃門侍郎與張袞對掌機要草創制度時司
馬德宗遣使來朝太祖將報之詔有司博議國
號玄伯議曰三皇五帝之立號也或因所生之
土或即封國之名故虞夏商周姬皆諸侯及聖
德既隆乃國宗戴稱號隨本不復更立唯商人
屢從徙咬號曰殷然猶兼行不廢始基之稱故詩
云殷商之旅又云天命玄鳥降而生商宅殷土
茫茫此其義也昔漢高祖以漢王定三秦滅彊
楚故遂以漢爲號國家雖統北方廣漠之土遂
于陛下應運龍飛雖曰舊邦受命惟新是以登

國之初改代曰魏又莫容永亦奉進魏土夫魏
者大名神州之上國斯乃革命之徵驗利見之
玄符也臣愚以爲宜號爲魏太祖從之於是四
方賓王之貢咸稱大魏矣太祖幸鄴歷問故事
於玄伯應對若流太祖善之及車駕還京師次
於恒嶺太祖親登山頂撫慰新民適遇玄伯扶
老母登領太祖嘉之賜以牛米因詔諸徙人不
能自進者給以車牛遷吏部尚書命有司制官
爵撰朝儀恊音樂定律令申科禁玄伯揔而裁
之以爲永式及置八部大夫以擬八坐玄伯通
署三十六曹如令僕統事深爲太祖所任勢傾
朝廷而儉約自居不營產業家徒屢出無車
乘朝晡步上毎年七十供養無重膳太祖常使
人密察聞而益重之厚加餽賜時人亦或譏其
過約而玄伯爲之踰其太祖常引問古今舊事
王者制度治世之則玄伯陳古人制作之體及
明君賢臣往代廢典之由甚合上意未嘗輒譽
忤旨亦不謟諛苟容及太祖季年大臣多犯嚴

怒玄伯獨無譴者由於此也太祖嘗引玄伯講
漢書至婁敬說漢祖欲以魯元公主妻匈奴善
之嗟歎者良久是以諸公主皆釐降于賓附之
國朝臣子弟雖名族美彥不得尚焉當書職罷
賜玄伯爵曰白馬侯加周兵將軍與舊功臣庾岳
奚斤等同班而信寵過之太祖崩太宗未即位
清河王紹聞之心不安大出財帛班賜朝士玄
伯獨不受紹聞人心不安大宗即位命玄伯居門下虛己訪問
以不受紹財帛特賜帛二百匹長孫嵩等下咸
愧焉詔遣使者巡行郡國糾察守宰不如法者
令玄伯與宜都公穆觀等按之太宗稱其至平當
又詔玄伯與長孫嵩等坐朝堂決刑獄太宗以
郡國豪右大為民蠹乃優詔徵之民多戀本而
長吏逼遣於是輕薄少年因相扇動所在聚結
引玄伯及北新侯安同壽光侯叔孫建元城侯
西河建興盜賊並起守宰討之不能禁太宗乃
元屈等問曰前以兇俠亂民故徵之京師而守
宰失於綏撫令有逃竄凡犯者已多不可悉誅

朕欲大赦以紓之卿等以為何如屈對曰民逃
不罪而反赦之似若有求於下不如先誅首惡
赦其黨類而後赦之可也太宗曰王者治天下以
安民為本何能顧小曲直也譬琴瑟不調必改而更張法度
不平亦湏蕩而更制夫赦雖非正道而可以權
行自秦漢以來莫不相踵言先誅後赦者誅
不能兩去就與一行便定若其赦而不改者誅
之不晚太宗從之神瑞初詔玄伯與南平公萬
等坐止車門右聽理萬機事并州胡數萬家南
掠河內遣將軍公孫表等率師討之敗績太宗
問羣臣曰胡寇縱暴人衆不少表等已不能制
若不早誅則良民大受其禍今旣盛秋不可為
此小盜而復興衆以廢民業將若之何玄伯對
曰表等諸軍不為不足但失於處分故使小盜
假息耳胡衆雖盛而無猛健主將所謂千奴共
一膽也宜得大將軍以討之賊聞之必望風震
就攝表軍以討之賊聞之必望風震怖壽光侯
建前在并州號為威猛胡醜畏服諸將莫及太

宗從之遂平胡寇尋拜天部大人進爵為公太常三年夏玄伯病篤太宗遣侍中宜都公穆觀就受遺言更遣侍臣問疾一夜數返及卒下詔痛惜贈司空諡文貞公喪禮一依安城王叔孫俊故事詔群臣及附國渠帥皆會葬自親王以外盡令拜送太和中高祖追錄先朝功臣以玄伯配饗廟庭玄伯自非朝廷文誥四方書檄初不涉翰故世無遺文尤善草隸行押之書為世楷玄伯祖悅與范陽盧諶並以博藝著名諶

法鍾繇悅法衛瓘而俱習索靖之草皆盡其妙譙傳子偃偃傳子邈悅傳子潛潛傳玄伯世不替業故魏初重崔盧之書又玄伯之行押特盡精巧而不見遺迹子浩龍襄爵別有傳

次子簡字沖亮一名臨覽好學少以善書知名太祖初歷位中書侍郎征虜將軍爵五等侯叅著作事卒

簡弟悟字叔玄小名白歷給事中賜爵繹幕子出為上黨太守平南將軍豫州刺史進爵陽武

侯坐浩伏誅始玄伯因符堅亂欲避地江南於泰山為張願所獲本圖不遂乃作詩以自傷而不行於時蓋懼罪也及浩誅中書侍郎高允受勅收浩家見此詩允知其意允孫綽錄於允集始玄伯父潛為兄渾誅手筆草本延昌初著作佐郎王遵業買書於市而遇得之計誅至今將二百載寶其書迹深藏祕之武定中遵業子松年以遺黃門郎崔季舒人多摹搨之左光祿大夫姚元標以工書知名於時見潛書謂為

過於巳也

玄伯弟徽字玄猷少有文才與渤海高演俱知名初徵相州別駕中書侍郎稍遷祕書監賜爵貝丘侯加龍驤將軍樂安王範鎮長安世祖以範年少而三秦民夷恃險多變乃選忠清舊德之士與範俱鎮以徽為散騎常侍賢雍涇梁秦四州諸軍事平西將軍副將行樂安王傅進爵濟南公徽為政務存大體不親小事性好人倫引接賓客或談及平生或講論道義誨誘後進終

日不止以疾徵還京師眞君四年卒諡曰元
公士類無不歎惜時清河崔寬字景仁祖彤
隨晉南陽王保避地隴右遂往於沮渠李暠父
剖字伯宗每慷慨有懷東土常歎曰風雨如晦
雞鳴不已吾所庶幾及世祖嘉之拜寬威遠將軍岐
陽令賜爵沂水男遣使與寬俱西撫慰將軍初附
同義使寬送款世祖嘉之拜寬西撫慰將軍初附
徵剖詣京師未至病卒高宗以剖誠著先朝
贈散騎常侍鎮西將軍涼州刺史武陵公諡

二十一

曰元寬還京拜散騎侍郎寧朔將軍安國子
未幾出爲弘農太守初寬之通款也見司徒
浩與相齒次厚存撫之及浩誅以遠求踈族
獨得不坐遂家于武城居司空林舊墟以子
繼浩弟覽妻封氏相奉如親寬後襲爵武
陵公鎮西將軍拜陝城鎮西將軍嶢地嶮民多寇
劫寬性滑稽誘接豪右宿盜魁帥與相交結
傾裋待遇不逆微細是以能得民庶忻心莫不
感其意氣時官無祿力唯取給於民寬善撫納

招致禮遺大有受取而與之者無恨又弘農出
漆蠟竹木之饒路與南通販貿來往家產豐富
而百姓樂之諸鎮之中號爲能政及解鎮還京
民多追戀詣闕上章者三百餘人書奏高祖嘉
之延興二年卒年六十三遺命薄葬以時服
長子衡字伯玉少以孝行著學崔浩書頗亦
類焉天安元年擢爲內秘書中散班下詔命及
御所覽書多其迹也衡舉李沖李元愷程駿等
終爲名器世以是稱之承明元年遷內都坐令

善折獄高祖嘉之太和二年襲爵武陵公鎮西
將軍遷給事中車駕巡狩以衡爲大都督長史
衡涉獵書史陳備禦之方便國利民之策凡五
十餘條以本將軍除秦州刺史徙爵齊郡公先
是河東年饑劫盜大起衡至修襲遂之法勸課
農桑周年之間冦盜止息十二年卒年五十四
贈散騎常侍左光祿大夫本將軍冀州刺史帛
一千匹諡曰惠公衡有五子
長子敞字公世襲爵例降爲侯自謁者僕射出

二十二

為平原相敞性狷急與刺史楊椿迭相表列敞
坐免官世宗初為鉅鹿太守弟朏之逆敞為黃
木軍主韓文殊所藏其家悉見籍沒唯敞妻季
氏以公主之壻自隨奴婢田宅二百餘口得免
正光中普釋禁錮敞復爵齊郡侯拜龍驤將
軍中散大夫孝昌中趙郡太守卒
敞弟鍾字公祿奉朝請弟朏之逆以出後被原
歷尚書郎國子博士司徒右長史征北將軍金
紫光祿大夫冀州大中正敞亡後鍾貪其財物
誣敞息子積等三人非兄之緒辭訴累歲人士
嫉之企朱世隆為尚書令奏除其官終身不齒
朏好學有文才歷治書侍御史京兆王愉
參軍與愉同逆伏法
衡弟恕尚書郎又有崔模字思範魏中尉崔
琰兄霸後也父遵慕容垂少府卿叔父整
廣川太守模慕容熙末南渡河外為劉裕
榮陽太守戎虎牛神廳中平滑臺模歸
降後賜爵武陵男加寧遠將軍始模在

南妻張氏有二子沖智季柔模至京師賜妻
金氏生子幼度沖智等以父隔遠乃聚他貨聞
託關境規贖模歸其母張氏每謂之曰汝父性
懷本自無決必不能來也行人遂以財賄至都
當竊模還模果顧念幼度等指幼度謂為亦取
太守與朱脩之守滑臺神廳中被執入國俱得
曰吾何忍捨此輩令坐致刑辱當為介一人
使名位不減於我乃授以申謨謨劉義隆東郡
賜妻生子靈度申謨聞此乃棄妻子走還
江外靈度刑為閹人模長者篤厚不營榮利
頗為崔浩輕侮而守志確然不為浩屈與崔
頤相親往來如家和平中卒皇興初幼度隨
慕容白曜為將時季柔為崔道固長史帶
濟南太守城將降先馳馬赴白曜軍幼度亦
豫令左右覘迎之而差互不相值為亂兵所害
初真君末車駕南克鄒山模見協子邪利為劉
義隆魯郡太守以郡降賜爵臨淄子拜廣寧太
守卒於郡邪利二子懷順以父入國故不出仕

及國家克青州懷順迎邪利喪還葬青州次恩

累政州主簿至刺史陸龍成時謀叛聚城北高

柳村將玫州城龍成討斷之懷順與沖智子微

伯等俱奔汪外始邪利與二女俱入國一女為

張氏婦一女為劉休賓妻生子文華邪利後生

庶子法始邪利爵臨淄子法始庶尊常欲令

文華襲外祖爵喪始與法始相見未幾法始得襲

懷順歸化迎喪始與法始相見未幾法始得襲

爵傳至孫延族正光中為冠軍將軍散大夫

模孫景茂冀州別駕隨郡太守武城

李玄孫睦正光三年自郁州歸降

男

景茂子彥遠襲武定中北徐州司馬始陸來降

也與高陵張炅郭緄俱至陵蕭賓多寅西討開府

西閤祭酒賓賓反陵其黃門侍郎關中平還

洛歷尚書郎定州別駕齊文襄王作相以陵頗

有文學引參賓客終於征南將軍司空長史贈

驃騎大將軍大司農卿顯祖時有崔道固字

李堅琭八世孫也祖瓊慕容垂車騎屬父輯

南從青州為泰山太守道固賤出適母兄收

之目連等輕侮之輯謂收之曰此兄姿識如此或

能與人門戶汝等何以輕之等之彌薄略

史得辟他州民為從事輯乃資給道固令其

舉止便弓馬好武事駿以為青州刺史新

除過彭城駿謂之曰崔道固人身如此豈可為

南仕既至彭城駿以為從事輯嘉之會青州刺

寒士至老平而世人以其偏庶便相陵侮可為

歎息青州刺史至州辟為主簿轉治中後為

義隆諸子參軍事被遣向青州慕人長史巳

下皆詣道固道固諸兄等遍道固客曰家無

致酒炙於客前道固驚起接取謂客曰家無

人力老親自執劬勞諸客皆知其兄弟所作咸

起拜謝其母母謂道固曰我賤不足以報貴賓

汝且苔拜諸客皆歎美道固母子賤其諸兄後

為寧朔將軍冀州刺史移鎮歷城劉彧既殺子

業自立徐州刺史薛安都與道固等舉兵推立
子業弟子勛子勛敗乃遣表歸誠顯祖以為安
南將軍南兗州刺史清河公劉彧遣說道固以
為前將軍徐州刺史復叛受彧命皇興初顯祖
詔征南大將軍慕容白曜固築長圍以守之及
白曜攻其城東郭道固面縛請罪曰臣資生
南境限隔每懼貽大戮則遣崔啓之奉表歸誠
氏蕭牆內每懼貽大戮本朝不以單末委授藩任而劉
幸蒙陛下過垂矜納并賜爵寵慶佩固極應本
關庭但劉彧尋續遣使恕臣百死愚以世奉劉
氏深沐蒙宥苟循遵背則是不忠於本朝而欲
求忠於大魏雖曰希生懼大魏之所不許是用
迷回孤負天日冒萬死之艱固執拒守僕臣白
曜振曜威靈漸經二載大將臨城以今月十四
日臣東郭失守於臣款彧誠庶可以彰於大
魏矣臣勢窮力屈以廿七日面縛請罪白曜奉宣
皇恩恕臣生命斯實陛下起臣死尸肉臣朽骨
天地造物所不能行而陛下育之雖虞舜之貸

有苗姬文之宥崇屈方之聖澤未足以喻既未
奉朝旨無由親馳道路謹遣大息景徵束骸歸
關朝聽刑斧既而白曜送道固赴都有司案劾
奏聞詔恕其死乃從白曜送道固守城者
數百家於桑乾立平齊郡於平城西北新城
以道固為太守賜爵臨淄子加寧朔將軍尋徙
治京城西南二百餘里舊陰館之西是時頻歲
不登郡內飢弊道固雖在任積年撫慰未能周
盡是以多有怨叛延興中卒年五十初道固之
在客邸與薛安都畢衆勤隣館時以朝集相見
本既同由武達頗結賓時安都志已衰朽於
道固情乃踈略而衆勸每盡勤道固謂劉休
賓房法壽曰古人云非我族類其心必異信不
虛也安都視人殊自蕭索畢捺固依依也
子景徵字文㲀䬣父爵臨淄子加寧朔將軍出
為青州廣陵王羽征東府司馬大鴻臚少卿出
除龍驤將軍平州刺史卒贈本將軍南青州刺
史謚曰定

子休纂襲爵

景徽弟景業字文季別有功太和中賜爵昌國
子加建威將軍卒

子休緒襲爵員外郎

景業弟景淵亦有別功賜爵武城男鷹揚將軍

明氏弟僧祐白曜之圍歷城也僧祐母

道固兄目連子僧祐並在城內劉彧授僧祐輔國將軍

平齊太守卒於郡

領衆數千與青齊人家口在歷城梁鄒者明同

慶明菩薩等為將佐從淮海揚聲救援將至不
其聞道固巳敗毋弟入國徘徊不進白曜圍東
陽時表請景徽性喻僧祐乃歸陣白曜送之（在
客數載賜爵屬城俟與房法壽諸人皆不
穆法壽等訟其歸國無誠拘／歲餘因赦刀釋
後坐與沙門法秀謀反伏法

子道寧給事中

僧淵入國坐兄弟從於薄骨律鎮太和初得還
高祖聞其有文學又問佛經善談論勑以白衣

賜幬幘入聽干永樂經武殿後以僧淵為尚書
儀曹郎遷洛之後為青州中正尋出為征東大
將軍廣陵王羽諮議參軍加顯武將軍討海戒
於黃郭大破之蕭鸞乃遣其族兄惠景遺僧淵
書說以入國之屈規令改圖僧淵復書曰主上
之為人也無幽不照無細不存仁則無遠不及
博則無典不究殫三墳之微盡丘丘之極至於小
文章錯綜煥然蔚炳猶夫子之牆遂乃開獨
悟之明尋先王之迹安遷靈荒兆黎帝基惟新

中壤宅臨伊域三光起重輝之照庶物蒙再化
之始分氏定族料甲乙之科班官命爵清九流
之貫禮俗之叙粲然復興河洛之間重陸周道
巷歌邑頌朝門穆濟濟之盛非可備陳矣加
以累葉重光地兼四岳士馬彊富人神欣仰道
德仁義民不能名且大人出本無所在況從上
聖至天子天孫者乎聖上諸弟風度相類咸陽
王巳下莫不英越枝葉扶踈遍在天下所稱稍
蝎殊為未然文士競謀於廟堂武夫效通於彊

場若論事勢此爲實矣計彼主墓殺之迹人鬼
同知疑親猜貴早暴遷遇兄投心逆節千載何
名物患無施器非時用生不振世没無令聲先
師以爲鄙君子以爲恥此則事困伎彈自勉無
益故其冥矣以兄之才夙超鄉土如弟之徒誰
也且君子在家也不過孝於其親入朝也不過
忠於其君主上之於兄恩則不可酬義則不可
背身可殺也故非其酬功不逮也故非其報全
可以效矣而又弗爲非孝也即實而言兄之不
變得爲忠乎至於講武爭彊不敵者以矣論安
與危不同者驗矣羣情背去獨留者謀矣願深
察之王晏道絶外交器非雄朗專華保望便就
屠割方之於兄全百倍且淮蕃海捍本出北
豪壽春之任兄何由免以是而言猜嫌已決又
宗門未幾南北莫寄先構之重非兄何託受杜

之榮鄙心之相望矣今執志不霑忠孝兩忘王
晏之幸安能自保見機而作其在玆乎國家西
至長安東盡即墨營造器甲必盡堅精晝夜不
息者於玆數載今秋中月雲羅必舉賈不及時
雖貴不用若不早圖況枉連城矣枚乘有言欲
出不出間不容髮精哉斯談第中於北京身羅
事譴大造之父有獲焉雖復彼清舉昔情非
一犬馬之心誠有在矣幸蒙崖嶷非
不移也況於今日哉如兄之誨如弟之規改張

易調易於反掌萬一乖情此將運也出除龍驤
將軍南青州刺史父之坐擅出師無據檢覈幽
禁後乃獲免僧淵元妻房氏生二子伯驎伯
後薄房氏更納平原杜氏僧淵之徙也與杜俱
去生四子伯鳳祖龍祖螭祖乳得還之後棄絶
房氏遂與杜氏及四子家于青州伯驎與母房
氏居于冀州雖往來父間而心存母氏孝慈之
道頓阻一門僧淵卒年七十餘伯驎雖往奔赴
不敢入家哭沙門寺

伯驎自奉朝請稍遷步兵校尉樂陵太守加中
堅將軍後兼冀州長史大乘賊起伯驎率州軍
討之於貝丘東城為賊所殺贈龍驤將軍洛州刺
史

伯驎為京兆王愉法曹參軍愉反伯驎不從見
害詔贈東海太守

伯鳳少便弓馬壯男有膂力自奉朝請員外郎
稍遷鎮遠將軍前將軍數為將帥永安末與都
督源子恭守等父戰殁

● 魏書傳十二　　三三　　廖春

祖龍司空行參軍性剛躁父亡後與兄伯驎訟
競嫡庶並以訥自衛若怨讎焉

祖螭小字社安呂鹿醜武有氣力刺史元羅板為兼
統軍率衆討海賊普泰初與張僧皓俱反圍青
州介朱仲遠遣將討平之傳首京師

祖虬少而好與子下帷誦書不驅競當世舉秀才
不就

僧淵從弟和平昌太守家巨富而性吝嗇埋錢
數百斛其母李春思董惜錢不買

子軌字啓則盜錢百万背和亡走後為儀同開
府鎧曹參軍坐貪汙死於晉陽

玄伯同郡董謐謐父京與同郡崔康時廣陽霍
原等俱以碩學播名遼海謐好學傳父業中山
平入朝拜儀曹郎撰朝饗宴郊廟社禝之儀

鄧淵字彥海安定人也祖羌苻堅車騎將軍父
翼河間相慕容垂之圍鄴以翼為後將軍冀州
刺史真定侯翼泣對使者曰先君忠于秦室翼
宣可先叛千忠臣不事二主自古通義未敢聞

● 魏傳十二　　世　　三六　　玄室

命垂遣使喻之曰吾與車騎結異姓兄弟卿亦
猶吾之子弟安得辭平翼曰冀州宜任親賢翼
請他役效命垂乃用為建武將軍河間太守尚
書左丞皆有聲稱卒於趙郡內史淵性貞素言
行可復博覽經書長於易筮太祖定中原淵為
著作郎出為蒲丘令誅前刃姦猾盜賊蕭清人為
尚書吏部郎淵明解制度多識舊事與尚書崔
玄伯參定朝儀律令音樂及軍國文記詔策多
淵所為從征平陽以功賜爵漢昌子改下博子

加中壘將軍太祖詔淵撰國記淵造十餘卷惟
次年月起居行事而已未有體例淵謹於朝事
未嘗忤旨其從父弟暉為尚書郎兇俠好奇與
定陵侯和跋厚善跋有罪誅其子弟奔長安或
告暉將送出之由是太祖疑淵知情遂賜淵死
既而恨之時人咸惜焉
子穎襲爵為太學生稍遷中書侍郎世祖詔太
常崔浩集諸文學撰述國書領與浩弟覽等俱
參著作事駕幸漠南高車莫弗率騎數

万餘驅鹿百餘万詣行在所詔穎為文銘于漠
南以紀功德兼散騎常侍使於劉義隆進爵為
侯加龍驤將軍延和三年從征胡賊白龍還卒
於路諡曰文恭
子貽襲爵官至荊州刺史假寧南將軍賜爵南
陽公和平中卒
長子良奴襲爵良奴弟侍高祖賜名述歷更職
以貞謹見稱遷中大夫守廷尉少卿出為建忠
將軍齊州刺史初改置百官始重公府元佐時

太傅元丕出為并州刺史以述為太傅長史帶
太原太守尋徵為司空長史卒官詔賜錢十萬
布五十四匹諡曰貞
長子筭筭奉本朝請累遷中散大夫
筭弟獻奉朝請司空西閤祭酒員外常侍河陰
今尋遷鎮遠將軍諫議大夫蕭宗末除冠軍將
軍穎州刺史建義初聞尒朱榮入洛朝士見害
遂奔蕭衍
怡弟宗慶以中書學生入為中散稍遷尚書加

散騎常侍賜爵定安侯轉典南部宗慶在南部
積年多所敷奏州鎮憚之號為稱職進爵南陽
公除安南將軍涇州刺史徙趙郡公宗慶在州
為民所訟雖訊鞫獲情上下大不相得轉徐州
刺史仍本將軍未幾坐妻韓巫蠱伏誅
宗慶子伯忻與父俱死
伯忻子儼逃越得免後歷尚書郎除常山太守
轉安南將軍光祿大夫持節兼尚書左丞郢州
行臺又加撫軍將軍卒贈鎮南將軍荊州刺史

穎弟權從世祖征伐官至龍驤將軍豫州刺史

賜爵新野侯從征蠕蠕坐法死

弟顥卒於中書侍郎

顥長子靈珍中學生秘書中散卒贈員外散騎
常侍

子義歷中書學生侍御史以明謹見知出為齊
州武昌王征虜長史後李元護之為齊州仍為長
史帶東魏郡太守在治十年經三刺史以清勤
著稱齊人懷其恩德號曰良二千石及代還大

受民故送遺頗以此為損中山王英攻義陽美
為軍司罷除諫議大夫兼給事黃門侍郎副侍
中游肇為畿內大使後行貨於錄尚書北海王
詳轉大司農少卿出行荊州事轉征虜將軍鄭
州刺史鎮義陽在州銳於聚斂又納賄於于忠
徵為給事黃門侍郎尋加後將軍河南尹黃門
如故未拜而靈太后臨朝以元昭為河南尹美
仍黃門加平南將軍義美以義陽軍司之勳封安
陽縣開國子邑三百戶美曲附左右故獲封焉

時幽瀛滄冀大水頻經寇難民飢詔美兼尚書
假散騎常侍持節詣州隨方賑恤多有所濟神
龜初發疽卒年五十四詔贈帛三百匹朝服一
襲贈鎮東將軍青州刺史謚曰恭

長子躋字伯昇頗有意尚秘書郎朝議以美本
不豫出河之賞故不許躋襲躋許訟久之始
紹封稍遷前將軍太中大夫梁州開府長史與
刺史元羅同陷蕭衍行卒於江南

子孝緒元象中以躋樞還國興和中襲爵齊受
禪例降

靈珍弟靈奇立忠將軍齊州刺史進號冠軍將
軍賜爵昌國侯為政清簡有威惠

子恭伯右光祿大夫

史臣曰美為國馭民莫不文武兼運燕鳳以博識
多聞昭成致禮和隣存國賴之効歟許謙才術
俱美馳騁艱難之日觀幾獨勸事契冥符張袞
以子篡見智蒙恩遇時無寬政斯言貽各玄
伯世家儁偉仍屬權輿挺機任重守正成務禮

從清廟不亦宜乎寬模俱能見幾而動道固窮
而委質鄧淵貞白幹事才業秉筆禍非其罪
悲哉

列傳第十二　　　魏書二十四

長孫嵩　長孫道生

長孫嵩代人也太祖賜名焉父仁昭成時為
南部大人嵩寬雅有器度年十四代父統軍
昭成末年諸部乖亂符堅使劉庫仁攝國
事嵩與元他等率部衆歸之劉顯之謀難也
嵩率舊人及鄉邑七百餘家叛歸自立嵩欲歸之見于
烏渥稱君之子勸嵩歸太祖嵩未決烏渥
原時寔君之子亦聚衆自立嵩欲歸之見于
回其牛首嵩僶俛從之見太祖于三漢亭太
祖承大統復以為南部大人累著軍功後從
征中山除冀州刺史賜爵鉅鹿公歷侍中司
徒相州刺史封南平公所在著稱太宗即位
與山陽侯奚斤北新侯安同自馬侯崔宏等八
人坐止車門右聽理萬幾故世號八公晉將
劉裕之伐姚泓太宗假嵩節督山東諸軍
事傳詣平原緣河北岸列軍次於畔城軍顧
失利詔假裕道於舟中望嵩麾蓋遺以

二八五　魏書傳十三　一　麃貲开

鄃酒及江南食物嵩皆送京師詔嵩厚荅之又
勅簡精兵為戰備若裕西過者便率精銳南出
彭沛如不時過但引軍隨之彼至崤陝間必與
姚泓相持一死一傷衆力疲獘比及秋月徐乃與
乘之則裕首可不戰而懸於是叔孫建等尋河
趣洛遂入關嵩與建等自成臯南濟晉諸屯戍
皆望塵奔潰裕兇長安嵩乃班師太宗寢疾問
後事於嵩嵩曰立長則順以德則人服今長皇
子賢而世嫡天所命也請立乃定策禁中於是

三二四　魏傳十三　二　方至

詔世祖臨朝監國嵩為左輔世祖即位進爵北
平王司州中正詔問公卿赫連蟠蟠征討何先
嵩與平陽王長孫翰司空奚斤等曰赫連居土
未能為患蠕蠕世為邊害宜先討大檀及則收
其畜產足以富國不及則校獵陰山多殺禽獸
皮肉筋角以充軍實亦愈於破一小國太常崔
浩曰大檀遷徙鳥逝疾追則不足經久大衆則
不能及之赫連屈丐土宇不過千里其刑政殘
虐人神所弃宜先討之尚書劉絜武京侯安原

請先平馮跋帝默然遂西巡狩後聞屈丐死關
中大亂議欲征之嵩等曰彼若城守以逸待勞
大檀聞之乘虛而冦危道也帝乃問幽微於天
師冦謙之謙之勸行杜超之贊成之崔浩又言
西伐利嵩等固諫不可帝大怒責嵩在官貪污
使武士頓辱嵩尋遷太尉父之加柱國大將軍自
是與駕征代嵩以元老多留鎮京師坐朝堂平
斷刑獄薨年八十諡曰宣王後高祖追錄先朝
功曰以嵩配饗廟庭

三百九十　[魏書傳十三]　三

子頹善騎射彎弓三百斤襲爵加侍中征南大
將軍有罪黜爲成兵後復爵薨諡曰安王
子敦字孝友位北鎮都將坐贓貨降爲公高祖
時自頌先世勳重復其王爵薨諡簡王
子道字念僧襲爵少之隨例降爲公位右衛將
軍卒諡慎
子悦襲爵建義初後本王爵尋降爲公位光祿
少卿卒贈司空
子孫道生嵩從子也忠厚廉謹太祖愛其慎重
長孫道生嵩從子也忠厚廉謹太祖愛其慎重

使掌幾密與賀毗等四人內侍左右出入詔命
太宗即位除南統將軍冀州刺史後取人美女
以獻太宗切責之以舊臣不加罪黜世祖即位
進爵汝陰公遷廷尉卿從征蠕蠕與尉眷等率
衆出白黑兩漠間大捷而還世祖征赫連昌道
生與司徒長孫翰宗正娥清爲前驅遂平其國
昌弟定走保平涼劉義隆遣將到彦之屯河上
冦河南以救定詔道生與丹陽王太之屯河上
以禦之遂誘義隆將檀道濟邀其前後追至歷

三百九一　[魏書傳十三]　四

城而還除司空加侍中進封上黨王薨年八十
二贈太尉諡曰靖道生廉約身爲三司而衣不
華飾食不兼味一能皮絝數十年不易時人
比之晏嬰第宅卑陋出鎮後其子弟頗更修繕
起堂廡道生還歎曰昔霍去病以匈奴未滅無
用家爲今彊冦尚遊魂漠北吾豈可安坐華美
也乃切責子弟令毀宅其恭慎如此世祖世所
在著績每建大議多合時機爲將有權略善待
士衆帝命歌工歷頌羣臣曰智如崔浩廉如道

生及年老頗惑其妻孟氏以此見譏與從父高

俱為三公當世以為榮

子抗位少卿早卒

抗子觀少以壯勇知名後襲祖爵上黨王時異
姓諸王龍爵多降為公帝以其祖道生佐命先
朝故特不降以征西大將軍假司空督河西七
鎮諸軍討吐谷渾部帥拾寅道藏焚其所居城
邑而還高祖初拜殿中尚書侍中吐谷渾又侵
遍復假觀司空討降之後為征南大將軍薨謚

曰定葬禮依其祖靖王故事陪葬雲中金陵
子冀六歲龍爵降為公高祖以其幼承家業
賜名稚字承業稚聰敏有才藝虛心愛士為前
將軍從高祖南討授七兵尚書太常卿右將軍
世宗時侯剛子淵稚之女婿剛為元義所厚故
稚驟得轉進出為撫軍大將軍領揚州刺史假
鎮南大將軍都督淮南諸軍事兼開衍將裴邃虞
鴻龍襲據壽春稚諸子驍果遂頗難之子曰鐵小
見詔河間王琛揔眾援之琛欲決戰稚以雨久

更須持重琛弗從遂戰為賊所乘稚後殿初稚
既揔彊兵父不決戰議者疑有異圖朝廷重遣
河間王琛及臨淮王彧尚書李憲等三都督外
聲助稚內實防之會鮮于修禮反於中山以稚
為大都督北討尋以本使達鄴城詔稚解行臺
罷大使遣河間王琛為大都督酈道元為行臺
稚遣子子裕奉表稱與琛同在淮南俱當國難
琛敗曰全遂生私隙且臨機奪帥非筭所長書
奏不納琛與稚前到呼沱稚未欲戰而琛不從

行達五鹿為惰禮邀擊琛不赴之賊揔至遂大
敗稚與琛並除名尋而正平郡蜀反復假稚鎮
西將軍討蜀都督頻戰有功除平東將軍後本
爵後除尚書右僕射未幾雍州刺史蕭寶寅據
州反復以稚為行臺討之稚時背疽未愈靈太
后勞之曰卿疹源如此朕欲相停更無可寄如
何稚荅曰死而後已敢不自力時子彥亦患脚
瘇扶杖入辭尚書僕射元順顧相謂曰吾等備位
大目各居寵位危難之日病者先行無乃不

可平莫有對者時薛鳳賢反於正平薛脩義屯
聚河東分據臨鹽攻圍蒲坂東西連結以應寶
黃稚乃據河東時有詔廢鹽池稚上表曰鹽
池天資貨賄貿遷京畿唯須寶而護之均贍以
理今四境多虞府藏罄竭然冀定二州且亡且
亂常調之絹不復可收仰惟府庫有出無入必
須經綸出入相補略論鹽稅一年之中準絹而
言猶不應減三十萬匹也便是移冀定二州置
於畿甸今若廢之事同再失臣前仰違嚴旨不
先計關賊而解河東者非是閑長安而急蒲坂
蒲坂一陷沒失鹽池三軍只命濟瞻理絕天助
大魏茲計不爽昔高祖昇平之年無所之少猶
創置鹽官而加典護非為物而競利恐由利而
亂俗也況今王公素餐百官尸祿租徵六年之
粟調折來歲之資此皆出人私財奪人膂力豈
是願言事不獲已臣輒符司監將尉還率所部
依常收稅更聽後勑稚克寶竟將侯終德寶黃
出走雍州平除雍州刺史莊帝初封上黨王尋

改馮翊王後降為郡公遷司徒公加侍中兼尚
書令大行臺仍鎮長安前廢帝立遷太尉公錄
尚書事及韓陵之敗斛斯椿先據河橋謀誅尒
朱使稚入洛啟帝誅兄弟之意出帝初轉
太傅錄尚書事以定策功更封開國子稚表請
回授其姨兄廷尉卿元洪超次子憚初稚生二子
母亡為洪超母所撫養是以求讓許之出帝入
關稚時鎮虎牢亦隨赴長安稚妻張氏生二子
子彥子裕後與羅氏私通遂殺其夫棄張納羅
羅年大稚十餘歲怎防限稚稚相愛敬旁無
姻妾僮侍之中嫌疑致死者乃有數四羅生三
子紹遠士亮季亮兄弟皆廉武稚少輕俠鬭鷄
走馬力爭殺人因亡抵龍門將陳與德家會赦
乃免因以後妻羅前夫女呂氏妻與德兄恩
以報之
子彥本名儁有膂力以累從父征討功封槐里
縣子出帝與齊獻武王構隙加子彥中軍大都
督行臺僕射鎮弘農以為心膂後從帝入關子

彦少嘗墜馬折臂肘上骨起十餘乃命開肉鋸

骨流血數升言戲自若時以爲踰於關羽

子裕位衞尉少卿

滅之蠕蠕別主縕紇提子曷多汗等率部落棄

匹候跋事具蠕蠕傳又從征衛辰及薛干部破

蘭部並有戰功太祖征劉顯自濡源擊庫莫奚討賀

等俱為大將從征劉顯自濡源擊庫莫奚討賀

侍從禦侮在左右太祖深信仗之登國初與莫題

雅度果毅少言太祖之在獨孤及賀蘭部肥常

長孫肥代人也昭成時年十三以選內侍左右

▎魏列十四　　一　　徐經

父西走肥以輕騎追至上郡斬之後從征中山

拜中領軍車駕次晉陽慕容寶并州刺史

遼西至農棄城宵遁肥追之至蒲泉獲甚妻子

太祖將圍中山慕容寶棄城奔和龍肥與左將

軍本粟三千騎追之至范陽不及而還遂破其

研城戍伴千餘人中山城內立慕容普隣為

主太祖圍之普隣乃出步卒千餘人欲伺間犯

圍太祖命肥挑戰偽退普隣眾追肥太祖截其

後盡人擒斬之時以士馬少粮遂罷中山之圍就

穀河間慕容賀隣殺普隣而自立車駕次魯口

遣肥帥七千騎襲中山入其邪而還賀隣以步

騎四千追肥至泒水肥自魏昌擊之獲鎧騎二

百肥中流矢瘡重乃還中山以功賜爵琅邪

公遷衛尉卿改爵盧鄉時中山太守仇儒不樂

內徙亡匿趙郡推墓盜趙准為主妄造妖言云

燕東傾趙當續燕知其名准水不足准喜言

之自號使持節征西大將軍青冀二州牧鉅鹿

公儒為長史聚黨二千餘人據關城連引零

▎魏傳十四　　二　　十余年

殺害長史扇動常山鉅鹿廣平諸郡遣肥率三

千騎討之破准於九門斬仇儒生擒准以儒

肉食准傳送京師轘之於市夷其族除肥鎮遠

將軍兗州刺史給步騎一萬南徇許昌略地至

彭城司馬德宗將劉該遣使詣肥請降貢其方

物姚平之寇平陽太祖將討之選諸將無如肥

者乃徵還京師遣肥與毗陵王順等六萬騎為

前鋒車駕次永安平募遣勇將率精騎一百闖

軍肥逆擊擒之匹馬不返平退保柴壁太祖進

攻屠之遷肥還鎮兗州肥撫慰河南得吏民心
威信著於淮泗善策勇冠諸將每戰常為士
卒先前後征討未嘗失敗故每有大難令肥當
之南平中原西推羌冠肥居多賞賜奴婢數
百口畜物以千計後降爵為藍田侯天賜五年
卒諡曰武陪葬金陵子翰襲爵
翰少有父風太祖時以善騎射為獵郎太宗之
在外翰與元磨渾等潛謀奉迎太宗即位遷散
騎常侍與磨渾等拾遺左右以功遷平南將軍

率衆鎮北境威名甚著蠕蠕憚之後為都督北
部諸軍事平北將軍真定侯給殿中細拾隊加
旌旗鼓吹蠕蠕每犯塞翰拒擊有功進爵為公
世祖即位徵還京師進封平陽王加安集將軍
蠕蠕大檀之入寇雲中世祖親征之遣翰率北
部諸將翰卷自參合以北擊大檀別帥阿伏干
於柞山斬首數千級獲馬萬餘匹又與東平公
娥青出長川以討大檀大檀衆北遁追擊克獲
而還尋遷司徒襲赫連昌破之世祖復征昌翰

與迁尉道生宗正娥清率騎三刀為前驅昌戰
敗奔上邽翰以八千騎追之至高平不及而還
從襲蠕蠕車駕度漠大檀奔走其弟匹黎率衆
赴之遇翰交戰匹黎衆潰走斬其渠帥數百人
翰清正嚴明善撫士太祖甚重之神䴥三年
薨深見悼惜為之流涕親臨其喪禮依安城王
叔孫俊故事賻賜有加諡曰威陪葬金陵
子平成襲爵降為公

平成少以父任為中散累遷上南部尚書卒陪葬
金陵
子渾襲爵
渾初為中散久之為彭城鎮將太和中卒子盛
襲爵
翰弟娥清世祖時從征平涼以功賜爵長進子
除河間太守卒
子安都襲爵顯祖時為典馬令
受典弟陳世祖時為羽林郎征和龍賊自西門
出將犯外圍陳擊退之追斬至長城下以功賜

爵五等男又從征涼州爲都將領入官遷殿中
給事中進爵爲子遷駕部尙書復出爲北鎭都
將陳性寬厚好學愛士所歷輒爲人追思之高
宗即位進爵吳郡公加安東將軍興光二年卒
贈散騎常侍吳郡王諡曰恭陪葬金陵
子頵襲爵高宗時爲中散遷內行長典龍牧曹
天安初卒
子拔龍襲爵
陳弟蘭世祖初爲中散常從征伐典御兵器賞
賜甚厚後以破平涼功賜爵雎陽子加奮武將
軍遷散騎常侍北部尙書後除豫州刺史卒
子烏孤龍襲爵高祖初出爲武都鎭將入爲散
子樂孝靜時金紫光祿大夫
肥弟亦干太祖初爲羽林郎從平中原除廣平
太守卒
子石洛世祖初爲羽林郎稍遷散騎常侍從征
赫連昌爲都將以功拜樂部尙書賜爵臨淮公
加寧西將軍神麚中卒諡曰簡

子具少父任爲中散從征平涼以功賜爵臨
城子拜貝外散騎郎廣武將軍龍襲父爵隆爲
建義將軍臨淮侯遷司衛臨征西吳遷殿中尙
書加散騎常侍從駕征酈義隆至江進爵南康
公加冠軍將軍卒於軍
子吳兒襲爵高祖初爲中散武川鎭將太和初
卒贈恆州刺史
子長樂龍襲坐事爵除後歷陵江陵軍羽林監
子榮族武定中征西將軍繁昌男
吳兒弟突朝州長史
子元慶平州倉曹參軍
尉㕙具代人也太祖之在賀蘭部賀染干遣侯
引乙突等詣行宮將肆逆古具知之密以馳告
侯引等不敢發深干疑古具泄其謀乃執栲之
以兩車軸押其頭傷一日不伏乃免之登國初
從征庫莫奚及叱突隣並有功又從救賀蘭破
衞辰子直力鞮復擊慕容寶於參合陂又從平
中原以功賜爵東州侯加建節將軍太宗初爲

鴻飛將軍率眾五千鎮大洛城太宗西巡古真
與奚斤等率前軍討越勒部大破之獲馬五萬
疋牛羊二十萬頭掠二萬餘家西還泰常三年
除定州刺史卒
子盛龍襲
子億萬龍襲卒
先登傷一目太祖歎曰諸兄弟並毀其目以建
太真弟諸少侍太祖以忠謹著稱從圍中山諸
古真弟太真太宗初為平南將軍相州刺史
功效誠可嘉也寵待遂隆除平東將軍賜爵安
樂子從討姚平還拜國部大人太宗初為幽州
刺史加東統將軍進爵為侯長孫道生之討馬
跋也諸與驍騎將軍延普率師次遼西轉寧東
將軍進爵武陵公諸之在州有惠政民吏追思
之世祖時剌人張廣達等二百餘人詣闕請之
復除安東將軍幽州刺史改邑遼西公兄弟並
為方伯當世榮之燕土亂久民戶凋散諸在州
前後十數年還業者萬餘家延和中卒

魏書傳十四　七　陳浩

第八子觀襲爵卒
子崳龍襲
諸長子眷忠謹有父風太宗時執事左右為大
官令時侍臣眷受斤亡蠕蠕詔眷追之遂至虜
庭大檀問其故眷曰受斤負罪天子逃遷刑在此
不救之乃免由是以來取眷遂擒受斤於大檀前左
右救之乃免由是以驍烈聞遷司衛監太宗幸
幽州詔眷輔世祖居中後征河南督高車騎臨
陳衝突所向無前賊憚之世祖即位命眷與散
騎常侍劉庫仁等八人分典四部綰奏機要賜
爵山桑侯加輔陳兵將軍又為安比將軍出鎮北
境與平陽王長孫翰擊蠕蠕別帥阿伏干於柞
山卒師至歌删山擊蠕蠕別帥便度弟庫仁直
引師而北蠕蠕部帥莫孤率高車騎五千乘來
逆眷擊破之斬首千餘級又從征蠕蠕眷出自
黑兩漠之間擊其東部大獲而還又從赫連昌
眷出南道擊昌於上邽士眾之粮臨淮公丘堆
等督租於郡縣為昌所敗昌乘勝抄掠諸將患

魏書傳十四　八　史

之眷與侍御史安頡陰謀設伏邀擊擒昌以功
拜寧北將軍加散騎常侍進爵源陽公後從征
和龍眷督萬騎前驅慰喻降二千餘戶尋為假
節加侍中都督豫洛二州及河內諸軍事安南
將軍開府鎮虎牢張掖王禿髮保周之反也銜
眷與永昌王健等率師討之破保周於番禾保
周遁走眷率騎追之保周窮迫自殺詔以眷留鎮
涼州加郡督涼沙河三州諸軍事安西將軍領
護羌戎校尉轉敦煌鎮將又擊破吐谷渾侔三
千餘口眷歷位鎮四蕃威名並著高宗時率師比
擊伊吾剋其城大獲而還尋拜侍中太尉進爵
為王與大宰常英等評尚書事高宗比狩以
寒雪方降議還眷諫曰今動大眾以威比敵去
都不遠而便旋駕眷必疑我有內難雖方寒雪
兵人勞苦以經略大體且便前進高宗從之遂
渡漠而還以眷元老賜杖履上殿和平四年薨
高宗悼惜之贈大將軍諡曰莊
子多侯襲爵多侯少有武幹顯祖時為假節征

西將軍領護羌戎校尉敦煌鎮將至鎮上表求
率輕騎五千西入于闐兼平諸國因敵取資平
定為效弗許高祖初蠕蠕部帥无盧真率三萬
騎入塞圍鎮多侯擊之走以功進號征西大將
軍後多侯獵于南山蠕蠕遣部帥度拔入圍敦
煌斷其還路多侯且前且戰遂衝圍拔入率眾
出戰大破之追北數十里斬首千餘級因上疏
求北取伊吾斷蠕蠕通西域之路高祖善其計
以東作方興難之太和元年為妻元氏所害
子建龍襲爵歷位給事中卒無子
子範龍襲
範弟顯業散騎常侍與太原公主女通坐子彥
武定中衛將軍南營州刺史
建弟郁龍襲爵卒
多侯弟子慶賓善騎射有將略高祖時釋褐員
外散騎侍郎稍遷左將軍太中大夫肅宗時議
欲送蠕蠕主阿那瓌還國慶賓上表固爭不從
後蠕蠕遂執行臺元孚大掠北境詔尚書令李

崇討之慶賓別將隸崇出塞而返元法僧之外

叛蕭衍遣其豫章王蕭綜鎮徐州又詔慶賓為

別將隸安豐王延明討之尋除後將軍肆州刺

史時爾朱榮兵威漸盛曾經肆州慶賓畏惡之

據城不出榮遂害慶賓係屬慶賓還秀容呼為假

內應榮遂害慶賓尋起為平東將軍光祿大夫

父後以母憂還

都督鎮汾陰還朝永安二年卒贈車騎將軍雍

州刺史又追加侍中司空公

【魏書傳十四】　　、十二）　　王壽

衍將裴之禮戰歿

慶賓子豹起家員外郎蕭宗時行潁州事與蕭

豹弟瑾武定中東平太守

衍弟地干機悟有才藝能馳馬立射五的時人莫

能及太宗時為左機令世祖少而善之即位擢

為庫部尚書加散騎常侍左光祿大夫領侍輦

郎地干奉上忠謹尤善嘲笑世祖見其效人舉

措忻悅不能自勝甚見親愛參軍國大謀世祖

將征平涼試衝車以攻冢地干為索所胃折脅

而卒世祖親往臨撫哭之甚慟贈中領軍將軍

燕郡公謚曰惠贈賜豐厚

子長壽幼拜散騎常侍遷殿中右曹尚書仍加

散騎常侍從征劉義隆至江賜爵會稽公加冠

軍將軍高宗時除涇州刺史和平五年卒

子弥真襲爵弥真卒無子

弟狀德襲爵

弟力斤侯頭龍襲地干職為庫部尚書

侯頭弟力斤亦以忠謹聞歷位御史中尉并州

【魏書傳十四】　　十二）　　朱玩

刺史有政績加冠軍將軍賜爵晉陽侯卒贈平

南將軍

力斤弟侯為陳尚書安樂侯

古真族玄孫聿字成興性耿介蕭宗時為武衛

將軍是時領軍元乂秉權百寮莫不致敬而聿

獨長揖不拜尋出為平西將軍東涼州刺史涼

州緋色天下之最義送白綾二千疋令聿涤還

而不許乂諷御史刻之驛徵至京覆驗無狀還

復任尋卒於州時年五十贈安北將軍朔州刺

子儉武定中開府祭酒

史臣曰長孫肥結髮內侍雄烈知名軍鋒所指

罔不奔散關張萬人之敵未足多也翰有父風

不隕先構臨喪加禮抑有由哉尉已具兄弟忠勇

奮自發義以忘生眷眷威略著時增隆家業青峰

旐亦其宜矣

列傳第十四　　　　魏書二十六

列傳第十五　　魏書二十七

穆崇

穆崇代人也其先世效節於神元桓穆之時崇
機捷便辟少以盜竊為事太祖之居獨孤部崇
常往來奉給時人無及者後劉顯之謀逆也
文皇帝外孫梁眷知之密遣崇告難太祖馳如賀蘭部崇
當以此自明崇來告難太祖馳如賀蘭部顯果
勿泄也因問汝者丈夫當死節雖刀劍別割
曰顯若知之寵妻及所乘良馬付崇曰事覺吾
疑眷泄其謀將囚之崇乃唱言曰梁眷不顧恩
義將獎顯為逆今我掠得其妻馬足以雪忿顯聞
而信之窟咄之難崇外甥于植等謀執太祖以
應之生崇曰今窟咄已至衆咸歸附富貴不可
失願舅圖之崇乃夜告太祖六祖誅植等北踰
陰山復幸賀蘭部崇甚見寵待太祖為魏王拜
崇征虜將軍從平中原賜爵歷陽公散騎常時
後遷太尉加侍中徙為安邑公又從征高車大
勝而還姚興圍洛陽司馬德宗將辛恭靖請救

〈魏書傳十五〉

太祖遣崇六千騎赴之未至恭靖敗詔崇即鎮
野王除豫州刺史仍本將軍徵為大尉又徙且
都公天賜三年薨先是衛王儀謀逆崇豫焉太
祖惜其功而祕之及有司奏諡太祖親覽諡法
至述義不克曰太祖曰此當矣乃諡曰丁公
初太祖避窟咄之難遣崇還察人心崇夜至民
中留馬與從者乃微服入其營會有火光為崇
妾所識賊皆驚起崇求從者不得因匿於坑中
徐乃竊馬奔走宿於大澤有白狼向崇而號崇
乃覺悟馳馬隨狼而走適去賊黨追者已至遂
得免難太祖異之命崇立祀子孫世奉焉太和
中追錄功臣以崇配饗
崇長子遂留歷顯官討蠕蠕有功賜爵零陵侯
後以罪殿
子乙九内行長者以功賜爵富城公加建忠將
軍遷散騎常侍内乘黄令侍中卒諡曰靜
子貸起家中散轉侍東宮尚長城全拜駙馬
都尉後勅離婚納文明太后姊尋除南部尚書

〈魏書傳十五〉

宗與真撰定碑文建於白登山

真子泰本名石洛高祖賜名焉以功臣子孫尚
章武長公主拜駙馬都尉典羽獵四曹事賜爵
馮翊侯遷殿中尚書加散騎常侍安西將軍進
爵為公出為鎮南將軍洛州刺史例降為侯尋
為右光祿大夫尚書右僕射又出為使持節
鎮北將軍定州刺史改封馮翊縣開國侯食邑
五百戶進征北將軍初文明太后幽高祖於別

■親傳十五　　　　三　　吳蒲

室將謀黜廢泰切諫乃止高祖德之錫以山河
寵待隆至泰自陳病乞為恆州遂轉陸叡為
定州以泰代焉泰不願遷都叡未及發而泰已
至遂潛相扇誘圖為叛乃與叡及安樂侯隆
撫真鎮將魯郡侯元業驍騎將軍元超陽平侯
賀頭射聲校尉元樂平前彭城鎮將元拔代郡
太守元珍鎮北將軍樂陵王思譽等謀推朔州
刺史陽平王頤為主頤不從偽許以安之頤表
其事高祖乃遣任城王澄率并肆兵以討之澄

先遣治書侍御史李煥單車入代出其不意泰
等驚駭計無所出煥曉諭逆徒示以禍福於是
凶黨離心莫為之用泰自度必敗乃率麾下數
百人攻煥郭門冀以一捷不克單馬走出城西
為人擒送澄亦尋到窮治黨與高祖幸代親見
眾人問其反狀泰等伏誅
子伯智八歲侍學東宮十歲拜太子洗馬散騎
侍郎尚書饒陽公主駙馬都尉早卒子啣
伯智第士儒字叔賢從涼州後乃得還為太尉

■親列十五　　　　四　　王延

敬
參軍事
子容武定中汲郡太守
乙九弟忸頭侍中北部尚書卒贈司空公諡曰
子蒲坂虞曹尚書征虜將軍涇州刺史贈征西
將軍雍州刺史諡曰昭
子韶字伏興公員外散騎侍郎代郡太守征東將
軍金紫光祿大夫卒贈使持節都督冀相殷三
州諸軍事驃騎大將軍冀州刺史諡曰文

遂留弟觀字鬪拔龍襲崇爵少以文藝知名選充
內侍太祖器之太宗即位以為左衞將軍綰門下
中書出納詔命及訪舊事未嘗有所遺漏太宗
奇之尚宜陽公主拜駙馬都尉稍遷太尉世祖
之監國觀為右弼出則統攝朝政入則應對左
右事無巨細畢關決焉終日怡怡無慍喜之色
勞謙善誘不以富貴驕人泰常八年暴疾薨於
苑內時年三十五太宗親臨其喪悲慟左右賜

三百十 親傳十五 五 吳毛七

以通身隱起金飾棺喪禮一依安城王叔孫俊
故事贈宜都王諡曰文成世祖即位每與羣臣
談宴未嘗不歎惜愍勤以為首泰常以來佐命
勳臣文武兼濟無及之者見稱如此
子壽龍盂尉少以父任選侍東宮尚樂陵公主拜
駙馬都尉明敏有父風世祖愛重之權為下大夫
敷奏機辯有聲內外遷侍中中書監領南部尚
書進爵尉都王加征東大將軍壽辭曰臣祖崇
先皇之世屬值艱危幸天贊詔梁眷誠密告故

三元四 親傳十五 六 吳志

得效功前朝流福於後昔陳平受賞歸功無知
今卷元勳未錄而臣獨弈弈豈惟仰愧古
賢抑亦有愧國典世祖嘉恕之乃求卷後得其孫
賜爵郡公輿駕征涼州命壽輔恭宗揔錄要機
內外聽靜室為召命及司徒崔浩尚書李順世祖
謂壽曰蠕蠕吳提與牧犍連和今聞朕征涼州必
來犯塞若伏兵漠南殄之為易朕故留壯兵肥
馬使卿輔佐太子收田餵訖便可分伏要害以
卿崔浩李順為證非虛言也壽頓首受詔壽信
遠朕不得救卿若達朕指授為虜侵害朕遠斬
待虜至引使深入然後擊之擒之必矣涼州路
上箆之言謂賊不來竟不設備而吳提果至侵
及善無京師大駭壽不知所為欲築西郛門請
恭宗避保南山惠太后不聽乃止遣司空長孫
道生等擊走之世祖還以無大損傷故不追咎
恭宗監國壽與崔浩等輔政人皆敬浩壽獨淩
之又自恃位任以為人莫已及謂其子師曰但

令吾兒及我亦足勝人不須苦教之遇諸父兄

弟有如僕隸夫妻並坐共食而令諸父餕餘其

自矜無禮如此為時人所鄙笑真君八年薨贈

太尉諡曰文宣

子平國蘖爵尚城陽長公主拜駙馬都尉侍中

中書監為太子四輔正平元年卒

子伏于龍蘖爵尚濟北公主拜駙馬都尉和平二

年卒諡曰康無子

伏于弟罷蘖爵尚新平長公主拜駙馬都尉又

除虎牢鎮將頻以不法致罪高祖以其勳德之

冑讓而赦之轉征東將軍吐京鎮將罷賞善罰

惡深自克勵時西河胡叛罷欲討之而離石都

將郭洛頭拒遂上表自劾以威不攝

下請就刑戮高祖乃免洛頭官山胡劉什婆寇

掠郡縣罷討滅之自是部內蕭然莫不敬憚後

改吐京鎮為汾州仍以罷為刺史前吐京太守

劉升在郡甚有威惠限詣還都胡民八百餘人

詣罷請之前定陽令吳平仁亦有恩信戶增數

倍罷以吏民懷之並為表請高祖皆從焉罷既

頻鷹升等所部令咸自砥礪威化大行百姓

安之州民李軌郭及祖等七百餘人詣闕頌罷

恩德高祖以罷政和民悅增秩延限後徵為光

祿勳隨例降王為魏郡開國公邑五百戶又除

鎮北將軍燕州刺史鎮廣寧尋遷都督夏州高

平鎮諸軍事本將軍夏州刺史鎮統萬又除侍

中中書監穆泰之反罷與潛通赦後事發削封

為民卒于家世宗時追贈鎮北將軍恒州刺史

子建字晚興性通率頗好文史起家秘書郎稍

遷直閣將軍兼武衛建妻尒朱榮之妹建常依

附榮榮入洛之後除鎮東將軍金紫光祿大夫

征北將軍封濟北郡開國公後遷散騎常侍車

騎大將軍左光祿大夫兼尚書北道行臺并州

事元曄之立建尚書右僕射俄轉侍中驃騎

大將軍出帝末本將軍儀同三司洛州刺史天

平中坐事自殺於五原城北

子千牙武定中開府祭酒

建第行字進與解偈員外郎封新興縣開國子
稍遷通直常侍行涇州事
罷弟亮字幼輔初字老生早有風度顯祖時起
家為侍御中散尚中征南大將軍徒封長樂王高祖
趙郡王加侍中征南大將軍徒封長樂王高祖
初除使持節秦州刺史在州未幾大著聲稱徵
為殿中尚書又遷使持節西大將軍西戎校
尉敦煌鎮都大將政尚寬簡賑恤窮之被徵征
朝百姓追思之除都督秦梁益三州諸軍事征

南大將軍領護西戎校尉仇池鎮將時宕昌王
梁彌機死子彌博立為吐谷渾所逼來奔仇池
亮以彌機兄子彌承忿著孙其三滅彌博或悼氏羌
所乘彌機兄子彌承戎民歸樂表請納之高祖
從焉於是率騎三刀次于龍鵠擊走吐谷渾立
眾數千人寇仇池屯干陽退嶺亮副將楊靈珍
彌承而還是時階陵比谷羌董耕奴斯早等率
率騎擊走之氏豪楊上自延典以來從軍征伐
二十一戰前來鎮將抑而不聞亮表上為屬業

太守亮家咸悅境內大安徵為侍中尚書右僕
射干時復置司州高祖曰司州始
湏立中正以定選舉然中正之任必湏德望兼
資者世祖時崔浩為冀州中正長孫嵩為司州
中正可謂得人公卿等宜自相推舉必令稱允
尚書陸叡舉亮為司州大中正時蕭頤遣將陳
顯達攻陷體陽加亮使持節征南大將軍都督
懷洛南比豫徐兖六州諸軍事以討之顯達遁
走乃還尋遷司空參議律令隆爵為公時文

明太后崩已過其月高祖毀瘠猶其亮表曰王
者居極至尊至重父天毋地懷柔百靈是以古
先喆王制禮成務施政立治必順天而後動宜
憲垂範必依典而後行用能四時不忒陰陽和
暢若有過舉各徵必集故大舜至慕事在納麓
之前孔子至聖喪無過瘠之紀亮書稽克之美
不錄上達之服之痛禮備諸侯之喪而無天子之式
雖有上達之言未見居喪之典然則位重者為
世以屈已居聖者達命以忘情伏惟陛下至德

參二儀惠澤覃河海宣禮明刑動遵古式以至
孝之痛服暮年之喪練事既闋闉號慕如始重
極之尊同衆庶之制廢越紼之大漸闕宗祀之
舊軌誠由文明大皇太后聖詔超古惠訓深至
欲報之德昊天罔極比之前代感爲過甚豈所
謂順帝之則約躬隨衆者出陛下既爲過甚當
子又爲萬民父母子過哀父則爲之慘悴父哀
感子則爲之憂傷近蒙熙昰旒冕聖容哀
毀駿感無止況神祇至靈而不虧和氣微致

風旱者哉書稱一人有慶兆民賴之今一人過
哀黎元焉轂系羣官所以顯殞震懼率土所以危
惶慄慄百姓何仰而不憂嘉禾何由而播殖願
陛下上承金冊遺訓下稱億兆之心時襲輕服
數御常膳脩崇郊柯垂惠咸秩興駕時動以釋
憂煩博採廣諮以導性氣息無益之戀行見
之德則休徵可致嘉應必臻禮教並宣孝慈兼
備普天蒙賴合生幸甚詔曰卿孝惇之至無所
不通今飄風亢旱時雨不降寔由誠慕未濃幽

顯無感也所言過哀之答諒爲未衷省啓以增
悲愧尋領太子太傅時將建太極殿引見羣臣
於太華殿高祖曰朕仰遵先意將營鄷宇役夫
既至興功有日今欲徙居永樂以避罷土木
雖復無心毀之能不悽愴今故臨對卿等與之
取別此但事來奪情將有改制仰惟疇昔深
位於此制爰歷顯祖逮朕沖年受
悲感亮稽首對曰臣聞稽之卜筮載自典經占
以決疑亮稽古今收尚興建之功事在不易願

訊之著龜以定可否又去歲役作爲功甚多太
廟明堂一年便就若仍歲頻興恐民力凋弊且
杜幹新伐爲功不固願得逾年小康百姓高祖
曰若終不爲可如卿言後必爲之逾年何益朕
累聖之運屬太平之基且今八表清晏年穀又
登愛及此時以就大功人生定分脩短命也著
漢受終未央是作草創之初猶尚若此況朕承
遠覽前王無不興造故有周創業經建靈臺洪
蔡雖智其如之何當委之大分豈假卜筮遂移

御永樂宮後高祖臨朝堂謂亮曰三代之禮日
出視朝日漢魏已降禮儀漸殺晉令有朝望集
公卿於朝堂而論政事亦無天子親臨之文令
因卿等目中之集中前則卿等自論政事中後
與卿等共議可否送命讀表奏案高祖親自決之
又謂亮曰徐州表給歸化人稟王者民之父母
誠宜許之但今荊揚不賓萬戶投化歲食未方欲親御
六師問罪江介計萬戶投化歲食百萬若聽其
給也則蕃儲虛竭難得戶千萬猶未成一同且
欲隨貧賑恤卿意何如亮對曰所存遠大貴如
聖旨及車駕南遷遷武衛大將軍以本官董攝
中軍事高祖南代以亮錄尚書事兼鎮洛陽後
高祖將自小平津汎舟幸石濟亮諫曰臣聞垂堂
之誡振古成規於安思危著於周易是以憑險
弗防没而不弔匹夫之甚猶不自輕況萬乘之
尊含生所仰而可忽乎且是故處則深宮廣厦
則萬騎千乘昔漢帝欲乘舟渡渭廣德將以首
血汗車輪帝乃感而就橋夫一渡小水猶尚若

斯況洪河浩汗有不測之慮且車乘由人猶有
奔逸致敗之害況水之緩急非人所制脱難出
慮表其如宗廟何如高祖曰司空言是也及其兒
罷預穆綏泰反事亮以府事付司馬慕容契表
自劾高祖優詔不許還令攝事亮頻煩固請久
乃許之尋除使持節征北大將軍開府儀同三
司冀州刺史徙封頓丘郡開國公食邑五百戶
以紹崇爵世宗即位遷定州刺史尋除驃騎大
將軍尚書令俄轉司空公景明三年薨時年五
十二給東園溫明祕器朝服一具衣一襲錢四十
萬布七百四蠟二百斤世宗親臨小斂贈太尉
公領司州牧謚曰匡
子紹字永業高祖以其貴臣甲冑顧念之九歲
長公主拜駙馬都尉散騎常侍領京兆王愉文
學世宗初通直散騎常侍高陽王雍友遭父憂
詔起龍驤將散騎常侍領主衣都統遷祕書監侍
中金紫光祿大夫光祿卿又遷衞將軍太常卿

尋除使持節都督冀瀛二州諸軍事本將軍冀
州刺史以母老固辭忤旨免官除中書令轉七
兵尚書從殿中尚書遭所生憂免居喪以孝聞
又除衛大將軍左光祿大夫中書監復為侍中
領本邑中正紹無他才能率性方重罕接賓
客希造人門領軍元乂當權熏灼曾往候紹
迎送下階而已時人歎尚之及靈太后欲黜乂
猶豫未決紹贊成之以功加特進又拜其次子
嚴為給事中尋加儀同三司領左時侍中元

順與紹同直順嘗因醉入其寢所紹擁被而起
正色讓順曰身二十年侍中與卿先君丞連職
事縱卿後進何宜相排突也遂謝事還家詔喻
乂乃起除車騎大將軍開府定州刺史固辭不
拜又除侍中託疾未起河陰之役故得免害莊
帝立朱榮遣人徵之紹以為必死哭辭家廟
及往見榮於邙山捧手不拜榮亦矯意禮之顧
謂人曰穆紹不虛大家兒車駕入宮尋授尚書
令司空公進爵為王給班劍四十人仍加侍中

時河南尹李獎往詣紹獎以紹郡民謂必加敬
紹特封邑是獎國主待之不為動滕獎憚其
位望致拜而還議者兩譏焉介朱榮之討葛榮楊
也詔上黨王天穆為前鋒次於懷縣司徒公楊
椿為⋯紹為後繼未發會擒葛榮榮乃止朱幾
降王復本爵元顥入洛為都督冀冀相殷三
東郡顯敢而反普泰元年除都督青齊兗四
州諸軍事驃騎大將軍開府青州刺史未行其
年九月薨時年五十二贈侍中都督冀冀相三

州諸軍事大將軍尚書令太保冀州刺史諡曰
文獻
子長子高子子岳起家通直郎再遷散騎常侍龍驤
晉轉鎮東將軍光祿少卿興和中卒贈都督冀冀
滄二州諸軍事征東將軍冀州刺史
子嚴武定中司徒諮議參軍
平國弟相國官至安東將軍濟州刺史上洛公
相國弟正國尚長樂公主拜駙馬都尉
子平城早卒高祖時始平公主薨於宮追贈平

城駙馬都尉與公主合葬

平城弟長城司徒左長史

子世恭武定中朱衣直閤

長城弟或符璽郎中卒

子永延尚書騎兵郎青州征東司馬

正國弟應國征西將軍張掖公

子度孤襲爵平南將軍梁城鎮將

子清休頗有將略司農少卿武衛將軍左光祿

大夫出為驃騎大將軍夏州刺史

子鐵槌祕書郎

子金寶祕書郎

應國弟安國歷金部長殿中尚書加右衛將軍

賜爵新平子為乙渾所殺追贈征虜將軍

子吐万襲爵襄城鎮將

壽弟伏真高宗世稍遷尚書賜爵任城侯出為

兗州刺史假寧東將軍濮陽公

子常貴南陽大守

伏真弟多侯歷位殿中給事左將軍賜爵長寧

子遷司衛監高宗崩乙渾專權時司徒陸麗在

代郡溫湯療病渾忌之遣多侯追謂麗曰麗在

曰渾有無君之心大王眾所望也去必危宜徐

歸而圖之麗不從遂為渾所害多侯亦見殺謚

曰烈

子胡兒襲爵

觀弟翰平原鎮將西海王薨

子龍仁襲爵降為公卒

子豐國襲爵

豐國弟子彌有風格善自位置涉獵經史與長

孫稚陸希道等齊名於世矜巳陵物頗以損焉

高祖初定氏族欲以彌為國子助教彌辭曰先

目以來蒙恩累世比校徒流實用慙屈高祖曰

朕欲敦厲冑子故屈卿光之白玉投泥豈能相

污彌曰既遇明時耻沉泥滓會司州牧咸王

禧入高祖謂禧曰朕與卿作州都舉一主簿即

命彌謂之因為高祖所知尋與駕南征特勑陪從

世宗初除尚書郎以選為高平王懷國郎中令

數有匡諫之益世宗善之除中書舍人轉司州
治中別駕歷任有稱肅宗時河州羌却鐵忽反
勅兼黃門慰喻忽以功加前將軍賜以錢帛尋
以本將軍行揚州事追拜平西將軍華州刺史
卒於州時年五十一贈使持節征北將軍定州
刺史諡曰懿
子季齊釋褐司徒參軍事開府騎兵參軍
從世祖征赫連昌勇冠一時世祖嘉之遷侍輦
郎殿中將軍賜爵泥陽子從征和龍功超諸將
拜司衛監加龍驤將軍進爵長樂侯曾從世祖
田於岨峴山有虎突出顗乃搏而獲之世祖歎曰詩
所謂有力如虎顗乃過之後從駕西征白龍北
討蠕蠕以功加散騎常侍領太倉尚書且鎮涼州所
翰弟顗忠謹有材力太宗時為中散轉侍御郎
公出為北鎮都將徵拜殿中尚書出鎮涼州所
在著稱還加散騎常侍領太倉尚書且宗時為
征西大將軍督諸軍東西征吐谷渾出南道坐
擊賊不進免官爵徙從邊高祖又以顗著勳前朝

衛為內都大官天安元年卒贈征西大將軍建
安王諡曰康
子寄生襲
寄生弟栗涼州鎮將安南公
子祁字願德通直常侍上谷河內二郡太守司
州治中太子右衛率卒贈祕州刺史
子景字霸都中書舍人上黨太守
栗弟泥乾為羽林中郎賜爵臨安男後稍歷顯
職除冀州刺史假安南將軍鉅鹿公卒
子渾襲爵尉祕書中散
子令宣通直常侍
子莫提從平中原為中山大守除寧南將軍相
部平庫莫奚拜天部大人居於東蕃卒
禦侮左右從征窟咄部歸附與崇同心勠力
崇宗人醜善太祖初率部歸附劉顯破之又從擊賀蘭
州刺史假陽陵侯卒
子吐太宗世散騎常侍卒於侍中鎮東將軍
子敦輔國將軍西部都將賜爵富平子卒

子純襲爵附歴散騎常侍光祿勳高祖時右衛將
軍尋除右將軍河州刺史卒贈鎮北將軍并州
刺史

子盛龍襲爵直閤將軍

盛弟裕輔國將軍中散大夫

裕子禮東平太守

禮弟略武定末魏尹丞

純弟鐵歴東宮庶子汲郡太守世宗時爲懷朔
鎮東北中郎將幽涼三州刺史肅宗時除

魏書傳十五　二四七　二十二　徒京兆

平北將軍并州刺史金紫光祿大夫在公以威
猛見稱卒時年七十四贈散騎常侍征東將軍
相州刺史諡曰安

子顯壽長水校尉

顯壽弟顯業卒於散騎侍郎

子琳舉秀才爲安戎令頗有吏幹隨長孫稚
征蜀有功除尚書屯田郎中出帝即位以攝儀
曹日事封高唐縣開國男邑三百戶孝靜初鎮東
將軍司州別駕以占奪民田免官　晉爵父之河至

羅國主副羅越居爲蠕蠕所破其子去賓來奔
丞獻武王奏去賓爲安北將軍肆州刺史封高
車王招慰夷虜表子琳爲去賓長史復其前封
尋遷儀同開府長史亦丞獻武王丞相司馬後
年五十三贈驃騎大將軍都官尚書瀛州刺史

子伯昱

弟肱武定中開府中兵參軍

子琳弟良字先德司空行參軍將作丞司徒祭
酒安東將軍南鉅鹿太守頗有民譽入爲司徒

魏書傳十五　二四九　廿一　徒京兆

司馬大將軍從事中郎中書舍人武定六年卒
贈征東將軍徐州刺史

史曰穆崇奉龍顏早著誠節遂膺寵眷位
極台鼎非至乃身豫逆謀庭卒蒙全護明主之於勞
臣不亦厚矣從其子廟逆謀抑亦尚功達亮寬厚致
公輔之任業器其優乎顥壯烈顯達亮寬厚致
位紹立虛簡之操弼有風格之名世載不隳青
紫兼列盛矣至於壽以貴終羅此前廢人之無
禮爲幸蓋多醜之子孫不乏名位亦有人哉

魏書傳十五

廿三

和跋　　奚牧

莫題　　庾業延

賀狄干　李栗

劉潔　　古弼

張黎

和跋代人也世領部落為國附臣跋以才辯知
名太祖擢為外朝大人參軍國大謀雅有知算
纇使稱旨拜龍驤將軍未幾賜爵日南公從
平中原以功進為尚書鎮鄴慕容德兒子和
守滑臺和長史李辨殺和求援於跋跋率輕騎
赴之既至辨悔閉門拒守跋乃開門收其府藏德聞之遣將率三千
之辨乃開門拒守跋收其府藏德聞之遣將率二千
騎擊跋跋逆擊大破之擒其將士千餘人而還
於是陳潁之民多來向化改封定陵公與常山
王遵率眾五万討賀蘭部別帥木易干破之
出為平原太守太祖寵遇跋冠於諸將時舉臣
皆敦尚恭儉而跋好脩虛譽眩曜於時性尤奢淫

二四五　[魏書傳十六]　一二

太祖戒之弗革後車駕比狩射山收跋刑之路
側妻劉氏自殺以從初將刑跋太祖命其諸弟
毗等視訣跋謂毗曰灄北地瘠可居水南就耕
良田廣為產業各相勉勵務自纂修令之背
已曰汝曹何忍視吾之死也毗等解其微意詐
稱使者云奉長安追之不及太祖怒遂誅其家
後世祖西巡五原回幸陰山校獵忽遇暴風雲霧
四塞世祖怪而問之羣下僉言跋世居此土祠家
猶存其或者能致斯繆乎帝遂建典公吉弼祭

▲魏書傳十六　二

以三牲霧即除散後世祖蒐狩之日每先祭之
少子羘從征赫連昌有功拜統萬將軍賜爵成
皐男與西平公安頡攻虎牢拔之進爵高陽侯
後以罪徙配涼州為民蓋吳作亂於關中復拜
歸龍驤將軍往討之還拜使持節冠軍將軍雍
城鎮都大將高陽侯卒
子度襲爵尚書都官郎昌平太守卒
子度龍穆司州部郡從事早卒
子安武定末給事黃門侍郎

三七五

奚牧代人也重厚有智謀太祖寵遇之稱之曰
仲兄初劉顯謀害太祖梁眷知其謀潛使牧與
穆崇至七介山以告語在崇傳太祖錄先帝舊
臣又以牧告顯之功乃拜牧為治民長數奏政事參
與計謀太祖征慕容寶加輔國將軍敗地晉川
獲寶丹陽王買得及離石護軍高秀和於平陶
與興頗寇邊牧乃與興書稱頓首鈞禮抗之責
界興侵邊寇不直之意興以與國通和恨之有言於

太祖太祖殺之

莫題代人也多智有才用初為幢將領禁兵太
祖之征慕容寶也寶夜來犯營軍人驚駭遂有
亡還京師者於栢肆京師不安南安
公元順因之欲攝國事題謂順曰此大事不可
輕尒宜審得後要不然禍將及矣順乃止以功
拜平遠將軍賜爵扶柳公進號左將軍政為高
邑公出除中山太守督司州之山東七郡事車
駕征姚興次於晉陽而上黨羣盜秦頗千零羅

都等聚眾於壺關詔題帥衆三千以討之上黨
太守捕頗斬之都走林慮詔題搜山窮討盡平
之初昭成末太祖季父窟咄題時
從慕容永東遷及永自立以窟咄為新興太守
登國初劉顯遣弟亢泥等迎窟咄寇南鄙題時
貳於太祖遺箭前於窟咄謂之曰三歲犢能勝重
載言窟咄長而太祖少也太祖既衒之天賜五
年有告題居處倨擬則人主太祖乃使人示
之箭告之曰三歲犢能勝重載不題本記父子

對泣詰朝乃刑之

庚業延代人也後賜名岳其父及兄和辰世典
畜牧稍轉中部大人昭成朋氏寇內侮事難之
間收歛畜產富擬國君劉顯謀逆太祖外幸和
展奉獻明太后歸太祖又得其貧用以和辰為
內侍長和辰分別公私雀昱頗不會旨太祖由
是恨之岳獨恭惲脩謹善處危難之間太祖喜
之與王建等俱為外朝大人參預軍國太祖既
絶慕容垂以岳為大人使詣莫慕容永永服其辭

義垂圍水於長子永生急求援岳與陳留王虔
以五万騎東渡河救之以於秀容破山胡部高
車門等從其部落會武滅乃班師從平中原拜
安遠將軍軍之驍於栢肆也賀蘭部帥力
卷紀突隣部帥匿物尼紇奚部帥叱奴根等聞
之聚堂友於陰館南安公元順討之不克死者
數千人太祖聞之詔岳率萬騎討叱奴根等
殄之百姓乃安離石胡帥呼延鐵西河胡帥張
崇等不樂內徙聚堂友叛岳率騎三千討破之

〈魏書傳十六〉

斬鐵擒崇搜山窮討散其餘黨黑以功賜爵西昌
公進號征虜將軍又討反人張超清河太守傅
世並破平以岳為鄴行臺岳為將有謀略治軍
清整常以少擊多士衆服其智勇名冠諸將又
罷鄴行臺以所統六郡置相州即拜岳為刺史
公廉平當百姓稱之舊有園池時果初熟丞更
送之岳不受曰果未進御吾何得先食其謹如
此後遷司空岳兄子路有罪諸父兄弟悉誅特
赦岳父子天賜四年詔賜岳舍地於南宮岳將

五　显祖

家僮泊之候官告岳衣服鮮麗行止風采擬儀
人君太祖時既不豫多所猜惡遂之時人咸
冤惜焉出葬於代西善無之界後世祖討赫連
氏經其墓宅愴然動容遂下詔為辛廟令一州
之民四時致祭求其子孫任為將帥者得其子
陵從征狄初征慕容寶為城門校尉還司隸校
尉爵高平公而誅
路皇始初狄干代人也家本小族世忠厚為將以平當
賀狄干代人也家本小族世忠厚為將以平當

〈魏書傳十六〉

稱稍遷比部大人登國初與長孫嵩為對明於
聽察為人愛敬太祖遣狄干致馬千匹結婚於
姚萇會萇死興立因此狄干而絕婚興弟平率
衆寇平陽太祖討之擒其將狄伯支唐小方
等三十餘人天賜中詔比新侯安同送唐小方
於長安後蠕蠕社崙與興和親送馬八千四始
濟河赫連屈子勃勃掠與國交好乃叛興邀留社
崙還太祖意在離間二寇於是許之狄干在長

六　显祖

安幽閒因晉讀書史通論語尚書諸經舉止風
流有似儒者初太祖普封功臣狄干雖為姚興
所留遣賜爵襄武侯加素兵將軍及狄干至太
祖見其言語衣服有類羌俗以為慕而習之故
怨焉既而殺之
弟歸亦剛直方雅與狄干俱死
李栗鴈門人也昭成時父祖入國少辯捷有才
能兼有將略初隨太祖幸賀蘭部在元從二十
一人中太祖愛其藝能時王業草創於牙心腹
多往親近唯栗一介遠寄兼非戚舊當世榮之
數有戰功拜左軍將軍太祖征慕容寶栗督五
萬騎為前驅軍之所至莫不降下還左將軍慕
容寶棄中山東走也栗以輕騎追之不及而還
栗性簡慢矜寵不率禮度每在太祖前舒放倨
傲不自抵肅咳唾任情太祖積其宿過天興三
年遂誅之於是威嚴始屬制勒羣下盡皆謙之
禮自栗始也
劉潔長樂信都人也祖父生頗解卜筮昭成時

慕容氏來獻女為公主家臣仍隨入朝賜以妻
生子父提太祖時官至樂陵太守賜爵信都男
卒潔性彊力多智數從征討有功進爵會稽公
河西胡張外建與王紹等聚黨為逆潔與永安
侯魏勤率眾三千八人屯于西河以鎮撫之與
勤及功勞將軍元屈等擊吐京叛胡時離石胡
出以眷引正騎斷截山嶺邀潔潔聲失焉登山
力戰矢刃俱盡為胡所執送詣離石潔辭氣不
撓呼其字而與之言神色自若屈正壯而釋之
後得還國典東部事太宗寢疾世祖監國潔與
古弼等選侍東宮對綜機要敷奏百揆世祖即
位以告及者又獻直言所在合旨奇其有柱石
之用委以大任及議軍國朝臣咸推其能於是
超遷尚書令改為鉅鹿公世祖破蠕蠕大檀于
雲中潔言於世祖曰大檀恃眾難破膽奔此恐
不懼往敗將復送一大舉東西
並進為二道討之世祖然其言後大舉征討潔
言宜先平馮跋世祖不從勒勒新民以將更侵

舉咸出怨言期牛馬飽草當赴漠北潔與左僕
射安原奏欲及河冰未解徙之河西冰解之後
不得北遁世祖曰不然此等習俗放散日久有
似圈中之鹿急則衝突緩之則定吾自處之有
道不煩徙也潔等固執乃聽分徙三万餘落於
河西西至白鹽池新民驚駭皆曰圈我於河西
之中是將殺我也欲西走涼州潔與侍中古弼
屯五原河北左僕射安原屯悅拔城北備之既
而新民數千騎比走潔追討之走者糧絕相桃
而死時南州大水百姓阻飢潔奏曰臣聞天地
至公故万物咸育帝王無私而黎民戴賴伏惟
陛下以神武之姿紹重光之緒恢隆大業育濟
蒼生威之所振無恩不服澤之所洽無遠不懷
太平之治於是而在自頃邊寇內侵我車屢駕
天資聖明所在克殄方難既平皆蒙訓錫勳高
者受爵功卑者獲賞寵賜優崇有過古義而郡
國之民雖不征討服勤農桑以供軍國實經世
之大本府庫之所資自山以東偏遇水害頻年

不收就食他所臣聞率土之濱莫非王臣應加
哀矜以鴻覆資今南摧疆寇西敗醜虜四海晏
奴人神協暢若與兆民共饗其福則惠感和氣
蒼生悅樂矣世祖從之於是復天下一歲租賦
潔與悅樂平王五督諸軍取上邽軍至啟陽百姓
爭致牛酒潔至上邽諸將進曰隴土新民
祖將發隴右騎卒東伐高麗潔進曰隴土新民
王威潔不聽撫心奏隴秋其家無犯人皆安業世
始染大化宜賜優復以饒實之兵馬足食餘後
可用世祖深納之車駕西代潔為前鋒祖渠牧
徒弟董來率万餘人拒戰於城南潔信斗者之
三曰辰不協擊敢卻陳故後軍不進董來得入
城世祖微嫌之後潔與建寧王崇督諸軍於三
城胡部中簡兵六千將以戌姑臧胡不從命千
餘人叛走涼與崇擊誅之虜男女數千人潔朝
久在樞密深見委任性既剛直待寵自專世祖
心稍不平時議伐蠕蠕潔意不欲言於世祖曰
虜非有邑居遷徙無常前來出軍無所擒獲不

如廣豐辰積穀以待其來羣臣皆從其議世祖決
行乃問於崔浩浩固言可伐世祖從浩議既出
與諸將期會鹿渾谷而潔恨其計不用欲沮諸
將乃矯詔更期會諸將不至時虜屬衆大亂恭宗
欲擊之潔執不可語在帝紀儁鹿渾谷六日諸
將猶不進賊已遠遁追至石水不及而還師次
漠中糧盡士卒多死潔陰使人驚軍勸世祖棄
軍輕還世祖不從潔以軍行無功歸罪於崔
浩世祖又言潔矯詔事遂發輿駕至五原收潔
幽之世祖之征也潔私謂親人曰若軍出無功

魏書傳十六 十一

軍加駕不返者吾當立樂平王潔又使右丞張嵩
求圖讖問劉氏應王繼國家後我審有名姓否
嵩對曰有姓而無名窮治款引搜嵩家果得讖
書潔與南康公狄鄰及嵩三族死者百
餘人潔既居勢要擅作威福諸阿附者登長忡
恨者輙兔內外憚之側目而視拔城破國者聚
斂財貨與潔分之籍其家產財盈巨万世祖追

忿言則切齒

古弼代人也少忠謹好讀書又善騎射初為獵
郎使長安稱旨轉門下奏事以敏正著稱太宗
嘉之賜名曰筆取其直而有用後改名弼言其
輔佐材也弼即位以功拜立節將軍賜爵靈壽
奏征幷州叛胡進侍中更部尚書賜南部
侯軍與安原降高車於已尼陂又與劉潔
屯五原河北以備叛民拜安西將軍從征赫連

魏書傳十六 十二

定駕至平涼次于涇南遣弼與侍中張黎擊平
涼赫連定自安定率步騎二万來救與弼等相
遇弼偽退以誘之世祖使高車勑勒馳擊定斬
首數千級弼乘勝取安定又與來昌王健等計
馮文通文通嬰城固守弼焚其禾而還後又征
馮文通文通求救於高麗救至文通將東奔
民多難之其大臣古弼因民心之不欲遂率衆
攻文通開城門以引官軍弼疑古弼誘詐不入
城高麗軍至文通乃隨之文通之奔也令婦人

被甲居中其精卒及高麗陳兵於外彌部將高
苟子率騎衝擊賊軍彌酒醉拔刀止之故文通
得東奔卒士皆怨彌不擊世祖大怒徵還黜為
廣夏門卒尋復為侍中與尚書李順使于涼州
拜安西將軍賜爵建興公鎮長安甚著威名及
世祖不從既克姑臧微嫌之以其有將略故弗
議征涼州彌與順咸言涼州乏水草不宜行師
之責也劉義隆等將裴方明等擊南秦王楊難
當難當遣使請救兵未至難當奔上邽方明克

三祐　■魏傳十六　　　十三　　　陳□

仇池立楊文德庶子保熾於是假彌節督隴右諸
軍義隆遣其泰州刺史胡崇之屯仇池彌與平
西將軍元齊邀崇之於濁水臨陣擒之其眾走
還漢中彌遣從祥郊山南入與東道將及豹子
等討仇池遣永安侯賀純攻義隆狹亭諸將以
姜道祖退守狹亭諸將以山南道嶮峻時又雪深
用馬不便皆遲留不進彌獨進軍使元齊賀純
等擊狹亭道祖南走仇池平未幾諸氏復推楊
文德為主圍仇池彌發上邽高平沂城諸軍討

之仇池圍解文德走漢川時豹子督關中諸軍
次於下辨聞仇池圍解議欲還軍彌使謂豹子
曰比連破賊軍恐彼君臣未體大分恥其負敗
或來報復若其班師寇眾復至後舉為難不如
繕兵練甲待之不出秋冬南寇必來以逸
待勞百勝之策豹子乃止世祖聞之曰彌幾
長策也制南秦彌謀多矣恭宗揔攝政事認以彌
東宮四輔與宜都王穆壽等並參政事認以彌
保傅東宮有老成之勤賜帛千匹綿千斤遷尚

■魏書傳十六　　　十四　　　陳□

書令彌雖事務殷湊而讀書不輟端謹慎密口
不言禁中之事功名等於張奉而廉不及也上
谷民上書言苑囿過度民無田業乞減太半以
賜貧人彌臨覽見之欲陳奏遇世祖與給事中
劉樹棋奕志不聽事彌侍坐良久不獲申聞乃起
於世祖前捽樹頭制下床以手搏其耳以拳毆
其背曰朝廷不治寔爾彌曰樹之罪何罪置之彌且狀以聞
不聽奏事實在朕躬樹何罪置之彌且狀以聞
世祖奇彌公直甚曰其所奏以近百姓彌曰為

臣而逞其志於君前者非無罪也乃誣公車免
冠徒跣自劾請罪世祖遣使召之及至世祖
曰卿其冠履吾聞築社之役塞竇而築之端晃
而事之神與之福榮則卿有何罪自今以後苟
利社稷益國便民者雖復頤沛造次卿則為之
無所顧也世祖大閱將校獵於河西弼留守詔
以肥馬給騎人弱命給弱者世祖大怒曰尖頭
奴敢裁量朕也朕還臺先斬此奴弼頭尖世祖
常名之曰筆頭是以時人呼為筆公弼屬官惶

【魏書傳十六】　十五

怖懼誅弼吿之曰吾以為事君使畋獵不適盤
遊其罪小也不備不虞使戎寇恣逸其罪大也
今比狄孔熾南虜未滅狡焉為之志關伺邊境
吾憂也故選肥馬備軍實為不虞多也遠庸使
國家有利吾何避死乎明主可以理干此自吾
罪非卿等之咎世祖聞而歡曰有臣如此國之
寶也賜衣一襲馬二匹鹿十頭後車駕畋於山
北大獲麋鹿數千頭詔尚書發車牛五百乘以
運之世祖尋謂從者曰筆公必不與我汝輩不

如馬運之速遂還行百餘里而弼表至曰今秋
穀懸黃麻菽布野豬鹿竊食鳥鴈侵費風波所
耗朝夕參倍乞賜矜緩使得收載世祖謂左右
曰筆公果如朕所卜可謂社稷之臣初楊難當
之來也詔弼悉送其子弟於京師楊玄小子文
德以黃金四十斤賂弼弼受金留文德而遇之
無禮文德亡入劉義隆世祖以其正直有戰功
弗加罪責也世祖崩吳王立以弼為司徒高宗
即位與張黎亦議不合俱免有怨謗之言其

家人吿巫蠱俱伏法時人冤之

【魏書傳十六】　十六

張黎鴈門平原人也善書計太祖知待之太宗
器其忠亮賜爵廣平公管綜機要世祖以其功
舊任以輔弼除大司農卿軍國大議黎常與焉
加鎮比將軍以征赫連定功進號征北大將軍
與樂安王範濟南公崔徽鎮長安清約公平甚
著聲稱代下之日家無餘財世祖詔黎領兵一
萬二千人通莎泉道車駕征涼州蠕蠕吳提乘
虛入寇黎與司空道生拒擊之恭宗初總百揆

何澤

黎與東郡公崔浩等輔政忠於奉上非公事不
言詔曰侍中廣平公黎東郡公浩等保傅東宮
有老成之勤朕甚嘉焉其賜布帛各千匹以褒
舊勳恭宗薨於東宮黎兼太尉持節奉策謚焉
吳王余立以黎為太尉後以議不合旨免仍與
古弼並誅
史臣曰和跋奚牧莫題賀狄干李栗劉絜等並
有忠勤征代之効任過仍優俱至誅滅岳見妃
危難之中受事草創之際智勇既申功名无舉
乃良將之材彌謀軍輔國遠略正情有柱石之
量張黎誠謹兼方功舊見重纖介之間一朝殞
覆宥及十世乃徒言爾惜乎

列傳第十六　　魏書三十六

奚斤　叔孫建

奚斤代人也世典馬牧父箪有寵於昭成皇帝
時國有良馬曰騘驪一夜忽失之不得後知
南部大人劉庫仁所盜養於窟室箪聞而馳往
取馬庫仁以國甥恃寵懃而逆擊箪箪捽其髮
落傷其一乳及柎堅使庫仁與衛辰分領國部
箪懼將家竄於民間庫仁求之急箪遂西奔衛
辰及太祖滅衛辰箪晚乃得歸故名位後於舊

臣斤機敏有識度登國初與長孫肥等俱統禁
兵後以斤為侍郎親近左右從破慕容寶於參
合皇始初從征中原以斤為征東長史拜越騎
校尉典宿衛禁旅車駕還京師博陵勃海章武
諸郡羣盜並起所在屯聚拒害長吏斤與略陽
公元遵等率山東諸軍討平之從征高車諸落
大破之又破庫狄宥連部徙其別部諸落於大
南又進擊侯莫陳部俘屬雜畜十餘万至大
峨谷置成而還還都水使者出為晉兵將軍幽

州刺史賜爵山陽侯太宗即位為鄭兵將軍循
行州郡問民疾苦章武民劉牙聚黨為亂斤討
平之詔以斤世忠孝贈斤父箪為長寧子太宗
幸雲中斤留守京師昌黎王慕容伯兒見收輕
俠失志之徒李沈等三百餘人謀反斤聞而召
伯兒入天文殿東廂下窮問款引乃收其黨誅
之詔與南平公長孫嵩等俱坐朝堂錄決囚徒
太宗大閱于東郊治兵講武以斤行左丞相大
蒐於石會山車駕西巡詔斤為先驅討越勒部

於隰那山大破之獲馬五萬四千牛羊二十萬頭
徙二萬餘家而還又詔斤與長孫嵩等八人坐
止車門右聽理萬機蠕蠕犯塞令斤等追之事
具蠕蠕傳拜天部大人進爵為公命斤出入乘
軺軒備威儀道從世祖之為皇太子臨朝聽政
以斤為左輔劉義符立其父臣不附國內離阻
乃遣斤收劉裕前侵河南地假斤節都督前鋒
諸軍事司空公晉兵大將軍行揚州刺史率吳
兵將軍公孫表等南征用表計攻滑臺臺不拔求

濟師太宗怒其不先略地切責之乃親南巡次
中山義符東郡太守王景度捐城遁走司馬楚
之等並遣使詣斤降斤自滑臺趣洛陽義符
牢守將毛德祖遣其司馬翟廣將軍姚勇儲實
霸等率五千人據土樓以拒斤驅至虎牢軍於氾
等單馬走免盡殪其眾斤長驅至虎牢潁川陳郡
東留表守輜重自率輕兵拘下河南潁川陳郡
以南百姓無不歸附義符陳留太守嚴稜以郡
降斤遂平兗豫諸郡還圍虎牢德祖拒守不下

魏書傳十七　三　任夏

及虎牢潰斤置守宰以撫之自魏初大將行師
唯長孫嵩距劉裕斤征河南獨給漏刻及十二
牙旗太宗崩斤乃班師世祖即位進爵宜城王
仍為司空世祖征赫連昌遣斤率將義兵大將軍封
禮等瞥四万五千人襲蒲坂昌守將赫連乙升
聞斤將至遣使告昌使至統萬見大軍已圍其
城還告乙升曰昌已敗矣乙升懼棄蒲坂西走
斤追敗之乙升遂奔長安斤入蒲坂收其資器
百姓安業昌弟助興先守長安乙升至復與助

興棄長安西走安定斤又西據長安於是秦雍
氐羌皆來歸附與赫連定相持累戰破定定聞
昌敗遂走上邽斤追之至雍不及而還詔斤班
師斤上疏曰赫連昌亡保上邽鳩合餘燼馬平昌
而還世祖曰昌亡國叛夫擊之為易請益鎧馬且可
盤擭之資今因其危滅之為易請益鎧馬平昌
息兵取之不晚斤抗表固執乃許之給斤万人
遣將軍劉拔送馬三千匹與斤進討安定昌
退保平涼斤屯軍安定以糧竭馬死遂深壘自

魏書傳十七　四　宋琳

固監軍侍御史安頡擊昌擒之語在頡傳昌眾
復立昌弟定為主守平涼斤自以元帥而擒昌
之功更不在已深耻之乃舍輜重輕齎三日糧
邀其走路定眾將出會一小將有罪亡入賊具
告其實定知斤軍無糧乏水乃邀斤前後斤眾
大潰斤及娥清劉無糧乏水乃邀斤前後斤眾
追定於平涼娥清欲尋水而往斤不從自北道
千人後世祖克平涼斤等得歸免為宰人使貧
酒食從駕還京師以辱之尋拜安東將軍降爵

三百五十四

為公車駕將討馬文通詔斤發幽州民及密雲
丁零萬餘人運攻具出南道太延初為衛尉改
為弘農王加征南大將軍後為萬騎大將軍世
祖大集羣臣於西堂議代涼州斤等三十餘人
議曰河西王牧犍西垂下國雖內不純臣而外
脩職貢且加寬宥恕其微愆去歲新征士馬疲
弊未可大舉且鄯鄯其地鹵薄略無水草大
軍既到不得久停彼聞軍來必嬰城固守攻則
難拔野無所掠終無克獲世祖不從征之涼州
平以戰功賜僮隸七十戶以斤元老賜安車平
決刑獄謹訪朝政斤聰辯彊識善於談論遠說
先朝故事雖未皆是時有所得聽者歎美每
議大政多見從用朝廷稱善真君九年薨時年
八十世祖親臨哀慟諡曰昭王斤有數十婦子
男二十餘人
長子他觀襲爵世祖曰斤關西之敗國有常刑
以其佐命先朝故復其爵秩將收孟明之效今
斤終其天年君臣之分全矢於是降他觀爵為

公除廣平太守後為都將征懸瓠卒於軍
子延襲爵出為氾城鎮將卒
子緒襲爵初為散令後為太中大夫加左將軍
開建五等封弘農郡開國侯增邑九百戶後例
降為縣改封澄城縣開國侯食邑三百戶卒
子遵襲封辛贈鎮遠將軍洛州刺史諡曰衰侯
無子遵弟中高祖中高祖追錄先朝功臣以斤配
食廟庭世宗繼世詔以緒弟子臨鑒持紹其後
以承封邑鑒卒於中堅將軍司徒從事中郎贈
子紹宗武定中開府田曹參軍
龍驤將軍肆州刺史
他觀弟和觀太和中高祖時內侍左右太宗以其世典
戎御遂拜典御都尉賜爵廣興子建威將軍尋
進為宜陽侯加龍驤將軍領牧官中郎將出為
冀州刺史卒
子冀州龍襲爵
冀州弟受具為中散高宗即位拜龍驤將軍賜
爵成都侯遷給事中出為離石鎮將

和觀弟拔太宗時內侍左右世祖即位稍遷侍
中選部尚書鎮南將軍賜爵樂陵公後以罪徙
邊徵爲散騎常侍從征蠕蠕戰没
子買奴有寵於顯祖官至神部長與安成王萬
安國不平安國矯詔殺買奴於苑內高祖賜安
國死追贈買奴爲并州刺史新興公
斤弟普回陽曲護軍
普回子烏侯世祖時拜治書御史建義將軍賜
爵夷餘侯從征蠕蠕及赫連昌以功進爵城陽

【魏書傳七】 七 蔣榮

公加員外散騎常侍出爲虎牢鎮將興光中卒
喪禮依其伯父弘農王故事陪葬金陵
烏侯子兜世祖時親侍左右隨從征討常持御
劍後以罪從龍城尋徵爲知臣監出爲薄骨律
鎮將假鎮遠將軍賜爵富城侯時高車叛圍鎮
城兜擊破之斬首千餘級延興中卒
叔孫建代人也父骨爲昭成母王太后所養與
皇子同列建少以智勇著稱太祖之幸賀蘭部
建常從左右登國初以建爲外朝大人與安同

筆十三人送典庶事參軍國之謀隨之秦王觚使
慕容垂歷六載乃還拜建威將軍頃之爲都水使
者中領軍賜爵安平公加龍驤將軍出爲并州
刺史後以公事免守鄴城圍太宗即位念建前
功以建爲正直將軍相州刺史飢胡劉虎等
聚黨反叛大宗假建前號
安平公督表等以討虎斬首萬餘級餘衆乃定
投沁而死水爲不流虜其衆十萬餘口司馬德
宗將劉裕伐姚泓令其部將王仲德爲前鋒將

【魏書傳十七】 八 董洪

逼滑臺兗州刺史尉建率所部棄城濟河仲德
遂入滑臺乃宣言曰晉本意欲以布帛七萬匹
假道於魏不謂魏之守將便棄城太宗聞之
詔建自河內向枋頭以觀其勢仲德入滑臺月
餘又詔建渡河曜威斬尉建投其屍於河呼仲
德軍人與語詰其侵境之意仲德道司馬德
之建命公孫表與言和之曰王征虜爲劉太尉
所遣入河西行將取洛城掃山陵之寇非敢侵
犯魏境太尉自遣使請魏帝陳將假道而魏兗

州刺史不相體解望風指去因空城而入非戰
攻相逼也魏晉和好之義不廢於前表曰尉建
失守之罪自有常刑將更遣良友軍宜西不
然將以小致大非和好之體和之曰王征虜權
住於此以待衆軍之集比當西過滑臺還爲魏
有何必建旗鼓必耀威武乎仲德早辭常自言
不敢與大魏抗衡建不能制之太宗令建與劉
裕相聞以觀其意裕苟言洛是晉舊京而羌
姚據之晉欲脩復山陵之計父矣而內難屢興

不暇經營司馬休之魯宗之父子司馬國璠兄
弟諸桓宗屬比皆晉之蠹也而姚氏收集此等欲
以圖晉是以伐之道由於魏軍之初舉將以重
幣假途會彼邊鎮棄守而去故晉前軍得以西
進非敢憑陵魏境裕以官軍在河南恐斷其前
路乃命引軍北寇及班師乃止語在帝紀建與
南平公長孫嵩各簡精兵三千觀裕事勢語與
在昔高傳遷廣阿鎮將臺盜斂跡威名甚震父之
除使持節遷都督前鋒諸軍事樊兵將軍徐州刺

史率衆自平原濟河徇下青兗諸郡建濟河劉
裕兗州刺史徐琰奔彭城建遂東入青州司馬
受之先聚黨於濟東比衆降建入臨淄
劉義符前東年太守清河張幸先匿孤山聞建
至率二千人迎建於女永遂圍義符遣將檀道
笠憂於東陽城義符遣將壽光侯加鎮南將軍
建不克而還建以功賜爵壽光侯加鎮南將軍
建表曰臣前遣沙門僧護詣彭城僧護遂稱賊
發軍向北前鋒將徐卓之已至彭城大將軍到

彥之軍在泗口發馬戒嚴必有舉爷之志臣聞
爲國之道存不忘亡宜繕甲兵增益屯戍先爲
之備以待其來若不豫設卒難擒殄且吳越之
衆便於舟楫今至比未舍其所長逆順旣殊勞
逸不等平寇定功在於此曰臣雖衰弊謀略寬泉
淺過蒙殊寵忝荷重任願畢下不以南境爲憂
以秣馬枕戈思效微節陛下不以南境爲憂
世祖優詔荅之賜以衣馬建與汝陰公長孫道
生濟河而南彥之仲德等自清入濟東走青州

劉義隆兗州刺史空靈秀兼須昌南奔湖陸建
追擊大破之斬首五千餘級遂至鄒魯還屯范
城世祖以建威名南震為義隆所憚除平原鎮
大將封丹陽王加征南大將軍都督冀青徐濟
四州諸軍事先是簡幽州以南戍兵集于河上
一道討洛陽一道攻滑臺以義隆將檀道濟沈
德救滑臺建與汝陰公道生拒擊之建分軍挾
戰縱輕騎邀其前後焚燒穀草以絕其糧道濟
濟兵飢叛者相繼由是安頡等得拔滑臺建道
敏多智東西征伐常為謀主治軍清整號令嚴
明又雅尚人倫禮賢愛士在平原十餘年綏懷
內外甚得邊稱魏初名將勘有及之南方憚其
威略青兗輒不為寇太延三年薨時年七十三
世祖悼惜之諡曰襄王賜葬金陵
長子俊字醜歸少聰敏年十五內侍左右性謹
密初無過行以便弓馬轉為獵郎太祖崩清河
王紹閉宮門太宗在外紹逼俊以為己援俊以
雖從紹內實忠款仍與元磨渾等說紹得歸太

宗事在磨渾傳是時太宗左右唯車頭王
洛見等及得俊等大悅以為爪牙太宗即位
命俊與磨渾等拾遺左右遷衛將軍賜爵安
城公朱提王悅懷入禁中將為大逆俊覺
悅舉動有異便引手掣之乃於悅懷中得兩
刃亡首遂殺之太宗以俊前後功重軍國大
計一以委之群官上事先由俊銓校然後奏
聞性平正柔和未嘗有喜怒之色忠篤愛厚
不諂上抑下每奉詔宣外必告示穀勤受事
者皆飽之而退事審者倍至蒸仍是以上下嘉
歡泰常元年卒時年二十八太宗甚痛悼之
親臨哀慟朝野無不追惜贈侍中司空安城
王諡孝元賜溫明祕器載以轀輬車衛士導從
陪葬金陵子蒲襲爵後有大功及寵幸貴臣
薨者命其妻桓氏曰夫生既共榮沒宜同穴殉
太宗命其妻桓氏乃縊而死遂合葬焉俊既為安城
王俊弟隣襲父爵降為丹陽公少聰慧知名稍遷

比部尚書有當官之稱轉尚書令出為涼州鎮

大將加鎮西將軍隣與鎮副將奚牧並以貴戚

子弟競貪財貨專作威福遂相糾發坐伏誅

史臣曰奚斤世稱忠孝征伐有克平涼之役師殱

身虜雖敗崤之責已赦封尸之效靡立而恩禮

隆渥没祀廟庭叔孫建少展誠勤終著庸代

治邊有術威震夷楚俊委節太宗義彰顯察

朱提之變有曰碑之風加以柔而有正見美朝野

可謂世不乏賢矣

列傳第十七　　　魏書三十九

魏傳十七　十三

魏列十八

王建　安同
樓伏連　立堆
娥清　劉尼
奚斤　車伊洛
宿石　宗大千
周幾
周觀　閭大肥
尉撥　豆代田
呂洛拔　陸真

王建廣寧人也祖姑為平文后生昭成皇帝伯
祖豐以帝舅貴重罷二子支尚昭成女其見親待十
建少尚公主登國初為外朝大人與和跋等十
三人迭典庶事參與計謀之還為左右大夫建兄
慕容垂多不順法建具以狀聞迴父子伏誅其使
回諸子多不順法高允壯之狀聞迴父子伏誅其使
謹直如此從征伐諸國破二十餘部以功賜奴
婢數十口雜畜數千從征衛辰破之賜僮隸五

千戶為中部大人從破慕容寶於參合陂太祖
秉勝將席卷南夏於是簡擇俘眾有才能者留
之其餘欲來求給衣糧遣歸令中州之民咸知恩
德乃召羣臣議之建曰慕容寶覆敗於此國內
虛空圖之為易今獲而歸之無乃不可乎且縱
敵生患不如殺之太祖謂諸將曰若從建言吾
恐後南人創艾以建言為然建又固執乃坑之太祖
既而悔焉後從征慕容寶冠軍將軍并州既
義諸將咸以建言絕其向化之心非伐罪弔民
乃遣衛王儀南攻鄴建攻信都眾各五萬建等
攻城六十餘日不能尅士卒多傷太祖乃自中
山幸信都慕容寶冀州刺史慕容鳳夜踰城走
駕次常山諸郡皆降惟中山鄴信都三城不下
乃遣衛王儀南攻鄴建攻信都眾各五萬建等
平車駕東出井陘命建率五萬騎先驅啟路車
駕次常山諸郡皆降惟中山鄴信都三城不下
信都降車駕幸鉅鹿破慕容寶於栢肆壩遂進
圍中山寶棄城走鄴建攻信都無主百姓惶惑
門不開太祖將夜入乘城據守其門建貪而無
謀意在虜獲恐士卒肆掠盜亂府庫請俟天明

太祖乃止是夜徙徒河人共立慕容普驎為主遂
閉門固守太祖乃悉衆攻之連日不拔使人登
巢車臨城招其衆曰慕容寶捐城奔走沒曹百
姓將為誰守何不識天命取死亡也皆曰羣小
無知但復恐如參合之衆故求全月日之命耳
太祖聞之顧視建而唾其面中山平賜建爵濮
陽公烏九庫假宮鳴聚黨為寇詔建討平之遷
太僕徙為真定公加散騎常侍冀青二州刺史
卒陪葬金陵初建兄豆昆以建功賜爵即丘侯
無子建以子斤襲兄爵太宗初給事中任職用
事轉大長秋世祖征赫連昌遣斤部造攻具進
爵淮南公加平北將軍時并州胡酋田卜謀反
誅餘衆不安遣斤鎮虎慮以撫慰之斤綏靜胡
魏甚收聲稱劉義隆遣將到彥之寇河南世祖
西征赫連定以斤為衞之將軍斤鎮蒲坂關隴平
斤徙鎮長安假節鎮西將軍斤逐驕矜不順法
度信用左右調役百姓民不堪之南奔漢川者
數千家而委罪於雍州刺史陽文祖秦州刺史

任延明世祖召問二人各以狀對世祖知為斤
所誣遣宜陽公伏樹覆按虛實得數十事遂
斬斤以徇
建孫度太宗時為虎牢鎮監軍世祖即位徵拜
殿中給事遷尚書從征赫連昌討蠕蠕並有功
賜爵酒陽公加散騎常侍平南將軍詔度率五
千騎與叔孫建合擊劉義隆兗州刺史竺靈秀
於湖陸大破之後出鎮長安假節都督秦涇梁
益雍五州諸軍事開府卒謚曰莊
子安都龍將建降爵為侯世祖拜為太子庶子出為
鄴善鎮將高宗時為內都大官卒
子買得襲
建曾孫樹以善射有寵於顯祖為內侍長稍遷
尚書賜爵歷陽侯加龍驤將軍貞外常侍出為
平西將軍涇州刺史卒
安同遼東胡人也其先祖曰世高漢時以安息
王侍子入洛歷魏至晉避亂遼東家為父屈
住慕容暐為殿中郎將苻堅滅暐屈友人公孫

卷之妹没入符氏宮出賜劉庫仁為妻庫仁貴
寵之同因隨眷商販見太祖有濟世之才遂留
奉侍性謹嚴明惠好長者之言登國初太祖徵
兵於慕容垂車在窟咄傳同頻使稱旨遂見寵
異以為外朝大人與和跋等出入禁中迭為典庶
軍太祖班賜功臣同以使功居多賜以妻妾及
隸戶三十馬二四羊五十口加廣武將軍從征
以拒興同進計曰臣受遣詣絳督租見汾東有
姚平於柴壁姚興悉衆救平大祖乃增築重圍
蒙坑東西三百餘里徑路不通姚興來必從汾
西乘高臨下直至柴壁如此則寇內外勢接重
圍難固不可制也宜截汾曲為南北浮橋乘西
岸築蒙圍既固賊至無所施其智力矣從之
興果視平屠滅而不能救以謀功賜爵北新侯
加安遠將軍詔同送姚興將越騎校尉唐小方
等於長安清河王紹之亂太宗在外使夜告同
令收合百工伐巧衆皆嚮應奉迎太宗即位命
同與南平公長孫嵩並理民訟又詔與肥如侯

賀護持節循察并定二州及諸山居雜胡丁零
宣詔撫慰問其疾苦糾舉守宰不法同至并州
表曰竊見并州所部守宰多不奉法又刺史擅
用御府鍼工古形為晉陽令交通射賄共為奸
利請案律治罪太宗從之於是郡國肅然同東
出井陘至鉅鹿發衆四戶一人欲治大嶺山通
天門關又築壇於宋子以鎮靜郡縣護疾同得
衆心因此使人告同築城聚衆欲圖大事太宗
以同擅徵發於外檻車徵還召羣官議其罪皆

曰同擅與事役勞擾百姓宜應窮治以肅來犯
太宗以同雖專命而本在為公意無不善釋之
世祖監國臨朝聽政以同為左輔太宗征河南
拜同右光祿大夫世祖出鎮北境同與安定王
彌留鎮京師世祖即位進爵高陽公拜光祿勳
宗時除典太倉事盜官粳米數石欲以養親同大
怒奏求戮屈自劾不能訓子請罪太宗嘉而恕
之遂詔長給同粳米其公清奉法皆此類也同

在官明慧長於校練家法脩整為世所稱及在

冀州年老頗殖財貨大興寺塔為百姓所苦神

麚二年卒追贈高陽王謚曰恭惠

屈子陽烈散騎侍郎賜爵比新子

屈弟原雅性矜嚴沉勇多智略太宗時為獵郎

出監雲中軍事時赫連屈丐犯河西原以數十

騎擊之殺十餘人太宗以原輕敵違節度加其

罪責然知原驍勇遂任以為將鎮守雲中寬和

愛下甚得眾心蠕蠕屢犯塞原輒摧破之以功

賜爵武原侯加魯兵將軍世祖即位徵拜駕部

尚書車駕征蠕蠕大檀分軍五道並進大檀驚

駭北遁遷尚書左僕射河間公加侍中征南大

將軍從征赫連昌入其城而還車駕比伐蠕蠕

遁走世祖聞東部高車在巳尼陂人玄甚眾將

遣龍丕之諸將皆以為難世祖不從遣原與侍中

古弼率萬騎計之大獲而還車駕征昌黎原與

建寧王崇屯千漠南以備蠕蠕原在朝無所比

周然恃寵驕恣多所排抑為子求襄城公盧魯

元女魯元不許原告其罪狀事相連逮歷時不

決原懼不勝遂謀為逆事洩伏誅臨刑上疏曰

臣聞聖不獨明而治鼎不單足而立是以熒火

之光猶增日月之曜先臣同往因聖運歸身太

祖竭誠勠力効於險難之中臣以頑闇忝備

股肱陛下恩育委以朝政思展微誠仰報恩澤

而魯元奸佞構成貝錦天威遂加合門俱戮此

乃命也非臣之枉也魯元外類忠貞內懷奸詐

而陛下任以腹心恐舋釁發肘腋臣與魯元生為

怨人死為讎鬼非以私故謗毀魯元不復眷眷

披露誠款原弟頠頠弟聰弟隆為內侍聰弟隆為龍

驤將軍給事黃門侍郎賜爵廣宗侯原兄弟外

節儉而內實積聚及誅後籍其財至數萬

頠辯慧多策略最有父風太宗初為內侍長令

察舉百寮糾剌姦慝無所回避嘗告其父陰事

太宗以為忠特親寵之宜城王奚斤自長安追

擊赫連昌至于安定頠為監軍侍御史斤以馬

多疲死士眾乏糧乃深壘自固遣太僕丘堆等

督祖於民間爲昌所敗昌遂驕矜日來侵掠芻
牧者不得出士卒患之頡進計曰本奉詔誅賊
今乃退守窮城若不爲賊殺當以法誅進退安
有生路而王公諸將晏然無謀當以步擊騎終無
責斤曰今若出戰則馬力不足以報恩塞
捷理當湏京師救騎至然後步陳擊於內騎兵
襲其外所謂刀全之計也頡曰今猛寇遊逸於
外而吾等兵疲力屈吉有飢色不一決則死
在旦夕等死當留戰死寧可坐

受困平斤猶以馬爲辭頡曰今兵雖無馬但將
帥所乘足得二百騎頡請募壯男出擊之就不
能破可以折其銳且昌猾而無謀每好挑戰衆
皆識之若伏兵奮擊昌可擒也斤猶難之頡乃
陰與尉眷等謀選驍騎待焉頡出應之會天大
昌於陳前自接戰軍士識昌爭往赴之會天大
風揚塵晝昏衆亂昌退頡等追擊昌馬蹶而墜
頡擒昌送於京師世祖大悅拜頡建節將軍賜
爵西平公代堆統攝諸軍斤耻功不在己輕追

昌弟定於平涼敗績定將復入長安詔頡鎮蒲
坂以距之劉義隆遣將到彥之率衆冦河南以
援赫連定世祖以兵少乃攝河南三鎮北渡以
之遂列守南岸至于衡關世祖西征赫連定以
頡爲冠軍將軍督諸軍擊之彥之遣將姚縱
夫渡河攻冶坂頡督諸軍擊之斬首三千餘二
投水者甚衆遂濟河攻洛陽拔之虎牢潰義隆
十餘人斬首五千級進攻虎牢虎牢潰義隆司
州刺史尹沖隆城死又與琅邪王司馬楚之平
滑臺擒義隆將朱脩之李元德及東郡太守申
謨俘獲萬餘人乃振旅還京師神䴥四年卒贈
征南大將軍儀同三司進爵爲王謚曰襄頡爲
將善綏吏衆及卒義隆士卒降者無不歡惜
同弟腦太宗時爲樂陵太守卒
長子國位至冠軍將軍賜爵北平侯杏城鎮將
國弟難有巧思陽平王杜超督諸將擊劉義隆
難參征南軍事以功表爲清河太守世祖時諸
將頡征和龍皆以難爲長史鑒山埋谷省力兼

功遷給事中從駕南征造浮橋於河以功賜爵
清河子卒
子平城襲爵官至虞曹令為乙渾所殺
樓伏連代人也世為酋帥伏連忠厚有器且年
十三龍父位領部落太祖初從破賀蘭部又從
平中山為太守斬逆賊張翹從征姚平於柴壁
以功賜爵安邑侯太祖時為晉兵將軍龍襲殺赫
史連招誘西河胡曹成等七十餘人龍殺赫
連屈子吐京護軍及其守十三百餘人并擒叛

胡阿度支等二百餘家太宗嘉之拜成等將軍
賜爵列侯徵伏連為內都大官世祖即位進為
廣陵公轉衛尉從光祿勳世祖征蠕蠕伏連留
鎮京師進爵為王加平南大將軍又除假節督
河西諸軍鎮西大將軍出鎮統萬真君十年薨
謚曰恭王
子眞龍襲爵為公從世祖征伐有功官至散騎
常侍尚書安北將軍徙為湘東公從征涼州還
卒於路謚曰莊公

子干龍降爵為侯
眞次弟大拔歷位尚書散騎常侍征西將軍賜
爵永平侯高祖初為中都大官卒贈平東將軍
定州刺史謚曰康
子亶字法生襲拜太子宮門大夫稍遷趙郡太
守更滿還京除冠軍將軍仍本將軍入為衛
將軍平城鎮將遷朔州刺史城門校尉出為勇
尉少卿卒年五十八贈撫軍將軍恒州刺史
子貴宗武定中伏波將軍開府水曹參軍

伏連兄孫安文從征平涼有功賜爵霸城男加
虎威將軍後遷三郎幢將卒高祖初以其子毅
貴追贈安東將軍冀州刺史陽平公論曰定
毅歷位內外稍遷殿中尚書散騎常侍賜爵梁
山公加安南將軍遷尚書右僕射以擒反人梁
衆保加侍中本官如故後例降為侯出除使持
節鎮東將軍定州刺史時太極殿成將行考室
之禮引集群臣而雪不克饗高祖曰朕經始正
殿功構初成將集百寮考行大禮然同雲仍結

霖雪驟零將由負眯未能仰荅天志此之不德
黍竟焉在卿等且冬陳所懷以匡不逮毅稽首
對曰雪霜風雨天地之常夏霖冬霰四時恒節
今隆冬雪降固是其時又禮云雨沾服失容則
廢禮曰古而然不足為異高祖曰昔劉秀將渡
呼沱為之冰合但朕德謝古人不能仰感天意
故也後轉都督涼河二州鄯善鎮諸軍事涼州
刺史車駕南代毅表諫曰伏承六軍霙動問罪
荊楊弔民淮表〔同歐越但臣愚見私竊未安

何者京邑新遷百姓易業公私草剏生途素然
兼往歲弗稔民多飢饉二三之際嗟惋易興天
道悠長宜遵養時晦願抑赫斯以待後日詔曰
時不自來因人則合今年人事殊非昔歲守株
之唱便可停也陽九利涉豈卿所知也太和二
十一年卒賜錢二十萬布二百四
丘堆代人也美容儀以忠謹親侍太宗即位拾
遺左右稍遷散騎常侍與叔孫建等討滅山胡
劉裕泝河西代詔堆與建自河內次枋頭以備

寇盜姚泓既滅堆留鎮并州赫連屈子遣三千
騎冦河西自并州與游擊將軍王洛生擊走
之以功賜爵河西堆為侯世祖監國臨朝將
觀等為右弼世祖即位進爵臨淮公加鎮西將
軍徙為太僕世祖征赫連昌堆與常山王素督
步兵三萬人為後繼昌戰敗南奔世祖遣堆與
宗正娥清率五千騎略地關右昌貳城守將堅
守不下堆與清攻拔之詔堆師宜城王奚斤
表留堆等進平昌許之堆斤合軍與昌相拒擊

士馬乏粮堆與義兵將軍封禮督租於民間士
卒暴掠為昌所襲敗績堆將數百騎還城斤追
擊赫連定留堆守輜重斤為定所擒堆聞而棄
甲走長安復將高涼王禮棄守東走蒲坂世祖
大怒遣西平公安頡斬堆延和初詔曰國之
肺腑勳著先朝西征喪師遂從軍法國除祀絕
朕甚愍之可賜其子跋爵淮陵侯加安遠將軍
後征蓋吳戰沒
子麟襲爵歷位駕部 令出為瑕丘鎮將假平南

將軍東海公遷東兖州刺史卒官

娥清代人也少有將略累著戰功稍遷振威將
軍劉裕遣將朱超石寇平原至畔城遁還清與
長孫道生追之至河獲其將楊豐還拜給事黃
門侍郎先是徙河民散居三州頗為民害詔清
徙之平城清善綏撫徙者如歸太宗南巡幸鄴
以清為中領軍將軍與宋兵將軍周幾等渡河
略地至湖陸高平民屯聚林藪拒射官軍清等
因誅數千家虜獲萬餘口賜爵湏昌侯清與幾

等遂鎮枋頭世祖初清自枋頭還京師假征南
將軍進為東平公蠕蠕大檀徙居漠南清與平
陽王長孫翰從東道出長川討之大獲而還轉
宗正卿尋從征蠕蠕又從平統萬遂與奚斤追
赫連昌至安定與昌相持及安頡擒昌昌弟
西走斤追之清欲尋水而往斤不從遂與斤俱
為定所擒世祖克平涼乃得還後詔清鎮并州
討山胡白龍於西河斬白龍及其將率遂屠
其城遷平東將軍與古弼等東討馮文通以不

急戰文通奔高麗檻車徵黜為門卒遂卒於家
子延當至員外散騎常侍賜爵南平公

劉尼代人也本姓獨孤氏曾祖敦有功於太祖
為方面大人父妻冠軍將軍卒贈并州刺史尼
少壯健有膂力勇果善射世祖見而善之拜羽
林中郎賜爵昌國子加振威將軍尼勸殺南
安王余於東廟秘之惟尼知狀尼大懼人皇孫
愛自以貪罪於景穆聞而驚曰君大癡人皇孫
若立豈忘正平時事乎尼曰若爾今欲立誰愛

曰待還宮擢諸王子賢者而立之尼懼其有變
密以狀告南部尚書源賀賀時與尼俱典兵宿
衛仍共南部尚書陸麗謀曰宗愛既立南安還
復殺之今不能奉戴皇孫以順民望社稷危矣
將欲如何麗曰唯有密奉皇孫耳於是賀與尚
書長孫渴侯嚴兵守衛宮尼與麗迎高宗於苑中
麗抱高宗於馬上入京城尼馳還東廟大呼曰
宗愛殺南安王大逆不道皇孫已登大位有詔
宿衛之士皆可還宮眾咸唱万歲賀及渴侯登

執宗愛賈周等勒兵而入奉高宗於宮門外入
登永安殿以尼為內行長進爵建昌侯遷散騎
常侍安南將軍又進爵東安公尋遷尚書右僕
射加侍中進封為王世為征南將軍定州刺史
在州清慎然率多酒醉治日甚少徵為殿中尚
書加侍中特進封高宗末遷司徒顯祖即位以尼
有大功於先朝彌加尊重賜別戶三十皇興四
年車駕北征帝親哲衆而尼昏醉兵陳不整顯
祖以其功重特恕之免官而已延興四年薨

子社生襲爵世宗時寧朔將軍步兵校尉熙平
初卒贈龍驤將軍朔州刺史謚曰克

■魏書傳十八　　　十七

奂眷代人也少有將略太祖時有戰功太宗時
為尚書假安南將軍鎮虎牢鎮將為寇所憚世祖
初為中軍都曹尚書復鎮虎牢賜爵南陽公加
使持節侍中都督豫洛二州河內諸軍事鎮南
將軍開府尋徙鎮長安世祖幸美稷眷受詔督
諸軍共討山胡白龍于西河破之屠其城斬首
數千級虜其妻子而還世祖平姑臧遣眷討沮

渠牧犍弟私署張掖太守宜得宜得奔酒泉酒
泉太守無諱與宜得奔高昌獲其三城後沮渠
天周復據酒泉眷眷討平之虜男女四千餘人世
祖征蠕蠕以眷為尚書督偏將出別道詔會鹿
渾海眷與中山王辰等諸大將俱後期斬于都
南爵除

車伊洛為者胡也世為東境部落帥恒脩職貢
世祖錄其誠款延和中授伊洛平西將軍封前
部王賜絹二百四綿二百斤繡衣一具金帶韡

■魏書傳十八　　　十八　朱

帽伊洛大悅規欲歸關沮渠無諱斷路伊洛與
無諱連戰破之時無諱卒其弟天周奪無諱子
乾壽兵規領部曲伊洛前後遣便招喻乾壽等
率弟欽等五百餘家來奔伊洛送之京師又招喻李
寶弟戶五百餘家來奔伊洛送詣敦煌伊洛又率部衆
二千餘人伐高昌討破焉者東關七城虜獲男
女三百人馳千頭馬千四以金一百斤奉獻先
是伊洛征焉者留其子歇守城而安周乘虛引
蠕蠕三道圍歇并道使謂歇曰爾父已投大魏

爾速歸首當賜爾爵號歔固守連戰久之外無
救援為安周所陷走奔伊洛伊洛收集遺散一
千餘家歸焉老鎮世祖嘉之正平元年詔伊洛
曰歔年尚幼能固守城邑忠世祖賜弟波利
可遣歔詣闕伊洛令歔弟波利等十餘人赴
都正平二年伊洛朝京師賜以妻妻奴婢田宅
牛羊拜上將軍如故典安二年卒贈鎮西大
將軍秦州刺史諡曰康王賜綿絹雜綵五百四
亥二十七龍葬葬禮依盧魯元故事

歔龍二爵皇興末拜使持節平西將軍豫州刺史
延興三年卒
子伯主龍襲爵
波利天安二年拜立節將軍樂官侯皇興三年
卒
兄子洛都龍襲爵
宿石朝方人也赫連屈子弟文陳之曾孫也天
興二年文陳父子歸闕太祖嘉之以宗女妻焉
賜奴婢數十口拜為上將軍祖若豆根太宗時

賜姓宿氏襲上將軍父沓千世祖時虎賁幢將
從征平涼有功拜虎威將軍侍御郎賜爵漢安
男轉中散遷給事兼領主曹從駕討蠕蠕龍沒世
賜奴婢十七戶亡具君四年從駕討蠕蠕戰沒功
祖悼惜之詔求沓千子時石年甫十一引見以
幼聽歸年十三龍襲爵擢為中散從駕至江拜宣
威將軍興光中遷侍御史從幸苑內遊獵石於
陽子典宜官曹遷內行令從幸苑內遊獵石於
高宗前走馬道峻馬倒殞絕久之乃蘇由是御

馬得制高宗嘉之賜綿一百斤帛五十匹駿馬
一匹改爵義陽子嘗從獵高宗親飲射虎叩
馬而諫引高宗至高原上後虎騰躍殺人詔曰
石為忠臣輒馬切諫免虎之害後有犯罪宥而
勿坐賜駿馬一匹尚上谷公主拜駙馬都尉天
安初還都大將延興元年卒追贈進爵太原王諡曰康
中道都大將常侍吏部尚書進爵太山公為比
安初遷散騎常侍吏部尚書進爵太山公為比
葬禮依盧魯元故事太和初子倪龍襲爵比部侍
御

來大千代人也父初具從太祖避難吐候山參
創業之功官至後將軍武原侯與在八議大千
驍東善騎射為騎都尉永興初龍驤將軍遷中散至
於朝賀之日大千常著御鎧盤馬殿前朝日莫臭
不嗟歎遷內幢將宿衛禁旅大千用法嚴明
上下齊肅嘗從太宗校獵見虎在高巖上大千
殿中給事世祖踐祚與襄城公盧魯元等七人
持稍直前刺之應手而死太宗嘉其勇壯又為
俱為常侍持仗侍衛畫夜不離左右從討赫連
昌共長孫道生與賊交戰道生馬倒為賊所擊
大千馳救賊眾散走大千扶道生上馬遂得免
從討蠕蠕戰功居多遷征北大將軍賜爵廬陵
公鎮雲中兼統白道軍事　賊北叛大千前後
追擊莫不平殄延和初車駕北伐大千為前鋒
大破虜軍世祖以其壯勇數有戰功兼悉比境
險要詔大千巡撫六鎮以防寇虜經略布置甚
得事宜後吐京及以大千為都將討平之在
吐京卒喪還傳於平城南世祖出還見而問之

左右以對世祖悼歎者良久詔曰大千忠勇盡
節功在可嘉今聽喪入殯城內贈司空謚曰莊
公
子丘頹龍襲爵降為晉興侯拜安遠將軍從駕
江進右將軍和平中遷中散轉相曹都典奉事
皇興四年卒贈寧南將軍陳留公謚曰簡
子童龍襲爵
丘頹弟提官至監御曹給事冠軍將軍交州刺
史濮陽侯太和十年卒
周幾代人也父千有功太祖之世賜爵順陽侯
坐事死幾少以善騎射為獵郎太祖即位為殿
中侍御史掌宿衛禁兵斷決稱職遷左民尚書
神瑞中并州飢民遊食山東詔幾領眾鎮博陵
之唐口以安集之泰常初白澗行唐民數千家
賀嶺不供輸稅幾與安康子長孫道生宣示禍
福逃民遂還種竄於行唐縣及襄國幾追討盡誅之
山猛雀遺種竄於行唐及襄國幾追討盡誅之
後為寧朔將軍拒司馬德宗將劉裕於南破毛

德祖於土樓以功賜爵交阯侯世祖以其有智
勇遣鎮河南威信著于外境後常帀嫌奚斤等綏
撫關中失和百姓不附每至言論形於聲色斤
等憚焉進號宋兵將軍率于洛州刺史于栗磾以
万人襲陝城卒于軍軍人無不歡惜之歸葬京
師追贈交阯公諡曰桓

子步襲爵爵卒

子安國襲爵太和中討蠕蠕失利伏法爵除

〔魏書傳十六〕

三四二

豆代田代人也太宗時以善騎射為內細射從
攻虎牢詔代田登樓射賊矢不虛發與奚斤前
鋒先入擒劉義隆將毛德祖并長史司馬三人
以功遷內三郎從討赫連昌乘勝追賊入其宮
門門閉代田踰宮而出世祖壯之拜勇武將軍
後從駕平昌以戰功賜奴婢十五口黃金百斤
銀百斤神鹿中討蠕蠕賜爵關中侯從討平涼
擊破赫連定得奚斤等世祖以定妻賜之詔以
勝行授酒於代田敕斤曰全爾也以代田功
也改爵井陘侯加散騎常侍右衛將軍領內都

〔二十三〕 王

幢將從討和龍戰功居多遷殿中尚書賜奴婢
六十口以前後軍功進爵長廣公加平東將軍
從駕南討轉太子太保出為統萬鎮大將軍興安
中卒贈侍中安東大將軍長廣王諡曰恭

子求周為內三郎從駕到江賜爵五等子又進
爵為侯後襲父爵為吏部尚書皇興二年卒贈
征北大將軍長廣王諡曰簡

子多侯襲爵

〔魏書傳十八〕

三百二

周觀代人也驍勇有膂力每在軍陳必應募先
登以功賜爵安川子遷長史尋轉軍將世祖擊
赫連屈丐有功賜爵安川子遷比鎮軍將世祖即位從討
蠕蠕以軍功進為都副將軍雲中神鹿中又討
蠕蠕大獲增爵為侯從征平涼進爵金城公遷
蠕蠕大將從破離石胡加散騎常侍轉高平鎮將
觀善撫士卒號有威名眞君初詔觀統五軍鎮西
討禿髮保周於張掖從其民數百家將置於京
師至武威輒與諸將私分之世祖大怒黜觀為
金城侯改授內都大官出除平南將軍秦州刺

〔二十四〕 王五

10-431

史復爵金城公撫馭失和民降永宗聚眾於汾
曲以叛觀討永宗爲流矢所中世祖幸蒲坂觀
閒帝至敬驚怖而起瘡重遂卒世祖怒絕其爵
子豆初爲三郎遷軍將卒于長樂太守
閒大肥蠕蠕人也太祖時與其弟大泥坔倍頤率
宗族歸國太祖善之尚華陰公主賜爵其思子
與其弟並爲上賓入八議太宗即位進爵大肥爲
內都大官增爵爲侯神瑞中爲都將討越勤部
於跋鄁山大破之泰常初復爲都將領禁兵討
蠕蠕獲其大將莫孤渾宜城王奚斤之攻虎牢金
也大肥與娥清領十二軍出中道略地高平金
鄉東至泰山假大肥使持節安陽公鎮撫陳汝
世祖初復與奚斤出雲中自道討大檀破之還
爲內都大官出除使持節冀青二州刺史假安
陽公尋徵還位特進復出爲冀青二州刺史假
陽公主又爲都將擊大檀大破之
主薨復尚濩澤公主又爲都將擊大檀大破之
入爲內都大官從討赫連昌以功授滎陽公
還至渴侯山遂討東部高車於已尼陂又征平

涼並有功世祖將拜大肥爲王遇疾卒追贈中
山王
子賀草卒
大肥弟麟龍襲爵出爲仇池鎮將卒無子
弟鳳龍襲爵高宗時爲內都大官出爲鎮南將軍
肆州刺史卒無子爵除
兗州刺史羅悅陽太守撥爲太學生嘉
尉撥代人也父那濮陽有功賜爵介休男
從討和龍還虎賁師轉千人軍將又從爲樂平王
不討和龍除涼州軍將擊吐谷渾獲其人一千
餘落後吐谷渾小將率三百餘落來降尋復已
叛撥率騎追之盡獲而還以功進爲子遷晉昌
鎮將綏懷邊民甚著稱績人爲知臣監出爲杏
城鎮將在任九年大收民和山民一千餘家以撥
郡徒各盧水胡八百餘落盡附爲民高宗以撥
清平有惠績賜以衣服顯祖即位爲北征都將
復爲都將南攻縣瓠破劉或將朱湛之水軍三
千人拜懸瓠鎮將賀外散騎常侍進爵安城

侯顯，祖喜亦其聲效復賜衣服轉平南將軍比豫
州刺史後洛州民田智度聚黨謀逆詔撥乘傳
發豫州兵與洛州刺史丘頹擊之獲智度送京
師撥卒贈冠軍將軍論敬侯

真是人也父洛侯秦州長史真少善騎射世
祖初以真贅力過人拜內三郎數從征伐所在
摧鋒陷陳前後以功屢受賞賜真君中從討蠕
蠕以功賜爵關內侯後攻縣瓠登樓臨射城中
弦不虛發劉義隆將王玄謨衆數萬人寇滑臺世
真從世祖討之夜與數人乘小舩突玄謨軍入
城撫慰登登巡行賊營中乃還渡河至明玄謨
敗走從駕至江真再破賊軍拜建武將軍石城
子還攻肝眙真功居多遷爵都昌侯遷散騎常侍
宗即位拜冠軍將軍進爵建武將軍典太倉事高
選部尚書時丁零數千家寇竊井定真與幷州
刺史乞伏成龍目樂平東入與定州刺史許崇
之併力討滅從駕巡東海以真為寧西將軍尋
選安西將軍長安鎮將假建平公胡賊帥賀略

孫聚衆千餘人叛于石樓真擊破之殺五百餘
人是時初置長蛇鎮真率衆築朱城未訖真豪
仇僄檀等反叛民民咸應其衆甚盛真擊平之
殺四千餘人卒城長蛇而還東平王道符反于
長安殺雍州刺史儒玄明關中草草以真為長
安鎮將賜爵河南公長安兵民素伏威信真到
撫慰之皆怡然安靜咸陽民趙昌受劉彧署龍
驤將軍扇動鄠盩厔二縣聚衆數百人據赤谷
以叛真與雍州刺史劉邏討平之昌單騎走免
後鄠縣民王稚兄弟聚二千餘人招引趙昌始
平石安池陽靈武四縣人皆應之衆至五千據
治谷堡時詔南郡王李惠等領步騎六千討昌
真以大軍未至慮真擊滋蔓與雍州刺史劉邏討
昌出營拒戰真擊破之斬昌及賊首三千餘
級傳首京師幷誅其黨與七百餘人獲男女一
千餘傳口雍州民夷莫不震伏在鎮數年甚著威
稱延興二年卒歸葬京師論曰烈
子延字契胡提頗有氣幹龍襄爵河南公累遷歷

長安鎮將，拜安南將軍、濟州刺史，例降改封汝陽侯。京兆王愉為徐州刺史，以延為愉府司馬，帶彭城內史。正始初，除武川鎮將，入除太僕卿，都督沃野、武川、懷朔三鎮諸軍事、安北將軍、懷朔鎮大將，加散騎常侍。正光初，拜金紫光祿大夫。復除太僕卿。受使綏慰秀容，為牧子所害。

弟什翼，太府卿、平東將軍、光祿大夫。建義初，拜都官尚書。

呂洛拔，代人也。曾祖渴侯，昭成時率戶五千歸國。祖肥，濮陽太守。父四知，世祖時為西部長策陽公。洛拔以壯勇知名，高宗末為平原鎮都將。劉或徐州刺史辭安都歸誠請援，詔遣尉元率眾救之。領兵五千向武原，援其運車。元遣洛拔率騎詣武原擊之，格戰二日，手殺九人，奪賊運車二百餘乘、牛二百五十頭，仍共擊張永，大敗之。賜爵成武侯，加建義將軍。年五十六卒。長子文祖，顯祖以其勳臣子補龍牧曹奏事中散。

以牧產不滋，坐徙於武川鎮。後文祖以舊語譯注皇誥，辭義通辯，超授陽平太守，未拜，轉為外都曹奏事中散。後坐事伏法。

史臣曰：仁人之言，必有博利。參合之役，威罰實行，蓋王建之罪歟。安同異類之人，智識入用，等時俊，當有由哉。頡擒赫連昌，摧義隆，眾遂為名將，未易輕也。樓伏連、立堆、娥清俱以壯勇，征伐四克。劉尼忠國翼主，豈徒驍猛。以壯勇將略致位，不能以功名自終。車伊洛自遠宅心，致青雲豈徒然也。異凡戎矣。宿石等並忠勤勇略，有將帥之才，自致青雲，豈徒然也。

列傳第十八

魏書三十

安同傳：同父名屈，同長子又名屈，同雜朝大……祖孫不應共名。

于栗磾

于栗磾代人也能左右馳射武藝過人登國中
拜冠軍將軍假新安子後與寧朔將軍公孫蘭
領步騎二萬潛自太原從韓信故道開井陘路
襲慕容寶於中山既而車駕後至見道修理
大悅即賜其名馬及趙魏平定太祖置酒高會
謂栗磾曰卿即吾之黥彭大賜金帛進假新安
公太祖田於白登山見能將數子顧謂栗磾曰

卿勇幹如此寧能搏之乎對曰天地之性人為
貴若搏之不勝豈不虛斃一壯士自可驅致御
前坐而制之尋皆擒獲太祖顧而謝之永興中
關東羣盜大起西河反叛栗磾受命征伐所向
皆平即以本號留鎮平陽轉鎮遠將軍河內鎮
將賜爵新城男栗磾撫導新邦甚有威惠劉裕
之伐姚泓也栗磾慮其北擾遂築壘於河上親
自守焉禁防嚴密斥候不通裕甚憚之不敢前
進裕遺栗磾書遠引孫權求討關羽之事假道

西上題書曰黑矟公麾下栗磾以狀表聞太宗
許之因授黑矟將軍栗磾好持黑矟以自標裕
望而異之故有是語矣斤之征虎牢也栗磾別
率所部攻德宗河南太守王涓之於金墉涓之
棄城遁走遷豫州刺史將軍如故進爵新安侯
洛陽雖歷代所都久為邊裔城關蕭條野無煙
火栗磾刊闢榛荒勞來安集德刑既設甚得百
姓之心太宗南幸盟津謂栗磾曰河可橋平栗
磾曰杜預造橋遺事可想乃編次大船構橋於

治坂六軍既濟大宗歎美之世祖之征赫連
昌敕栗磾與宋兵將軍交趾侯周幾襲陝城昌
弘農太守曹達不戰而走乘勝長驅仍至三輔
進爵為公加安南將軍平統萬遷蒲坂鎮將時
弘農河內上黨三郡賊起栗磾討之轉虎牢鎮
大將加督河內軍尋遷使持節都督兗相二州
諸軍事鎮南將軍枋頭都將又為外都大官平
刑折獄甚有聲稱卒年七十五賜東園秘器朝
服一具衣一襲贈太尉公栗磾自少治戎迄于

白首臨事善斷所向無前加以謙虛下士刑罰
不濫世祖甚悼惜之

子洛拔襲爵少以功臣子拜侍御中散有姿容
善應對恭慎小心世祖甚加愛寵因賜名焉車
駕征討恂在侍衛權領監御曹事從征涼州既
平賜奴婢四十口轉監御曹令恭宗之在東宮
納恂畏避屏退左轉領候宮曹事頃之襲爵出
厚加禮遇洛拔以恭宗雖則儲君不宜逆自結
為使持節散騎常侍寧東將軍和龍鎮都大將
王侯高宗詔洛拔與南陽王惠壽督四州之眾
都大官會隴西屠各王景文等特險竊命私署
營州刺史以治有能名進號安東將軍又為外
討平之從其惡黨三千餘家於趙魏轉拜侍中
殿中尚書遷尚書令侍中如故在朝祇肅百寮
憚之太安四年卒時年四十四洛拔有六子
長子烈善射少言有不可犯之色少拜羽林中
郎遷羽林中郎將延興初敕領寧光宮宿衛事
遷屯田給納太和初秦州刺史尉洛侯雍州刺

史宜都王目辰長安鎮將陳提等貪殘不法烈
受詔案驗咸獲贓罪洛侯目辰等皆致大辟提
坐徙邊仍以本官行秦雍二州事遷司衛監摠
督禁旅從幸中山車駕還次肆州司空苟頹表
沙門法秀詿感百姓潛謀不軌詔烈與吏部尚
書關永祖馳馹討之會秀已平轉左衛將軍賜
爵昌國子遷殿中尚書賜帛三千四十時高祖
幼沖文明太后稱制烈與元丕陸叡李沖等各
賜金策許以有罪不死加散騎常侍遷前將軍

進爵洛陽侯尋轉衛尉卿從駕南征加鎮南將
軍及遷洛陽人情戀本多有異議高祖問烈曰
卿意云何烈曰陛下聖略淵遠非愚管所測若
隱心而言樂遷之與戀舊唯中半耳高祖曰卿
既不唱異即是同深感不言之益宜且還舊都
以鎮代邑敕留臺庶政一相參委車駕幸代烈
烈手曰宗廟至重翼衛不輕卿當祇奉靈駕朕
以此事相託顧非不重世烈與高陽
王雍奉遷神主於洛陽高祖嘉其勳誠遷光祿

卿十九年大選百僚顯烈子登引例求進烈表曰
臣上或近臣下不決引一人 疑 而恩出分外冀
荷榮祿當今聖明之朝理應謙讓而臣子登引
人求進是臣素無教訓請乞黜落高祖曰此乃
有識之言不謂烈能辨此乃行謙讓之表而有
創禮新邑明揚天下卿父乃行見登詔曰朕今
直士之風故進卿為太子翊軍校尉又加烈散
騎常侍封聊城縣開國子食邑二百戶及穆泰
陸叡謀反舊京高祖幸代泰等伏法賜烈及李

【魏傳十九】 五 陳新

沖爾書述金策之意語在陸叡傳是逆世代鄉
舊族同惡者多唯烈一宗無所染預高祖嘉其
忠操益器重之歎曰元儼決斷威恩深自不惡
然而為臣盡忠猛決不如烈也爾日烈在代都
必即斬其五三元首耳烈之節窺不謝金日磾
也詔除領軍將軍以本官從征荊沔加鼓吹一
部高祖謂彭城王勰曰烈先朝舊德智勇兼有
軍之大計宜共參決宛鄧既平車駕還洛論功
加散騎常侍金紫光祿大夫二十三年董爾寶卷

遺其太尉陳顯達入寇馬圈高祖興疾赴之執
烈手曰都邑空虛維捍宜重可鎮衛二宮以輯
遠近之望顯達破走高祖崩於行宮會駕魯陽以
揔 六軍祕諱而返稱詔召世宗會神色無變
烈留守之重密報凶問烈處分行留神色無變
世宗即位寵任如前咸陽王禧為宰輔權重當
時曾遣家僮傳言於烈曰須舊羽林虎賁執仗
出入領軍可為差遣烈曰天子諒闇事歸宰輔
領軍但知典掌宿衛有詔不敢違理無私給奴

【魏傳十九】 六

惘然而返烈言報禧禧復遣謂烈曰我是天
子兒天子叔元輔之命與詔何異烈厲色而答
曰向者亦不道王非是天子兒叔若是詔應遣
宮人所由遣私奴索官家羽林可得羽林
不可得禧惡烈剛直遂議出之乃授使持節
騎常侍征北將軍恒州刺史烈不願藩授頻表
乞停輒優答弗許烈乃謂彭城王勰曰殿下忘
先帝南陽之詔乎而逼老夫乃至於此遂以疾
固辭世宗以禧等專檀潛謀廢之會二年正月

初祭三公並致齋於廟世宗夜召烈子忠謂曰
卿父忠允貞固社稷之臣明可早入當有處分
忠奉詔而出質明烈至世宗詔曰諸父慢怠漸
不可任令欲使卿以兵召之卿其行乎烈對曰
老臣歷奉累朝頗以幹勇賜識今日之事所不
敢辭乃將直閣已下六十餘人宣旨召咸陽王
禧彭城王勰北海王詳衞送至于帝前諸父各
稽首歸政以烈為散騎常侍車騎大將軍領軍
進爵為侯增邑三百戶并前五百戶自是長直
禁中機密大事皆所參毫高太尉咸陽王禧謀反
也武興王楊集始馳於北邙以告時世宗從禽
於野左右分散直衞無幾倉卒之際莫和計之
所出乃敕烈子忠馳覘虛實時留守已處分
有備因忠奏曰臣雖朽邁心力猶可此等猖狂
不足為慮願緩轡徐行以安物望世宗聞之甚
以慰悅及駕還宮禧已遁逃詔烈遣直問叔孫
侯將虎賁三百人追執之順后既立以世父之
重彌見優禮八月暴疾卒時年六十五世宗舉

哀於朝堂給東園第一祕器朝服一具衣一襲
賜錢二百万布五百匹贈使持節侍中大將軍
太尉公雍州刺史追封鉅鹿郡開國公增邑五
百戶并前千戶烈有五子
襲父祧爵祧除假節振威將軍沃野鎮將貪殘多所
受納坐免官以公還第卒贈平州刺史
祧子若龍襲爵多酒過為叔父景所撾殺
龍長子祧字万年太和中為中散稍遷恒州別駕
子順龍襲卒子馥龍襲
祧弟忠字思賢本字千年弱冠拜侍御中散文
明太后臨朝政頗峻侍臣左右多以微譴得
罪忠朴直少言終無過誤太和中授武騎侍郎
因賜名登曹轉太子翊軍校尉世宗即位遷長水
校尉尋除左右郎將領直寢元禧之謀亂也車
駕在外變起倉卒未知所之忠進曰臣世家殊
寵乃心王室臣父領軍付留守之重計防過有
在必無所慮世宗即遣忠馳騎觀之而烈分兵
嚴備果如所量世宗還宮撫背曰卿差彊人意

賜帛五百四又曰先帝賜卿名登誠為羨稱朕
嘉卿忠款令改卿名忠既表貞固之誠亦所以
名實相副也父憂去職未幾起復本官遷司空
長史于時太傅錄尚書北海王詳親尊權重將
作大匠王遇多隨詳所欲而給之後因公事忠
於詳前謂遇曰殿下國之周公阿衡王室所須
材用自應關旨何至阿諛附勢損公惠私也遇
既不寧詳亦慙謝遷征虜將軍餘如故以平元
禧功封魏郡開國公食邑九百戶尋遷散騎常
侍兼武衛將軍每以鯁氣正辭為北海王詳所
忿面責忠曰我憂在前見爾死不憂爾見我死
時也忠曰人生於世自有定分若應死於王手
避亦不免若其不爾王不能殺詳因忠表讓之
際密勸世宗以忠為列卿令解左右聽其讓爵
於是詔偁其封優進太府卿正始二年秋詔忠
以本官使持節兼侍中為西道大使刺史鎮將
贓罪顯暴者以狀申聞守令已下便即行決與
撫軍將軍尚書李崇分使二道忠勑并州刺史

高聰贓罪二百餘條論以大辟還除平西將軍
華州刺史遭繼母夏憂不行服闋授安北將軍相
州刺史又為衛尉卿中正詔忠與吏部
尚書元暉度支尚書元匡河南尹元萇等推定
代方姓族高肇忌其為人欲密出之乃言於世
宗稱中山要鎮作捍須才以忠器能宜居其位
於是出授安北將軍定州刺史世宗既而悔之
復授衛尉卿領左衛將軍恒州大中正密遣中
使詔曰自比股肱褫落心膂無寄方任雖重比
此為輕故輟茲外任委以內務當勤夙無怠稱
朕所寄也延昌初除都官尚書加平南將軍領
左衛中正如故又加散騎常侍嘗因侍宴賜之
劍杖舉酒屬忠曰卿世兼貞節故恒以禁衛相
委昔以卿行忠賜名曰忠今以卿才堪御侮以
所御劍杖相賜循名取義意在不輕其出入周
旋恒以自防也忠頓首陳謝遷侍中領軍將軍
忠面陳讓云臣無學識不堪兼文武之任世宗
曰當今學識有文者不少但心直不如卿欲使

卿劬勞於下我當無憂於上及世宗崩夜中與
侍中崔光遣右衛將軍侯剛迎肅宗於東宮而
即位忠與門下議以肅宗幼年未親機政太尉
高陽王雍屬尊望重宜入居西柏堂省決庶政
任城王澄明德茂親可為尚書令物一不聽寢
宮闕請即敕授御史中尉王顯欲遲姦計與中
常侍給事中孫伏連等廣色不聽寢門下之奏
密欲矯太后令以高肇錄尚書事顯與高猛為

【魏傳十九】　　十　　曹鼎

侍中忠即於殿中收顯殺之忠既居門下又揔
禁衛遂秉朝政權傾一時初太和中軍國多事
高祖以用度不足百官之祿四分減一忠既擅
權欲以惠澤自固乃悉歸所減之祿職人進位
一級舊制天下之民絹布一匹之外各輸綿麻
八兩忠悉以與之忠白高陽王雍自云世宗本
許優轉雍憚忠威權便順其意加忠車騎大將
軍忠自謂新故之際有安社稷之功諷動百寮
令加已賞於是太尉雍清河王懌廣平王懷難

違其意議封忠常山郡開國公食邑二千戶百
容咸以為然忠又難於獨受乃諷朝廷同在門
下者皆加封邑尚書左僕射郭祚以
忠權勢日盛勸雍出忠忠聞之遍有司誣奏其
罪郭祚有師傅舊恩裴植擁地入國忠並矯詔
殺之朝野憤怨莫不切齒王公已下畏之累跡
又欲殺高陽王雍侍中崔光固執乃止遂免雍
太尉以王還第自此之後詔命生殺皆出於忠
既算靈太后為皇太后居崇訓宮忠為儀同三

【魏書傳十九】　　十二　　王禕

司尚書令領崇訓衛尉侍中領軍如故靈太后
臨朝解忠侍中領軍崇訓衛尉止為儀同尚書
令加侍中忠為令旬餘靈太后引門下侍官于
崇訓宮問曰忠在端右聲聽何如咸曰不稱歟
伍乃出忠使持節都督冀定瀛三州諸軍事征
北大將軍冀州刺史太傅清河王等奏曰竊惟
先帝升遐之初皇上登極之始四海謐然宇內
晏清至於奉迎乘輿侍衛省闥斯乃臣子之常
節職司之恒理不容以此為功妄開井邑臣等

前議所以廣建茅士者正以畏迫威權苟免暴
戾故也是以中議之際以十三日夜入為無勳
唯以拒違矯令柳默玆回微可褒叙以前侍中
臣忠揔攝文武侍中臣光父在樞密讚同其意
議案王顯陰結姦徒忘為不遑高肇遂同凶逆
遙攝禍端無將之罪事會濟敎而忠等徵罪唯
以厭身不至觷殺又出罪人窮治不盡案律準
憲事在不輕暫草上纂曆聖后別宮母子隔異

▲魏書列傳十九

故唯賞二人今尚書昭等無涯上訴奉敕重
忠專權之後擅殺樞納輒廢宰輔令朝野駭心
溫清道絕皆忠等之咎過方厥勳功微罪重又
遠近怏愕復楚之功已多陳盧龍而樹勳
后從之熙平元年春御史中尉元匡奏曰臣聞
事主不以幽貞革心奉上不以趣捨虧節是以
倚秦宮而慚哭所以稱美竊唯宮軍晏駕天人位
廣魏之勳不淺而申包避賞君子於是羕之田
疇拒命良史所以稱芙竊唯宮軍晏駕天人位
易正是忠臣孝子致節之秋前領軍將軍臣忠

十三　于

▲魏書十九

不能砥礪名行自求多福方因矯制擅相除假
清官顯職歲月隆崇臣等在落番之時乃心家國
書詬往來憤氣成疾傷禮敗德臣忠即主謹案
臣忠世以鴻勳盛德受遇累朝出入承明左右
機近幸國大災肆其愚戇甫擅朝命無人臣自
心非芟郭受冤於旣往室輔尉辱於明世又自
爲儀同三司尚書令領崇訓衛尉原其此意便
欲無上自處旣事在恩後宜加顯戮請受御史
人令史一人就州行決崔光與忠雖同受召而

古

謂光旣儒望朝之禮宗攝心虛遠不關世務但
忠以光意望崇重逼光光若不同又有危禍伏
度二聖欽明深垂昭恕而自去歲正月十三日
世宗晏駕以後八月一日自至太后未親覽以前
諸有不由階級而超相拜授者已經恩宥可免其
由中書宣敕擅相拜授所知冒階而進者並
叩褫之罪旣非時望朝野所知冒階而進者並
求追奪轝輦太后令曰直綈所糺實允朝憲但忠
事經肆宥又家特原無當追罪餘如奏又詔曰

忠以往年大譚之際開崇邑土然酬庸理珠有
司執當宣宜一謬棄其餘勳也但忠厥任禁要
誠節皎然冝襄錫山河以安厥望可靈壽縣開
國公邑五百戶初世宗崩後高太后將害靈太
后劉騰以告侯剛剛以告忠忠計於崔光光
曰冝置胡嬪於別所嚴加守衞理必万全計之
上者多懼不免禍顧還京師欲自營救靈太后不
安故太后深德騰等四人並有寵授忠以毀之
爲崇忠自知必死表曰先帝錄臣父子一介之
神龜元年四月除尚書右僕射加侍中將軍如故
許二年三月復儀同三司疾病未拜見裴郭

【親書傳十九】 ◼ 十五 ◼ 章文八

誠昭臣家世奉公之節故申之以婚姻重之以
爵祿至乃位亞三槐秩班九命自大明見之
始百官惣巳之初臣復得猥攝禁我緄實內外
斯誠社稷之靈兆民之福臣何力之有焉但陛
下以啟明御寓皇太后以聖善臨朝袵席不遺
簪屨弗棄復乃寵竊出內榮遍宮闈外牧兩河

入參百揆顧服知妖省躬識戾而臣將慎庠方
致茲病疢自去秋苦痢纏綿迄今力候轉惡微喘緒息振復
良難鴻慈未酬伏枕涕咽臣薄福無男遺體莫
嗣貪又餘生謹陳宿抱臣先養六第四弟第二
子司徒掾超爲子猶子之念實切於心乞立
爲嫡傳此山河靈太后令曰于忠表如此既誠
動宜錄又無子可矜臨危所祈不容致奪可特
聽如請以彰超効忠薨年五十七給東園秘器

【魏書傳十九】 ◼ 十六 ◼ 余

朝服一具衣襲錢二十万布七百四蠟三百
斤贈侍中司空公有司奏大常少卿元端議忠
剛直猛暴專赣好殺案諡法剛彊理直曰武怗
威肆行曰醜冝諡武醜公大常卿元脩義議忠
盡心奉上前除凶逆依諡法除僞寧真曰武夙
夜恭事曰敬諡武敬公二卿不同事奏靈太后
令曰可依正卿議于氏自曾祖四世貴盛一皇
后四贈三公領軍尚書令三開國公忠性多猜
忌不交勝己唯與直閤將軍章初璟坐牛備身

楊寶元爲斷金之交李世哲求寵於忠私以金
帛偵事初環保元初環保元談之遂被賞愛
引爲腹心忠擅權昧進爲崇訓之由皆世哲計
也忠後妻中山王尼須女微解詩書靈太后臨
朝引爲女侍中賜虢范陽郡君
永超名嬲襲虢襲爵尋卒
子世衡襲齊受禪例降

忠弟景字百年自司州從事稍遷步兵校尉寧
朔將軍高平鎮將坐貪殘受納爲御史中尉王
顯所彈會赦免忠薨後景爲武衛將軍謀廢元
義默爲征虜將軍懷荒鎮將及蠕蠕王阿那
瓌叛亂鎮民固請糧廩而景不給鎮民不勝其
忿遂反叛執縛景及其妻拘守別室皆去其衣
服令景著皮裘裘妻著故絳襖其被毀辱如此月
餘乃殺之

烈弟敢自中散遷驍騎將軍景明中假節行并
州事除征虜將軍恒州刺史卒官贈使持節平
北將軍恒州刺史

子昕負烈郎直後至衣都統揚烈將軍懷朔武
川鎮將中散大夫孝昌中使蠕蠕與阿那瓌搆
逆賊破洛汗聽明出六斤等轉輔國將軍比中
郎將恒州大中正又遷撫軍將軍衛尉卿出爲
鎮東將軍殷恒州刺史還拜征東將軍領左右
天平中卒贈都督冀定州諸軍事衛將軍尚書
僕射儀同三司諡曰文恭
長子揚仁武定中勃海太守
揚仁弟義羅字仲綱中軍將軍光州刺史
義羅弟子榮魯郡太守
敦弟果嚴毅直亮有父兄之風自中散稍遷光
禄大夫守尚書賜爵武城子太和中歷朔華并
恒四州刺史
子礫襲太子舍人通直散騎常侍卒贈右將軍
洛州刺史諡曰哀
子暉征東將軍金紫光禄大夫
暉弟道揚儀同開府諮議參軍
礫弟祇卒於司徒掾贈鎮遠將軍朔州刺史諡

祗子元伯中散大夫

果弟勁勁事在外戚傳

勁弟須中散遷長水校尉稍遷武衞將軍太府

卿鎮南將軍肆州刺史卒贈侍中車騎大將軍

尚書右僕射儀同三司　冀州長史卒贈征南

將軍燕州刺史諡曰武

子翊從事中郎燕州刺史

子長文字士端武定中尚書考功郎

須弟文仁太中大夫

史臣曰魏定中原于栗磾有武功於三世兼以

虜巳下物罰不濫加斯示諸將所希矣拔任參

內外以著能名烈氣旣殞沈遠受任艱危之際有

柱石之質始御侮之臣忠以骾朴見親乘非其

據遂擅威權生殺自己苟非女主之世何以全

其門族其不誅滅抑天幸也

列傳第十九　　魏書三十一

高湖　崔逞　封懿

龐知柔

魏書傳二十　一

高湖字大淵勃海脩人也漢太傅裒之後祖慶
慕容垂司空父泰吏部尚書湖少機敏有器度
與兄韶俱知名於時雅為鄉人崔逞所敬異少
歷顯職為散騎常侍登國十年垂遣其太子寶
來伐也湖言於垂曰魏燕之與國彼有內難此
遣赴之此有所求彼無違者和好多年行人相
繼往求馬不得遂留其弟曲在於此非彼之失
政當勉修舊好又寧國家而復令太子率眾遠
伐且魏主雄略兵馬精彊險阻艱難備嘗之矣
太子富於春秋意果心銳輕敵好勝難可獨行
兵凶戰危願以深慮言頗切厲垂怒免湖官既
而寶果敗於參合寶立乃起湖為征虜將軍燕
郡太守寶走和龍兄弟交爭湖見其必襄亂遂率
戶三千歸國太祖時除寧西將軍涼州鎮都大將鎮
東諸部世祖時賜爵東阿侯加右將軍涼州鎮都大將鎮

姑藏甚有惠政年七十卒贈鎮西將軍秦州刺
史諡曰敬有四子
第三子諡字安平有文武才度天安中以功臣
子召入禁中除中散專典秘閣肅勤不倦高宗
深重之拜秘書郎諡以墳典殘缺奏請廣訪羣
書大加繕寫由是代京圖籍莫不審正顯祖之
御寧光宮也諡恒侍講讀拜蘭臺御史尋轉治
書掌攝內外彈糾非法當官而行無所避甚
見稱賞延興二年九月卒時年四十五太昌初
進贈使持節侍中都督壽徐齊濟兗五州諸軍
事驃騎大將軍太尉公青州刺史諡武貞公妻
叔孫氏陳留郡君
長子樹生性通達重節義父結英雄不事生產
有識者並宗奇之蠕蠕侵掠高祖詔懷朔鎮將
陽平王顧率眾討之顧假樹生鎮遠將軍都將
先驅有功樹生尚氣俠意在浮沈自適不願之
位辭不受賞論者高之居宅數有赤光紫氣之
異鄰伍驚恐僉謂怪變宅不可居樹生曰何往

非善安之自若雅好音律常以絲竹自娛孝昌

初北州大亂詔發衆軍開幕賞以樹生有威

略授以大都督令率勁勇鎮捍舊番二年卒時

年五十五太昌初追贈使持節都督冀相滄瀛

殷定六州諸軍事大將軍太師錄尚書事冀州

刺史追封渤海王謚曰文穆妻韓氏為渤海王

國太妃永熙中後贈假黃鉞侍中都督冀州諸

軍事加後部羽葆鼓吹餘如故長子即齊獻武

王也

王弟琛字永寶天平中驃騎大將軍開府儀同

三司御史中尉南趙郡開國公

子叡襲武定末太子庶子

樹生弟醜字飛雀亦以器度知名卒於侍御中

散元象中贈假黃鉞使持節侍中都督冀定洛

瀛弁肆燕恒雲朔十州諸軍事大將軍太傅太

尉公錄尚書事冀州刺史謚曰孝宣

子獄武定末侍中太傅公清河郡開國公

謚長兄貞有志行兄弟俱至孝父亡沿襄墓次

甘露白雉降集焉有司以聞詔標閭里自涇州

別駕稍遷安定太守甚著聲績卒贈龍驤將

軍涇州刺史帶金城太守神龜初卒太昌元年

贈使持節侍中都督定州刺史相殷三州諸軍事驃騎

大將軍儀同三司定州刺史謚曰武康

子仁正光中卒於河州別駕太昌初贈使持節

侍中都督青齊濟三州諸軍事儀同三司青州

刺史謚曰明穆

子貫字小胡永興末通直散騎常侍金紫光祿

大夫尚食典御

撥弟腊兒美容兒資力過（人尤善弓馬顯祖時

羽林幢將皇興中主仗令高祖初遷

散騎常侍內侍長坐事死（傳無掖庭載撥第
膝兒不知掖何人也

子香字明珍有器尚初除侍御史拜奉朝請

外散騎侍郎與叔徽俱使西域還至河州遇賊

攻圍城陷見害太昌初贈使持節都督冀滄二

州諸軍事征東將軍冀州刺史永熙中重贈侍

中都督青徐光三州諸軍事驃騎大將軍儀同

三司青州刺史諡曰文景

子永興和中驃騎大將軍儀同三司濟州刺
史陽川縣開國公

永樂弟彌武定中安西將軍營州刺史安陵縣
開國男

睹見弟徽字榮顯小字苟兒聰敏有氣幹爲任
城王澄所知賞景明中起家奉朝請延昌中假
員外散騎常侍使於嚈噠西域諸國莫不敬憚
之破洛候烏孫並因之以獻名馬遷拜冗從僕
射神龜中遷射聲校尉左中郎將游擊將軍又
假平西將軍員外散騎常侍使嚈噠還至枹罕
屬莫折念生反於秦隴時河州刺史元祚爲前
刺史梁釗息景進等招引念生攻河州祚以憂
死長史元永平沿中孟賁臺使元湛共推徽行
河州事綖接有方兵士用命別駕乞伏世則潛
通景進徽殺之徽兵於吐谷渾吐谷渾率衆救
之景進敗退走奔秦州昌從進尋率羌夷復來攻
逼徽遣統軍六景相馳表請師詔徽仍行河州

事久無援救力屈 城陷爲賊所害永熙中襲還
洛陽贈使持節侍中都督冀定相瀛滄五州諸
軍事司徒公冀州刺史諡曰文宣

子歸義有志烈初除奉朝請加威烈將軍與父
徽俱使西域還都稍遷龍驤將軍中散大夫西
征都督每有戰功後沒於陳太昌初贈侍中驃
騎大將軍儀同三司雍州刺史諡曰孝貞

子晉武定末安南將軍太子左衛率

歸義弟歸彥武定末驃騎大將軍開府儀同三
司徐州刺史安喜縣開國男

真弟各拔廣昌鎮卒贈燕州刺史

子猛虎鄴縣鎮將卒贈燕州刺史

子猛虎鄴籨鎮錄事及居喪以至性稱逯絕宦
情

次顯國武定末撫軍將軍汝陽男

顯國弟達武定中驃騎將軍行滄州事

達弟永國征虜將軍中散大夫

子元國早卒

永國弟子國武衞將軍

各拔少子盛天平中侍中太尉公廣平郡開國
公

子璵武定末兼武衞將軍

謚弟稚字幼寧薄或月建鎮將燃營州刺史

子陁字難陁波野鎮長卒贈琅邪太守

子雍字景雲司徒從事後與少子恵義俱奔蕭
衍卒於江南元象初喪還特贈使持節散騎常
侍都督冀定瀛滄幽五州諸軍事驃騎大將軍
尚書令司徒公冀州刺史

子思宗武定末中軍將軍儀同三司兗州刺史
上洛郡開國男思義特贈使持節散騎常侍都
督青兗齊二州諸軍事車騎大將軍尚書僕射
儀同三司青州刺史

陀弟興早卒

興子貴孫晉泵容垂鉅鹿太守太祖時率郡
降賜爵淯縣侯加龍驤將軍仍守鉅鹿卒贈安
東將軍幽州刺史謚曰恵

子道字始愔龍襲爵拜都牧令遷鎮南將軍相州
刺史未及之職卒仍以爲贈謚曰莊

子幹字干奴好學寬厚有雅度龍爵淯縣侯後
例降爲伯歷南青州征虜府司馬威遠將軍鄴
善鎮遠府長史仍轉汾州征虜府長史白水太
守所在以廉平著稱太昌初卒贈使持節都督
秦雍二州諸軍事車騎大將軍司空公雍州刺
史論曰孝穆

子偘字伯欣龍襲除南秦州長史卒贈輔國將軍

子紹字廣祖龍爰爵興和初征虜將軍滄州刺史
涼州刺史論曰宣

侃弟騰字伏興卒於安東將軍光州刺史襄城
縣開國公

子陟字祖遷司空中郎太尉主簿

陟弟懍通直郎

懍弟闡龍襲父爵

騰弟隆之武定末太保尚書令平原郡開國公

崔逞字叔祖清河東武城人也魏中尉琰之六

世孫曾祖諒晉中書令祖遇仕石虎為特進父
瑜黃門郎遇少好學有文才遭亂孤貧躬耕于
野而講誦不廢慕容暐時郡舉上計掾補著作
郎撰燕記遷黃門侍郎及苻堅克慕容暐以為
齊郡太守為翟遼所虜授以中書令慕容垂滅翟
釗以為祕書監羋慕容審東走和龍為留臺吏部
尚書及慕容驎立遇攜妻子亡歸太祖張袞先
稱美遇及見禮遇甚重拜為尚書任以政事錄

三十六曹別給吏屬居門下省尋除御史中丞
太祖攻中山未克六軍乏糧民多匿穀問羣臣
以取粟方略遇曰取椹可以助糧故飛鴞食椹
而改音詩稱其事太祖雖銜其侮慢然共飢須
食乃聽以椹當租太祖又曰可使軍人及時自取
過時則落盡太祖怒曰內賊未平兵人安可解
甲仗入林野而收椹乎是何言歟以中山未拔
故不加罪天興初姚興侵司馬德宗襄陽戍
將郗恢馳使乞師於常山王遵遵以聞太祖詔

遇與張袞為謀書以苟初恢與遵書云賢兄虎
步中原太祖以言悖君臣之體勑遇袞亦眨其
主號以報之遇袞乃右貴王太祖怒曰使汝敗
其主以苟賢乎何若賢兄也遂賜死後以為司
馬德宗荊州刺史司馬休之等數十人為桓玄
所逐皆將來奔至陳留南分為二軍一奔長安
一歸廣固太祖初聞休之等數大悅後怪其不
至詔兗州尋訪獲其從者問故皆曰國家威聲
遠被是以休之等咸欲歸闕及聞崔遇被殺故

奔二處太祖深悔之自是士人有過者多見優
容遇七子二子早亡第三子義隆嗣弟譚弟禕
妻弟張氏與四子留冀州令歸慕容德遂奔廣固
遇獨與小子頤在平城及遇之死亦以此為謙
頤字泰沖初後世祖聞劉義隆以譚為冀州刺
爵清河侯後世祖聞劉義隆以譚為冀州刺
乃曰義隆知用其兄我豈無冀州也乃以頤為
平東將軍芘冀州刺史又為大鴻臚持節策拜揚

難當爲南秦王秦生玄數返光揚朝命世祖善之

及驃騎大將軍樂平王丕等叔督諸軍取上邽使

賾齎詔於不前喻難當奉詔後與方士韋文秀

詣王屋山造金丹不就眞君初卒賾五子

長子秉字公禮早終無子

秉弟廣字公淵襲爵拜平東將軍

子法度早終

廣弟軌字公則太子中舍人鎮南司馬

軌弟穆字公和早終

穆弟叡字哲小字男季高祖初以交通境外伏

誅從兄景眞以子思叔繼叡

思叔少爲中書學生遷中書博士世宗時歷上

黨鉅鹿太守自逞之死至叡之誅三世積五十

餘年而在北一門盡矣初三齊平禕孫相如入

國以才學知名與冀州秀才早卒

相如弟或在術藝傳

逞兄適字寧祖亦有名於時慕容垂尚書左丞

范陽昌黎二郡太守

適曾孫延壽冀州主簿輕財好施甚收鄉曲之

譽

延壽子隆宗簡率愛交居喪以孝聞歷位冀州

別駕蘭陵燕郡二郡太守司空諮議參軍冀州

中正中軍大將軍府長史仁信待物出於至誠

故見重於世卒贈前將軍青州刺史諡曰孝

子敬保貞外散騎侍郎冀州儀同府從事中郎

卒贈冀州刺史

子子恬至征虜將軍魯郡太守早卒

子安冠軍將軍西兗州司馬

子恬弟子安子昇開府參軍武定中坐連元瑾事兄

弟並伏法

封懿字處德勃海蓨人也曾祖釋晉東夷校尉

父放慕容暐吏部尚書兄孚慕容超太尉懿憷

偉有才氣能屬文與孚雖器行有長短然名位

略齊仕慕容垂至中書令民部尚書章安

關除給軍黃門侍郎都坐大官寧朔將軍實敗歸

子太祖數引見問以慕容舊事懿應對疎慢廢

還家太宗初復徵拜都坐大官進爵為侯泰常

二年卒諡撰燕書頗行於世

▊魏書傳二十　十三　中

子玄之坐與司馬國璠溫楷等謀亂伏誅臨刑
太宗謂之曰終不令絕汝種也將宥爾一子玄
之請曰弟虔之子磨奴字君明早孤乞全其命
乃殺玄之四子而赦磨奴

磨奴被刑為官人崔浩之誅也世祖謂磨奴曰
汝本應全所以致刑者事由浩之故後為中曹
監西使張掖被賜爵富城子加建威將軍給事中
回父臨即慕容暐太尉弈之後也回皇興初為
中書學生襲爵富城子累遷太子家令世祖即
平東將軍冀州刺史勃海公諡曰定以族子权
位以回行華州事回在州鞭中散大夫党智孫
念為後高祖賜名回

為尚書左丞韋績糾奏免尋除鎮遠將軍安州
刺史山民原朴父子賓旅同寢一室回下車勒
令別處其俗遂改徵為太尉長史頗行定州徐

州事尋除後將軍汾州刺史蕭宗初轉涼州刺
史加右將軍固辭不拜仍授平比將軍瀛州刺
史時大乘寇亂之後加以水潦百姓困乏回表
求販恤免其兵調州內甚賴之文為度支尚書
尋轉都官尚書冀州大中正滎陽鄭雲記事
長秋卿劉騰貨騰紫纈四百匹得為安州刺史
除書曰出暮往詣回坐未定謂回曰我為安州
卿知之否彼土治生何事為便回曰卿荷
國寵靈位至方伯雖不能拔園葵去織婦宜思

▊魏書傳二十　十四

方略以濟百姓如何見造而問治生乎封回不
為商賈何以相示雲勳婀失色靈太后臨朝名
百官問得失羣臣莫敢言回對曰昔孔丘為司
寇十日而誅少正卯魯國肅然欺巧自息姬旦
行戮不避兄弟周道用隆徐偃專行仁義其國
乃滅自古及今未有不屬威刑而能治者頃來
頗由長吏寬怠侵剝百姓盜賊羣起請蕭刑書
以懲未犯太后意納之而不能用轉為七兵尚
書領御史中尉尚書右僕射元欽與從父兄麗

妻崔氏姦通迴乃勃奏時人稱之除鎮東將軍
冀州刺史蕭宗末徵爲殿中尚書頻表遜職以
爲右光祿大夫莊帝初遇害於河陰時年七十
七贈侍中車騎大將軍司空公定州刺史諡曰
孝宣
子繪武定中勃海太守
子子隆之武定中開府儀同三司齊州刺史安
德郡開國公
隆之弟興之字祖胄經明行脩恬素清靜起家
太學博士員外郎出爲滄冀二州平北府長史
所歷有當官之譽孝昌中卒天平中追贈散騎
常侍撫軍將軍雍州刺史尋重贈殿中尚書諡
曰孝
子琮字子倩武定末開府中郎
子琮弟孝琰祕書郎
興之弟延之字祖業天平中驃騎大將軍青州
刺史剎縣開國子磨奴既以迴爲後請於顯祖
贈鑒寧遠將軍滄水太守

鑒長子琳字彥寶顯祖末本州表貢舉拜中書博
士高祖初大軍南討琳參鎮南軍事後爲河南
七州大使還拜中書侍郎與侍中南平王馮誕
等議定律令賜布帛六百疋粟六百石馬牛各
一遷太尉長史轉司宗下大夫有長者之稱行
東兗州事及改定百官除司空長史出爲立忠
將軍南青州刺史兼散騎常侍持節西道大使
還爲長兼太中大夫轉廣平內史又爲光祿大
夫世宗末除後將軍夏州刺史徵爲安東將軍
光祿大夫神龜二年卒贈使持節撫軍將軍相
州刺史
子元稱
元稱弟子盛並早卒
子盛弟子施武定末沛郡太守
琳子蕭在文苑傳
懿從兄子愷字思悌弈之孫也父勤慕容垂侍
中太常卿愷給事黃門侍郎散騎常侍後入代
都名出懿子女之右俱坐司馬氏事死愷妻盧

玄姊也愷子伯達棄妻李氏南奔河表改
婚房氏顯祖末伯達子休傑內入祖母盧猶存
垂百歲矣而本己死休傑爲內高祖時以歸國勳爲
河間太守兼冀州咸陽王府諮議參軍
休傑從弟靈祐仕劉義隆爲青州治中渤海太
守慕容白曜平三齊靈祐率二百人詣白曜降
賜爵下密子後除建威將軍激海太守卒
子進壽襲爵肅宗時爲揚州治中以失義州爲
刺史元志所殺事具志傳
子游武定中開府中兵參軍
進壽弟軒卒於冀州別駕
軒弟㮨起家荊州長流參軍司空水曹參軍殿
中侍御史累遷征東將軍廣州長史還除光祿
大夫卒贈衛將軍冀州刺史
回族叔軌字廣度沉謹好學博通經傳與光祿
大夫武邑孫惠蔚同志友善惠蔚每推軌曰封
生之於經義非但章句可奇其標明綱格統括
大歸吾所弗如者多矣善自脩潔儀容甚偉或

曰學士不事脩飾此賢何獨如此軌聞笑曰君
子整其衣冠尊其瞻視何必蓬頭垢面然後爲
賢言者慙退太和中拜著作佐郎稍遷尚書儀
曹郎中兼員外散騎常侍銜命高麗高麗王雲
恃其偏遠稱疾不親受詔詰之喻以大
義雲乃北面受詔先是契丹虜掠邊民六十餘
口又爲高麗擁掠東歸軌具聞其狀移書徵之
雲悉資給遣還有司奏軌違使絕域不屬朝命
權宜曉慰邊民來蘇宜加爵賞世宗詔曰權宜
徵口使人常體但光揚有稱宜賞一階轉考功
郎中除本郡中正勃海太守崔休入爲吏部郎
以兄事軌軌干休歎其干軌曰法者天下之平不可以舊
君故戲之也休歎其干軌曰法者天下之平不可以舊
奏請遣四門博士明經學者撿試諸州學生詔
從之尋除國子博士加揚武將軍假通直散騎
常侍慰勞汾州山胡司空清河王懌表脩明堂
辟雍詔百寮集議軌議曰明堂者布政之宮在
國之陽所以嚴父配天聽朔設教其經構之式

蓋已尚矣故周官匠人職云夏后氏世室殷人
重屋周人明堂五室九階四戶八窗鄭玄曰或
舉宗廟或舉王寢或舉明堂互以見同制然
則三代明堂其制一也案周與夏殷損益不同
至於明堂因而弗革明五室之義得天數矣是
以鄭玄又曰五室者象五行也然則九階者法
九土四戶者達四時八窗者通八風誠不易之
大範有國之愼式若其上圓下方以則天地通

三才世二

水環宮以節觀者茅蓋百盛爲之質飾赤綴白

■魏列傳二十　九一　陳

綴爲之戶牖皆典籍所具載制度之明義也在
秦之世焚滅五典毀黜三代戀更先聖不依舊
憲故呂氏月令見九室之義大戴之禮著十二
堂之論漢承秦法亦未能改東西二京俱爲九
室是以黃圖白虎通蔡邕應劭等咸稱九室以
象九州十二堂以象十二辰夫大室以祭天堂以
布政依天而祭故室不過五依時布政故堂不
踰四州之與辰非所可法九與十二其用安在
今聖朝欲尊道訓民備禮化物宜則五室以爲

求制至如廟學之嫌臺沼之雜裒進之徒已論
正矣遺論具在不復須載尋以本官行東郡太
中遷前軍將軍行夏州事好立條教所在有績
轉太子僕遷廷尉少卿加征虜將軍卒贈右將
軍濟州刺史遵軌深爲郭祚所知祚常謂子景
尚曰封軌高緯二人並幹國之才必應遠至吾
平生不妄舉而每薦此二公非直爲國進賢
亦爲汝等進來之津梁也其見重如此軌旣以
方直自業高緯亦以風鯁立名尚書令高肇拜

■魏列傳二十　二十　施

司徒緯送迎往來軌竟不詣緯顧不見軌乃遠
歸曰吾一生自謂無諂規矩今日舉措不如封
生速矣軌以務德愼言修身之本姦回謗佞世
之巨害乃爲務德愼言遠安防姦四戒文多不
載

軌長子偉伯字君良博學有才思弱冠除太學
博士每朝廷大議偉伯皆預焉雅爲太保崔光
僕射游肇所知賞太尉清河王懌辟參軍事懌
親爲孝經解詁命偉伯爲難例九條皆發起隱

偏偉伯又討論禮傳詩易疑事數十條儒者咸
稱之尋將經始明堂廣集儒學議其制度九五
之論久而不定偉伯乃搜檢經緯上明堂圖說
六卷正光末尚書僕射蕭寶夤以爲關西行臺
郎及寶夤爲逆偉伯舉義兵事發見殺年三十六
豪右章子黎等謀舉義兵
時人惜之求安中追贈散騎常侍征虜將軍瀛
州刺史聽一子出身偉伯無子轉授第三弟翼
偉伯撰封氏本錄六卷并詩賦碑誄雜文數十
篇
偉伯弟業字君脩奉朝請領殿中侍御史早卒
業弟翼字君贊美容見腰帶十圍以兄偉伯立
節之勳除給事中後加揚烈將軍武定初卒
翼弟述字君義武定末廷尉少卿
述弟詡字景文尚書起部郎
史臣曰高敬侯才鑒明遠見機而作身名俱劭
世載人英天所贊也崔逞文學器識當年之俊
慮遠忽微俱以爲禍覿有萩休烈厭世不之封

懿獲全爲幸回乃克光家世不乏人矣
列傳第二十　　魏書三十二

宋隱　　　王憲

屈遵　　　張蒲

谷渾　　　公孫表

張濟　　　李先

賈彝　　　薛提

宋隱字處默西河介休人也曾祖奭晉昌黎太
守後為慕容廆長史祖活中書監父恭尚書
徐州刺史慕容儁徙鄴恭始家於廣平列人

〔二五八〕　〔魏列傳二十一〕

焉隱性至孝年十三便有成人之志專精好學
不以兵難易操仕慕容垂歷尚書郎太子中舍
人本州別駕太祖平中山拜隱尚書吏部郎中
駕還北詔隱以本官輔衛王儀鎮中山尋轉
行臺右丞領選如故屢以老病乞骸骨太祖不
許尋以母喪歸既葬被徵固辭以病而州
郡切以期會隱乃棄妻子間行避焉後匿於
長樂之經縣數年而卒臨終謂其子姪等曰吾
能入順父兄出悌鄉黨仕郡幸而至功曹史以

忠清奉之則足矣不勞遠詣臺閣恐沒不能富
貴而徒延門戶之累耳若忘吾言是為無若父
也使鬼而有知吾不歸食矣有五子

第三子溫世祖時徵拜中書博士卒追贈建威
將軍豫州刺史列人定侯

溫弟演顯祖初從征彭城有功拜明威將軍

濟北太守

演弟輔字處仁少慷慨有大操博覽羣書州

辟別駕早卒

隱叔父沇為慕容垂尚書太祖之圍中山世沇

率所領專守北圍當沇所統官軍多被傷殺太

祖特深忿恨及城平遂殺之沇子順並下廬刑

沇弟四子宜字道戕時年數歲親人竊逃以免

後與范陽盧玄勃海高允及從子惜俱被徵拜

中書博士尋兼散騎常侍使劉義隆加冠軍

將軍賜爵中都侯領中書侍郎行司隸校尉具

君七年卒贈司隸諡簡侯

〔二六七〕　〔魏傳王〕　　〔二〕　　蕃

張子鮒字伯魚州別駕

〔二〕

子謨字乾仁龍襲爵卒於遼西太守
子鸞為子珍和龍襲爵東莞太守
鸞弟瓊字普賢少以孝行稱母曾病季秋之月
思瓜不已瓊夢想見之來而遂獲時人稱異每
終州郡屢辟皆不就卒於家
子仲美武定末尚書水部郎
王憲字顯則北海劇人也祖猛符堅丞相父休
河東太守憲幼孤隨伯父永在鄴符丕稱尊號
復以永為丞相慕容永所殺憲奔清河匿
於民家皇始中興駕次趙郡之高邑憲乃歸誠太
祖見之曰此王猛孫也世祖即位行廷尉鄉出為上谷
太守加中壘將軍賜爵高唐子清身率下風化
大行尋拜外都大官後為中都歷任二曹斷獄
稱旨進爵劇縣侯加龍驤將軍出為并州刺
史如安南將軍進爵北海公境內清肅及還京師
以憲元老特賜錦繡布帛縣絲珍羞禮膳天安
初卒年八十九贈鎮南將軍青州刺史謚曰康

子崇龍襲早卒
子仲智龍襲歷中書侍郎安西將軍幽州刺史有
清平之稱
崇弟嶷字道長少以父任為中書學生稍遷南
部大夫高祖初出使巡察青徐兗豫撫慰新附
觀省風俗還遷南部尚書在任十四年時南州
多事文奏盈几訟者填門嶷性儒緩委隨不斷
終日在坐昏睡而已李訢登宗慶等號為明察
勤理時務而二人終見誅戮餘十數人或默或
免唯嶷卒得自保時人為之語曰實嶷實昏終
得保存加散騎常侍右將軍賜爵東平侯未
幾拜安東將軍進爵樂安公出為持節鎮西將
軍秦州刺史改爵為華山公散騎常侍如故後入
為內都大官卒
子祖念龍襲爵官至東平太中例降爵為侯卒
贈寧朔將軍光州刺史
子慶鍾龍襲爵給事中貪穢無行坐事爵除
祖念弟雲字羅漢頗有風尚自尚書郎入為中

書舍人轉司州別駕光祿少卿改授衛尉少卿
出為冠軍將軍當書兗州刺史尋進號征虜將
軍在州坐受所部荊山戍主杜虞財貨又取官
絹因染割易御史糾劾付廷尉遇赦免熙平二
年卒官贈平南將軍豫州刺史諡曰文昭有九
子
長子昕字元武定末太子詹事
昕弟暉字元旭早稱機悟歷尚書儀曹郎中
書舍人贈散騎常侍鎮軍將軍兗州刺史

暉弟盱字仲明祕書郎司徒主簿天平中為盜
所害

屈遵字子皮昌黎徒河人也博學多藝名著
當時為慕容永尚書僕射武垣公永滅垂以為
博陵令太祖南伐車駕幸魯口博陵太守申永
南奔河外高陽太守崔玄伯東走海濱屬城
長更率多逃竄遵獨告其吏民曰往年寶師
大敗今茲垂征不還天之棄燕人弗支也魏帝
神武命世寬仁善納御眾百萬號令若一此湯

武之師吾欲歸命爾等勉之勿遇嘉運而為禍
先遂歸命太祖太祖素聞其名厚加禮焉拜中書
令出納王言兼揔文誥中原既平賜爵下蔡子
從駕還京師卒時年七十
子須襲爵除長樂太守加鎮遠將軍進爵信都
侯卒贈寧北將軍昌黎公諡曰恭
少子處珍襲爵處珍卒
子車渠龔襲爵高祖初出為東陽鎮將卒贈青
州刺史諡曰莊

須長子垣字長生沈深有局量少慕家業
尤善書計太祖初給事諸曹太宗世遷尚書
監統京師諸署世祖即位稍遷尚書右僕射加侍
中以破平涼功賜爵濟北公加平南將軍後轉
中領軍恭宗在東宮垣領太子少傅後督諸
軍東伐進號鎮東大將軍師次和龍馮文通致
牛酒以犒軍甲三千垣責其不送侍子數之
以王命遂掠男女六千口而還垣在宮公正內
外稱其平當世祖信任之委以大政車駕出征

常居中留鎮與襄城公盧魯元俱賜甲第世祖
數臨幸賞賜隆厚員君四年隆薨卒時年五十
五時世祖幸陰山恭宗遣使乘傳奏狀世祖甚
悼惜之謂使人曰汝等殺朕良臣何用乘馬
遂令步歸贈征西大將軍諡曰成公
長子觀早卒世祖愍之賜其子男爵觀弟道賜
襲祖爵
道賜少以父任內侍左右稍遷主客進為尚書
加散騎常侍善騎射機辯有辭氣世祖甚器之

從征蓋吳遷尚書右僕射加侍中還至鴈門暴
疾卒諡曰衰公子拔襲爵
拔少好陰陽學世祖追思其父祖年十四以為
南部大夫時世祖南代擒劉義隆將胡盛之以
付拔鎖世祖惕然不覺盛之逃去世祖大怒命斬之
將伏鑕世祖愴然曰若鬼而有知長生問其子
孫朕何以應之乃赦拔免為散大夫後顯祖以
其功臣子拜營州刺史卒
子永興襲爵

張蒲字玄則河內脩武人本名謨後改為蒲漢
太尉延之後父攀慕容垂御史中丞兵部尚書
以清方稱蒲少有父風頗涉文史以端謹見知
為慕容寶寶陽平河間二郡太守尚書左丞太祖
定中山寶之官司敗用者多以降品秩既素聞蒲
名仍拜為尚書左丞大夫太宗即位為內都大
東部大人後拜太中大夫太宗以蒲清謹方正遷
官賜爵泰昌子參決庶獄私謁不行號為公正
太常初丁零翟猛雀驅逼吏民入白㠁山謀為

大逆詔蒲與冀州刺史長孫道生等往討道生
等欲徑以大兵擊之蒲曰良民所以從猛雀者
非樂亂也皆逼凶威彊服之耳今若直以大
軍臨之吏民雖欲返善其道無由又懼誅夷必
并勢而距官軍然後入悖阻或愚民其變
未易圖也不如先遣使喻之使民不與猛雀同
謀者無坐則民必喜而俱降矣道生甚以為然
具以奏聞太宗詔蒲軍前慰喻乃下數千家還
其本屬蒲皆安集之猛雀與親黨百餘人奔逃

蒲與道生等追斬猛雀首送京師後劉裕冠

橋河表以蒲為南中郎將南蠻校尉隸平南大

將軍長孫嵩往禦之裕入長安乃還後改為壽

張子與安平公叔建兵自平原東渡徇下劉

義符青兗諸郡詔加陳兵將軍濟州刺史又與

建攻青州不剋而還世祖即位以蒲清貧妻子

衣食不給乃出為相州刺史扶弱抑彊進善黜

惡教化大行光三年卒於州年七十二吏民

痛惜之蒲在謀臣之列屢出為將朝廷清論常

為稱首贈平東將軍廣平公謚曰文恭

子昭有志操天與中以功臣子為太學生太宗

即位為內主書後龍驤父爵神廳中從征蠕蠕以

功進爵恂武侯加平遠將軍時延和二年出為幽

州刺史開府加寧東將軍幽州穀不登州

廩虛罄民多菜色昭謂民吏曰何我之不德而

遇其時乎乃使富人通濟貧乏軍馬之家耀運

外境貧弱者勸以農桑歲乃大熟士女稱頌之

在任三年卒

子昶襲爵早卒

昶弟靈符眞君八年補中書博士和平中咸陽

郡民趙昌聚黨作逆百姓騷動詔靈符宣旨

慰諭民乃復業天安初遷中書侍郎賜爵昌

國子延興中使南豫州觀察風俗太和四年除

建威將軍廣平太守還為尚書左丞司州大中

正後除鎮遠將軍齊州刺史十六年轉光州刺

史加立忠將軍卒

谷渾字元沖昌黎人也父袞族有力兼人繕弓三

百斤勇冠一時仕慕容垂至廣武將軍渾少有

父風任俠好氣以父母在常自退抑晚乃折節

受經業遂覽群籍被服類儒者太祖時以善隸

書為內侍左右太宗世遷前鋒將軍從幸河南

還以選給事東宮世祖即位為中書侍郎加振

威將軍從征赫連昌為驍騎將軍遷侍中安

南將軍領儀曹尚書賜爵濮陽公渾正直有操

行性不苟合趣舍不與己同者視之蔑如也然

反重舊故不以富貴驕人時人以此稱之在官

廉直為世祖所器重詔以渾子孫十五以上悉
補中書學生延和二年春卒世祖悼惜之親臨
其喪贈賜豐厚諡曰文宣
子闉字崇基小字長命襲爵少侍東宮稍遷平
南將軍相州刺史入為外都大官延興四年卒
諡曰簡公
闉弟季孫襲爵中書學生入為秘書中散遷中
部大夫出為吐京鎮將
闉子洪字元孫少受學中書世祖以洪機敏有
祖風令入授高宗經高宗即位以舊恩為散騎
常侍南部長遷尚書賜爵滎陽公洪性貪奢僕
妾衣服錦綺貲累千金而求欲滋劇時顯祖舅
李峻等初至京師官給衣服洪輒截沒為有司
所糾并窮其前後贓罪坐以伏法
子穎青州征東大將軍廣陵王羽田曹參軍員
外散騎侍郎給事中尚書郎加威遠將軍除員
外散騎常侍尋轉中散大夫大軍伐蜀時益州
刺史傅豎眼出為別將以穎權行州事後除假

節鎮遠將軍涼州刺史不行改授太府少卿又
加前將軍神龜二年卒贈平東將軍營州刺史
諡曰貞
長子篡字靈紹頗有學涉解褐太學博士領侍
御史稍遷著作郎司州治中黃門郎散騎常侍
又為侍中兼殿中尚書遷驃騎大將軍左光祿
大夫營州大中正篡前為著作又監國史不能
有所緝綴
篡弟士恢字紹達少好琴書初為世宗挽郎除
奉朝請正光中入侍甚為蕭宗寵待元乂之出
靈太后反政紹達預有力焉遷諫議大夫俄轉
通直散騎常侍直閤將軍鴻臚少卿封元城縣
開國侯邑七百戶太后嬖幸鄭儼懼紹達間構
於帝每因言次道尊紹達為州紹達不願出
外太后誣其罪而殺之
公孫表字玄元燕郡廣陽人也遊學為諸生慕
容垂以為尚書郎慕容垂破長子從入中山慕
容寶走乃歸關以使江南稱旨拜尚書郎後為

博士初太祖以慕容垂諸子分據勢要權柄推
移遂至亡滅且國俗敦樸嗜欲寡少不可啟其
機心而道其巧利深非之表承功勢將軍元屈
卷太祖稱善太宗初表參功勢將軍元屈軍二十
事之討京叛胡為胡所敗表以先諫止屈太宗
善之賜爵固安子河西飢胡劉虎聚結流民反
於上黨南寇河內詔表討虎又令表與姚興兗
陽戍將結期使備河南岸然後進軍討之時胡
內自疑阻更相殺害表以其有解散之勢遂不

與戍將相聞率眾討之法令不整為胡所敗軍
人大被傷殺大宗深銜之及劉裕征姚興與兗州
刺史尉建聞寇至棄滑臺北走詔表隨壽光
侯叔孫建屯枋頭泰常七年劉裕死議取河南
太宗以為掠地至淮滑臺等三城自然面
縛表固執宜先攻城太宗從之於是以奚斤為
都督以表為吳兵將軍廣州刺史斤等濟河表
侵地太宗以為掠地至淮南巡為之聲援表等於
攻滑臺歷時不拔太宗乃南巡為之聲援表等於
既冠滑臺引師西代大破劉義隆將翟廣等於

王樓遂圍虎牢車駕次汲郡始昌子蘇垣太史
令王亮奏表置軍虎牢東不得利便之地故令
賊不時滅太宗雜好術數前忿及攻虎牢
士卒多傷乃使人夜就帳中縊而殺之時年六
十四太宗以賊未退祕而不宣初表與衛之及
封氏為司馬國璠所逮太宗以舊族欲原之表
固證其罪乃誅封氏表為人外和內忌時人以此
薄之表本與王亮同營署及其出也輕侮甚亮故

至於死

第二子軌字元慶少以文學知名太宗時為中
書郎出從征討補諸軍司馬世祖平赫連昌引
諸將帥入其府藏各令任意取金玉之謂軌曰
盈懷軌獨不苟得朕所以增賜者欲顯廉於
卿可謂臨財不苟得朕所以增賜者欲顯廉於
眾人後兼大鴻臚持節拜氏王楊玄為南秦王
及境玄不郊迎軌數玄曰昔尉他跨據及陸賈
至閩富奉順故能垂名竹帛今君正無蕭恭之

禮非蕃臣也玄使其屬趙客子對曰天子以六
合為家軌非王庭是以敢請入國然後受詔軌
答曰大夫入境尚有郊勞而況王命乎請拜奉
策以還玄懼詣郊受命軌使遂稱旨拜尚書賜
爵燕郡公加平南將軍及劉義隆將到彥之遣
其部將姚縱夫濟河攻冶坂世祖慮更北入遣
鎮將初世祖將比征發民驢軌以運糧使逐為
軌屯壺關會上黨丁零叛軌討平之出為虎牢

魏列傳二十一

之語曰驢無彊弱輔脊自壯眾共嗤之坐徵還
真君二年卒時年五十一軌既死世祖謂崔浩
日吾行過上黨父老皆日公孫軌為受貨縱
賊使至今餘姦不除軌之各也其初來單馬執
鞭返去從車百兩載物而南丁零渠帥乘山罵
軌軌怒取罵之母以矛刺其陰而殺之曰何
以生此逆子從下到壁分磔四支於山樹上以
肆其怒是忍行不忍之事軌幸而早死至今在
者吾必族而誅之軌終得娶子封氏生三子斌

十五　桃

叡

斌襲爵尉都大官正光三年卒贈幽州刺史
叡字文叔初為東宮吏稍遷儀曹長賜爵陽平
公時顯祖於苑內立殿勅中秘羣官制名叡曰
臣聞至尊至貴莫於天人抱損莫大於
謙光伏惟陛下躬唐虞之德存道顧物神道遙
外宮居之名當協叡旨愚以為宜曰崇光奏
可後卒於南部尚書贈安東將軍幽州刺史諡
曰宣叡妻崔浩弟女也生子良字道伯聰明好

魏列傳二十二

學為尚書左丞雅有幹用為高祖所知遇
良弟衡字道津雅推爵讓之仕至司直良以別
功賜爵昌平子
子崇基爵昌平子
軌弟質字元直有經義頗屬文初為中書學生
稍遷博士世祖征涼州留宜都王穆壽輔恭宗
時蠕蠕乘虛犯塞候騎至於京師京師大震壽
雅信任質以為謀主質性好卜筮卜筮者咸云
冠必不來故不謀備由質幾致敗國後深自督

十六　九

屬屢進讜言超遷尚書眞君九年卒追贈中護

軍將軍光祿勳幽州刺史廣陽侯諡曰恭

第二子遼字文慶初爲選部吏以積勤稍遷南

部長敷奏有稱遷南部尚書賜爵范陽侯加左

將軍高祖詔遼與內都幢將上谷公張儻率衆

討蕭賾舞陰後高祖與文明太后引見王公

以下高祖曰比年方割戰內及京城三部於百

姓頗有益否遼對曰先者人民離散司州猥多

至於督察實難齊整自方割以來衆賦易辦實

有大益太后曰諸人多言無益鄉言可謂識治

機矣詔醴陽被掠之兵有得還者賜絹二十四

遼奏爲貴賤等級高祖稱善依例隆侯改爲襄

平伯出爲使持節安東將軍青州刺史以遼在

公遺迹可紀下詔襃述加鎮東將軍領東夷校

尉刺史如故太和十九年卒於官高祖在鄴宮

爲之舉哀時百度唯新青州佐吏疑爲所服詔曰

今古時殊禮或隆殺專古也理與今違專今也

大乘曩義當斟酌兩途商量得失吏民之情亦

三司州　魏列傳二十一　十七　于

不可苟順也主簿近代相承服斬過葬便除可

如故事自餘無服大成寢落可准諸境內之民

爲齋衰三月

子同始襲爵卒於給事中

同弟同慶篤厚廉愼爲司徒田曹參軍李

崇驃騎府外兵參軍隨崇北征有方直之稱遼

叡爲從兄弟而叡才器小優又封氏之生崔

氏之壻遼毋鴈門李氏地望縣隔鉅鹿太守祖

李眞多識北方人物每云士大夫當須好婚親

二公孫同堂兄弟耳吉凶會集便有士庶之異

張濟字士度西河人也父千秋慕容永驍騎將

軍永滅來奔太祖善之拜建節將軍賜爵成紀

侯隨從征代累著功績登國末卒濟洗獵書傳

清辯美儀容太祖愛之引侍左右與公孫表等

俱爲行人拜散騎侍郎襲爵先是姚興遣將攻

洛陽司馬德宗雍州刺史楊佺期遣使乞師於

常山王遵遵以狀聞太祖遣濟爲遵從事中郎

報之濟自襄陽還太祖問濟江南之事濟對曰

三百九十一　魏列傳二十一　十八　九

司馬昌明死子德宗代立所部州鎮迭相攻擊
今雖小定君弱臣彊全無綱紀臣等既至襄陽
佺期問臣魏初代中山幾十萬衆臣答三十餘
萬佺期曰魏初代甲戌馬可有幾匹臣答中軍
精騎十有餘萬外軍無數佺期以此討羌豈
餘家佺期又曰魏帝爲都平城佺期曰
有如許大衆亦何用城爲又曰魏定都平城
足滅也又曰魏治在何城臣答定中山徙幾戶於北臣答七萬
平城將復遷平臣答非所知也佺期聞朝廷不
都山東兒有喜色曰晉魏通和乃在往昔非唯

三四三二七 ▌魏列傳二十一

今日羌寇狡猾頻侵河洛夙夜憂厄念此寡弱
水行甚難取臣等欲分向揚州佺期曰㦀蟲賊互起
寧使魏取臣之軍馬已據滑臺於此而還從北
仰恃於魏若獲全當必厚報如其爲羌所乘
倉庫空竭與君便爲一家義所無諱洛城救援
今朝廷委以外事有欲征討輒便與發然後表聞
襄陽道東下乃更直晉之法制有異於魏今都督
令朝廷知之而已如其事勢不舉亦不承臺命

十九

太祖嘉其辭順乃厚賞其使許救洛陽後遷調
者僕射報使姚興以累使稱旨拜勝兵將軍頻
從車駕北伐濟謀功居多賞賜奴婢百口馬牛
數百羊二十餘口天賜五年卒
子多羅龍襲爵坐事除
李先字容仁中山盧奴人也本字犯高祖廟諱
少好學善占相之術師事清河張御奇之仕
符堅尚書郎後慕容永聞其名迎爲謀主先勸
永據長子城永遂稱制以先爲黃門郎祕書監

三四三二八 ▌魏列傳二十一

垂滅永徙於中山皇始初先於井陘歸順太祖
問曰卿何國人先曰臣本趙郡平棘人太祖
曰朕聞中山土廣民殷信爾以不先曰臣少官
長安乃事長子後乃還鄉觀望民土實自殷廣
又問先曰朕聞長子中有李先者卿其是乎先
曰小臣是也太祖曰卿識朕不先曰陛下聖德
膺符澤被人表龍顏挺特臣安敢不識太祖又
問曰卿祖父及身官悉歷何官先對曰臣大父
重晉平陽太守大將軍右司馬父樊石虎樂安

二十

太守左中郎將臣符丕尚書右主客郎慕容永
祕書監高密侯太祖曰卿飽宿士屢歷名官經
學所通何典爲長先對曰臣才識愚闇卿少習經
史年荒廢忘十猶通六文問兵法風角卿悉通
不先曰亦曾習讀不能明解太祖顧
卿用兵不先曰臣時蒙顧問兵事太祖後
以先爲丞相衛王卉九長史從儀平鄴到義臺
破慕容麟軍回定中山先每一進策所向剋平
車駕還代以先爲尚書右中兵郎太祖謂先曰

■魏列傳二十一

二十一

今蠕蠕屢來犯塞朕欲討之卿以爲何如先曰
蠕蠕不識天命窺伏荒朔屢來偷竊驚動邊
民陛下神武威德遐振舉兵征之必將摧殄車
駕於是比代大破蠕蠕賞先奴婢三口馬牛羊
五十頭轉七兵郎遷博士定州大中正太祖問
先曰天下何書最善可以益人神智先對曰唯
有經書三皇五帝治化之典可以補王者神智
又問曰天下書籍凡有幾何朕欲集之如何可
備對曰伏羲創制帝王相承以至於今世傳國

記天文祕緯不可計數陛下誠欲集之嚴制天
下諸州郡縣搜索備送主之所好集之亦不難太
祖於是班制天下經籍稍集太祖之討姚興於
柴壁也問先曰興屯天渡平據柴壁以正合戰
未到之前遣奇兵先渡天渡左右嚴設伏
今欲殊之計將安出先對曰臣聞兵據利其糧道及其
以奇殊之計將安出先對曰臣聞兵先渡天渡觀時而動興欲進不
兵備其表裏以陛下神策觀時而動興欲進不
得退又之粮夫高者爲敵所棲深者爲敵所[四]

■魏列傳二十一

二十二

尾

兵法所忌而興居之可不戰而取太祖從其計
興果敗歸太宗即位問左右舊臣之中爲先帝
所親信者有誰時新息公王洛兒對曰有李先
者最爲先帝所知太宗召先引見問曰卿有何
功行而蒙先帝所識先對曰臣愚闇才行無聞
適以忠直本上更無異能太宗曰卿試言舊事
先對曰臣聞堯舜之教化民如子三王任賢天
下懷服今陛下躬秉勞謙六合歸德士女能言
莫不慶抃俄而召先讀韓子連珠二十二篇太

公兵法十一專詔有司曰先所知者皆軍國大
事自今常宿於內賜先絹五十四綵五十斤雜
綵五十四御馬一匹拜安東將軍壽春侯賜隸
戶二十二詔先與上黨王長孫道生率師龍驤
跋乙連城克之悉虜其衆乃進討和龍先言於
道生曰宜密使兵人備青草一束各五尺圍
用填城塹攻其西南絕其外援勒兵急攻賊必
可擒道生不從遂掠民而還後出爲武邑太守
有治名世祖即位徵爲內都大官神廳二年卒
山公諡曰文懿
年九十五詔賜金縷命服一襲贈定州刺史中
子回襲爵爲京兆濟陰二郡太守卒
子鍾葵龍襲爵降爲子
鍾葵弟鳳子鳳子弟虬子並中書博士
鳳子子預字元愷少爲中書學生聰敏彊識涉
獵經史太和初歷祕書令齊郡王友出爲征西
大將軍長史帶馮翊太守積數年府解罷郡遂
居長安每羨古人餐玉之法乃採訪藍田躬往

攻掘得若環壁雜器形者大小百餘稍得麤黑
者亦篋盛以還而至家觀之皆光潤可玩預乃
椎七十枚爲屑日服食之餘多惠人後預及聞
者更求於故處皆無所見馮翊公源懷等得其
玉琢爲器佩皆鮮明可寶預服經年云有效驗
而世事寢食不禁節又加之好酒損志及疾篤
謂妻子曰服玉屏居山林排棄嗜欲或當大有
神力而吾酒色不絕自致於死非藥過也然吾
尸體必當有異勿便速殯令後人知餐服之妙
時七月中旬長安毒熱預停尸四宿而體色不
變其妻常氏以玉珠二枚含之口閉常謂之曰
君自云餐玉有神驗何故不受含也言訖齒啟
納珠因噓屬其口都無穢氣舉歛於棺堅直不
傾委死時猶有遺玉屑數斗盛貯以囊納諸棺
天興中先子密問於先曰子孫永爲魏臣將復
事他生也先告曰未也國家政化長遠不可卒
窮自皇始至齊受禪實百五十餘歲矣
賈彝字彥倫本武威姑臧人也六世祖敷魏幽

州刺史廣川都亭侯子孫因家焉父為苻堅鉅
鹿太守坐訕謗繫獄暴年十歲詣長安訟父獲
申遠歎之僉曰此子英俊賈誼之後莫之與
京弱冠為慕容垂驃騎大將軍遼西王農記室
參軍太祖先聞其名嘗遣使者求暴太守垂
增器敬更加寵秩遷驃騎長史帶黎陽太守垂
遣其太子寶來冠大敗於參合陂執及其從
兄代郡太守潤等太祖即位拜尚書左丞參預
國政加給事中於鄴置行臺與尚書和跋鎮鄴

招攜初附暴乃召還天賜末暴昇請詣溫湯療病
為叛胡所拘執送於姚興積數年遁歸又為屈
丏所執與語悅之拜秘書監年六十一卒世祖
平赫連昌子秀迎其尸柩葬并干代南
秀歷中書博士遷中書侍郎太子中庶子揚烈
將軍賜爵陽都男本州大中正恭宗崩以爵還
第既而掌吏曹事高宗以秀東宮舊臣進爵
陽都子加振威將軍時丞相作威福多
所殺害渾妻庶姓而求公主之號屬言於秀秀

默然渾曰公事無所不從我請公主不應何意
秀慷慨大言對曰公主之稱王姬之號尊寵之
極非庶族所宜若假竊此號當必自殺秀寧死
於今朝不取笑於後日渾左右莫不失色為之
震懼而秀神色自若渾夫妻默然含忿他日乃
書太醫給事中楊惠富臂作老奴怪字令以示
秀渾每欲伺隙陷之會渾伏誅遂得免難秀執
正守志皆此類也時秀與中書令勃海高允俱
以儒舊見重於時皆選擬方岳以詢訪見留各

聽長子出為郡守秀辭曰爰自愚微承乏累紀
少而受恩老無成效恐先草露無報殊私豈直
無功之子超齊先達雖仰感聖慈而術深驚懼
乞收成命以安微臣遂固讓不受自始及終歷
奉五帝雖不至大官常掌機要而廉清儉約不
營資產年七十三遇疾給醫藥賜机杖時朝廷
舉動及大事不決每遣尚書高平公李敷就第
訪決皇興三年卒贈本將軍冀州刺史武邑公
謚曰簡

子儁字異隣襲爵拜祕書中散軍曹令出爲顯
武將軍荊州刺史依例降爵爲伯先是上洛置
荊州後改爲洛州在重山中民不知學儁乃表
置學官選聰悟者以教之在州五載清靖寡事
吏民亦安遷洛後儁朝京師賞以素帛景明初
卒贈本將軍光州刺史
子叔休襲盟尉除給事中卒
子興襲裒爵
興弟賓歷高書郎以清素稱出爲熬陽太守卒

官

潤曾孫禎字叔願學法經史居喪以孝聞太和
中爲中書博士副中書侍郎高聰使於江左還
以母老患輒過家定省坐免官父之徵爲京兆
王愉郎中令行魯陽太守轉治書侍御史國子博
士加威遠將軍行魯陽太守稍遷司徒諮議參軍通直散騎常侍加冠
軍將軍正光中卒贈平北將軍齊州刺史
子子儒司空田曹參軍

禎兄子景儁亦少學識知名奉朝請遷京兆王
愉府外兵參軍愉起逆於冀州將授其官景儁
不受愉殺之永平中贈東清河太守謚曰貞
景儁弟景興清峻鯁正少爲州主簿遂栖遅不
仕後葛榮陷冀州爲榮所虜稱疾不拜景興每
捫膝而言曰吾始不負汝以不拜葛榮故也
薛提太原人也皇始中補太學生拜侍御史累
遷散騎常侍太子太保賜爵陽侯加晉兵將
軍出爲鎮東大將軍冀州刺史進爵太原公所
在有聲績徵爲侍中治都曹事世祖崩祕不發
喪尚書左僕射蘭延侍中和匹等議以爲皇孫
幼沖宜立長君徵秦王翰置之祕室提曰皇孫
有世嫡之重民望所係隆周漢雖少令聞於天
下成王孝昭所以隆周漢廢少立長雖少令聞宜立而更求君
必不可延等猶豫未決中常侍宗愛知其謀矯
皇后令徵提等入遂殺之
提弟浮子高宗即位以提有謀立之誠詔龍襲兄
爵太原公有司奏降爲侯皇興元年卒

提孫令保太和中襲爵歷陽侯

史臣曰宋隱操行貞白遺略榮利王憲名祖之

孫老見優禮屈道學藝知機垣乃局量憂遇張

蒲谷渾文武爲用人世仍顯公孫表初則一介

見知終以輕薄致戾軌始受授金之賞末陷財

利之徵鮮克有終固不虛也張濟使於四方有

延譽之羨李先學術嘉謀荷遇三世賈彝早播

時學秀則不畏彊禦薛提正議忠謀見害舂閭

悲夫

列傳第二十一　　魏書三十三

此傳全寫高氏小史疑收書亡而後人補之

史臣語亦悉出北史諸論合而成文然頗詳

備與本史它卷略同豈非小史全載本史乎

　　王洛兒　車路頭　　　　魏書三十四
　　盧魯元　陳建
　　萬安國

王洛兒京兆人也少善騎射太宗在東宮給事帳下侍從遊獵夙夜無怠性謹愿未嘗有過太宗嘗獵于濕南乘冰而濟冰陷没馬洛兒投水奉太宗出岸水没洛兒殞將凍死太宗解衣以賜之自是恩寵日隆天賜末太宗出居于外洛兒晨夜侍衛無須臾違離恭勤發於至誠元紹之逆太宗左右唯洛兒與車路頭而已晝居山嶺夜還洛兒家洛兒隣人李道潛相奉給晨昏往復眾庶頗知喜而相告紹聞收道斬之洛兒猶冒難往返京都通問於大臣大臣遂出迎百姓奔赴太宗還宮社稷獲乂洛兒有功焉太宗即位拜散騎常侍詔曰士庶家必以孝敬為本在朝則以忠節為先不然何以立身於當世揚名於後代也散騎常侍王洛兒車路頭等服

三八〇　【魏列傳二十二】　一

勤左右十有餘年忠謹恭肅而彌至末嘗須史之頃有廢替之心及在艱難人皆易志而洛兒等授命不移貞操蹈懇離漢之樊灌魏之許典無以加焉勤而不賞何以將來為臣之節其賜洛兒爵新息公加直意將軍又追贈其父為列侯賜爵僮隸五十戶永興五年卒贈太尉建平王賜溫明祕器載以轀輬車使殿中衛士為之道從太宗親臨哀慟者數四焉乃鴆其妻周氏與洛兒合葬

子長成襲爵卒無子

弟德成襲爵徙為建城公加鎮遠將軍官至散騎常侍典作長安員君十一年卒

子定州襲爵降為建陽侯安遠將軍後定州弟升為侍御中散有寵於顯祖以祖父洛兒著勳先朝詔復定州爵為公高祖初為長安鎮將卒

子陵襲升爵承明初遷御長賜爵始新子加寧朔將軍員外散騎常侍卒

車路頭代人也少以忠厚選給東宮為太宗帳

三九〇　【魏列傳二十二】　二　弼

下帥善自脩立謹慎無過天賜末太宗出於外
路頭隨侍竭力及太宗即位拜爲散騎常侍賜
爵金鄉公加忠意將軍後叡爲宣城公太宗性
明察羣臣多以職事遇謹至有杖罰故路頭優
遊不住事待宿左右從容談笑而已路頭性無
害姦至評獄處理常獻寬恕之議以此見重於
朝太宗亦敬納之寵待隆厚賞賜無數當時
功臣親幸莫及泰常六年卒太宗親臨哀慟
贈侍中左衛大將軍太師宣城王謚曰忠貞喪
禮一依安成王叔孫俊故事陪葬金陵
子眷襲爵

盧魯元昌黎徒河人也曾祖副鳩仕慕容垂
爲尚書令臨澤公祖父並至大官魯元敏而好
學寬和有雅度太宗時選爲直郎以忠謹給侍
東宮恭勤盡節世祖親愛之及即位以爲中書
侍郎拾遺左右寵待彌深而魯元益加謹肅世
祖逾親信之內外大臣莫不敬憚焉性多容納
善與人交好揜人之過揚人之美由是公卿咸

親附之魯元以工書有文才累遷中書監領秘
書事賜爵襄城公加散騎常侍右將軍賜其父
爲信都侯從征赫連昌世祖親追擊之入其城
門魯元隨世祖出入是日微魯元幾至危殆從
征平涼以功拜征北大將軍加侍中後遷太保
錄尚書事世祖貴其異常賜賚僮隸前後數百人布帛以
萬計世祖臨幸其第不出旬日欲其居近易於
往來乃賜甲第於宮門南衣食車馬皆乘輿之
副真君三年冬車駕幸陰山魯元以疾不從侍
臣問疾送醫藥傳驛相屬於路及薨世祖甚悼
惜之還臨其喪哭之哀慟東西二宮命太官日
送莫旦辰昏哭臨訖則備奏鐘鼓伶樂輿駕比葬
三臨之喪禮依安成王故事而贈襄
城王謚曰孝莊葬於崞山爲建碑闕自魏興貴臣
恩寵龍無與爲比子統襲爵
少子內給侍東宮恭宗深昵之常與卧起同衣
父子有寵兩宮勢傾天下內性寬厚有父風而

恭順不及正平初宮臣伏誅世祖以魯元故唯
殺內而厚撫其兄弟
統父任侍東宮世祖以元舅陽平王杜超女
南安長公主所生妻之車駕親自臨送太官設
供具賜賚以千計高宗即位典選部主客二曹
興安二年卒贈襄城王諡曰景無子
弟彌娥襲爵拜北鎮都將卒贈襄城王諡曰恭
子興仁襲爵

【魏列傳二十二】　三十　五

陳建代人也祖渾太祖末為右衛將軍父陽尚
書建以善騎射擢為三郎稍遷下大夫內　行長
世祖討山胡白龍意甚輕之單將數十騎登山
臨崎每日如此白龍乃伏壯士十餘處出於不
意世祖隨馬幾至不測建以身捍賊大呼奮擊
殺賊數人身被十餘創世祖壯之賜尸二十高
宗初賜爵阜城侯加冠軍將軍出為幽州刺史
假秦郡公高宗以建貪暴懦遝遣使就州罰杖
五十高祖初徵為尚書貪員暴右僕射加侍中進爵趙
郡公建興侍中尚書晉陽侯元仙德殿中尚書

長樂王穆亮比部尚書平原王陸叡密表曰皇
天輔德命集大魏臣等祖父翼贊初興勤過蜀
漢哲言固山河草茲景福寵辱戚與國均焉臣
以凡近識無遠達階藉先寵遂荷今任彼已之
譏播於羣口仰感生成俯自策屬顧省駑鈍終
於無益然飲冰驚寐負至於願天高地
厚何日忘之自永嘉之末封冢相繼伐宗隔望秩
奮有荊楚及桓劉跂扈禍相繼冀代宗叡南據
之敬青徐限見德之風獻文皇帝躭亂龍飛道

【魏書列傳二十二】　三七三　六

光率土干戚暫舞淮海從風車書既同華裔將
一昊天不弔奄皆万邦竊聞劉昱天亡權臣殺
害思正之民翦想罔極愚謂時不再來機宜易
失毫分之差致千里天與不取反受其咎所
謂見而不作過在介石者也宜簡雄將號令八
方義陽王臣昶深悟存亡遠（同孫氏苟歷運響）
從則吳會可定脫事有難成則振旅而返進（可
以揚義聲於四海退（可以通德信於遐裔宜乘
之會運鍾今日如合聖聽乞速施行脫忤天心

徒征西大將軍進爵魏郡王高祖與文明太后
頻幸建第賜宴妻於後庭太和九年薨
子念龍嗣爵為中山守坐掠良人為御史中尉王
顯所彈遇赦免爵除
萬安國代人也祖眞世為酋帥恒率部民從世
祖征伐以功除平西將軍敦煌公轉驃騎大將
軍儀同三司父振尚高陽長公主拜駙馬都尉
遷散騎常侍寧西將軍長安鎮將賜爵馮翊公

【■魏列傳二十二】　七

安國少明敏有姿兒以國甥復尚河南公主拜
駙馬都尉遷散騎常侍顯祖特親寵之與同臥
起為京第宅賞賜至巨萬超拜大司馬大將軍
封安城王安國先與神部長奚買奴不平承明
初矯詔殺買奴於城中高祖聞之大怒遂賜安
國死年二十三
子翼襲王爵太和十五年薨高祖以其父受寵
先朝特贈并州刺史
子纂字輔興龍襲依例降為公世宗時起家司徒

倉曹參軍遷南秦平西府司馬護軍長史加右
軍將軍正光三年卒贈假節征虜將軍荊州刺
史
子金剛襲武定末開府祭酒齊受禪爵例降
有奚拔者世為紇奚部帥其父根皇始初率眾
歸魏太祖嘉之尚昭成女生子敬
拔尚華陰公主生子□元紹之逆也主有功
授敬大司馬大將軍封長樂王薨
子護龍襲爵拜外都大官太和中詔以護年邁既

【■魏列傳二十二】　八

未致仕令依舊養老之例卒子彥嗣根事迹遺
落故略附云
史臣曰王洛兒車路頭盧魯元陳建咸以誠至
發衷竭節危難苟非志烈過人亦何能以若此
宜其生受恩遇歿盡哀榮至如安國貴寵異於
數子哉

列傳第二十二　　　魏書三十四

崔浩字伯淵清河人也白馬公玄伯之長子少
好文學博覽經史玄象陰陽百家之言無不關
綜研精義理時人莫及弱冠為直郎天興中給
事祕書轉著作郎太祖以其工書常置左右太
祖季年威嚴峻官省左右多以微過得罪莫
不逃隱避目下之變浩獨恭勤不怠或終日不
歸太祖知之輒命賜以御粥其砥直任時不為

三十　　魏列傳二十三　　一

窮通改節皆此類也太宗初拜博士祭酒賜爵
武城子常授太宗經書每至郊祠父子並乘軒
輅時人榮之太宗好陰陽術數聞浩說易及洪
範五行善之因命浩筮吉凶參觀天文考定疑
惑浩綜覈天人之際舉其綱紀諸所處決多有
應驗恒與軍國大謀甚為寵密是時有兔在後
宮驗問門官無從得入太宗恠之命浩推其所
徵浩以為當有鄰國貢嬪者善應也明年姚
興果獻女神瑞二年秋穀不登太史令王亮蘇

垣因華陰公主等言讖書國家當治鄴應大樂
五十年勸太宗遷都於鄴可救今年之飢非長久之
策也東州之人常謂國家居廣漠之地民畜無
算號稱牛毛之衆今留守舊都分家南從恐不
滿諸州之地參居郡縣處榛林之間不便水土
疾疫死傷情見事露則百姓意沮四方聞之有
輕侮之意屈丐蠕蠕必提挈而來雲中平城則
有危殆之慮阻隔恒代千里之險雖欲救援赴

魏傳二十三卷　　二　　蔡彥華

之甚難如此則聲實俱損矣今居北方假令山
東有變輕騎南出燿威桑梓之中誰知多少百
姓之望塵震服此是國家威制諸夏之長策
也至春草生乳酪將出兼有菜果足接來秋若
得中熟事則濟矣太宗深然之曰惟此二人與
朕意同復使中貴人問浩濟曰今既糊口無以
至來秋來秋或復不熟將如之何浩等對曰可
簡窮下之戶諸州就穀若來秋無年願更圖也
但不可遷都太宗從之於是分民詣山東三州

食出倉穀以稟之來年送大熟賜浩澹妾各人御衣一襲絹五十疋綿五十斤初姚興死之前歲也大史奏熒惑在鮑瓜星中一夜忽然亡失不知所在或謂下入危亡之國將為童謠妖言而後行其災禍太宗聞之大驚乃召諸碩儒十數人令與史官求其所詣浩對曰案春秋左氏傳說神降于辛未之日各以其物祭也請以日辰推之庚午之夕辛未之朝天有陰雲熒惑之亡當在此二日之內庚之與未皆主於

秦辛為西夷今姚興據咸陽是熒惑入秦矣諸人皆作色曰天上失星人安能知其所詣而妄說無徵之言浩笑而不應後八十餘日熒惑果出於東井留守盤遊秦中大旱赤地昆明池水竭童謠訛言國內諠擾明年姚興死二子交兵三年國滅於是諸人皆服曰非所及也秦常元年司馬德宗將劉裕伐姚泓舟師自淮泗入清欲泝河西上假道於國詔群臣議之外朝公卿咸曰函谷關號曰天險一人荷戈萬夫不得進

裕舟船步兵何能西入脫我乘其後還路甚難若此上河岸其行為易揚言伐姚意在或難測假其水道寇不可縱宜先發軍斷河上流勿令西過又議之內朝咸同外計太宗將從之浩曰此非上策司馬休之徒擾其荊州劉裕切齒來久今興死子劵乘其危亡而伐之臣觀其意必欲入關勁躁之人不顧後患今若塞其西路裕必上岸北比侵令姚若受敵令蠕蠕内寇民食又乏不可發軍發軍赴南則北寇進

擊若其救北則東州復危未若假之水道縱裕西入然後興兵塞其東歸之路所謂卞莊刺虎兩得之勢也使裕勝也必德我假道之惠令姚氏勝也亦不失救鄰之名縱使裕得關中縣遠難守彼不能守終為我物令不勞兵馬坐觀成敗關兩虎而收長父之利上策也夫為國之計擇利而為之豈顧婚姻酬一女子之惠哉假令國家棄恒山以南裕必不能發吳越之兵興官軍爭守河北也居然可知議者猶曰裕西入函

谷則進退路窮腹背受敵北上岸則姚軍必不
出關助我揚聲西行意在北進其執然也太宗不
遂從群議遣長孫高發兵拒之戰於畔城為裕
將朱超石所敗師人多傷太宗聞之恨不用浩
計二年司馬德宗齊郡太守王懿來降上書陳
計稱劉裕在洛勸國家以軍絕其後路則裕軍
可不戰而克書奏太宗之會浩在前進講書
傳太宗問浩曰劉裕西伐前軍已至潼關裕軍
如何以卿觀之事得濟不浩對曰昔姚興好養

【魏書傳二十三】
【五】

虛名而無實用子泓又病衆叛親離劉裕乘其危
兵精將勇以臣觀之克之必矣太宗曰劉裕武
能何如慕容垂浩曰裕勝太宗曰試言其狀浩
曰慕容垂藉父祖世君之資生便尊貴同類歸
之若夜蛾之赴火少加倚仗便足立功劉裕挺
出寒微不階尺土之資不因一卒之用奮臂大
呼而夷滅桓玄北擒慕容超南摧盧循等皆晉
陵遲遂執國命裕若平姚而還必篡其主其勢
然也秦地戎夷混并虎狼之國裕亦不能守之

風俗不同人情難變欲行荊揚之化於三秦之
地臂無翼而欲飛無足而欲走不可得也若留
衆守之必資於寇孔子曰善人為邦百年可以
勝殘去殺今以秦之難制二年間豈裕所能
哉且可治戎束甲息民備境以待其歸秦地亦
能進退我遣精騎南襲彭城壽春裕亦何能自
立浩曰今西北二寇未殄陛下不可親御六師
兵衆雖盛而將無韓白長孫嵩有治國之用無
進取之能非劉裕敵也臣謂待之不晚太宗笑
曰卿量之已審矣浩曰臣嘗私論近世人物不
敢不上聞若王猛之治國符堅之管仲也慕容
玄恭之輔少主慕容暐之霍光也劉裕之平
亂司馬德宗之曹操也太宗曰卿謂先帝如何
浩曰小人管窺懸象何能見玄穹之廣大雖然
太祖用漢自與義農齊列臣豈能仰名太宗曰
洽四海自北醇樸之人南入中地變風易俗化
丐何如浩曰屈丐家國夷滅一身孤寄為姚氏

【魏書傳二十三】
【六】

封殖不思樹當彊隣報讎雪耻乃結忿於蠕蠕
皆德於姚興撅豎小人無大經略正可殘暴終
為人所滅耳戎太宗大悅語至中夜賜浩御縹醪
酒十觚水精鹽一兩曰朕味卿言若此鹽酒
故與卿同其旨也三年彗星出天津入太微經
比斗絡紫微犯天棓八十餘日至漢而滅太宗
復召諸儒術士問之曰今天下未一四方岳峙
災咎之應將在何國朕甚畏之盡情以言勿有
所隱咸共推浩令對浩曰古人有言夫災異之

生由人而起人無釁焉妖不自作故人失於下
則變見於上天事恒象百代不易漢書載王莽
篡位之前彗星出入正與今同國家主尊臣卑
上下有序民無異望唯僭晉將滅
世陵遲故桓玄逼奪劉裕秉權彗孛者惡氣之
所生是為僭晉將滅劉裕篡之之應也諸人莫
能易浩言太宗深然之五年裕果廢其司馬
德文而自立南鎮上裕改元赦書時太宗幸東
南潟滷池射鳥聞之驛召浩謂之曰往年卿言

彗星之占驗矣朕於今日始信天道初浩父疾
篤浩乃剪爪截髮夜在庭中仰禱斗極為父請
命求以身代叩頭流血歲餘不息家人稱為
者及父終居喪盡禮時人稱之襲爵白馬公朝
廷禮儀優文策詔軍國書記盡關於浩浩能為
雜說不長屬文而留心於制度科律及經術之
言作家祭法次序五宗恭掌之禮豐儉之節義
理可觀性不好老莊之書每讀不過數十行輒

棄之曰此矯誣之說不近人情必非老子所作
也老聃習禮仲尼所師豈設敗法文書以亂先王
之教莊生所謂家人筐篋中物不可揚於王庭
於浩曰春秋星孛北斗七國之君皆將有咎今
兹日蝕於胃昴盡光趙代之分野朕疾彌年療
治無損恐一旦奄忽諸子並少將如之何其為
我設圖後之計浩曰陛下春秋富盛聖業方隆
德以除災幸就平愈且天道懸遠或消或應普
宋景見災修德熒惑退舍願陛下遣諸憂慮恬

神保和納御嘉福無以闇昧之說致損聖思必

不得己請陳瞽言自聖化龍興不崇儲貳是以

求興之始社稷幾危今宜早建東宮選公卿忠

賢陛下素所委仗者使為師傅左右信臣簡在

聖心者以賓友入惣萬機出統戎政監國撫

軍六柄在手若此則陛下可以優遊無為頤神

養壽進御醫藥萬歲之後國有成主民有所歸

則姦息望旁無覬覦此乃萬世之令典塞禍

之大備也今長皇子諱年漸一周明叡溫和眾

情所繫時登儲副則天下幸甚立子以長禮之

大經若須並待成人而擇倒錯天倫則生履霜

堅水之禍自古以來載籍所記興衰存亡尠不

由此太宗納之於是使浩奉策告宗廟命世祖

為國副主居正殿臨朝司徒長孫嵩山陽公奚

斤比新公安同為左輔坐東廂西面浩與太尉

穆觀散騎常侍丘堆為右弼坐西廂東面百寮

揔己以聽焉太宗避居西宮時隱而窺之聽其

決斷大悅謂左右侍臣曰長孫嵩宿德舊臣歷

事四世功存社稷癸斤辯捷智謀名聞遐邇安

同曉解俗情明練於事穆觀達於天人之會丘

堆雖無大趣崔浩博聞彊識精於政要識吾膏

用然在公專謹以此六人輔相吾與汝曹遊行

四境代叛柔服可得志於天下矣群臣時奏所

疑太宗曰此非我所知當決之汝曹國主也會

聞劉裕死太宗欲取洛陽虎牢滑臺浩曰陛下

不以劉裕欻起納其使貢裕亦敬事陛下不幸

今死乘喪代之雖得之不令春秋晉士丐帥師

侵齊聞齊侯卒乃還君子大其不伐喪以為恩

足以感孝子義足以動諸侯今國家亦未能一

舉而定江南宜遣人弔祭存其孤弱恤其凶災

布義風於天下令德之事也若此則化被荊揚

南金象齒羽毛之珍可不求而自至裕新死黨

與未離兵臨其境必相率拒戰功不可必不如

緩之待其惡稔如其彊臣爭權變難必起然後

命將揚威可不勞士卒而收淮北之地太宗銳

意南伐詰浩曰劉裕因姚興死而滅其國裕死

我伐之何為不可浩固執曰興死二子交爭裕
乃伐之太宗大怒不從浩言遂遣奚斤南伐議
於監國之前日先攻城也先略地也斤日請先
攻城浩日南人長於守城符氏攻襄陽經年不
拔今以大國之力攻其小城若不時剋挫損軍
勢敵得徐嚴而來我急彼銳危道也不如分軍
略地至淮爲限列置守宰收斂租穀滑臺虎牢
反在軍北絕望南救必汾河東走若或不然即
是圍中之物孫表請先圖其城斤等濟河无

攻滑臺經時不拔表請濟師太宗怒乃親南
拜浩相州刺史加左光禄大夫隨軍爲謀主及
車駕之還也浩從太宗幸西河太原登憝高陵
之上下臨河流傍覽川域慨然有感遂與同寮
論五等郡縣之是非考秦始皇漢武帝之違失
好古識治時伏其言天師寇謙之每與浩言聞
其論古治亂之迹常自夜達旦辣意毅容無有
懈倦既而歎美之日斯言也惠皆可底行亦當
今之皇矣嗟也但世人貴遠賤近不能深察之耳

因謂浩日吾行道隱居不營世務忽受神中之
訣當兼脩儒教輔助泰平真君繼千載之絕統
而學不稽古臨事闇昧卿爲吾撰列王者治典
并論其大要浩乃著書二十餘篇上推太初下
盡秦漢讒弊之迹大日先以復五等爲本世祖
即位左右忌浩正直共排毀之世祖雖知其能
不免群議故出浩以公歸第及有疑議召而問
焉浩纖妍潔白如美婦人而性敏達長於謀計
常自比張良謂已稽古過之既得歸第因欲脩
服食養性之術而寇謙之有神中錄圖新經浩
因師之始光中進爵東郡公拜太常卿時議討
赫連昌群目皆以爲難唯浩日往年以來熒惑
再守羽林皆成鉤巳其占秦亡又今年五星併
出東方利以西代天應人和時會並集不可失
也世祖乃使奚斤等擊蒲坂而親率輕騎襲其
都城大獲而還及世祖復討昌次其城下收衆
偽退昌鼓譟而前舒陣爲兩翼會有風雨從東
南來揚沙昏冥宦者趙倪進曰今風雨從賊後

來我向彼背天不助人又將士飢渴願陛下攝
騎避之更待後日浩叱之曰是何言歟千里制
勝一日之中豈得變易賊前行不止後巳離絕
宜分軍隱出奄擊不意風道在必當有常也世
祖曰善分騎舊擊昌軍大潰初太祖詔尚書郎
鄧淵著國記十餘卷編年次事體例未成逮于
太宗廢而不述神䴥二年詔集諸文人撰錄國
書浩及弟覽高讜鄧穎晁繼范亨黃輔等共參
著作叙成國書三十卷是年議擊蠕蠕朝臣內
外盡不欲行保太后固止世祖世祖皆不聽唯
浩讚成策略尚書令劉絜左僕射安原等乃使
黃門侍郎仇齊推連昌太史張淵徐辯說世
祖曰今年己巳三陰之歲歲星襲月太白在西
方不可舉兵比伐必敗雖尅不利於上又群臣
共贊和淵等去淵少時嘗諫符堅不可南征堅
不從而敗今天時人事都不和協何可舉動世
祖意不決乃召浩令與淵等辯之浩難淵曰陽
者德也陰者刑也故曰蝕脩德月蝕脩刑夫王

者之用刑大則陳諸原野小則肆之市朝戰伐
者用刑之大者也以此言之三陰用兵蓋得其
類脩刑之義也歲星襲月年飢民流應在他國
遠期十二年太白行倉龍宿於天文為東不妨
比伐淵等俗生志淺近牽於小數不達大體
難與遠圖臣觀天文比年以來月行奄昴至今
猶然其占三陰天子大破旄頭之國蠕蠕高車
旄頭之眾也夫聖明御時能行非常之事古人
語曰非常之原黎民懼焉及其成功天下晏然
願陛下勿疑也淵等懃而言曰蠕蠕荒外無用
之物得其地不可耕而食得其民不可臣而使
輕疾無常難得而制有何汲汲而苦勞士馬也
浩曰淵言天時是其所職若論形勢非彼所知
斯乃漢世舊說常談施之於今不合事宜也何
以言之夫蠕蠕者舊是國家北邊叛隸今誅其
元惡收其善民令復舊役非無用也漠北高涼
不塞蚊蚋水草美善夏則遷田牧其地非不
可耕而食也蠕蠕子弟來降貴者尚公主賤者

將軍大夫居滿朝列又高車號為名騎非不可
臣而畜之夫必南人追之則患其輕疾於國兵
則不然何者彼能遠逐與之進退非難制也且
蠕蠕往入國民吏震驚今夏不乘虛掩進破
滅其國至秋復來豈不汲汲乎哉世人皆謂淵辯
之前有何亡徵時赫連昌在座淵等自以無先言勳

通解數術明决成敗臣請試之問其西國未滅
今日無歲不驚當世人皆謂淵辯
報而不能對世祖大悅謂公卿曰吾意决矣亡
國之師不可與謀信矣哉而保太后猶難之復
令群臣於保太后前評議世祖謂浩曰此等意
猶不伏卿善曉之令悟既罷朝或有尤浩者曰
今吳賊南冠而舍之此伐千里其誰不知
若蠕蠕遠遁前無所獲後有南賊之患危之道
也浩曰不然今年不摧蠕蠕則無以禦南賊自
國家并西國以來南人恐懼揚聲動眾以備淮
北彼比我南彼勞我息其勢刀然矣比破蠕蠕往

還之間故不見其至也何以言之劉裕得關中
留其愛子精兵數萬良將勁卒猶不能固守舉
軍盡沒號哭之聲至今未已如何正當國家休
明之世士馬彊盛之時而欲以駒犢虎口也
設令國家與之河南彼必不能守之軍之自量不能
守是以必不來若或有眾備邊之軍耳夫見瓶
水之凍知天下之寒當食肉一臠識鑊中之味物
有其類可推而得也且蠕蠕恃其絕遠謂國家
力不能至自寬來久故夏則散眾放畜秋肥乃

聚背寒向溫南來寇抄今出其慮表攻其不備
大軍卒至必驚駭星分望塵奔走牡馬護羣牝
馬戀駒驅馳難制不得水草未過數日則聚而
困斂可一舉而滅斷暫勞永逸長久之利時不可
失也唯患上無此意今聖慮已决發曠世之謀
如何止之陋矣哉公卿也諸軍遂行天師謂浩
曰是行也果可克乎浩對曰天時形勢
必克無疑但恐諸將瑣瑣前後顧慮不能乘勝
深入使不全克耳及軍入其境蠕蠕先不設備

民畜布野驚怖四奔莫相收攝於是分軍搜討
東西五千里南北三千里凡所俘虜及獲畜產
車廬彌漫山澤蓋數百万高車殺蠕蠕種類歸
降者三十餘萬落虜遂散亂矣世祖沿弱水西
行至涿邪山諸大將果疑深入有伏兵勸世祖
停止不追天師以浩曩曰之言固勸世祖窮討
不聽後有降人言蠕蠕先被疾不知所為
乃焚燒穹廬科車自載將數百人入山南走民
畜窘聚方六十里中無人領統相去百八十里

〈魏列傳二十三〉　十七

追軍不至乃徐徐四遁唯此得免後聞涼州賈
胡言若復前行二日則盡滅之矣世祖深恨之
大軍既還南賊竟不能動如浩所言曇浩明識天
文好觀星變常置金銀銅鋌於酢器中令青夜
有所見即以鋌畫紙作字以記其異世祖每幸
浩第多問以異事或倉卒不及束帶奉進疏食
不暇精美世祖為舉匕箸或立嘗而旋其見寵
受如此於是引浩出入卧內加侍中特進撫軍
大將軍左光祿大夫賞謀謨之功世祖從容謂

浩曰卿才智淵博事朕祖考忠著三世朕故延
卿自近其思盡規諫匡予弼予勿有隱懷朕雖
當時遷怒若或不用久久可不深思卿言也因
令歌工歷頌群臣事在長孫道生傳又召新降
高車渠帥數百人賜酒食於前世祖指浩以示
之曰汝曹視此人纖懦弱手不能彎弓持矛
其胷中所懷乃踰於甲兵朕始時雖有征討之
意而慮不自決乃前後克捷皆此人導吾令至此
也乃勅諸尚書曰凡軍國大計卿等所不能決

〈魏書傳二十三〉　十八

皆先諮浩然後施行俄而南藩諸將表劉義隆
大嚴欲犯河南請兵三万先其未發逆擊之因
誅河北流民在界上者絕其鄉導以挫其銳
氣使不敢深入謀議之咸言宜許浩曰此
不可從也往年國家大破蠕蠕馬力有餘南賊
震懼常恐輕兵奄至卧不安席故先聲動眾以
備不虞非敢先發又南土下濕夏月蒸暑水潦
方多草木深邃疾疫必起非行師之時且彼先
嚴有備必堅城固守屯軍攻之則糧食不給分

兵肆討則無以應敵來見其利就使能來待其
勞倦秋涼馬肥因敵取食徐往擊之萬全之計
勝必可克在朝群臣及西北將從陛下征討
西滅赫連北破蠕蠕多獲美女珍寶馬畜成群
南鎮諸將聞而生羨亦欲南抄以取資財是以
披毛求瑕妄張賊勢非異得肆心既不獲聽故數
稱賊動以恐朝廷南鎮諸將復表賊至而自陳兵
少簡幽州以南戍兵佐守就漳水造船嚴以為
備公卿議者僉欲遣騎五千并假署司馬楚
之魯軌韓延之等令誘引邊民浩曰非上策也
彼聞幽州已南精兵采發大造舟船輕騎在後
欲存立司馬誅除劉族必舉國駭擾懼於滅亡
當采發精銳來備北境後審知官軍有聲無實
特其先眾必甚而前行徑來至河肆其侵暴則
我守將無以禦之若彼有見機之人善設權謀
乘閒深入虜我國虛生變不難非制敵之良計
今公卿欲以威力攘賊乃所以招令速至也夫

張虛聲而召實聖此之謂矣不可不思後悔無
及我使在彼期四月前還可待而後發
猶未晚也且楚之徒是彼所忌將至奪其國彼
安得端坐視之故楚之等往則彼息其國彼
勢然也且楚之等瑣才能招合輕薄無賴而
能成就大功為國生事使兵連禍結必此之群不
矣臣嘗聞魚軌說姚興求入荊州至則散敗乃
不免蠶賊掠實為奴使禍及姚泓已然之效浩
復陳天時不利於彼曰今茲害氣在揚州不宜
先舉兵一也午歲自刑先發者傷二也日蝕滅
光晝昏星見飛鳥墮落宿值斗牛憂在危亡三
也熒惑伏匿於翼軫戒亂及喪四也太白未出
進兵者敗五也夫興國之君先脩人事次盡地
利後觀天時故萬舉而萬全國安而身盛今義
隆新國是人事未周也災變屢見是天時不協
也舟行水涸是地利不盡也三事無一成自守
猶或不安何得先發而攻人哉彼必聽我虛聲
而嚴我亦承彼嚴而動兩推其咎皆自以為應

敵兵法當分災迎受害氣未可舉動也世祖不

能違衆乃從公卿議浩復固爭不從遂遣陽平

王杜超鎮鄴琅邪王司馬楚之等屯潁川於是

賊來遂〈疾到彦之〉自清水入河泝西行分兵

列守南岸西至潼關世祖疑焉問赫連群臣曰義隆

懸分河北乃治兵欲先討赫連而義隆乘虛

在河中舍之〈西行前寇未可必剋〉而義隆猶

則失東州矣世祖疑焉問計於浩浩曰義隆與

赫連定同惡相招連結馮跋牽引蠕蠕肆逆

魏傳二十三　王　薫業

心虚相唱和義隆望定進定待義隆前皆莫敢

先入以臣觀之有似連雞不得俱飛無能為害

也臣始謂義隆軍來當屯住河中兩道北上東

道向冀州西道衝鄴如此則陛下當自致討不

得徐行今則不然東西列兵徑二千里一處不

過數千形分勢弱以此觀之僥見情見止堅固

河自守免死為幸無北度意也赫連定殘根易

摧擬之必仆剋定之後東出潼關席卷而前則

威震南極〈江淮以北無立草矣〉聖策獨發非愚

近所及願陛下西行勿疑平涼既平其日宴會

世祖執浩手以示蒙遜使曰所云崔公此是也

寸略之美當全無比朕行止必問成敗決焉若

合符契初無失矣後冠軍將軍安頡軍遽獻南

俘囚說南賊之言云義隆勑其諸將若北國兵

動先其未至徑前入河若其不動住彭城勿進

如浩所量世祖謂公卿曰卿輩前謂我用浩計

為謬驚怖固諫常勝之家始皆自謂踰人遠矣

至於歸終乃不能及遷浩司徒時方士祁纖奏

三十四　魏傳三十三　二十一　宋璲

立四王以曰東西南北為名欲以致禎吉除災

異詔浩與學士議之浩對曰先王建國以作蕃

屏不應假名以為其福夫日月運轉周歷四方

京都所居在於其內四王之稱實奄邦畿名之

則逆不可承用先是纖奏改代為万年浩曰昔

太祖道武皇帝應天受命開拓洪業代王制置

無不循古以始封代土後稱為魏故代魏兼用

猶彼殷商國家積德著在圖史當享億兆不待

假名以為益也纖之所聞皆非正義世祖從之

是時河西王沮渠牧犍內有貳意世祖將討焉
先問於浩浩對曰牧犍惡心已露不可不誅官
軍往年北伐雖不剋獲實無所損于時行者內
外軍馬三十萬四計在道死傷不滿八千歲常
大損恆不能復振今出其不意不圖大軍卒至必
驚駭騷擾不知所出擒之必矣且牧犍劣弱諸
弟驕恣爭權從橫民心離解加此年以來天災
地變都在秦涼成滅之國也世祖曰善吾意亦

▲魏列傳二十三　二十三

以為然命公卿議之弘農王奚斤等三十餘人
皆曰牧犍西垂下國雖心不純臣然繼父職貢
朝廷接以蕃禮又王姬釐降罪未甚彰謂宜羈
縻而已今士馬勞止宜可小息又其地鹵斥略
無水草大軍既到不得久停彼聞軍來必完聚
城守攻則難拔野無所掠於是尚書古弼李順
之徒皆曰自溫圉河以西至於姑臧城南天梯
山上冬有積雪深一丈餘至春夏消液下流成
川引以溉灌彼聞軍至決此渠口水不通流則

致渴乏去城百里之內赤地無草又不任久停
軍馬斤等議是也世祖乃命浩以其前言與斤
共相難抑諸人不復餘言唯曰彼無水草浩曰
漢書地理志稱涼州之畜為天下饒若無水草
何以畜牧又漢人為居終不於無水草之地築
城郭立郡縣也又雪之消液繞不斂塵何得通
渠引漕溉灌數百萬頃平此言大詆誣於人矣
李順等復曰耳聞不如目見吾曹目見何可共
辯浩曰汝曹受人金錢欲為之辭謂我目不見

▲魏列傳二十三　二十四

便可欺也世祖隱聽聞之乃出親見斤等辭旨
嚴厲形於神色群臣乃不敢復言唯唯而已於
是遂討涼州而平之多饒水草如浩所言乃詔
浩曰昔皇祚之興世隆比土積德累仁多歷年
載澤流蒼生義聞四海我太祖道武皇帝承統
天人必征不服應期撥亂奮有區夏太宗承統
光隆前緒釐正刑典大業惟新然荒域之外猶
未賓服此祖宗之遺志而貽功於後也朕以眇
身獲奉宗廟戰戰兢兢如臨淵海懼不能負荷

至重繼名丕烈故即位之初不遑寧處揚威朝
喬掃定赫連遠於神麛始命史職注集前功以
成一代之典自爾已來戎旗仍舉奏隴克定徐
兗無塵於平通冠於龍川討降賢於源域當朕一
人獲濟於此賴宗廟之靈群公卿士宣力之効
也而史關其職篇籍不著每懼斯事之墜於今
德冠朝列言為世轍小大之任望君存之命公
祕書事以中書侍郎高允散騎侍郎張偉參著
留臺綜理史務述成此書務從實錄浩於是監

三百二十四　二十五　沈思忠　魏書傳三三

作續成前紀至於損益褒貶折中潤色浩所摠
焉及恭宗始摠百揆浩復與宜都王穆壽輔政
事時又將討蠕蠕劉潔復致異議世祖逾欲討
之乃召問浩對曰往擊蠕蠕師不多日潔等
各欲回還後獲其過矣夫北土多積雪至冬時常
避寒南徙若因其時潛軍而出必與之遇則可
擒獲世祖以為然乃分軍為四道詔諸將俱會
鹿渾海期日有定而潔恨計不用沮語諸將無

功而還事在潔傳世祖西巡詔浩與尚書順陽
公蘭延都督行臺中外諸軍事世祖至東雍親
臨汾曲觀叛賊薛永宗壘進軍之永宗出兵
欲戰世祖問浩曰今日可擊不浩曰永宗未知
陛下自來人心安閑北風迅疾宜急擊之須臾
必碎若待明日恐其見官軍盛大必奔走世
祖從之永宗潰滅軍駕濟河前驅告賊在渭北
世祖至洛水橋賊已夜遁詔問浩曰蓋吳在長
安北九十里渭北地空穀草不備欲渡渭南西

魏傳二三　二十六　老問

行何如浩對曰蓋吳營去此六十里賊魁所在
擊蛇之法當須破頭頭破則尾豈能復動宜乘
勢先擊吳今全軍往一日便到平吳之後回向長
安亦一日而至一日之內未便損傷愚謂宜從
北道若從南道則蓋吳徐入北山卒未可平世
祖不從乃渡渭南吳聞世祖至盡散入北山果
如浩言軍無所克世祖悔之後以浩輔東宮之
勤賜繒絮布帛各千段著作令史太原閔湛趙
郡郗標素諂事浩乃請立石銘刊載國書并勒

所注五經浩贊成之恭宗善焉遂營於天郊東
三里方百三十步用功三百万乃訖世祖蒐于
河西詔浩詣行在所議軍事浩表曰昔漢武帝
患匈奴彌盛故開涼州五郡通西域勸農積穀
為滅賊之資東西迭擊故漢未疲而匈奴已獘
後遂入朝昔平涼州浩以為北賊未平征役
不息可不從其民蓁有鎮戍故事計之長者若選
於大舉軍資必乏遂下以此事關遠者若選
民人則土地空虛雖有鎮戍適可禦邊竟不施用

如臣愚意猶如前議莫從豪彊太家充實涼土
軍舉之日東西齊勢執此計之得者浩又上五寅
元曆表曰太宗即位元年勅臣解急就章孝經
論語詩尚書春秋禮記周易三年成訖復詔臣
學天文星曆易武九宮無不盡看至今三十九
年晝夜無廢篤性弱劣力不及健婦人更無
餘能是以專心思書志寢與食至乃夢共鬼爭
義遂得周公孔子之要術始知古人有虛有實
妄語者多負正者少自秦始皇燒書之後經典

絕滅漢高祖以來世人亡姓造曆術者有十餘家
皆不得天道之正大誤四千小誤甚多不可言
盡臣愍其如此今遭陛下太平之世除偽從真
耳改誤曆以從天道其以臣前奏造曆今始成
訖謹以奏呈唯恩省察以臣曆術宣示中書博
士然後施用非但時人過於三皇五帝矣事在律
曆志臣君十一年六月誅浩清河崔氏無遠近
以益國家萬世之名過於天地鬼神知臣得正可
范陽盧氏太原郭氏河東柳氏皆浩之姻親盡
夷其族初郤標等立石銘刊國記浩盡述國事
備而不典而石銘顯在衢路往來行者咸以為
言事遂聞發有司按驗浩取祕書郎吏已下盡
生數百人意狀浩伏受賕其祕書郎史及長曆
死活始弱冠太原郭逸以女妻之浩晚成不曜
華采故時人未知逸妻王氏劉義隆鎮北將軍
王仲德姊也每奇浩才能自以為得婿俄而女
亡王深以傷恨復以少女繼婚逸及親屬以為
不可王固執與之逸不能違遂重結好浩非毀

佛法而妻郭氏篤好釋典時時讀誦浩怒取而
焚之捐灰於廁中及浩幽執置之檻內送於城
南使衛士數十人溲其上呼聲嗷嗷聞于行路
自宰司之被戮辱未有如浩者世皆以為報應
之驗也初浩搆害李順基萌已成夜夢秉炙燉
悉授於河窬而惡之以告館客馮景仁景仁曰
順寢室火作而出曰此輩吾賊也以戈擊之俄
而順弟息號哭而出曰此非復虛事夫以火親人暴之極也
此真不善也非復虛事夫以火親人暴之極也
階亂兆禍復已招也商書曰惡之易也如火之
燎於原不可向邇其猶可撲滅乎且兆始惡者
有終殊積不善者無餘慶厲階成矣公其圖之
浩曰吾方思之而不能悛至是而族浩既亡
人多託寫急就章從少至老初不憚勞所書蓋
以百數必稱馮代彊疑以示不敢犯國其謹也
如此浩書體勢及其先人而妙巧不如也世寶
其迹多裁割綴連以為模楷浩母盧氏諶孫也
浩著食經敘曰余自少及長其目聞見諸母諸

姑所脩婦功無不蘊習酒食朝夕養舅姑四時
祭祀雖有功力不任僮使常手自親焉昔遭喪
亂飢饉仍臻饘蔬餬口不能具其物用十餘年
閒不復備設先妣慮久廢忘後生無知見而少
不習業書乃占授為九篇文辭約舉婉而成章
聰辯彊記皆此類也親沒之後值國龍興之會
獲豐甚厚牛羊蓋澤貲累巨萬衣則重錦食則梁
平暴除亂拓定四方余備位台鉉與參大謀賞
肉遠惟平生思季路負米之時不可復得故序

遺文垂示來世始浩與冀州刺史頤滎陽太守
模等年皆相次浩為長次模次頤三人別祖而
模頤為親浩恃其家世魏晉公卿常侮模頤模
謂人曰桃簡正可欺我何合輕我家周見也浩
小名桃簡頤小名周見世祖頗聞之故誅浩時
二家獲免浩既不信佛道模深所歸向每雖糞
土之中禮拜形像浩大笑之云持此頭顱不淨
劬跪是胡神也

史臣曰崔浩才藝通博究覽天人政事籌策時

莫之二此其所以自比於子房也屬太宗為

政之秋值世祖經營之日言聽計從寧廓區

夏遇既隆也勤亦茂哉謀雖蓋世威未震

主未途邂逅遂不自全豈鳥盡弓藏民

惡其上將器盈必毀陰害貽禍何斯人而

遭斯酷悲夫

列傳第二十三　　　魏書三十五

李順字德正趙郡平棘人也父系慕容垂散騎
侍郎東武城令治有能名太祖定中原以系為
平棘令年老卒於家贈寧朔將軍趙郡太守平
棘男順慱涉經史有才策知名於世神瑞中
書博士轉中書侍郎始光初從征蠕蠕以籌略
之功拜後軍將軍仍賜爵平棘子加寧遠將軍
世祖將討赫連昌謂崔浩曰朕前比征李順獻

策數事實合經略大謀今欲使揔攝前驅之事
卿以為何如浩對曰順智足周務實如聖旨但
臣與之婚姻深知其行然性果於去就不可專
委世祖乃止初浩弟娶順妹又以弟子娶順女
雖二門婚媾而浩頗輕順順又弗之伏也由是
潛相猜忌故浩毀之至統萬大破昌軍順謀功
居右轉拜左軍將軍後征統萬遷前將軍授之
以兵出逆戰順督勒士衆破其左軍及克統
萬世祖賜諸將珍寶雜物順固辭唯取書數千

卷世祖善之至京論功以順為給事黃門侍郎
賜奴婢十五戶帛千四又從擊赫連定於平涼
三秦平遷散騎常侍進爵為侯加征虜將軍遷
四部尚書甚見寵待沮渠蒙遜以河西內附世
祖欲精簡行人崔浩曰蒙遜稱蕃款著河右若
俾還域流通殊荒畢至宜令清德重臣奉詔
慰尚書李順即順也其人也世祖曰順納言大臣固
不宜先為此使若蒙遜身執玉帛而朝於朕復
何以加之浩曰邢貞使吳亦魏之太常苟事是

宜無嫌於重兩日之行豈吳王入觀也世祖從
之以順為太常策拜蒙遜為太傅涼王使還拜
使持節都督秦雍梁益四州諸軍事西將軍
開府長安鎮都大將進爵高平公未幾復徵為
四部尚書加散騎常侍延和初復使涼州蒙遜
遣中兵校郎楊定歸白順曰年衰多疾舊患發
動腰脚不隨不堪拜伏比三五日消息小差當
相見順曰王之年老朝廷所知以王祇執臣禮
別有詔旨豈得自安不見上使也蒙遜翌日延

順入至庭中而蒙遜箕坐隱几無動起之狀順
正色大言曰不謂此叟無禮乃至於是令則覆
亡之不恤而敢陵侮天地魂神逝矣何用見之
將握節而出蒙遜使定歸追順於庭曰太常旣
雅恕衆疾傳云朝廷有不拜之詔是以敢自安
耳若太常命曰伯舅無下拜而桓公節命斯乃
王賜胙命曰爾跪而不祗命斯乃
罪矣順益怒曰森桓公九合諸侯一匡天下周
而拜受令君雖功高勳厚未若小白之勤朝廷
滅悔何及哉蒙遜遂拜伏盡禮禮畢蒙
天威敢不翹悚敬聽休命遂拜以古烈懼之以
速過之道非圖父安之計若朝廷震怒遂相吞
雖相崇重未有不拜之詔如便倔塞自大此乃
克境宇已博但當循理此民亦足興治
討擊恐不可常勝順曰昔太祖廟定洪基造有
區夏太宗承統王業惟新自聖上臨御志寧四
海是以戎車屢駕親冒風霜滅赫連於三秦走

魏書傳十四　三　林偕愓

蠕蠕於漠北闢土開邊隸首不紀僵屍截蔵所
在成觀除蕩暴虐存邱黎威震八荒聲被九
域自古以來用兵之美未有今日之盛是以遐
方荒俗之氓莫不翹足抗手斂衽胲膝天兵四
臨昭德罰罪何云恃力夫聖王之用兵也征南
蠻則北狄怨討西戎則東夷恨天子安得已哉
蒙遜曰誠如來言則涼土之民亦願魏帝遠至
何爲復遽驛告警言不舍晝夜意君之所言殆爲
虛事順曰苗民叛帝舜而親暴君有扈違后啓
而從逆主咸懼遍於近地牽制於凶威自古而
然豈獨涼民也順旣使還世祖問與蒙遜專
之辭及蒙遜政教得失順曰蒙遜專威河右三
十許年經涉艱難粗識機變又綏集荒陬遠人
頗亦畏服雖不能貽厥孫謀猶足以終其一世
前歲表許十月送曇無讖及臣往迎便乘本意
不忠不信於是而甚禮者身之興敬者行之本
未有無禮不敬而能久享福祿以臣觀之不復
周矣世祖曰君如卿言則效在無遠其子必復

魏書傳十四　四　滕大詞

襲世襲世之後早晚當滅順對曰臣略見其子
並非才俊能保一隅如聞敦煌太守牧犍器性
粗立若繼蒙遜者必此人也然比之於父僉云
不逮殆天所用資聖明也世祖曰朕今方事于
東未暇營西圖既而蒙遜所言三五年間不足為晚
停前計以為後圖既而蒙遜死問至世祖謂順
曰卿言蒙遜死今則驗矣又言牧犍立其何妙
哉朕剋言涼州亦當不遠於是賜絹千疋賜一
乘進貌剋涼州將軍寵待彌厚政之巨細無所不

參崔浩惡之順凡使涼州十有二返世祖稱其
能而蒙遜數與順遊宴頗有悖慢之言恐東
還泄之朝廷尋以金寶納順懷中故蒙遜罪釁
得不聞徹浩知之密言於世祖世祖未之信太
延三年順復使涼州及還世祖曰昔與卿密圖
期之無遠但以頃年東伐未遑西顧荏苒之間
遂及于此今和龍既平三方無事比纘甲治兵
指營河右掃蕩萬里今其時也卿往復積歲洞
鑒廢興若朕此年行師當剋以不順對曰臣疇

日所啓私謂如然但民勞既父未獲寧息不可
頻動以增勞悴願待他年世祖從之五年議征
涼州順議以涼州之水草不宜遠征與崔浩庭
諍浩固執以為宜征世祖從浩議及至姑臧甚
豐水草世祖與恭宗書以言浩曰臣之所言虛實
浩曰卿昔所言今果驗矣
皆如此類初蒙遜有西域沙門曇無讖有方
術世祖詔順令蒙遜送之京邑順受蒙遜金聽
其殺之世祖克涼州後聞而嫌順涼土既平詔

順差次群臣賜以爵位順頗受納品第不平涼
州人徐桀發其事浩又毀之云順昔受牧犍父
子重賂每言涼州無水草不可行師及浩之誅
姑臧水草豐足其詐如此幾誤國事不忠若是
反言臣讒之於陛下世祖大怒真君三年遂刑
順於城西順死後數年其從父弟伯為世祖
知重居中用事及浩之誅世祖恕甚謂伯曰
卿從兄雖誤國朕意亦未便至此由浩譖毀
朕忿遂盛殺卿從兄者浩也皇興初順子敷等

貴寵顯祖追贈順待中鎮西大將軍太尉公高
平王諡曰宣王妻邢氏曰孝妃順四子
長子敷字景文員君二年選入中書教學以忠
謹給待東宮又為中散與李訢盧遐度世等並
以聰敏內參機密出入詔命敷性謙恭加有文
學高宗寵遇之遷祕書下大夫典掌要切加前
南部尚書中書監領內外祕書襲爵高平公朝
軍將軍賜爵平棘子後兼錄南部遷散騎常侍
政大議事無不關及劉彧徐州刺史薛安都司

州刺史常珍奇以彭城懸瓠降附千時朝議謂
彼誠偽未可信保敷乃固執必然曰劉氏喪亂
釁起蕭牆骨肉離藩屏外叛令以皇朝之靈
兵馬之力兼并之會宜在於今況安都珍奇識
機歸命奉誠萬里小民元元企仰皇化今之事
機安可復失於是眾議乃同遣師接援進海寧
輯敷有力為敷既見待二世兄弟親戚在朝者
十有餘人弟弈又有寵於文明太后李訢列其
隱罪二十餘條顯祖大怒皇與四年冬誅敷兄

弟削順位號為庶人敷從弟顯德姓夫廣平宋
叔珍等皆坐關亂公私同時伏法敷兄弟敦崇
孝義家門有禮至於居喪法度吉凶書記皆合
典則為北州所稱美既致斯禍時人歎惜之
敷長子伯和次仲良與父俱死伯和有庶子孝祖年小藏後
敷妻崔氏得出宮養之至平涼太守
敷弟式字景則學業知名歷散騎常侍平東將
軍西兗州刺史濮陽侯式自以家據權要心慮
危禍常勅津吏臺有使者必先啟告乃然後渡之
既而使人平曉卒至津吏欲先告式使者給云
我須南過不傳此州不煩令刺史知也津人信
之與使俱渡使者既濟突入執式赴都與兄俱

死
式子憲字仲軌清粹善風儀好學有器度太和
初襲爵又降為伯拜祕書中散為高祖所賞
稍遷散騎侍郎接對蕭衍使蕭琛范雲以母老
乞歸養拜趙郡太守趙脩與其州里脩歸葬父

毋也牧守以下畏之累跡推憲不爲之屈時人

高之轉授驍騎將軍尚書左丞長兼吏部郎中

遷長兼司徒左長史定州大中正尋遷河南尹

參議新令於尚書上省永平三年出爲左將軍

兗州刺史四年坐事除名後以黨附高肇爲御

史所劾軍貝高聰傳正光二年十一月肅宗講於

國子堂召憲預聽又以子騫爲國子生四年拜

光祿大夫復本爵濮陽伯五年除七兵尚書加撫軍將軍孝

軍行雍州刺史尋除七兵尚書加撫軍將軍孝

昌初元法僧據徐州反叛詔憲爲使持節假鎮

東將軍徐州都督與安豐王延明臨淮王彧等

討之會蕭衍遣其豫章王綜據彭城俄而綜降

徐州既平詔遣兼黃門侍郎常景詣軍慰勞賜

憲驊騮馬一疋仍除征東將軍揚州刺史淮南

大都督二年蕭寶夤遣其北平將軍元樹右衛將

軍胡龍牙護軍將軍夏侯亶等來寇壽陽樹等

從下蔡軍於城之東北賣從黎漿而屯於城南

憲謂不先破元樹等則夏侯亶無由可剋乃遣

子長鈞率衆逆戰軍敗長鈞見執樹等乘之憲

力屈以城降因求還國衍聽歸旣至勅付廷尉

三年秋憲女壻安樂王鑒據相州反靈太后謂

鑒心懷刼脅遂詔賜憲死時年五十八永熙中

贈使持節中都督定冀四州諸軍事驃

騎大將軍儀同三司尚書令定州刺史謚曰文

靜

子希遠字景沖早卒

子祖悛龍祖爵齊受禪例降

希遠兄長鈞興和中梁州驃騎府長史

希遠第二弟希宗字景玄出後憲兄性寬和儀

兒雅麗涉獵書傳有文才起家大尉參軍事轉

直後領侍御史遷通直散騎常侍尋爲東南道

行臺邸珍右丞與諸軍計賊於彭沛克之轉齊

獻武王大行臺郎中遷散騎常侍中軍大將軍

金紫光祿大夫獻武王擢爲中外府長史爲齊

王納其第二女希宗以人望兼美深見禮遇出

上黨太守尋而遘疾興和二年四月卒於郡

年四十贈使持節都督冀滄瀛殷五州諸軍
事驃騎大將軍司空公殷州刺史諡曰文簡
長子祖昇武定末太子洗馬
希宗弟希仁字景出武定末國子祭酒兼給事
太宰府主簿轉中散大夫遷中書舍人加通直
國子學生以聰達見知歷大將軍府法曹參軍
希仁弟騫字希義博涉經史文藻富盛年十四
黃門侍郎
散騎常侍曾為釋情賦曰單闕之年無射之月
余承乏攝官直於本省對九重之清切望八襲
之嶄巘感代序以長懷觀婺氣而軫慮籠樊之
魚目於隨珠未敢自同作者蓋亦各言爾志云
潘生之秋興王子之登閣也側鄭璞於周寶編
念既多寡廓之想彌切含毫有思斐然成賦猶
亦龍德之史周爰相趙之鴻烈逮潘魏之優遊
荷峻極之層構道積石之洪流遠有馬形而謨舜
為衢樽於上葉號木鐸於前脩若蔘龍之不隕
似窮葉之世濟故抱玉而懷珠且滋蘭而樹蕙

陳邦瞻

或舟楫以匡時或棲遲以卒歲尚無忝於先人
諒貽厥於來裔書金冊以崴祀布銀繩而昭晰
清風忽其緬邈啓白玉祖於庚寅
物色而方臻荷天寵以來儀步康衢而騁力如
勝庭之五傑似不速之三人恊嗜欲於將至豈
周命之惟新譬龍虎其有合信山川而降神若
關土於殊域乘紫氛以屬羽負青天而戲翼既
乾元之利貞若坤四之方直內彌諧於本朝外
條風動物月值孟春王武子詩曰於
我王緝乘斯民俊明有德嚴恭惟寅
李伯仁上東門銘曰 上東少陽硯位在寅
俱外於二宮遂遵流以至海且因岳而為嵩同
羽儀於班氏均載德於楊公何日月之逾邁引
寒暑而相終委晉會於弱齒遺堂構於微躬嗟
蒙昧之無取故告舍而不及己潠落而少成又
擁腫而無立愧精堅於百鍊勵忠信於十邑非
珪璋之特達詎芳菲之易龍裴袛砥礪以自進寧
琢磨而成章乘宋子之万字異雁生之五行不
請觀於石室豈借書於晉皇求班莊而不遂況

陳邦瞻

蔡文之可望蔡四科其未獲入三選而誰許本
無聲於梁魏故未聞於陳汝居玉石以多迷宅
顧晦而既無所懷於四至安有情於再舉雖
衣冠之末胄而世祿之緒餘等渤澥之乘鷹類
九嬰之逃魚處江淮而不變對朝市而閉居空
閶門以靖軌非論道而脩書實少賓客於季彥謝
問政於上學著爲君而我齒叩閽人以望子遂曾
朋交於太初在正光之御曆實明皇之拱已曾
陛降於庭止同崔駰之謁帝若謝兼之來仕速

孝莊之入統乃道喪而時昏水群飛於滇海火
載燎於中原延膠船而越水若朽索而乘奔玉
羊失而無御金雞亡而不存天步忽其多難橫
流且其云始覬四維之不理顧茂草立而恭峙睎
三綱之日柰見既雲擾而海沸亦岳立而恭峙睎
匪車而思起雖風雨之如晦亮膠胠而不已自
牽役於宰朝實有懷於骨恥在下僚而栖遲
奮迅於泥滓睠故鄉以臨睍帳有動於思歸越
來流以鼓枻遡北風而結駟入成都之舊宅反

觀津之故扉乃曲肱而不悶信抱甕而無機且
耕而食且饗蠶而衣恒一日以自省亦三月而無
違遊仁義之有畛採墳素之精微誠因閒而養
拙亦有樂於嘉肥及勾芒御節沽洗之首散遲
遲於麗日發依依於弱柳鳥閒關以呼庭花芬
披而落牖聽乃越於笙簧望有踰於新婦籠衣成
服以逍遙願辰良辰而聊良辰而踞石遂嘯
傳而命偶同浴沂之五六似樸洛之八九或
滕以持肩或援笙而歌斸實奉萬年之觴主報

千金之壽各笑語而卒獲傳禮儀於不朽斯蓋
先民之所樂而余心之所守也至於少昊爲帝
庚辛劇躅視墟里之蕭蕭過寒夜之綿綿積霜
霰於近援起沉寒於遠天思多端以類長若臨
水而登山幸出遊之或寫翼觀濤以可纚遂杖
策緩步或漁或田弋鳧鴈於清溪釣魴鯉於深
泉張廣幕布長筵酌濁酒割芳鮮起白雪於促
柱奉綠水於危弦賦湛露而不已歌驪駒而未
族跌蕩世俗之外疎散造化之閒人生行樂聊

用永年悟桂下之稱工聞首陽之為拙旣有惜
於武縣且自悲於井渫訪鄭詹之格言求季主
之高說去衡門以策駟望象魏而投轍服毳衣
以從務乘大車而就列比汗海而無紀喻毳衣
之遺令奄四海以為家開七百而增慶覩禮樂
之方隆信光華之始映百揆鬱以時序四門穆
之猶緋戴會弁之如星非巡濱以窺井信夕惕
而懷驚抱徽猷而與屬每有優於唯塵恂與言
以周旋抱徽猷而與屬每有優於唯塵恂與言

其惟清如得人於漢世比多士於周庭有一匡
以作相或十亂而為楨各秉文而經武故天平
而地成伊余身之忝祿得再入於承明執綸言
之方隆信光華之始映百揆鬱以時序四門穆

以論蹤援成昭而比盛酌徙鎬之故典宪遷皂
之遺令奄四海以為家開七百而增慶覩禮樂

而為政創彝倫於九疇班平章於百姓喻緷契
以隆基據殷憂而啓聖命因艱難
而居鄭彼上天之降鑒實下民之請命因艱難
於王斗時忽亡於金鏡始蒙塵以播蕩卒流彲
三有缺瞻重地而懼深念索米而慙結運有折

於寵辱思散髮以抽簪願全真而守朴睽跡傳
以俳徊望申公而蹣跚翼鄙志之獲展庶微願
之逢時歌致命而可上詠歸田而有期揖帝城
之高逝與人事而長辭擊壤而頌結草而嬉援
以高逝與人事而長辭擊壤而頌結草而嬉援
巢父以戲頴追許子而升箕供暮餐於流瀣給
言肆欲無慮無思何鶺鴒之可賦鴻鵠之為詩
朝餐於瓊室同糟醨而無別混名實而不治放
哉尋加散騎常侍殷州大中正鎮南將軍尚書
左丞仍以本官兼散騎常侍使蕭衍後坐事免

論者以為非罪塞晉贈親友盧元明魏收詩曰
幽棲多暇日揔駕裝荒坰南瞻帶宮雉比睇拒
畦瀦瀫流火時將未縣炎漸云輕寒風率巳屬秋
水寂無聲層陰藹長野凍雨暗窮汀侶浴浮還
沒孤飛息且驚篇三褫俄終歲一九曾未營閑居
同洛淏歸身款武城稍猱原思崔坐夢尹勤荆
監河愛斗水蘇子惜餘明益州達反趣廷尉辯
交情豈若忻蓬藋收志偶沉冥後詔兼太府少
卿尋除征南將軍給事黃門侍郎死於晉陽所

著詩賦碑誄別有集錄本將軍太宰殷州刺
史齊受禪重贈使持節侍中都督殷澄洲諸
軍事車騎大將軍儀同三司仍殷州刺史諡曰
文惠

篤弟希禮字景節武定末通直散騎常侍
希遠庶長兄劍興和中梁州驃騎府長史
式弟弈字景世美容兒有才藝草歷顯職散騎
常侍宿衛監都官尚書安平侯兄敷同死太
初文明太后追念弈兄弟乃誅李訢存問憲
和 初文明太后追念弈兄弟乃誅李訢存問憲

等二家歲時賜以布帛　　十七

弈別生弟同字道度少為中散逃避得免太和
中拜下大夫南部給事出為龍驤將軍南豫州
刺史還拜冠軍將軍尋除光祿大夫守度支尚
書二十一年高祖幸長安同以咸陽山河險固
秦漢舊都古稱陸海勸高祖去洛陽而都之後
高祖引見笑而謂之曰卿一昨有啟欲朕此
昔妻敬一說漢祖即日西駕尚書今以西京說
朕仍使朕不廢東轅當是獻可理殊所以今古

相反耳四對曰昔漢祖起於布衣欲籍儉以自
固妻敬之言合於本旨全陛下百世重光德洽
四海事同隆周均其職貢是以愚臣獻說不能
上動高祖大悅其年周卒賜錢二十萬布百四

朝服 具衣 龔固性鯁烈敢直言常面折高
祖彈駁公卿無所回避百寮皆憚之高祖常加
優禮故車駕巡幸恒兼尚書右僕射雖才學不
及諸兄然公彊當世堪濟過之

子祐字長禧篤穆友于見稱於世歷位給事中
尚書祠部郎相州撫軍府長史司空從事中郎
博陵太守所在亦以清幹著稱
祐弟太字季寧涉歷書傳太尉行軍員外郎
順弟脩基陳留太守卒

子探幽

子探幽

脩基季弟憕字善祖小字藥囊少有高名為中
洪鸞孫怖傑樂陵太守武定中以貪汙賜死
探幽兄子洪鸞河間太守
書侍郎從世祖征涼州戰没人咸惜焉初順

與從兄靈從弟孝並以學識器業見重於時
故能砥礪宗族競各脩尚靈與族叔說族弟熙
等俱被徵軍在高允高士頌
說字令孫京兆太守說後繼闕
秀林小名檻性彊直太和中自中書博士為頓
丘相豪右畏之景明初試守博陵郡批彊扶弱
政以威嚴為名以母憂去職後為太尉諮議參
軍假節行荊州事拜司徒司馬加冠軍將軍定
州大中正太中大夫正光中卒年六十三贈左

將軍齊州刺史
子裔字徽伯出後秀林兄鳳林裔初除汝南王
悅常侍稍遷定州別駕孝昌中為定州鎮軍長
史加輔國將軍帶博陵太守于時逆賊杜洛周
侵亂州界尋假平北將軍防城都督賊既圍城
裔潛引洛周州遂陷没洛周僭竊特無綱紀至
於市令驛帥咸以為王呼曰市王驛王乃封裔
為定州王洛周尋為葛榮所滅裔仍事葛脩義
初爾朱榮既擒葛榮遂縶裔及高敖曹薛脩義

李無為等於晉陽從榮至洛榮死乃免普泰初
以裔為持節散騎常侍比除鎮軍將軍兼給事黃門
侍郎慰勞山東大使永熙中除鎮東將軍金紫
光祿大夫齊獻武王大丞相諮議參軍天平初
以預定策之功封固安縣開國伯食邑四百戶
加征東將軍車駕遷鄴為大行臺右丞留在洛
陽監修宮殿尋除大將軍陝州刺史四
年八月宇文黑獺攻陷州城被執見害年五十
詔贈使持節都督定冀瀛殷四州諸軍事驃騎

大將軍尚書令司徒公定州刺史
子直龔武定末司徒屬齊受禪例降
裔弟景義大司馬諮議參軍殷州大中正
景義弟景伯穆武定末合州刺史
秀林從弟煥字仲文小字醜瓖有幹用少與酈
道元俱為李彪所知自給事中轉治書侍御史
恒州刺史穆泰據代都謀反高祖詔煥與任城
王澄推治之煥先驅至州宣旨曉喻仍誅泰等
景明初遷還司空從事中郎蕭寶卷豫州刺史裴

叔業以壽春歸附詔煥以本官為軍司與楊大
眼奚康生等率衆迎接煥至淮西叔業兄子植
遣使送質煥等濟師入城撫慰民咸忻悅仍行
揚州事賜爵容城伯軍還行河內郡事拜司徒
右長史以荊疆擾動勑煥兼散騎常侍慰勞之
降者萬餘家除輔國將軍梁州刺史時武與氏
楊集起舉兵義激令弟集斷白馬戍勑假
煥平西將軍督別將石長樂統軍王祐等與軍
司苟金養俱討之大破集起軍會秦州民呂苟

兒反煥仍令長樂等申蔡積崖赴援都督元
麗至遂共平之時氏王楊定進猶據方山與苟
兒影響煥密募氏趙芒路斬定進還朝遇惠卒
時年四十四贈征虜將軍幽州刺史諡曰昭

子密武定中襄州刺史
秀林族子肅字彥邑歷奉朝請清河王懌郎中
令稍遷洛陽令步兵校尉員外常侍初詔附侍
中元暉後以左道事侍中穆紹常裸身被縵畫
腹銜刀於隱屏之處為紹求福故紹愛之延昌

魏書傳六四　二十　陳

四年薦蕭為黃門郎加光祿大夫蕭為性酒狂
熙平初從靈太后幸江陽王繼第蕭時侍飲顧
醉言辭不遜抗厲太傅清河王懌為有司彈劾
靈太后怒之出為章武內史歲餘遷右將軍夏
州刺史卒贈左將軍齊州刺史
肅從弟瞰字景林有學識初除奉朝請太學博
士司空主簿以母憂去職服闋拜左軍將軍正
光中元乂以其弟羅為青州刺史瞰為羅平東
府長史遷廷尉少卿殷州大中正孝昌二年冬

子慎武定中東平太守
瞰從弟仲琁奉朝請定雍二州長史太尉諮議
中散太中大夫東郡汲郡二郡太守司徒左長
史弘農太守先是宮牛二姓阻嶮為害仲琁示
以威惠並即歸伏還除衞將軍金紫光祿大夫
仍除北雍州刺史將軍如故轉車騎將軍左光
祿大夫天平初遷都於鄴以仲琁為營構將作
進號衞大將軍出除車騎大將軍兗州刺史仲

魏書傳六四　二十二　各陳考

玼以孔子廟牆宇頗有頹毀脩改焉還除將
作大匠所歷並清勤有聲年六十六卒贈驃騎
大將軍儀同三司青州刺史

子希良侍御史

詵從子善犯孝靜諱趙郡太守

子顯進州主簿

顯進子映字輝道南安王國常侍光州征虜府
主簿相州治中寧朔將軍步兵校尉孝昌三年
冬卒年四十二天平中贈通直散騎常侍輔國

〔魏書傳二四〕　二十三

將軍殷州刺史

子普濟武定中北海太守

映弟育字仲遠奉朝請稍遷揚烈將軍奉車都
尉都督相州防城別將少以拒葛榮之勳賜爵趙
郡公後除征東將軍金紫光祿大夫天平四年
夏卒年五十七贈驃騎大將軍都官尚書定州
刺史謚曰貞

子惜龍襲武定末齊文襄王大將軍府記室參軍
齊受禪爵例降

顯進弟恃顯位至左中郎將卒贈中壘將軍安
州刺史恃顯弟顯恃養京兆王愉妾楊氏為女愉改楊
姓為李而親念恃顯子道舒與愉同逆愉
敗走免

〔道瓊〕第三子道瓊武定末范陽太守

道瓊弟道璵少以父諱被刑位至中常侍

恃顯弟暉字季顯涉歷書史司徒行參軍稍遷
潁州輔國府長史坐事免後除尚書中兵郎

〔遷〕冠軍中散大夫正光二年南荆州刺史相叔

〔魏書傳二四〕　二十四

興驅掠城民叛入蕭衍行行資以兵粮令築谷陂
城以立洛州逼土山戎詔暉持節兼尚書左丞
為行臺督諸軍計叔興大破之乘勝拔谷陂叔
興退走軍如故未拜卒贈左將軍齊州刺史

子暉賓美容貌寬和沉雅大學博士

暉賓弟山儒少而清立學涉群書山儒弟大

蓋族弟孝怡字悅宗中書學生相州高陽王雍

暉族並早卒

主簿廣陵王羽掾新蔡太守別將蕭寶夤事長史
從中山王英破蕭衍於臨川王蕭宏於梁城除朝
州安比府長史又為中堅將軍相州鎮北府長
史遷冠軍將軍魏郡太守相州刺史中山王熙
攄鄴起兵也孝怡陰結慕城民與熙長史柳元
章別加馬游荊之等率衆擒熙賞爵昌樂伯靈太
后反政以孝怡義當除名為民後安樂王鑑並鎮
鄴起孝怡為別將永安初除左將軍太中大夫
仍為防城都督以拒萬榮文勳賜爵趙郡公拜
撫軍將軍光祿大夫永安三年行殷州事遷驃
騎大將軍左光祿大夫武定六年卒十
子思道儀同開府中兵參軍武城縣公
熙字仲熙神麚中與高允等俱被徵拜中書博
士轉侍郎以使沮渠有功賜爵元氏子加中壘
將軍卒贈鎮東將軍豫州刺史諡曰莊
子季平襲卒贈青州刺史諡曰貞
子遺元龍卒除比冀州趙郡王翰東閤祭酒累轉
尚書左民郎中冀州京兆王愉功曹參軍帶扶

魏列二十四 三十一 二十五 二十四 何益

柳令為愉所親遇與同反愉敗遺元逃竄會赦
乃雪復除兗州平東府長史後拜中堅將軍定
州征北將軍長史卒年六十三贈征北將軍定
州刺史
子恃寧以父事被刑武定末官至中尹
恃寧弟子靈襲爵開府默曹參軍齊受禪
爵例降
熙族孫蘭和自右軍將軍歷平陽勃海二郡太
守
蘭和弟蘭集平昌太守
熙族孫同軌體貌魁岸腰帶十圍學綜諸經
多所治誦兼讀釋氏好醫術年二十二舉秀
才射策除奉朝請領國子助教轉著作郎典儀
注脩國史遷國子博士加征虜將軍永熙二年出
帝辛平等寺僧徒講說勅同軌論難音韻閒
朗徒復可觀出帝善之三年春釋菜詔延公
卿學官於顯陽殿勅祭酒劉廞講孝經黃門
李郁講禮記中書舍人盧景宣解大戴禮夏

魏列傳二十四 三六七 二十六

止篇時廣招儒學引令預聽同軌經義素優
辯析兼義而不得執經深爲慨恨太平中轉中
書侍郎興和中兼通直散騎常侍使蕭衍衍
深愧釋學遂集名僧於其愛敬同泰二寺講
湟槃大品經引同軌預席衍兼遣其臣並共
之每旦入授日暮始婦緝素請業者同軌夜
爲解說四時恒爾不以爲倦武定四年夏卒年
四十七時人傷惜之齊獻武王亦殊嗟悼贈謐
甚厚贈驃騎大將軍瀛州刺史謐曰康
同軌兄義深武定中齊州刺史
同軌弟幼舉安德太守武定中以在郡貪汙輒
召部曲還京師棄市
幼舉弟之良有幹用前將軍尚書金部郎卒
之良弟稚廉武定末并州儀同開府長史
史臣曰李順器宇才識一時推重謀宣中國氣
折外蕃所以世祖垂心而崔浩側目敷式兄弟

二十七　旬

位望並高憲風度恢雅夙重朝列而遭隨有
命報施俱爽嗚呼以茲盛德克廣其猷宗緒
扶疎人位盛顯可謂李雖舊族其世唯新矣

列傳第二十四　　魏書三十六

司馬休之　司馬楚之

司馬景之　司馬叔璠

司馬天助

司馬休之字季豫本河內溫人晉宣帝季弟譙
王遜之後也司馬歆嘗僭立江南又以遜子孫龍衣
封至休之父恬為司馬昌明鎮北將軍青兗二
州刺史天興五年休之之為司馬德宗平西將軍
荊州刺史桓玄逼逐遂奔慕容德劉裕誅玄

後還建鄴裕復以休之為荊州刺史休之頗得
江漢人心劉裕疑其有異志而休之之子文思
休之之兄尚之為譙王謀圖裕裕執送休之之令自
為其所休之表廢文思并與裕書陳謝神瑞中
裕牧休之子文寶兄子文祖並殺之乃率衆討
休之休之上表自陳於德宗與德宗鎮北將軍
魯宗之宗之子竟陵太守軌等起兵討裕裕軍
至江陵休之不能敵遂與軌奔襄陽裕復進軍
討之太宗遣長孫嵩屯河東將為之援時姚興

征虜將軍姚成王冠軍將軍司馬國璠亦將兵
救之不及而還休之遂與子文思及德宗之等奔
於姚興與裕滅姚泓休之與文思及德宗河間王
子道賜輔國將軍溫楷竟陵內史魯軌荊州治
中韓延之殷約平西參軍桓謐桓璲及桓溫孫
之妻子詣嵩降月餘休之卒于嵩軍詔曰司馬休
之率其同義萬里歸誠雅操不遂中年殞喪朕
甚愍焉其追贈征西大將軍右光祿大夫謚始
道度道子勃海刀雍陳郡袁式等數百人皆將

平聲公

文思與淮南公國璠池陽子道次不平而偽親
之引與飲宴國璠性疏直因酒醉遂語文思言
已將與溫楷及三城胡酋王珍曹栗等外叛因
說京師豪彊可與為謀數十人文思告於其職聽
誅以文思為廷尉卿賜爵鬱林公善於其職
訟斷獄百姓不復匿其情劉義隆遣將裴方明
擊楊難當於仇池世祖以文思為假節征南大
將軍進爵譙王督洛豫諸軍事南趣襄陽邀其歸

路還京爲懷朔鎮將與安初薨
子彌陀襲爵以選尚臨涇公主而辭以先取毗
陵公寶瑾女與瑾並坐祝詛伏誅
司馬楚之字德宗晉宣帝弟太常馗之八世孫
父榮期司馬德宗梁益二州刺史爲其參軍楊
承祖所殺楚之時年十七送父喪還丹楊值劉
裕誅夷司馬戚屬叔父宣期兄貞之並爲所殺
楚之乃亡匿諸沙門中濟江自歷陽西入義陽
竟陵蠻中及從祖荊州刺史休之爲裕所敗乃

【魏書三十五】　三　吳祐

亡於汝潁之間楚之少有英氣能折節待士與
司馬順明道恭等所在聚當義人劉裕自立楚之
規欲報復收衆據長社歸之者常萬餘人劉裕
深憚之遣刺客沐謙害楚之楚之待謙甚厚謙病
夜詐疾知楚之必自來因欲殺之楚之聞謙病
果自齎湯藥往省之謙感其意乃出匕首於席
下以狀告之曰將軍爲裕所忌憚願不輕率以
保全爲先楚之歎曰若如來言雖有所防恐有
所失謙遂委身以事之其推誠信物得士之心

皆此類也太宗末山陽公奚斤略地河南楚之
遣使請降因表曰江淮以北聞王師南首無不
抃舞思德化而遍於寇逆無由自致臣因民
之欲請率慕義爲國前驅令此白衣無以制服
人望若蒙偏裨之號假王威以唱義則莫不率
從於是假楚之使持節征南將軍荊州刺史南陽
南頓新蔡四郡以楚之所率戶民分置汝南陽
內居於鄴時南藩諸將表劉義隆欲
斤既平河南以益豫州楚之遣妻子
入爲寇以楚之爲使持節安南大將軍封琅邪

【魏書三十五】　四　宋通

王屯潁川以距之其長史臨邑子步還表曰楚
之渡河百姓思舊義衆雲集汝潁以南望風翕
然回首革面斯誠陛下應天順民聖德廣被義
隆將到彦之沂河而西列守南岸至於潼關及
所致也世祖大悅璽書勞勉賜前後部鼓吹及
彦之等退走楚之破其別軍於長社又與冠軍
將軍安頡攻滑臺拔之擒義隆將朱脩之李元
德及東郡太守申謨浮萬餘人上疏曰臣奉命

南伐受任一方而智力淺短誠節未效所以夙
夜憂惶忘寢與食臣屢遣人至荊揚所在陳說
具論天朝盛化之美莫不忻承聖德傾首北望
而義隆兄弟知人情搖動遣臣私覘順爲司州
刺史統淮北七郡代垣苗守縣鄧自輩落滑臺
散散已來義隆耻其敗北多加罪罰到彦之削
位退同卒伍殺姚縱夫於壽春斬空靈秀於彭
城王休元託疾檀道濟斥放凡在腹心悉懷疑
阻民怨臣猜可謂今日臣聞平殄寇逆必乘戰

勝之威建立功勳亦因離貳之勢伏惟陛下聖
德鷹符道光四海神雄所指莫不摧服其柔實
者義隆而已今天網遐舉殊方仰德固宜掃清
東南齊一區宇使濟濟之風被於江漢世祖以
兵父勞不從以散騎常侍徵還從征涼州以功
賜隸戶一百義隆遣將裴方明胡崇之寇仇池
以楚之爲假節與淮陽公皮豹子等督關中諸
軍從散關西入擊走方明搶崇之仇池平而還
車駕代蠕蠕詔楚之與祕陰公盧中山等督運

以繼大軍時鎮此將軍封水白亡入蠕蠕說令擊
楚之等以絕糧運蠕蠕乃遣鉅頊父楚之軍截
驢耳而去有告失驢耳者諸將莫能察楚之曰
必是覘賊截之以爲驗耳者至即使軍人
伐柳爲城水灌之令凍城立而賊至冰峻城固
不可攻遍賊乃走散世祖聞而嘉之尋拜假節
侍中鎮西大將軍開府儀同三司雲中鎮大將
朝州刺史王如故在邊二十餘年以清儉著聞
和平五年薨時年七十五高宗悼惜之贈都督

梁益秦寧四州諸軍事征南大將軍領護西戎
校尉揚州刺史謚貞王陪葬金陵
長子寶龍與楚之同入國拜中書博士鷹門太
守卒
楚之後尚諸王女河內公主生子金龍字榮則
少有父風初爲中書學生入爲中散顯祖在東
宮擢爲太子侍講後襲爵拜侍中鎮西大將軍
開府雲中鎮大將朝州刺史徵爲吏部尚書大
和八年薨贈大將軍司空公冀州刺史謚康王

贈絹一千疋金龍初納太尉隴西王源賀女生

子延宗次纂次悅後娶沮渠氏生徵亮即河西
王沮渠牧捷女世祖妹武威公主所生也有寵
於文明太后故以徵其亮襲例降為公坐連穆泰
罪失爵延宗父亡後數年卒

子亮宗子承業世宗時悅等為裔理嫡還襲祖爵
位至後軍將軍卒贈征虜將軍洛州刺史

子藏龍襲祭受禪例降

纂字茂宗中書博士歷司州治中別駕河內邑

中正永平元年卒贈鎮遠將軍南青州刺史謚
曰肅

子澄字元鏡司州秀才司空功曹參軍給事中
卒贈龍驤將軍夏州刺史

子澄弟仲粲武定中尚書左丞

悅字慶宗自司空司馬出為立節將軍建興太
守轉寧朔將軍司州別駕遷太子左衛率河北
太守世宗初除鎮遠將軍豫州刺史時有汝南
上蔡宗董毛奴者齎錢五千死在道路郡縣疑民

張堤為劫又於堤家得錢五千堤懼拷掠自誣
言殺獄既至州悅觀色察言疑其不實引見毛
奴兄靈之謂曰殺人取錢當時狼狽有所遺
此賊竟遺何物靈之云唯得一刀鞘而已悅取
鞘視之曰此非里巷所為也乃召州城刀匠示
之有郭門者前曰此刀鞘門手所作去歲賣與
錢民董及祖悅收及祖詰之曰汝何故殺人取
郭民董及祖悅款引靈之又於祖身上得
錢而遺刀鞘及祖伏法悅之察獄多此類也
毛奴所著皂襦及祖

豫州于今稱之悅與鎮南將軍元英攻義陽克
之詔改蕭衍行司州為郢州以悅為征虜將軍郢
州刺史蕭衍遣其豫州刺史馬仙琕左軍將軍
永陽戍主陳可等率眾一萬於三關南六十里
因山起城名為竹敦遣其輔國將軍潛陰太守
舊柵起城仙琕理輕騎東西為之節度關南之民
多懷兩望悅令西關統軍諸靈鳳奄擊敗之盡
燔其城樓儲積擒劫沛及其輔國將軍軍主劉

靈秀詔曰司馬悅首謀義陽征略有捷且達京
既父屢請入朝可遂此志聽其赴關尋詔以本
將軍為豫州刺史論義陽之勳封開國
子食邑三百戶永元元年城人白早生謀為叛
逆遂斬悅首送蕭衍既而邢巒舊勳飆詔曰司
馬悅暴虐橫酷身首異所國威舊勳特可悼念
主書董紹銜命公行四漂殊域事可矜愍尚書
可量賊齎以易悅首及紹迎接還本用慰亡存贈
州為稷兄弟四人之中分遣二人勅揚

【魏書傳二十五】　九

平東將軍青州刺史賜帛三百疋諡曰莊子朏
襲爵
朏尚世宗妹華陽公主拜駙馬都尉特除員外
散騎常侍加鎮遠將軍正光五年公主薨月餘
朏卒贈左將軍滄州刺史
子鴻字慶雲性麤纔武襲爵位至都水使者坐典
西賊交通賜死
子孝政襲齊受禪爵例降
金龍弟躍字寶龍尚趙郡公主拜駙馬都尉代

兄為雲中鎮將朔州刺史假安北將軍河內公
躍表罷河西死封與民墾殖有司執奏此麋鹿
所聚太官取給今若與民至於奉獻時禽懼有
所闕詔曰此地若任稼穡雖有獸利事湏廢封
若是山澗虞禁何損尋先朝置此當苟藉斯禽
亮亦以俟軍行薪蒸之用其更論之躍固請宜
以與民高祖從之還為祠部尚書大鴻臚卿頰
川王師以疾表求解任太和十九年卒贈楚之
光祿大夫賜朝服一具衣一襲絹一千四

【魏書傳二十五】　十　余

父子相繼鎮雲中朝土服其威德
景之兄字巨之以太常末率二千餘家歸國
司馬景之字洪略晉汝南王亮之後太宗時歸
關爵蒼梧公加征南大將軍清直有節操太宗
其重之卒贈汝南王
子師子龍襲爵
子龍襲爵
時太宗在虎牢授甯遠將軍新蔡公假相州刺
史隨駕至京出除廣甯太守悅近來遠清儉有
稱世祖嘉之賜布六百疋後降號為平遠將軍

敗為密陵侯興光初卒

子安國襲爵

司馬叔璠晉安平獻王孚之後也父曇之司馬
德宗河閒王楨玄劉裕之際叔璠與兄國璠北
奔慕容超後西投姚興興為劉裕滅姚泓北奔屈丐正
軍將軍溫縣侯道壽朝將軍宜陽子靈壽出
長子靈壽神麚中與弟道壽俱來歸國靈壽冠
無子爵除叔璠安遠將軍丹楊侯卒
世祖平統萬兄弟俱入國國璠賜爵淮南公卒
除陳郡太守劉義隆侵境詔靈壽招引義士得
二千餘人從西平公安頡破虎牢滑臺洛陽三
城徙五百餘家入河內又從討蠕蠕西征涼州
所在著功出為遼西太守泊有清儉之稱太和
九年卒贈懷州刺史謚曰靖靈壽取妻太宰頓丘
王李峻女與婦父雅不相善每見抑退故位不
大至

子惠安高祖時襲爵歷怲州別駕桑乾太守太
尉談議參軍事卒

子祖珍年十五襲司州秀才解褐員外散騎侍
郎年十八先父卒

祖珍弟宗龐世宗時父惠安以火病啓以爵轉
授解褐安定王府騎兵參軍洛州龍驤府司馬
善射未曾自伐性閒淡少所交遊識者不其淳
員外散騎常侍蕭寶夤征鍾離引為長史坐軍
至永安中卒

子嵩亮襲

惠安弟直安歷位尚書郎濟北濟南二郡太守
退免官加刑以疾得免尋除東平原太守還京
為中散大夫加征虜將軍太中大夫遷左將軍
正光四年卒贈大將軍濟州刺史

子龍泉滄州開府長史

道壽長子元興龍襲父爵

子景和給事中稍遷揚州驃騎府長史清河內
史正光元年卒贈左將軍平州刺史

元興弟仲明侍御史中書舍人以謹敏著稱稍
遷衛尉少卿仍領舍人出為征虜將軍涼州刺

史坐貪殘為御史所彈遇赦免積年不敘後要
靈太后從姊為繼室除武衛將軍征虜將軍轉
光祿大夫武衛如故遷大司農卿加安東將軍
散騎常侍出為安北將軍怡州刺史常侍如故
督懷洛二州諸軍事驃騎大將軍儀同三司懷
將軍左光祿大夫天平四年卒贈散騎常侍都
子彥邕有風望正員郎稍遷相州刺史驃騎大
正光五年卒
州刺史

司馬天助自云司馬德宗驃騎將軍元顯之子
劉裕自立乃來歸關除平東將軍青徐二州刺
史東海公天助招率義士欲襲裕東平濟北二
郡及城戍又破裕間萬齡軍前後多所虜獲
拜侍中都督青徐兗三州諸軍事征東將軍青
兗二州刺史公如故具君三年與司馬文思等
南討還又從駕比征在陣歿
子元伯字歸都襲爵後降溫縣子太和中為建
威將軍泰山太守

史臣曰諸司馬以亂亡歸命楚之風縣器略最
可稱乎其餘未足論也而以往代遺緒並當位
遇可謂幸矣

列傳第二十五　　魏書三十七

刀雍　韓延之　王慧龍　袁式

刀雍字淑和勃海饒安人也高祖收晉御史中
丞曾祖協從司馬叡渡江居于京口位至尚書
令父暢司馬德宗右衛將軍初暢兄遠以劉裕
輕狡薄行負社稷錢三萬違時不還執而徵焉及
裕誅桓玄以嫌故先誅刁氏雍為暢故吏所匿
奔姚興興以雍為太子中庶子泰常二年姚泓
滅興與司馬休之等歸國上表陳誠於南境自効
太宗許之假雍建義將軍雍遂於河濟之間招
集流散得五千餘人南阻大峴擾動徐兗建牙
誓眾傳檄邊境劉裕遣將李嵩等討雍雍斬
哲言於蒙山於是眾至三萬進屯固山七年三月雍
從弟彌亦率眾入京口規共討裕裕遣兵破之
六月雍又侵裕青州敗乃收散卒保於馬耳
山又為裕青州軍所逼遂入大峴山八年太宗

南幸鄴朝於行觀問先聞卿家緣縛劉裕於卿親
疎雍曰是臣伯父太宗笑曰劉裕父子當雁懼
卿又謂之曰朕先遣叔孫建等攻青州民豈懼
避城猶未下彼既素憚卿威士民又相信服今
欲遣卿助建等於是假雍鎮東將軍
青州刺史東光侯給五萬騎使別立義軍建先
攻東陽雍至招集義眾得辛人遣撫慰郡縣
土人盡下送租供軍是時攻東陽平其北城三
十許步劉義符青州刺史竺夔嬰於城內鑿地道
南下入湳水澗以為退路雍謂建曰此城已平
宜時人取不者走盡建懼傷兵士難之雍曰若
懼傷官兵義符遣其將檀道濟等救青州雍謂建
東走會貢義符遣將檀道濟等救青州雍謂建
曰賊畏官軍突騎以鎖連車為函陣大峴已南
處巉狹隘不得方軌雍求將義兵五千要嶺破
之建不聽曰兵人不宜水土疫病過半若相持
不休兵自死盡何須復戰令不損大軍安全而
返計之上也建乃引還雍遂鎮尹卯固又詔令

南入以亂賊境雍攻克項城實有勑追令隨機
立效雍於是招集譙梁彭沛民五千餘家置二
十七營遷鎮濟陰延和二年立徐州於外黃城
置譙梁彭沛四郡九縣以雍爲平南將軍徐州
刺史賜爵東安侯在鎮七年大延四年徵還京
師頻歲爲邊民所請世祖嘉之具君二年復授
使持節侍中都督揚豫兖徐四州諸軍事征南
將軍徐豫二州刺史三年劉義隆將裴方明寇
陷仇池詔雍與建興公古弼等十餘將討平之

魏書二十六　三　後

五年以本將軍爲薄骨律鎮將至鎮表曰臣蒙
寵出鎮奉辭西藩揔統諸軍戶口殷廣又揔勒
戎馬以防不虞督課諸屯以爲儲積夙夜惟憂
不遑寧處以今年四月末到鎮時以夏中不及
東作念彼農夫雖復希野官渠乏水不得廣殖
乘前以來功不充課兵人口累率皆飢儉略加
檢行知此土稱褊䃅夫欲育民豐國軍須大
田此土之兩正以引河爲用觀舊渠堰乃是上
古所制非近代也富平西南三十里有艾山南

此二十六里東西四十五里鑿以通河似禹舊
迹其兩岸作溉田大渠廣十餘步山南引水入
此渠中計昔爲之高於水不過一丈河水激急
沙土漂流今日此渠高於河水二丈三尺又河
水浸射往往崩頹渠溉高懸水不得上雖復諸
處梁舊引水水亦難求令艾山北河中有洲渚
水分爲二西河高渠水廣百四十步臣今求入
里平地鑿渠廣十五步深五尺築其兩岸令高
來年正月於河西高渠之此八里分河之下五

魏書列傳三六　四

一丈比行四十里還入古高渠即循高渠而北
復八十里計大有民田計用功四千人
四十日功渠得成訖所欲鑿新渠口河下五尺
水不得入令求從小河東南岸斜斷到西北岸
計長二百七十步廣十步高二丈絕斷小河二
十日功計得成畢合計用功六十日小河之水
盡入新渠水則充足溉官私田四萬餘頃一所
之間則水一遍水凡四溉穀得成實官課常充
民亦豐贍詔曰鄉憂國愛民知欲更引河水勸

課夫田且便與立以克就爲功何必限其日數
也有可以便國利民者動靜以聞十年雍表曰
奉詔高平安定統萬及臣所守四鎮出車五千
乘運屯穀五十萬斛付沃野鎮以供軍糧臣鎮
去沃野八百餘里道多深沙輕車來往猶以爲難
設今載穀不過二十石毒涉深沙必致滯陷又
穀在河西轉至沃野越度大河計車五千乘運
十萬斛百餘日乃得一返大廢生民耕稼之業
車牛艱阻難可全至一歲不過二運五十萬斛

【魏書傳二十六】 五 沈思忠

乃經三年前被詔有可以便國利民者動靜
以聞臣聞鄭白之渠遠引淮海之粟泝流數千
周年乃得一至猶稱國有儲粮民用安樂今求
於牽屯山河水之次造船二百艘二船爲一舫
一船勝穀二千斛一舫十人計須千人臣鎮內
之兵率皆習水一運二十萬斛方舟順流五日
而至自沃野牽上十日還到令六十日得一返
從三月至九月三返運送六十萬斛計用人功
輕於車運十倍有餘不費牛力又不廢田詔曰

知欲造船運穀一冬即成大省民力既不費牛
又不廢田甚善非但一運自可永以爲式令別
下統萬鎮出兵以供運穀卿鎮可出百兵爲船
工豈可專廢千人雖遣船匠猶須卿指授未可
專任也諸有益國利民如此者續復以聞九年
雍表曰臣聞安不忘亂先聖之政也況狼狽之
外帶接邊城防守不備無以禦敵無者也臣鎮所
縮河西爰在邊表常懼不虞平地積穀實難守
護兵人散居無所依恃脱有妖姧必致狼狽

【魏書傳二十六】 六 孫日新

欲自固無以得全令求造城儲穀置兵備守鎮
自建立更不煩官又於三時之隙不令廢農一
歲二歲不訖三歲必成立城之所必在水陸之
次大小高下量力取辨詔許之至十年三月城
訖詔曰卿深思遠慮憂勤盡思知城已周訖邊
境無不虞之憂千載有永安之固朕其嘉焉即
名此城爲刀公城以旌爾功也興光二年詔雍
還都拜特進將軍如故和平六年表曰臣聞有
國有家者莫不禮樂爲先故樂記云禮所以制

外樂所以脩內和氣中釋恭敬溫文是以安上
治民莫善於禮易俗移風莫善於樂且於一民
一俗尚須崇而用之況統御八方陶鈞六合者
哉故帝堯脩五禮以明典章作咸池以諧萬類
顯皇軌於云岱揚鴻化於介丘令木石革心焉
獸率舞包天地之情達神明之德夫感天動神
莫近於禮樂故大樂與天地同和大禮與天地
同節和故百物阜生節故報天祭地禮行於郊
則上下和肅肅者禮之情和者樂之致樂至則

無怨禮至則不違揖讓而治天下者禮樂之謂
歟雖聖人知禮樂之不可以已故作樂以應天
制禮以配地所以承天之道治人之情故王者
治定制禮功成作樂虞夏殷周易代而起及周
之末王政陵遲仲尼傷禮樂之崩亡痛文武之
將墜自衛返魯各得其中逮乎秦皇前弈棄道術
灰滅典籍坑燼儒士盲天下之目絕象魏之章
篇韶來儀不可復矣賴大漢之與政正朔易服
色協音樂制禮儀正聲古禮粗欲周備至於孝

章每以三代損益優劣殊軌歎其薄德無以易
民視聽博士曹褒覩斯詔也知上有制作之意
乃上疏求定諸儀以為漢禮終於休廢寢而不
行及魏晉之日脩而不備伏惟陛下無為以恭
已使賢以御世方鳴和鸞以陟岱宗陪群后以
昇中岳而三禮闕於唐辰象舞替於周日夫君
舉必書古之典也柴望之禮帝王盛事臣今以
為有其時而無其禮有其德而無其樂關封
石之文工絕清頌之饗良由禮樂不與王政有

缺致也臣聞樂由禮所以象德禮由樂所以防
淫五帝殊時下相沿三王異世不相襲事與時
並名與功借故也臣識昧儒先管窺不遠謂宜
修禮正樂以光大聖之治詔令公卿集議會高
宗崩遂寢皇與中雍與隴西王源賀及中書監
高允等並以著年特見優禮錫雍几杖鋼復上
殷月致珍著焉雍性寬柔好尚文典手不釋書
明敏多智凡所為詩賦頌論并雜文百有餘篇
又況施愛士怡靜寡欲篤信佛道著教誡二十

餘篇以訓導子孫太和八年冬卒年九十五賜
命服[襲賻帛五百匹]贈儀同三司冀州刺史
將軍如故諡曰簡
雍長子篡字奉宗中書侍郎早卒
篡弟遵字奉國襲爵
遵弟紹字奉世武騎侍郎汝陰王天賜涼州征
西府司馬
紹弟獻字奉章祕書郎
獻弟融字奉業汝陰太守

融弟蕭字奉誠中書博士遵少不拘小節長更
脩改太和中例降為侯景明中除相州魏郡太
守還為太尉諮議參軍年七十志力不衰嘗經
篤疾幾死見神明救免言是福門之子當享長
年延昌三年遷司農少卿尋拜龍驤將軍洛州
刺史遵招誘有方蕭衍新化太守杜性新化令
杜龍振平陽令杜臺定等率戶三千據地內附
熙平元年七月卒年七十六贈平東將軍兗州
刺史諡曰惠侯有子十三人

長子楷字景伯州舉秀才早卒
子沖字文助在儒林傳
楷弟尚字景勝本州沿中郎早卒
尚弟整字景智少有大度頗涉書史郡功曹太
和十五年奉朝請高祖以廣陽王嘉鎮荊州整為
法曹參軍高祖南討以廣陽王嘉弟
嘉外兵參軍事桑轉太尉咸陽王禧外兵參軍
景明中除給事中領中蕢本州中正尋除尚書左中
兵郎中正始中蕭行江州刺史王茂先來寇南

境南將軍楊大眼討之詔整持節為大眼軍
司大破茂先斬行輔國將軍王花等永平初以
軍功除員外散騎常侍仍除郎中延昌三年秋
世宗親選二百官於朝堂拜右軍將軍仍除郎中
尋轉驍騎將軍未幾丁父憂相州刺史山陽王
熙在鄴起兵將誅元義等軍敗傳首京師熙之
親故莫敢視整弟婦即熙姊遂收其尸南走蕭
乃還熙所親義聞而致憾因以熙弟略南走蕭
衍誣整將叛送整與弟宜及子恭等幽繫之賴

御史王基前軍將軍檢事使魏子建理雪獲免後
自征虜將軍出除范陽太守時已兵亂整郡獲
全去郡之後尋被陷沒靈太后反政除安南將
軍光祿大夫元略曾於整坐泣謂黃門王誦尚
書表翻曰刀公收斂我家卿等宜知整以母老
河北喪亂時整族弟雙為西兗州刺史整遂攜
家依焉永安初拜金紫光祿大夫二年兼黃門
歸鄉里及莊帝殺介朱榮就除鎮東將軍行滄
元顥入洛用為滄州刺史莊帝還朝坐免官後
州事普泰初假征東大將軍滄冀瀛三州刺史
大都督將軍如前尋加車騎將軍右光祿大夫
逢本鄉賊亂奉母客於齊州加衛大將軍天平
四年卒於鄴贈司空公諡曰文獻整解音律輕
財好施交結名勝聲酒自娛然貪而好色為議
者所貶初雍正明太祖以為上客卒有六子
寶惠字道明為冀州開府掾刀氏世有榮祿而門風
子連城為冀州開府掾刀氏世有榮祿而門風
不甚脩潔為時所鄙

雍族孫雙字子出高祖數晉齊郡太守軺因晉
亂居青州之樂安父道覆皇興初除平原太守
至雙始還本鄉雙少好學兼涉文史雅為中山
王英所知賞拜西河太守正光初中山王熙之
誅也熙弟略投命於雙雙護之周年時購略甚
切略乃謂雙曰我兄弟屠滅已盡唯我一身漏
刃相託卿雖厚恩父見容蔽但事留變生終恐
難保脫万一發覺我死分也無事相累卿若送
吾出境便是再生之惠如其不爾輒欲自裁雙
曰人生會有一死死所難遇耳今遭知已視死
如歸願不以為慮略後苦求南轉雙乃遣從子
昌送達江左靈太后返政知略因雙獲免徵拜
光祿大夫時略還朝廷乃以徐州所獲俘江革祖
太后乞徵略以雙與略有舊為令至州迎接略
帞二人易之以雙輿略
肅宗末除西兗州刺史時賊盜蜂起州人張桃
弓等招聚亡命公行劫掠雙至境先遣使諭桃
弓陳示禍福桃弓即隨使歸罪雙捨而不問後

清肅莊帝初行濟州刺史以功封曲城鄉男出

帝初遷驃騎大將軍左光祿大夫興和三年卒

贈車騎大將軍儀同三司齊州刺史諡曰清穆

王慧龍自云太原晉陽人司馬德宗尚書僕射

愉之孫散騎侍郎緝之子也幼聰慧愉以為諸

孫之龍故名焉初劉裕微時愉不為禮及得志

愉合家見誅慧龍年十四為沙門僧彬所匿百

餘日將慧龍過江為津人所疑曰行意忽忽徬

【魏書傳二十六】 十三

徨得非王氏諸子乎僧彬曰貧道從師有年止

西岸令暫欲定省還期無遠此隨吾受業者何

至如君言既濟遂西上江陵依叔祖忱故更荊

州前治中晉辟彊時刺史魏詠之卒辟彊與江

陵令羅脩前別駕劉期公主人王騰等謀舉兵

推慧龍為盟主剋日襄州城而劉裕聞詠之卒

亦懼江陵有變遣其弟道規為荊州眾遂不剋

羅脩將慧龍又與僧彬北詣襄陽司馬德宗雍

州刺史魯宗之資給慧龍送渡江遂自虎牢奔

千姚興與其自言也如此泰常二年泓滅慧龍

歸國太宗引見與言慧龍請効力南討言終俯

而流涕天子為之動容謂曰朕方混一車書席

卷吳會卿情計如此豈不能相資以眾乎然亦

未之用後拜洛城鎮將配兵三千人鎮金墉既

拜以師旅之任遂停前授初崔浩弟恬聞慧龍

【魏書傳二十六】 十四

王氏子以女妻之浩既婚姻及見慧龍曰信王

家兒也王氏世齇鼻江東謂之齇王慧龍鼻大

浩曰真貴種矣數向諸公稱其美司徒長孫嵩

聞之不悅言於世祖以其嘆服南人則有訕鄙

國化之意世祖怒召浩責之浩免冠陳謝得釋

及魯宗之子軌奔姚興後歸國云慧龍是王愉

其族慧龍由是不調父之除樂安王範傅領并

荊揚三州大中正慧龍抗表願得南垂自効崔

浩固言之乃授南蠻校尉安南大將軍左長史

及劉義隆荊州刺史謝晦起兵江陵引慧龍為

【魏書十三】

援慧龍督司馬盧壽等一萬人拔其思陵戍進
圍項城晦敗乃班師後劉義隆將王玄謨冠滑
臺詔假慧龍樊兵將軍與安頡等同討之相持
五十餘日諸將以賊盛莫敢先慧龍設奇兵夾
破之世祖賜以劍馬錢帛授龍驤將軍賜爵長
社侯拜滎陽太守仍領長史在任十年農戰並
脩大著聲績招攜邊遠歸附者萬餘家號為善
大相侵掠慧龍力戰屢摧其鋒彥之與友人蕭
政其後劉義隆將到彥之檀道濟等頻頓淮潁
斌書曰魯軌頑鈍馬楚鹿麤狂亡人之中唯王慧
龍及韓延之可為深憚不意儒生懦夫乃令老
子討之劉義隆縱反間云慧龍自以功高而位
不至欲引冠入邊因執安南大將軍司馬楚之
以叛世祖聞曰此必不然是齊人忌樂毅耳乃
賜慧龍璽書曰義隆畏將軍如虎欲相中害朕
自知之風塵之言想不足介意也劉義隆計既
不行復遣刺客呂玄伯購慧龍首二百戶男絹
一千疋玄伯偽為反間來求屏人有所論慧龍

疑之使人探其懷有尺刀玄伯叩頭請死慧龍
曰各為其主也吾不忍害此人左右皆言義隆
賊心未已不殺玄伯無以制將來慧龍曰死生
有命彼亦安能害我且吾方以仁義為干櫓又
何憂乎刺客遂捨之時人服其寬恕慧龍自以
遭難流離常懷憂悴乃作祭伍子胥文以寄意
焉生一男一女遂絕房室布衣蔬食不參吉事
舉動必以禮太子少傅游雅言於朝曰慧龍古
之遺孝也撰帝王制度十八篇號曰國典君
元年拜使持節寧南將軍虎牢鎮都副將未至
鎮而卒臨沒謂功曹鄭曄曰吾羈旅南人恩非
舊結蒙聖朝殊特之慈得在疆場効命誓願鞭
屍吳市裂墳江陰不謂嬰此重疾有心莫遂非
唯仰愧國靈實亦俯慚后土脩短命也夫復何
言身殁後乞葬河內州縣之東鄉依古墓而不
墳足藏骸骨而已庶魂而有知猶希結草之報
時制南人入國者皆葬桑乾詔許慧龍子寶意報
之贈安南將軍荊州刺史謐穆侯吏人及將士

共於墓所起佛寺圖慧龍及僧彬象讚之呂玄
伯感全宥之恩留守墓側終身不去子寶興龍襲
爵
寶興少孤事母至孝尚書盧遐妻崔浩女也初
寶興母及遐妻俱孕浩謂曰汝等將來所生皆
我之自出可指腹為親及婚浩為撰儀躬自監
視謂諸客曰此家禮事宜盡其美及浩被誅盧
遐後妻寶興從母也緣坐没官寶興亦逃避未
幾得出盧遐妻時官賜度河鎮高車滑骨寶興

二九七　一　魏書傳二十六　　〔十七〕　征東毛

盡賣貨產自出塞贖之以歸州高車襲爵長社侯
駕舉秀才皆不就閉門不交人事襲爵長社侯
龍驤將軍卒子瓊襲爵
瓊字世珍高祖賜名焉太和九年為典寺令十
六年降侯為伯高祖納其長女為嬪拜前軍將
軍并州大中正正始中為光州刺史有受納之
響晉為中尉王顯所劾絡得雪免神龜中除左將
軍死州刺史去州歸京多年沉滯所居在司空
劉騰宅西騰雖勢傾朝野初不候之騰既權重

吞并隣宅增廣舊居唯瓊終不肯與以父見
抑屈瓊女適范陽盧道亮不聽歸其夫家及女
卒哀慟無已瓊仍葬之別所家不即塞嘗於壙
內哭泣父之乃掩當時深怪疑其穢行加以聲
疾每見道俗乞丐無已造次見之令人笑愕道
逢太保廣平王懷據鞍抗禮自言馬瘦懷即以
誕馬并乘具為之常詣尚書令李崇騎馬至其

魏書傳二十六　　〔十八〕　周開府　三一七

黃閤見崇子世哲直問崇瓊晒而掣去之崇小
下崇儉而好以紙帖衣領瓊晒而掣去之崇乃
子青肥嘗盛服關寵勢亦不足恨單元乂使
奴遺瓊馬并留奴王誦聞之笑曰東海之風於
兹墜矣孝昌三年除鎮東將軍金紫光祿大夫
中書令時瓊子遵業為黃門郎故有此授卒年
七十四贈征北將軍中書監并州刺史諡慧龍
入國三世一身至瓊始有四子
長子遵業風儀清秀涉歷經史位著作佐郎與
司徒左長史崔鴻同撰起居注遷右軍將軍兼
散騎常侍尉勞蠕蠕乃詣代京採拾遺文以補

起居所闕與崔光安豐王延明等參定服章及
光為蕭宗講孝經遵業預講延明錄義並應詔
作釋奠侍宴詩時人語曰英英濟濟遵業兄弟
轉司徒左長史黃門郎監典儀注遵業有舉當
時與中書令陳郡袁翻尚書瑯琊王誦並領黃
門郎號曰三哲時政歸門下遵丘園嘗著穿角
小宰相而遵業從容恬素若處丘園嘗著穿角
履好事者多毀新履以學之以胡太后臨朝天
下方亂謀避地自求徐州太后曰王誦罷幽州

始作黃門郎何乃欲徐州更待一二年當有好
劇分遵業兄弟並交遊時俊乃為當時所美及
亦朱榮入洛兄弟在父喪中以於莊帝有從姨
兄弟之親相率奉迎見害河陰議者惜其人
才而譏其躁競贈并州刺史著三晉記十卷
遵業子松年尚書庫部郎
韓延之字顯宗南陽赭陽人魏司徒暨之後也
司馬德宗平西府錄軍參軍劉裕率代司馬休
之末至江陵密使與延之書招之延之報曰聞

親率戎馬遠履西畿闈境士庶莫不性駭何者
莫知師出之名故也司馬平西體國忠貞歎愛
待物當於古人中求耳劉裕足下海內之人誰
不見足下此心而復欲欺誑國士天地所不容
在彼不在此矣今伐人之君暗人以利己臭可謂
處懷期物自有由來者矣以平西之至德寧無
授命之臣乎假令天長喪亂九流運濁當與藏
洪遊於地下不復多言裕得書歎息以示諸佐
曰事人當應如此劉裕父名翹字顯宗於是延

之字顯宗名子為翹蓋示不臣劉氏也後奔姚
興太常二年與司馬文思來入國以延之為虎
牢鎮將爵魯陽侯初延之曾來往柘谷塢省魯
宗之墓有終焉之志因謂子孫云河洛三代所
都必有治於此者我死不勞向北代葬也即可
就此及卒子從其言遂都其孫即居於國又以
後五十餘年而高祖徙都其孫即居於國北柏
谷塢延之前妻羅氏生子措措隨父入國又以
淮南王女妻延之生道仁措推道仁為嫡襲父

爵位至殿中尚書進爵西平公

袤式字季祖陳郡陽夏人漢司徒滂之後父淵

司馬昌明侍中式在南歷武陵王遵諮議參軍

與司馬文思等歸姚興太常二年歸國爲上客

賜爵陽夏子與司徒崔浩一面便盡國士之交

是時朝儀典章悉出於浩浩以式博於古事每

所草創恒顧訪之性長者雖羇旅飄泊而清貧

守度不失士節特人甚敬重之皆呼曰袤諮議

延和三年儕大將軍樂安王範爲雍州刺史詔

式與中書侍郎高允俱爲從事郎中辭而獲免

式沈靖樂道周覽墳籍至於訓詁雅偏所留

懷作字釋未就以天安二年卒贈豫州刺史謚

蕭侯

子濟襲位魏郡太守政有清稱加寧遠將軍子

姪遂居潁川之陽夏

史臣曰式雅才識恢遠著聲立事禮遇頗隆世

有人爵堂構之義也王慧龍拔難自歸歷夷

險撫人督眾見憚嚴敵世珍毎有令子克搢家

聲韓延之報書劉裕國體在焉袤式焚髑草

浩時稱長者一時有稱信爲美哉

李寶字懷素小字衍孫隴西狄道人私署涼王
暠之孫也父翻字士舉小字武疆私署驍騎將
軍郗連酒泉晉昌三郡太守寶沉雅有度量驍
勇善撫接伯父歆為沮渠蒙遜所滅寶徙於姑
臧歲餘隨舅唐契北奔伊吾臣於蠕蠕其遺民
歸附者稍至二千寶傾身禮接甚得其心眾皆
樂為用每希報雪屬世祖遣將討沮渠無諱於

魏書傳二十七　一　余貴

敦煌無諱捐城遁走寶自伊吾南歸敦煌遂修
繕城府規復先業遺弟懷達奉表歸誠世祖嘉
其忠款拜懷達散騎常侍敦煌太守別遣使授
寶使持節侍中都督西垂諸軍事鎮西大將軍
開府儀同三司領護西戎校尉沙州牧敦煌公
仍鎮敦煌四品以下聽承制假授具君五年因
入朝遂留京師拜外都大官轉鎮南將軍并州
刺史還除內都大官高宗初代司馬文思鎮懷
荒改授鎮北將軍太安五年薨年五十三詔賜

命服一襲贈以本官諡曰宣有六子承茂輔佐
公業沖公業早卒沖別有傳
承字伯業少有榮略初寶欲謀歸款民僚多有
異議承時年十三勸寶速定大計於是遂決仍
令承隨表入質世祖深相器異禮遇其優賜爵
姑臧侯後遭父憂居喪以孝聞承應傳先封以
自有爵乃讓弟茂時論多之承方裕有臨觀為
時所重高宗末以姑臧侯出為龍驤將軍榮陽
太守為政嚴明甚著聲稱延興五年卒時年四

魏書傳二十七　二　余貴

十五贈使持節本將軍雍州刺史諡曰穆
長子韶字元伯學涉有器量重與弟彥處並為
高祖賜名焉韶又為李父沖所知重延與中補
中書學生龍襲爵姑臧侯除儀曹令時脩改車服
及羽儀制度皆令韶典焉遷給事黃門侍郎後
例降侯為伯兼大鴻臚卿黃門如故高祖將創
遷都之計詔引侍臣訪以古事韶對洛陽九鼎
舊京七百收基地則土中實均朝貢惟王建國
莫尚於此高祖稱善遷太子右詹事尋罷左右

仍為詹事秦州大中正出除為安東將軍兗州刺
史高祖自鄴還洛詔朝於路言及庶人愉事高
祖曰卿若不出東宮或未至此世宗初徵拜侍
中領七兵尚書尋除撫軍將軍并州刺史以從
弟伯尚同元禧之逆在州禁止徵還京師雖不
知謀猶坐功親免除官爵久之起兼將作大匠
勅參定朝儀律令呂苟兒反於秦州除撫軍將
軍西道都督行秦州事與右衛將軍元麗率衆
討之事平即真擢王書勞勉復其先爵時隴右新
經師旅之後百姓多不安業詔善撫納甚得夷
夏之心徵還行定州事尋轉相州刺史將軍如
故肅宗初入為殿中尚書行雍州事後除中軍
大將軍吏部尚書加散騎常侍詔在選曹不能
平心守正通容而已議者貶之出為冀州刺史
清簡愛民甚收名譽政績之美聲冠當時肅宗
嘉之就加散騎常侍遷車騎大將軍賜劍佩貂
蟬各一具驊騮馬一匹并衣服寢具詔少年及
懸車抗表遜位優旨不許轉定州刺史常侍如

故及赴中山冀州父老皆送出西境相聚而泣
二州境既連接百姓素聞風德州內大治正光
五年四月卒於官年七十二詔贈帛七百定贈
侍中持節散騎常侍車騎大將軍司空公雍州
刺史諡曰文恭既葬之後有冀州兵千餘人戎
於荊州還經詔墓相率培冢數日方歸其遺愛
如此初詔克定秦隴永安中追封安城縣開國
伯邑四百戶

長子瑒字道璠龍驤武定中驃騎大將軍東徐州

刺史

瑒弟瑾字道瑜美容兒顏有才學特為趙郡所鍾
愛清河王懌知賞之懌為司徒辟參軍轉著作
佐郎加龍驤將軍稍遷通直散騎侍郎與給事
黃門侍郎王遵業尚書郎盧觀典儀注臨淮
王彧謂瑾等三儁共掌帝儀可謂得臰
之國士盧即瑾之外兄也肅宗崩上諡策文瑾
所制也莊帝初於河陰遇害年四十九贈冠軍

將軍齊州刺史

長子產之字孫僑容兒短陋而撫訓諸弟愛支
篤至年四十九亡
產之弟瓚字道瑾少有風尚辟司徒參軍事神龜
中卒贈漢陽太守
瑾弟彥字道瑾少有風尚辟司徒參軍事神龜
除中書博士轉諫議大夫後因考課降爲元士
尋行主客曹事從郊廟下大夫時朝儀典章咸

【魏書傳二十七】 五

子脩年大將軍開府士曹參軍早亡
詔弟彥字次仲頗有學業高祖初舉司州秀才
未周備彥留心考定號爲稱職高祖南伐彥以
巔介江閩不足親勞鑾駕頻有表諫雖不從納
然亦嘉其至誠及六軍次於淮南徵爲廣陵王
羽長史加恢武將軍還除冀州趙
郡王幹長史轉青州廣陵王羽長史帶齊郡太
守徵爲龍驤將軍司徒右長史轉左長史秦州
大中正出行徐州事轉平北將軍尋徵拜河南尹還至汝陰東
復勑行徐州事轉平北將軍尋徵拜河南尹還至汝陰東
將軍徐州刺史延昌二年夏大霖雨川瀆皆溢

彥相水陸形勢隨便疏通得無淹潰之害朝廷
嘉之頻詔勉入爲河南尹遷金紫光禄大夫
光禄勳卿轉度支尚書出爲撫軍將軍秦州刺
史是時破落汗拔陵等反於北鎮二夏飢凉所
在蜂起而彥刑政過猛爲下所怨城民薛珍劉
慶杜超等因四方離叛遂潛結逆謀正光五年
六月突入州門擒彥於內齋囚於西府推其黨
莫折大提爲帥遂害彥永安中追贈侍中驃騎
大將軍司徒公雍州刺史謚曰孝貞

子夔字德諧少有風望解褐司徒參軍著作佐
郎司徒祭酒轉主簿卒贈輔國將軍太常少卿
夔弟德廣終於中散大夫
德廣弟德顯太尉行參軍稍遷散騎侍郎卒贈
征虜將軍東秦州刺史
德顯弟德明秘書郎
彥弟慶字叔恭太和初爲中書學生遷秘書中
散轉冀州驃騎府長史太子中舍人世宗初遷
太尉從事中郎出爲清河太守屬京兆王愉反

虔棄郡本關世宗聞虔至謂左右曰李虔在冀
州日久恩信着物令披難而來衆情目解矣乃
授虔別領軍前慰勞軍事平轉長樂太守延昌
初冀州大乘賊起令虔以本官爲別將與都督
元遙討平之遷後將軍燕州刺史還爲光祿大
夫加平西將軍兼大司農卿出爲散騎常侍安
東將軍兗州刺史追論平冀州之功賜爵高平
男還京除河南邑中正遷鎭軍將軍儀同三司加
大夫孝莊初授特進車騎大將軍儀同三司加
散騎常侍又進號驃騎大將軍開府儀同三司
永安三年冬薨年七十四贈侍中都督冀定瀛
三州諸軍事驃騎大將軍太尉公冀州刺史男
如故諡曰宣景
軍度支尚書青州刺史
長子曘字仁明解褐司空行參軍稍遷尚書左
外兵郎孝莊初於河陰遇害年四十贈安東將
子㻛武定中太師法曹參軍
曘弟昞字仁曜起家高陽王雍常侍員外散騎

侍郎太尉錄事參軍孝莊初與兄曘同時遇害
年四十八贈散騎常侍左將軍兗州刺史
子爲武定中司空長流參軍
昞弟昭字仁照卒於散騎侍郎贈征虜將軍涼
州刺史
子士元操武定中並儀同開府參軍事
虔弟馛字延寔歷步兵校尉東郡太守司農少
卿卒贈龍驤將軍豫州刺史
昭弟曉字仁略武定末太尉諮議參軍
長子詠字義與有幹局起家太學博士領殿中
侍御史稍遷東郡太守莊帝初遷安東將軍濟
州刺史轉廣州刺史加散騎常侍前廢帝時與
信任尒朱榮之誅義邑與其事由是並及於禍
帝居藩之日以外親甚見親昵及有天下特蒙
太常少卿義邑同時爲尒朱仲遠所害義邑莊
第三弟通直散騎常侍義邑第七弟中書侍郎
出帝初贈詠侍中驃騎將軍吏部尚書幷冀州刺
史義眞贈前將軍邠州刺史義邑贈安東將軍

詠次弟義慎司空屬第四弟義遠國子博士莊

帝初並於河陰遇害義慎贈散騎常侍征東將

軍雍州刺史

公高祖初除長安鎮都將轉西兗州刺史將軍

承弟茂字仲宗高宗末襲父爵鎮西將軍敦煌

如故入為光祿大夫倒降為侯茂性謙慎以弟

沖寵盛懼於盈遠託以老疾固請遜位高祖不

奪其志聽食大夫祿還私第因居定州之中山

自是優遊早含不入京師景明三年卒時年七

十一謚曰恭侯

子靜字紹安襲解褐太尉參軍事定州別駕東

平原太守神龜三年卒年五十五

子遐字智遠有几案才起家司空行參軍襲爵

稍遷右將軍尚書駕部郎中出為河內太守比

朱榮稱兵向洛次其郡莊帝潛濟河比相會

退既聞榮推奉莊帝遂開門謁候仍從駕南渡

及河陰為亂兵所害時年四十二事寧追贈散

〔魏書傳二十七〕 九 〔闕叛部〕

騎常侍車騎大將軍尚書右僕射泰州刺史以

候駕之功封盧鄉縣開國伯邑三百戶

子孝儒襲齊受禪爵例降

靜弟孚字仲安恭順篤厚起家鎮北府功曹參

軍定州別駕撫軍將軍金紫光祿大夫出除鎮

以外親超授撫軍將軍中山三郡太守孝莊初

東將軍滄州刺史加散騎常侍普泰元年卒年

六十二有五子

長子惠昭太傅開府城局參軍

〔魏書傳二十七〕 十

惠昭弟惠諶武定中齊州別駕

平弟敬安奉朝請早亡

敬安弟奉安粗涉書史解褐彭城王行參軍稍

遷寧朔將軍步兵校尉出為徐州北海王顯撫

軍府長史正光末顯為開西都督復引為長史

委以戎政尋加驍騎將軍孝昌三年卒於軍時

年五十三贈征虜將軍源州刺史

子處黙少清惠起家青州彭城王府主簿稍遷

通直散騎常侍安東將軍光祿大夫撫軍將軍

李諧

廣州開府長史天平初卒年三十九

茂弟輔字叔員亦有人望解褐中書博士遷司徒議曹掾太和初高祖爲咸陽王禧納其女爲妃除鎮遠將軍潁川太守帶長社戍輔綏懷招集甚得邊和六年卒於郡年四十七贈征虜將軍秦州刺史襄武侯諡曰惠

長子伯尚少有重名弱冠除祕書郎高祖毎云此本氏之千里駒稍遷通直散騎侍郎勑撰太和起居注尋遷祕書丞世宗初兼給事黃門侍

【魏傳二十七】 孫秦 【十一】

郎景明二年坐與咸陽王禧謀反誅時年二十九

伯尚弟仲尚儀見甚美少以文學知名二十著前漢功臣序讚及季父司空沖誅時兼侍中高聰尚書邢巒見而歎曰後生可畏非虛言也起家京兆王愉行參軍景明中坐兄事賜死年二十五

仲尚弟季凱沈敏有識量坐兄事與母弟俱徙邊久之會赦免遂寓居於晉陽沈廢積年孝昌

中解褐太尉參軍軍事加威遠將軍尋除并州安北府長史肅宗崩尒朱榮陰圖義舉季凱豫謀莊帝踐阼徵拜給事黃門侍郎封博平縣開國侯邑七百戶尋加散騎常侍平東將軍轉祕書監進號中軍將軍普泰元年七月尒朱世隆以榮之死謂季凱通知於是見害年五十五出帝初追贈侍中驃騎將軍吏部尚書定州刺史

子統字基伯襲武定末太尉刑獄參軍齊受禪爵例降

【魏傳二十七】 【十二】 閻

季凱弟延慶孝昌中解褐定州鎮北城局參軍稍遷奉車都尉陳留太守遷鎮東將軍金紫光祿大夫永熙二年卒年五十二贈本將軍雍州刺史

子惠矩字中儀同開府參軍事

延慶弟延度武定中衛將軍安德太守

輔弟佐字季翼有文武才幹高祖初兼散騎常侍衔命使高麗以本使稱旨還拜常山太守賜爵貝定子遷冠軍將軍懷州刺史賜爵山陽侯

尋加安南將軍河內公轉安東將軍相州刺史
所在有稱績車駕南討拜安南將軍副大司馬
咸陽王禧為殿中將軍尋被勑與征南將軍城
陽王纘安南將軍盧淵等軍攻赭陽各不相節
度諸軍皆坐甲城下欲以不戰降賊佐獨勒所
部晨夜攻擊屬蕭鸞遣其太子右衛率垣歷生
率衆來援以勢弱不敵規欲班師佐乃簡騎
二千逆賊為賊所敗坐徒瀛州為民車駕為征
鄧復起佐假平遠將軍統軍蕭鸞為新野太守劉
忌憑城固守佐率所領攻拔之以功封涇陽縣
開國子邑三百戶沔北既平廣陽王嘉為荊州
刺史仍以佐為嘉鎮南府長史加輔國將軍別
鎮新野又大軍凱旋高祖執佐手曰沔北洛陽
南門卿既為朕平之亦當為朕善守高祖崩遺
勑以佐行荊州事仍本將軍佐在州威信大行
邊民悅附前後歸之者二万許家尋正刺史世
宗初徵兼都官尚書景明二年卒年七十一贈
征虜將軍秦州刺史諡曰壯子遵襲

遵襲儁有父風歷相州治中轉別駕冀州征北
府長史司空司馬卒贈龍驤將軍洛州刺史孝
莊初以外戚超贈車騎大將軍儀同三司定州
刺史

子經司徒諮議參軍事興和初坐妖言
賜死

子果襲司空諮議參軍武定中坐通西賊伏誅

遵弟東字休賢郡辟功曹以父憂去職遂終身
不食酒肉因屏居鄉里蕭宗初司空任城王澄
嘉其操尚以為參軍事尋轉司徒外兵參軍歷
任城濟比二郡太守莊初遷鎮遠將軍濟州
刺史卒贈安比將軍殿中尚書諡之

敬宗弟神儁小名提少以才學知名為太常劉芳
拜驍騎將軍中書侍郎太常少卿出為前將軍
荊州刺史時四方多事所在連兵蕭衍遣將曹
敬宗來寇攻圍積時又引水灌城城不沒者數
萬神儁循撫兵民戮力固守詔遣都督崔遹別

將王羆兼衍等赴援敬宗退走時寇賊之後城
外多有露骸神儁教令收葬之徵拜大司農卿
蕭宗末除鎮軍將軍行相州事於時葛榮遍
神儁甚懼乃故墜馬傷脚仍停級拜散騎常侍殿中
莊帝纂統以神儁外戚之塹拜散騎常侍殿中
尚書追論固守荊州之功封千乘縣開國侯邑
一千戶轉中書監吏部尚書神儁意尚風流情
在推引人物而不能守正奉公無多聲譽有鉅
鹿人李炎上書言神儁之失天柱將軍介朱榮

【魏書傳二十七】　·十五·　沈

寶補人為曲陽縣令神儁以階縣不用榮聞大
怒謂神儁自樹親黨排抑勳人神儁懼啟求解
官乃除衛將軍左光祿大夫尋屬介朱兆入京
乘輿幽執神儁途逃竄民間出帝初始來歸闕
拜散騎常侍驃騎大將軍左光祿大夫儀同三
司孝靜初行并州事尋除驃騎大將軍肆州刺
史入為侍中興和二年薨年六十四贈都督秦
秦涇三州諸軍事車騎大將軍尚書左僕射司
徒公雍州刺史侍中開國公如故神儁風韻秀

舉博學多聞朝廷舊章及人倫氏族多所譜記
篤好文雅老而不輟凡所交遊皆一時名士汲
引後生為其光價四方才子咸宗附之而性通
正方重識者以此為譏神儁喪二妻又欲娶鄭
率不持檢度至於少年之徒皆與褻狎不能清
嚴祖妹神儁之從甥也盧元明亦將為婚遂至
紛競二家閱於嚴祖之門鄭卒歸元明為婚
悵不已時人謂神儁鳳德之衰神儁無子從弟
延度以第三子容兒後之

【魏書傳二十七】　·十六·　年惰

詔從弟元珍小名大墨起家奉朝請太尉錄軍
參軍卒於步兵校尉
元珍弟仲遵有業尚彭城王勰為定州請為開
府參軍累轉員外散騎常侍游擊將軍末中大
夫出為京兆內史大將軍京兆王繼西伐請為
謀主既至京兆內史時四方州鎮
謀逆叛亂相續除左將軍營州刺史咸有異心仲遵單車
赴州既至與大使盧同以恩信懷誘率皆怡悅
後蕭宗文認盧同為行臺北出尉勞同疑彼人

情難信聚兵將往城民劉安定等先有異志謂
欲圖巳還遂執仲遵二子清石阿王尋
亦見殺唯兄子徽仁得免
詔從權思穆字叔仁父抗目涼州渡江左仕劉
駿歷至皇可安東東萊三郡太守恩穆有度量善
談論工草隸為當時所稱遭母憂解任起為都
自漢中歸國除步兵校尉遷直閤將軍從平
水使者及車駕南代以本官兼直閤將軍從平
南陽以功賜爵為伯尋除司徒司馬彭城王颺
為定州請為司馬帶鉅鹿太守颺徙鎮揚州仍
請為司馬解除征虜將軍太中大夫出為京
兆內史在郡八年頗有政績徵拜光祿大夫蕭
宗初除平北將軍中山太守未拜遷安北將軍
營州刺史永安中卒於位時年六十一贈安
州刺史永安中子燮為莊帝所親待復超贈
穆衛將軍中書監左光祿大夫謚曰宣惠有子
十四人
嫡子斌襲官至散騎侍郎早卒

斌兄燮大武定末司徒左長史李氏自初入魏人
位兼肇門沖籠遇逐為當世盛門而仁義吉凶
情禮淺薄暮功之服殆無愧容相視窘之不加
拯濟識者以此鄙之
史臣曰李寶家難流離晚獲歸正天享名器世
業不殞神雋才尚風流殆民望也貞粹之地君
洽美矣諸子承基俱有位望韶清身履度聲績
子或未許焉

陸俟

陸俟代人也曾祖幹祖引世領部落父突太祖
時率部民隨從征伐數有戰功拜厲威將軍離
石鎮將天興中為上黨太守關內侯侯小聰慧
有籌略太宗踐阼拜侍郎遷內侍襲爵關內侯
轉龍驤將軍給事中典選部蘭臺事當官而行
無所屈橈世祖親征赫連昌詔督諸軍鎮大
磧以備蠕蠕車駕還復典選部蘭臺事與西平
公安頡督諸軍攻虎牢剋之賜爵建業公拜冀
州刺史仍本將軍時考州郡治功唯侯與河內
太守丘陳為天下第一轉都督洛豫二州諸軍
事本將軍虎牢鎮大將平涼休屠金崖羌狄子
王等叛復轉為使持節散騎常侍平西將軍安
定鎮大將既至懷柔羌戎莫不歸附追討崖等
皆獲之徵還拜散騎常侍出為平東將軍懷荒
鎮大將未幾諸高車莫弗訟侯嚴急待下無恩
還請前鎮將郎孤世祖詔許之徵侯還京既至

朝見言於世祖曰陛下今以郎孤復鎮以臣思
量不過周年必敗高車必叛世祖疑謂不
實切責之以公歸第明年諸莫弗果殺郎孤而
叛世祖聞之大驚即召侯問其故侯曰臣所以
夫高車上下無禮無禮之人難為其上臣所以
箝之以威嚴節之以憲網欲漸加訓導使知分
限而惡直醜正實繁有徒故訟臣無恩稱臣為
失孤獲還鎮欣其名譽必加恩於百姓譏臣為
美專欲以寬惠治之仁恕待之無禮之人易生
陵慢不過朞年無復上下然後收之以威則人
懷怨懟怨懟既多敗亂彰矣世祖笑曰卿身乃
短慮何長也即日復除散騎常侍世祖征蠕蠕
破涼州常隨駕別督輜重又與高涼王那渡河
南略地至濟南平陵徙其民六千家於河北
又以侯都督秦雍二州諸軍事平西將軍長安
鎮大將與高涼王那擊蓋吳於杏城大破之獲
吳二叔諸將欲送京師侯獨不許曰天長安一
都險絕之土民多剛彊類乃非一清平之時仍

多叛動今雖良民猶以爲懼況其當叛與乎若不
斬具恐長安之變未已具一身藏竄思非其親信
誰能獲之若停十萬之衆以追一人非上策也
不如私許具叔免其妻子使自追具擒之必也
諸將咸曰今討賊既破之獲其二叔唯具一
人何所復至侯曰具之悖逆本自天性今若獲
免必誑惑愚民稱王者不死妄相扇動爲患必
大諸君不見毒蛇乎斷其頭猶能爲害況除腹
心疾而曰必遺其類其可平諸將曰公言是也

但得賊不殺更有所求遂去不返其如罪何侯
曰此罪我與諸君當之高涼王那亦從侯計遂
遣具二叔與之期及具叔不至諸將各咎於侯
侯曰此未得其便耳必不背也後數日果斬具
必至皆如其言侯之明略獨決皆此類也遷內
都大官安定盧永劉超等聚黨乃餘以叛世祖
以侯威恩被於關中詔以本官加都督秦雍諸
軍事鎮長安世祖曰泰川險絕奉化日近吏民
未被恩德故頃年已來頻有叛動今超等特險

不順王命朕若以重兵與卿則超等必合而爲
一據險拒戰未易攻也若以輕兵與卿則不制
矣今使卿以方略定之於是侯單馬之鎮超等
聞之大欣以爲無能爲也既至申揚威信示以
成敗誘納超以外甥若姻親超猶自警言初無降意
侯乃率其帳下往見超觀其舉措掩襲之計
超使人逆曰三百人以外適當以酒食供侯遂
百人以內當以酒食相供侯乃將二百騎相待三
超設備甚嚴侯遂縱酒盡醉而還後謂將士曰
超可取也刀密選精兵五百人陳國恩德激厲
將士言至懇切士卒奮男各曰以死從公必無
二也遂僞獵而詣超與士卒約曰今會發機當
以醉爲限侯於是詐醉上馬大呼手斬超首士
卒應聲縱擊殺傷千數遂平之世祖大悅徵侯
還京師轉外都大官散騎常侍如故高宗踐阼
以子麗有策立之勳拜侯征西大將軍進爵東
平王太安四年薨年六十七諡曰成有子二人
長子敳多智有父風高宗見敳而悅之謂朝臣

曰吾常歎其父智過其軀是復踰於父矣少
為內都下大夫奉上接下行止取與每能逆
曉人意與其從事者無不受之與安南賜爵
聊城侯出為散騎常侍安南將軍相州刺史
假長廣公為政清平抑彊扶弱州中有德宿
老名望重者以友禮待之又簡取諸縣令各
略如此者十人號曰十善又簡取殷勤賜以衣服
百餘人以為假子誘接殷勤賜以衣服
歸家為耳目於外於是發奸摘伏事無不驗
百姓以為神明無敢劫盜者在州七年家至貧
約徵為散騎常侍民乞留者千餘人顯祖
不許謂臺臣曰敫之善政雖復古人何以加
之賜絹五百疋奴婢十口敫之還也吏民大
斂布帛以遺之敫一皆不受民亦不取於是
以物造佛寺焉名為長廣八寺後龍裝父爵改封
建安王時劉彧司州刺史常珍奇以懸瓠內
附而新民猶懷去就敫銜旨撫慰諸有陷軍
為奴婢者敫皆免之百姓忻悅民情乃定蠕蠕

犯塞車駕親討詔敫為選部尚書錄留臺事督
兵運粮一委處分顯祖將禪位於京兆王子推
任城王雲德龍西王源賀等並皆固諫敫抗言曰
皇太子聖德承基四海屬望不可橫議干國之
紀臣請刎頸殿庭有死無貳父之帝意乃解詔
太尉源賀持節奉皇帝璽綬傳位于高祖延興
四年薨贈以本官諡曰貞王敫有六子琇凱知
名
琇字伯琳敫第五子毋赫連氏身長七尺九寸
其有婦德敫有以爵傳琇之意琇年九歲敫謂
之曰汝祖東平王有十二子我為嫡長龍家
業今巳年老屬汝切沖詎堪為陸氏宗首乎琇
對曰苟非鬥力何患童稚敫奇之遂立琇為世
子敫薨龍爵琇沉毅少言雅好讀書以功臣子
孫為侍御長給事中遷黃門侍郎轉太常少卿
散騎常侍太子左詹事領北海王師兆祿大夫
轉祠部尚書司州太中正會從兄廞一事免官

景明初試守河內郡咸陽王禧謀反令子曇和
與尹仵期辭繼祖等先據河內琇聞禧敗斬曇
和首時以琇不先送曇和禧敗始斬首責其通
情徵詣廷尉廷尉少卿崔振窮治罪狀按琇大
逆陸宗大小咸見收捕會將赦先兔於獄琇弟
凱仍上書訴寃世宗詔復琇爵

子景祚龍襲

凱字智君謹重好學年十五為中書學生拜侍
御中散轉通直散騎侍郎遷太子庶子給事黃
門侍郎凱在樞要十餘年以忠厚見稱希言屢

太醫給湯藥除正平太守在郡七年號為良吏
中高祖嘉之後遇患頻上書乞骸骨詔不許勅
初高祖將議革變舊風大臣並有難色又每引
劉芳郭祚等密與規謨共論時政而國戚謂遂
誅已怏怏有不平之色乃令凱私喻之曰至尊
但欲廣知前事直當問其古式耳終無親彼而
相疏也國戚舊人意乃稍解咸陽王禧謀逆凱
兄琇陷罪凱亦被收遇赦乃免凱痛兄之死哭

無時節目幾失明訴寃不已備盡人事至正始
初世宗復琇官爵凱太喜置酒集諸親曰吾所
以數年之中抱病忍死者顧門戶計耳逝者不
追今顧畢矣遂以其年卒贈龍驤將軍南青州
刺史諡曰惠
長子暉字道暉與弟恭之並有時譽洛陽令賈
禎見其兄弟歎曰僕以老年更覿雙璧又嘗兄
弟共候黃門郎孫惠蔚惠蔚謂諸賓曰不意二
陸復在座隅吾德謝張公無以延譽暉起家司

中孝昌中重贈冠軍將軍恒州刺史暉擬急就
篇為悟蒙章及七誘十醉章表數十篇暉與恭
之晚不睦為時所鄙
坐事免後除伏波將軍正光中卒贈司州治
徒行參軍太尉西閤祭酒兼尚書右民三公郎
子元規武定中尚書郎
恭之字季順有操尚釋褐侍御史著作佐郎建
義初除中書侍郎領著作郎尋除河北太守轉
征虜將軍齊州刺史前廢帝初拜廷尉卿加鎮

西將軍所歷並有聲績後坐事免孝靜初還復
本任出除征南將軍東荊州刺史天平四年卒
贈散騎常侍衛將軍吏部尚書定州刺史諡曰
懿恭之所著文章詩賦凡千餘篇
子驊開府中兵參軍
敬弟石跋涇州刺史
石跋弟尼內侍校尉東陽鎮都將
尼弟麗少以忠謹入侍左右太武特親昵之舉
歸弟尼歸東宮舍人駕部校尉

動審慎而無懲失賜爵章安子稍遷南部尚書
太武崩南安王余立既而為中常侍宗愛拳所
殺百寮憂悼莫知所立麗以高宗世嫡之重民
望所係乃首建大義與殿中尚書長孫渴侯尚
書源賀羽林郎劉尼奉迎高宗於苑死中立之社
稷穫安麗之謀矣由是受心膂之任在朝者無
出其右興安初封平原王加撫軍將軍麗辭曰
陛下以正統之重承基緒業至於本迎守順臣
職之常當豈敢昧冒以千大典頻讓再三詔不聽

麗乃啟曰臣父歷奉先朝忠勤著稱今年至西
夕未登王爵臣幼荷寵榮於一分已過愚款之情
未申犬馬之效未展願裁過恩聽遂所請高宗
曰朕為天下主豈不能得二王封卿父子也乃
以其父侯為東平王麗尋遷侍中撫軍大將軍
辭不受高宗益重之領太子太傅麗好學愛生
常以講習為業其所待者皆篤行之流士夕稱
司徒公復其子孫賜妻妃號麗以優寵既頻固
之性又至孝遭父憂毀瘠過禮和平六年高宗

崩先是麗療疾於代郡溫泉聞諱欲赴左右止
之曰宮車晏駕王德望素重新臣若疾民譽慮
有不測之禍願少遲回朝廷寧然後奔赴猶
為未晚麗曰安有聞君父之喪方慮禍難不即
奔波者遂便馳赴乙渾尋擅朝政忌而害之初
渾悖傲每為不法麗數諍之由是見忌顯祖其
追惜麗諡曰簡王陪葬金陵高祖追錄先朝功
臣以麗配饗廟庭麗二妻長曰杜氏次張氏長
子定國杜氏所生次叡張氏所生

定國在褓抱高宗幸其第詔養宮內至於遊止
常與顯祖同處年六歲為中庶子及顯祖踐祚
拜散騎常侍特賜封東郡王加鎮南將軍定國
以承父爵頻辭不許又求以父爵讓弟叡乃聽
之俄遷侍中儀曹尚書轉殿中尚書前後大駕
征巡每攝為行臺錄都曹事超遷司空和
恩不脩法度延興五年坐事免官爵為兵和
初復除侍中鎮南將軍秦益二州刺史復王爵
八年薨於秦州贈以本官諡曰莊王賜命服龑

子昕之字慶始風望端雅龍姿爵例降為公尚顯
祖女常山公主拜駙馬都尉歷通直郎京明中
以從叔琇罪免官尋以主壻除通直散騎常侍
未幾遷司徒司馬加輔國將軍出為兗州刺史
尋進號安東將軍沿有名績仍除青州刺史在
州著寬平之稱轉安北將軍相州刺史永平四
年夏卒贈鎮東將軍冀州刺史諡曰惠初定國
娶河東柳氏生子安保後納范陽盧度世女生
昕之二室俱為舊族而嫡妾不分定國亡後兩

子爭襲襲父爵僕射李沖有寵於時與度世子泉
婚親相好沖遂左右申助昕之由是承爵尚主
職位赫弈安保沈廢貧賤不免飢寒
昕之容貌柔謹高祖以其主壻特垂睠世宗
後母盧悼念過哀未幾而亡公主奉姑有孝稱
神龜初與穆氏頓丘長公主並為女侍中又性
不妬忌以昕之無子為納妾滕而皆育女公主
有三女無男以昕之從兄道第四子子彰為後

子彰字明遠本名士沈年十六出後公主盡
禮丞相高陽王雍嘗言曰常山王襲爵東郡公
彰為見乃過自生矣正光中襲爵東郡公尋除
散騎侍郎拜山陽太守莊帝即位徵拜給事黃
門侍郎子彰妻即咸陽王禧女禧誅養於彭城
王第莊帝親之略同諸姊妹雖無男以子
舊事庶姓封王由是封子彰濮陽王食邑七百
戶尋而詔罷仍復先爵除安西將軍洛州刺史
還拜征東將軍金紫光祿大夫領廣平王贊開

府諮議參軍事天平中拜衛將軍潁州刺史以
母憂去職元象中以本將軍節下士人以
驃騎將軍行懷州事轉北豫州刺史又加
刺史將軍行懷州事轉北豫州刺史仍除徐州
除衛大將軍並如故一年歷三州當世榮之還朝
中復行滄州事進號驃騎大將軍除
侍讀兼七兵尚書行青州事子彰之為州以
加以虛巳納物人敬愛之武定八年二月除中
書監三月卒年五十四贈帛二百疋追贈都督
青光齊三州諸軍事驃騎大將軍開府儀同三
司青州刺史公如故諡曰文宣子彰崇好道術
曾嬰重疾藥中須桑螵蛸子彰不忍害物遂不
服為其仁恕如此教訓六子雅有法度
子昂武定中中書舍人
昂弟駿尚書倉部郎
駿弟杳尚書太子洗馬
歘字思彌其母張氏字黃龍本恭宗宮人以賜

麗生叡麗之亡也叡始十餘歲龔襲爵撫軍大將
軍平原王沈雅好學折節下士年未二十時人
便以宰輔許之娶徐州刺史博陵崔鑒女鑒謂
所親云平原王才度不惡但恨其姓名殊為重
複時高祖未改其姓叡婚自東徐還經於鄴見
李彪甚敬悅之仍與俱趨京師以為館客資給
衣馬僅使待之甚厚為北征都督拜北部長轉
尚書加散騎常侍大和八年正月叡與隴西公
元琛持節為東西二道大使疑善訓忿聲稱
聞於京師五月詔賜叡夏服一具後以叡為比
征都督擊蠕蠕大破之遷侍中都督尚書時蠕
蠕又犯塞詔叡率騎五千以討之蠕蠕遁走追
至石磧擒其帥赤河突等數百人而還加散騎
常侍遷尚書左僕射領北部尚書十六年降五
等之（爵以麗勳著前朝封叡鉅鹿郡開國公食
邑）三百戶尋為使持節鎮北大將軍與陽平王
頤並為都督領軍將軍餰律相等北征三道
諸軍事步騎十萬以討蠕蠕叡以下各賜衣物

布帛高祖親幸城北訓誓舉帥除尚書令衛將

軍叡大破蠕蠕而還尋以母憂解令高祖有

南伐之事以本官起之叡固辭詔征北將軍叡百辭

請終情禮詔曰叡猶執私痛致違往旨金革方

馳何旦曲遂也加領衛尉可重勅有司速令敕

軍恒州刺史行尚書令高祖大考百官舊叡尚將

書令祿一周十九年叡表曰目聞先天有弗違

之略後天有順時之規令蕭鸞竊盜有名目竊擄

魏書傳二十八 士五 沈□□

江左惡盈罪稔天人棄之取亂攻昧誠在茲日

愚以長江浩蕩彼之巨防可以德招難以力屈

又南土昏昏霧暑氣欝燕師人經夏必多疾病而

罪遷草創庶事用爾臺省無論政之館府寺廱

聽治之所百寮並舉聖王所難今介胄之士外攻

癘疫且兵徭並舉內動土木運給之費日損千金

雖寇羸弱之夫內難今以取勝乎陛下

驅罷弊之兵討堅城之庸將何以取勝乎陛下

往冬之舉政欲曜武江漢示威衡湘自春幾夏

理旦釋甲願寢纍卷斾爲持父之方崇成帝居

深重本之固聖懷無內念之虞兆庶休斤板之

役脩禮華區諷洛浦然簡英略之將任機自

之雄南取荊湘據其要府則梁秦以西都機自

服撫附振威回塵東指則義陽以左馳聲可制

然後布仁化以綏遠慕德之人効其懷遠凡在有情

朝不思奮闡顗歠不稽顙豈必茲年競斯

勢勝萬倍爾闡顗敢不稽顙納降而旋不紆鑾輿久臨

寸尺惟願顧存近勑納降而旋不紆鑾輿久臨

炎暑高祖從之叡表請車駕還代親臨太師馮

熙之葬坐高祖諸軍事進車駕還都督恒

魏書傳二十八 十六

朔二州諸軍事進號征北大將軍以有順遷之

表加邑四百戶時穆泰爲定州刺史辭以疾病

土溫則甚請恒州自効高祖許之刀以叡爲散

騎常侍定州刺史將軍如故叡未發遂與泰等

同謀構逆賜死獄中聽免帑戮從其妻子爲遐

西郡民詔僕射李沖領軍于烈曰陸叡元丕早

蒙寵祿位極人臣自與卿等同受非常之詔朕

許以不死之言思得上下齋信以保大義朕於
卿等常忘短棄瑕務相含卷豈謂陸叡無心之
甚一至於斯乃與穆泰相結禍圖反噬以朕之
洛內懷不可擬舉諸王議引子恂若斯之論前
後非一始欲推舉南安王次推陽平王若不肯
從欲遍樂陵王訕謗朝廷信炳然事既垂就
叡以洛都休明勸令小緩於是之後兩人復竟
然猶隱而弗聞賴陽平王忠貞恒岳無塵是以嚴之
便爾馳表得使王人糾慝

魏書傳二十七卷　七

衍失處入門誅朕讒尋前旨許不盡法反逆之
志自冒幽冥達誓在彼不關朕也反心逆意既
異餘犯雖欲矜恕末如之何然猶憶先言兼以
未頗異議聽自死別府免厥孥戮其門子孫永
世不齒元丕二子一弟為賊首端其父無人明
證理在可觀但以言無炳灼隱而弗窮以連坐
應死特恕為民朕本期有終而彼自棄卿等之
聞忽及今日違心乖念一何可悲故此別示想
無致怪也謀反之外皎如白日耳沖烈表曰臣

等邀逢幸會生遇昌辰才非利用坐班位列功
無汗馬猥受山河叨忝之寵終古無比莫大之
施萬殞靡酬而叡盃識乖犬馬心同梟獍潛引
童稚構茲妖逆違天常罪踰萬殞叡結休平未
心陰構不息聞說戚蕃擬窺乾象雖觀休為賊
懷疑惑何嘗片辭披露宿志擾并夏測
首丕之二子從惡累年交扇東西規
觀此狀無容不知聖慈含育恕生命其若
天地何其若神祇雖聖慈盡節為下之恟分

魏書傳二十八　十八

刑茲無捨在上之常法況曲蒙莫大之恩獎以
忠貞之義而更違天背道包藏姦慝逆求情推理
罪乃常誅而慈造寬渥更流恩貸貧續叡二斷之
骸還丕巳絕之魄二三縱宥餘黨別垂明
延天眷言念曦日不以臣等背負餘黨猶垂上
詔冊申齊信之恩重喻皎日之旨伏讀悲惋惟
深愧惕
叡長子希道字洪度有風兒美鬚髯歷覽經史
頗有文致初拜中散遷通直郎坐父事徙於遼

西於後得還從征自效以軍功拜給事中遷司
徒記室司空主簿征南將軍元英攻關衍司州
以希道為副又克義陽以功賜爵淮陽男拜諫
議大夫以學關今古參議新令轉廷尉少卿加
龍驤將軍南青州刺史以本將軍轉梁州刺史
希道頻表辭免又除東夏州刺史不拜轉北中
郎將遷前將軍郢州刺史希道善於馭邊甚有
威略轉平西將軍涇州刺史正光四年卒官贈
撫軍將軍定州刺史希道有六子

士懋字元偉天平中以其曾祖麗有翼戴之勳
詔特復鉅鹿郡開國公邑三百戶令士懋龍驤
定中平東將軍營州刺史
士懋弟士宗字仲產尚書左外兵郎中
士宗弟士述字幼文符璽郎中士宗士述建義
初並於河陰遇害
士述弟士沈出繼從叔昕之
士沈弟士廉字季脩建州平北府長史永安末
爲尒朱世隆攻陷州城見害

士廉弟士佩字季偉武定中安東將軍司州治
中
希道弟希悅尚書外兵郎中驃騎諮議參軍
通直散騎常侍平南將軍光祿大夫遇害於河
陰贈散騎常侍衛將軍相州刺史
希悅弟希謐太尉參軍早卒
希謐弟希靜字季默司徒默曹參軍遷邵郡太守
希靜弟希質字幼成起家貞外郎領侍御史稍
遷散騎侍郎陽城太守孝莊初除龍驤將軍膠

州刺史蕭衍遣將率衆數萬從郁洲浮海據島
來侵州界希質討破之轉建州刺史將軍如故
尒朱榮之死也世隆率衆北還普泰希質固守
拒之城陷兄子被害希質妻元氏榮妻之兄孫
由是獲免天平初給事黃門侍郎遷魏尹轉太
常卿衛大將軍都官尚書武定七年夏卒年五
十八贈驃騎大將軍中書監青州刺史謚曰文
希質名家子位官又通不能平心於物唯與山
偉宇文忠之等共為朋黨排毀朝後有識者薄

之
子珣字子琰開府參軍
次璵字子瑜性並麤險乃為劫盜珣璵俱死
璡弟璩字子璧次悉達武定中並儀同開府參
軍
軍
麗弟頗早卒子
尉賜爵廣牧子遷龍驤將軍游擊將軍北中郎
將轉南中郎將帶魯陽太守進號前將軍卒贈
本將軍夏州刺史諡曰順
頗弟陵成中校尉河間太守祕書中散新城

三百四十八　魏書傳二十八　　二十　付善可

子
陵成弟龍成有父兄之風少以功臣子為中散
稍遷散騎常侍賜爵汞安子加平遠將軍出為
安南將軍青州刺史假樂安公愛民恤下百姓
稱之卒
子昶字細文襲爵正始中為太尉屬加寧遠將
軍以本官行滎陽郡事被刻會赦免父之進號
廣武將軍遷司空司馬尋拜光祿大夫昶無他

才能唯飲酒為事出為平西將軍京兆內史固
辭不拜轉平北將軍肆州刺史入為衛將軍大
鴻臚卿仍除車騎將軍左光祿大夫天平中進
號驃騎大將軍加散騎常侍領左右兼給事黃
門侍郎仍兼太僕卿復以本將軍為東徐州刺
史尋平贈本將軍衛尉卿青州刺史
龍成季弟騏驎侍郎中散轉侍御史天和初新
平太守銀青光祿大夫以彭城勳除夏州刺史

子高貴孝昌中死州鎮東府法曹參軍

二百六十九　魏書傳廿八　　三十　陸永

操弟楚
子操武定末度支尚書
子高貴弟順宗員外郎祕書中散
高貴季弟宜雲中鎮將
子巂之武定末東莞太守
侯族高宗世歷侍中給事顯祖初侍御長以謀
諜乀渾拜侍中樂部尚書選散騎常侍吏部尚
書賜爵安樂公甚見委任尋拜尚書令後除安
東將軍定州刺史轉征東大將軍相州刺史政

尚寬惠民吏安定卒謚貞公

子燈澄城太守

子匡司空倉曹參軍

登弟子景元象初衛將軍儀同三司南青州

刺史

美也

〔一三八〕魏書列傳二十八

史臣曰陸俟威略智器有過人者歙識幹明屬

不替家風麗忠國奉主為時梁棟蹈忠履義制

於一覽惜哉斅琇以沈雅顯達而釁逆陷禍深

山大澤實有龍蛇希道風度有聲子彰令終之

服名遂 二十三 二十二

列傳二十八　　　魏書四十

源賀

源賀自署河西王禿髮傉檀之子也世祖
伏幟磐所滅賀自樂都來奔賀偉容兒善風儀
世祖素聞其名及見器其機辯賜爵西平侯加
龍驤將軍謂賀曰卿與朕源同因事分姓今可
為源氏從擊蠕胡白龍又討吐京胡皆先登陷
陳進號平西將軍世祖征涼州以賀為鄉導詔
問攻戰之計賀對曰姑臧城外有四部鮮卑各
為之援然皆是臣祖父舊民臣願軍前宣國威
信宗其福禍必相率歸降外援既服然後攻其
孤城拔之如反掌耳世祖曰善於是遣賀率精
騎歷諸部招慰下三萬餘落獲雜畜十餘萬頭
及圍姑臧由是無外慮故得專力攻之涼州平
遷征西將軍進號西平公又從征蠕蠕擊五城
吐京胡討蓋吳諸賊皆有功拜散騎常侍從自
臨江為前鋒大將賀為人雄果每遇彊寇輒自
本奮擊世祖戒之曰兵凶戰危不宜輕犯卿可運

籌慮分勿恃身力也賀本名破羌是役也世祖
曰人之立名宜其得實何可濫也賜名賀焉拜
殿中尚書南安王余為宗愛所殺也賀部勒禁
兵靜遏內外與南部尚書陸麗決議定策翼戴
高宗令麗與劉尼馳詣苑中奉迎高宗賀守禁
中為之內應而麗抱高宗單騎而至賀乃開
門高宗即位社稷大安賀有力焉轉征北將軍
加給事中以定策之勳進爵西平王高宗即位
班賜百僚謂賀曰朕大賚善人卿其任意取之
勿謙退也賀辭固使取之賀唯取戎馬一疋而
已是時斷獄多濫賀上書曰案律謀反之家其
子孫雖養他族追還就戮所以絕罪人之類彰
大逆之辜其為劫賊應誅者兄弟子姪在遠道
隔關津皆不坐律之意必不同謀
非絕類之罪故特垂不死之詔若年十三已下
家人首惡計謀所不及愚以為可原其命沒入
縣官高宗納之為征南將軍冀州刺史改封
隴西王賀上書曰臣聞人之所寶莫寶於生全

德之厚者莫厚於宥死然犯死之罪難以盡恕
權其輕重有可矜恤今勅寇遊魂於比狄賊貪
險於南其在疆場猶湏防戍臣愚以為自非大
逆赤手殺人之罪其坐贓及盜與過誤之懲應
入死者皆可原命調守邊境是則已斷之體更
受全生之恩傜役之家漸蒙休息之惠刑措之
化庶幾在玆虐書曰流宥五刑此其義也臣受
恩深重無以仰荅將違闕庭像增係戀敢上鼓
言唯加裁察高宗納之已後入死者皆恕死徙

三一七二十三 ▍魏列傳二十九

邊父之高宗謂羣臣曰源賀勸朕宥諸死刑徙
充北番諸戍自爾至今一歲所活殊為不少生
濟之理既多邊戍之兵有益卿等事朕致何善
意也苟人人如賀朕治天下復何憂哉顧憶誠
言利實廣矣羣臣咸曰非忠臣不能進此計非
聖明不能納此言賀之臨州鞫獄以情徭役簡
省武邑郡姦人石華告沙門道可與賀謀反有
司以聞高宗謂羣臣曰賀誠心事國朕為卿等
保之無此明矣乃精加訊檢華果引誣於是遣

使者詔賀曰卿以忠誠款至著自先朝以丹青
之潔而受蒼蠅之汙朕登時研檢已加極法故
遣宣意其善綏所位勿以買謗之言致損虐也
賀上書謝畢奏高宗顧謂左右曰以賀之忠誠
尚致其誣不若是者可無慎乎時考殿最賀治
為第一賜衣馬器物班宣天下賀上表請代朝
議以賀得民情不許在州七年乃徵賀將傳位
蝡寇邊賀從駕追討破之顯祖將傳位于京兆
王子推時賀都督諸軍屯漠南乃馳傳徵賀賀

大三曲小 ▍魏書傳二十九

既至乃命公卿議之賀正色固執不可即詔賀
持節奉皇帝璽綬以授高祖是歲河西勅勒叛
遣賀率衆討之兼行追賊黨
郁朱干等至袍罕大破之斬首五十餘級虜男
女萬餘口雜畜三萬餘頭復追統萬高平上邽
三鎮叛勅勒至千金城斬首三千級賀依古今
兵法及先儒著舊之説略採至要為十二陳圖
以上之顯祖覽而嘉焉詔賀以年老辭位詔不許
又詔都督三道諸軍忘于漠南是時每歲秋冬

遣軍三道並出以備北寇至春中乃班師賀以
勞役京都又非禦邊之宜討乃上言請募諸州鎮
有武健者三萬人復其傜賦厚加賑恤分為三
部二鎮之間築城城置員萬人給彊弩十二床武
衞三百乘弩一床給牛六頭武衞一乘給牛二武
頭多造馬槍及諸器械使武略大將二人以鎮
撫之冬則講武春則種殖並戍並耕則兵未勞
而有盈畜矣又於白道南三處立倉運近州鎮
租粟以充之足食足兵以備不虞於宜為便不

【魏書傳二十九】　　五　　金陵

可歲常與衆連動京師令朝廷恒有此顧之慮
也軍寢不報又上書稱病篤乞骸骨至于再三
乃許之朝有大議皆就詢訪又給衣藥珍著太
和元年二月療疾於溫湯高祖文明太后遣使
勅諸子曰吾頃以老患辭事不悟天慈降恩令
遽於泱泱其母傲各毋荒怠毋奢越毋嫉妒疑
者屢問消息太醫視疾患篤還京師賀乃遺令
思問言思審行思恭服思度過惡揚善親賢遠
佞目觀必真耳屬必正誠勤以事君清約以行

巳吾終之後所葬時服單櫝足申考心鄶靈明
器一無用也三年秋薨年七十三贈待中大尉
隴西王印綬諡曰宣賻雜綵五百疋賜輼輬車
又命服溫明祕器陪葬于金陵
賜爵武城子西治都將卒贈涼州刺史廣武侯
長子延性謹厚好學初以功臣子拜侍御中散
諡曰簡
子鱗襲
弟思禮後賜名懷謙恭寬雅有大度高宗末

【魏書傳二十九】　　六　　金陵

延為侍御中散以賀辭老詔懷受父爵拜征南將
軍尋為持節諸軍屯於漠南還陜除殿中尚書
出為長安鎮將雍州刺史清儉有惠政善於撫
恤動盜息止流民皆相率來還歲餘復拜殿中
尚書咸受禮度遷尚書令參議律令後例降為
大將加侍中參都曹事又敕諸軍征南將
公除司州刺史從駕南征加衞大將軍領中軍
事以母憂去職賜昂三百疋穀千石十九年除
征北大將軍夏州刺史轉都督雍岐東秦諸軍

事征西大將軍雍州刺史景明二年徵爲尚書
左僕射加特進時有詔以姦吏犯罪每多逃避
因責乃出並皆釋然自今已後犯罪不問輕重
而藏竄者悉遠流若永避不出兄弟代徙懷乃
奏曰謹按條制逃吏書奏門下以成
仍遣邊戍按守宰卒犯罪逃走者衆祿潤既優尚
有茲失及蒙恩宥不出獨若此等恐非
事異前宥諸流徙在路尚蒙族反況有未發而
均一之法如臣管執謂冝免之書奏然而
治尚簡要不許懷重奏曰臣以爲網羅罪人苟理之析
備不在繁典行之可通豈容峻制此乃古今之
達政救世之恒規伏尋制勳品已下罪發逃
亡遇恩不宥仍流妻子雖欲抑絕姦途匪爲通
武謹按事條侵官敗法專據流外豈九品已上
人皆貞白也其諸州中宰職任清流至有貪濁
事發逃竄而遇恩免罪勳品已下獨非斯例如
此則寬縱上流法切下吏育物有差惠罰不等

又謀逆洒天輕恩免吏犯微罪獨不蒙赦使
大宥之經不通開生之路致壅進違古典退珉
今律報率恩見以爲冝傳書奏世宗納之其年
除車騎大將軍涼州大中正懷奏曰南賊遊魂
江揚職爲亂逆宗信姦回昵比閣竪月滋昏甚將
靡有孑遺蕭寶夤肆欲於荊郢其雍州刺史蕭衍勒
兵而東襲上流之衆已逼其郊廣陵京口各持
兵而懷兩望鍾離淮陰並鼎峙而觀得失秣陵
孤危制不出門君子小人並罹灾禍延首北望
朝不及夕斯實天啓之期吞并之會乘歐蕭墻
之釁藉其分崩之際東據歷陽兼指瓜步緣江
鎮戍達於荊郢然後奮雷電之威布山河之信
則江西之地不刃自來吳會之鄉指期可舉昔
士治有言皓若暴死更立賢主文武之官各得
其任則勍敵也若蕭衍克就上下同心非直後
圖之難實亦揚境彼所謂利脫江湘無波君臣
百而已山川水陸彼所謂利脫江湘無波君臣

效職藉水憑舟倏忽而至壽春谷不自保江南
將若之何今寶卷邑居有土朋之形邊城無繼
援之兆清蕩江區是在今日臣受恩既重不敢
不言詔曰不君不臣江南常幣抃有栗不食其在
斯矣上天將欲亡之諸蕃又顧取之勢久應有決假令
軍已達大航衍兵獲進則衍之主佐又是亂亡遺
乾云匪舍但以養進仁者不為且十月五日衍
天罰寶卷衍兵獲進小亡之人事天道
尊皇靈其能久祐之乎今之所殺者正以南黔

九
陶

企德邊書繼至殄悴之氓理湏救接若爾者揚
州兵力配積不少但可速遣任城委以處分別
加慰勉令妙盡籌邊籌以衍事克遂偉懷又表
曰昔世祖昌外退難龍潛苑中宗愛異圖神位
愛所弒時高宗賀與長孫渴侯陸麗等表迎
未定臣亡父先臣賀於聖朝親所見識蒙授
高宗纂徽寶命麗以扶貧原王興安二年追論定
撫軍大將軍司徒公平原王興安二年顯祖將傳
策之勳進先臣爵西平王皇興季年顯祖將傳

大位於京兆王先臣時都督諸將屯於武川被
徵詣京特見顧問先臣固執不可顯祖久乃許
之遂命先臣持節授皇帝璽綬於高祖至太和
十六年麗息叡狀私書稱其亡父與先臣援立
高宗朝廷追錄封叡鉅鹿郡開國公臣時丁艱
草土不容及例至二十一年除臣雍州刺史臨發
奉辭面奏先帝申先臣舊勳時勅旨但赴所臨
尋當別判至二十一年車駕幸雍臣復陳聞時
蒙勅旨征還當授自宮車晏駕爾不自竊惟

十
朱

先臣遠則援立高宗寶曆不隆近則陳力顯祖
神器有歸如斯之勳超世之事麗以文功而獲
河山之賞臣有家勳不露茅社之賜得否相懸
請垂裁處詔曰宿老元玉云如所訴訪之史官
顏亦言此可依比授馮翊郡開國公邑百戶又
認為使持節加侍中行臺巡行比邊六鎮恒燕
朔三州賑給貧乏兼採風俗考論殿最事之得
失皆先決後聞自京師遷洛邊朔遙遠加連年
旱儉百姓困弊懷衛命巡撫存恤有方便宜運

轉有無通濟時后父于勁勢傾朝野勁兄于祚
與懷宿普通婚時為沃野鎮將頗有受納懷將
入鎮祚郊迎道左懷不與語即効祚免官懷朔
鎮將元巨須與懷少舊亦貪穢狼藉置酒請懷
謂懷曰懷少卿之口豈可不相寬偵懷
鎮之所以命之長短由是源懷與故人飲酒之坐非鞠
獄之所也明日公庭始為使人撿鎮將罪狀之
處巨須揮淚而巳無以對之懷既而表効巨須
其巨須公不撓皆此類也懷又表曰景明以來比

●魏列傳二十九　　士一　中

蕃連年災旱高原陸野不任營殖唯有水田少
可菑畮然主將參僚專擅腴羙瘠土荒疇給
百姓因此困弊日月滋甚諸鎮水田請依地令
分給細民先貧後富若分付不平令人怨訟
者鎮將巳下連署之官各奪一時之禄四人巳
上奪禄一周此鎮邊蕃事異諸夏往日置官全
不差別湲野一鎮自將巳下八百餘人黎庶怨
嗟効曰煩猥邊隅事勘實少幾服請主師吏佐
五分減二詔曰省表具恤民之懷巳勑有司一

依所上下為永准如斯之比不便於民擄代害
政者朝其備列以聞時細民為豪彊陵奪往復年
儔一朝見申者曰有百數所上事宜便於北邊
者凡四十餘條皆見嘉納正始元年九日巳有告
蠕蠕率十二万騎六道並進欲直趨沃野懷朔
南寇恒恒詔懷以本官加使持節侍中出據此
蕃指授規略隨須徵發諸所處分皆行詔賜馬一疋從
事又詔懷子直寢徵隨懷北行以便宜
鎧一具御稍一枚懷拜受託乃於其庭臨鞍執

●魏書傳二十九　　十二

稍躍馬大呼顧謂賓客曰吾氣力雖裵尚得如此
蠕蠕雖畏壯輕老我亦未便可欺今奉廟勝之
規惣駈捍之衆足以擒其酋帥獻俘闕下耳時
年六十一懷至雲中蠕蠕亡遁懷旋至恒代案
視諸鎮左右要害之地可以築城置戍之處皆
量其高下揣其厚薄及儲糧積仗之宜犬乎相
救之勢凡表五十八條表曰蠕蠕不羈自古而
爾遊魂鳥集水草為家中國患者皆斯類歷
代駈逐莫之能制雖北拓揄中遠臨瀚海而智

臣勇將力筭俱竭胡人頗遁中國以疲于時賢
哲思造化之至理推生民之習業量天中夏粒
食邑居之民篝衣儒步之士荒表茹毛飲血之
類鳥宿禽居之徒親校短長因宜防制知城郭
之固暫勞永逸自皇魏統極都於平城威震天
下德籠宇宙今定鼎成周去此遙遠代表諸蕃
比固高車外叛尋遭旱儉戎馬甲兵十分闕八
葺置戍候行要險防過形便謂準舊鎮東西相
去歲復鎮陰山庶事蕩盡遺尚書郎中韓貞宋
盛且比方沙漠夏之水草時有小泉不濟大眾
警急之日隨便前討如此則威形增廣兵勢亦
望令形勢相接築城置成分兵要害勸農積粟
脫有非意要待秋冬因雲而動若至冬日冰沙
凝屬遊騎之寇然不敢攻城亦不敢越城南出
如此北方無憂矣世宗之全北鎮諸戍東西
九城是也遷驃騎大將軍時武興氐王楊紹先
叔集起及叛詔懷使持節侍中都督平氐諸軍
事以討之須有興廢任從權計其邢巒李煥並

十三

稟節度三年六月卒年六十三詔給東園秘器
朝服一具衣一襲錢二十萬布七百疋蠟三百
斤賻司徒冀州刺史兼吏部尚書盧昶奏太常
寺議謚曰懷體尚寬柔器操平正依謚法柔直
考終曰靖宜謚靖公徒府議懷作牧陝西民
餘惠化入摠端貳朝列歸仁依謚法布德執義
曰穆宜謚穆公二謚不同詔曰為貴人理世務當舉綱維
克允愛民好與曰惠可謚惠公懷性寬容簡約
不密非屋之病也又性不飲酒而喜以飲人好
何必湏太子細也曆如為屋但外望高顯楹棟
平正基歷完牢風兩不入足矣斧斤不平斷削
操絲竹懷有七子
長子規字靈度中書學生羽林監龍襄爵年三十
三卒
子肅龍襄卒
子紹龍襲景明初詔復王爵尋除隴西郡開國公

十四

卒於光祿大夫贈度支尚書冀州刺史諡曰文

子文遠襲齊受禪例降

刺史

弟榮字靈並年三十二卒於司徒掾贈光州

規弟榮字靈並年三十二卒於

徽弟玄諒出後懷弟奧卒贈代郡太守

玄諒弟玄靈少好文雅篤志於學推誠

洛州刺史諡曰質

徽弟玄諒字靈年二十八卒於直閣將軍特贈

待士多歸之自祕書郎除太子舍人涼州中

玄諒弟子雍字靈和少好文雅篤志於學中

轉太中大夫司徒司馬除恒農太守遷夏州刺

史時沃野鎮人破落汗拔陵首為反亂所住蜂

起統萬逆胡與相應接子雍嬰城自守城中糧

正肅宗踐阼以宮臣例轉奉車都尉遷司徒屬

盡煮馬皮而食之子雍善綏撫得志人人人憖

力無有離貳以飢饉轉切欲自出求糧留子延

伯援守寮屬僉云今天下分析（寇賊万重四方

音信莫不斷絕俄頃之間變在不意何宜父子

如此分張未若棄城俱去更展規略子雍泣而

謂衆曰吾世荷國恩早受藩寄此是吾死地更

欲何求然守以禦以來歲月不淺所患之粮不得

制勝吾今向東州得數月之食還與眾人保全

必矣遂自率羸弱向東夏運粮延你與將士送

出城外哭而拜辭三軍莫不嗚咽于雍行數日

為朔方胡帥曹阿各拔所邀力屈見執子雍乃

密遣人齎書間行與城中文武云大軍在近勢

力圍守必令諸人福流苗裔阿各拔令固

中子雍雖被囚執雅為胡人所勸常以民禮事

之子雍為陳安危禍福之理勸阿各拔降阿

隨子雍降時北海王顥為大行臺子雍具陳賊

可滅之狀顥給子雍兵馬令其先行時東夏合

各拔將從之未果而死拔弟桑生代總部衆畱

境反叛所在屯結子雍轉闕而前九旬之中凡

數十戰仍平東夏徵稅祖粟運於統万於是二

夏漸寧及蕭寶寅等為賊所敗賊帥宿勤明達

遣息阿非率衆邀路華州白水被圍遁關右騷

擾恐尺不通時子雍新平黑城遂率士馬并夏

州慕義之民攜家席卷鼓行南出賊帥康維摩
擁率羗胡守鋸谷斷嶷嶯棠橋子雍與交戰大破
之生禽維摩又攻賊帥契胡斤於楊氏堡破之
子雍出自西夏漸至於東轉戰千里云云是朝廷
始得其委行臺尚書復破賊帥紀單步胡提於曲
沃堡肅宗璽書勞勉之子雍在白水郡復破阿
非軍多所斬獲詔遣侍中尚書令城陽王徽於
潼關宣旨慰勞除中軍將軍金紫光祿大夫給

事黃門侍郎封樂平縣開國公邑二千戶還洛
以葛榮父逼信都封假子雍征北將軍為北討
都督時相州刺史安樂王鑒據鄴反敕子雍與
都督李神軌先討之子雍行達湯陰臨鑒遣弟斌
之夜襲子雍軍不克奔敗而返子雍乘機繼進
徑圍鄴城與裴衍神軌等攻鑒平之改封陽平
縣開國公增邑二千五百戶進號鎮東將軍遂與
裴衍發鄴以討葛榮而信都城陷除子雍冀州
刺史餘官如故子雍以冀州不守上書曰賊中

甚飢專仰野掠今朝廷足食兵卒飽暖高壁深
壘勿與爭鋒彼求戰則不得野掠無所獲不盈
數旬可坐制凶醜時裴衍復表請如謂不可乞令裴衍獨
行若不賜解求俱表行取敗旦夕詔
行速進與衍俱進至陽平郡東北漳蒂濚為賊
十萬來逼官軍子雍戰敗被害年四十朝野痛
惜之贈車騎大將軍儀同三司雍州刺史公如
故求安中重贈司空諡曰莊穆

長子延伯出後從伯

次子士則早亡

士則弟士規並坐事死

次楷字士質小字郍延襲武定中齊文襄王府
參軍齋受禪例降

延伯初為司空參軍事時南秦民吳富反叛詔
以河閒王琛為都督延伯叔父子恭為軍司延
伯為統軍隨子恭西討戰必先鋒子恭見其年
幼常訶制之而不能禁子雍在夏州表乞兵援

詔延伯率羽林一千人赴之城闘野戰勇冠三
軍子雍之向東夏留延伯城守付以後事延伯
與兵士共分湯菜防固城隍及子雍爲胡所執
合城憂懼延伯乃人人曉喻曰吾父吉凶不測
於是衆感其義莫不勵憤朝廷聞而嘉之除龍
驤將軍行夏州事封五城縣開國子食邑三百
户卒能固守及後刺史至延伯率領義衆還赴
以私害公誠孝並闕諸君幸得此心無虧所寄
方十餘爛實難裁割但奉命守城所馬處重若

子雍共平黑城在巘棠橋戰先鋒陷陳身擒維
摩及至白水首推阿非隨子雍至都進爵浮陽
伯增封百户爲諫議大夫假冠軍將軍別將隨
子雍北討與蔼榮戰殁時年二十四贈持節平
北將軍凉州刺史開國如故
子雍弟子恭宇靈順聰惠好學初辟司空參軍
事司徒祭酒尚書北主客郎中攝南主客事蕭
衍亡人許周自稱爲衍給事黃門侍郎朝士僉

然咸共信待子恭奏曰徐州表投化人許團并
其弟周等究其牒狀周列云已蕭衍黃門侍郎
又稱心存山水不好榮官屢曾辭讓貽彼赫怒
遂被出爲齊康郡因爾歸國願畢志也嶺比加
採訪略無證明尋其表狀又復莫落案牒推理
況辭祿漢帝因成其美斯實古先喆王不屈其志伯
臣之人者也蕭衍雖復崎嶇江左竊號一隅至
實有所疑何者昔吳齊獨往周王必有不聽之
於處物未甚悖禮豈有士辭榮祿而苟不聽

哉推察情理此則孟浪假蕭衍皆狂不存雅道
逼士出郡未爲死急何宜輕去生養之主長辭
父母之邦乎若言不好榮官志願蒿嶺者初屆
之日即應杖策尋山貞帙泛水而乃廣尋知已
遍造執事傭希榮之心已見逃宦之志安在昔梁
鴻去鄉終傭吳會逢萌浮海遠客遼東並全志
養性逍遙而已考之其家累應在不輕今者歸化
清華名位高達計其實何其縣哉又其履歷
何其孤迥設使當時忽遽不得攜將及其來後

家覽產業應見簿斂尊甲口累亦當從法而周
兄弟怡然嘗無憂應若無種族理或可通如有
不坐便應是衍故遣非周撥化推究二三具偽
難辨請下徐揚二州密訪周果以令獲實不盈數旬
玉石可觀於是詔推訪周果忽反殺害長吏詔
位如子恭所疑河州羌卻鐵忽反殺害長吏詔
子恭持節為行臺率諸將討之子恭嚴勒州郡
及諸軍不得犯民一物輕與賊戰然後示以威
恩兩旬間悉皆降欵朝廷嘉之正光元年為行

臺左丞巡行北邊轉為起部郎明堂辟雍並未
建就子恭上書曰臣聞辟臺望氣軌物之德既
高方堂布政軌世道斯遠是以書契之重理
冠於造化推尊之美事絕於生民至如郊天饗
帝蓋以對越上靈宗祀配天是用酬醽下土大
孝莫之能加嚴父以茲為大乃皇王之休業有
國之盛典竊惟皇魏居震統極惣雷馭宇革制
土中垂式無外自北徂南同卜維於洛食定鼎
遷民均氣候於寒暑高祖所以始基世宗於是

恢構按功成作樂治定制禮乃訪遺文修歷典
建明堂立學校興一代之戎矩標千載之英規
永平之中始創雄構基趾草昧迄無成功故尚
書令任城王臣澄按故司空臣沖所造明堂樣
并連表詔各兩京模式奏求營起緣期授令自
加葺繕侍中領軍臣父物動作官宣賚授旨即
茲厥後詔方配兵人或給一千或與數百進退節
縮曾無定準欲望速了理在難克若使專役此
功長得營造奏成責辦容有就期但所給之夫

本自寡少諸處競借動即千計雖有繕作之名
終無就功之實爽塓荒汙滿積年載結架崇構
指就無兆仍令肆胄之禮掩仰而不進養老之
儀寂寞家而不返構厦止於尺土鳻山頓於一簣
良可惜歟愚謂召民經始必有子來之歌興造
勿亟將致不日之美況本兵不多兼之牽役廢
此與彼循環無極便是輕創禮之重資不急之
費廢經國之功供寺館之役求之遠圖不亦闕
矣今諸寺大作稍以粗舉並可徹減專事經綜

嚴勒工匠務令克成使祖宗有薦配之期蒼生
親禮樂之富書奏從之除冠軍將軍中散大夫
又領治書侍御史秦益氏反詔子恭持節為都
督河間王琛軍司以討之事平仍行南秦州事
及六鎮反以子恭兼給事黃門郎持節慰勞還
拜河內太守加後將軍平絡蜀反丹谷清廉二
路險澁不通以子恭為持節散騎常侍假　郡別將俄而建興
蜀復反相與連勢進子恭為持節散騎常侍
平北將軍征建興都督仍兼尚書行臺與正平
都督長孫稚合勢進討大破之正平賊帥范明
遠與賊帥劉牙奴並面縛請降事平除平南將
軍豫州刺史尋加散騎常侍撫軍將軍武泰初
鄖州刺史元願達以城降蕭衍詔徵都督尉慶
眾數萬來寇遠近不安爕乘勢分兵遂逼新蔡
賓還京師回眾隸子恭以討之衍將夏侯爕率
自攻毛城子恭隨方應接賊並破走蕭衍豫州
刺史夏侯亶復遣四將率眾三萬入圍南頓北
攻陳項子恭遣軍禦之賊復奔退加鎮南將軍

又兼尚書行臺子恭勒眾渡淮徙民於淮北
郡縣置戌而還蕭衍直閤將軍主胡智達等
八將與其監軍閤次洪入寇屯於州城東北四
十餘里子恭擊破之斬智達生擒次洪元顯之
入洛也加子恭車騎將軍後加散騎常侍征
南將軍兼右僕射假車騎將軍印節扇誘黨類
遣間使參莊帝動靜未幾潁敗車駕還洛進征
板橋壁文石活石忌慮受蕭衍印節扇誘黨類
據險寇竊子恭躬率將士徑襲其柵數日之中
殲殄略盡諸虜欵服咸求輸稅徵拜右光祿大
夫給事黃門侍郎仍本將軍錄其前後征討功
封臨潁縣開國侯食邑六百戶加散騎常侍俄
遷侍中兼朱榮之死也世隆度律據斷河橋詔
子恭為都督以討之出頓於大夏門尋而太
府卿李苗夜燒河橋世隆退走仍以子恭兼尚
書僕射為大行臺大都督尋遷衛將軍假車騎
將軍率諸將於太行築壘以防之既而尒朱兆
率眾南出子恭所部都督史仵龍羊文義開柵

降兆子恭退走為兆所破衆既退散兆因入洛
子恭竄于緱氏仍被執送俄而見釋前廢帝初
除驃騎將軍左光祿大夫侍中如故尋授散騎
侍郎都督三州諸軍事本將軍假車騎大將軍
行臺僕射荊州刺史以與定策之勳封臨汝縣
開國子食邑三百戶時叛蠻雷清受蕭衍
州刺史章綬入為寇掠諸蠻從之置立郡縣子
恭討平之永熙中入為吏部尚書加驃騎大將
軍以子教前在豫州戰功追賞襄城縣開國
食邑二百戶又論子恭餘勳封新城縣開國子
食邑四百戶子恭尋表請轉授第五子文盛許
之天平初除中書監三年拜魏尹又為齊獻武
王軍司元象元年興和二年贈都督司空公兖
州諸軍事驃騎大將軍尚書左僕射司空公兖
州刺史謚曰文獻
子虓字文宗子恭存日轉授臨潁縣開國侯武
定末太子洗馬
虓弟文瑤武定中襲襄城縣開國男齊受禪爵

並降
子恭弟慕字靈秀員外散騎侍郎累遷征虜將
軍通直散騎常侍涼州大中正轉太府少卿建
義初遇害河陰年三十七贈散騎常侍征北將
軍定州刺史
慕弟奐字思周少而謹密初為中書學生隨父
討勑勦有斬獲之功遷中散前後使檢察州鎮
十餘所皆有功績除長樂太守以母老解官歸
養卒無子
史臣曰源賀堂堂非徒武節而已其異載高宗
庭抑禪讓殆社稷之臣也懷幹略兼舉出內有
聲繼迹賢考不墜先業子雍劭立夏方身亡冀
野惜乎

列傳第二十九

魏書四